细节决定成败

文德◎编著

中国华侨出版社
北京

图书在版编目（CIP）数据

细节决定成败 / 文德编著 . —北京：中国华侨出版社，2014.12（2019.07 重印）

ISBN 978-7-5113-5083-1

Ⅰ.①细… Ⅱ.①文… Ⅲ.①企业管理—通俗读物 Ⅳ.① F270-49

中国版本图书馆 CIP 数据核字（2014）第 308721 号

细节决定成败

编　　著：	文　德
责任编辑：	白　豫
封面设计：	李艾红
文字编辑：	刘雅君
美术编辑：	刘欣梅
经　　销：	新华书店
开　　本：	720mm×1020mm　1/16　印张：28　字数：650 千字
印　　刷：	北京德富泰印务有限公司
版　　次：	2015 年 2 月第 1 版　2021 年 1 月第 4 次印刷
书　　号：	ISBN 978-7-5113-5083-1
定　　价：	68.00 元

中国华侨出版社　北京市朝阳区西坝河东里 77 号楼底商 5 号　邮编：100028
法律顾问：陈鹰律师事务所
发 行 部：（010）58815874　　　　传　　真：（010）58815857
网　　址：www.oveaschin.com　　　E-mail：oveaschin@sina.com

如果发现印装质量问题，影响阅读，请与印刷厂联系调换。

前 言

　　加藤信三原本是日本狮王牙刷公司的小职员。有一天起床，他匆匆忙忙地洗脸、刷牙，不料，急忙中出了一些小乱子，牙龈被刷出血来。加藤信三不由火冒三丈。因为刷牙时牙龈出血的情况已不止发生过一次了。他本想到公司技术部大发一通脾气，但走到半路上，他努力平息自己的怒火，并开始回想自己刷牙的过程，才发现自己一直都太急躁。同时加藤信三发现了一个为常人所忽略的细节：他在放大镜下看到，牙刷毛的顶端由于机器切割，都呈锐利的直角。"如果通过一道工序，把这些直角都挫成圆角，那么问题就完全解决了！"于是，加藤信三一改往日的急躁、粗心，在一次次试验后终于把新产品的样品正式呈交给公司。公司领导看后，欣然采纳了他的建议，迅速投入资金，把全部牙刷毛的顶端改成了圆角。

　　改进后的狮王牌牙刷很快受到了广大顾客的欢迎。对公司作出巨大贡献的加藤信三从普通职员晋升为课长，十几年后成为公司董事长。

　　谁也想不到，加藤信三因为关注刷牙细节，从此飞黄腾达起来。钦羡之时，也不得不令人思考"细节"这个问题。其实，生活就是由一些点点滴滴的细节组成，而往往正是这些细节在你人生中的某些时候起到了关键性的作用。

　　细节就是这样的神奇，细节就是这样的不可思议，你对日常生活中一个司空见惯、微不足道的小事情的关注或许会让你抓住改变命运的机会！

　　在提倡精细化管理的今天，细节对于企业更是有决定生死成败的威力。企业的细节管理是一个长期的积累过程，它不会在市场上引起立竿见影的效果，带来直接的经济效益。对产品质量精益求精的追求，对管理力臻完善的谨慎，对顾客一点一滴的关爱，都是砌就企业品牌大厦的砖砖瓦瓦。一个不注重细节的企业必定是一个产品粗糙、管理粗糙、服务粗糙的企业。千里之堤，毁于蚁穴，一个漏洞百出的企业怎能经得起市场风雨的吹打？同样，对于个人，你的一言一行、一举一动无不展现着你独特的素质和修养。展示一个完美的自己很难，因为它需要每一个细节都完美，但是毁掉自己却很容易，它只需要疏忽一个小细节。

可见，成也细节，败也细节。作为20世纪世界上最伟大的建筑师之一的密斯·凡·德罗，曾经只用五个字来描述他成功的原因，即"细节是魔鬼"。他阐释说，无论你的建筑设计方案是多么气势恢宏、美轮美奂，只要疏忽一个细节，就绝对成就不了一个杰出的建筑。细节的威力如此强大，不仅对一个建筑、一个人、一个企业，甚至对一个国家都有着相当的意义和价值。

在几千年前老子就曾经说过："图难于其易，为大于其细。天下难事，必做于易；天下大事，必做于细。是以圣人终不为大，故能成其大。"因此，对于个人来说，能把每一件简单的事做好就是不简单，能把每一件平凡的事做好就是不平凡。对于企业来说，也只有从"大处着眼，小处着手"，也才能在目前的精细化时代，打造企业品牌，铸就企业辉煌！

细节无孔不入，细节出神入化。对于企业，细节就是创新，细节就是机遇，细节就是财富，细节就是决定生死成败的关键；对于个人，细节体现素质，细节决胜职场，细节攸关幸福，细节隐藏玄机，细节具有决定命运的力量。这本《细节决定成败》将全方位、多角度地向您展示细节的全部奥秘。全书从"天下大事，必做于细"的理念入手，到"用心捕捉细节"的实质，再到"细节决定成败"的具体场景运用，结合精彩故事和典型案例，对企业管理、创业、人际交往、职场、面试、领导、识人、会议、谈判、推销、演讲、礼仪、理财、家庭、择友、穿着、健康等方方面面的细节进行了深入浅出、细致生动的描述，例如宴请前精心挑选宴请地点、谈判桌上巧妙而恰当地向对方发问、探望病人应谈些轻松话题、待客时不宜对家属大呼小叫、花钱买东西别忘了要发票……内容兼具指导性与实用性。可以说，这是一本指点读者学习为人处世之道、从平淡的事业走向成功、拥有幸福生活的说明书。相信开启此书，您定会领悟到成功道路中细节的力量。

目录

上篇 细节决定成败

第一章
天下大事，必做于细——改变对小事的观念和态度

世界级的竞争在于细节 3
战略：一切围绕细节 6
做人不计小，做事不贪大 9
万事之始，事无巨细 11
要成大事，先做小事 14
大的利益源于小的付出 16

第二章
千里之堤，溃于蚁穴——忽视细节的代价

忽视细节让他屡屡败走大公司 19
迟到几分钟，丢掉大生意 22
一顿奢侈的晚餐吓走了外商 24
小不忍则乱大谋 27
莫因小利失荆州 30
小疏忽带来大损失 33
荣华鸡为何败走麦城 36
一个小阀门酿成大惨剧 39

第三章

魔鬼在细节中——认清细节的实质

细节是一种创造	43
细节是一种能力	46
细节隐藏机会	49
细节产生效率和效益	51
细节贵在执行	55
细节有时正是事物的关键所在	57

下篇 细节怎样决定成败

第一章

用心才看得见——细节隐藏机遇

事事留心皆机遇	63
不放弃万分之一的机会	66
说者无意，听者有心	68
看准时机，敢于冒险	71
独具慧眼识商机	74
小信息带来大惊喜	77
善于从细节中发现机会	80
留意生活就有启发	84
只要多留心，到处都是客户	86
把握时机，秀出自己	90

第二章

再往细处想一步——财富之门就这样打开

细节是开启金库的钥匙	93
注重小细节，带来大效益	96
留心细节，化腐朽为神奇	99

崇尚节俭，创造财富 101
点点爱心生财源 105
不用一文，占尽风流 108
留心小事，捕捉生意灵感 110
小智慧带来大财富 113

第三章
星星之火，可以燎原——细节点燃创造的火花

处处留心皆学问 117
在细节上找突破 120
新的视角新的发现 123
细心才有灵感 126
改变细节，与众不同 128
从错误中寻找机遇 131

第四章
伟大源于细节的积累——从小事做起

从小事中做出大学问 135
一生磨一镜，精益求精 137
从最小的具体行动开始 140
成功不仅靠运气 142
做好应做之事 144
想成为珍珠，就要从沙粒开始 146
做事踏实，一步一个脚印 149
小钱积累大财富 151
从平凡小事做起 153
每天进步一点点，成功从细节开始 156

第五章
细节入手，赢得人脉

一点一滴累积交际经验 160

定期联络朋友、亲人和同事 164

规划出自己的人际关系圈 166

及时修复关系 168

以诚信赢得人脉 171

小事之中见真情 175

和成功者在一起 179

第六章
大处着眼，小处着手——领导不仅是做大事

把权力交给这样的人 183

细枝末节体现人情味 188

从细节入手，打造团队精神 191

从细微处全面考察下属 194

不当绯闻闹剧的主角 197

不卷入派系斗争 200

责备下属时不要让对方无地自容 202

不在背后评价同事和下属 204

开会时切忌人身攻击 207

第七章
工作无小事——细节成就卓越

不以卑微的心做卑微的事 211

工作不只为薪水 213

以老板的心态来工作 216

责任感就体现在细微的小事中 219

以感恩的心态来对待工作 222

不为失败找借口 225

不把生活中的烦恼带到工作中 228

第八章
大礼不辞小让

握手的细节 231
自我介绍的礼仪细节 234
与人交往注重仪容 238
让你的表情充满亲和力 241
衣着是做事的通行证 245
举止体现你的风度 248
乘车有学问 252
人际交往中要善用称呼和名片 255
宴会上应注意的礼仪细节 260
注重对上司和领导的礼仪 263

第九章
做人做事，重视细节

记住他人的名字 267
要事总是第一 270
不因无谓琐事得罪人 273
在任何时候要留有余地 276
指出他人过错时一定要讲究方法 279
不要为小事烦恼 282
每天反省5分钟 286
遇事要多考虑3分钟 289
过去的事不要全让人知道 292
及时原谅别人的错误 295

第十章
电话细节，不可忽视

和上司谈话时关掉手机 299
和重要人物通话后不要先挂掉电话 301
友善地对待打错的电话 302

注意提高声音的感染力 304
避免电话中止时间过长 307
打电话时不要和旁边的人说话 308
要确定对方是否具有合适的通话时间 309
随时记录重要的电话 311

第十一章

会议细节，职场关键

会议前要进行充分的准备 314
提前3分钟进入会场 316
选择正确的座位 319
切忌谈论与会议无关的事 321
开会争论时切忌人身攻击 322
养成做好会议记录的习惯 324
开会时将手机和电话设为留言模式 326

第十二章

把握时间，高效人生

要注意利用好零碎时间 328
不要让无谓的事和人占用你的时间 331
用最好的时间做最重要的事 334
尽量避免浪费他人时间 338
坚持使用"日程安排表" 341
附：你是时间管理的高手吗 345

第十三章

健康细节，影响一生

重视饮食和营养 346
养成良好的生活习惯 349
戒掉酗酒、抽烟等不良嗜好 352
消除内心的压力 355

学会休息 ... 358
警惕亚健康，克服现代病 ... 361

第十四章
生活细节，幸福所在

不必让对方知道自己所有的事 ... 365
不要把工作的烦恼带进家庭 ... 367
重视爱人的生日、重要纪念日和节日 ... 370

第十五章
细节识人，小中见大

学会从身体语言看人 ... 375
从学习教育背景看人 ... 380
衣着打扮会展示人的性格 ... 382
看人要注意他的交际圈子 ... 384

第十六章
说话细节，打动人心

说服前认真听取对方的意见 ... 389
劝说，不妨给别人"戴高帽" ... 390
婉转指出他人犯的错误 ... 392
拟好说服过程的大纲 ... 393
选择适合对方性格的场所 ... 394
在说服的过程中注重声音效果 ... 395
讲道理时最好打个比方 ... 396
说"不"时保持温和的态度 ... 397
用幽默的话拒绝别人 ... 398
变换话题，转移对方注意力 ... 400
拒绝求爱者最好委婉些 ... 401
倾听中及时、准确地反馈 ... 402
通过说话方式探索对方心理 ... 403

第十七章
宴请细节,展示形象

请客吃饭宜有一个好理由 405
精心挑选宴请地点 406
根据就餐性质安排客人的座次 408
点餐时先征求客人意见 409
宴请中经常点选的烟酒茶品 410
不过分亲近或疏远任何人 411
赴宴时应注意体现修养与内涵 412
进餐细节集锦 414
做好宴会收尾工作 415

第十八章
面试细节,轻松过关

准备一份简明扼要的简历 416
时刻保持仪表整洁 417
对离职原因要慎重描述 420
要求薪酬时不宜讨价还价 421
采取折中术回答令你左右两难的问题 422
进入公司瞬间,面试就已经开始 424

第十九章
恋爱细节,俘获芳心

女人经不起男人的猛攻 425
男人表白要刚柔并济 426
单刀直入地邀请女孩 427
每次让她先挂电话 428
和她昔日的恋人成为好朋友 429
一束红玫瑰打动芳心 431
刻意制造"机缘巧合" 432

上 篇

细节决定成败

企业每天面对的看似都是琐碎、简单的事情,却最容易忽略,最容易错漏百出。其实,无论企业也好,个人也好,不管有怎样远大的目标,如果一个细节处理不能够到位,计划就会被搁浅,而导致最终的失败。"大处着眼,小处着手",与魔鬼在细节上较量,企业才能基业长青,个人才能把握好每一个机遇,成就卓越。

第一章

天下大事，必做于细
——改变对小事的观念和态度

世界级的竞争在于细节

中国有句老话叫"三百六十行，行行出状元"，不过，随着社会的飞速发展，社会分工越来越细，新兴职业越来越多，职业更替的周期也在不断加速。据统计，中国目前已经有了1800多种职业，并且还有逐年增加的趋势。

分工越来越细，专业化程度越来越高，是社会历史发展的必然趋势。从古典经济学派的亚当·斯密、大卫·李嘉图到萨伊、马克思、马歇尔、熊彼特、凯恩斯、萨缪尔森等几乎所有的经济学家，都把分工看成是工业化进程不断深化、劳动生产率不断提高的重要根据。按照自然分工和市场要求形成的社会产业链，被认为是经由市场那只神秘的"看不见的手"巧妙安排的，从而符合社会整体利益最大化要求的天然产物。

经济学的开山鼻祖亚当·斯密的首要观点就是分工，讲专业化分工如何发展。市场经济的发展一定是越来越专业化的竞争，国际上许多优秀大企业都是上百年专注于一个领域，把工作做足、做细，然后再涉足相关领域，而不是到处插手，盲目多元化。

1981年于瑞士Apples市成立的罗技电子（Logitech）是全世界知名的电脑周边设备供应商，当初罗技只是依靠生产鼠标和键盘进入电脑周边设备行业。鼠标和键盘是电脑最基本、最不可缺少的外设配件，同时也是价钱较低获利较少的配件，因此对于电脑行业的巨头们根本无法产生吸引力，这便给了罗技一个契机。从此，罗技走上了鼠标和键盘生产的专业化道路，经过了数年的努力，罗技不仅在该行业中站稳了脚跟，而且已然成为全球最大的鼠标和键盘的生产供应商。

对此，《细节决定成败》一书的作者汪中求先生认为这对中国的企业，尤其是中、小企业有很大的借鉴意义。他一直不主张搞盲目的多元化，因为中国的企业95%都是中、小企业，多元化基本上是陷阱而不是馅饼。中国的企业如果能在专业化上下足功夫，把产品做精，把质量做细，一定会获得高速的成长。浙江、广东的很多企业在这一点上做得非常好。最有代表性的就是鲁冠球的杭州万向节厂。整个20世纪80年代鲁冠球集中力量生产汽车万向节，实施"生产专业化，管理现代化"以后，又实现"产品系列化"，使当初只有7个人、4000元资产的小厂一跃成为有数亿元资产的大型企业。2003年，鲁冠球位列中国富豪榜第4名，资产54亿元。

但是世界上却有很多企业家并不知道"钻石就在自己的脚下"的道理，他们喜欢像蜜蜂一样，在全国和世界各地飞来飞去，寻找他们的生意机会，显得异常忙碌。其实完全没有必要，因为在你自己的后院里就可能有很多处理不完的好买卖，只要自己一件一件做好就能够赚大钱。

在美国，一个名叫赫博的人经历过一件惨事：破产！赫博很多年来一直是一个精明的建筑商，他不断地周游全国，以规模越来越大的高层写字楼和公寓楼群给自己立下了一个又一个的纪念碑。但最终他还是破产了。

后来他和他的朋友在一起谈起他的故事。赫博说："你知道，在忍受出差去远方城市开发大项目带来的所有不适和不便的同时，我花费了大量钱财。那是一个永远结束不了的噩梦：与飞机场行李搬运工、票务代理商、空姐、出租车司机和旅馆服务员频繁打交道；忙于进出宾馆以及处理商务差旅所带来的一切麻烦，我做好了这些细节，结果到头来却是竹篮打水一场空。如果这些年我待在家里，每天只需要在我所住的那条街道上花一个小时来回散步，关注那些细微的变化，注意那些要出售的房产，几乎不用花费什么力气，我就可以轻而易举地赚到数百万美元。我需要做的只是买下那条街上出售的每一份房地产，然后等待机会将它们卖出去。当我耗心费力地在全国各地到处奔波的时候，我所住的那条街道的房地产升值了10倍还多。"

可见，"世界级的竞争，就是细节竞争"。在现代社会里，对细节的重视已经深入人心。作为一个企业的管理者，不仅要关注企业宏观战略的内容，更要注重企业微观方面的管理内容。企业的执行人员，要从细节入手把工作做细，从而在企业中形成一种管理文化，那就要注重战略百分百的执行，从而使企业具有极其强大的竞争威力。

但是，汪先生在书中论述说：现代管理科学的细化程度，远远赶不上现代化生产和操作中的细化程度。现代化的大生产，涉及面广，场地分散，分工精细，技术要求高，许多工业产品和工程建设往往涉及到几十个、几百个甚至上千个企业，有些还涉及几个国家。如一台拖拉机，有五六千个零部件，要几十个工厂进行生产协作；一辆上海牌小汽车，有上万个零件，需上百家企业生产协作。日本的本田汽车，80%左右的零部件是其他中小生产商提供的。一架"波音747"飞机，共有450万个零部件，涉及的企业单位更多。而美国的"阿波罗"宇宙飞船，则要2万多个协作单位生产完成。这就需要通过制定和贯彻执行各类技术标准和管理标准，从技术和组织管理上把各方面的细节有机地联系协调起来，形成一个统一的系统，从而保证其生产和工作有条不紊地进行。在这一过程中，每一个庞大的系统是由无数个细节结合起来的统一体，忽视任何一个细节，都会带来想象不到的灾难。

可以说，随着社会分工的越来越细和专业化程度的越来越高，一个要求精细化管理的时代已经到来。

那么对于企业而言，面对这样的一个时代，如何能够在激烈的市场竞争中立于不败之地呢？作为著名的企业顾问专家的汪先生认为，今后的竞争将是细节的竞争。企业只有注重细节，在每一个细节上做足功夫，建立"细节优势"，才能保证基业长青。

作为世界上著名的动画片制作中心的迪斯尼公司就十分善于从细节上为观众和客人提供优质服务，从而使游人在离开迪斯尼乐园以后仍然可以感受到他们服务的周到。他们调查发现，每天平均大约有2万游人将车钥匙反锁在车里。于是他们抓住了这个细节，公司雇佣了大量的巡游员，专门在公园的停车场帮助那些将钥匙锁在车里的家庭打开车门。无须给锁匠打电话，无须等候，也不用付费。正是这样一个小小的细节，让成千上万的游客感受到迪斯尼公司无微不至的服务。

迪斯尼公司的服务意识与其产品一样优秀，因为公司内部流传一种"晃动的灯影"理论。所谓"晃动的灯影"，也是迪斯尼公司企业文化的一部分。这一词汇源自该公司的动画片《兔子罗杰》，其中有个人物不小心碰到了灯，使得灯影也跟着晃动。这一精心设计，只有少数电影行家才会注意到。但是，无论是否有人注意到，这都反映出迪斯尼公司的经营理念一直臻于至善，从而使迪斯尼公司越来越深入人心。

可见，这是一个细节制胜的时代：

国际名牌POLO皮包凭着"一英寸之间一定缝满八针"的细致规格，20多年在皮包行业立于不败之地；德国西门子2118手机靠着附加一个小小的F4彩壳而使自己也像F4一样成了万人迷……

细节造就完美。世上不可能有真正的完美，但无论企业也好，人也好，都应该有一个追求完美的心态，并将其作为生活习惯。目前，很多企业虽然有远大的目标，但在具体实施时，由于缺乏对完美的执着追求，事事以为"差不多"便可，结果是：由于执行的偏差，导致许多"差不多的计划"到最后一个环节已经变得面目全非。

企业经常面对的看似都是琐碎、简单的事情，却最容易忽略，最容易错漏百出。其实，无论企业也好，个人也好，无论有怎样远大的目标，但如果一个细节处理不能够到位，都会被搁浅，而导致最终的失败。"大处着眼，小处着手"，与魔鬼在细节上较量，才能达到管理的最高境界。

所以，世界级公司之间的竞争，其实就是细节的竞争。让每一个细节都将公司的理念发挥到极致，就形成了特色。有特色才能生存，才能壮大。细节无处不在，细节才能真正使企业的发展实现从0到1的质变。

战略：一切围绕细节

当今社会，企业越做越大，大得以前不敢想象，但不知道您有没有注意到，在这大的背后，企业对细节的重视度越来越高。其实这种现象是必然的。因为战略决定命运，而当今企业的战略往往就是"从细节中来，到细节中去"。这包含两个主要因素：

1. 越能把握细节，战略定位越准确

战略管理大师迈克尔·波特认为：战略的本质是抉择、权衡和各适其位。

所谓"抉择"和"权衡"，就是我们所谈的每个战略制定前的调研分析，以便作出最后决定的过程；"各适其位"就是对战略定下来以后的具体细节的执行过程。那么，这个前期的过程，拆开来看，就是对每一个细节的关注。

兰德公司（RAND）是当今美国最负盛名的决策咨询机构，一直高居全球十大超级智囊团排行榜首。它的职员有1000人左右，其中500人是各方面的专家。兰德公司影响和左右着美国政治、经济、军事、外交等一系列重大事件的决策。

1950年，朝鲜战争爆发之初，就中国政府的态度问题，兰德公司集中了大量资金和人力加以研究，得出7个字的结论："中国将出兵朝鲜。"作价500万美元（相当于一架最先进的战斗机价钱），卖给美国对华政策研究室。研究成果还附有380页的资料，详细分析了中国的国情。并断定：一旦中国出兵，美国将输掉这场战争。美国对华政策研究室的官员们认为兰德公司是在敲诈，是无稽之谈。

后来，从朝鲜战场回来的麦克阿瑟将军感慨地说："我们最大的失误是舍得几百亿美元和数十万美国军人的生命，却吝啬一架战斗机的代价。"

事后，美国政府花了200万美元，买回了那份过时的报告。

"中国将出兵朝鲜"7个字，字字无价。那380页的资料是兰德公司不知研究了多少细节问题才总结出来的。

军事上的战略决策要从研究每个细节中来，商战中的战略决策也同样如此。

麦当劳在中国开到哪里，火到哪里，令中国餐饮界人士又是羡慕，又是嫉妒。可是我们有谁看到了它前期艰苦细致的市场调研工作呢？麦当劳进驻中国前，连续5年跟踪调查。内容包括中国消费者的经济收入的情况和消费方式的特点，提前4年在中国东北和北京市郊试种马铃薯，根据中国人的身高体形确定了最佳柜台、桌椅和尺寸，还从香港麦当劳空运成品到北京，进行口味试验和分析。开首家分店时，在北京选了5个地点反复论证、比较，最后麦当劳进军中国，一炮打响。这就是细节的魅力。

众所周知，美国是"车轮上的国家"，汽车普及率居全球首位，每100人平均有约60辆车，目前在全美国有超过1亿辆车在行驶着。美国每年销售新车约1400万辆左右，是全球最庞大的单一汽车市场，所以美国又是全世界汽车业最重要、竞争最激烈的地方。

但是美国在汽车界龙头老大的地位逐渐在20世纪70年代石油危机之后发生了动摇，这主要是因为日本小型汽车的崛起。从70年代到90年代，日本汽车大举打入美国市场，势如破竹，给美国汽车市场造成巨大损失，追究其中的根源，就是在于日本汽车企业制定了"一切围绕细节"的战略决策。

丰田公司在汽车的调研这件事上，也表现出了日本人特有的精细。发生在20世纪90年代的一件小事，说明了丰田公司市场调研的精细程度：

一位彬彬有礼的日本人来到美国，没有选择旅馆居住，却以学习英语为名，跑到一个美国家庭里居住。奇怪的是，这位日本人除了学习以外，每天都在做笔记，美国人居家生活的各种细节，包括吃什么食物、看什么电视节目等，全在记录之列。3个月后，日本人走了。此后不久，丰田公司就推出了针对当今美国家庭需求而设计的价廉物美的旅行车，大受欢迎。该车的设计在每一个细节上都考虑了美国人的需要，例如，美国男士（特别是年轻人）喜爱喝玻璃瓶装饮料而非纸盒装的饮料，日本设计师就专门在车内设计了能冷藏并能安全放置玻璃瓶的柜子。直到该车在美国市场推出时，丰田公司才在报上刊登了他们对美国家庭的研究报告，并向那户人家致歉，同时表示感谢。

正是通过这样系列细致的工作，丰田公司很快掌握了美国汽车市场的情况，5年以后，丰田终于制造出了适应美国需求的轿车——可乐娜。有一个关于可乐娜的广告宣传片是这样的：一辆可乐娜汽车冲破围栏腾空而起，翻了几个滚后稳稳落地，然后继续向前开。马力强劲、坚固耐用、造型新颖，同时价格低廉（不到2万美元）的可乐娜推向美国后获得巨大成功。当年丰田汽车在美国销售达3000多辆，是上年的9倍多。此后10年丰田汽车公司在美国不断扩展市场份额，1975年时已成为美国最大的汽车进口商，到1980年，丰田汽车在美国的销售量已达到58000辆，两倍于1975年的销售量，丰田汽车占美国进口汽车总额的25%。1999年，丰田公司在日本占据的市场份额从38%增加到40%以上，丰田还占据了东南亚21%的市场，差不多是最接近它的三菱汽车公司的两倍。

试想：如果日本丰田公司不做如此细致、准确的市场调研的话，能有现在这样辉煌的情形吗？

2. 再好的战略，也必须落实到每个细节的执行上

汪中求先生一直认为，中国绝不缺少雄韬伟略的战略家，缺少的是精益求精的执行者；绝不缺少各类规章、管理制度，缺少的是对规章制度不折不扣的执行。好的战略只有落实到每个执行的细节上，才能发挥作用，也就是迈克尔·波特说的"各适其位"。

张先生在不到一年的时间中，在宝岛眼镜连锁店的两次经历让他在商业氛围中产生了真正的感动。第一次是在2003年3月初，那时张先生刚从南方来到现在工作的城市，对这个城市还不大了解。一天，路过宝岛眼镜，想起自己的眼镜架最近几天有点紧，压迫着太阳穴，很不舒服，径直走了进去。

刚进门，店内服务人员就向他问好，并询问他需要什么帮助。说明来意之后，服务人员把他领到一个柜台前，告知该柜台可以提供所需要的服务。由于柜台旁人很多，服务人员便让他坐在柜台附近的椅子上。坐下不久，服务人员端来一杯微微冒着热气的茶水，微笑着说："先生，先喝杯茶，桌子上的杂志您可以翻阅翻阅。很快就可以轮到你的。"张先生一边道谢，一边接过服务人员手中的纸杯。于是，一边喝水，一边翻阅杂志。没等多久就轮到了他，工作人员耐心地为他调整眼镜架的宽度，一次次试戴，直到他的感觉舒适为止。他很为工作人员发自内心的真诚感动，甚至感觉自己真地做了一回"上帝"。于是，提出付费，工作人员却微笑着说："这些服务是免费的。"但是，张先生仍然过意不去，再三提出付费的请求，但是工作人员坚持拒绝收取服务费用。

2004年1月上旬，张先生的镜架又出现不适的感觉：一边高，一边低。想起宿舍附近也有一家宝岛眼镜，便打算第二天去修一修。但是，考虑到服务免费的问题，又有一些说不出的难为情。不过，想到镜架价值较高，最终还是决定去宝岛眼镜维修镜架。第二天天气很冷，走进宝岛眼镜迎来的同样是一张张笑脸，询问可以提供什么样的帮助后，带领他到相关柜台，并搬来椅子让他坐下。不到一分钟，一位先生端来一杯热茶。张先生端在手中，明显地感觉到温度高于2003年3月那杯，联想到当天的室外温度，张先生顿时明白了这杯茶的温度所蕴涵的真诚：细微之处替顾客着想。一想到此，另一种决定油然而生：下一次配镜一定选择宝岛眼镜。这是他发自内心的感动和决定，就像宝岛眼镜的真诚服务来自心灵深处一样。

关于海尔成功的秘密，张瑞敏这样说道："许多到海尔参观的人提出的问题跟企业管理最基础的东西离得太远，总是觉得好的企业在管理上一定有什么灵丹妙药，只要照方抓药之后马上就可以腾飞了。好的思路肯定非常重要,但饭要一口一口地吃,基础管理要一步一步地抓起来。"

海尔要求把生产经营的每一瞬间管住。在海尔,从上到下,从生产到管理、服务,每一个环节的控制方法尽管不同,却都透出了一丝不苟的严谨,真正做到了环环相扣,疏而不漏。如海尔生产线的10个重点工序都有质量控制台,每个质量控制点都有质量跟踪单,产品从第一道工序到出厂都建立了详细档案,产品到用户家里,如果出了问题,哪怕是一根门封条,也可以凭着"出厂记录"找到责任人和原因。

所以说,战略和战术、宏观和微观是相对的,战略一定要从细节中来,再回到细节中去;宏观一定要从微观中来,再回到微观中去。

做人不计小,做事不贪大

改革开放以来,我国出现了少有的蒸蒸日上、欣欣向荣的局面。这种形势为个人才能的施展搭建了舞台,使不少人走向辉煌,同时,又激发了不少人对成功的憧憬,为此去开拓、去拼搏。然而,任何事物都具有两重性,也引发了一些人一心只想做"大事",幻想一夜成功、名扬四海。浮躁的心态,已成了一种常见的社会现象。

中国的大学经过1998年大规模扩招之后,大学生似乎一下子多了起来,扩招的学生也已经开始走向社会,就业压力骤增,现在社会上已出现"大学生毕业即失业"的说法。据《新闻周刊》转述,2003年7月6日教育部透露,毕业即签约的比例为:研究生80%,本科生60%,专科生、职高生30%。全国有106万大学毕业生一时无法就业,还未包括此前毕业而未就业的大学生。学校、各级政府想尽办法,提高学生的就业率。但大学生人数增长更快,2003年212万,2004年260万,2005年320万,压力越来越大。

细想想,中国的大学生真的是过剩了吗?

2003年11月份,汪中求先生应河南安阳市工商联的邀请,去安阳为企业作营销培训。当地的一位知名企业的厂长在与他交谈时说:"我们厂子花了60多万美元进口了两台世界上最先进的设备,可是我们操作机器的人水平达不到,两台设备发挥不出应有的效益。"汪先生问他:"你们厂里操作这两台设备的人是什么水平?"他回答:"是大专毕业生,而据出口这台设备的美国公司说,操作这两台设备的最低要求应该是研究生水平,而且应具有良好的英语水平和良好的责任心。"汪先生说:"那你为什么不引进一些研究生和本科生呢?"他有些难为情地说:"安阳是个小地方,别说研究生,就是本科生都不愿意来。"

安阳实际上不能算个小地方,应该说是地区中心城市。我们的大学毕业生们一心盯着京、津、沪等直辖市，次一点也要去省会城市，而中国众多的中小城市却找不到合格的人才，这是不是与当代的大学生心态有关系呢？

说到底，不在于大地方、小地方，大企业、小企业，是你愿不愿意真正从基层做起，是你知不知道自己的身价几何。

客观地讲，从事业发展的角度来看，不发达的地域反而给自己的机会多些。这些地区的经济及各项事业有待于起飞，急需人才，所以那些有志气、有专长、能吃苦的人，如果下决心到这样艰苦的地区开拓事业，同样可以找到机会，同样能够大有作为。

有一位法律学校的毕业生，家在一个小县城里。毕业时，很多同学利用关系千方百计想留到大城市里，他没有任何关系只好回县城。当时还很沮丧，后来他才意识到，回到偏僻地方也许是一次难得的机遇。因为当一个好律师，必须有很多实践机会。他发现整个县城没有一个正式的律师，他是唯一一个受过正规训练的人，领导十分器重他，把很多案子交给他来办。由于他潜心学习，很爱动脑子，办了好多大案子甚至是棘手案子，取得成就的他很快崭露头角，成了顶梁柱。后来，有一个考取正式律师的名额，自然非他莫属，他刚22岁就成了一名正式律师，并当上了律师事务所所长。相反，与他同期毕业留在大城市的同学，由于省城人才济济，实习的机会少，几年之后有的还没有单独办过案子，还是见习律师，有的还在当文书，做助手。见面的时候，同学们反而用羡慕的目光看他，说他是幸运儿、机遇好。其实，应该说这是落后艰苦地域给了他磨炼提高的好机会，使他很快成才。正是从这个意义上来说，艰苦的地域可以给有志青年提供有助于成长的机遇。

可见，能够做成大事之人都是从简单的、具体的、琐碎的、单调的小事中一步一步走过来的。把小事做好，把好事做大，是他们成就大事的基础和秘诀。

对此，老子早就说过："天下难事，必做于易；天下大事，必做于细。"对于企业而言，如果不重视细节的运营，用心浮躁，急功近利的话，那么很难有很大的发展。

据统计，世界500强企业的平均寿命是40～50岁，美国每年新生50万家企业，10年后仅剩4%，日本存活10年的企业比例也不过18.3%，而中国大企业的平均寿命是7～8岁，中小民营企业平均寿命是2.9岁。这的确是一个很严酷的现实。

由于浮躁，有的企业前期势头不错，刚发展到了几千万资产，就要搞多元化经营；刚搞到了几个亿，就要搞国际化，誓言几年之内进军世界500强云云。于是就头脑发热，盲目扩张；耳根发硬，听不进别人的意见；两眼发晕，看不到企业经营中的风险……

西方有句名言："罗马不是一天建成的。"说的就是做事一定要有坚忍的毅力，切忌浮躁。

与其苦苦追求缥渺的影子，不如脚踏实地一步一步前行。财富的聚敛方法也是同样的道理。

新加坡著名华人企业家、"橡胶"兼"黄梨"大王李光前有自己独特的经营方法。1928年他创建南益树胶公司时，鉴于许多胶商因把资金用来购买胶园与烟房而使资金周转不灵甚至倒闭的教训，采取与众不同的方式，没有把资金用来购买胶园与胶厂烟房；他的烟房除了在麻坡武吉巴西的旧烟房外，是租用别人的胶厂；树胶则向小园主收购。这种经营方式虽然利润较低，但流动资金充裕，可以随时调动。

李光前采取现金交易的原则，这也是与众不同的。小园主把胶液与胶丝卖给南益公司，除可一手拿钱一手交货外，在急需现款时还可以向公司预借。因此小园主都乐于与他交易，使公司不致缺货或断货，弥补了没有树胶园的短处。1929年，世界性经济危机爆发并波及到新加坡，胶价暴跌，拥有大量胶园与胶厂的树胶商损失惨重，中小胶商更是纷纷破产。而李光前的南益公司即使在胶价最低时，也现金充裕，受损失最为轻微。

此后，李光前在经营方式上更为谨慎，凡是购买胶园或增建胶厂的资金，绝不向银行借贷。银行给予的贷款，只用作流动资金。由于他信用良好，1958年，南益集团曾向新加坡汇丰银行取得4500万的抵押贷款，成为当时获得贷款最多的华人公司。因此，李光前曾经这样说过："凡是在工商业上最成功的人，就是最会利用银行信用的人。"后来，李光前进行多元化投资，其南益集团成为新加坡最大的企业集团之一。

邓小平同志说："发展是硬道理。"这是中国社会发展的大势所趋。求快、求发展是我们每个人的心愿，但如何做？这要求大家不论是做人、做事、做管理，都应当踏踏实实。从实际出发，从大处着手，从小事做起，拒绝浮躁，因此，要时刻牢记这样的一个口号："做事不贪大，做人不计小。"

万事之始，事无巨细

人生在世，做大事不拘小节，固然是一种处事态度。但这往往也是一种很危险的做法，不拘小节有时会误大事的事例不胜枚举。无论是在工作还是生活中，做事认真仔细，才能把事做得尽善尽美。很多时候，透过一件小事，足以看出一个人的态度和能力。

有三个人去一家公司应聘采购主管。他们当中一人是某知名管理学院毕业的，一名毕业于某商院，而第三名则是一家民办高校的毕业生。在很多人看来，这场应聘的结果都是很容易判断的，然而事情却恰巧相反。应聘者经过一番测试后，留下的却是那个民办高校的毕业生。

在整个应聘过程中，他们经过一番番测试后，在专业知识与经验上各有千秋，难分伯仲。随后招聘公司总经理亲自面试，他提出了这样一道问题，题目为：

假定公司派你到某工厂采购4999个信封，你需要从公司带去多少钱？

几分钟后，应试者都交了答卷。

第一名应聘者的答案是430元。

总经理问：

"你是怎么计算呢？"

"就当采购5000个信封计算，可能是要400元，其他杂费就算30元吧！"答者对应如流。

但总经理却未置可否。

第二名应聘者的答案是415元。

对此他解释道：

"假设5000个信封，大概需要400元左右，另外可能需用15元。"

总经理对此答案同样地没表态度。

但当他拿第三个人的答卷，见上面写的答案是419.42元时，不觉有些惊异，立即问：

"你能解释一下你的答案吗？"

"当然可以，"该同学自信地回答道，"信封每个8分钱，4999个是399.92元。从公司到某工厂，乘汽车来回票价10元。午餐费5元。从工厂到汽车站有一里半路，请一辆三轮车搬信封，需用3.5元。因此，最后总费用为419.42元。"

总经理不觉露出了会心一笑，收起他们的试卷，说："好吧，今天到此为止，明天你们等通知。"

其实，工作就是由无数琐碎、细致的小事组成的，人们也是在这无数平凡的小事中创造不平凡的业绩的。这种重视细节的态度无论对个人和企业都是有益的。

当宝洁公司刚开始推出汰渍洗衣粉时，市场占有率和销售额以惊人的速度向上飙升，可是没过多久，这种强劲的增长势头就逐渐放缓了。宝洁公司的销售人员非常纳闷，虽然进行过大量的市场调查，但一直都找不到销量停滞不前的原因。

于是，宝洁公司召集了很多消费者开了一次产品座谈会，会上，有一位消费者说出了汰渍洗衣粉销量下滑的关键，他抱怨说："汰渍洗衣粉的用量太大。"

宝洁的领导们忙追问其中的原由，这位消费者说："你看看你们的广告，倒洗衣粉要倒那么长时间，衣服是洗得干净，但要用那么多洗衣粉，计算起来更不划算。"

听到这番话，销售经理赶快把广告找来，算了一下展示产品部分中倒洗衣粉的时间，一共3秒钟，而其他品牌的洗衣粉，广告中倒洗衣粉的时间仅为1.5秒。

也就是在广告上这么细小的一点疏忽，对汰渍洗衣粉的销售和品牌形象造成了严重的伤害。这是一个细节制胜的时代，对于自己的工作无论大小，都要了解得非常透彻，数据应该非常准确，事实也应该非常真实，这样才能脚踏实地完成宏伟的目标。

美国绝大部分企业家都知道一些十分精确的数字：比如全国平均每人每天吃几个汉堡包、几个鸡蛋。之所以要了解得这么清楚，是因为他们想确保细节上多方面的优势，不给竞争者可乘之机，哪怕是一些细枝末节的漏洞。

只要保证产品在一比一的竞争中获胜，那么整个市场的绝对优势就形成了，而这些恰恰是市场拓展的精髓所在；要打败对手，唯有做到比对手更细！

在市场竞争日益激烈残酷的今天，任何细微的东西都可能成为"成大事"或者"乱大谋"的决定性因素。家乐福单是在选择商圈上就可谓细致入微，它通过5分钟、10分钟、15分钟的步行距离来测定商圈；用自行车的行驶速度来确定小片、中片和大片；然后对这些区域再进行进一步的细化，某片区域内的人口规模和特征，包括年龄分布、文化水平、职业分布以及人均可支配收入等等。如此细微的规划和考察，是家乐福一直保持在零售业第一梯队的关键原因之一。

类似的以细节取胜的经营之道逐渐成为一种流行的趋势，例如，很多餐厅准备了专供儿童使用的"baby椅"，客人吃完螃蟹后滚烫的姜茶便端送到其手中；商场在晚上关门前会播放诸如《回家》之类的音乐，让客人在萨克斯的情调中把轻松带回家……

在这么多例子中，能够把细节服务做到极致的是诺顿百货公司，这家由8家服装专卖店组成的百货公司，靠的就是细节服务取胜而不是削价赢利的竞争策略。诺顿百货公司的细节化服务有：

- 替要参加重要会议的顾客熨平衬衫。
- 为试衣间忙着试穿衣服的顾客准备饮食。
- 替顾客到别家商店购买他们找不到的货品，然后打7折卖给顾客。
- 在天寒地冻的天气里替顾客暖车。
- 有时甚至会替顾客支付交通违章的罚款。

诺顿公司的总裁约翰先生在服务的细节上起到了带头作用，在高峰时间他从不占用可以多容纳一位顾客的电梯，而是从楼梯走上走下。

在诺顿百货公司的细致服务下，大批的忠实顾客都喜欢把自己称为"诺家帮"，诺顿百货公司也因此长盛不衰。可以说，做事情就是做细节，任何细微的东西都可能成为"成大事"或者"乱大谋"的决定性因素。

张瑞敏在1996年海尔正在快速发展时还一再强调："目前，我们的一些中层干部目标订得很大，但工作不细，只在表面上号召一下，浮浮夸夸，马马虎虎，失败了不知错在何处，成功了不知胜在何处，欲速则不达。"他的行动风格是，凡欲成就一件大事，事先都要做艰苦、周密的策划工作，对过程还要进行严密的监控。

可见，在海尔，细节的重要在领导人的头脑里简直就是关键因素，正是这种注重细节的严谨精神，使海尔获得了巨大的成功。

真可谓"成也细节，败也细节"。

要成大事，先做小事

俗语说"一滴水，可以折射整个太阳"，许多"大事"都是由微不足道的"小事"组成的。日常工作中同样如此，看似琐碎、不足挂齿的事情比比皆是，如果你对工作中的这些小事轻视怠慢，敷衍了事，到最后就会因"一着不慎"而失掉整个胜局。所以，每个员工在处理小事时，都应当引起重视。

工作中无小事，要想把每一件事情做到无懈可击，就必须从小事做起，付出你的热情和努力。士兵每天做的工作就是队列训练、战术操练、巡逻排查、擦拭枪械等小事；饭店服务员每天的工作就是对顾客微笑、回答顾客的提问、整理清扫房间、细心服务等小事；公司中你每天所做的事可能就是接听电话、整理文件、绘制图表之类的小事。但是，我们如果能很好地完成这些小事，没准儿将来你就可能是军队中的将领、饭店的总经理、公司的老总。反之你如果对此感到乏味、厌倦不已，始终提不起精神，或者因此敷衍应付差事，勉强应对工作，将一切都推到"英雄无用武之地"的借口上，那么你现在的位置也会岌岌可危，在小事上都不能胜任，何谈在大事上大显身手呢。没有做好小事的态度和能力，做好大事只会成为无本之木，无源之水，根本成不了气候。可以这样说，平时的每一件小事其实就是一个房子的地基，如果没有这些材料，想象中美丽的房子，只会是空中楼阁，根本无法变为实物。在职场中每一件小事的积累，就是今后事业稳步上升的基础。

美国已逝的总统罗斯福曾说过：成功的平凡人并非天才，他资质平平，却能把平平的资质，发展成为超乎平常的事业。

有一位老教授说起过他的经历："在我多年来的教学实践中，发觉有许多在校时资质平平的学生，他们的成绩大多在中等或中等偏下，没有特殊的天分，有的只是安分守己的诚实性格。这些孩子走上社会参加工作，不爱出风头，默默地奉献。他们平凡无奇，毕业分手后，老师同学都不太记得他们的名字和长相。但毕业后几年十几年中，他们却带着成功的事业回来看老师，而那些原本看来有美好前程的孩子，却一事无成。这是怎么回事？

我常与同事一起琢磨，认为成功与在校成绩并没有什么必然的联系，但和踏实的性格密切相关。平凡的人比较务实，比较能自律，所以许多机会落在这种人身上。

平凡的人如果加上勤能补拙的特质，成功之门必定会向他敞开。"

人们都想做大事，而不愿意或者不屑于做小事，想做大事的人太多，而愿意把小事做好的人太少。事实上，随着经济的发展，专业化程度越来越高，社会分工越来越细，真正所谓的大事实在太少。因此，多数人所做的工作还只是一些具体的事、琐碎的事、单调的事，它们也许过于平淡，也许鸡毛蒜皮，但这就是工作，是生活，是成就大事不可缺少的基础。所以无论做人、做事，都要注重细节，从小事做起。一个不愿做小事的人，是不可能成功的。要想比别人更优秀，只有在每一件小事上比功夫。不会做小事的人，也做不出大事来。

看不到细节，或者不把细节当回事的人，对工作缺乏认真的态度，对事情只能是敷衍了事。这种人无法把工作当作一种乐趣，而只是当作一种不得不接受的苦役，因而在工作中缺乏热情。而考虑到细节、注重细节的人，不仅认真地对待工作，将小事做细，并且注重在做事的细节中找到机会，从而使自己走上成功之路。

我们普通人，大量的日子，很显然都在做一些小事，怕只怕小事也做不好，小事也做不到位。身边有很多人，不屑于做具体的事，总盲目地相信"天将降大任于斯人也"。孰不知能把自己所在岗位的每一件事做成功、做到位就很不简单了。不要以为总理比村长好当。有其职斯有其责，有其责斯有其忧。如果力不及所负，才不及所任，必然祸及己身，导致混乱。所以，重要的是做好眼前的每一件小事。所谓成功，就是在平凡中做到不平凡的坚持。

周恩来位居总理之职，官不可谓不大，而他强调的却是"关照小事，成就大事"。他一贯要求身边的工作人员尽可能地考虑到事情的每个细节，最反感"大概""可能""也许"的做法和言语。一次在北京饭店举办涉外宴会，他问："今晚的点心是什么馅？"一位工作人员答道："大概是三鲜馅吧。"周恩来马上追问："什么叫大概？究竟是，还是不是？客人中如果有人对海鲜过敏，出了问题谁负责？"

周恩来总理正是以他这种一丝不苟的精神，不仅赢得了中国人民的爱戴，同样受到了国际友人的尊敬。尼克松说："对于周恩来来说，任何大事都是从注意小事入手这一格言，是有一定道理的。他虽然亲自照料每棵树，但也能够看到森林。"尼克松回忆道："我们在北京的第三天晚上应邀去看乒乓球表演，当时天已下雪，而我们预定第二天要去参观长城。周恩来离开了一会儿，通知有关部门清扫通往长城的路上的积雪。"

"海不择细流，故能成其大；山不拒细壤，方能就其高。"

周恩来总理重视细节的作风，希望能够对我们改变观念起到一定的作用。有的朋友以为做了大官才能做大事，或者只想做大事，最终肯定是不但成不了大事，反而连小事也做不好。

任何一位成功者都是磨炼出来的，人的生命具有无限的韧性和耐力，只要你始

终如一地脚踏实地做下去，无论在怎样的处境，无论大事或小事，都不放松自我。不自暴自弃，你便可以创造出令自己和他人都震惊的成就。

不积跬步，无以至千里；不积小流，无以成江海。凡成就一份功业，都需要付出坚强的心力和耐性，你想坐收渔利，那只能是白日做梦。你想凭侥幸靠运气夺取丰硕的果实，运气永远不会光顾你。

也许你勤奋地工作，到头来却家徒四壁，一事无成。但是，你如果不去勤奋工作，你就肯定不会有香车豪宅，不会有成就。所以，如果你想成功，你就要去做，马上做，即使是小事。

大的利益源于小的付出

对艾伦一生影响深远的一次职务提升是由一件小事情引起的。一个星期六的下午，一位律师（其办公室与艾伦的同在一层楼）走进来问他，哪儿能找到一位速记员来帮忙——手头有些工作必须当天完成。

艾伦告诉他，公司所有速记员都去观看球赛了，如果晚来5分钟，自己也会走。但艾伦同时表示自己愿意留下来帮助他，因为"球赛随时都可以看，但是工作必须在当天完成"。

做完工作后，律师问艾伦应该付他多少钱。艾伦开玩笑地回答："哦，既然是你的工作，大约1000美元吧。如果是别人的工作，我是不会收取任何费用的。"律师笑了笑，向艾伦表示谢意。

艾伦的回答不过是一个玩笑，并没有真正想得到1000美元。但出乎艾伦意料，那位律师竟然真的这样做了。6个月之后，在艾伦已将此事忘到了九霄云外时，律师却找到了艾伦，交给他1000美元，并且邀请艾伦到自己公司工作，薪水比现在高出1000多美元。

一个周六的下午，艾伦放弃了自己喜欢的球赛，多做了一点事情，最初的动机不过是出于乐于助人的愿望，而不是金钱上的考虑。艾伦并没有责任放弃自己的休息日去帮助他人，但那是他的一种特权，一种有益的特权，它不仅为自己增加了1000美元的现金收入，而且为自己带来一项比以前更重要、收入更高的职务。

因此，我们不应该抱有"我必须为老板做什么"的想法，而应该多想想"我能为老板做些什么"。一般人认为，忠实可靠、尽职尽责完成分配的任务就可以了，但这还远远不够，尤其是对于那些刚刚踏入社会的年轻人来说更是如此。要想取得成功，必须做得更多更好。一开始我们也许从事秘书、会计和出纳之类的事务性工作，难道我们要在这样的职位上做一辈子吗？成功者除了做好本职工作以外，还需要做一些不同寻常的事情来培养自己的能力，引起人们的关注。

如果你是一名货运管理员，也许可以在发货清单上发现一个与自己的职责无关的未被发现的错误；如果你是一个过磅员，也许可以质疑并纠正磅秤的刻度错误，以免公司遭受损失；如果你是一名邮差，除了保证信件能及时准确到达，也许可以做一些超出职责范围的事情……这些工作也许是专业技术人员的职责，但是如果你做了，就等于播下了成功的种子。

付出多少，得到多少，这是一个众所周知的因果法则。也许你的投入无法立刻得到相应的回报，也不要气馁，应该一如既往地多付出一点。回报可能会在不经意间，以出人意料的方式出现。最常见的回报是晋升和加薪。除了老板以外，回报也可能来自他人，以一种间接的方式来实现。

伟大始于平凡，一个人手头的小工作其实是大事业的开始，能否意识到这一点意味着你能否做成一项大事业，能否取得成功。

从前在美国标准石油公司里，有一位小职员叫阿基勃特。他在远行住旅馆的时候，总是在自己签名的下方，写上"每桶4美元的标准石油"字样，在书信及收据上也不例外，签了名，就一定写上那几个字。他因此被同事叫作"每桶4美元"，而他的真名反倒没有人叫了。

公司董事长洛克菲勒知道这件事后说："竟有职员如此努力宣扬公司的声誉，我要见见他。"于是邀请阿基勃特共进晚餐。

后来，洛克菲勒卸任，阿基勃特成了第二任董事长。

这是一件谁都可以做到的事，可是只有阿基勃特一个人去做了，而且坚定不移，乐此不疲。嘲笑他的人中，肯定有不少人才华、能力在他之上，可是最后，只有他成了董事长。

一人的成功，有时纯属偶然，可是，谁又敢说，那不是一种必然呢？

恰科是法国银行大王，每当他向年轻人回忆过去时，他的经历常会令闻者沉思起敬，人们在羡慕他的机遇的同时，也感受到了一个银行家身上散发出来的特有精神。

还在读书期间，恰科就有志于在银行界谋职。一开始，他就去一家最好的银行求职。一个毛头小伙子的到来，对这家银行的官员来说太不起眼了，恰科的求职接二连三地碰壁。后来，他又去了其他银行，结果也是令人沮丧。但恰科要在银行里谋职的决心一点儿也没受到影响。他一如既往地向银行求职。有一天，恰科再一次来到那家最好的银行，"胆大妄为"地直接找到了董事长，希望董事长能雇佣他。然而，他与董事长一见面，就被拒绝了。对恰科来说，这已是第52次遭到拒绝了。当恰科失魂落魄地走出银行时，看见银行大门前的地面有一根大头针，他弯腰把大头针拾了起来，以免伤人。

回到家里，恰科仰卧在床上，望着天花板直发愣，心想命运对他为何如此不公平，连让他试一试的机会也没给，在伤心中，他睡着了。第二天，恰科又准备出门求职，在关门的一瞬间，他看见信箱里有一封信，拆开一看，恰科欣喜若狂，甚至有些怀疑这是否在做梦——他手里的那张纸是录用通知。

原来，昨天恰科蹲下身子去拾大头针的细节，被董事长看见了。董事长认为如此精细小心的人，很适合当银行职员，所以，改变主意决定雇佣他。恰科是一个对一根针也不会粗心大意的人，因此他才得以在法国银行界平步青云，终于有了功成名就的一天。

人生的美德再没有比爱心来得更宝贵的了。它是一切美好事物的头。"如果把爱拿走，地球就变成一座坟墓了。"而当你献出心中的爱时，得到的爱会成倍地增加，甚至一个小小的爱心之举就会改变你的命运，让你一举成名。

韩国韩进企业集团的董事长赵重熏，原来只是在仁川干货运生意的一名司机，由于当时司机这一行业是很低贱的工作，所以他设立的韩进商场发展得一直很慢。使他真正发达起来的转折点，就是他做了富有爱心的一件事。

一天，赵重熏由汉城开车前往仁川，经过富平时，看到路旁有辆抛锚的轿车，是位美国女士的。他马上下车热心地帮这位美国女士修好车。令人意想不到的是这位女士竟然是驻韩美军高级将领的夫人，她在感激之余把赵重熏介绍给自己的丈夫。从此，这位企业家开始真正地起飞了。因为当时朝鲜战争结束不久，韩国国内物资极度匮乏，全靠美军援助。在这位驻韩美军高级将领的帮助下，赵重熏接下了美援物资运输这笔大生意，他开始日进斗金，快速发展起来。后来，在越南战争期间，他又利用和驻韩美军的亲密关系，获得了在越南从事军运的许可，从此赚到了1.3亿美元。

如今，韩进企业集团包括大韩航空在内，一年总营业额为12000亿元韩币。这一切成就的根源，就是赵重熏的爱心。

爱心的力量不可估量，它是一个人走向成功的内在动力。它不仅可以让你的心灵得到满足，重要的是，在你献出爱心的同时，他人会记住你的爱心，在你需要帮助的时候，他们也就会真心实意地支持你。爱心是互补的，只要你充满了爱心，你就会被别人的爱心所包围，这样的人自然更容易取得成功。

但是要培养出良好的"爱"的艺术并非轻而易举的事，它需要你通过自身的努力实践来获得。在生活中，你要处理好与同事、邻里和上司的关系，一旦他们有什么困难需要帮助时，你就要挺身而出，帮他们做一些力所能及的事。

总之，你要加强自我修养，多向一些修养好、品德高尚、富有爱心的人学习。毕竟人生因为有爱才有意义、有激情、有奔头。而能使你走向成功的唯一动力，也正是它——爱心。

第二章

千里之堤,溃于蚁穴
——忽视细节的代价

❧ 忽视细节让他屡屡败走大公司 ❧

人生一世,无论做人、做事,都要注重细节,从小事做起。由此,我们需要改变心浮气躁、浅尝辄止的毛病,提倡注重细节,把小事做细、做实。

可是,生活中偏偏有不少人总是忽略这些轻微的细节,结果往往栽在这些不起眼的小事上,张先生因为忽视细节致使屡屡败走大公司的事例可以充分说明这一点。

每年金秋十月,都是跳槽的高峰季节之一,而500强外资大公司又乘机把目光锁定在各路精英的身上,同时各路精英也在搜索着自己钟情的大公司。但是,并非每位精英都能如愿以偿。连续向500强外资大公司发起了多次"冲击"的张先生感叹道:"从6月到国庆前夕,我先后参加了30家企业的面试,其中仅500强大公司就有TNT、东芝、三星、UPS、玫琳凯等,结果却无一过关。唉!我为何屡屡败走大公司?"

3年前,张先生毕业于某交通大学交通运输专业,到东北某大型国有集团找到一份工作。2年后,来到上海。不久就进了一家合资物流公司,在仓储部门任仓储调度。

2004年5月合同到期,已升迁到仓储主管的张先生离开了公司。踌躇满志的他把目光瞄准了500强外资大公司。理想是美好的,可现实是无情的,屡屡碰壁后,他的自信心开始动摇了……

张先生第一次面试的大公司是世界500强、全球4大快递公司之一的荷兰TNT的子公司——一家专做汽车配件的汽车物流公司。

5月上旬某日下午1点，他去参加面试。他先填写的是中文报名表。在填报具体职位时，他有点犹豫，便在空格中写了两个职位：运输主管和仓储主管。

面试官是两位中国人——一位人力资源部经理和一位物流部经理。自我介绍结束后，物流部经理首先问道："你为什么填两个职位，你到底应聘哪个职位呢？"张先生说："我学的是交通运输，在东北做过运输管理工作；来上海后又做了1年仓储管理工作，两个岗位都可以做。"

物流部经理用不太信任的口气说："我们要求有5年相关工作经验，你只工作了3年，经验不足！你以前做的是快速消费品，我们做的是汽车配件，你的专业经历不行！"尽管他竭力辩解，两位面试官还是不为所动。这次面试就这样流产了。

后来张先生分析其原因觉得面试失败的主要原因虽是专业经历欠缺，但填两个应聘职位这一细节失误也难辞其咎。

8月下旬，张先生意外接到了东芝一家分公司的通知面试的电话，让他第二天上午10点过去面试，也是巧事，韩国三星公司也通知他在这天下午2点30分参加面试，一天应聘两家500强企业，他真是忙得有点昏头转向。此外，他还有点担心，万一他们用日语、韩语面试怎么办？他可从来没学过这些。

在等待面试时，张先生发现公司员工都说上海话，此时，他的心稍轻松了一些，毕竟上海话他能听懂一些。

但是一踏进小会议室时，张先生马上意识到了对面经理的眼神里有一丝失望——他的穿着太随意，只穿了一件旧的休闲T恤，头上的汗还没有擦干净。

自我介绍完后，她问："你的数据库编程水平怎么样？"他很奇怪：我是做物流或做仓储工作的，会操作就可以了。干吗要会数据库编程呢？于是他如实回答："数据库编程我不太懂行。"面试中，她问了很多令人不愉快的问题，话里语间处处流露着不信任，似乎在审问一个囚犯。这使得张先生很气愤，于是没等她说完张先生就主动提出退出了面试。

面试自然又失败了。张先生反省道："其原因可能就是第一印象不太好。虽然责任在自己，但我心里还是有气；你们主动找上我的，还那么苛刻，还专门问一些令人难堪的问题！"

怀着几分气愤的心情，下午他提前10分钟赶到了韩国三星的分公司。前台小姐很客气地将他领进一间会议室。他想这次应该有点戏了吧。会议室里坐着3个人：人力资源部经理、运作部经理和一位会说汉语但带着明显的口音，应该是韩国人。三人看起来都很友好和善。

他向他们微笑了一下，便用流利的英语作自我介绍。他的表述很快得到了他们的首肯。接着，韩国人用汉语问了一些问题："来上海几年了？""工作情况怎么样啊？"他都认真地作了回答。

可能是因为这段时间他不断地投简历，不断地参加面试，事前的准备有点松懈了。接到三星的面试通知后，他竟然想不起应聘的是哪个职位。他当然不能问面试官，便婉转地问："我应聘的职位有什么具体要求？"谁知，这些老江湖很快明白了张先生的心思。运作部经理当即问："你难道连这个职位的要求都不知道吗？"张先生慌忙辩解说："不是的，我是想了解清楚以后，便于将来迅速开展工作。"他很快微微地笑了一下："那是，那是！"接着，他又问了有关海关报关方面的问题。因为张先生的专业经历不大对口，他的回答不太理想。他居然边回答边做手势，可能是动作大了点，说着说着，他们突然大笑起来。张先生尴尬地看着他们。这次面试就在他们的欢笑和张先生的尴尬中收场了。

心情低落的张先生回到家里没精打采地打开电脑查信息。不查不知道，一查吓一跳：原来昨天他应聘三星公司的是物流专员！此时，他不觉感到有点羞愧了。原来这次面试失败的原因在于仓促上阵，对自己应聘的职位不了解，一些专业问题事先没准备。

仔细地分析张先生屡屡失败的原因，不难看出他忽略了面试中许多细微的小事：比如说面试前没有做充分的准备，尤其对应聘的职位了解得不太透彻，而且衣着打扮也不太合体，没有充分重视第一印象的作用，而且面试中没有注意言行举止，手舞足蹈，给人一种不注重仪表的感觉……但是还有一件至关重要的事情，那就是凡事都要有充分准备，切不可不做好准备，匆忙上阵，否则只有像张先生一样落荒而逃。

现在的社会，不再像过去"走一步，算一步"了。做什么事情，都得有准备才行。这好比一个人身体有了病，要到医院治疗，就必须预先经过检查、验血、照X光等诊断，然后才能治疗。做事预先计划周全，早做准备，才能事半功倍。如果做事前不做任何准备，临时抱佛脚，要想事情圆满成功，那就难了！

幽默大师林语堂，一生应邀作过无数场演讲，但是他不喜欢别人未经事先安排，临时就要他即席演讲，他说这是强人所难。他认为一场成功的演讲，只有经过事先充分的准备，内容才会充实。

对于一个如林语堂这么擅长演讲的学者，他都不作没有准备的演讲，可见事先准备工作的重要。

"凡事预则立。"每件事，只有事先做好相关的准备工作，到时才不至于手忙脚乱，才能把事情圆满地做好做完善。

苏格拉底说："没有经过考验的人生是一文不值的。同样，没有做事前准备的工作是不会一帆风顺的。"有了第一天的短短几分钟的准备过程，就能对第二天的工作有充分的认识，这样就知道第二天哪件事最重要，哪件事是应该最先做的，就能知道做事的轻重缓急和先后次序。相反,如果你在工作中无视准备,事前准备不充分,事后就会麻烦多多。

做任何事情,都要提前做好充分的准备。作为一个上班族,要想把第二天的工作做好,你最好在每天下班前的几分钟制定出第二天的工作计划,如果拖到第二天上午上班时候才制定工作计划表,那就很容易做得比较费劲,因为那时又面临新一天的工作压力。而前一天晚上就把第二天要做的准备工作做好,到第二天工作起来就会轻松多了。

在头一天做好准备工作,可以了解第二天每项工作可能会发生的问题,并能采取预防措施,防微杜渐。

每一天都在做准备,每一天做的事情都是在为将来做准备,当你做好了充分的准备,机会来临时你就会抓住。

凡事做好准备,每一天都可以很轻松地达成你的目标。所有成功的人,都是凡事有准备的人。

迟到几分钟,丢掉大生意

诚实守信是一种美好的品德,更是做人的基本原则。近年来,诚实守信在社会上的被重视程度逐渐提高。

很多人能够认识到诚实守信的重要性,也希望自己能够成为一个有诚信的人。但不少人认为诚信的原则只是在大事中才能体现,而事实上要做到诚实守信,必须从小事做起。在商业谈判中,有许多人因为不重视"守时"这个做人的原则,结果毁掉了大好的合作机会。

一位朋友向周总推荐一位印刷公司老板。这位老板知道周总的公司在印刷方面花不少钱,想争取周总的生意。他带来了精美了样本、仔细考虑的价钱建议和热情的许诺。周总有礼貌地坐着,尽管会议还没开始他就决定不把生意交给他,因为他迟了20分钟才来。准时取得周总的公司的印刷品是十分关键的。周总公司的产品的印刷资料星期三送到,星期四装订,星期五发送到周总下星期出席的座谈会地点,迟一天就跟迟一年那么糟糕。周总的公司可能要十多位工人在既定的一天来将销售信、小册子和订货单叠好塞进信封,如果印刷品没运到,啥事都干不成。所以,当那位印刷公司老板第一次会议就不能准时出席,周总就推断出不能指望这个印刷公司老板能把他的工作干好。

许多你想打交道的精明、成功和有影响力的人士,并没什么"系统"去判断别人和决定买谁的东西,与谁做生意,帮助或信任谁。如果你不是守时者,别人会对你作负面评价。可以说遵守时间是一个有助于打动别人的简单方法。

成功人士从来都懂得要守时。

守时就是遵守承诺；按时到达要去的地方，没有例外，没有借口，任何时候都必须做到。如果你对别人的时间不尊重，你别指望别人会尊重你的时间。如果你不守时，你就没有影响力或没有道德的力量。守时的人会取得职员、助手、货商、顾客乃至每一个人的好感。

恪守时间是工作的灵魂和精髓所在，同时也代表了明智与信用。

守时代表了彬彬有礼、温文尔雅的大家风范。有些人总是手忙脚乱地完成工作，他们总是给人急匆匆的印象，就好像他们总是在赶一辆马上就要启动的火车。他们没有掌握适当的做事方法，所以很难会有什么大的成就。学校生活最大的优点之一就是有铃声催你起床，告诉你什么时间该去晨读或者上课，教你养成恪守时间、从不误时的习惯。每个年轻人都应该有一块表，可以随时看时间。事事习惯"差不多"是个坏毛病，从长远来看更是得不偿失。在著名商人阿蒙斯·劳伦斯从事商业生涯的最初7年里，他从不允许任何一张单据到星期天还没有处理。商业界的人士都明白，商业活动中某些重大时刻会决定以后几年的业务发展状况。如果你到银行晚了几个小时，票据就可能被拒收，而你借贷的信用就会荡然无存。

"哦，我多么喜欢那个任何事情都按时完成的年轻人！"布朗先生说，"你很快就会发现，自己可以信赖他，并且很快就会让他来处理越来越重要的事情。"

恪守时间是使人信任的前提，会给人带来好名声。它清楚地表明，我们的生活和工作是按部就班、有条不紊的，使别人可以相信我们能出色地完成手中的事情。恪守时间的人一般都不会失言或违约，都是可靠和值得信赖的。办事一贯准时、恪守时间的好名声，往往是积累成功资本的第一步。有了第一步，成功自然水到渠成。

例如，美国银行大王摩根与人洽谈生意，能利用最少时间产生最大效用。他为了严守纪律，而招致了许多怨恨。其实，对我们每个人而言，这是一种值得学习和提倡的美德。

他每天上午9点半来到办公室，下午5点回家。通常他总是在一间宽敞的办公室里，与无数办事人员一同工作，而不像许多商界要人，只和他的秘书在一个房间里。他随时都在指挥手下的员工，依照他的计划行事。除了与生意有重要关系的接洽外，他从来不与人交谈5分钟以上的时间。如果你走进那间办公室，会很容易见到他，但如果你没有要紧的事，他绝不会欢迎你。

摩根有卓越的眼力，能够判断一个人要来接洽什么事情。你对他说话，一切转弯抹角的手段都会失去效力，他能够立刻猜出你的目的，这一招使他节省了很多时间。摩根最不能容忍的是原本没有什么重要事情需要接洽，只是为了想找个人谈天，而去耗费工作繁忙的人许多宝贵光阴的人。

在许多成功人士的眼中,时间就是金钱,时间就是生命。

在福尔顿报社前面的商店里,一位犹豫了将近一个小时的男人终于开口问店员了:"这本书多少钱?"

"1美元。"店员回答,

"1美元?"这人又问,"你能不能少要点?"

"它的价格就是1美元。"没有别的回答。这位顾客又看了一会儿,然后问:"福尔顿先生在吗?"

"在,"店员回答,"他在印刷室忙着呢。"

"那好,我要见见他。"这个人坚持一定要见福尔顿。于是,福尔顿就被找了出来。

这个人问:"福尔顿先生,这本书你能出的最低价格是多少?"

"1美元25分。"福尔顿不假思索地回答。

"1美元25分?你的店员刚才还说1美元1本呢!"

"这没错,"福尔顿说,"但是,我情愿倒给你1美元也不愿意离开我的工作。"

这位顾客惊异了。他心想,算了,结束这场自己引起的谈判吧,他说:"好,这样,你说这本书最少要多少钱吧。"

"1美元50分。"

"又变成1美元50分?你刚才不还说1美元25分吗?"

"对,"福尔顿冷冷地说,"我现在能出的最好价钱就是1美元50分。"

这人默默地把钱放到柜台上,拿起书出去了。这位著名的物理学家和政治家给他上了终生难忘的一课:对于有志者,时间就是金钱。

这个男人从此争分夺秒地去学习,最后终于成为一个有名的作家。

富兰克林说:"你热爱生命吗?那么别浪费时间,因为时间是组成生命的材料。

向时间要效益,合理利用时间就是与时间争夺宝贵的生命。"忙里偷闲",会这样做的人,才是会生活的人。

守护好你的时间,养成守时的好习惯,也就意味着守护好你自己的生命。时间一去不复返,不管你高兴还是忧伤。

一顿奢侈的晚餐吓走了外商

不拘小节常被人看作是大度潇洒的表现:大礼不拘小让,做大事的人哪顾得了那些鸡毛蒜皮的小事?

错矣。知道吗?大事全部是由不起眼的小事组成的,唯有把每件小事做好,才有可能做成大事业。更何况,许多生活社交上的所谓小事也许不会给你带来明显的财富收入，但却是一个人修养素质的全部体现，是一个人潜在的形象及人际资源方面的投资。但是，生活中有许多人并不重视这些诸如像吃饭一样的小节，结果毁掉了大好的合作机会。

  某国有企业与一家美国大公司商谈合作问题，这家企业花了大量功夫做前期准备工作。在一切准备就绪之后，公司邀请美国公司派代表来企业考察。前来考察的美国公司的代表在这家企业领导的陪同下，参观了企业的生产车间、技术中心等一些场所，对中方的设备、技术水平以及工人操作等，都表示了相当程度的认可。中方工厂非常高兴，设宴招待美方代表。宴会选在一家十分豪华的大酒楼，有20多位企业中层领导及市政府的官员前来作陪。美方代表以为中方还有其他客人及活动，当知道只为招待他一人之后，感到不可理解。美国代表在回国之后，发来一份传真，拒绝与这家中国企业合作。中方认为企业的各种条件都能满足美方的要求，对代表的招待也热情周到，却莫名其妙地遭到美方拒绝，对此也相当不理解，便发信函询问。美方代表回复说："你们吃一顿饭都如此浪费，要是把大笔的资金投入进去，我们如何能放心呢？"

  对于这家企业来说，能得到一笔巨额投资对于其未来发展具有重要作用，所以这次合作是一件大事，但这件大事却因为一顿饭的"小节"而毁于一旦。

  如果说吃饭是一种"小节"，那么也有人因为重视这种"小节"而赢得了商业上合作的机会，可见细节的威力是无穷的。

  一个青年来到城市打工，不久因为工作勤奋，老板将一个小公司交给他打点。他将这个小公司管理得井井有条，业绩直线上升。有一个外商听说之后，想同他洽谈一个合作项目。当谈判结束后，他邀这位也是黑眼睛黄皮肤的外商共进晚餐。晚餐很简单，几个盘子都吃得干干净净，只剩下两只小笼包子。他对服务小姐说，请把这两只包子装进食品袋里，我带走。外商当即站起来表示明天就同他签合同。

  因将吃剩下的两只小笼包带走这样极其平凡的小事感动了外商，使外商顺利地与他签订了合同，由此我们可以看出吃饭这等小事带给人的影响。

  上面的例子充分说明了"小节"的重要性，可见小节非小，事事关大。但是生活中，总是有太多的人忽略这些所谓的小节，给自己的事业和人生带来巨大的障碍和麻烦。

  不妨再举一件发生在我们周围的真人真事。

  国内有家工厂，为了能从美国引进一条生产无菌输液软管的先进流水线，曾做了长期的艰苦努力，终于说服了对方。可是，也就是在签字的那一天，在步入签字现场那一刹那，中方厂长突然咳嗽了一声，一口痰涌了上来，他看看四周，一时没能找到可供吐痰的痰盂，便随口将痰吐在了墙角，并小心翼翼地用鞋底蹭了蹭，那位精细的美国人见此情景不由地皱了皱眉。

  显然，这个随地吐痰的小小细节引起了他深深的忧虑：输液软管是专供病人输液用的，必须绝对无菌才能符合标准，可西装革履的中方厂长居然会随地吐痰，想必该厂工人素质不会太高，如此生产出的输液软管，怎么可能绝对无菌！于是美国人当即改弦更张，断然拒绝在合同上签字——中方将近一年的努力也便在转眼间前功尽弃！

随地吐了一口痰结果砸了一笔大生意，这难道不值得三思？

每天我们都置身于不同的场合，作为社交一分子，我们要做的就是让自己的行为与场合和身份相称。但是，偶尔一疏忽就会露出马脚，这个时候你不妨检查一下自己有什么细小的地方做得不妥当。

曾经有一位朋友说他不会与一家公司的另一位同学合作。于是有人惊讶地问他：大家都是同学，生意上又可互惠互利，为什么呀？他说："这么多年了还是一点长进都没有，我听着他嚼口香糖的声音就想吐。还有我拉他去跟人家谈判，出来后我直为有这样的同学而丢人，他的形体语言太夸张了，时而摇头晃脑，时而拍手大笑，让对方觉着我们跟人家不在一个层面上，怎么做生意啊！"

据人所知，那位同学人不错，也有不少其他优点，但修养、礼仪上的这些小问题竟然给他带来如此大的负面影响真是出乎人的意料。

现在就让我们来看看你的行为，你是否在当众打哈欠？在大庭广众中，你能忍住不打呵欠吗？打呵欠在社交场合中给人的印象是，表现出你不耐烦了，而不是你疲倦。

有些耳痒的人，只要他看见什么可以用，就会随手取一支来掏耳朵，尤其是在餐室，大家正在饮茶、吃东西的当儿，掏耳朵的小动作，往往令旁观者感到恶心，这个小动作实在不雅，而且失礼。有些头皮屑多的人，在社交的场合也忍耐不住皮屑刺激的搔痒而搔起头皮来。搔头皮必然使头皮屑随风纷飞，这不仅难看，而且令旁人大感不快。

宴会席上，谁也免不了会有剔牙的小动作，既然这小动作不能避免，就得注意剔牙的时候不要露出牙齿，更不要把碎屑乱吐一番，这是失礼的事情。假如你需要剔牙，最好用左手掩住嘴，头略向侧偏，吐出碎屑时用纸巾接住。

因此，由于自己不拘小节的习惯，而破坏了自己的形象，这实在不好，针对此必须注意：

手——最易出毛病的地方是手。以手掩住鼻子、不停地抚弄头发、使手关节发出声音、玩弄接过手的名片。无论如何，两只手总是忙个不停，很不安稳的样子。本来想使对方称心如意，谁知道却因为这样而惹人厌烦。

脚——神经质地不住摇动，往前伸起脚，紧张时后脚跟跷起等等动作，不仅制造紧张气氛，而且也相当不礼貌。如果在讨论重要提案时伸起脚，准会被人责骂。

在参加会议时更不要当众双腿抖动。这种小动作多发生在坐着的时候，站立时较为少见。这种小动作，虽然无伤大雅，但由于双腿颤动不停，令对方视线觉得不舒服，而且也给人以情绪不安定的感觉，这是失礼的。同样，让跷起的腿钟摆似的荡秋千也是相当难看的姿态。

背——老年人驼背是正常的事，如果二三十岁的年轻人都驼背的话，可就不太好了。我们主张挺直腰杆和人交谈。

眼睛——目光惊慌，在该正视时，却把眼光移开，这些人都是缺乏自信，亦或隐藏着不可告人的秘密，这种人容易使人反感。然而直盯着对方的话，又难免会让人产生压迫感，使别人不满。因此只要能安详地注视对方眼睛的部位就可以了。

表情——毫无表情，或者死板的、不悦的、冷漠的、无生气的表情，会给对方留下坏的印象。应该赶快改正，不要让自己脸上有这种表情。为使说话生动，吸引对方，最好能有生动活泼的表情。

动作——手足无措、动作慌张，表示缺乏自信。动作迟钝、不知所措，会使人觉得没劲儿。昂首阔步、动作敏捷、有生气的交谈等会使气氛变得开朗。所以，千万别忘了人是依态度而被评价，依态度而改变气氛的。

不要以为这些小节不重要，它会严重影响到你的社交形象，以至于影响到你在他人眼中的印象，因此，为了不至于因小节伤大雅，因小节损伤自己形象，请从此刻起：密切关注生活中这些细微的小节，树立良好的形象，多方位地完善自我，最终使自己登上大雅之堂。

小不忍则乱大谋

小谭费了九牛二虎之力进了这家带"中国"字头的大公司。这公司虽说也是上市公司，但国有企业长期积累的一些习气仍在发生作用。这些天小谭他们11楼的锅炉热水器坏了，喝开水要到15楼去打。这样，每天提热水壶上15楼打开水自然成了小谭份内的事，谁让他在办公室资历最浅。这天上午，小谭先到外面办事，11点过回到办公室，回来时大汗淋漓，他揭开热水壶盖一看，里面空空如也。小谭很生气，大声说从明天起轮流打开水，他不能一个人承包。没人响应，于是，第二天早晨上班后他也不打开水了……结果可想而知，当天中午他就被领导叫去训了一通，让他勤快一点……

这太不公平了！小谭心里想，觉得自己再也不能这么夹着尾巴做人了，于是，他开始琢磨跳槽的事了。

应该说，这事对小谭的确不公平，但在现代职场上，永远也不会有绝对公平出现！道理很简单，无论社会进步到什么程度，企业管理如何扁平化，企业内部永远是个金字塔结构。既然是个金字塔，就必然会有上下之分，既然有上下之分，就必然会有不平等的现象存在。企业作为一台利润压榨机，与追求公平相比，它更喜欢效率。在一个公司内部，如果没有适当的等级制度和淘汰制度，它就会因为自己的"仁义"而失去竞争力，就会在竞争中遭到淘汰。因此，在现实生活之中，永远不会出现你想象中的那种公平。

这就需要你学会控制自己，学会忍耐，学会去适应身处的这个真实的环境和社会，这是许多成功人士能够超越他人成就大事的一个重要方面。

大学毕业后，李明应聘到一家公司做助理。刚开始，他很难受，特别是老张、小李什么的动不动就唤他去打杂时，他就会发无名火，觉得很没尊严。他觉得他们在把他当奴才使唤。不过，事后他冷静一想，又觉得他们并没有错，他的工作就是这些。刚进来时，王经理也这么事先对他说过，但一旦涉及具体事情，他的情绪就有点失控。有时咬牙切齿地干完某事，又要笑容可掬地向有关人员汇报说："已经做好了！"如此违心的两面派角色，他自己都感到恶心。有几次，他还与同事争吵起来。从此以后，他的日子更不好过了，同事们都不理他，李明在公司感到空前的孤独。

有一天，女秘书小吴不在，王经理便点名叫李明到他办公室去整理一下办公桌并为他煮一杯咖啡。他硬着头皮去了。王经理一眼就看出了李明的不满，便一针见血地指出："你觉得委屈是不是？你有才华，这点我信，但你必须从这个做起。"

他叫李明先坐下来，聊聊近况。可李明身旁没有椅子，他不知道自己该坐到哪里，总不能与王经理并排在长条双人沙发上坐下吧！

这时，王经理意有所指地说："心怀不满的人，永远找不到一个舒适的椅子。"难得见到他如此亲切和慈祥的面孔，李明放松了很多。

手脚忙乱地弄好一杯咖啡后，李明开始整理王经理的桌子，其中有一盆黄沙，细细的，柔柔的，泛着一种阳光般的光。李明觉得奇怪，不知道这干吗用的。

王经理似乎看出他的心思，伸手抓了一把沙，握拳，黄沙从指缝间滑落，很美！王经理神秘地一笑："小伙子，你以为只有你心情不好，有脾气，其实，我跟你一样，但我已学会控制情绪……"

原来，那一盆沙子是用来"消气"的。那是王经理的一位研究心理学的朋友送的。一旦他想发火时，可以抓抓沙子，就可以舒缓一个人紧张激动的情绪。朋友的这盆礼物，已伴他从青年走向中年，也教他从一个鲁莽少年打工仔，成长为一位稳重、老练、理性的管理者。王经理说："先学会管理自己情绪，才能管理好其他。"

一个人的发展往往会受到很多因素的影响，这些因素有很多是自己无法把握的，工作不被认同、才能不被重用、职业发展受挫、上司待人不公平、别人总用有色眼镜看自己……这时，能够拯救自己出泥潭的只有忍耐。比尔·盖茨曾告诫初入社会的年轻人：社会是不公平的，这种不公平遍布于个人发展的每一个阶段。在这一现实面前任何急躁、抱怨都没有益处，只有坦然地接受这一现实并忍受眼前的痛苦，才能扭转这种不公平，使自己的事业有进一步发展的可能。

莎莉·拉斐尔很早就立志于播音事业。但由于当时美国各家无线电台都约定俗成地只聘用男性，所以，当她在各家电台应聘时，都被认为不能胜任这类工作而屡遭拒绝。

后来，她在纽约的一家电台找到一份工作，但不久却以"赶不上时代"为由遭到辞退，结果又失业了。

一天，她向一家广播公司的负责人谈起她的节目构想。"我相信公司会有兴趣。"那人说。但此后不久那人便离开了公司，她的美梦破灭了。后来，她又找到公司另外两名职员，却被要求主持她最不擅长的政治节目。

但是，她并没有退缩，而是抓住了这次机会，通过自己的勤奋，使她主持的节目一时间成为最受欢迎的节目。

"我遭人辞退18次，本来大有可能被这些遭遇所吓退，做不成我想做的事；结果相反，这鞭策我勇往直前。"拉斐尔自豪地说。

如今，莎莉·拉斐尔已成为著名的自办电视节目主持人。在美国、加拿大和英国，每天都有800万观众收看她的节目。

莎莉靠着坚忍的毅力承受了一次又一次的挫折，她不但没有丧失信心，反而勇敢地面对一切，用积极的心态赢得了最终的成功。

有很多人，遇到挫折后，不是去寻求合适的方法克服困难，而是把一切原因都归结到别人的身上，喜欢迁怒于别人。挫折心理都是由刺激即挫折源引起的。自然逆境引起的挫折没有人为性，而社会逆境和个体自身因素引起的挫折都具有人为性的特点，这样就必然涉及挫折后要如何对待他人的问题。

社会逆境引起的挫折，挫折源都是人为的。对于有意为自己设置障碍的人，受挫折者该如何对待呢？是耿耿于怀，视为永远的敌人，还是宽容大度，化干戈为玉帛呢？应该是后者。因为，迁怒于别人只能给自己的人际交往带来障碍，对排除困难没有好处。

情绪是人对事物的一种最浮浅、最直观、最不用脑筋的情感反应。它往往只以维护情感主体的自尊和利益出发，不对事物作复杂、深远和智谋的考虑，这样的结果，常使自己处在很不利的位置上或为他人所利用。本来，情感离智谋就已距离很远了（人常常以情害事，为情役使，情令智昏），情绪更是情感的最表面部分、最浮躁部分，以情绪做事，焉有理智？不理智，能有胜算吗？能占别人的便宜吗？

但是我们在工作、学习、待人接物中，却常常依从情绪的摆布，头脑发热（情绪上来了），什么蠢事都愿意做，什么蠢事都做得出来。

但是明智的人却能以包容之心，以宽容的态度来化解人生中各种矛盾和麻烦。

明朝长洲的一老翁尤某开了家当铺，临近年关，有一位曾在当铺典当衣物的邻居前来闹事，不还钱却要取回衣物。那个人蛮横不讲理又不示弱。老翁慢慢地劝解他说："我知道你的意思，不过是为过新年考虑罢了。这是小事，为什么要争吵呢？"他让人拣出那人原来典当的衣物，找到的衣服不过四五件。老翁指着棉衣说："这件御寒不能缺少。"又指着道袍说："（这件）给你作为拜年时用，其他的衣物不是着急穿的，自然可以留下。"那人却不知所措，只好拿着衣服悻悻地走了。这天夜里那人竟死在别人家里，牵连那家春节都打官司。原来这个人因为欠债多，已经喝了毒药，知道老翁富有便来敲诈，结果没得手，诈死在别人家里。有人问尤翁事先知道怎么又容忍了他，老翁说："凡是无理取闹的，其中一定有什么依仗。小事如果不包容，那么大祸立刻就到了。"人们佩服他的包容和见识。

包容是为那些曾经侵犯我们的人着想而作出的，它使我们从中看到了非常强大的力量，可以帮助我们恢复友谊、爱情和事业，它的最高境界是心灵的净化和升华。

一个人的品德往往是体现在能否包容他人这一点上。这就决定了他在别人心目中的位置，而人们在选择自己所追随的目标时，也往往是以包容为标准的。也就是说，包容的人能以德服人。

莫因小利失荆州

很多人对自己使用的东西都有一种修补心理。我们在生活中做每件事情，都应该有一个大局的眼光，但是有时候我们常常被眼前的蝇头小利所迷惑。

某家报纸曾经刊登过这样一个事例：一个香港的老板来大陆投资，机器设备都是从国外进口的最好的，生产效率极高。但是有一天突然这个地方发了洪水，虽然经过奋力抢救使大部分机器脱离了险情，但是还是有一台设备没有抢救出来。洪水退了，为了尽快恢复生产，香港老板就在当地市场上采购了一台中国大陆制造的机器来充当重任。

这台机器质量还过得去，用了一段时间也没有什么大的问题，但是不久它就原形毕露，各种小毛病开始显现出来。今天这个螺丝松了，明天那个零件坏了，总得不断修理，这样常常影响整个生产任务的顺利进行。老板想重新买一台进口的新机器，但是进口机器非常贵，再说这台机器也还能用，所以就这么一天又一天地耗着。但是那个大陆产的机器还是不争气，总是出毛病，而且损坏的周期越来越短。到年底一算细账，就因为这台机器的这些各种小毛病，产量较上年度有明显的减少，这些损失加上维修费用等，足可以换一台进口机器了。香港老板这才痛下决心，以低廉的价格把这台机器处理掉，从国外购置回一台新机器。

但凡我们想把一件事情做好的时候，就不能有凑合的心理，应该更换的东西一定要换，该重新购置的东西就要重新买，只有这样才能提高整个工作的效率。细枝末节上的修修补补，虽然能够满足暂时的需求，但是从整个长远的计划完成的角度来看，这是非常不明智的做法。

现实生活中，更为不明智的做法就是有些人因为贪图小利而失掉自己最起码的做人原则，毁掉大好的人生前程。

张平在一家大公司供职，能说会道，才华横溢，所以他很快被提拔为技术部经理，他认为，更好的前途正在等着他。

有一天，一位港商请张平喝酒。席间，港商说："最近我的公司和你们的公司正在谈一个合作项目，如果你能把手头的技术资料提供给我一份，这将使我们公司在谈判中占据主动。"

"什么，你是说，让我们做泄露机密的事？"张平皱着眉道。

港商小声说："这事儿只有你知我知，不会影响你。"说着，将15万元的支票递到张平面前。张平心动了。

在谈判中，张平的公司损失很大。事后，公司查明真相，辞退了张平。

真是赔了夫人又折兵。本可大展鸿图的张平不但因此失去了工作，就连那15万元也被公司追回以赔偿损失。张平懊悔不已，但为时已晚。

在所有老板的心目中，"谁是忠诚的，谁才有责任感，谁才是最可靠的"。本着这种认识，老板一旦发现你露出不忠诚的端倪，那么任凭你有惊世之才，他也不会信任你，更不会给你发展的空间。

也许，像张平这样的人，在利欲的诱惑之下，完全忘记了"天下没有免费的午餐"的真理。

数百年前，一位聪明的老国王召集了聪明的臣子，交待了一个任务："我要你们编一本《各时代的智慧》，好流传给子孙。"

这些聪明人接受命令以后，工作了很长一段时间，最后完成了一本12卷的巨作。老国王看了后说："各位先生，我确信这是各时代的智慧结晶。然而，它太厚了，我怕人们不会去读完它。把它浓缩一下吧！"

这些聪明人又经过长期的努力工作，几经删减之后，完成了一卷书。然而，老国王还是认为太长了，又命令他们继续浓缩。

这些聪明人把一本书浓缩为一章，然后浓缩为一页，浓缩为一段，最后则浓缩成一句。老国王看到这句话时，显得很得意，说："各位先生，这真是各时代的智慧结晶，并且各地的人一旦知道这个真理，他们担心的大部分问题就可以解决了。"

这句千锤百炼的话是："天下没有免费的午餐。"

一个优秀的员工永远也不会被利欲蒙蔽眼睛，他将时刻用职业道德与高尚人格

规范自己的行为，努力保持德与行的一致性。当利益在前时，他丝毫不为所动，因为他的心头有一把打不开的锁。

面对种种诱惑，包括利益放在面前需要作出取舍的那一刻，真的需要强大的精神力量来支撑自己的行为。只有德积累到一定厚度的时候，个人的行才会显得自然而不生硬；也只有德积累到一定程度，行才会自然而然地流露。这也就是德与行的关系吧。那么，怎么做才能培养德与行呢？只有一以贯之养成的自觉才能做到这一点。于是，自觉与否就成了关于培养德行的重要问题。

有一个老锁匠，手艺远近闻名，更让人敬重的却是他的人品。因为他每次为顾客配钥匙，总要告诉人家自己的姓名和住址，说："如果你家发生了盗窃，只要家门是用钥匙打开的，你就来找我！"

老锁匠老了，为了不让自己的手艺失传，他决定在两个年轻的徒弟中选一个做自己的接班人。为此，他进行了一次考试。他准备了两个保险箱，分别放在两个房间，事先规定，谁能在最短的时间里打开，谁就有资格得到自己的真传。

大徒弟不到10分钟就打开了保险箱，二徒弟却用了更多的时间。答案好像已经十分明显。可就在这时，老锁匠突然向大徒弟发问道："保险箱里有什么？"

大徒弟连忙回答："师傅，里面有很多钱。"

这个同样的问题又给了二徒弟，二徒弟支支吾吾了半天，不好意思地说："师傅，我只是开锁，没注意里面。"

老锁匠点点头，把保险箱里的钱给了大徒弟，宣布二徒弟为自己的接班人。大徒弟不服气，在场的许多看热闹的人也都议论纷纷，很不理解。老锁匠说话了："我培养接班人有一个根本的标准，就是他必须做到心中只有锁而无其他，对钱财视而不见。否则，心存私念和贪心，一旦把持不住，去登门入室或打开人家保险箱取钱都易如反掌，最终只能是害人害己。我们修锁的人，每个人心上都要有一把不能打开的锁啊。"

佛语说：万恶皆由贪字起。贪念足可使人丧失良知，而一旦人的良知被贪念所蒙蔽，便什么样的坏事也做得出来。如同一头野兽，没有是非善恶的判断力，也没有道德的约束力，只知逞凶斗狠，以取得自己的所求。

一念己私，足以使刚毅的正气消失殆尽，而化为柔弱无主的邪欲；一贪，明理的智慧就会被蒙蔽、阻塞，而成为一个昏庸无能的人；人只要有了贪念，原本慈祥的仁心，就将转为残酷、凶暴，甚至原本无瑕的思想，也将因为贪念而变得邪恶，人品也因此染上污点，坏了一生不易修得的人格，这是多么不值得的事啊。

人因贪婪偶尔会犯起傻来，什么蠢事都会干出来。所以任何时候要都有自己的主见和辨别是非的能力，不要被假象所迷惑。

不可否认有些幸运儿也许会有中大奖的运气，但这些看似免费或费用很低的"午餐""馅饼",很可能让你付出别的代价:失去生命力、创造力。

有得必有失,有贪也必有失!

小疏忽带来大损失

从前屋檐下有一块石头,它非常坚硬也非常自信。它常常认为自己坚不可摧,非常看不起周围的朋友。

一天,一滴水从屋檐上掉下来,正好落在石头身上。石头觉得软软的一点感觉也没有。它非常轻蔑的问:"小鬼,你这么柔弱,还敢向我挑战?"

水滴说:"我虽然柔弱,但我有决心向你挑战!因为我有打败你的法宝!"

石头哈哈大笑起来:"小小水滴,口气倒不小。快告诉我你有什么法宝能打败我?"

水滴说:"我用你自己打败你。"

"哈哈哈——荒唐,你有我壮吗?你有我强吗?你有我硬吗?你有我大吗?凭哪一点,你都是我的手下败将。"

水滴说:"就凭你自己,我就能战胜你!"

"你做梦吧!"

水滴说:"只要我重视你、你忽略我的话,我就能战胜你!"

"我偏不信!想用这种办法来哄着我重视你。"

"那走着瞧吧!你必会败的!"

石头哼哈着,根本没把水滴说的当回事。

水滴不停地滴在石头背上,月复一月,年复一年。石头照样唯我独尊,根本不在乎水滴。

好多年以后,石头背上出了一个大洞。石头终于醒悟过来了。它望着自己带有伤痕的身子,后悔地说:"没想到我一个小小的疏忽,竟导致我如此悲惨的命运!"

是呀,后悔归后悔,但只要"前事不忘,后事之师",买个经验教训也还是有它的意义的。可是悲剧却还在重演,而且有时有愈演愈烈之势。

许多企业就像石头那样,两只眼睛只盯着那些表面的利益,却不去考虑其可能带来的损失,蒙骗顾客。

只有那种经营时不让顾客有丝毫的遗憾、不满,不再经营时让顾客遗憾万分的公司,才是真正经营成功的公司,才是名利双收的公司。

办企业一定要诚实,对所有顾客负责,靠欺骗顾客混口了是长久不了的。

做生意必须彻底实践对顾客应尽的礼仪和责任。不仅用嘴说要如何为顾客服务,而且要用实际行动实践这项义务。

如果发现公司有不合理的现象，要立刻设法铲除，不可姑息。对产品同样，不要因为是自己做的产品有了毛病就讳而不宣，等到让消费者发觉时，受损害的就不止你本人，很可能连整个公司的名誉，信用也受到拖累。

有着百年辉煌历史的爱立信与诺基亚、摩托罗拉并世称雄于世界的移动通讯业。但自1998年开始的3年里，当世界蜂窝电话业务高速增长时，爱立信的蜂窝电话市场份额却从18%迅速降至5%，即使在中国市场，其份额也从1/3左右迅速地滑到了2%！爱立信在中国的市场销售额一日千里地从手机销售头把交椅跌落，不但退出了销售三甲，而且还排在了新军三星、菲利浦之后。在中国这样一个快速成长的市场上，国际上很多濒危的企业一到这个市场就能起死回生、生龙活虎，但爱立信却在这块风水宝地上失去了它往日的辉煌。

2001年，在中国手机市场上，大家去买手机时，都在说爱立信如何如何不好。当时，它一款叫作"T28"的手机存在质量问题。这本来就是一种错误，但更大的错误是爱立信漠视这一错误。"我的爱立信手机的送话器坏了，送到爱立信的维修部门，很长时间都没有解决问题；最后，他们告诉我是主板坏了，要花700块钱换主板。而我在个体维修部那里，只花25元就解决了问题。"这位消费者确切地说出了爱立信存在的问题。那时，几乎所有媒体都注意到了"T28"的问题，似乎只有爱立信没有注意到。爱立信一再地辩解自己的手机没有问题，而是一些别有用心的人在背后捣鬼。然而，市场不会去探究事情的真相，也不给爱立信以"伸冤"的机会，无情地疏远了它。

其实，信奉"亡羊补牢"观念的中国消费者已经给了爱立信一次机会，只不过，爱立信没能好好把握那次机会。

1998年，《广州青年报》从8月21日起连续3次报道了爱立信手机在中国市场上的质量和服务问题，引发了消费者以及知名人士对爱立信的大规模批评。而且，爱立信的768C、788C以及当时大做广告的SH888，居然没有取得入网证就开始在中国大量销售。当时，轻易不表态的电信管理部门的声明，证实了此事。至此，爱立信手机存在的问题浮出了水面。但爱立信一如既往地采取掩耳盗铃的方式来解决问题。据当时参加报道的一位记者透露，爱立信试图拿出几万元广告费来封媒体的嘴；爱立信广州办事处主任还心虚嘴硬地狡辩：我们的手机没有问题！既然选择拒不认错，爱立信自然不会去解决问题，更不会切实去做服务工作。

质量和服务中的缺陷，使爱立信输掉了它从未想放弃的中国市场。

无独有偶，美国也有类似的事件发生。但他们因事后采取的措施及时、正确，使得公司效益迅速回升，转危为安。

美国强生公司生产的泰乐诺胶囊是一种止痛药，1981年的销售额达到13.5亿美元，占强生公司总销售额的 7%，利润的 17%。1982 年 9 月，一位患者服药后当天死亡。消息传出后，强生公司在止痛药的市场份额迅速由 35.3% 下降到 7%，公司面临着巨大危机。公司迅速作出反应，妥善处理相关事宜。

结果，经过一番努力，在 8 个月后，公司重新赢得了 35% 的市场份额，使公司起死回生。

同样是面临这样的危机事件，爱立信输掉中国市场，而强生公司却转危为安。这其中的奥妙有多少人研究过呢？

其实并不是企业才有可能"千里之堤，溃于蚁穴"，就个人而言，有时也会因一个细节而栽跟头。

诸立昌的第一次求职经历，令他一生都难以忘怀。

诸立昌是大专生，3 年里他勤奋学习，英语、写作、专业课样样不懈怠，业余时间还参加了会计本科考试，到毕业前诸立昌即将获得学士学位。对自己的功底诸立昌是颇为自信的。

诸立昌应聘的是一家全国知名的国有大型企业。人事部对他的资料相当满意，对他的英语水平和写作能力也很欣赏。也许是由于惜才之故，人事部主管对诸立昌极为客气，当即电话通知财务经理对他进行面试。10 分钟不到，财务经理就来了。财务经理是一位十分瘦削的老先生，衣着朴素。几句寒暄之后，便转入正题，他说他想考几个会计科目方面的问题。如此简单的问题，让诸立昌不禁窃喜。"你说吧，你说吧。"诸立昌说，一点儿也不紧张。

考核极为顺利，对他的问题诸立昌几乎是不假思索，对答如流，同时还旁征博引，援引财政部最新颁布的有关会计法规加以论证。诸立昌想用自己的学识来赢得这位经理赏识。一个小时后，他被宣布录用了。成功如此之容易，骄傲的情绪自然也就滋长起来了。

上班的第一天，财务经理交给诸立昌的第一份工作就是依据凭证录入原材料明细账。这个过程极为简单，就是一个数字转抄的事儿。一千多张凭证诸立昌两天就抄完了。他不免有些看轻这份工作，言语之间有所流露。财务经理却依然是一副水波不兴的样子。到第七天开始与总账核对。诸立昌惊奇地发现自己竟对不上账。据其所登录明细金额，十次二十次地加总，与总账总是对不上。诸立昌慌了手脚，几千笔金额要查出错误可不是一件易事，反复核查几次后仍与总账对不上。诸立昌开始怀疑是总账有误。他再一次自信地找到财务经理，用极其肯定的语气告诉经理没有错，应该是总账错了。财务经理并没有直接回答诸立昌的话，只是笑了笑说："小伙子，世上好像任何事都是相对的，没有太绝对的吧。"诸立昌不以为然。财务经理将其录入的明细账拿去复核，结果不到 10 分钟就查出了一笔错误，322579 误写成了 22579，二者之间相差近 14 倍！

诸立昌羞愧满面，无言以对。财务经理当即让诸立昌去人事部结账，他恳请经理能原谅自己的这次过错。而财务经理言出必行，毫无挽回的余地。临行时，财务经理意外地抽出时间和诸立昌谈心："小伙子，你很聪明，但人不能聪明得过了头。一开始你就很傲气，记不记得我问你问题时，你一连说了两个：你说吧。我看你有才，姑且原谅你。这几天我交给你一个简单会计工作，旨在考察你，结果你完成得怎么样？照抄你都会抄错，你的能力何在？因为你这一错，公司有可能损失20多万，这个责任是你负还是我负呢？本来我可以原谅你，但我今天不得不辞退你。我的年龄与你的父亲相当，正因为如此，我想如果今天不给你一个沉重的打击，你就不能吸取这个教训。请体会我的良苦用心。你不能怪我，要怪只能怪你自己没有迈好你的第一步。"

一份年薪6万元的工作就这样与他失之交臂了。从公司到学校是一段极长的路，平常都是公司的班车接送诸立昌上下班。而这天，诸立昌第一次要从公司走回去了。他为这错误的一步付出了高昂的代价。

可见，无论是企业还是个人，都不要忽略一些细小的错误，否则就有可能付出惨重的代价。

荣华鸡为何败走麦城

"魔鬼在细节"，这是美国人讨论一些有影响的成功或失败事件，或谈论立法、政策时使用频率非常高的成语。中国也有类似说法，如"不积跬步，无以至千里"，"一屋不扫，何以扫天下"，"千里之堤，溃于蚁穴"，"见微知著"等。它们强调"细小"的东西可"成大事"，亦可"乱大谋"。

世界建筑大师密斯·凡·德罗在被要求用一句话描述其成功的原因时，他也用"魔鬼在细节"作了回答。在设计大剧院时，他精确地测算了每个座位与音响、舞台间的距离及因此导致的不同听觉、视觉感受，并根据每个座位设计了最合适的摆放方向、大小、倾斜度、螺丝钉位置等。

日本人的精细为其产品赢得了全球极高的美誉度。所以，细节工作在日本是至关重要的。丰田汽车社长认为其公司最为艰巨的工作不是汽车的研发和技术创新，而是生产流程中一根绳索的摆放，要不高不矮、不粗不细、不偏不歪，而且要确保每位技术工人在操作这根绳索时都要无任何偏差。

众所周知的荣华鸡最终败给肯德基的事件就是很典型的例子。

细节能够造就天使，但它也能造就魔鬼。往往更多的是造就魔鬼。

肯德基是美国著名的快餐连锁企业。自从1987年在中国开了首家店以后，发展速度一直很快，到现在几乎是孺叟皆知。

肯德基以其鲜明的特色、优美简洁的环境、按标准化制作的食品、热情周到的服务，吸引了大批国人，尤其是年轻人。

外国餐饮业的"入侵"大大刺激了中国传统的饮食业。一些国内餐饮业也纷纷搞起了连锁，企图抵抗"外敌入侵"，其中上海的荣华鸡就是突出的代表。

20 世纪 90 年代初，上海新亚集团老总去肯德基考察了一番后，自己配了几种调料，做油炸鸡：除了有一个鸡腿，还有国人爱吃的罗宋汤、上海人爱吃的咸菜炒毛豆和一个酸辣菜。

1991 年 12 月 28 日，荣华鸡快餐公司成立。荣华鸡以适合中国人口味和比较便宜的价格，受到了广大消费者的青睐。开始两年，公司最高日营业额 11.9 万元，月平均营业额达 150 万元，两年累计营业额 1500 万元，职工很快发展到 300 人。北京、天津、深圳等 24 个省市纷纷向荣华鸡发出邀请，欢迎荣华鸡安家落户，甚至连捷克、新加坡等国的外商也纷纷邀请荣华鸡去开店。

1994 年，荣华鸡在北京开了第一家分店，并扬眉吐气地称："肯德基开到哪儿，我就开到哪儿！"

荣华鸡举起民族大旗对抗肯德基时，生意门庭若市，其中效益最好的黄浦店，一年就有 300 多万的利润。全国南到江西，北到黑龙江，都有荣华鸡的分店。在某些地段，荣华鸡的生意远远超过了洋鸡，这着实让中式快餐扬眉吐气了一番。可是，好景不长，荣华鸡在与肯德基较量中逐渐地占了下风。2000 年，随着荣华鸡在北京安定门的撤出，结束了为期 6 年的京城生涯。这标志着在与肯德基的较量中的彻底失败。

与此相反的是，肯德基在中国的市场越做越大，并在北京宣布在中国的连锁店超过 400 家。《亚洲周刊》在 2000 年 4 月刊登了世界著名调研公司 AC 尼尔森公司在中国 30 个城市所做的一份调查：在顾客经常惠顾的国际品牌中，肯德基居第一。据统计，2001 年，肯德基在中国大陆的营业额达 40 亿人民币，在全世界的营业总额高达 220 亿美元，居所有餐饮业之首。

随后，红高粱也叫板肯德基，并一鼓作气地在 10 个月内红遍了全中国。接着，马兰拉面创造了"马兰拉面一拉一片"的壮举。但是，洋式快餐在中国的市场份额却越来越大，中餐对西餐的冲击效果微乎其微。

中国有几千年的美食文化传统，无论是小吃、菜系，还是快餐，都有着上千年的历史。单以鸡为主料的就有：扒鸡、烧鸡、辣子鸡、文昌鸡、白切鸡、手撕鸡、炖土鸡等等，其口味更符合大多数人的消费习惯，但为什么在竞争中"土鸡"对不过"洋鸡"？

曾败走麦城的新亚领导层们经过一番反思发现：竞争优势，产品只是一个表面

现象,在产品背后有很多深层的管理方面的东西,肯德基的真正优势在于其产品背后的一套严格的管理制度。

肯德基曾在全球推广"CHAMPS"冠军计划,其内容为:

C	Cleanliness	保持美观整洁的餐厅
H	Hospitadity	提供真诚友善的接待
A	Accuracy	确保准确无误的供应
M	Maintenance	维持优良的设备
P	Product Quality	坚持高质稳定的产品
S	Speed	注意快速迅捷的服务

"冠军计划"有非常详尽、可操作性极强的细节,保证了肯德基在世界各地每一处餐厅都能严格执行统一规范的操作,从而保证了它的服务质量。

肯德基在进货、制作、服务等所有环节中,每一个环节都有着严格的质量标准,并有着一套严格的规范保证这些标准得到一丝不苟的执行,包括配送系统的效率与质量、每种佐料搭配的精确(而不是大概)分量、切青菜与肉菜的先后顺序与刀刃粗细(而不是随心所欲)、烹煮时间的分秒限定(而不是任意更改)、清洁卫生的具体打扫流程与质量评价量化,乃至于点菜、换菜、结账、送客、遇到不同问题的文明规范用语、每日各环节差错检讨与评估等等上百道工序都有严格的规定。为了保证员工能够服务到位,肯德基对餐厅的服务员、餐厅经理到公司的管理人员,都要按其工作性质的要求,进行严格培训。例如,餐厅服务员新进公司时,每人平均有200小时的"新员工培训计划",对加盟店的经理培训更是长达20周时间。餐厅经理人员不但要学习引导入门的分区管理手册,同时还要接受公司的高级知识技能培训。

现代文明赋予快餐的定义是工厂化、规模化、标准化、依托现代化管理的连锁体系。肯德基就是这些要求的产物,而包括荣华鸡在内的中式快餐,还远没有达到这种要求。因为中式快餐的厨师都是手工化操作,食品没办法根据标准进行批量化生产。因为没有标准化,食品的质量难以得到保证,比如肯德基规定它的鸡只能养到七星期,一定要杀,到第八星期虽然肉长得最多,但肉的质量就太老。而包括荣华鸡在内的所有中式快餐,恐怕就没有考虑到,或者即便考虑到也没有细致到这种份上。因为没有标准化,卫生状况、服务质量也难以得到保证,例如,当年荣华鸡的店员就曾当着顾客的面在柜台内用苍蝇拍打苍蝇,而盛着炒饭、鸡腿的柜台根本就不加遮盖。这正是荣华鸡在与肯德基的较量中败走麦城的原因。

可见,在现代企业管理之中,决不能简单地从产品质量和结构来看竞争优势。竞争的优势归根结底是管理的优势,而管理的优势是通过细节来体现出来的。肯德基就是能把这种细节融入其管理标准的一个代表。

荣华鸡败北事件证明了一点:细节确实是一个幽灵,往往在我们不注意的时候,向我们扑来。我们往往最易漠视的就是那些看似简单、琐碎的事情。在从事企业与项目管理时，最普遍最突出的问题就是简单容易的事做起来总是马马虎虎，漏洞百出。其实反过来看，什么才叫不简单？可以说能够把简单的事情天天做好就是不简单。什么叫不容易？大家公认容易的事情，非常认真地做好它，就是不容易。

"魔鬼就存在于细节之中。"为什么说细节会成为魔鬼的栖身之地呢？因为在企业的日常工作和经营当中，经常会忽略了细节的存在，从而让魔鬼有机可乘。正所谓：成也细节，败也细节！企业的经营，只有重视细节，并从细节入手，才能取得有效的进展和实质的突破。

一个小阀门酿成大惨剧

一只雌猫爱上一位英俊的青年，就向女神亚福罗迪特祈祷，请求把它变成人的样子。女神被它的真情感动，就把它变成美丽的少女。青年看到这位少女，一见钟情，两人彼此爱慕，就结婚了。

有一天，亚福罗迪特想试探猫在变成人形后性格有没有改变，就在房间里放进一只老鼠。这时，猫忘记自己已经是人，就从床上跳下来，敏捷地捉住那只老鼠，放进嘴里吃掉。青年看到了以后，马上知道了真相，于是离开了妻子。

女神看了叹息一声，只好将它恢复成原来的模样。

且不论猫是否真的能变成少女，这个故事的可信度有多少，也不讨论青年该不该因为妻子曾是猫就离开她。单单说，仅仅因为这个细节，这只猫就毁掉了后半生的幸福，之前的努力也前功尽弃，只有再次做一只猫了。可见忽视细节的后果是惨重的，它有可能会毁了你的一生。

当然细节的威力决不仅仅在这上面了。不但是一只猫的幸福可以被毁掉，甚至数以万计人的生命和未来，都有可能掉进细节编织的罗网里去。

20世纪初期，美国联合碳化物公司首先预见到从石油及天然气产品中炼制出合成有机化学品及塑料的发展潜力，并且作出了开创性的努力。这种远见导致了美国石油化学工业的诞生，同时联合碳化物公司也发展成为世界主要化学公司。长期以来，由于公司一贯重视各个生产领域内的科学研究和发展工作，同时有一个明确的战斗方针，因此，一直在工艺技术上保持着领先地位。

至1983年，该公司的销售额达90亿美元，资产额达102亿美元，员工人数近10万，在美国本土及海外各地共设有81家子公司。这在美国所有大公司中名列第37位。

然而，这家著名的跨国公司，在1984年因为管理上的疏忽，发生了一次毒气泄露事故,造成3000余人丧生、5万人双目失明、20万人中毒、10万人终生致残的悲剧,酿成了20世纪以来最大的一起工业惨案。

1984年12月3日子夜,联合碳化物公司下属的印度博帕尔农药厂的一个储气罐的压力在急剧上升。储气罐里装的45吨液态剧毒性异氰酸甲酯(MIC)是用来制造农药西维因和滋灭威的原料。0时56分,储气罐阀门失灵,罐内的剧毒化学物质漏了出来,以气体的形态迅速向外扩散。由于缺少严格的管理和防范措施,事故发生后,生产工人惊慌失措,只顾自己逃跑,没有一人去实施抢救措施,也没有人向公司领导报告,直到毒气形成的浓重烟雾笼罩在全市上空。

从农药厂漏出来的毒气越过工厂围墙,首先进入毗邻的贫民区,数百名居民立即在睡梦中死去。火车站附近有不少乞丐因怕冷而拥挤在一起,毒气弥漫到那里,几分钟之内,便有10多人丧生,200多人出现严重中毒症状。毒气穿过庙宇、商店、街道和湖泊,飘过25平方英里的市区。那天晚上没有风,空中弥漫着大雾,使得毒气以较大的浓度缓缓扩散,传播着死亡。

发生事故的第二天早晨,博帕尔市好像遭到了中子弹袭击一样,一座座房屋完好无损,但是到处是人和牲畜的尸体,好端端的城市变成了一座恐怖之城。

人们发现,市内的一条街道上,至少有200人死亡,半数以上是儿童,其中身体瘦小、发育不良的,成了最易受毒气残害的受难者。

街道上,死尸旁边倒着死尸。双目失明的人们你拉着我,我拉着你,张皇地惊叫着,不知道哪里才是安全的地方。

事故发生后,印度中央邦首席部长阿·辛格下令关闭这家工厂。然后警察以"玩忽职守,造成严重伤亡事故"的罪名,逮捕了公司的6名主要负责人。这件震惊世界的毒气泄漏事件发生后,联合碳化物公司破产倒闭了。

联合碳化物公司重视产品质量,也有明确的战斗方向,结果依然造成破产的悲剧,其原因就是因为管理上的细节没有做好。导致公司失败的最直接的原因就是因为没有及时发现安全阀门的失灵,这其实并非偶然的原因,而是因为公司平时在管理上就不严格。事故发生后,员工不知所措,也说明公司平时根本就没进行有关安全方面的培训,最终酿成巨大的悲剧。

千万不要忽略细节。一个细节的管理不善会造成如此严重的后果,所以,我们管理上、生产上以及企业运行的其他环节上,一定要注重细节。但是,生活中却总有这样的悲剧发生,有时也许每个人只错一点点,却会使一条海轮最终沉没,"环大西洋"号海轮事件的发生就是一个例子。

当巴西海顺远洋运输公司派出的救援船到达出事地点时,"环大西洋"号海轮已经消失了,21名船员不见了,海面上只有一个救生电台有节奏地发着求救的信号。救援人员看着平静的大海发呆,谁也想不明白在这个海况极好的地方到底发生了什么，导致这条最先进的船沉没。这时有人发现电台下面绑着一个密封的瓶子，打开瓶子，里面有一张纸条，21种笔迹，上面这样写着：

一水理查德：3月21日，我在奥克兰港私自买了一个台灯，想给妻子写信时照明用。

二副瑟曼：我看见理查德拿着台灯回船，说了句这小台灯底座轻，船晃时别让它倒下来，但没有干涉。

三副帕蒂：3月21日下午船离港，我发现救生筏施放器有问题，就将救生筏绑在架子上。

二水戴维斯：离岗检查时，发现水手区的闭门器损坏，用铁丝将门绑牢。

二管轮安特尔：我检查消防设施时，发现水手区的消防栓锈蚀，心想还有几天就到码头了，到时候再换。

船长麦凯姆：起航时，工作繁忙，没有看甲板部和轮机部的安全检查报告。

机匠丹尼尔：3月23日上午理查德和苏勒的房间消防探头连续报警。我和瓦尔特进去后，未发现火苗，判定探头误报警，拆掉交给惠特曼，要求换新的。

机匠瓦尔特：我就是瓦尔特。

大管轮惠特曼：我说正忙着，等一会儿拿给你们。

服务生斯科尼：3月23日13点到理查德房间找他，他不在，坐了一会儿，随手开了他的台灯。

大副克姆普：3月23日十三点半，带苏勒和罗伯特进行安全巡视，没有进理查德和苏勒的房间，说了句"你们的房间自己进去看看"。

一水苏勒：我笑了笑，也没有进房间，跟在克姆普后面。

一水罗伯特：我也没有进房间，跟在苏勒后面。

机电长科恩：3月23日14点，我发现跳闸了，因为这是以前也出现过的现象，没多想，就将闸合上，没有查明原因。

三管轮马辛：感到空气不好，先打电话到厨房，证明没有问题后，又让机舱打开通风阀。

大厨史若：我接马辛电话时，开玩笑说，我们在这里有什么问题？你还不来帮我们做饭？然后问乌苏拉："我们这里都安全吗？"

二厨乌苏拉：我也感觉空气不好，但觉得我们这里很安全，就继续做饭。

机匠努波：我接到马辛电话后，打开通风阀。

管事戴思蒙：十四点半，我召集所有不在岗位的人到厨房帮忙做饭，晚上会餐。

医生莫里斯：我没有巡诊。

电工荷尔因：晚上我值班时跑进了餐厅。

最后是船长麦凯姆写的话：十九点半发现火灾时，理查德和苏勒房间已经烧穿，一切糟糕透了，我们没有办法控制火情，而且火越烧越大，直到整条船上都是火。我们每个人都犯了一点错误，但酿成了人毁船亡的大错。

看完这张绝笔纸条，救援人员谁也没说话，海面上死一样的寂静，大家仿佛清晰地看到了整个事故的过程。

这太多的悲剧向我们证实了当今企业界流行的一句话：把简单的事情千万遍地做对就是不简单，而把容易的事情千万遍地做对就是不容易。因为忽视细节，注定要付出代价。

密斯·凡·德罗作为20世经世界上最伟大的建筑师之一，只用五个字来描述他成功的原因，即"细节是魔鬼"。

第三章

魔鬼在细节中
——认清细节的实质

❀ 细节是一种创造 ❀

有位医学院的教授,在上课的第一天对他的学生说:"当医生,最要紧的就是胆大心细!"说完,便将一只手指伸进桌子上一只盛满尿液的杯子里,接着再把手指放进自己的嘴中,随后教授将那只杯子递给学生,让这些学生学着他的样子做。看着每个学生都把手指探入杯中,然后再塞进嘴里,忍着呕吐的狼狈样子,他微微笑了笑说:"不错,不错,你们每个人都够胆大的。"紧接着教授又难过起来:"只可惜你们看得不够心细,没有注意到我探入尿杯的是食指,放进嘴里的却是中指啊!"

教授这样做的本意,是教育学生在科研与工作中都要注意细节。相信尝过尿液的学生应该终生能够记住这次"教训"。

其实我们做企业更需要养成注意细节的习惯。所谓千里之堤,溃于蚁穴,但是细节更为宝贵的价值在于,它是创造性的,独一无二的。因为在每一个看似细小的环节当中,都凝结着经营者点点滴滴的心血和智慧。台湾首富王永庆就是一个善于在经营中创新之人。

王永庆早年家里非常穷,根本读不起书,只好去别人的米行里做伙计。他做伙计期间,一边留心观察来来往往的各种人,特别是老板怎么谈生意,一边积累一点资金。

16岁那年,王永庆在老家嘉义开了一家米店。当时,小小的嘉义已有30家米

店,竞争相当激烈。当时仅有 200 元资金的王永庆,只能在一条偏僻的巷子里租一个很小的铺面。他的米店地段偏僻,开得晚,规模小,没有任何优势。刚开张的时候,生意冷冷清清,门可罗雀。

王永庆就背着米袋,一家一家地上门推销,但效果就是不行。王永庆感觉到,要想立足米市场,自己就必须有一别人没做到或做不到的优势。仔细思量以后,王永庆决定在米的质量和服务上下工夫。

20 世纪 30 年代的台湾,农村还非常落后,做饭的时候,都要淘米,很不方便。但长期积累的习惯,买卖双方都见怪不怪。

王永庆经过长期的观察在这里找到了突破口。他带领弟弟一起动手,不辞辛苦,不怕麻烦,一点点的将米里的秕糠、沙石之类的杂物挑出来,再出售。

这样,王永庆店里米的质量就比别人的高一个档次,深受顾客的喜爱,生意也就一天天好起来了。同时,王永庆在服务质量上也更进了一步。当时,客户都是自己来买米,自己扛回去。这对年轻人来说,也许并没什么;对老年人来说,就有些不方便了。王永庆注意到了这一点,便主动送货上门。这就大大方便了顾客,尤其是一些行动不便的老年人。这些为米店树立了非常好的声望。

王永庆送货上门并不是简单地一放了事。他送货时,还要将米倒到米缸里。如果缸里有米,他就将旧米倒出来,擦干净米缸,然后将新米倒进去,把旧米放在上层。这样,使米不至于因存放时间过长而变质。这一精细的服务,赢得了许多顾客的心,使回头客一天天变多了。

不光如此,王永庆每次送货上门后,还要用本子记下这家的米缸有多大,有多少人吃饭,多少大人,多少小孩,每人的饭量如何等等。他根据记载的情况估计顾客会什么时候要米。等时候一到,不用顾客上门,他就将相应数量的米送上门来了。

在送米的过程中,王永庆发现,当地的许多居民大多数都靠打工为生,经济条件不富裕,许多家庭还未到发薪的时候,就已经没钱花了。由于王永庆是主动送货上门的,货到要收款,有的顾客手头紧张,一时拿不出钱来,会弄得大家都很尴尬。于是,王永庆采取"按时送米、定时收钱"的办法,先送米上门,等他们发工资后,再约定时间上门收钱。这样极大地方便了一些经济条件较差的顾客,同时在社会上树立了好口碑。

酒香不怕巷子深。王永庆米行的生意很快就吸引了整个嘉义城。

经过一年多的资金积累和客户积累,王永庆便自己办了一个碾米厂,并把它设在最繁华的地段。从此,王永庆开始了向台湾首富的目标迈进。

事业发展壮大后,王永庆在管理企业时,同样注重每一个细节。他的部属深深为王永庆精通每一个细节所折服。当然也有不少人批评他"只见树木,不见森林",劝他学一学美国的管理,抛开细节只管大政策。针对这一批评,王永庆回答说:"我不仅做大的政策,而且更注意点点滴滴的管理,如果我们对这些细枝末节进行研究,就会细分各操作动作,研究是否合理,是否能够将两个人操作的工作量减为一个人,生产力会因此提高一倍,甚至一个人兼顾两部机器,这样生产力就提高了4倍。"

一个企业要创新,必须加强对细节的关注。一向以创新意识著称的海尔集团总裁张瑞敏曾经说过:"创新存在于企业的每一个细节之中。"

曾经留意到一家小餐厅内部的布置颇有一丝新意。各个餐桌上都摆上了一个颇有创意的牙签筒:筒体以"露露"的蓝、白色为基色,印有"露露"的logo,并且表面绘有与露露杏仁露包装罐体图案一致的图案,看似一件设计精美的艺术品;另外餐厅的墙壁上也挂上了一个很有个性的店表:整个店表同样以蓝、白为基色,配以红色的表针,表面中上端印有"露露"的logo,下半部分印有"喝露露葆健康""中国驰名商标""美容养颜、调节血脂、调节非特异性免疫"(露露宣传广告语)等字样,整个店表浑然一体,没有丝毫的杂乱之感。

小小的牙签筒,设计精美,图案简洁,色彩明快,告别了单调的白色,既为顾客的就餐消费提供了方便,同时,又通过与产品包装罐体一致的图案设计吸引了顾客的眼球,形成了"露露"品牌极强的品牌联想力与品牌亲和力。据餐厅老板反映,露露牙签筒因设计精美、实用性强,存在比较严重的丢失现象,排除社会道德方面的因素,我们应该怎样从宣传效果的角度看待这一现象呢?结论只有一个:露露的牙签筒受欢迎!不仅商家欢迎,消费者也欢迎。顾客吃完饭,把牙签筒拿回家,再配以家庭范围内的口碑宣传,最终使露露宣传品的宣传效果得到了放大。而"露露餐厅"以蓝、白为主色,红色为点缀,三色构成了"露露"宣传品的代表色,极易与周围餐厅的装潢风格融为一体,起到了一般宣传品所没有的装饰效果。还是听听餐厅老板对露露餐厅的评价吧:"露露为我们考虑得很周到,并非单纯为了宣传他们自己,倒像是为装饰我们,虽说上面也有他们的宣传语,不过很简洁明了,可是谁看了还都知道是露露的东西,这个度很难掌握。不像有些厂家只顾自己宣传了,广告的感觉太浓,甚至地址、电话、联系人都写上了,显得太乱,我们不爱用,即使当时勉强用上,他们厂家的人一走,我们就赶快换了"。

也许,有的企业并不重视这些细小的事情,但在世界上凡是知名的服务企业都是非常注重从细节上提高服务质量,而且制定了明确的服务标准,一切为顾客设想的服务方式,添置了舒适的服务设施,重视提高员工的服务素质,努力为顾客提供细致入微、超越顾客期望的服务。

又如,美国希尔顿大酒店发现旅客最害怕的是在旅馆住宿会睡不着觉,即人们通常所说的"认床",于是和全美睡眠基金会达成协议,联合研究是哪些因素促使一些人一换了睡眠环境,就会难以入眠,然后对症下药,消除这些因素。从1995年3月起,美国希尔顿大酒店用不同的隔音设备,为顾客配用不同的床垫、枕头等,欢迎顾客试用。通过一段时间的试验，摸索出一种基本上适合所有旅客的办法，从而解决了一些人换床后睡不着的问题。

我们的经营在于从细小处着手，致力于从细小处创新，把顾客置于真正"正常"的位置，给他们一个优良的服务环境，才能达到经营的效果。

细节是一种能力

人常说："世事洞明皆学问，人情练达即文章。"要想在生活中练就一双发现细节的眼睛，需要你经历一个长期积累，细致观察的过程，只有如此，你才能拥有鹰一样敏锐的目光，发现别人所观注不到的东西。

宋代的米芾是个大画家，专爱收集古画，甚至到了不择手段的程度。他在汴梁城闲逛时，只要发现有人在卖古画，总会立即上前细细观赏，有时还会要求卖画者把画让他带回去看看。卖画者认得他是当朝名臣，也就放心地把画交给了他，他便连夜复制一幅假画，第二天将假画还去而将真画留下。由于他极善临摹，那假画的确足以乱真，故此得到不少名人真迹。

又一日，当他又用此法将自己临摹的一幅足以以假乱真的假画还去时，画主人却说了一句："大人且莫玩笑，请将真画还我！"米芾大惊，问道："此言何意？"那人回答："我的画上有个小牧童，那小牧童的眼里有个牛的影子，您的画上没有。"米芾听罢，这才叫苦不迭。

上述这个极易被人忽略的小牧童眼里牛的影子，就是细节，而一向"稳操胜券"的米芾，也正是"栽"在眼中的牛这个小小的细节上！而画主人之所以能够发现这一细节，肯定是对于画作有着非凡的鉴赏力和卓越的观察力，这绝非一天的功夫。

类似的情节还常常见于文学作品，《聊斋志异》中就有一篇。

有个老人一向为人豪爽，常常主动借钱接济四方。有个好赌的无赖听说此事，就找到老人也想借钱，老人于是答应了他。可也就在这时，老人却发现了这位借钱者的一个极其熟练的动作——这位借钱者见案头放着几枚铜钱，便伸出手来，将那几枚铜钱"高下叠放，如此再三"。老人立即由这个细节看出，此乃赌徒的习惯动作，故此不再借钱给他。

汪中求先生也曾在书中说过："素养来自于日常生活中一点一滴的细节积累，这种积累是一种功夫。"为此他还特意举了一个例子：

某著名大公司招聘职业经理人，应者云集，其中不乏高学历、多证书、有相关工作经验的人。经过初试、笔试等四轮淘汰后，只剩下 6 个应聘者，但公司最终只选择一人作为经理。所以，第五轮将由老板亲自面试。看来，接下来的角逐将会更加激烈。

可是当面试开始时，主考官却发现考场上多出了一个人，出现7个考生，于是就问道："有不是来参加面试的人吗？"这时，坐在最后面的一个男子站起身说："先生，我第一轮就被淘汰了，但我想参加一下面试。"

人们听到他这么讲，都笑了，就连站在门口为人们倒水的那个老头子也忍俊不禁。主考官也不以为然地问："你连考试第一关都过不了，又有什么必要来参加这次面试呢？"这位男子说："因为我掌握了别人没有的财富，我本人即是一大财富。"大家又一次哈哈大笑了，都认为这个人不是头脑有毛病，就是狂妄自大。

这个男子说："我虽然只是本科毕业，只有中级职称，可是我却有着10年的工作经验，曾在12家公司任过职……"这时主考官马上插话说："虽然你的学历和职称都不高，但是工作10年倒是很不错，不过你却先后跳槽12家公司，这可不是一种令人欣赏的行为。"

男子说："先生，我没有跳槽，而是那12家公司先后倒闭了。"在场的人第三次笑了。一个考生说："你真是一个地地道道的失败者！"男子也笑了："不，这不是我的失败，而是那些公司的失败。这些失败积累成我自己的财富。"

这时，站在门口的老头子走上前，给主考官倒茶。男子继续说："我很了解那12家公司，我曾与同事努力挽救它们，虽然不成功，但我知道错误与失败的每一个细节，并从中学到了许多东西，这是其他人所学不到的。很多人只是追求成功，而我，更有经验避免错误与失败！"

男子停顿了一会儿，接着说："我深知，成功的经验大抵相似，容易模仿；而失败的原因各有不同。用10年学习成功经验，不如用同样的时间经历错误与失败，所学的东西更多、更深刻；别人的成功经历很难成为我们的财富，但别人的失败过程却是！"

男子离开座位，做出转身出门的样子，又忽然回过头："这10年经历的12家公司，培养、锻炼了我对人、对事、对未来的敏锐洞察力，举个小例子吧——真正的考官，不是您，而是这位倒茶的老人……"

在场所有人都感到惊愕，目光转而注视着倒茶的老头。那老头诧异之际，很快恢复了镇静，随后笑了："很好！你被录取了，因为我想知道——你是如何知道这一切的？"

老头的言语表明他确实是这家大公司的老板。这次轮到这位考生一个人笑了。

其实，这个考生从一进门就开始留意到这个倒茶水的老人的眼神、气度、举止等，看出他是这个企业的老板，说明他是一个观察力很强的人。这种洞察入微的功夫不是一朝一夕能够练就的，而需要长期的积累，在注重对每一个细节的观察中不断地训练和提高。这一点，对于一个人和一个企业来说都是相当重要的。

那些目光敏锐、头脑有准备的伟人、创业者，总能审时度势抓住机遇，取得成功。"商品"这个资本主义的产儿，自资本主义社会诞生之日起，就经常和人们打交道，走进千家万户。由于司空见惯，没有人对它特别注意。然而，马克思却紧紧抓住了它，并花费毕生的精力研究、剖析它，从而揭开了资本主义社会的内幕和秘密，写出了巨著《资本论》。我国江西省某县民办教师段元星，在极差的条件下，长期坚持业余观测，用目测方法独立发现了一颗新星。

注意细节其实是一种功夫，这种功夫是靠日积月累培养出来的。谈到日积月累，就不能不涉及到习惯，因为人的行为的95%都是受习惯影响的，在习惯中积累功夫，培养素质。勉强成习惯，习惯成自然。爱因斯坦曾说过这样一句有意思的话："如果人们已经忘记了他们在学校里所学的一切，那么所留下的就是教育。"也就是说"忘不掉的是真正的素质"。而习惯正是忘不掉的最重要的素质之一，否则，人们怎么会说"好运气不如好习惯"呢？

大家也许还记得达·芬奇画蛋的故事吧，为了把一个蛋画圆，达·芬奇成百上千次地不停画圆圈。任何事情都是这样，把细节做好，最好的办法就是对小事进行训练，并形成习惯。

前美国国务卿基辛格博士，在诸事繁忙之时，仍然坚持让自己的下属不断地培养对细节关注的习惯。当他的助理呈递一份计划给他的数天之后，该助理问他对其计划的意见。基辛格和善地问道："这是不是你所能作的最佳计划？"

"嗯……"助理犹疑地回答，"我相信再作些改进的话，一定会更好。"

基辛格立刻把那个计划退还给他。

努力了两周之后，助理又呈上了自己的成果。几天后，基辛格请该助理到他办公室去，问道："这的确是你所能拟定的最好计划了吗？"

助理后退了一步，喃喃地说："也许还有一两点可以再改进一下……也许需要再多说明一下……"

助理随后走出了办公室，腋下夹着那份计划，他下定决心要研拟出一份任何人——包括亨利·基辛格都必须承认的"完美"计划。

这位助理日夜工作，有时甚至就睡在办公室里，三周之后，计划终于完成了！他很得意地跨着大步走入基辛格的办公室，将该计划呈交给国务卿。

当听到那熟悉的问题"这的确是你能做到的最最完美的计划了吗"时，他激动地说："是的，国务卿先生！"

"很好。"基辛格说，"这样的话，我有必要好好地读一读了！"

基辛格虽然没有直接告诉他的助理应该做什么，然而却通过这种严格的要求来训练自己的下属怎样完成一份合格的计划书。

其实任何事情在刚一开始的时候都很难做，都没有可循的模式，只有按照某一种步骤进行训练，用自己的意志来坚持，才会慢慢形成运动员一个标准的动作、艺术家潇洒而俊美的一笔一画。有一句话叫"勉强成习惯，习惯成自然"，说的就是这个道理。

现在的企业都在强调格式化，但是格式化的前提就应当是操作规范的培训，只有培训才能使所有的人找到一个统一的标准，行动步调才能一致起来，更进一步讲，团队精神便是从培训中得来的。

所以说，员工进入企业一定要训练，而且任何小事都要训练，只有这样长期坚持下去，才能成就优秀的员工、优秀的业绩、优秀的企业。

细节隐藏机会

在一些正式场合，人们对一个陌生人的了解，注意的往往就是他的小节。在互不熟悉的情况下，人们在不知不觉中就会先入为主地认为：一个小节常常反映出大问题。所以，我们的小节便是我们的名片，是我们身份的象征。

鲁尔先生要雇一名勤杂工到他的办公室打杂，他最后挑了一个男童。

"我想知道，"他的一位朋友问，"你为什么挑他，他既没有带介绍信，也没有人推荐。"

"你错了，"鲁尔先生说，"他带了很多介绍信。他在门口时擦去了鞋上的泥，进门时随手关门，这说明他小心谨慎。进了办公室，他先脱去帽子，回答我的问题干脆果断，证明他懂礼貌而且有教养。其他所有的人直接坐到椅子上准备回答我的问题，而他却把我故意扔在椅子边的纸团拾起来，放到废纸篓中。他衣着整洁，头发整齐，指甲干净。难道这些小节不是极好的介绍信吗？"

可见，小节不小，体现大素质，无独有偶的是，某公司高价招聘一位白领员工，不少能人前来应聘，但只有一人顺利过关，为什么？因为细心的经理注意到了一个细节，这就是当女服务员为这些应聘者递送茶水时，只有他一个人挺礼貌地站起来并用双手接过，还说了声"谢谢"。

这两则事例充分说明了，在交际场合尤其是事关重大的交际场合，请千万注意细节，因为这些细节之中隐藏着很多改变你人生的机遇，所以，不要放过你身边的一件细小之事，哪怕是为一位陌生的老人送去一把椅子。

一个阴云密布的午后，由于瞬间的倾盆大雨，行人们纷纷进入就近的店铺躲雨。一位老妇也蹒跚地走进费城百货商店避雨。面对她略显狼狈的姿容和简朴的装束，所有的售货员都对她视而不见。

这时，一个年轻人诚恳地走过来对她说："夫人，我能为您做点什么吗？"老

妇人莞尔一笑:"不用了,我在这儿躲会儿雨,马上就走。"老妇人随即又心神不定了,不买人家的东西,却借用人家的店堂躲雨,似乎不近情理,于是,她开始在百货店里转起来,哪怕买个头发上的小饰物呢,也算给自己的躲雨找个心安理得的理由。

正当她犹豫徘徊时,那个小伙子又走过来说:"夫人,您不必为难,我给您搬了一把椅子,放在门口,您坐着休息就是了。"两个小时后,雨过天晴,老妇人向那个年轻人道谢,并向他要了张名片,就颤巍巍地走出了商店。

几个月后,费城百货公司的总经理詹姆斯收到一封信,信中要求将这位年轻人派往苏格兰收取一份装潢整个城堡的订单,并让他承包写信人家族所属的几个大公司下一季度办公用品的采购订单。詹姆斯惊喜不已,匆匆一算,这一封信所带来的利益,相当于他们公司两年的利润总和!

他在迅速与写信人取得联系后,方才知道,这封信出自一位老妇人之手,而这位老妇人正是美国亿万富翁"钢铁大王"卡内基的母亲。

詹姆斯马上把这位叫菲利的年轻人,推荐到公司董事会上。毫无疑问,当菲利打起行装飞往苏格兰时,他已经成为这家百货公司的合伙人了。那年,菲利22岁。

随后的几年中,菲利以他一贯的忠实和诚恳,成为"钢铁大王"卡内基的左膀右臂,事业扶摇直上、飞黄腾达,成为美国钢铁行业仅次于卡内基的富可敌国的重量级人物。

菲利只用了一把椅子,就轻易地与"钢铁大王"卡内基攀亲附缘、齐肩并举,从此走上了让人梦寐以求的成功之路。这真是"莫以善小而不为"。

有人说:"上帝就在细节中。"当然了,你如果留意了这些细节,并且能做好这些细节,未必能够像菲利一样幸运地赢得平步青云的机会,但如果你不做的话,那你也永远不会有这样的机会。

虽然一个人的成功,有时纯属偶然,可是,谁又敢说,那不是一种必然呢?在芸芸众生之中,有几人能像菲利一样不去拒绝那些平凡而又高尚的小事;又有多少人能长时间地坚持做好这些小事呢?这就看出来在很多看似偶然成功的背后,必有必然的因素在起作用。那种必然支配着这些偶然,很可能就是他们高出众人的整体素质。很多时候,这种素质就表现在坚持将小事做好。

许多人都因为事小而不屑去做,对待事情常常不以为然,抱有严重的轻视态度。有一个关于古希腊著名先哲苏格拉底和名徒柏拉图的故事,说明了做与不做之间的巨大差别,也使善于做小事可以成就大事这个观点更具说服力。

开学第一天,苏格拉底站在讲台上,对他的学生们说:"今天大家只要做一件事就行,你们每个人尽量把胳膊往前甩,然后再往后甩。"说着,他先给大家作了一次示范。接着他又说道:"从今天开始算起,大家每天做300下,大家能做到吗?"学生们都自得地笑了,心想:这么简单的事,谁会做不到?可是一年过去了,等到苏格拉底再次走上讲台，询问大家的完成情况时，全班大多数人都放弃了，而只有一个学生一直坚持着做了下来。这个人就是后来与其师齐名的古希腊大哲学家——柏拉图。

　　这也许正说明了柏拉图认真做小事的态度，为他以后闻名世界，在哲学领域有所建树奠定了最起码的精神基础，虽没有直接联系，但可以说，二者之间也不无关系吧！"这么简单的事，谁会做不到？"这正是许多人的共同心态。但是，世界上所有人与事，最怕"认真"二字。所有学有所长的成功者，虽然一开始，他们与我们都做着同样简单的微不足道的琐事，但是结果却大相径庭。细细分析，惟一的区别是，能成功者，他们从不认为他们所做的事是简单的小事，他们始终认为，现在所做的小事是为今后的大事做准备，他们目光所及之处，是十分辽阔的沃野，是浩瀚无边的大海，而常人眼中，现在所从事的工作，只是毫无生机的衰草和茫无目标的沙漠。

　　无论是"把胳膊往前甩"，还是"军营训练"、"服务顾客"，它们都要求我们必须具备锲而不舍的精神，坚持到底的信念，脚踏实地的务实态度和自动自发、精益求精的责任心。小事如此，大事当然概莫能外，古语"一屋不扫，何以扫天下"也是一个绝佳的佐证。如果你想飞得更快更高，那么就从眼前的小事做起吧！

细节产生效率和效益

　　每一条跑道上都挤满了参赛选手，每一个行业都挤满了竞争对手。如果你任何一个细节做得不好，都有可能把顾客推到竞争对手的怀抱中。可是，任何对细节的忽视，都会影响企业的效益。

　　很多企业都在对细节的管理上下足了功夫：

　　戴尔电脑公司的CMM（软件能力成熟度模型），软件开发分为18个过程域，52个目标和300多个关键实践，详细描述第一步做什么，第二步做什么。

　　麦当劳对原料的标准要求极高，面包不圆和切口不平都不用，奶浆接货温度要在4℃以下，高一度就退货。一片小小的牛肉饼要经过40多项质量控制检查。任何原料都有保存期，生菜从冷藏库拿到配料台上只有两小时的保鲜期，过时就扔掉。生产过程采用电脑操作和标准操作。制作好的成品和时间牌一起放到成品保温槽中，炸薯条超过7分钟，汉堡包超过19分钟就要毫不吝惜地扔掉。麦当劳的作业手册，有560页，其中对如何烤一个牛肉饼就写了20多页，一个牛肉饼烤出20分钟内没有卖出就扔掉。

　　当然也有一些企业因为对细节的疏忽造成了许多不必要的损失，以至于大意失荆州。

　　有一家广告公司承接了国内著名的某家电集团一批商场海报的设计和印刷任务，在设计稿设计完毕准备输入写真的时候，突然设计师小 N 发现海报上的 E-mail 有一个字母不对，在准备打电话通知暂缓写真的时候，身后的广告公司经理说："不用了，那样要耽搁时间，这个稿子上的文字我们是依据 H 公司提供的文字设计的，而且他们也已经签过了字认可。""可是这的确与我们原来设计时附加的 E-mail 不一样……"小 N 还没来得及说完，"听我的，就这样了！"经理一锤定音。交稿之后，在该家电集团领导到商场检查工作时，不经意间发现了这个错误的 E-mail。"哪家做的？"部长指着海报问。"××广告公司。"产品经理回答。"看，这哪是我们的 E-mail ？！"第二天，这个广告公司就被这个家电集团停止了业务。

　　也许一个 E-mail 并不是广告公司被暂停业务的全部理由，但我们却不能不说这样的工作的失误无疑加速了广告公司全作业务被暂停的脚步。就此，如果重新定义服务的标准，我们可以说——在我们为客户服务的过程中，在我们的职责和能力之内，我们有理由为客户把细节工作做得更好。

　　有人认为针头线脑，零零碎碎的小买卖，纯属服务性生意，经济效益不高，因而不受重视。与此相反，北京天桥百货商场，却非常重视小买卖。他们把小商品品种数量的多少，列为考核柜台组、售货员的重要指标，全商场经营的商品中，小商品占 6/10，达 6000 多种！天桥的经理们说：从政治上讲，群众需要小商品，商店不能不做小买卖。从经济效益上说，小买卖连着大买卖，这里也有辩证法。

　　1979 年夏天，一位从东北来京出差的顾客，上衣的一只纽扣脱落了，到"天桥"来买一个一分钱的纽扣。正值傍晚时分，百货柜台前，顾客云集，业务繁忙。可售货员照样热情地接待这位只买一分钱东西的顾客，先是精心替他挑了一只一分钱的纽扣，然后又拿出针线，替他把纽扣缝好，说了声"欢迎您下次再来"，这才去接待别的顾客。

　　第二天，这位顾客又来了，还带来了 3 个伙伴，他们一起来到商场党支部，向书记、经理表达了他们的谢意。然后又在"天桥"买了两块手表、两套服装，还有一些其他商品，一共花了 550 元。买纽扣的那位顾客，还特意把手中的笔记本递到那位售货员的跟前，指着其中的"备忘录"说："这两块手表是别人托我买的，您看看，本上写着，让我上'亨得利'去买，可我要在你们'天桥'买。你们的服务态度好，叫人信得过！"

　　一个商场经营成败与否，不仅仅在于商品的质量好坏、样式多寡和管理是否有效上，而售货员的服务是至关重要的，他们服务的好与坏对一个百货商场的经营起到生命线作用。顾客都喜欢去售货员服务热情的商场购物，然而，就是由于这种热情服务，给商场赢得了多少固定客户和回头客呀。

这就是细节的魅力，只要您能够以细心的态度和真诚的服务去观注和满足客户需要的每个细节，即使是一个微笑，一束鲜花也会为您带来非常的惊喜，非常的效益。

在今天，凡是做营销的人没有不知道乔·吉拉德的，他被认为是"世界上最伟大的推销员"。他是如何成功的呢？

乔·吉拉德认为，卖汽车，人品重于商品。一个成功的汽车销售商，肯定有一颗尊重普通人的爱心。他的爱心体现在他的每一个细小的行为中。

有一天，一位中年妇女从对面的福特汽车销售商行，走进了吉拉德的汽车展销室。她说自己很想买一辆白色的福特车，就像她表姐开的那辆，但是福特车行的经销商让她过一个小时之后再去，所以先过这儿来瞧一瞧。

"夫人，欢迎您来看我的车。"吉拉德微笑着说。妇女兴奋地告诉他："今天是我55岁的生日，想买一辆白色的福特车送给自己作为生日的礼物。""夫人，祝您生日快乐！"吉拉德热情地祝贺道。随后，他轻声地向身边的助手交待了几句。

吉拉德领着夫人从一辆辆新车面前慢慢走过，边看边介绍。在来到一辆雪佛莱车前时，他说："夫人，您对白色情有独钟，瞧这辆双门式轿车，也是白色的。"就在这时，助手走了进来，把一束玫瑰花交给了吉拉德。他把这束漂亮的鲜花送给夫人，再次对她的生日表示祝贺。

那位夫人感动得热泪盈眶，非常激动地说："先生，太感谢您了，已经很久没有人给我送过礼物。刚才那位福特车的推销商看到我开着一辆旧车，一定以为我买不起新车，所以在我提出要看一看车时，他就推辞说需要出去收一笔钱，我只好上您这儿来等他，现在想一想，也不一定非要买福特车不可。"就这样，这位妇女就在吉拉德这儿买了一辆白色的雪佛莱轿车。

正是这种许许多多细小行为，为吉拉德创造了空前的效益，使他的营销取得了辉煌的成功，他被《吉尼斯世界纪录大全》誉为"全世界最伟大的销售商"，创造了12年推销13000多辆汽车的最高纪录。有一年，他曾经卖出汽车1425辆，在同行中传为美谈。

你对你的客户服务愈周到，他们就愈会和你保持良好的关系。你提供的服务越细致、越全面，顾客对你的印象就越深刻。

1971年，年轻的布伊诺刚从学校毕业完成医护训练，口袋里空空如也，但他却具备了企业家天生的特质，果断且有敏锐的判断力，命中注定会成为声名显赫的企业家。

布伊诺医师的事业生涯开始于一家位于杜奎德卡斯这个贫困城市的小医院，在这家仅有35张病床的医院里，有九成的病人是孕妇。事实上若以医院的标准来看，这家濒临破产边缘的医院，只不过是一间设置了一些简易的医疗器材的房舍罢了。而病人更是少得可怜，每天大约只有三位病人来医院做每周的产前检查。

面对这种惨淡经营,布伊诺忧心如焚。照这样下去,医院不日就会关门大吉,他不想做一个"关门院长",于是他果断地作出以下决定:送顾客礼物。

医院的第一份礼物是免费为病人提供可乐。

这家医院的病人大多是非常贫困的,每月平均的收入约60美元左右;对他们而言,能够喝一罐可乐,就是个天大的享受。

因此,布伊诺决定,凡是来医院做产前检查的孕妇,就可以免费得到一罐可乐。

医院的第二份礼物是免费为病人提供接送的专车。

医院原本有一辆只在下午供团体使用的厢型车,布伊诺决定在每天上午利用这辆车送新生儿及其母亲回家。这种极具关爱的行动,给当地妇女带来很大的便利,立刻受到当地人的欢迎,进而得到了病人的感激。

医院的第三份礼物是免费讲授产妇育婴知识。

只要妇女参加这类预防疾病的课程,就可获得一些食物,并可参加抽奖。奖品有婴儿床、高脚椅、尿布等等,而且这一切都是免费的。

第四份礼物是免费提供儿童读物。

1992年,布伊诺在医院设立了一个儿童俱乐部,只要父母带孩童加入,就可以得到一些小礼物以及一些教导小孩良好卫生习惯的儿童书刊,供病人及病人家属免费取阅。

第五份礼物是不分昼夜,随时都有专家医生的接待。

一般的医院,所谓的专家教授,接受患者的求诊,还得事先预约,摆足了架子。而在布伊诺所在的医院却随时都安排专家接诊。

如果病人打电话进来,电话旁的医师便会告诉他应到哪栋楼哪一个科室,同时通知医护人员待命。因此,当病人送到,医护人员包括医护专家早已在旁等候了。

第六份礼物是为边远地区的病人准备救护直升机以及救护车。

救护直升机和漆着"全方位关心"的救护车在机场随时待命。这不仅是光鲜亮丽的直升机及救护车而已,它代表机动的强力医疗救援体系,以科技来换救生命,和死神赛跑,而这所有的一切都是免费的。可以说,服务是一项非常具体而又需要细心的工作,客户对服务的要求通常是较高的,需要100%满意。正是因为布伊诺经营的医院抓住了做好服务细节这一关键性因素,使这所频临关闭的小医院不仅起死回生,而且成了远近闻名、受人欢迎的大医院。这就是经营细节带来了神奇效益,所以精明的企业家都是关注和钟爱细节之人,只要抓住细节的手,就抓住了企业未来的命运之手。

细节贵在执行

贝聿铭是一位我们熟知的华裔建筑师，他认为自己设计最失败的一件作品是北京香山宾馆。他在这座宾馆建成后一直没有去看过，认为这是他一生中最大的败笔。

实际上，在香山宾馆的建筑设计中，贝聿铭对宾馆里里外外每条水流的流向、水流大小、弯曲程度都有精确的规划，对每块石头的重量、体积的选择以及什么样的石头叠放在何处最合适等等都有周详的安排，对宾馆中不同类型鲜花的数量、摆放位置，随季节、天气变化需要调整不同颜色的鲜花等等都有明确的说明，可谓匠心独具。

但是工人们在建筑施工的时候对这些细节毫不在乎，根本没有意识到正是这些细节方能体现出建筑大师的独到之处，随意"创新"，改变水流的线路和大小，搬运石头时不分轻重，在不经意中"调整"了石头的重量甚至形状，石头的摆放位置也是随随便便。看到自己的精心设计被无端演化成这个样子，难怪贝聿铭要痛心疾首了。

因此，香山宾馆建筑的失败不能归咎于贝聿铭，而在于执行中对细节的忽视。

可见，一个计划的成败不仅仅取决于设计，更在于执行。如果执行得不好，那么再好的设计，也只能是纸上蓝图。唯有执行得好，才能完美地体现设计的精妙，而执行过程中最重要的在于细节。有时，看似一个微小细节的执行会给一个企业带来起死回生的神奇威力。

一位年轻人大学毕业后到一家大型企业工作。参加工作的前三年，公司的效益非常好，每个月他总会有一笔不菲的工资和奖金。在外人眼里，他能拥有这一切已经很不错了，他也很知足。和他一起共事的大都是大学毕业的年轻人，随着时间的推移，按部就班的工作节奏使他们变得懒散，总觉得工作生活中缺少激情。他们厌倦了目前的工作和生活，想跳槽换个环境。

市场的竞争是残酷的，经济的风云变幻是很难预料的。就在他们决定跳槽的时候，公司由于在一个重大项目上决策失误，损失惨重，多年来公司创造的辉煌一夜之间化为乌有，面临破产的困境。平时公司的经理带领他们创业，对这些年轻人也格外照顾。在公司处于困境的时候选择跳槽，他们很是过意不去，但是长期在公司待下去不会有太大的发展前途。权衡再三，他们决定离开，另谋高就。就这样他们联合了几个年轻人写好了辞职报告。

盛夏时节酷暑难耐，为了节约用电，公司老总把自己办公室空调的温度从23℃提高到24℃。为此，经理特意在门口贴了一张小纸条："关键时刻，让我们从点滴做起。尽管公司处于困境，但困难只是暂时的，如同乌云遮不住太阳。为了节省1℃的电量，

你们进入我的办公室时，可以随便减去一件衣服。"

在这个以严格的等级制度管人的公司，没有人可以在进入经理的办公室之前随随便便脱去西装。尽管经理贴出了小纸条，可是没有人在进入他的办公室之前减衣服。时间长了，经理发现了这一点，立即从自己做起，自己先减去一件衣服，穿着随便些，让来汇报工作的员工放松心情，自然一些。

那天他们走到经理办公室，看到小纸条，没敢脱衣服，但心微微地被震动了一下。走进办公室，他们发现经理穿着很随便，而且他们观察到经理室的空调温度比往常高了1℃。经理让他们脱去外套，有什么想法慢慢汇报。先前想好的理由顷刻间烟消云散，最后他们红着脸退了出去。此后，他们的心长久地被那1℃温暖着，尽管那1℃对一个员工上千的企业算不了什么，但是他们从那微不足道的1℃中看出了一种温暖，一种精神。几个月过去了，始终没有人提辞职的事情。后来那家公司走出了困境，企业的发展蒸蒸日上。有人说企业的成功与1℃有关，也有人说与1℃无关。但是，可以肯定大家都从企业的高出的1℃的温度中感受到了企业发展的内在潜力，留住了员工的心，也赢得了企业发展的机遇。

现代企业处在一个迅猛发展的时代，很多决策者制定的方针路线都是正确的。但是，往往出现这样一种情况，就是落实时，再好的计划都会走样变形，甚至完全失败。

反观这些企业所走的每一步路，就会发现，很多事之所以没有做好是因为细节没有做透，这就是执行力的问题。如果细节做到位了，执行力就不存在问题。这个问题是企业中的每一个人、每一个机构、每一个团队都有必要注意的。

有分析家认为，海尔企业精确管理的经验之一，就是把任何一个总目标科学准确地细化分解。

海尔细化、分解组织目标是按"集团—本部—事业部—各职能部门—责任部门—个人"的方式层层展开的。在细分的过程中，每个分目标的具体指标和详细的执行措施也随之逐层细分，纵向到底，直至落实到员工个人。科学的细化、分解举措保证了企业的各项工作的目的性和有效性，减少了资源浪费，为企业目标的实现提供了强有力的实施保障。

在对总目标进行细节分解时，首先要对员工进行认真的分析，把每个员工的长处和短处分析清楚，制定出最佳的细化方案，把任务安排给最合适的人去完成。做到了这一点，管理者手下就没有不可用之人，所有的人都会成为好的工作者。本着这样的精神去安排每一个人的工作，做到在自己所在范围内"人人有事做，事事有人管"，连办公室的玻璃由谁擦、电灯由谁关这样的细节都落实到人了，就会充分调动每个人的责任感和积极性。

而国内许多企业在投入与产出之间往往形成一个巨大的空档。只对投入产出作了理想的规划,对如何落实则没有扎实的手段。一些企业的领导者表面上气势很大,敢于拍板,实际上缺乏周密考虑,对战略实施的困难估计不足。这些企业都实行"大概级"的管理,其水平低下正是目前影响企业效益的根本原因之一。

还是以飞龙为例。飞龙集团总裁姜伟是"中国改革风云人物"之一,1990年10月创立企业时,注册资金只有75万元,第2年就实现利润400万元,1992年实现利润6000万元,1993年、1994年连续两年利润超过两个亿。这个靠"飞燕减肥茶"起家、"延生护宝液"发财的民营企业,资本积累速度决不亚于海尔,其"地毯式"广告轰炸产生的品牌效应一时间也不亚于海尔,可为什么1995年一遇上保健品市场下滑就一蹶不振?

此中原因非常复杂,姜伟本人对此进行过深刻反省。在其《总裁的20大失误》里,姜伟对飞龙跌落的原因从决策、管理、市场、人才等诸个方面进行了剖析。其中第11大失误是:

"管理规章不实不细。飞龙集团发展6年中制定了无数条规章和纪律,规章制度已经比较完整。但这些规章大部分没有严密的具体细则,没有落实到具体责任人,导致有规难依的局面。纠正这一错误要从现在开始,总部各部门、市场各公司重新把现有的法规完善后,要增加两方面内容,即法规实施细则和实施检查细则。"

其实,像飞龙公司等企业,其规章制度不可谓无,也不可谓不严、不实、不细。但这些规章制度往往说在口头上、写在纸上、钉在墙上,就是落实不到行动上。

"天下大事,必做于细"我们可以延伸为"天下企业,必做于细",关键在于一个"做"字,没有实际行动,领导者的宏伟目标只是空想而已。

细节有时正是事物的关键所在

王老板最怕淹水,因为他卖纸,纸重,不能在楼上堆货,只好把东西都放在一楼。

天哪!还差半尺。天哪!只剩两寸了。每次下大雨,王老板都不眠不休,盯着门外的积水看。所幸回回有惊无险,正要淹进门的时候,雨就停了。

一年、两年,都这么度过。这一天,飓风来,除了下雨,还有河水泛滥,门前一下子成了条小河,转眼水位就漫过了门槛,王老板连沙包都来不及堆,店里几十万的货已经泡了汤。

王太太、店员甚至王老板才十几的儿子都出动了,试着抢救一点纸,问题是,纸会吸水,从下往上,一包渗向一包,而且外面的水,还不断往店里灌。

大家正不知所措,却见王老板一个人,冒着雨、趟着水,出去了。"大概是去找救兵了。"王太太说。而几个钟头过去,雨停了、水退了,才见王老板一个人回来。

这时候就算他带几十个救兵回来，又有什么用？店里所有的纸都报销了，又因为沾上泥沙，连免费送去做回收纸浆，纸厂都不要。

王老板收拾完残局，就搬家了，搬到一个老旧公寓的一楼。他依旧做纸张的批发生意，而且一下子进了比以前多两三倍的货。

"他是没淹怕，等着关门大吉。"有职员私下议论。果然，又来台风，又下大雨，河水又泛滥了，而且，比上次更严重。好多路上的车子都泡了汤，好多地下室都成了游泳池、好多人不得不爬上屋顶。

王老板一家人，站在店门口，左看，街那头淹水了；右看，街角也成了泽国，只有王老板店面的这一段，地势大概特高，居然一点都没事，连王老板停在门口的新车，都成了全市少数能够劫后余生的。王老板一下子发了，因为几乎所有的纸行都泡了汤，连纸厂都没能幸免，人们急着要用纸，印刷厂急着要补货、出版社急着要出书，大家都抱着现款来求王老板。

"你真会找地方，"同行业问，"平常怎么看，都看不出你这里地势高，你怎会知道？"

"简单嘛。"王老板笑笑，"上次我店里淹水，我眼看没救了，干脆趟着水、趁雨大，在全城绕了几圈，看看什么地方不淹水。于是，我找到了这里。"

王老板拍拍身边堆积如山的纸，得意地说："这叫救不了上次，救下次，真正的'亡羊补牢'哇"。

其实，王老板之所以能够成功是与他留意到在大雨中，全城哪里不淹水这样的一个细节是紧密相联的，这充分说明了细节有时恰恰是事物的关键所在。当然，"成由细节，败由细节"，就看你能不能充分发现并重视这些细节。

同样，对于营销来说，一个营销方案是否能取得预期效果，就还原创意和实现创意的过程而言，执行过程中的细节绝对是重中之重。

某乳品企业营销副总谈起他们在某市的推广活动时说："我们的推广非常注重实效，不说别的，每天在全市穿行的100辆崭新的送奶车，醒目的品牌标志和统一的车型颜色，本身就是流动的广告，而且我要求，即使没有送奶任务也要在街上开着转。多好的宣传方式，别的厂家根本没重视这一点。"

然而，这个城市里原来很多喝这个牌子牛奶的人，后来却坚决不喝了，原因正是送奶车惹的祸。原来，这些送奶车用了一段时间后，由于忽略了维护清洗，车身粘满了污泥，甚至有些车厢已经明显破损，但照样每天在大街上转来转去。人们每天受到这种不良的视觉刺激，喝这种奶还能有味美的感觉吗？

创造这种推广方式的厂家没想到："成也送奶车，败也送奶车。"对送奶车卫生这一细节问题的忽视，导致了创意极佳的推广方式的失败。

同样的问题越来越多地出现在各企业的各个营销环节中。很多企业在营销出现问题的时候,一遍遍思考营销战略、推广策略哪儿出了毛病,但忽视了对执行细节的认真审核和严格监督。

为什么企业界会发生如此多的悲剧呢?看看这些企业当年的发展规模和发展速度,看看这些企业当年的运作模式,有哪一家的失败不是"千里之堤,溃于蚁穴"的呢?尤其是保健品巨头三株。

三株,曾在短短的3年时间里,销售额提高了64倍,达到80亿,创造了中国保健品行业无比辉煌的帝国,其销售网络遍布全国城市,甚至村镇。总裁吴炳新曾吹嘘过:"在中国有两大网络,一是邮政网,一是三株销售网。"但是,一篇《八瓶三株口服液喝死一条老汉》的新闻报道,便使三株这个庞然大物轰然倒下,气病了难得的企业帅才吴炳新,同时也使许多企业界人士长嗟短叹,唏嘘不已。

三株的垮掉原因当然是仁者见仁,智者见智。但是,其中有一种很奇怪的现象——当三株遭危机时,各级销售人员纷纷挟款而去,值得人们深思。如此大的企业,居然管理纪律不严,财务监督不严,没有对付突发事件的应急方案。

我们来看看总裁吴炳新在1997年年终大会上总结的三株"十五大失误"吧。

(1)市场管理体制出现了严重的不适应,集权与分权的关系没处理好。

(2)经营体制未能完全理顺。

(3)大企业的"恐龙症"严重,机构臃肿,部门林立,程序复杂,官僚主义严重,信息不流畅,反应迟钝。

(4)市场管理的宏观分析、计划、控制职能未能有效发挥,对市场的分析估计过分乐观。

(5)市场营销策略、营销战术与消费需求出现了严重的不适应。

(6)分配制度不合理,激励制度不健全。

(7)决策的民主化、科学化没有得到进一步加强。

(8)部分干部骄傲自满和少数干部的腐化堕落,导致了我们许多工作没做到位。

(9)浪费问题严重,有的子公司70%广告费被浪费掉,有的子公司一年电话费39万元,招待费50万元。

(10)山头主义盛行,自由主义严重。

(11)纪律不严明,对干部违纪的处罚较少。

(12)后继产品不足,新产品未能及时上市。

(13)财务管理严重失控。

(14)组织人事工作和公司的发展严重不适应。

(15)法纪制约的监督力不够。

由此可见,三株的倒闭并非是因哪家新闻报道所为,而是三株的"大堤"早已被"蚁穴"掏空了。试想,内部如此混乱不堪的一家企业,怎么经得起市场的大潮呢?

如果不是三株内部管理存在这么多"蚁穴",像三株这样大的企业产品质量不可能出现如此大的失误;如果不是三株内部存在这么多"蚁穴",三株完全有能力事后补救,找出解救良药。

这也回答了这样一个问题,即为什么有的企业能够历尽风雨而长盛不衰,而有的企业却只能红火一时轰然倒下。重要的原因是对细节的态度和处理存在着根本的不同。从企业管理的角度来看,细节是管理是否到位的标志。管理不到位的企业很难成为成功的企业,更难以根基牢固。当前,忽视细节,管理不到位是不少企业的通病。如何在激烈的市场竞争中立于不败之地,是每个企业面临的重大课题。今后的竞争将是细节的竞争。企业只有注意细节,在每一个细节上下够功夫,才能全面提高市场竞争力,保证企业基业长青,在企业基本战略抉择成形以后,决定企业成败的就是"细节管理"。

在高科技日新月异,经济全球化飞速发展的形势下,伴随着社会分工的越来越细和专业化程度的越来越高,一个要求精细化管理的时代已经到来。细节成为产品质量和服务水平的有力表现形式。企业只有细致入微地审视自己的产品或服务,注意细节、精益求精才能让产品或服务日臻完美,在竞争中取胜。同样,如何处理好细节,从企业领导方面看,是领导能力与水平的艺术体现;从企业作风上看,是企业认真负责精神的体现;从企业发展上看,是企业实现目标的途径。

下 篇

细节怎样决定成败

生活中充满了细节,绝大多数细节会像我们每天数以亿万计脱下的皮屑一样,看不到扬起或落下便无影无踪了,总有一些看起来非常偶然的细节会帮助或伤害我们,所以认清生活中各种细节如何影响我们的成败十分重要。

第一章

用心才看得见
——细节隐藏机遇

☞ 事事留心皆机遇 ☜

人生漫漫，机遇常有，但决定我们命运的不是我们的机遇，而是我们对机遇的看法。机遇悄然而降，稍纵即逝。因此，你若稍不留心，她就将翩然而去，不管你怎样地扼腕叹息，她却从此杳无音讯，一去不复返。因此，有些人认为，一些人之所以不能成功，并不是因为没有机遇，并不是幸运之神从不照顾他们，而是因为他们太大意了，他们的大意使他们的眼睛混浊而呆板，因而机遇一次次地从他们眼前溜走而自己却浑然不觉。因此，对于这些人来说，他们要想取得成功，要想捕捉到成功的机遇就必须擦亮自己的双眼，使自己的双眼不要蒙上任何的灰尘。这样，他们才能够在机遇到来的时候伸出自己的双手，从而捕捉到成功的机遇。而那些之所以能够取得成功的人并不是幸运之神偏爱他们，幸运之神对谁都一视同仁，幸运之神不会偏爱任何一个人。成功的人之所以能每每抓住成功的机遇，完全是由于他们在生活中处处都很留心，他们具有一双捕捉机遇的慧眼，当机遇来临的时候，他们就能迅速作出反应，从而把机遇牢牢地抓在自己的手中。

捕捉机遇一定要处处留心，独具慧眼。其实只要你仔细留心身边的每一件小事，这每一件小事当中都可能蕴藏着相当的机会，成功的人绝不会放过每一件小事。他们对什么事情都极其敏感，能够从许多平凡的生活事件中发现很多成功的机遇。

有一次，日本索尼公司名誉董事长井琛大到理发店去理发，他一边理发一边看电视，但由于他躺在理发椅上，所以他看到的电视图像只能是反的。就在这时，他突然灵机一动，心想："如果能制造出反画面的电视机，那么即使躺着也能从镜子里看到正常画面的电视节目。"有了这些想法，他回到索尼公司之后就组织力量研制和生产了反画面的电视机，并把自己研制出来的电视机投放到市场上去销售。果然这种电视机受到了理发店、医院等许多特殊用户的普遍欢迎，因而取得了成功。这则事例给我们的启示就是功夫不负有心人，只要你能够处处留心，那么就有很多的机会在向你招手。

美国第四大家禽公司——珀杜饲养集团公司董事长弗兰克·珀杜，讲述了他成功的经历和童年的一段故事：

珀杜10岁时，父亲给了他50只自己挑选剩下的劣质仔鸡，要他喂养并自负盈亏。在小珀杜的精心照料下，这些蹩脚的鸡日见改观、茁壮成长。不久，产蛋量竟超过了父亲的优质鸡种，每日卖蛋纯收入可得15美元左右，这在大萧条时期可是一笔大钱。开始时，父亲不相信，当他亲眼看见小珀杜把鸡蛋拿出去时才开始相信他。后来珀杜开始帮助父亲管理部分鸡场，事实再一次证明他的管理和销售能力。他管理的几个鸡场的效益超过了父亲。1984年，父亲终于将他的整个家禽饲养场全部交给珀杜管理。

珀杜之所以能比父亲经营管理得好，是因为他能注意到一些很细小的环节。因为他对事物的仔细观察，使他发现了隐藏在细小事物中的机遇，从而见微知著。

10岁的时候，珀杜对鸡的生活习性一点也不了解。但是他认真观察后发现，当一只鸡笼里的小鸡少了时，小鸡吃得就多，成长得就快，但是太少了又会浪费鸡笼和饲料。于是他就慢慢地寻找最佳结合点，最后总结出每只笼子里养40只小鸡是最合理的。注意事物的每一个细节，从中可以发现使人成功的机遇，从而对总体的把握更加准确。抓住了微妙之处，也就把握了荦荦大端。

处处留心皆机遇，要做生活当中的有心人是因为机会往往来得都很突然或者很偶然。因此，只有留心、用心的人才有可能在机会来临的一瞬间捕捉到它。比如说世界上第一个防火报警警铃就是在实验室的一次实验中偶然发明的。第一个防火警铃的发明者杜妥·波尔索当时正在试验一个控制静电的电子仪器，忽然他注意到他身边的一个技师所抽的香烟把仪器的马表弄坏了。开始时，杜妥·波尔索的第一反应是非常懊恼，因为马表坏了必须中止实验，重新再装上一个马表。但他很快地就想到，马表对香烟的反应可能是一个非常有价值的资讯。这个只是一瞬间发生的看似很不起眼的偶然事件，就促使杜妥·波尔索发明了第一个防火报警警铃，在防火领域作出了突破性的贡献。

不仅仅像防火报警警铃的发明来自生活中很突然的偶发事件，其实，世界上有很多的发明创造都是来自这种生活中突发的偶然事件。被称为"杂交水稻之父"的我国农业科学家袁隆平发明杂交水稻也是如此。袁隆平有一次在稻田里，无意之中突然发现了一株自然杂交的水稻。由此，他想到目前我们人类所认定的水稻不能杂交的结论可能是个错误的结论。于是，通过艰苦的科学研究，他攻克了一个又一个难关，终于成功地培育出了杂交水稻，从而一举成了足以改变人类命运的世界级的科学家。

面对许许多多这样成功的事例，你也许会说，我整天都坐在果园里，苹果树上的苹果把我的头都砸烂了，为什么我就没有像牛顿一样发明出一个什么定律？可能你还会说，我一年四季都不停地在稻田里转悠，我的脑子都快要被水稻装满了，我自己也快要变成水稻了，可我怎么就没有发现一株自然杂交的水稻？

有一句谚语说："有恒为成功之本。"这句话一语点破了勤奋出机遇的道理。机遇的出现是同个人的打拼紧密联系在一起的。

每个人心里都清楚，机遇并不是一朵开在花园里的鲜花，你伸手就能将它采摘，它是一朵开在冰天雪地、悬崖峭壁上的雪莲，只有那些不畏艰险、勇于攀登高峰的人才能闻得它的芳香，才能将它拥有。

拿著名漫画家方成来说，每个人都知道他以画漫画为业，但很少有人知道他曾经是一位从事化学研究的工作人员。方成在漫画上取得如此高的成就，完全是凭借个人的奋斗精神。多年以来，方成一直在报社当编辑，专门为文章配漫画，常常是夜里定下题目，然后仔细构思，反复揣摩，第二天就要交稿见报。然而并不是每次工作都能顺利完成，有时画稿交上去以后，回家后又想出新的主意，于是又重新画一幅；有时费尽心思也想不出好的点子，他就把头放在水龙头下冲一冲，继续思索，直到画出一幅自己满意的漫画为止。

几十年如一日，方成凭借自己的勤奋努力，抓住了一个几乎不存在的机遇——作为一个漫画家享誉中外。由此可见，如果方成缺乏一种奋斗精神，那么他不可能碰到这种得之不易的机遇；如果对一开始的退稿感到心灰意冷，那么他不可能最终成为知名的漫画家。

方成的成功，向我们说明了任何机遇都不是偶然的，而是"得之在俄顷，积之在平日"。只有平时的刻苦勤奋，只有敢于在荆棘丛生、充满危险的无路之处走出一条平坦的大道，才能创造出原本不属于自己的机遇。"天赐良机"，是对那些平日潜心奋斗者的回报。

在人的一生中，总会碰到各式各样的偶然性的机会，但是，假如没有平时对知识的积累、辛勤持久的思索，那么，机会即使降临了，也无从知晓，知晓了也不会捕捉利用，所以，人不能把希望寄托在偶然性的机会上。

不放弃万分之一的机会

绝不放弃万分之一的可能，终归有收获；轻易放弃一分希望，得到的将是失败。

这是一个崇尚开拓创新的时代，人人都渴望能证实自我。正因为如此，我们更应该勇敢地面对失败。失败并不可怕，由于恐惧失败而畏缩不前才是真正可怕的。

要战胜失败，就不要放弃尝试各种的可能性。

以精益求精的态度，不放弃尝试种种的可能，终会有成果的。

有个年轻人去微软公司应聘，而该公司并没有刊登过招聘广告。见总经理疑惑不解，年轻人用不太娴熟的英语解释说自己是碰巧路过这里，就贸然进来了。

总经理感觉很新鲜，破例让他一试。面试的结果出人意料，年轻人表现糟糕。他对总经理的解释是事先没有准备，总经理以为他不过是找个托词下台阶，就随口应道："等你准备好了再来试吧。"

一周后，年轻人再次走进微软公司的大门，这次他依然没有成功。

但比起第一次，他的表现要好得多。而总经理给他的回答仍然同上次一样："等你准备好了再来试。"就这样，这个青年先后5次踏进微软公司的大门，最终被公司录用，成为公司的重点培养对象。

也许，我们的人生旅途上沼泽遍布，荆棘丛生；也许，我们追求的风景总是山重水复，不见柳暗花明；也许，我们前行的步履总是沉重、蹒跚；也许，我们需要在黑暗中摸索很长时间，才能找寻到光明；也许，我们虔诚的信念会被世俗的尘雾缠绕，而不能自由翱翔；也许，我们高贵的灵魂暂时在现实中找不到寄放的净土……那么，我们为什么不可以以勇敢者的气魄，坚定而自信地对自己说一声"再试一次！"永不放弃万分之一的可能性？

1832年，有一个年轻人失业了。而他却下决心要当政治家，当州议员，糟糕的是他竞选失败了。在一年里遭受两次打击，这对他来说无疑是痛苦的。他又着手办自己的企业，可一年不到，这家企业就倒闭了。在以后的17年里，他不得不为偿还债务而到处奔波、历尽磨难。

此间，他再一次决定竞选州议员，这次他终于成功了。他认为自己的生活可能有了转机，可就在离结婚还差几个月的时候，未婚妻不幸去世。他心力憔悴卧床不起，患上了严重的神经衰弱症。

1838年，他觉得身体稍稍好转时，又决定竞选州议会长，可他失败了；1843年，他又参加竞选美国国会议员，但这次仍然没有成功……

试想一下，如果是你处在这种情况下会不会放弃努力呢？他一次次地尝试，一次次地失败，企业倒闭，情人去世，竞选败北，要是你碰到这一切，你会不会放弃，你的梦想？他没有放弃，也始终没有说过：要是失败会怎样？1846年，他又一次参加竞选国会议员，终于当选了。

在以后的日子里，他仍在失败中奋起，一次又一次地努力，最后，1860年，他当选为美国总统，他就是亚伯拉罕·林肯。

林肯一直没有放弃自己的追求，一直在做自己生活的主宰，他用永不言败的精神迎来了成功。他以自己的经历告诉我们：成功不是运气和才能的问题，关键在于适当的准备和不屈不挠的决心。面对困难，不要退却，不要逃避。林肯压根就没有想过要放弃努力。他不愿放弃，也从不言败。

很多时候，所谓的困难只是一只"纸老虎"，它横在路上阻碍你前行，如果你被吓住了，那么你永远也遇不到它后面的成功。人们经常在做了90%的努力后，放弃了最后可以让他们成功的10%的努力。这不仅使他们输掉了全部的投资，更丧失了最后发现宝藏的喜悦。

告诉你一个保证失败的规律：每当你遭受挫折时便放弃努力。再告诉你一个保证成功的诀窍：每当你失败时，再去尝试，成功也许就在你的一点点努力之后。

在向成功之巅攀登的途中，我们必须记住：梯子上的每一级横级放在那儿是让搁脚的，是让我们向更高处前进的，而不是用来让你休息的。我们常常又累又乏，但举重冠军詹姆士·J.柯伯特常说："再奋斗一回，你就成了冠军。事情越来越艰难，但你仍需再努把力。"威廉·詹姆士指出，我们不仅要重整旗鼓，而且还要做第3次、第4次、第5次、第6次甚至是第7次的努力，在每个人体内都有巨大的储备力量，除非你明白并坚持开发使用，否则它是毫无意义的。因此，我们在工作和生活中碰到困难，绝不应轻言放弃。

邱吉尔下台之后，有一回应邀在牛津大学的毕业典礼上演讲。那天他坐在主席台上，打扮一如平常，还是一顶高帽，手持雪茄。

经过主持人隆重冗长的介绍之后，邱吉尔走上讲台，注视观众，沉默片刻。然后他用那种特别的邱吉尔式的风度凝视着观众，足足有30秒之久。终于他开口说话了，他说的第一句话是："永不放弃。"然后又凝视观众足足30秒。他说的第二句话是："永远，永远不要放弃！"接着又是长长的沉默。然后他说的第三句话是："永远，永远，永远不要放弃！"他又注视观众片刻，然后迅速离开讲台。当台下数千名观众明白过来的时候，立即响起了雷鸣般的掌声。

赌徒有一句名言："不怕输得苦，就怕断了赌。"意思很简单，输了不要紧，只要继续赌就可能赢回来。可能因为这个原因，于是有了"久赌无输赢"的赌谚。

我们是反对赌博的，但是这句赌博的谚语在人的生活中还是很有用的。一个人，只要心中充满了希望，就会不断地前进，最后实现自己的人生理想。如果没有理想，就像没有赌资的赌徒一样，就输到底了。

希望获得成功,必须坚持下去,平时做好准备,一是可以应付不时之需,二是为机会的到来做好准备。

两个人横穿大沙漠,一段时间以后,他们的水喝光了。烈日当空,酷热难当,其中一个人中暑倒下。

另一个人给他留下了一把枪和5发子弹,并叮嘱他:"3小时后,每隔半小时向天空放一枪,我会尽快回来的。"说完,这个人就找水去了。

中暑的那个人在沙漠里焦急地等待。

时间是那样难熬,好不容易才过了两个半小时,他忍不住了,鸣响了第一枪;然后,第2枪、第3枪、第4枪也相继鸣响。可是找水的伙伴还是无影无踪。

只剩下最后一颗子弹了,怎么办?如果最后一颗子弹还不能唤回伙伴的话,自己就会被酷热的沙漠灼烤着痛苦地死去。

他一次次地问自己"怎么办",最后,他完全失去了信心和毅力,把最后的子弹,也就是第5颗子弹对准了自己的头打响了。

可是,他万万没有想到的是,正是这最后的第5颗子弹鸣响的时候,伙伴回来了,手里拿着满壶的清水……

在生活中,每个人都会遇到各种各样的难关。此时,我们只有两种选择:要么逃避,甚至像那位中暑的人那样,用第5颗子弹结束自己的生命;要不就咬紧牙关挺过去。显然,任何人都应该作第二种选择。因为,只有挺过去,才能为自己赢得机会——生命的机会!

说者无意,听者有心

少说多听,会更利于谈判者抓住对方的种种细节,以便找准突破口,使谈判成功。工于心计的谈判高手,往往用不到两分钟的时间介绍自己,而留下20分钟让对方发言。

倾听是了解对方需要、发现事实真相的最简捷的途径。谈判是双方沟通和交流的活动,掌握信息是十分重要的。一方不仅要了解对方的目的、意图,还要掌握不断出现的新情况、新问题。因此,谈判的双方都十分注意收集整理对方的情况,力争了解和掌握更多的信息,但是没有什么方式能比倾听更直接、更简便地了解对方的信息了。

倾听能使你更真实地了解对方的立场、观点、态度,了解对方的沟通方式、内部关系,甚至是小组内成员的意见分歧,从而使你掌握谈判的主动权。

日本某公司在与美国某公司因购买设备而进行的谈判中,接连派出3个谈判小组，都是只提问、记录，而美方则滔滔不绝地介绍，把他们自己的底细全盘交给了日本人。当然，结果是日本人大获全胜，以最不利的交易条件争取到最大的利益。可见，会倾听也是一种非常有用的谈判战术。

现在我们处在一个信息爆炸的时代。机遇就来自这浩如烟海的资讯，有时，一句话、一则消息、一件微不足道的小事，就包含着难得的机遇，关键看你是否善于倾听，留心这些信息以及如何对待它，能不能及时抓住它。

香港有"假发业之父"称号的刘文汉则是靠餐桌上的一句话抓住机遇的。

1958年，不满足于经营汽车零配件的小商人刘文汉到美国旅行、考察商务。有一天，他到克利夫兰市的一家餐馆同两个美国人共进午餐，美国人一边吃、一边叽哩哇啦谈着生意经，其中一个美国人说了一句只有两个字的话："假发。"刘文汉眼睛一亮，脱口问道："假发？"美国商人又一次说道："假发。"说着，拿出一个长的黑色假发表示说，他想购买13种不同颜色的假发。

像这样餐桌上的交谈，在当时来说，只不过是商场上普通的谈话，一句只有两个字的话，按说也没有什么特殊意义和价值，但是，言者无意，听者有心。刘文汉凭着他那敏捷的头脑，很快就作出判断：假发可以大做一番文章。这顿午餐，竟成了刘文汉发迹的起点。

他经过一番苦心的调查了解发现，一个戴假发的热潮，正在美国兴起，在刘文汉面前，展现了一个十分广阔的市场。他一回到香港，就马不停蹄，开始了对制造假发的原料来源的调查。他发现，把从印度和印尼输入香港的人发（真发）制成各种发型的发笠（假发笠），成本相当低廉，最贵的每个不超过100港元，而售价却高达500港元。刘文汉喜出望外，算盘珠一拨，立即作出决定：在香港创办工厂，制造假发出售。

但是，制造假发的专家到哪里去找？刘文汉又陷入了苦恼和焦虑。一天，一位朋友来访，闲谈中提到一个专门为粤剧演员制造假须假发的师傅。刘文汉不辞辛苦地追踪开了，终于找到了他。可是，这位高手制造一个假发，需要3个月的时间！这样怎么能做生意？怎么办？刘文汉的思路没有就此停止，他在头脑中飞快地将手工操作与机器操作联系起来，终于想出了办法。把这位独一无二的假发"专家"请来，再招来一批女工，精通机械之道的刘文汉又改造了几架机器，他手把手地教工人操作，由老师傅把质量关，发明与生产同步进行，世界第一个假发工厂就这样建成了。

各种颜色的假发大批量地生产出来，消息不胫而走，数千张订货单雪片般飞来，刘文汉兜里的钞票也与日俱增，到了1970年，他的假发外销额突破10亿港元，并当选为香港假发制造商会的主席。

刘文汉学会了听别人的话从而抓住了机遇，这不是点石成金，而是给他打开了一座机遇的宝库。所以说者无意，听者要有心。

　　说起来,机遇对于每个人都是公平的,她不在等待中出现,更不在幻想中降临,她只偏爱那些专注细节善于留心各种信息的人们,偏爱那些时刻奋斗着的人们,但是,很少有人会知道世界闻名的希尔顿饭店的诞生竟然是从一句话开始。

　　第一次世界大战结束之后,还不满30岁的希尔顿从法国战场回到美国,光荣退伍。

　　可是不久,他的父亲车祸丧生,这使他伤心至极。这时,他突发奇想,想在一种流浪式的移动中充分认识自己,从而寻找到未来生活的归宿。

　　他几乎走遍了新墨西哥州,并且处处留心观察州内的石油工业、小城镇的银行业、杂货店、公寓及旅店的生意情况,最后,他终于下定决心从事银行业。

　　希尔顿在新墨西哥州找不到银行业的事做,他的口袋里还有5000美元,于是他不想放弃,就继续向前,越过了州界,来到得克萨斯州。

　　得州盛产石油,他便决定到充满石油和发财机会的休斯哥镇去冒险。抵达镇上,得知靠近火车站有一家银行,便走进去问经理:"你们这家银行要多少钱才出售?"

　　经理告诉他:"只要你出得起7.5万美元就会售给你。"

　　希尔顿听了满怀信心,心里对自己说:"对于一个渴望得到某种东西的人应该而且完全能够想尽办法去获得它。"

　　这时,他完全忘了自己身上有多少钱,也顾不得和对方讨价还价,就急忙走到火车站,在电报柜台给那家银行的业主拍出一份电报,表示他愿意以7.5万美元的价格买下这家银行。

　　电报发出之后,希尔顿的心情轻松起来,便悠闲自得地来到大街上漫步,心里还想着今后如何专心经营这家银行。他开始梦想着如何成为"银行业王国"的国王。

　　然而,当他重新回到这家银行时,报务员立即交给他一份电报说:"售价已经涨到8万美元,买不买随你。"

　　希尔顿挨了这当头一棒,一时气得面红耳赤,半天说不出话来,最后只好悻悻地从银行里退了出来。

　　这时天色已晚。路灯照得街道对面的"莫利希饭店"几个字闪闪发亮,希尔顿想在那里住一夜,就横过街去。

　　"莫利希饭店"是一幢两层楼的红砖房,生意很好。希尔顿走进店门,见走道里站满了人,许多人挤到服务台前,争着要服务员办理住宿登记手续。

　　希尔顿想要一个房间,也挤上前去,话还没说出来,那个服务员就把旅店登记簿合上了,说:"别挤啦,客满了!"

　　这时,挤在走道里的人群又骚动起来了,还没等希尔顿反应过来,许多人就像小孩子抢座位似的,拼命争抢走道里仅有的几张椅子。

　　希尔顿明白过来时,也想争一把椅子,但椅子早就被人抢光了,留下来的只有他身旁的那根柱子，他只好靠在柱子上站着，闭目盘算着，下一步该怎么办呢？

他突然觉得有人推了他一下，睁开眼来，见是一个绷紧了面孔的人在推这个又推那个，并一路叫着："出去！"原来他是在驱赶坐在椅子上的人。希尔顿站直了身子没有动，那人又走过来对他说："对不起，朋友，请在8点钟我们腾空了这个地方的时候，你们再到这里来。"

希尔顿听此觉得有些好奇，于是，问："你的意思是说，你只让他们睡8个小时，就做第二轮生意吗？"

那人说："是的，一天到晚，每24小时分做三轮生意。如果你愿意付款，我允许你睡在餐厅的餐桌上。"

希尔顿又问："你是这家旅店的老板吗？"

那人说："是的，但我也被它紧紧地束缚住了。这个时候，我应该出去，到油田那边去多赚几个实实在在的钱。"

希尔顿觉得纳闷，这里的生意这么好，他怎么还不安心呢？难道他想出售这家店吗？于是试探着说："可是，你的旅店生意很不错呀！"

旅店老板说："不，在别人一夜之间便可成为百万富翁的时候，你愿意待在旅店里和一群浑人纠缠吗？唉，只要我能够摆脱这个地方……"

希尔顿听他这一说，简直高兴得差点跳起来，但他还是抑制住了内心的兴奋，用平静的口气问："老板，你是不是说，准备出售这家旅店？"

老板说："是的，不管任何人，只要他愿意付出5万美元的现金，他就可以得到这座旅店，连里面的所有设备都归他。"

希尔顿立时把头昂起来，说："老板，你已经找到买主了！"

希尔顿俨然成了店主人似的，用了3个小时，先查阅了莫利希旅店的账簿，心里想，这个想发石油财的家伙真是一个十足的大傻瓜。经过一番讨价还价以后，店主愿以45000美元的价格出售。

就这样希尔顿在和店主的交谈之中，意外地获得了此店要出售的消息，于是他毫不犹豫地抓住了这个机遇，想尽一切办法筹集资金，最终，成功地买下了莫希利旅店，从此翻开了"希尔顿饭店帝国"发迹史的第一页。

看准时机，敢于冒险

面对机遇，如果少几分瞻前顾后的犹豫，多几分义无反顾的勇气，说不定会闯出"柳暗花明"来。

19世纪中叶，美国人在加利福尼亚州发现了金矿，这个消息就像长上了翅膀，很快就吸引了很多的美国人。在通往加利福尼亚州的每一条路上，每天都挤满了去淘金的人。他们风餐露宿，日夜兼程，恨不得马上就赶到那个令人魂牵梦萦的地方。

在这些做着美梦的人流中，有一个叫菲利普·亚默尔的年轻人，他当年才17岁，是一个毫不起眼的穷人。

就是这个亚默尔，后来却干出了使人感到很惊奇的事情。到了加利福尼亚州之后，他的"黄金梦"很快就破灭了：各地涌来的人太多了。茫茫大荒原上挤满了采金的人，吃饭喝水都成了大问题。

刚开始的时候，亚默尔也跟其他人一样，整天在烈日下拼命地埋头苦干，每天都是口干舌燥，一般人无法忍受这种折磨。

亚默尔很快就意识到，在这里，水和黄金一样贵重。他曾经不止一次地听到有人说："谁给我一碗凉水，我就给他一块金币！"可是很多人都被金灿灿的黄金迷住了，没有人想到去找水。

亚默尔想到了，他很快就下了决心，不再淘金了，弄水来卖给这些淘金的人，赚淘金者的钱。

卖水其实很简单，挖一条水沟，把河里的水引到水池里，然后用细沙过滤，就可以得到清凉可口的水了。他把这些水分装在瓶里，运到工地上去卖给那些口干舌燥的人。那些人一看到水，就像苍蝇发现血迹，一下子就拥了过来，纷纷慷慨解囊，拿出自己的辛苦钱来买亚默尔的水解渴。

看到亚默尔的举动，很多淘金者都感到很可笑：这傻小子，千里迢迢跑到这里来，不去挖金子，而干这种玩意儿，没出息！

这本身就是一种大胆的决策，亚默尔自然不会被这些话吓回去，依然我行我素，天天坚持不懈，一直在工地上卖水。

经过一段时间，很多淘金者的热情减退了，本钱用完了，血本无归，两手空空地离开了加利福尼亚。亚默尔的顾客越来越少，"点水成金"已经成为昨日黄花，他也应该走人了。

这时，他已经净赚了6000美元，在那个年代，已经是一个小富翁了。

追求成功的人不害怕犯错，更不会因一时的错误就谴责自己，不原谅自己。因为他们知道，害怕犯错实际上是一个最大的错误，因为它制造了恐惧、疑惑和自卑，这些使他们不能够放开心志，瞄准时机，大胆地去冒险和尝试。

有一次，但维尔地区经济萧条，不少工厂和商店纷纷倒闭，被迫贱价抛售自己堆积如山的存货，价钱低到1美元可以买到100双袜子。

那时，约翰·甘布士还是一家织制厂的小技师。他马上把自己积蓄的钱用于收购低价货物，人们见到他这股傻劲，都公然嘲笑他是个蠢材！

约翰·甘布士对别人的嘲笑漠然置之，依旧收购各工厂和商店抛售的货物，并租了很大的货仓来贮货。

他妻子劝他说，不要把这些别人廉价抛售的东西购入，因为他们历年积蓄下来的钱数量有限，而且是准备用做子女教养费的。如果此举血本无归，那么后果便不堪设想。

对于妻子忧心忡忡的劝告，甘布士笑过后又安慰她道：

"3个月以后，我们就可以靠这些廉价货物发大财了。"

甘布士的话似乎兑现不了。

过了10多天后，那些工厂即使贱价抛售也找不到买主了，便把所有存货用车运走烧掉，以此稳定市场上的物价。

他太太看到别人已经在焚烧货物，不由得焦急万分，抱怨起甘布士。对于妻子的抱怨，甘布士一言不发。

终于，美国政府采取了紧急行动，稳定了但维尔地区的物价，并且大力支持那里的厂商复业。

这时，但维尔地区因焚烧的货物过多，存货欠缺，物价一天天飞涨。约翰·甘布士马上把自己库存的大量货物抛售出去，一来赚了一大笔钱，二来使市场物价得以稳定，不致暴涨不断。

在他决定抛售货物时，他妻子又劝告他暂时不忙把货物出售，因为物价还在一天一天飞涨。

他平静地说：

"是抛售的时候了，再拖延一段时间，就会后悔莫及。"

果然，甘布士的存货刚刚售完，物价便跌了下来。妻子对他的远见钦佩不已。

后来，甘布士用这笔赚来的钱开设了5家百货商店，业务也十分发达。

如今，甘布士已是全美举足轻重的商业巨子了。

在这里应当说，冒险精神不是探险行动，但探险家的行动必须拥有足够的冒险精神。所以，郑和下西洋、张骞出使西域、哥伦布发现新大陆、麦哲伦环球航行，都具备人类最伟大的冒险精神。没有这一点，成功与他们无缘。

一天，有个男孩将一只鹰蛋带回到他父亲的养鸡场。他把鹰蛋和鸡蛋混在一起让母鸡孵化。后来母鸡孵化成功，于是一群小鸡里出现了一只小鹰。小鹰与小鸡们一样生活着，极为平静安适，小鹰根本不知道自己不同于小鸡。

小鹰长大了，发现小鸡们总是用异样的眼神看着自己。它想：我决不是一只平常的小鸡，我一定有什么地方不同于小鸡。可是它却无法证明自己的怀疑，为此十分烦恼。直到有一天，一只老鹰从养鸡场上飞过，小鹰看见老鹰自由舒展翅膀，顿时感觉自己的两翼涌动着一股奇妙的力量，心里也激烈地震荡起来。它仰望着高空自由翱翔的老鹰，心中无比羡慕。它想：要是我也能像它一样该多好，那我就可

以脱离这个偏僻狭小的地方，飞上天空，栖息在高高的山顶之上，俯瞰大地和人间。

可是怎么能够像老鹰一样呢？我从来没有张开过翅膀，没有飞行的经验。如果从半空中坠下岂不粉身碎骨吗？犹豫、徘徊、冲动，经过一阵紧张激烈的自我内心斗争，小鹰终于决定甘冒粉身碎骨的风险，也要尝试一把，于是展翅高飞。

它终于起飞了，飞到了空中。它带着极度的兴奋，再用力往高空飞翔，飞翔……

小鹰成功了。它这才发现：世界原来这么广阔，这么美妙！

小鹰成功的历程，几乎展示了每一个冒险家成功的历程，当我们不满足于眼下平淡的生活，而希望享受到一种新的乐趣的时候，当我们开始厌恶自己现在的生存方式而希望尝试一种更富有创造性的理想的生存方式的时候，我们比照小鹰成功的案例，可以得到这样的启示：

新的生活，理想的人生，就潜伏在看似平常的生存中，只要你能够像小鹰一样找准时机，勇敢地尝试飞翔，勇于冒险，就有机会展示自己超凡的才能，赢得成功。

独具慧眼识商机

现在社会里，把握先机变得越来越重要，经商也是这样。人们常常说，时间就是金钱，经营实践也证明，先机确是金钱。谁先抓住先机并迅速采取行动，谁就可能成为赢家。

现在的各厂商都极为重视先机，千方百计地收集商业情报，以做到领先别人，知己知彼，百战不殆。有很多原来一文不名的小人物，由于有着鹰一般的眼光，洞察先机而富甲一方的也并不鲜见。

日本就曾有一位著名的企业家古川久好就从报纸中一条普通的小信息敏锐地捕捉到了商机，从而走上发家之路的。

年轻时代的古川久好只是一家公司地位不高的小职员，平时的工作是为上司干一些文书工作，跑跑腿，整理整理报刊材料。工作很是辛苦，薪水也不高，他总琢磨着想个办法赚大钱。

有一天，他在经手整理的报纸上发现这样一条介绍美国商店情况的专题报道，其中有段提到了自动售货机。

上面写道："现在美国各地都大量采用自动售货机来销售商品，这种售货机不需要人看守，一天24小时可随时供应商品，而且在任何地方都可以营业。它给人们带来了方便。可以预料，随着时代的进步，这种新的售货方法会越来越普及，必将被广大的商业企业所采用，消费者也会很快地接受这种方式。前途一片光明。"

古川久好开始在这上面动脑筋,他想:日本现在还没有一家公司经营这个项目,将来也必然会迈入一个自动售货的时代。这项生意对于没有什么本钱的人最合适。我何不趁此机会走到别人前面,经营这项新行业。至于售货机销售的商品,应该是一些新奇的东西。

于是,他就向朋友和亲戚借钱购买自动售货机。他筹到了30万日元,当时这一笔钱对于一个小职员来说不是一个小数目。他一共购买了20台售货机,分别将它们设置在酒吧、剧院、车站等一些公共场所,把一些日用百货、饮料、酒类、报刊杂志等放入自动售货机中,开始了他的事业。

古川久好的这一举措,果然给他带来了大量的财富。人们头一次见到公共场所的自动售货机,感到很新鲜,只需往里投入硬币,售货机就会自动打开,送出你需要的东西。

一般地,一台售货机只放入一种商品,顾客可按照需要从不同的售货机里买到不同的商品,非常方便。

古川久好的自动售货机第一个月就为他赚到了100万日元。他再把每个月赚的钱投资于售货机上,扩大经营的规模。5个月后,古川久好不仅还清了所有借款,还净赚了2000万日元。

古川久好在公共场所设置自动售货机,为顾客提供了方便,受到了欢迎。一些人看这一行很赚钱,也都跃跃欲试。古川久好看在眼里,敏锐地意识到必须马上制造自动售货机。他自己投资成立工厂,研究制造"迷你型自动售货机"。这项产品外观特别娇小可爱,为美化市容平添了不少光彩。

古川久好的自动售货机上市后,市场反应极佳,立即以惊人之势开始畅销。古川久好又因制造自动售货机而大发了一笔。

无数的事实告诉我们,经商者要有鹰一般的眼光、敏锐的头脑,注重市场或大或小的信息的收集、处理和利用,先于对手作出正确的销售、经营决策,才会使你在复杂激烈的市场竞争中找到立身之地,这应该是每一位成功的企业家必备的素质。

全球知名企业亚马逊的创始人贝索斯30岁时已是某金融公司的副总裁。然而当贝索斯偶然看到"网络用户一年中猛增23倍"这样一条信息后,出人意料地就告别了华尔街,而转创办网上商务。

在网络上先卖什么东西好?贝索斯列出了20多种商品,然后逐项淘汰,精简为书籍和音乐制品,最后他选定了先卖书籍。为什么作出如此惟一的选择?因为贝索斯在分析过程中发现传统出版业有一个根本矛盾:出版商和发行零售商的业务目标相互冲突。出版商需要预先确定某部图书的印数,但图书上市之前,谁也无法准确预知该书的市场需求量。为了鼓励零售商多订货,出版商一般允许零售商卖不完就退回,零售商既然囤积居奇毫无风险,也往往超量定购。贝索斯一针见血地说:"出

版商承担了所有的风险,却由零售商来预测市场需求量!"

贝索斯所看到的,其实就是经济活动中无法彻底根除的一种弊病:市场需求与生产之间的脱节。他自信,运用互联网,省略掉商品流通一系列中间环节,顾客直接向生产者下订单,就可以真正做到以销定产。

4 年之后,贝索斯创办的亚马逊的市值已经超过 400 亿美元,拥有 450 万长期顾客,每月的营业额数亿美元,杰夫·贝索斯也成为全球年轻的超级大富豪。

贝索斯之所以成功,是他独具慧眼,敏感地认识到网络里有无限商机,跟着又发现和利用了别人没有解决的供销方面的矛盾——这是一座大有开发价值的宝山;经过精心筛选,他找到了一个切入点——网上卖书;利用美国的风险基金,经过锲而不舍的努力,他终于走向辉煌。

其实,在社会中闯荡的每一位成功者,他们之所以能够超越常人,捕获商机,就在于他们利用自己丰富的阅历、非凡的智慧、敏锐的眼光,发现和察觉了平凡中的不平凡,寻常中的不寻常。

麦当劳有今天的地位,主要不是由于麦氏兄弟,而是由于一个叫克罗克的推销员。他第一次接触麦当劳,已经 52 岁了。从世界超大型公司的创始里程来看,他也许是最老的。

克罗克曾回忆说:"踏进餐厅的那一刻,我震惊了。我感到,准备多年,我终于找到我潜意识里要寻找的东西。"克罗克凭什么来寻找呢?经验和直觉。在此之前,他已做了 25 年的推销员。

那是 1954 年,在一个中午,克罗克直进了麦当劳餐厅,去推销他该死的奶昔机。小小的停车场,差不多挤着 150 个人,而麦当劳的服务是快速作业,15 秒钟就交出客人的食物。

克罗克激动了,来不及思考,经验告诉他,自己要面对一个全新的世界了,在成千上万的地方开麦当劳餐厅。

不过,当与麦当劳兄弟谈判时,克罗克还恋恋不忘他的奶昔机。但他很快抓住了关键细节,奶昔机消失了。

与麦当劳一样,可口可乐也不是阿萨·坎德勒发明的,但正是在他手上,可口可乐才成为风靡世界的王牌饮料。这仅仅是因为,发明可口可乐的彭伯顿只完成了科技创新,却不懂得市场价值,而阿萨·坎德勒懂。

阿萨·坎德勒出生在佐治亚的医生家庭,南北战争打破了他的学习生涯,19 岁的他在一家小药店打工,干了两年半。考虑到前途,他离开小地方,去到亚特兰大。大城市是蕴育大成功的土壤。

在给别人打工 7 年之后,阿萨·坎德勒开了一家药材公司,这对可口可乐的发展是极其重要的,因为他由此获得了丰富的商业经验。在后面的叙述中,我们会感受到，这几年独立经营的经验（而不再是打工），对高度专业化的商业能力的形成是多么的重要。通过这几年的经营，阿萨·坎德勒发现，药房的利润主要不是来自配方，而是出售药材。

阿萨·坎德勒开始着力建设自己的商品体系。在这样的商业背景下，可口可乐出现在他的面前。

1862年，11岁的阿萨·坎德勒从一辆装满东西的货车上掉下来，车轮从头上辗过去，造成头部骨折。可怜的小阿萨·坎德勒虽免一死，却留下后遗症：偏头痛。于1886年，彭伯顿发明可口可乐，把它作为药物来推广。1888年，阿萨·坎德勒的一个朋友，建议他试试可口可乐。阿萨·坎德勒照办了，头痛果然减轻。后来，他不断饮用可口可乐，偏头痛竟逐渐好转。这使得身为药剂师的阿萨·坎德勒对可口可乐大感兴趣。经过调查，他发现，彭伯顿并不善于经营，于是他决定入股，把这种优良的"药品"推广开来，并且相信有利可图。

关键的一步是，阿萨发现，把可口可乐作为饮料来卖，市场会大得多。就是这个微妙而伟大的灵感，才有了今天的"可口可乐"。但就阿萨本人来说，他终生都相信可口可乐的医疗价值。阿萨入股可口可乐之后，觉得彭伯顿和参与生产、销售可口可乐原浆的人都没有做好工作。他不想部分地接管一项管理不善的事业。要么不干，要么完全控制！阿萨经营的药剂事业在南方最为兴旺发达，从他的有利地位出发，他认为可口可乐可以大展宏图。果然，在阿萨的精心经营策划之下，"可口可乐"今天已经成为全球流行的饮料品牌。

小信息带来大惊喜

人生无处不机遇，有时别人无意间的一句话，报纸上的一小段文字或许都会成为上帝送给你的一个惊喜，或许是巨大的财富，或者是事业的成功。

下面是美国富翁亚默尔发瘟疫财的故事：这个故事发生在1875年春天。

一天，亚默尔像往常一样在办公室里看报纸，报纸上一条条的小标题从他的眼睛中溜过去，就像小小的溪流一样。突然，他的眼睛发出了光芒，他看到了一条几十字的短讯："墨西哥可能出现了猪瘟。"

这几个字实在是太平凡了，在别人看来，这有什么好惊奇的呢？可是他立即想到，如果墨西哥出现猪瘟，就一定会从加利福利亚、德克萨斯州传入美国。一旦这两个州出现猪瘟，肉价就会飞快上涨，因为这两个州是美国肉食生产的主要基地。

他的脑子还正在运转，手已经抓起了桌子上的电话，问他的家庭医生是不是要去墨西哥旅行。家庭医生一时间弄不清什么意思，满脑子的雾水，不知道怎么回答。

亚默尔只简单地说了几句,就又对他的家庭医生说:"请你马上到野炊的地方来,我有要事与你商议。"

原来那天是周末,亚默尔已经与妻子约好,一起到郊外去野餐,所以,他把家庭医生约到了他们举行野餐的地方。

他、他的妻子和他的家庭医生很快就聚集在一起了,他满脑子都是钱,对野餐已经失去了兴趣。他最后说服他的家庭医生,请他马上去一趟墨西哥,证实一下那里是不是真的出现了猪瘟。

医生很快证实了墨西哥发生猪瘟的消息,亚默尔立即动用自己的全部资金大量收购佛罗里达州和德克萨斯州的肉牛和生猪,很快把这些东西运到美国东部的几个州。

不出亚默尔的预料,瘟疫很快蔓延到了美国西部的几个州,美国政府的有关部门下令一切食品都从东部的几个州运往西部,亚默尔的肉牛和生猪自然在运送之列。

由于美国国内市场肉类产品奇缺,价格猛涨,亚默尔抓住这个时机狠狠地发了一笔大财,在短短的几个月时间内,就足足赚了900多万美元。

事后,亚默尔还感到很后悔,他本来是想叫他的家庭医生当天就到墨西哥去的,由于野餐白白地耽搁了一天时间,使自己整整少赚了100多万美元。

他之所以能够赚到这样一大笔别人没有赚到的钱,就是因为他比别人的消息灵通一点,抓住一个有用的信息并充分地发掘出信息的最大价值。

任何机会,归根结底都是信息,收集的信息越多,获取的机会也就越多,这是不证自明的道理。

对商业企业来说,信息是命根子,是企业取得最佳经济效益的根本保证。

信息就是金钱,信息也是机会,谁对得到的信息反应最为敏捷,并迅速采取行动,谁就占有了机会。

在日常生活中,我们经常可以听到这样的事:一条信息救活了一家企业,一条信息赚了很多很多的钱,一条信息使一个穷光蛋一夜间变成了富翁……这就需要你去留心这些信息。

曾经有一位商人,在与朋友的闲聊中,朋友说了一句话:今年滴水未降,但据天气预报部门预测,明年将是一个多雨的年份。

说者无心,听者有意。商人从朋友的话里,发现了这是一个商业机会,什么与下雨关系最密切呢?当然是雨伞。

说干就干,商人着手调查今年的雨伞销售情况。结果是大量积压。于是他同雨伞生产厂家谈判,以明显偏低的价格从他们手中买来大量雨伞囤积。

转眼就是第二年,天气果然像预测的那样,雨果真下个没完。商人囤积的雨伞一下子就以明显偏高的价格出了手,仅此一个来回,商人一年时间里就大赚了一笔。

现代社会里,信息变得越来越重要,对于人们的生活和事业的成功更起着非常重要的作用,信息抓得越快越准,获取的机会就会越大越多。

期货市场是投机者的乐园,搞期货交易的人必须要深谋远虑,要在别人之前抢先抓住机遇,才能够赚大钱。王志远初入期货市场,对期货一无所知,但是他凭着对于投机的灵感,而做成了一笔又一笔的大生意。

所以说抓住机遇,也是一种投机,但是在这里所说的投机并不是所谓的巧取豪夺、尔虞我诈,而是说善于观察和利用时机来取得成功。看准了时机,敢于冒险,凭着一种直觉和毅力,全身心地投入进去,在别人意想不到的地方获取巨额的财富。

有一次,一位布厂老板让王志远替他买下100张日本棉纱合约,他以为日本的棉纱行情不错,一定可以赚一大笔。谁知事与愿违,不久之后,日本市场疲软,这批期货一个多月都无法脱手,资金积压,造成流通不畅。王志远和布厂老板都仿佛捧着一盆热炭,急得像热锅上的蚂蚁。

正在此时,中国唐山发生了大地震。而唐山是红豆的主产区,这次地震一定会大大减少红豆的产量。王志远听到了这个消息,灵机一动,他感到机遇来了,于是马上去见了布厂老板,对他讲了自己的想法。

第二天,王志远买下了100张红豆合约。别人觉得很奇怪,既然那100张棉纱合约都已经被套牢了,怎么还那么大胆去买进100张红豆合约呢?他们都认为王志远初涉期货市场,对此一无所知,有些人好心地劝他,有些人则冷嘲热讽,但王志远并没有理会。

不久之后,红豆价格暴涨。王志远将手中的合约尽数抛出,所赚取的钱除了弥补了由于买入棉纱合约的损失,还另获了一大笔利润,布厂老板笑逐颜开,连声赞叹王志远的敏锐眼光。

王志远从这件事上了解到要在期货市场有所成就,就必须要充分掌握信息,并且还要通识各种知识,之后,他勤奋自学,并且时时关注一切可能引起期货市场波动的信息。

有一次,王志远从电视上看到沙特阿拉伯提高石油价格的新闻,一下子从床上跳起来,衣服都没有穿就马上打电话下单买入香港"九九"金。

果然,一天不到,金价开始暴涨。一夜之间,王志远的每张合约就赚了10多万港元。

就这样,王志远以其特有的直觉和敏感留心每一个细小的信息,就在期货市场中如鱼得水,赚得了大钱,获得了巨大的成功。

其实,在现代社会中如果能留心市场上的所谓的"零次信息",也会带给人们巨大的利益。

所谓"零次信息",指的是那些内容尚未经专门机构加工整理就直接作用于人

的感觉的信息情报。比如,"一句话"、"一点灵感"、"一丝感觉"、"一个突出点子"等等均可称为"零次信息"。

这些"零次信息"产生于日常生活中,存在于平民百姓间,无需支付任何费用,任何人都可以获得,任何企业都可以利用。正因为如此,它们总是不被人看重,常常得不到利用。但是,也有一些有眼光的经营者却依靠利用开发"零次信息"而获得了滚滚财源。例如,十几年前,冰箱都是单门的,日本三洋电机公司生产的冰箱也不例外。有一天,该公司一技术人员偶尔听到用户的一句无心话:"每天打开冰箱门拿东西,冰箱里的冷气大量外泄,很可惜。要是将冰箱的外门制成上下两半,拿东西只需开一半,那就能节省很多冷气了。"这句话竟产生了三洋公司的畅销产品"双门冰箱"。

日本三洋电机公司成功的关键就在于他们利用了别人不注意的"零次信息"。可惜的是,我们生活中的许多非常有价值的"零次信息"却一直在闲置,得不到开发利用。诚然,投资这类前所未有的"零次信息"是要担很大风险的,有可能令投资者亏本破产。但是,我们也应该知道,"无限风光在险峰",风险大的投资也是利润最丰厚的投资。难怪有专家认为:一个"零次信息"有可能使穷汉变成富翁,一个"零次信息"可以让一个企业起死回生乃至兴旺发达。的确,"零次信息"反映的都是人们在生活中碰到的不便或需求,每一个"零次信息"的背后隐藏的就是一块很有开发价值的市场处女地。

善于从细节中发现机会

许多人在追求机会的道路上,虽穷尽心力,但终究得不到幸运女神的青睐,对于这种人,最好的方法就是让他另辟蹊径从细节中找寻机会。

机会虽然比比皆是,但追求机会的人更是多如繁星,在人们所熟知的行业中,机会和追求机会的人之间的比例是严重失调的,可惜,许多人虽然意识到了这一点,却还是拼死要往里钻,结果不但没能得到命运的垂青,反而浪费了自己的大好青春。

事实上,在每一个地方,都有机会的存在,善于抓住机会的人,就懂得往人少的地方去,如果某个地方只有你一个人,那岂不是意味着这里所有的机会都只是属于你一人吗?

学会独辟蹊径,并从人生的细处经营,将使你的人生柳暗花明又一村。

美国的查朱原来是乡下一个小火车站的站员。由于车站偏僻,购物困难,而且价格偏高,附近的人们常常要写信请在外地的亲友代买东西,非常麻烦。查朱注意到这个细节:如果能在附近开一个店铺,一定会是一个发财的机会。可是,他既没有本钱,也没有房子,怎么办呢?他决定尝试用一种全新的、无人尝试过的邮购方法,即先将商品目录单寄给客户,然后按客户的要求寄去商品。他雇了两名职员,成立了"查朱通信贩卖公司"。此后,人们纷纷仿效,并从美国风靡到全世界,查朱也成为"无店铺贩卖"方式的创始人,当然,作为创始人的回报就是在5年之后,查朱成为了百万富翁。

如果你觉得这个例子离你太遥远,毕竟我们不是查朱,不能在火车站留意到人们代买物品方面的情况,但接下来的例子却那么贴近我们的生活,也能更充分地印证细节之中自有机遇的真理。

1973年,年仅15岁的格林伍德收到别人送给他的圣诞礼物——一双滑冰鞋,他非常高兴,因为他一直渴望有滑冰的机会。这个愿望终于实现了。

拿到这件礼物后,格林伍德马上就跑出屋子,到离家很近的结了冰的河面上去溜冰。可能是他初次出来溜冰的时候,他感觉天气太冷了,一溜冰,耳朵被风吹得像刀子割似的发疼。他戴上了皮帽子,把头和腮帮捂得严严实实,结果时间长了,又闷又热,直流汗。

格林伍德想,应该做一件能专门捂住耳朵的东西。他终于琢磨出一个大概的样子,回家后请妈妈照他的意思做。妈妈摆弄了半天,给他缝了一双棉耳套。

格林伍德戴上棉耳套去溜冰时,果然很起保暖作用。一些朋友看见,都向他要。格林伍德和妈妈商量了以后,把祖母请来,一起做耳套。经过几次修改,耳套做得更适用、更美观了。格林伍德把它叫作"绿林好汉式耳套",并且向美国专利局申请了专利。

你也许会问,一副耳套值多少钱?申请专利又有什么用?你如果这样想,很遗憾,类似的机遇你一生也抓不住、看不见。

告诉你,格林伍德后来成为了世界耳套生产厂的总裁,因为这项专利,他成了千万富翁。

你应该领悟到什么了吧!这种生活中司空见惯的东西,换个角度去看去想,往往会发现其中隐藏了许多机遇。

机遇是那样广泛地存在,它又是那样的公平与客观。当你失去机遇时,你不能怪谁,只能怪自己。它一直在那儿,你却没发现。别人发现了,那是因为脑筋转得快。机遇可不会主动投怀送抱。

多年前,美国兴起石油开采热。有一个雄心勃勃的小伙子,也来到了采油区。但开始时,他只找到了一份简单枯燥的工作,他觉得很不平衡:我那么有创造性,怎么能只做这样的工作?于是便去找主管要求换工作。

没有料到,主管听完他的话,只冷冷地回答了一句:"你要么好好干,要么另谋出路。"

那一瞬间，他涨红了脸，真想立即辞职不干了，但考虑到一时半会儿也找不到更好的工作，于是只好忍气吞声又回到了原来的工作岗位。

回来以后，他突然有了一种感觉：我不是有创造性吗？那么为何不能就从这平凡的岗位上做起呢？

于是，他对自己的那份工作进行了细致的研究，发现其中的一道工序，每次都要花 39 滴油，而实际上只需要 38 滴就够了。

经过反复试验，他发明了一种只需 38 滴油就可使用的机器，并将这一发明推荐给了公司。可别小看这 1 滴油，它给公司节省了成千上万的成本。

你知道这位年轻人是谁吗？他就是洛克菲勒，美国最有名的石油大王。上述故事说明了一个道理：在任何单位、任何机构，能够主动运用智慧去工作善于从细节中发现问题的人，最容易脱颖而出。

有一年，松下公司要招聘一名高级女职员，一时应聘者如云。经过一番激烈的比拼，山川季子、原亚纪子、宫崎慧子 3 人脱颖而出，成为进入最后阶段的候选人。3 个人都是名牌大学的高材生，又是各有千秋的美女，条件不相上下，竞争到了白热化状态。她们都在小心翼翼地做着准备，力争使自己成为"笑到最后"的胜利者。

这天早上 8 点，3 人准时来到公司人事部。人事部长给她们每人发了一套白色制服和一个精致的黑色公文包，说："3 位小姐，请你们换上公司的制服，带上公文包，到总经理室参加面试。这是你们最后一轮考试，考试的结果将直接决定你们的去留。"3 位美女脱下精心搭配的外衣，穿上那套白色的制服。人事部长又说："我要提醒你们的是，第一，总经理是个非常注重仪表的先生，而你们所穿的制服上都有一小块黑色的污点。毫无疑问，当你们出现在总经理面前时，必须是一个着装整洁的人，怎样对付那个小污点，就是你们的考题；第二，总经理接见你们的时间是 8 点 15 分，也就是说，10 分钟以后，你们必须准时赶到总经理室，总经理是不会聘用一个不守时的职员的。好了，考试开始了。"

3 个人立即行动起来。

山川秀子用手反复去揩那块污点，反而把污点越弄越大，白色制服最终被弄得惨不忍睹。山川秀子紧张起来，红着脸央求人事部长能否给她再换一套制服，没想到，人事部长抱歉地说："绝对不可以，而且，我认为，你没有必要到总经理室去面试了。"山川秀子一下子愣住了，当她知道自己已经被取消了竞争资格后，眼泪汪汪地离开了人事部。

与此同时，原亚纪子已经飞奔到洗手间，她拧开水龙头，撩起自来水开始清洗那块污点。很快，污点没有了，可麻烦也来了，制服的前襟处被浸湿了一大片，紧紧贴在身上。于是，原亚纪子快步移到烘干器前，打开烘干器，对着那块浸湿处烘烤着。烤了一会儿，她突然想起约定的时间，抬起手腕看表：坏了，马上就到约定时间了。于是，原亚纪子顾不得把衣服彻底烘干，赶紧往总经理室跑。

赶到总经理室门前，原亚纪子一看表，8点15分，还没迟到。更让她感到庆幸的是，白色制服上的湿润处已经不再那么明显了，要不是仔细分辨，根本看不出曾经洗过。何况堂堂大公司总经理，怎么会死盯着一个女孩的衣服看呢？除非他是一个色鬼。

原亚纪子正准备敲门进屋，门却开了，宫崎慧子大步走出来。原亚纪子看见宫崎慧子的白色制服上，那块污迹仍然醒目地躺在那里。原亚纪子的心里踏实了，她自信地走进办公室，得体地道声："总经理好。"总经理坐在大班桌后面，微笑地看着原亚纪子白色制服上被湿润的那个部位，好像在"分辨"着什么。原亚纪子有点不自在。

这时，总经理说话了："原亚纪子小姐，如果我没有看错的话，你的白色制服上有块地方被水浸湿了。"原亚纪子点了点头，"是清洗那块污渍所致吗？"总经理问。原亚纪子疑惑地看着总经理，点了点头。总经理看出原亚纪子的疑惑，浅笑一声道："污点是我抹上去的，也是我出的考题。在这轮考试中，宫崎慧子是胜者，也就是说，公司最终决定录用宫崎慧子。"

原亚纪子感到愕然："总经理先生，这不公平。据我所知，您是一位见不得污点的先生。但我看见，宫崎慧子的白色制服上，那块污点仍然清晰可见。"

"问题的关键是，宫崎慧子小姐没有让我发现她制服上的污点。从她走进我的办公室，那只黑色公文包就一直优雅地横在她的前襟上，她没有让我看见那块污迹。"总经理说。

原亚纪子说："总经理先生，我还是不明白，您为什么选择了宫崎慧子而淘汰了我呢？我准时到达您的办公室，也清除了制服上的污点，而宫崎慧子只不过耍了个小聪明，用皮包遮住了污点。应该说，我和宫崎慧子打了个平手。"

"不。"总经理果断地说，"胜者确实是宫崎慧子，因为她在处理事情时，思路清晰，善于分清主次，善于利用手中现有的条件，她把问题解决得从容而漂亮。而你，虽然也解决了问题，但你却是在手忙脚乱中完成的，你没有充分利用你现有的条件。其实，那只公文包就是我们解决问题的杠杆，而你却将它弃之一旁。如果我没猜错的话，你的'杠杆'忘在洗手间里了吧？"

原亚纪子终于信服地点了点头。总经理又微笑着说："如果我没猜错的话，宫崎慧子小姐现在会在洗手间里，正清洗她前襟处的污渍呢。"

宫崎慧子就这样因为一个极小的细节取得了成功。但在这小小的细节中凝洁着她超人的智慧和细心。有人说，成功 = 才能 + 机遇。才能是内因，机遇是外因。但人生中却有许多的人空叹一身的才能，缺少的只是在细节中找寻机遇的眼睛。

留意生活就有启发

有一次,苦于买不到衣服的胖女士南茜走出第六家服装店,真的有些绝望了,难道偌大一个新加坡就真的买不到一件适合自己穿的时装吗?

从生下第二个孩子开始,不到3年的时间,南茜的体重增加了80磅,到处也买不到像她这样身材的女人可以穿的漂亮时装。时髦的新款没有大号码,有大号码的款式既难看又过时,那些时装设计师和商人们只注意到那些身材苗条的女人,真的有些忽略了为数众多的肥胖女人。无奈的南茜只好自己动手做起各式各样的时装来。好在对于曾经是服装设计专业高才生的她来说,这并不是一件很困难的事情。

有一天,买菜回家的路上,南茜遇到了两个和她差不多胖的女人。她们惊讶地问她的衣服是在哪儿买的。当得知是南茜自己做的时,两个胖女人摇着头失望地走了。南茜回到家中,突然涌出来一个念头:能不能开一家服装店,专门出售自己为胖女人设计制作的时装。

第二天,南茜就风风火火地干起来了。新店开张后,生意出乎意料地火爆。原来,竟有那么多胖女人渴望着能买到专为她们设计的服装。没有多久,南茜的时装公司就拥有了16家分店及无数个分销处。她每年定期去欧洲进布料,在全国各地飞来飞去巡视业务,豪宅、名车也随之而来。

最让南茜高兴的是,她每天都可以穿一件自己设计的漂亮时装去逛街。

南茜创办的那家时装公司的名字就叫:被遗忘的女人。

不久,美国内华达州举行"最佳中小企业经营者"选拔赛,南茜赢得了冠军。南茜夺冠的秘诀其实很简单,只不过把服装尺码改了一个名称而已。一般的服装店都是把服装分为大中小以及加大码4种,南茜惟一不同的做法就是用人名代替尺码。

玛丽代替小号,林思是中号,伊丽莎白是大号,格瑞斯特是加大号。她们都是女强人。这样一来,顾客上门,店员就不会说"这件加大号正合你身",取而代之的是"你穿格瑞斯特正合身呢"。

南茜说:"我注意到,所有上店里来买大号或加大号服装的女性,都呈现出不很愉快的表情。而改个名称情况就完全不一样了,况且这些人都是名声很响的大人物。"

在挑选店员时,南茜也别具匠心,站在大号和特大号服装前的店员个个都是胖子,无形中又使顾客消除了不好意思的感觉,因而顾客盈门,利润滚滚。

其实,在每一个市场里,都有一些被人忽视的消费群体。只要你能够留意生活,总能发现人生的机遇。在人类历史上,这样的例子屡见不鲜。

苹果落地、壶盖被蒸气顶起的自然现象,使牛顿和瓦特受到启发,由此产生了对人类进步有着划时代意义的创造。而一个很平常的街景，使一个日本商人突发灵感，经过几年的创造，一种"用开水一冲就可以吃"的面条竟神话般地历经40余年而不衰。很少有人知道这种被人称为"方便面"的发明者，就是日本著名的日清食品公司的老板安藤百福。

　　年轻时的安藤百福是个安分的日本小商人，他辛勤地经营着一家以加工和出售食品为主的小企业。每天晚上，安藤在回家的途中，总要经过一家小饭铺。每天都看到有很多人在门口排着队，原来是大家结束了一天的工作，都想在这里吃上一碗热汤面。他忽然想到这样一个念头：既然大家都喜欢吃热面条，为什么不可以发明一种"用开水一冲就可以吃"的面条，让大家随时都能吃上？谁也没料到，安藤的这个"一闪念"，最终创造了一个拥有2500亿日元市场的大企业，也使他成为名噪日本的大老板。

　　尽管员工们对安藤的想法反应很冷淡，但安藤还是一步步实现着他的梦想。其中经历的种种曲折和辛苦一言难尽，但最终还是在国内市场一炮打响。

　　20世纪60年代，安藤到英、法、美等国家做市场调查，看到欧美人对这种面条的口味是认同的，只是泡面要用碗之类的容器，这对于欧美人来说习惯上还有一点障碍。

　　有一次他看到公司的女雇员吃午饭时，把干面条折断后放进杯子用开水冲而受启发，安藤就把欧美市场上的产品改成一手就能握住的"杯装面"，即便是在走路时也能吃，结果大受欧美人士的欢迎。随着人们工作节奏的加快，方便面已经成了上班族的快餐之一，靠方便面起家的安藤的小生意也摇身成为赫赫有名的"日清"大公司。

　　世界上的许多事业有成的人，不一定是因为他比你聪明，而仅仅因为他比你更懂得创造机遇。

　　弗里德里克出生于美国旧金山的一个中产阶级家庭，少年时期便梦想成为一个成功的商人，由于没有什么太好的机遇，他的心中也时常显得焦躁不安。

　　在一个很偶然的机会里，他发现，常常被人们废弃的冰块的用途实际上是非常广泛的。而它的主要用途，也就是最普遍、最大众化的用途就是食用。而且，冰块加入水中，或者化为水，就可以成为冷饮。他立即敏锐地发现在气候炎热的地方，这种饮料一定会有广阔的市场。

　　弗里德里克由此看到了一个潜在的商机。但是，他发现现在自己的当务之急是改变人们的饮用习惯，用冷饮取代人们习以为常的热饮，创造一种冷饮流行的市场局面才可能使冰块销售业务有长足进展。

　　于是，弗里德里克开始不断地实验创造消费。他试着利用冰块做各种各样的冷饮，并将冰块加入各种酒中勾兑出各种口味的鸡尾酒。经过多次试验，他终于试制出适合于多数人饮用的冷饮。

实验成功之后，他开始思索怎样才能让冷饮自动地成为一种时尚，成为一种备受人们青睐的消费倾向，而不靠自己挨家挨户地去劝说顾客呢？

渐渐地，他观察到人们一般情况下只是在酒店或者热饮店里喝饮料或酒。到了夏天天气炎热的时候，这些酒店生意都不太好，店主也为之烦恼不已。于是，他决定从酒店入手，传播自己创造的时尚。

开始时，他免费给一些小酒店提供冰块，并且教会他们用冰块去做各种冰镇饮品及勾兑各种鸡尾酒。因为这些冷饮在炎热天气下有解暑降温的作用，经冰镇过的各种液体又会变得十分可口，这些饮品便立即在各个地方，尤其是那些气温高而又缺水的地区率先风靡起来。

于是，许多店主开始纷纷仿效他的做法，大量购买冰块制作冷饮。弗里德里克也不失时机地自己经营了一家冷饮店，专营冷饮。一时间，冷饮蔚然成风，人们渐渐改变了以往只喝热饮的饮食习惯，学会了在热天里饮用冷饮止渴。于是，冷饮开始在全国各地广泛地流行起来，成为一新型的健康时尚。

冷饮的风行大大地带动了冰块的销售，一切都如弗里德里克所预料的那样，冰块的销售业务得到了巨大的发展，弗里德里克的一番努力终于使冰块的市场得到第一次的充分发掘，他的心态开始稳定下来，事业也逐渐从起始的艰难中走出来，开始慢慢向成功的高峰挺进。

抓住机遇就意味着成功，但是，创造机遇并非一蹴而就，它需要人们以百倍的勇气和耐心在崎岖的道路上慢慢摸索；机遇又往往在险峰之间，它只钟情于那些不畏艰难困苦的人。一个少年时的梦想使弗里德里克从灰色的现实中破冰而出，他的成功缘于：机遇与奋斗。

只要多留心，到处都是客户

有一天，乔治搭乘出租车去办事，车在十字路口遇红灯停了下来。紧跟在他后面的一部黑色高级轿车和他的出租车并列停在了路口。透过车窗玻璃，乔治看到那部豪华轿车的后座上坐着一位颇有气派的绅士，正在闭目养神。

乘坐如此豪华的轿车，一定是一位大富豪。红灯变成绿灯后，那部黑色豪华轿车起步较快，跑在了乔治的车的前面。于是，他立刻掏出笔和记事簿写下了车牌号码。当天，乔治办完事后，立即着手调查那辆豪华轿车车主的情况。

乔治从办公室里找出各种各样的名人录、公司名录、电话号码簿及地图，开始对那位富豪做全面调查了。经过调查得知，此人毕业于东京一所著名大学，在这家公司从基层干起，逐渐晋升到了今天的地位。

到此为止，乔治已大约掌握了那位富豪的情况。他再把调查所得的资料与他第一次在轿车内看到的第一印象互相比较并加以稍微修正后，就描绘出关于那位富豪的雏形——一位全身散发着柔和气质，颇受女性欢迎的理智型的企业家。

那位富豪的住所位于高级住宅区的一幢二层楼洋房，看起来还很新。突出的阳台，可俯瞰屋外的院子。院子里铺满了青翠的嫩草，并种了一些树木。那真是一幢令人心旷神怡的好房子啊！

乔治看清了住宅的情况之后，就从那扇淡褐色的大门前面走过，来到附近的杂货店，再打探情况。只要有助于他深入了解那位常务董事本人及他的家庭的，他都尽量在住宅附近打听、询问，以便获得更详细的资料。调查工作完成之后，乔治就开始追踪那位常务董事本人了。

为了弄清楚关于他的一些细节问题，乔治自然要锲而不舍地追踪下去。这种调查似乎跟做间谍一样，要对准客户进行全面的调查和了解，然后有准备地去拜访，可见此过程的认真和辛苦，但是最终的结果让人满意，就是乔治又赢得了这样一位大客户。对此，乔治说：

"一个优秀的推销员，他首先必须是一个优秀的调查员，同时还要随时处于临战状态，像一台高度灵敏的雷达，随时随地注意身边发生的事、身旁走过的人，眼观六路，耳听八方，绝不放过一条有价值的细小的信息，以不断扩大自己的资料库，增加准客户资源。"

其实，客户到处都有，只要你多留心、多用心，即使总统也会成为你的客户。

2001年5月20日，美国一位名叫乔治·赫伯特的推销员，成功地把一把斧子推销给了小布什总统。布鲁金斯学会得知这一消息，把刻有"最伟大的推销员"的一只金靴子赠予了他。这是自1975年该学会的一名学员成功地把一台微型录音机卖给尼克松以来，又一学员登上了如此高的门槛。

布鲁金斯学会创建于1927年，以培养世界上最杰出的推销员著称于世。它有一个传统，在每期学员毕业时，设计一道最能体现推销员能力的实习题，让学员去完成。在克林顿当政期间，他们出了这么一道题：请把一条三角裤推销给现任总统。8年间，有无数学员为此绞尽脑汁，可是，最后都无功而返。克林顿卸任后，布鲁金斯学会把题目换成了"请把一把斧子推销给小布什总统"。

鉴于前8年的失败和教训，许多学员知难而退。个别学员甚至认为，这因为现任的总统什么都不缺少，再说即使缺少，也用不着他们亲自购买，再退一步说，即使他们亲自购买，也不一定正赶上你去推销的时候。

然而乔治·赫伯特却做到了，并且没有花多少工夫。一位记者在采访他的时候，他是这样说的：我认为，把一把斧子推销给小布什总统是完全可能的。因为，布什总统在德萨斯州有一农场，我发觉那里长着许多树。正是留心到这一细节，我才给他写了一封信，说："有一次，我有幸参观了您的农场，发现那里长着许多矢菊树，有些已经死掉，木质也已经变得松软。我想，您一定需要一把小斧头，但是从您现在的体质来看，这种小斧头显然太轻，因此您仍然需要一把不甚锋利的老斧头。现在我这儿正好有一把这样的斧头，它是我祖父留给我的，很适合砍伐枯树。假若您有兴趣，请按这封信所留的信箱，给予回复……"最后他就给我汇来了15美元。

乔治·赫伯特成功后，布鲁金斯学会在表彰他的时候说：金靴子奖已空置了26年。26年间，布鲁金斯学会培养了数以万计的推销员，造就了数以百计的百万富翁，这只金靴子之所以没有授予他们，是因为我们一直想寻找这么一个人。这个人从不因有人说某一目标不能实现而放弃，从不因某件事情难以办到而不去寻找方法。

的确，把斧子推销给总统难以做到，但是如果我们能像乔治那样细心、用心的话，有很多的机遇都是可以把握的。

由此，让我们成为一个积极寻求方法留心细节的优秀推销员吧。这样会使我们在工作中尽快脱颖而出，成为一个真正卓越的人。

在一家名叫天威的天线公司。总裁来到营销部，让大伙儿针对天线的营销工作各抒己见，畅所欲言。

营销部胖乎乎的赵经理耷拉着脑袋叹息说："人家的天线三天两头在电视上打广告，我们公司的产品毫无知名度，我看这库存的天线真够呛。"部里的其他人也随声附和。

总裁脸色阴霾，扫视了大伙一圈后，把目光驻留在进公司不久的一位年轻人身上。总裁走到他面前，让他说说对公司营销工作的看法。

年轻人直言不讳地对公司的营销工作存在的弊端提出了个人意见。总裁认真地听着，不时嘱咐秘书把要点记下来。

年轻人告诉总裁，他的家乡有十几家各类天线生产企业，唯有001天线在全国知名度最高，品牌最响，其余的都是几十人或上百人的小规模天线生产企业，但无一例外都有自己的品牌，有两家小公司甚至把大幅广告做到001集团的对面墙壁上，敢与知名品牌竞争。

总裁静静地听着，挥挥手示意年轻人继续讲下去。

年轻人接着说："我们公司的老牌天线今不如昔，原因颇多，但归结起来或许就是我们的售销定位和市场策略不对。"

这时候，营销部经理对年轻人的这些似乎暗示了他们工作无能的话表示了愠色，并不时向年轻人投来警告的一瞥，最后不无讽刺地说："你这是书生意气，只会纸上谈兵，尽讲些空道理。现在全国都在普及有线电视，天线的滞销是大环境造成的。你以为你真能把冰推销给爱斯基摩人？"

经理的话使营销部所有人的目光都射向年轻人，有的还互相窃窃私语。

经理不等年轻人"还击"，便不由分说地将了他一军："公司在甘肃那边还有5000套库存，你有本事推销出去，我的位置让你坐。"

年轻人提高嗓门朗声说道："现在全国都在搞西部开发建设，我就不信质优价廉的产品连人家小天线厂也不如，偌大的甘肃难道连区区5000套天线也推销不出去？"

几天后，年轻人风尘仆仆地赶到了甘肃省兰州市天元百货大厦。大厦老总一见面就向他大倒苦水，说他们厂的天线知名度太低，一年多来仅仅卖掉了百来套，还有4000多套在各家分店积压着，并建议年轻人去其他商场推销看看。

接下来，年轻人跑遍兰州几个规模较大的商场，有的即使是代销也没有回旋余地，因此几天下来毫无建树。

正当沮丧之际，某报上一则读者来信引起了年轻人的关注，信上说那儿的一个农场由于地理位置关系，买的彩电都成了聋子的耳朵——摆设。

看到这则消息，年轻人如获至宝，当即带上十来套样品天线，几经周折才打听到那个离兰州有100多公里的金晖农场。信是农场场长写的。他告诉年轻人，这里夏季雷电较多，以前常有彩电被雷电击毁，不少天线生产厂家也派人来查，知道问题都出在天线上，可查来查去没有眉目，使得这里的几百户人家再也不敢安装天线了，所以几年来这儿的黑白电视只能看见哈哈镜般的人影，而彩电则只是形同虚设。

年轻人拆了几套被雷击的天线，发现自己公司的天线与他们的毫无二致，也就是说，他们公司的天线若安装上去，也免不了重蹈覆辙。年轻人绞尽脑汁，把在电子学院几年所学的知识在脑海里重温了数遍，加上所携仪器的配合，终于发现疏忽了这样一个细节，即天线放大器的集成电路板上少装了一个电感应元件。这种元件一般在任何型号的天线上都是不需要的，它本身对信号放大不起任何作用，厂家在设计时根本就不会考虑雷电多发地区，没有这个元件就等于使天线成了一个引雷装置，它可直接将雷电引向电视机，导致线毁机亡。

找到了问题的症结，一切都变得迎刃而解了。不久，年轻人将从商厦拉回的天线放大器上全部加装了感应元件，并将此天线先送给场长试用了半个多月。期间曾经雷电交加，但场长的电视机却安然无恙。此后，仅这个农场就订了500多套天线。同时热心的场长还把年轻人的天线推荐给存在同样问题的附近5个农林场，又给他销出2000多套天线。

一石激起千层浪，短短半个月，一些商场的老总主动向年轻人要货，连一些偏远县市的商场采购员也闻风而动，原先库存的5000余套天线当即告急，因为及时地弥补了这个小细节，才使年轻人所在的公司赢得了大量的代理商和客户。

一个月后，年轻人筋疲力尽地返回公司。而这时公司如同迎接凯旋的英雄一样，将他披红挂彩并夹道欢迎。营销部经理也已经主动辞职，公司正式下令任命年轻人为新的营销部经理。

因此,在"世界上最伟大的推销员"乔·吉拉德看来:"客户就在你身边,对任何一位推销员来说,只要您能够真诚地为顾客服务,留心每一个细节和问题,相信您一定能把冰块卖给爱斯基摩人。"

把握时机,秀出自己

机遇不会平白无故降临到自己头上,要想获得机遇,就要善于表现自己,这样机遇才会注意到你,从而来到你身边。

在我们身边有这样的人,他在工作时非常卖力,他勤奋、忠诚、守时、可靠并且多才多艺;他为自己的事情付出许多心血,按理说他应该前途光明。

但事实并非如此,他什么也没有得到。即使是比他差得多的人,都不断获得升迁、获得机遇、获得成功。原因就在于他不懂得表现自己,别人从来没有注意到他,机遇也没有注意到他。

你是否也是这样?若是如此,就必须学会表现自己,这样成功就会容易多了。适当地表现自己和以不正当的手段吸引别人的注意,是完全不同的。真正的自我推销必须是创意的,需要良好的技巧。

记住,表现自己必须是光明正大的,不能打击或贬低别人的价值。

担任从事多种经营、旗下拥有数个子公司的美国主要建设公司副经理路易斯·休特把创造机会诠释为"替自己的才华安装聚光灯"。

他认为人应该在让大家看得到的地方工作,并尽力让自己的才华在众人之中凸显出来。

路易斯指出:"现在这个时代,能人辈出,但许多人空有才华而无人赏识,就这样浮浮沉沉地过了一生,令人为之惋惜!"

他则不同,他绝不甘心被人忽视。于是,一开始他便将自己安排在容易创造机会的地方。

休特为能达成自己的人生计划,首先在学校里主修法律,一方面他认为以此为业既安全又可靠,另一方面他认为作为一名法学家还可以有许多机会在众人面前展露自己的才华。

因此,就在这种观念的支持之下,他以十分优异的成绩毕业于佛罗里达州立大学。

他的就学并没有白费,毕业之后,他便马上进入塔拉哈希市一家法律事务所工作。

关于实务方面，他把积极参与社会活动作为自己的行动方针。

没有多长时间，他便得到青年商会、军人组织等团体的认同。

如此热情参与社会活动的结果，使他获得了第一次发展机会。

他在事务所工作不到一年的时间，即被塔拉哈希市的人们公认为是最有才华的年轻有为的法学家，因此他在24岁时就被任命为该市的法院推事。

直至今日，在佛罗里达州，他仍然是年纪最轻的法律推事记录保持人。

这个职位，使他在当地的声望愈来愈高，州府对他也颇为器重。

3年后，当他被任命为佛罗里达州饮料局局长时，他的第二次发展机会也翩然降临。

此时的他又成为全州人们所瞩目的对象，但他并不以此为满足。他知道自己仍然有发展的机会，并深信在周围的人群当中会有人带领他走向事业的另一座高峰。

果然不出所料，在注意他的人群里，美国最成功的年轻金领路易斯沃弗逊也在其中。

两个人志同道合，经介绍认识之后，很快就变成了好朋友。

3个月后，休特非常自信地告诉沃弗逊说："你恐怕不知道，有一天，我将成为你们那伙人中的一分子。"

沃弗逊更想象不到的是"那一天竟然这么快就来临"。

3年后，在休特30岁那年，他被沃弗逊任命为美国主要建设公司的助理总经理。

这个旁人求之不得的天大机会，就是休特6年来不断显示自己才华的结果。

在沃弗逊的世界里，休特的事业快速成长。

一年以后，他成为该公司的副总经理；未隔多久，他又成为经营着世界排名数一数二的庞大企业的总经理。

路易斯·休特的成功，证明了善于推销自己，努力展示自己才华的重要性。善于推销自己的人才能赢得更多的机会。

有个承包工程的老板，亲自督导一幢摩天大楼的兴建工作。一名衣衫褴褛的小孩，走到这位衣服光鲜的大老板身旁，问道："我长大之后，怎样才能像你那么有钱？"

这位老板上了年纪，是由小工苦干出身的。他看一看那个小孩，然后粗声粗气地说："买件红色衬衫，然后拼命工作。"

那小孩给对方的语气吓了一跳。他显然不明白那个老板的话。于是，老板用手指指那些往来于大楼各层脚手架的工人，然后对小孩说："你看看那边的工人，他们全都是我的员工。我不记得他们的名字。而且，他们之中，有些人我从未见过。但你看看那个穿红衣服的。他很特别，因为人家都穿蓝色，只有他一个人穿红色的。而根据我近日的观察，他比其他工人都认真，每天早到迟退，工作时手脚又勤快。我之所以注意到他，是因为他穿着与众不同的衣服。我打算上那儿去，问他愿不愿做工地的监工。他肯干的话，日后也一定会升职，搞不好会当上我的副经理。

"其实，我以前也是这样干起来的。我要求自己工作比别人勤快，比别人好。我跟大家一起穿工人裤，但我的上衣是一件与众不同的条纹衬衫。这样，老板才会注意到我。我拼命地工作，最后真的受到老板的注意和赏识。升迁后，我存了一笔钱，自己开公司当老板。我就是这样创出今天的局面的。"

现在是一个讲究张扬自己个性的时代，尤其是身处职场上的人们，在关键时刻恰当地张扬也就是"秀"（show）一下，不失为一个引起领导注意的好办法。

要在上级面前表现自己，这是大家都知道的。让有权控制升迁的人知道你有优良表现；此外，在同事面前，一样要保持最佳状态，要让同事也觉得你办事能力强，理由是同事对你的评价，也是上级考虑是否提拔你的因素。当然，要让同事觉得你升职是值得的，不作第二人之想，赢取他们的敬服。

不要理会别人的闲言碎语。人人都希望获得上级赏识，得到他的提拔，为此展开明争暗斗，谁跑在最前头，谁就成为众矢之的。中伤、谣言、闲言碎语、冷言冷语，最易令人困扰，挫伤工作热情和斗志。因此，集中精神工作，只要闲言冷语无损你的形象和前途，就不要理会。你为闲言碎语而烦恼，别人会暗里高兴。争取工作表现，利用优良的工作成绩来回答闲言闲语。

在某种特殊的场合下，沉默谦逊确实是一种"此时无声胜有声"的制胜利器，但无论如何你也不要把它处处当作金科玉律来信奉。在人才竞争中，你要将沉默踏实肯干谦逊的美德和善于表现自己结合起来，才能更好地让别人赏识你。

曾有一个很优秀的女孩子，在学校时是一个有名的才女，她不但琴棋书画无所不通，论口才与文采也是无人可与之比肩的，大学毕业后，在学校的极力推荐下去了一家小有名气的杂志社工作。谁知就是这样的一个让学校都引以为自豪的人物在杂志社工作不到半年就被炒了鱿鱼。

原来，在这个人才济济的杂志社内，每周都要召开一次例会，讨论下一期杂志的选题与内容。每次开会很多人都争先恐后地表达自己的观点和想法，只有她总是悄无声息地坐在那里一言不发。她原本有很多好的想法和创意，但是她有些顾虑，一是怕自己刚刚到这里便"妄开言论"，被人认为是张扬，是锋芒毕露，二是怕自己的思路不合主编的口味，被人看作为幼稚。就这样，在沉默中她度过了一次又一次激烈的争辩会。有一天，她突然发现，这里的人们都在力陈自己的观点，似乎已经把她遗忘在那里了。于是她开始考虑要扭转这种局面。但这一切为时已晚，没有人再愿意听她的声音了，在所有人的心中，她已经根深蒂固地成了一个没有实力的花瓶人物。最后，她终于因自己的过分沉默而失去了这份工作。因此，要告诫大家，沉默是金，同时也是埋没天才的沙土，只是看你怎样去利用。

请记住：把自己的美展示给人，从而赢得机遇的青睐，并不是件羞耻的事。

第二章

再往细处想一步
——财富之门就这样打开

细节是开启金库的钥匙

有人说,一等智商经商,二等智商做官,三等智商搞教研。于是,随着改革开放的深入,涌现出了全民经商的热潮。但是,经商的结果却大不一样,有的发财成为大老板,有的却血本无归。什么原因呢?

在现代社会,市场竞争日趋激烈,利益空间逐步缩小,整个经济进入了微利时代,因此,要想立于不败之地,必须善于从细节处发现问题。

1957年,美国在芝加哥举办了一场全国博览会,大名鼎鼎的美国五十七罐头食品公司经理汉斯却忧心忡忡。原来他的层位被分配在全场最僻静的一个角楼上。尽管汉斯多次与筹委会交涉,但筹委会坚持这项安排是集体作出来的,任何人都没权力改变。

汉斯没办法,只好转向全公司职员征求意见,以求改变公司不利的状态。这时,会议室里静悄悄的,连一根针掉在地上都能听得见。突然,一个小小的响声打破了宁静——不知哪位员工袋里的硬币掉到地上了。大家都不约而同地把目光投到了地板上。这时,汉斯的大脑里闪出了一个念头——做一种类似刚才落地的硬币这样的东西招揽参观者。

这时,他没有怪罪那位失态的员工,而是微笑着说:"谢谢你投了这枚硬币!我找到了一个力扭乾坤的办法!"

大家都惊愕地看着汉斯。汉斯接着说："刚才，我看到了大家低头观看硬币的眼神，里面都有一种好奇。我们也可以利用一下观光者的这种心态。"

大家听了汉斯的话后纷纷称妙。于是，你一言我一语地讨论开了。最后，大家一致决定在会展中投一种小铜牌。

几天以后，展览会隆重地开幕了。络绎不绝的参观者们可以不时发现一种精致的小铜牌，小铜牌上有一行字："请您凭这块小铜牌到展览会阁楼上的汉斯食品公司陈列处换一件可心的纪念品。"

原来僻静的小阁楼顿时人来人往，欢声笑语不绝。在小阁楼内，汉斯公司集中了最好的罐头食品。这些罐头食品经过了最精心的包装，还有最漂亮的姑娘担任销售员。

在本届博览会上，汉斯出尽了风头。到博览会结束，汉斯获纯利55万美元。

一个微小的细节，一个个小小的铜牌，为汉斯立下了汗马功劳。

其实，在商业大潮中，某些微小的细节就会带来很大的经济利益。

现在餐巾纸已经成为中国人日常生活中不可缺少的生活必需品了，但30多年前，在人们的生活水平普遍还不高时，即使在日本，使用过即扔的纸餐巾无疑是一种奢侈的消费。当然社会是在进步的，一旦人们的生活达到一定水平，那么使用纸餐巾就不仅不是奢侈，反而是一种必须。社会的进步和企业的发展往往是相连的，日本有一家小企业就是因为恰到好处地把握住了这种社会变化的脉搏，而为企业迎来了发展的春天。

这个小企业是只有几十名工人的田中造纸厂。这个厂的经理田中治助是一个非常注意市场变化的经营者，厂子初创之时，他就在当时造纸行业竞争异常激烈的情况下，针对印刷业发展的需要，开发生产了"美浓型纸"，赢得了用户的赞许和大批订单。

20世纪60年代后期，日本社会开始进入了经济起飞时期，一切都处于剧变之中——包括人们的生活方式。在每个人都为日新月异的变化而惊喜时，田中治助想到的却是这种变化会给自己的企业带来什么。他是个造纸的商人，切入点当然还是在自己的老行当上。他想，经济发展了，人民的生活水平提高了，那么过去仅供少数高收入者使用的餐巾纸必然成为一种大众化的用品，可是当时市场上的餐巾纸却很少。

既然认准了社会发展会带来纸餐巾的普及，田中治助就迅速地行动起来。他果断地用4000万日元从德国引进了两台最新式的生产纸餐巾的机器，开始抓紧时间生产这种还未流行的生活用品。

就在他开足马力，生产出大量纸餐巾的时候，日本大阪于1968年到1969年承办了万国博览会，各大饭店、餐厅都大量需要纸餐巾。再加上日本人民的生活水平已经提高了,他们受这股风潮的影响,也都开始把纸餐巾作为生活的一部分。一时间,日本的纸餐巾供不应求。

此时,田中治助及时推出了自己的"艺术纸餐巾",由于他先人一步,他的产品快就占领了大部分的市场,畅销日本全国。不要小看了这一不起眼的纸餐巾,现在田中造纸厂已发展成为田中造纸工业股份有限公司,该公司的主要产品印刷用品和高级纸餐巾在日本市场的占有率分别为80%和50%,年营业额达13亿日元。

田中造纸厂能成为日本的"纸餐巾大王",不是因为别的,正是因为它有一个善于掌握社会生活变化并能从中发现赚钱机遇的当家人。

"机遇偏爱有准备的头脑"这句朴素的格言,包含了深刻的真理。有时候,面对同一个机会,有的人抓住了,有的人却只能眼睁睁地看它溜走。这是因为抓住机会,只是一瞬,但是准备的时间却是十分长久,而这并不是每一个人都能做到的。

李嘉诚的故事给我们很多教益。

1950年,李嘉诚倾其积蓄成立了长江塑胶厂,由此开始了创业之路。凭着自己的勤学和商业头脑,他发了几笔小财,但由于经验不足和过于自信,工厂转而严重亏损,这一惨淡经营期一直持续了5年。

李嘉诚经过一连串磨难后,痛定思痛,开始冷静分析经济形势和市场走向,在种类繁多的塑胶产品中,他生产的塑胶玩具已经趋于饱和状态了。这意味着他必须重新选择一种能救活企业的产品,从而实现塑胶厂的转机。

机会来了。有一次,李嘉诚从杂志上注意到这样一则信息:用塑胶制造的塑胶花即将倾销欧美市场。这样一个小小的细节,使他马上联想到,和平时期的人们,在生活有了一定的保障之后,必定在精神上有更高的要求。如果种植花卉等植物,不但每天要浇水、除草,而且花期短,这与人们较快的生活节奏很不协调。如果生产大量塑胶花,则可以达到价廉物美、美观大方的目的,能很好地美化人们的生活。想到这时,他兴奋地预测到,一个塑胶花的黄金时代即将来临。

接着,李嘉诚四处奔波,不辞辛劳,经过一番艰苦的努力,终于生产出了既便宜又逼真的塑胶花,并通过各方面的促销和广告活动,使塑胶花为香港市民所普遍接受,也使长江塑胶厂为人们所熟悉。

不久,李嘉诚又从出口洋行获得准确的消息:美国塑胶市场正在扩大,除了家庭室内插花装饰外,家庭外的花园、公共场所,都用塑胶花点缀。他密切注视市场的动态,抓住每一个变化的细节,并开始逐渐加大广告宣传的力度。他非常希望接洽到资金雄厚的大客户,以图稳步发展。

这年秋天,李嘉诚意外地收到一家北美大公司的电报。电报说这家垄断公司将派一名经理视察李嘉诚的工厂,以及香港其他塑胶花企业,决定从中挑选一家最有实力的进行长期合作。他预测到这个机会将带来令人振奋的前景。于是,连夜在公

司召开紧急会议,并决定马上寻求一切机会向银行申请贷款,以便购入全新的塑胶花生产设备,租赁新厂房。

李嘉诚的一大特点,就是不放过任何一个哪怕再小不过的机会。他与全体员工一起苦战7个昼夜,终于在一周内将一切准备完毕。在北美经理到达的那一天,李嘉诚亲自开车去迎接这位"财神爷"。当这位经理参观完之后,深感此公司实力雄厚,气派非凡。经过会晤恳谈之后,这位经理同意与李嘉诚签订长期合约,因此成了长江公司的最大主顾。通过这家公司李嘉诚还与加拿大银行界有了互相信任的友好往来,为日后拓展海外市场埋下了伏笔。

从此,李嘉诚的事业蒸蒸日上,饮誉世界。而他不放过任何一个小细节,抓住每一个小机会的精神更是值得所有人学习。无怪乎,有人感叹说,细节就是金库的钥匙。

注重小细节,带来大效益

西村金助是一个制造沙漏的小厂商。沙漏是一种古董玩具,它在时钟未发明前是用来测算时间,时钟问世后,沙漏已完成它的历史使命。而西村金助却把它作为一种古董来生产销售。

沙漏作为玩具,趣味性不多,孩子们自然不大喜欢它,因此销量很小。但西村金助找不到其他比较适合的工作,只能继续干他的老本行。沙漏的需求越来越少,西村金助最后只得停产。

一天,西村翻看一本讲赛马的书,书上说:"马匹在现代社会里失去了它运输的功能,但是又以高娱乐价值的面目出现。"在这不引人注目的两行字里,西村好像听到了上帝的声音,高兴地跳了起来。他想:"赛马骑手用的马匹比运货的马匹值钱。是啊!我应该找出沙漏的新用途!"

就这样,从书中偶得的灵感,使西村金助的精神重新振奋起来,把心思又全都放到他的沙漏上。经过苦苦的思索,一个构思浮现在西村的脑海:做个限时3分钟的沙漏,在3分钟内,沙漏上的沙就会完全落到下面来,把它装在电话机旁,这样打长途电话时就不会超过3分钟,电话费就可以有效地控制了。

于是西村金助就开始动手制作。这个东西设计上非常简单,把沙漏的两端嵌上一个精致的小木板,再接上一条铜链,然后用螺丝钉钉在电话机旁就行了。不打电话时还可以作装饰品,看它点点滴滴落下来,虽是微不足道的小玩意儿,也能调剂一下现代人紧张的生活。

担心电话费支出的人很多,西村金助的新沙漏可以有效地控制通话时间,售价又非常便宜。因此一上市,销路就很不错,平均每个月能售出3万个。这项创新使沙漏转瞬间成为生活有益的用品,销量成千倍地增加,濒临倒闭的小作坊很快变成一个大企业。西村金助也从一个小企业主摇身一变,成了腰缠亿贯的富豪。

西村金助成功了,而且是轻轻松松,没费多大力气。可是如果他不是一个关注细节的有心人,即便看了那本赛马的书,也逃不脱破产的厄运,还很可能成为身无分文的穷光蛋。这就给人们一个启示:成功会格外偏爱那些有心人。

这几年,在北京地铁环线的车站里,矗立起了一座座精制的"百万庄园"美食亭。它的问世,不仅吸引了南来北往的乘客,而且还成为上班族经常光顾的"定点餐馆"。虽说地铁的客流量很大,但未必人人都到这里消费。于是,经营者别出心裁地打出了"借伞"的告示,意思是:凡因下雨被困在车站的乘客,"庄园"可免费借其一把伞,只要第二天路过时还上即可。由于此种促销方式颇有人情味。既打出商亭的知名度,又解决了乘客的燃眉之急。使原来不在这里消费,却又受到了"庄园"恩惠的人,变成了这里的常客。

生意场上就是选择,要想吸引顾客,取得成功,就在服务的细节上下功夫,并能不断转变观念,改变经营方式,才能找到与市场的最佳结合点。其实,有不少的企业家都是善于在小细节抓效益的高手。

现今,商界竞争越来越激烈,一些小企业或者是小公司只有不断运用新奇的点子,在细节上做文章才能在大集团、大公司的夹缝里寻求生存的机遇,顺应发展,获得成功。1957年,刚刚荣升台北市第十信用社董事会主席的蔡万春面色肃然,在台北的金融同行中,"十信"太渺小了,小到根本无人去理睬它。台北有的是信用良好、资金雄厚的大银行,稍有点名声的商家企业都把钱存放到他们那里去了。

蔡万春深知自己的实力不可与资金雄厚的大银行较量。但他又坚信,大银行虽然财大气粗,它不可能没有薄弱或疏漏之处,那些薄弱或疏漏之处,就是"十信"的生存之地!

蔡万春在街头巷尾徜徉,与市民交谈,跟友人商榷,终于发现了各大银行不屑一顾的一个潜在大市场——向小型零散客户发展业务。

蔡万春大张旗鼓地推出1元钱开户的"幸福存款"。一连数日,街头、车站、酒楼前、商厦门口,到处都是手拿喇叭、殷殷切切、满腔热忱向人们宣传"1元钱开户"种种好处的"十信"职员,而令人眼花缭乱的各种宣传品更是满城飞。"十信"的宣传活动令金融同行们大笑不止,人人都在嘲讽蔡万春瞎胡闹——"1元钱开户"?连手续费还不够哩!

但是,精诚所至,金石为开。奇迹出现了:家庭主妇们、小商小贩们、学生们争先到"十信"来办理"幸福存款","十信"的门口竟然排起了存款的长队,而且势头长盛不衰。没过多久,"十信"即名扬台北市,存款额与日俱增。

迈出了成功的第一步，蔡万春信心倍增。"不能跟在别人后面走，一定要创新路！"蔡万春经过仔细的观察分析，又发现了一个大银行家没有涉足的市场——夜市。随着市场的繁荣，灯火辉煌的夜市不比"白市"逊色多少，而银行是不在夜晚营业的。蔡万春大胆推出夜间营业，台北市的各个阶层一致拍掌说好，许多商家专门为夜市在"十信"开户，"十信"誉满台北。

就这样，"十信"以涓涓细流汇成大海，很快发展成为一个拥有17家分社、10万社员、存款额达170亿新台币的大社，列台湾信用合作社之首。

一个小细节的创新，就可以让企业在激烈的竞争中胜出，这一点无论对于任何企业都是适用的。

在各种产品与服务风起云涌的今天，星巴克公司却把世界上最古老的一种商品——咖啡，发展成为与众不同的品牌。回顾星巴克塑造品牌之路，可以发现，星巴克并没有使用其他品牌市场战略中的传统手段，如铺天盖地的广告宣传和促销活动等。星巴克的成功关键在于它是"细节下的蛋"。通过"细节"这只手，星巴克从一间小咖啡屋发展成国际上最著名的咖啡连锁店品牌。

星巴克认为，体验决非就是一种虚无缥缈的感觉，它可化成一种实实在在的有形商品。消费者一旦被体验感动，就会心甘情愿地花钱买体验。根据这一认识，星巴克决定独辟蹊径，创造性地处理"体验"这一细节，以制造富有自身个性的品牌。为此，星巴克提出了自己独特的价值主张：星巴克出售的不是咖啡，而是人们对咖啡的体验。

在星巴克咖啡店，顾客能找到充满活力的为自己煮咖啡的人，能找到不厌其烦教自己喝咖啡的人。星巴克要求服务人员在教顾客饮用咖啡时，目光必须自然地注视着顾客的眼睛。同时，顾客还可以喝到任何一种咖啡，可以随意谈笑，甚至挪动桌椅随意组合。

关注于体验这一细节时，星巴克更擅长营造咖啡之外的体验：如店内气氛、个性化的店内设计、暖色灯光、柔和的音乐等。通过这些，星巴克把一种独特的格调传送给顾客，这种格调就是浪漫。

星巴克努力通过每一个细节，把顾客在店内的体验化作一种内心的体验——让咖啡豆浪漫化，让顾客浪漫化，让所有感觉浪漫化。

一件产品是如何被注意到的？作为产品，必须一开始就表现出它的与众不同。这种与众不同不是仅仅通过夸大的、不属实的广告宣传就能实现的。真正有效的方法是在细节处加以改变。

企业只有认识到出众的细节对产品的重要性，将创造性融入到产品的每一个细节中，才能使产品独具特色，由此企业才能从业务活动中获得更多的收益。

谁要认识不到细节的重要性，不把细节个性化当做个人品牌的核心，就很难创造出真正与众不同的品牌，获得更大的成功。这是因为，细节创造了一种现实，它能做到与众不同，从大众产品中推出一些独特的、珍贵的和令人渴望的东西。

留心细节，化腐朽为神奇

将无用变有用，是给埋没者一片翱翔的天空，还是让星星在夜里亮得更晶莹？对于成功的人们来说，他们总有一双慧眼，总会有自己的聪慧和勤奋为自己赚取金钱，获得成功。

在20世纪80年代初，农村经济体制的改革极大地调动了农民的生产积极性，也提高了农民对生产投入的兴趣。在一段时间里，一般农户对镰刀、锄头等最基本生产工具的需求大增，导致生产这类农具的原料——毛铁和钢板供不应求，在一些地方甚至完全脱销。与此同时，在国营大厂的围墙里，堆着大量边角料和废铁板，如何处置这些"废物"成了厂长们的一块心病。

在这种情况下，一位"钢铁大王"应运而生了。

所谓"钢铁大王"，也并没有什么特殊之处，只不过是一个稍微有点文化的人，然而他的头脑十分灵活，这是最重要的。

有一天，他到在供销社供职的同学那里喝茶聊天，偶尔说起毛铁脱销以及城里一些工厂的边角料怎么比毛铁还好的事，他就想起了自己的一位姑父在H城一家船厂里工作，心中突然一亮。第二天一大早，他兜里装着80块钱的全部资本直奔H城，找到了在造船厂当保卫科长的姑父，又通过姑父找到了厂长。富有人情味的厂长一听说需要他们厂的废钢铁，便把大板一拍，二话没说，便吩咐派辆卡车送去。这一趟他是无本万利，净赚了1000多元。看到了那沉甸甸的票子，吓得他愣是没敢往家里拿。

几天后，他就买了礼品二上H城，还拉着那位同学，算是供销社领导，一起登门致谢，并同厂方订立了长期协议：所有废弃的边角料都被他们以极低的价格包销，一包就是3年。

以后，"钢铁大王"更是如鱼得水，尝到了更大的甜头。货源有的是：造船厂的拉光了，被介绍到机械厂、机床厂；H城的拉光了，又被介绍到N城，S城……市场更是不成问题：本地市场饱和了，使销到外地、外省……开始是用汽车运，后来就鸟枪换大炮，改用火车车皮装。

他的生意越做越大，人缘越混越好，财路也越来越宽。等到别人也明白过来，一哄而上时，他已经另谋别的财路去了。

留意细节，废物也就变成了宝。只要你具有积极的心态，再黯淡的人生也会想

出办法摆脱困境,赢得另一片天地。

一天夜里,一场雷电引发的山火烧毁了美丽的"万木庄园",这座庄园的主人迈克陷入了一筹莫展中。面对如此大的打击,他痛苦万分,闭门不出,茶饭不思。

转眼间,一个多月过去了,年已古稀的外祖母见他还陷在悲痛之中不能自拔,就意味深长地对他说:"孩子,庄园变成了废墟并不可怕,可怕的是,你的眼睛失去了光泽,一天一天地老去。一双老去的眼睛,怎么能看得见希望呢?"

在外祖母的劝说下,迈克决定出去转转。他一个人走出庄园,漫无目的地闲逛。在一条街道的拐弯处,他看到一家店铺门前人头攒动。原来是一些家庭主妇正在排队购买木炭。那一块块躺在纸箱里的木炭让迈克的眼睛一亮,他看到了一线希望,急忙兴冲冲地向家中走去。

在接下来的两个星期里,迈克雇了几名烧炭工,将庄园里烧焦的树木加工成优质的木炭,然后送到集市上的木炭经销店里。

很快,木炭就被抢购一空,他因此得到了一笔不菲的收入。他用这笔收入购买了一大批新树苗,一个新的庄园初具规模了。

几年以后,"万木庄园"再度绿意盎然。

"山重水复疑无路,柳暗花明又一村。"世间没有死胡同,就看你如何去寻找出路。不让心智老去,才不会让心灵荒芜,才不会无路可走。

无独有偶的是,有一位年轻的江西人,喜欢做些小贩生意,呼啦圈作为一种健身运动产品,曾在我国各大城市引起轰动,但它像一阵风似的,流行一下子就衰落了,结果,造成大批积压,连白送人也不要,这让年轻人感到很郁闷,但是他并没有绝望。有一天,他去批发农用薄膜,当他看到有个塑料厂有许多积压的呼啦圈时,忽然从中悟出商机。因为他想到了农村竹用顶棚支架。于是,他花钱大量购进十分便宜的呼啦圈把它一分为二,劈成两半,作为农用薄膜顶棚支架。由于这种聚乙烯树脂在土壤中有经久耐用、不腐烂的特点,且又价格低廉,所以,很快就取代了过去惯用的竹用棚架,而这一项小小的发明使过时的呼啦圈重新获得了价值,自己也从中获取了丰厚的利润。

在神奇的大千世界之中,变废为宝,化腐朽为神奇的故事还有很多,在大山深处居住的农民靠侍弄树庄也能赚大钱,凭的是一敏锐的眼光和灵巧的双手。

有位48岁的山里农民黄启才侍弄树桩可谓入了迷,他家的庭院里到处都是树桩。本是些只能当柴火烧的树桩,经黄启才那么一侍弄,就长出了千奇百怪的枝叶,开出了姹紫嫣红的花朵,成了人见人爱的大型树桩盆景,不仅美化了庭院,而且一颗盆景就能卖出上万元的好价钱。一个山里的农民怎么就有这等化腐朽为神奇的本领,怎么就有这等拿山里废物卖大钱的好眼光?

故事还要从头说起。那是很多年前一天,家住梅村镇必胜村的黄启才到城里看望岳父，因为知道岳父爱好侍弄盆景，他临行前就在山里挖了几棵树桩准备带给老岳父。不曾想，在城里刚下车的时候，他带的树桩竟然被一伙人看上了，争相抢购，几棵树桩当时就卖了50多元。头脑灵活的黄启才敏感地意识到，山里当柴火烧的树桩，到了城里其实还蛮值钱的哩。他进而又想，连树桩都这么值钱，要是把它培育成树桩盆景，那不是更值钱吗？岳父在市场上买个小盆景，还要花个百儿八十的哩，何况是树桩育出的大盆景呢？

从上世纪80年代末开始，黄启才走上了自己近20年的培育树桩盆景之路。刚开始，为了弄懂树桩盆景的栽培和管理技术，他一方面订阅大量有关花卉盆景的书刊如饥似渴地钻研，一方面拜师访友刨根问底地请教，同时悉心观察各种树桩的习性，反复进行实践。功夫不负有心人，黄启才终于渐渐掌握了树桩盆景的栽培技艺。

10多年来，黄启才要么奔走在崇山峻岭之间物色树桩，要么一头扎进自己的庭院里精心培育。随着岁月的流逝，他家的庭院里树桩盆景越来越多，盆景的造型也愈来愈奇妙。精品的紫薇、榆树、梅树及三角枫树桩盆景造型各异、栩栩如生、灵动异常，不仅倾倒了路过的行人，而且吸引了不少外地盆景爱好者及生意老板的目光，上门求购者络绎不绝。2000年以来，黄启才每年都有七八万元的树桩盆景收入，产品销售到长三角和合肥等地。

培育树桩盆景能赚大钱的消息不胫而走，周围的农户也开始效法黄启才侍弄树桩盆景，结果都收入不菲。近年来，上山的树桩资源渐渐枯竭，黄启才又动起了培育小树桩盆景的脑筋。2001年，他从肥西进了300多棵黑松苗，后来又引进了1000多棵梅树苗，目前，他家的自育树桩小盆景达1300多盆，占地4亩多。在他的影响下，邻近村民又有10多户开始培育起了苗木花卉。

如今，黄启才把自己庭院里经数年培育的1200多盆大树桩盆景视为宝贝疙瘩，每天细心侍弄之余，他都要赏玩再三。可不是嘛，这些东西已日渐是稀有之物了，除非谁愿意出令黄启才心动的价，否则，他是怎么也舍不得卖的。

其实，机遇对每个人来说都是平等的，但是它只钟情于事事留心，处处在意的人，只青睐那些即使在困境之中也不丧失信心的人，只爱戴那些用自己的聪慧和奋斗来赚取金钱，赢得人生的人，对他们而言，即使是废物也会变成宝，这也就可以理解他们为什么总能比别人发现更多的金子。

崇尚节俭，创造财富

养成勤俭节约的美德，把自己的资金用来投资，是成功致富者必须具备的素质之一。从创业成功的人身上，都能见到节俭和投资创业的共同本质。

社会上有一些先富起来的人，只顾眼前，不思长远，总想"把鸡下的蛋吃光"，盲目攀比、盲目消费，就像梦中发了横财，不知如何是好，于是就赌博、吸毒、比赛烧钞票，而没有想去扩大实业，拓展生意。因此，致富者应该明白家有金钱万贯，不如投资经营的道理。钱再多也是有限的，"坐吃"必然导致"山空"。钱财只有流通起来才能赚取更多的利润，才能使优越的生活得到保证。

可以用三个词来勾画富人的肖像，那就是：节俭！节俭！再节俭！

有人问百万富翁卢卡斯："你购买一套服装，最多花过多少钱？"

约翰尼把眼睛闭上片刻。显然，他在认真回忆。观众悄然无声，都料想他会说："大约在1000美元至6000美元之间。"但是事实表明，观众的想法是错的。这位百万富翁这样说："我买一套服装花钱最多的一次……最多的一次……包括给自己买的，给我妻子琼买的，给我儿子巴迪、达里尔和给女儿怀玲、金洛买的……最多一次花了399美元。噢！我记得那是我花得最多的一次，买那套服装是因为一个十分特殊的原因——我们结婚25周年庆祝宴会。"

观众对约翰尼的陈述会有什么反应呢？可能大吃一惊，不相信。事实上，人们的预想和大多数美国百万富翁的实际情况并不一致。

每一个年轻人都应该知道，除非他养成节俭的习惯，否则他将永远不能积聚财富。

两个年轻人一同寻找工作，一个是英国人，一个是犹太人。

一枚硬币躺在地上，英国青年看也不看地走了过去，犹太青年却激动地将它捡起。

英国青年对犹太青年的举动露出鄙视之色：一枚硬币也捡，真没出息！

犹太青年望着远去的英国青年心生感慨：白白地让钱从身边溜走，真没出息！

两个人同时走进一家公司。公司很小，工作很累，工资也低，英国青年不屑一顾地走了，而犹太青年却高兴地留了下来。

两年后，两人在街上相遇，犹太青年已成了老板，而英国青年还在寻找工作。

英国青年对此不可理解，说："你这么没出息的人怎么能这么快地成功了？"

犹太青年说："因为我没有像你那样绅士般地从一枚硬币上迈过去。你连一枚硬币都不要，怎么会发大财呢？"

英国青年并非不要钱，可他眼睛盯着的是大钱而不是小钱，所以他的钱总在明天。这就是问题的答案。

没有小钱就不会有大钱。你不爱惜钱，钱也不会来找你。

如果你养成了节俭的习惯，那么就意味着你具有控制自己欲望的能力，意味着你已开始主宰你自己，意味着你正培养一些最重要的个人品质，即自力更生、独立自主，以及聪明机智和创造能力。换句话说，就意味着你有了追求，你将会是一个大有成就的人。

洛克菲勒垄断资本集团的创始人约翰·戴维森·洛克菲勒，1839年出生于一个医生家庭，生活并不宽绰，艰难的生活使他养成了一种勤俭的习惯和奋发的精神。他在16岁时，决心自己创业。虽然他时常研究始何致富，但始终不得要领。一天，他在报纸上看到一则广告，是宣传一本发财秘诀的书。洛克菲勒看后喜出望外，急忙照着广告注明的地址到书店购买这本"秘书"。该书不能随便翻阅，只在买者付了钱后，才可以打开。洛克菲勒求知心切，买后匆匆回家打开阅读，岂知翻开一看，全书仅印有"勤俭"二字，他又气又失望。洛克菲勒当晚辗转不能成眠，由咒骂"发财秘书"的作者坑人骗钱，渐渐细想作者为什么全书只写两个字，越想越觉得该书言之有理，感到要致富确实必须靠勤俭。他大彻大悟后，从此不知疲倦地勤奋创业，并十分注重节约储蓄。就这样，他坚持了5年多的打工生涯，以节衣缩食的节俭精神，积存了800美元，经过多年的观察，洛克菲勒看清了自己的创业目标：经营石油。经过几十年的奋斗，他终于成为美国石油大王。

石油商人成千上万，最后只有洛克菲勒独领风骚，其成功绝非偶然。专家在分析他的创富之道时发现，精打细算是他取得成就的主要原因。洛克菲勒在自己的公司中，特别注重成本的节约，提炼每加仑原油计算到第三位小数点。他每天早上一上班，就要求公司各部门将一份有关净值的报表送上来。经过多年的积累，洛克菲勒能够准确地查阅报上来的成本开支、销售及损益等各项数字，并能从中发现问题，以此来考核每个部门的工作。1879年，他写信给一个炼油厂的经理质问："为什么你们提炼一加仑原油要花1分8厘2毫，而东部的一个炼油厂干同样的工作只要1分8厘1毫？"就连价值极微的油桶塞子他也不放过，他曾写过这样的信："上个月你厂汇报手头有1119个塞子，本月初送去你厂1万个，本月你厂使用9527个，而现在报告剩余912个，那么其他的680个塞子哪里去了？"洞察入微，刨根究底，不容你打半点马虎眼。正如后人对他的评价，洛克菲勒是统计分析、成本会计和单位计价的一名先驱，是今天"一块拱顶石"。

节俭的原则不仅适用于金钱问题，而且也适用于生活中的每一件事，从合理安排自己的时间、精力，到养成勤俭的生活习惯。节俭意味着科学地支配自己的时间与金钱，意味着最明智地利用我们一生所拥有的资源。

节俭是一名员工的基本素质，但是节俭并不是说要所有的员工都去考虑如何节省几千元、几万元的大笔资金，这对大多数员工是不大现实的。对于员工来说，节俭就在于点点滴滴之间。这里几元，那里几元，如果我们把节约的观念用在所有这些小地方，那么加在一起可以成为很大的数目。

在2003年度《财富》世界500强企业中，有一个有趣的现象，以营业收入计算，丰田汽车排在第8位，但是以利润计算，丰田汽车却排在第7位。同时《财富》世界500强的数据显示，2003年丰田汽车赚取的利润远远超过美国三大汽车公司的利

润之和，就是比排在第二位日产汽车的44.59亿美元利润，也高出1倍多。实际上，丰田的利润已经远远超出了全球汽车行业其他企业利润的平均水平。丰田的惊人利润从何而来？

在丰田的利润中，可以说很大一部分是丰田员工节俭下来的。丰田的厉行节俭是全球出名的。丰田办公室的员工用过的纸不会随意扔掉，反过来做稿纸，铅笔削短了加一个套继续用，领一支新的也要"以旧换新"；机器设备如果达到标准，很陈旧也一样使用；鼓励工人提出合理化建议，几乎每天都有人在技术革新、小改小革上下功夫。

举个简单的例子，丰田的员工很注意在组装流水线上的零件与操作工人的距离有多大才合适。如果放得不合适，取件需要来回走动，这种走动对于整个工序就是一种浪费，要坚决避免。另外，丰田还有一个特别的地方，在丰田的整个流水线上有一根绳子连动着，任何一名工人一旦发现流过来的零件存在瑕疵就会拉动绳子，让整个流水线停下来，并将这个零件修复，决不让它留到下一个流程。

不但如此，节约水电、暖气、纸张等都是丰田所倡导的，细微之处的节俭为丰田带来了不小的收益。

"勿以善小而不为，勿以恶小而为之。"节俭也是一样不论大小。每一个企业都有许多细微的小事，这往往也是大家容易忽略的地方。有心的员工是不会忽视这些不起眼的小事的，因为他们懂得，大处着眼，小处着手，节约成本应当从一点一滴做起。

其实生活工作中，有很多的小事都是举手即可完成的。例如：

（1）节约每一度电，做到随手关灯，人走灯灭，人走电器关，电脑不用时将它调至休眠状态或关掉。

（2）节约每一滴水，水龙头用后及时关闭，及时修理水管水箱，杜绝滴漏水的现象。

（3）节约每一个电话，不用公费电话聊天、谈私事；提高打电话的效率。打电话时最好在拿起话筒前拟一份简明的通话提纲，重要内容一字不差地写在提纲上。这样做有利于保证通话内容的准确、完整、精练，节省通话时间和提高通话效率。

（4）节约每一张纸，复印纸、公文纸统一保管，按需领取，节约使用，尽可能双面打印或复印，公共卫厕使用的卫生卷纸勤俭节约，禁止盗拿。

（5）不要把公司的办公用品私自拿回家据为己有；把平时习惯丢掉的纸张捡起来，看看是否还能够派上其他用场。

当然，节约成本远不止表现在以上几个方面，还需要在工作中多多留心。坚持少花钱多办事，会议、接待、招待等尽量从简和节约，不该花的钱不花，能少花的钱不多花，不必要办的事不办，可节俭办的事不铺张办。一名优秀的员工就是要在点点滴滴之间节俭，不放过能够节俭下来的每一分钱。而一分一分地累加，就能成为一个巨大的数字，而这些都是变成了企业的利润。

由此可见，节俭非小事，它体现着一个人良好的素质和修养，也关系到一个公司、一个企业的自身利益，万不可视节俭为吝啬。

虽然，一个生性吝啬的人，他的前途也仍然大有希望，但如果是一个挥金如土、毫不珍惜金钱的人，他的一生可能将因此而断送。不少人尽管以前也曾经刻苦努力地做过许多事情，但至今仍然是一穷二白，主要原因就在于他们没有储蓄的好习惯。

点点爱心生财源

在一个又冷又黑的夜晚，一位老人的汽车在郊区的道路上抛锚了。她等了半个多小时，好不容易有一辆车经过，开车的男子见此情况，二话没说便下车帮忙。

几分钟后，车修好了，老人问他要多少钱，那位男子回答说："我这么做只是为了帮助你。"但老人坚持要付些钱作为报酬。中年男子谢绝了她的好意，并说："我感谢您的深情厚意，但我想还有更多的人比我更需要钱，您不妨把钱给那些比我更需要的人。"最后，他们各自上路了。

随后，老人来到一家咖啡馆，一位身怀六甲的女招待员即刻为她送上一杯热咖啡，并问："夫人，欢迎光临本店，您为什么这么晚还在赶路呢？"于是老人就讲了刚才遇到的事，女招待员听后感慨道："这样的好人现在真难得，你真幸运碰到这样的好人。"老人问她怎么工作到这么晚，女招待员说为了迎接孩子的出世而需要第二份工作的薪水。老人听后执意要女招待员收下200美元小费。女招待员惊呼不能收下这一大笔小费。老人回答说："你比我更需要它。"

女招待员回到家，把这件事告诉了她丈夫，她丈夫大感诧异，世界上竟有这么巧的事情。原来她丈夫就是那个好心的修车人。

也许你觉得这个故事只是一个巧合，但是谁也无法否认一个真理：

想得到爱，先付出爱；要得到快乐，先献出快乐，播种终会收获，只问耕耘不问收获的人，没有什么事情做不成，也没有什么地方到不了。

一次，一个哲学家问他的学生们："世界上最可爱、最宝贵的财富是什么？"学生们听了，便争先恐后地站起来回答，各抒己见。最后一个学生回答道："世界上最可爱、最宝贵的东西，是爱心。"那位哲学家说："的确，他们所有的回答，都被你这两个字所包含，因为爱心比那千万家产有价值得多。而且有这种财富的人，常不用花一分钱的代价，也能做出伟大的事业。"

其实，这是一句真言。在人生之中，再也没有比爱心更能打动人心，赢得好人缘，从而使自己走上成功之路的。

市场经济是什么？谁拥有了上帝，谁就拥有经济效益。上帝靠什么去争取？靠"爱"，一般人通常把爱心视为一种善良的情感。但是，对一个成功的经营者来说，爱是一种能力、一种态度，是一门需要修养和努力的艺术，其基础就是给予、关心、责任感、尊敬和了解。如果你不努力掌握经营爱心的艺术，那么，你的所有的经营意图都注定不成功。因为要想赢得别人的爱，必须先从关爱别人开始。对爱心吝啬的人，只能得到别人的冷遇而走向失败。

很多上班族都因上班时间受限制，在接送孩子上学这个问题上大伤脑筋。失业司机李松透过这一现象看到了商机，便开了一家家政服务部，专门负责接送孩子上学。刚开始时，很多家长都跟他联系，让他接送孩子。但李松认为自己不是为了替人分忧，而纯粹是为了赚钱。营业后，他对孩子们缺乏爱心和耐心，在接送的途中，有的孩子口渴了他不给喝水，有的孩子吵闹打架他也不予制止，甚至有的孩子尿急他也不理不睬，并且还经常出现漏接孩子的现象，这使得家长们整日为孩子提心吊胆，才过了两个月，就再也没有孩子愿让他接送了，他的家政服务部也只好关门大吉了。而离他不远的另一家服务部则与他的经营方式完全相反，他们在接送车上备好食品、开水和玩具，对孩子们细心照顾，并且经常给孩子们讲一些有趣的故事，这些做法赢得了家长的信任和孩子们的喜爱，他们的生意也日益红火起来。

的确，李松的失败就很好地证实了一点，爱心有利于事业的经营。说起来，更为神奇的是，爱还能促使人不断地去创新、去发明，从而使人赚取得大量金钱。

小创新创造大财富的例子简直举不胜举，这些小创新确实很普通，普通得使人常常难以注意到它们的存在，但它们又很重要，因为人们之所以注意不到它们，往往是因为它们太常用了，用多了，习惯了，也就不特别注意了。就拿日常生活中的小磕小碰来说吧，如果我们的手或其他部分被划破了，我们最常说的一句话就是："没事，贴上点邦迪就好了。"是啊，创可贴如此平常，以至谁也没有意识到它曾是一个重要发明。但是，你只要设想一下，如果没有这种方便、简捷的伤口处理用品会怎样？

说起来，创可贴的发明真是体现了爱心的一个创造。它的发明者是埃尔·迪克森——一位在生产外科手术绷带的工厂工作的先生，20世纪初，这位先生刚刚结婚，他的太太是一位娇巧的美人，可这位年轻的太太对于居家过日子还不太熟悉，她常常在做饭时切着手或烫着自己。迪克森先生由于工作原因，当然能够很快为她包扎好，但他想，要是能有一种自己就能包扎的绷带，在太太受伤而自己不在家的时候，就不用担心她自己包扎不了了。

他考虑到，如果把纱布和绷带做在一起，就能用一只手包扎伤口。他拿了一条纱布摆在桌子上，在上面涂上胶，然后把另一条纱布折成纱布垫，放在绷带的中间。

但是有个问题，做这种绷带要用不卷起来的胶布带，而暴露在空气中的粘胶表面时间长了就会干。

后来他发现，一种粗硬纱布能很好地解决这个问题，于是他完成了这项实验。当迪克森太太又一次割破手时，就自己揭下粗纱布，用她聪明丈夫发明的绷带贴在伤口上。

当公司了解了他的新思想后，就非常愉快地将这种备好的绷带作为公司的新产品。这种绷带一直到1920年还没有商品名称，只是销售产品。后来工厂主管凯农先生建议用 Band—Aid 这个名称，其中 Band 指的是绷带，而 Aid 用于这种急救和手术绷带产品，后来也成了绷带的同义词。

迪克森先生出于对妻子的爱而发明的这种小东西，就是现在中国城市家庭几乎家家必备的邦迪牌创可贴。我们暂且不去想，它在全世界有多大市场，只粗略估计一下它在中国的使用情况，就可以想象它为公司赚了多少钱。

无独有偶的是，世界上第一条女用卫生棉条的发明，也是源于一位对妻子有着无限爱心的丈夫之手。

1929年，美国人伊勒·C.哈斯只是位医生，非常的普通。他行医、娶妻，享受天伦之乐，他还热衷于发明创造，且十二分地投入。

很多次，他无意中听到太太在抱怨自己身为女人，有种种的不方便，尤其是每月的那几天……深爱妻子的哈斯医生觉得自己该为妻子做些什么，他放下手头的发明试验，坐到她身边。于是，哈斯夫妇进行了一次亲密无间的谈话。

哈斯终于明白了妻子的苦恼，他从生理医学的角度分析了妻子在特殊日子的特别感受，意识到她的不快乐，并非完全缘于生理现象，很大的一个因素，缘于妇女用品的不纤巧不灵活不能随心所欲。在他的头脑中闪现出经历无数次的外科手术：医生和护士经常用消毒棉和纱布来吸收创口出血。"我能不能给太太也试用一下呢？"哈斯医生一连几天躲在实验室里，他将压缩的医用药棉制造出长短适中的棉条，再用一根棉线贯穿地缝在棉条当中，并用纸管当导管……世界上第一支女性内用卫生棉条，就这样诞生在一个时刻关爱妻子的医生手上。

这项服务于全人类女性的发明，于1939年获得了专利，取名丹碧丝。它首销于美国，现在已被世界上1000多个国家和地区的妇女所接受。这项专利无论带给哈斯医生怎样的财富，哈斯太太一生所感念的，仍是丈夫那颗仁爱之心。

拥有一颗善心、一种爱人的心情、一种为爱甘于付出又能够付出的资质，就是拥有了无与伦比的财富。

不用一文，占尽风流

许多人既想做大生意，又苦于缺少资金，其实缺少资金只能难住那些平庸的商人，聪明的商人能够以小博大，甚至能上演出空手起家的传奇。

某百货大楼位于广州市商业闹市，占地1400平方米，有中央空调、扶手电梯、豪华装饰。建成这样一座现代化百货大楼，至少也得数百万，甚至上千万资金。然而有一个年轻的总裁，能够把别人的钱变成自己的钱，他只用2000元就把这座大楼建成了。

他的方法是：他将这座大楼划分为220多个局部单位（摊位），每个单位一次收10年租金5万元。每年退还其中的10%，不包括利息。另外每个单位每月收取比市面价低2/3的管理费。这样优惠的条件，使得这座待建的百货大楼成为人们争相租赁的抢手货。220多个单位20几天便全部租出去，获得租金1000多万元。而这个年轻的总裁只在报上花费了2000元的招租广告费。

其实贫穷并不可怕。可怕的是你用什么样的姿势站着与它对话。相反，它是立大志者的第一财富，饱尝了风雨之后的身躯，再不会因苦难而低下头颅。什么是资本，什么是人的财富？是智慧。可比智慧更高一等的是没有鸡而有蛋的预言……

在现代人的头脑中，住房是第一问题，解决其问题，颇须一番折腾呢。因为它是任何一个人所必须的落脚点或躲风避雨所在。

如果我告诉你，有这么一个人，没钱也盖起了自己的房子，而且不是普通的房，是在寸土寸金的闹市区，盖起了一栋大楼，你会相信吗？现在，这栋16层的大厦就矗立在市中心，这位奇迹的创造者名叫郑敏。

当初，他怀揣着5000元人民币只身闯广东，现在，面对平地而起的广厦千间，像面对生日宴会上的蛋糕。他踌躇满志地开始切蛋糕了：留两层自用足矣；一至四层出租，每年坐收租金500万元；其余10层全部售出，获购房款4000余万元。除去各种费用，郑敏净赚2000万元。

高楼万丈平地起，郑敏用的是巧办法。

郑敏初闯广东，适逢房地产热，地价疯涨，要想建房，要么花大价钱买地皮自建，要么投资与当地人合建，然后分成。真可谓：有钱出钱，有地出地，没钱没地靠边稍息。郑敏没钱又没地，可是他不愿靠边稍息。他想到了租地。

于是，他骑着自行车，到处找可租之地，终于找到了一家即将迁往城外的工厂。郑敏提出，租地70年，建巴蜀大厦，建成后，每年交厂方11万元。他特别另向厂方强调："租期内你们将收入770万元。厂方听说770万元的租金，比卖地还多不少的钱，挺划算的，很快就拍板同意了。

这是郑敏下的一着妙棋：第一，租地不用像买地那样预付大量的现款，就把别人的地变成了"自己的地"；第二，在租金上占了大便宜。寸土寸金的闹市区，两亩多地每年租金才11万元，与后来他盖起16层大楼后仅其中四层的租金每年就500万元比起来，简直是九牛一毛。虽说租期内租金共有770万元，但那是要用漫长的70年作分母来除的啊。厂方得到微薄的租金，失去了70年的机会。

郑敏大功告捷，聪明处在于他用浓彩粉墨渲染了770万元这一庞大数字，瞒天过海掩饰仅仅11万的年租金。

地皮落实后，他马上又通过新闻媒介向四川各地广而告之：四川省将在广州市建一"窗口"——巴蜀大厦，现预订房号、预收房款，使他轻而易举地集资2000万元。他省钱省事搞到了地皮，又走捷径解决了建房款。建房时，又恰逢建房热急剧降温，建房大军无米下锅，只要有活干、能糊口，亏本也愿接工程。郑敏把工程包出去，不但不用给承建方工程预付款，而且还要求对方垫支施工，大楼建了一半，承建方已垫支了数百万。

郑敏空手套白狼，未动自身分毫，借鸡生蛋，坐拥广厦千万间。

而大楼真正的建造者，在郑敏搬进总经理办公室的同时，又要另找一处工棚去住了。

成功是可歌的，成功的背后有很多可泣的故事需要我们去用智慧的大脑，衡量它的价值和财富。

一个人本事再大，也不能完成所有的工作，纵使浑身是铁，又能打几根钉呢。富于挑战、思维跳跃、观念超前的人当然明白这个道理，于是他们扩充自己的大脑，延伸自己的手脚，借外力助自己成功。

善借外力成为赢家的故事在国外也很多，美国亿万富翁马克·哈罗德森就是"借鸡生蛋"的高手。

马克·哈罗德森经常说："别人的钱是我成功的钥匙。把别人的钱和别人的努力结合起来，再加上你自己的梦想和一套奇特而行之有效的方案，然后，你再走上舞台，尽情地指挥你那奇妙的经济管弦乐队。其结果是，在你自己的眼里，会认为不过是雕虫小技，或者说不过是借别人的鸡下了蛋。然而，世人却认为你出奇制胜，大获成功。因为，人们根本没有想到，竟能用别人的钱为自己做买卖赚钱。"

在现代，任何巨额财富的起源，建立在借贷基础上是最快捷成功的。就是说，要发大财先借贷。没有本钱怎样发大财呢？借贷是行之有效相当成功的手段。当然，借钱就得付出利息，但你不要害怕，你利用别人的钱来赚钱，你赢得的部分，可能远远超出了你所付的利息。

美国船王丹尼尔·洛维格的第一桶金，乃至他后来数十亿美元的资产，都是借鸡生的"金蛋"。可以说，他整个事业的发展是和银行分不开的。

当他第一次跨进银行的大门,人家看了看他那磨破了的衬衫领子,又见他没有什么可做抵押的,自然拒绝了他的申请。

他又来到大通银行,千方百计总算见到了该银行的总裁。他对总裁说,他把货轮买到后,立即改装成油轮,他已把这艘尚未买下的船租给了一家石油公司。石油公司每月付给的租金,就用来分期还他要借的这笔贷款。他说他可以把租契交给银行,由银行去跟那家石油公司收租金,这样就等于在分期付款了。

许多银行听了洛维格的想法,都觉得荒唐可笑,且无信用可言。大通银行的总裁却不那么认为。他想:洛维格一文不名,也许没有什么信用可言,但是那家石油公司的信用却是可靠的。拿着他的租契去石油公司按月收钱,这自然会十分稳妥。

洛维格终于贷到了第一笔款。他买下了他所要的旧货轮,把它改成油轮,租给了石油公司。然后又利用这艘船作抵押,借了另一笔款,从而再买一艘船。

洛维格的成功与精明之处,就在于他利用那家石油公司的信用来增强自己的信用,从而成功地借到了钱。

这种情形持续了几年,每当一笔贷款付清后,他就成了这条船的主人,租金不再被银行拿走,顺顺当当进了自己的腰包。

当洛维格的事业发展到一个时期以后,他嫌这样贷款赚钱的速度太慢了,于是又构思出了更加绝妙的借贷方式。

他设计一艘油轮或其他用途的船,在还没有开工建造,还处在图纸阶段时,他就找好一位顾主,与他签约,答应在船完工后把它租给他们。然后洛维格才拿着船租契约,到银行去贷款造船。

当他的这种贷款"发明"畅通后,他先租借别人的码头和船坞,继而借银行的钱建造自己的船。他有了自己的造船公司。

就这样,洛维格靠着银行的贷款,爬上了自己事业的巅峰。

可见,世界上的钱有的是,就看你会不会运作,最终把别人的钱变成自己的钱。

留心小事,捕捉生意灵感

"一叶陨而知秋至",从一片树叶的下坠,人们就可以感知季节的变化了。同样的道理,生活中很多看似不起眼的小事,往往蕴藏着巨大的商机。在现代信息社会里,信息确实重要,但这并不是说,你必须用高科技、用商业间谍、成天在报纸中扎堆,才能获取你所需的信息。生活中到处充满信息,很多高明的企业家,就是从观察生活中的小变化,见微知著,从而大发其财的。

美国有位叫米尔曼的女士,她在生活中常常被一件小事烦心,那就是她的长统丝袜老是和她做对。因为它老是往下掉，尤其是在公共场合或在公司上班时，袜子掉下来令她非常尴尬。她想这种困扰，其他妇女肯定也会有，而且人数不会少。"那我为什么不做这方面的生意呢？"

不久，她就开了一家袜子店，专门卖那些不易滑落的袜子。这家店铺不大，但生意却出奇地好。由于在她的店里，每位顾客平均可在一分半钟内完成交易，而且这里售出的袜子确实是使很多妇女摆脱了丝袜滑落带来的窘境，所以越来越多的人来她的店里买这"不起眼的小东西"。米尔曼成功了，现在她已开了120多家分店，分布在美、英、法三国，她自己30出头的年龄，就成为百万富婆。

而另一对美国年轻人，也是从极小的生活琐事中发现了财富。这是一对年轻的夫妇，他们刚刚有了一个小孩。在给小孩喂奶时，他们发现，市场上卖的奶瓶都太大了，8个月以下的婴儿都无法自己抱住奶瓶喝奶，这往往令小家伙烦躁不安。

有一天，小宝宝的外祖父——一个工厂烧焊产品的检查员，来到他们家，在听到他们的抱怨后，顺口说，最好在奶瓶两边焊上瓶柄，这样小孩就能双手抓着吃奶了。这句不经意的话，却使这对年轻夫妇灵光闪动，他们有主意了。

不久，他们设法将圆柱形的奶瓶改制成圆圈拉长后中间空心的奶瓶，投放市场。由于这一改进使得小孩能自己抓住奶瓶吃奶，一经推出就大受欢迎，在60天内卖出了5万个奶瓶。他们开业的第一年就收入150万美元。

很多成功者都是善于从"无关的小事"中发现潜在的商机，从而挖掘出人生中巨大的宝藏的。

牛仔裤是一种风靡世界的服装，几百年来一直备受人们喜爱，在匆匆忙忙的时尚风潮中始终保持着自己独立的品位，但似乎没有人追问，究竟是谁发明了牛仔裤？他又是如何发明了这世界上的第一条牛仔裤？

人们也许根本不会想到，风靡全世界，曾影响几代人生活的牛仔裤竟是一个名叫李维·施特劳斯的小商贩发明的，他制造的第一条牛仔裤竟然是美国西部淘金工人的工装裤。

19世纪50年代，李维·施特劳斯和千千万万年轻人一同经历了美国历史上那次震撼人心的西部移民运动。这场运动不是由政府发动，而是源于一则令人惊喜的消息：美国西部发现了大片金矿。

消息一经传出，在美国立即刮起一股向西部移民的旋风。满怀发财梦的人们，携家带口纷纷拥向通往金矿的路途，拥向那曾经是荒凉一片，人迹罕至的不毛之地。

于是，在通往旧金山的道路上，高篷马车首尾相接，滚滚人流络绎不绝，景象分外壮观。李维·施特劳斯同样也经不起黄金的诱惑，毅然放弃他早已厌倦的文职工作，加入到汹涌的淘金大潮中。一到旧金山，李维·施特劳斯立刻被眼前的景象惊呆了：

一望无际的帐篷，多如蚁群的淘金者……他的发财梦顿时被惊醒了一半。

"难道要像他们一样忙忙碌碌而无所收获吗？"

"不能！"李维·施特劳斯坚定地说道，他说服自己不要知难而退，而要留下来干一番事业。也许是犹太人血统里天生的经商天分在李维·施特劳斯的身上起了作用，他决定放弃从沙土里淘金，而是从淘金工人身上"淘金"。

主意已定，李维·施特劳斯用完身上所有的钱物，开办了一家专门针对淘金工人销售日用百货的小商店。李维·施特劳斯这一独具慧眼的决定，为他今后发财致富奠定了良好基础。

小商店开业以后，生意十分兴旺，日用百货的销售量很大。李维·施特劳斯整日忙着进货和销货，十分辛苦，但利润也十分丰厚。渐渐地李维·施特劳斯有了一笔积蓄，在同行小商贩中，他因吃苦耐劳和善于经营而有了小名气，商店的生意越做越好。为了获取更大的利润，李维·施特劳斯开始频繁外出拓展业务。

一天，他看见淘金者用来搭帐篷和马车篷的帆布很畅销，于是乘船购置了一大批帆布准备运回淘金工地出售。在船上，许多人都认识他，他捎带的小商品还没运下船就被抢购一空，但帆布却丝毫没有人问津。

船到码头，卸下货物之后，李维·施特劳斯就开始高声叫喊推销他的帆布。他看见一名淘金工人迎面走来，并注意他的帆布，于是赶紧迎上去拉住他，热情地询问：

"您是不是要买一些帆布搭帐篷？"

淘金工人摇摇头说："我不需要再建一个帐篷。"

他看着李维·施特劳斯失望的表情，接着又说：

"您为什么不带些裤子来呢？"

"裤子？为什么要带裤子来？"李维·施特劳斯惊奇地问道。

"不经穿的裤子对挖金矿的人一钱不值，"这位金矿工人继续说道，"现在矿工们所穿的裤子都是棉布做的，穿不了几天很快就磨破了。"他话锋一转又说道：

"如果用这些帆布来做裤子，既结实又耐磨，说不定会大受欢迎。"

乍一听到这番话，李维·施特劳斯以为他是在开玩笑，但转念仔细一想，却是很有道理，何不试一试呢？

于是，李维·施特劳斯便领着这位淘金工人来到裁缝店，用帆布为他做了一条样式很别致的工装裤。这位矿工穿上结实的帆布工装裤高兴万分，他逢人就讲他的这条"李维氏裤子"。消息传开后，人们纷纷前来询问，李维施特劳斯当机立断，把剩余的帐篷布全部做成工装裤，结果很快就被抢购一空。

1850年，世界上第一条牛仔裤就这样在李维·施特劳斯手中诞生了，它很快风靡起来，同时也为李维·施特劳斯带来了巨大的财富。

就像风平浪静掩饰不住海底汹涌的暗流一样，在平平淡淡的生活中，到处都蕴藏着无限的商机，聪明的人知道，平淡并不是一部无聊的肥皂剧，相反，它是一幕传奇的开始。只要你用心就会揭开它神秘的面纱，机遇就像郁积已久的火山，需要苦心积虑作为压力才能喷薄而出。任何看似偶然、随意的发现，其实往往都伴随着巨大心血的付出。李维·施特劳斯于不经意间开启了财富的宝库，正是得益于他平时的细心和不懈的努力。

由李维·施特劳斯的发家史也可以看出，生活中有些信息是非常具有价值的，但因为人们的疏忽，总是不停地浪费掉了许多很宝贵的信息。要想利用信息机会，前提就是要善于观察生活。注意把信息与机会联系在一起思考，这样，信息才能被转成机会，转化为财富。

所以，我们平时要注意观察生活，无论是从报纸图书上看到的，或从别人口里听到的东西，都要认真去思考，这时于自己而言，到底是不是一条有用的信息呢？如果你确定这是一条非常有价值的信息，那么你就按照这条信息所指引的方向努力去做吧，财富女神就在前方等待着你的到来。

小智慧带来大财富

只有少许资本或完全没有资本的人要想致富，只能依靠自己的智慧。

很久以前，一个人寿保险公司年轻的销售员，由于无法说服某一家客户投保，心情烦躁。但不久他从烦恼中获得灵感，那就是向企业经营者建议，不直接以个人为投保对象，转而以企业为对象。如果以企业为投保对象，必可能因为经营方式的改变，赚取比保险费高几倍的利润。

他决定把这个想法付诸行动，立即着手以不同的方式推销。他所选择的第一个客户，是市内最有代表性的餐厅。他对餐厅老板说："贵餐厅的料理非常符合标准，客人也吃得放心。我建议你不妨大力宣传，强调在这家餐厅吃饭可以免除疾病，增强健康。"

老板听了以后说："确实是这样，今后我还准备多推出几道健康料理。"

"太好了。"推销员说，然后就说明了他的想法。初步讨论下来，他们拟定了一种特殊风格的保险菜单，对经常光顾这家餐厅的人，以每人保1000美元的寿险作为服务。餐厅老板兴趣浓厚，两人又着手商量有关细节。

保险菜单推出后不久，餐厅的生意果然越来越兴隆，那个做寿险的年轻人自然也有了不少的收益。后来他把这主意又推广到加油站和超市。

穷人没有像富家子弟那样的条件，也没有原始积累做创业的脚垫，其实资本的原始积累本身就是一段漫长而充满血和泪的过程。但是，穷人从来都不缺充满才智

的头脑和敏锐的嗅觉。

才能是什么？它就是一个人的实力。一个人真正有了雄厚的实力与才能，总是可以抓住机遇的，即使错过今天的机遇，还有明天的机遇。这就叫"肚里有货，心中不慌"。

中国的一个成语"毛遂自荐"大家应该耳熟能详。毛遂做了很久的一般食客，终于抓住出使的机遇一举成功，还在于自己本来有才能，换个才能不足的人，即使让他出使，他能当机立断做出威逼他国之君的事吗？这种判断力，这种胆力，才是毛遂成功的主要原因，机遇只是给他提供了一个表演的舞台而已。可以说机遇的基础是实力，没有实力等于是没有机遇。

牛顿从苹果落地得到启发，创出万有引力学说；瓦特从水壶冒汽得到启发，发明了蒸汽机；阿基米德从洗澡得到启发，辨明了王冠是否纯金打造；鲁班从被草的锯齿割破手得到启发，发明了锯子……这种事件古今中外要多少有多少。他们为什么会成功呢？看见苹果落地、水壶冒汽的人不少，洗澡、手被草划伤的人更多。可是为什么偏偏是他们抓住了成功的机遇呢？这就是因为他们本身的实力与才能出众，才能在别人习以为常的现象中得到突破。

知识发财，智慧创富，其根本在于聪明的头脑，在于善于发现机会，并能迅速通过自己的行为将其转化为财富。

眼下新经济风起云涌，靠头脑创富也是"八仙过海，各显神通"，但共同点是一个：充分开动大脑机器，靠智慧谋财。

其实，商机处处在，就看你是否具有睿智的头脑和敏锐的眼光，能否发现它。鲍名利，一个从传统行业中崛起的百万富豪，其事业的几起几落充分说明了这个问题。

大学毕业后的鲍名利，分配到了吉林省商业厅下属的一家公司。他不甘心工薪族平淡的生活，一年后便下了海。他的第一项事业便是和朋友合开比较前卫的"香港欧美时装廊"，这在长春属独家新潮时装，还不太容易被当时保守的人接受。鲍名利却认准了年轻人逐渐走向开放的时代大背景，相信这一经营定有市场。果不其然，引进的港台等地新潮时装受到年轻一代的欢迎，获得了丰厚的利润。然而两个合伙人却因性格不合分了手。

但这并没有影响鲍名利积极的创业心。1993年初，退出时装业的鲍名利又勇敢地接任中外合资希尔康食品公司的市场部经理。别人一年没有打开的市场，他只用半年时间便使希尔康果茶打入千余家宾馆、酒店、批发商、经销商争先进货。然而，不安分的鲍名利一直想干一番真正属于自己的事业。他看中了刚刚打入市场还不被行家看好的速冻食品，并毅然辞职做了台湾怡尔香面食的吉林省总代理。

现代社会加快了人们的生活节奏，速冻食品的出现既为人们节省了宝贵的时间，更为人们增添了新口味。经过一番精心的策划和宣传，速冻食品很快打开了销路，鲍名利为此连开了4家连锁店，并在百货大楼、红旗商城等处设有冷冻专柜，生意一时火爆空前。

但他毕竟是初涉商海，明显的经验不足，他忽略了重要一点，速冻食品也有淡旺季之分。每年的4月到10月正是淡季，由于战线拉得太长，价格不菲的柜台费和庞大的员工开支令他力不从心。到1995年6月末，已经亏了数万元。他不得不宣布这次经营的失败。

痛定思痛，鲍名利开始反思自己。敢干别人没干过的，闯新路可以抢占先机，但在经营上一定要得体，否则也会一败涂地。

1995年8月，鲍名利从朋友处借来1万元，与丹东一家中法合资的百叶窗帘厂联营，建立吉林省首家百叶窗帘厂。这是一个别人从未涉足的项目，却是鲍名利经过认真考察才作出的选择。为此，他花了20多天的时间，跑遍了长春市的装潢建筑公司和装饰材料公司。发现都没有这种新型窗帘，而从大连、丹东等地装修趋势看，这是一项正在走向热门的行业。

为使人们能够接受这一装饰行业，鲍名利在宣传上大做文章，他印了大量宣传单，并到建筑工地及机关、学校等企业事业单位散发。他在效区租了一间民房，亲自送样品，既当经理，又当业务员、送货员。虽然很辛苦，但他相信自己的眼光不会错。

为了使宣传更有形象性，他巧妙地抓住了一个电视效应。当时，吉林电视台正在播放电视连续剧《中方雇员》，画面里不断出现百叶窗帘的镜头。于是，在新的宣传单里，他加进了"《中方雇员》告诉您，百叶窗帘是您无悔的选择"等宣传内容，借用电视，人们更生动、直观地了解了百叶窗。

就在这一系列狂轰乱炸的宣传之下，鲍名利开始收获劳作的喜悦。也就是在1995年末，他接到了长春光机学院300平方米的窗帘安装业务。随后，市财政局、省电力局、市铁路建行等单位纷纷找上门来，业务越做越多，知名度越来越大。

1996年3月，鲍名利终于拥有了自己的公司——兰星工贸有限责任公司。在鲍名利的带动下，许多装潢公司和他的同学、朋友也都做起百叶窗帘业务。大家都挤一个市场，已难赚得太大的利润。这时鲍名利开始搜寻新的项目。

经过精心调查，他发现了浴室洁具翻新项目。在许多大中城市，遍布着宾馆、酒店、度假村、疗养院等重要消费和休闲场所，这些场所的浴室在使用3～5年后便需要对其卫生洁具及台面的石材进行更换或翻新再造。

可是，宾馆要拆换一只新浴缸，最低的费用也要在400元左右。而翻新只需一半的价钱就够了。再说，更换时很少有人接一只浴缸的活，大批量同时更换肯定会影响宾馆的生意，翻新则不用大费周折，可以一只一只的翻新，这无形中又为宾馆省下了一笔不小的费用。另外，我国城市居民浴室的装备也日趋高档，这更为浴室的翻新提供了更大的空间。

但是，这是一项极具风险的项目，光一项德国进口工艺设备就需2万多元，技术费、资料费还需更多。然而鲍名利认准了这个项目的市场，不惜花费几万元买到这项SRS翻新工艺技术。该工艺采用珐琅原料，经过表面瓷再造、表层釉面再造、光面加强等工艺流程，使旧浴缸在24小时内焕然一新并可投入使用。于是鲍名利没有犹豫，而是大胆地着手自己的计划。

可以说，鲍名利完全是一位靠头脑致富的百万富豪，正是有着敏锐的致富头脑，他从传统产业中崛起。像这样的例子，在我们身边还有很多，总结其中的规律就是：头脑是创富之源。

其实，对于任何一位身经百战的企业家，要想在商场上独领风骚，成为金钱的主人，最不能缺少的就是他的智慧和精明的头脑。

第三章

星星之火，可以燎原
——细节点燃创造的火花

✧ 处处留心皆学问 ✧

查尔斯·狄更斯在他的作品《一年到头》中写道："有人曾经被问到这样一个问题：'什么是天才？'他回答说：'天才就是注意细节的人。'"

大约半个世纪以前，一个行人停在苏格兰北部的一家乡村客栈过夜。在他停留期间，信使给老板娘带来了一封信。老板娘接过来，审视了一番，又原封不动地把信还给了信使，说她付不起信的邮费——当时大约得要两先令。听了这些话，行人坚持要替老板娘付邮费。当信使离开了以后，那老板娘坦白地跟他说，其实信里根本没什么内容。她知道写信的是自己的弟弟。他住得离她比较远，他们姐弟俩约定好，在写信的时候他们只要在信封上做一些特殊的记号，他们就彼此明白对方过得是否很好。这件小事启发了这个行人，这个行人就是著名国会议员罗兰德·希尔。在看到这件事情后，他马上就意识到人们需要一种价格低廉的邮政方式。没过几个星期，他就向国会众议院提出了一项议案来降低邮费。正是由于这样一件小事，才有了后来费用低廉的邮政制度。

处处留心皆学问，只要细心，就会有不断创造的灵感，这自然也是成事的一种手段。每天行色匆匆，有没有留意一下身边的人和事？如果没有，那就有可能一生都这样匆匆忙忙地疲于奔波。当然并不是叫你事事留意，而是有意识地注意一下与你有关的行业，也许在不经意间你就会有意想不到的收获。

格力空调中有一种灯箱柜机空调，它的发明也是很偶然的。

1995年，格力公司的朱江洪在美国看到可口可乐售货机的颜色很艳丽，一时间就产生了灵感，格力因而设计出了一个获得专利的新产品灯箱柜机空调。这种空调一扫几十年来的空调冷面孔：柜面上风景如画，"瓜果飘香"，在原来的使用价值中又增加了几分美感。

朱江洪的这一触景生情，就让空调的"脸"发生了变化，格力的彩面柜机空调比市场上同类产品价值高出300多元。这种空调在国内外市场都很畅销，而且还因为拥有自己的知识产权，没有竞争对手，一举成为该公司上百款空调中利润率最高的。

从日常生活中产生创新灵感的例子很多很多，只要每个人都成为有心人，更多的发明创造就会如雨后春笋般出现。

美国有个叫杰福斯的牧童，他的工作是每天把羊群赶到牧场，并监视羊群不越过牧场的铁丝到相邻的菜园里吃菜就行了。

有一天，小杰福斯在牧场上不知不觉地睡着了。不知过了多久，他被一阵怒骂声惊醒了。只见老板怒目圆睁，大声吼道："你这个没用的东西，菜园被羊群搅得一塌糊涂，你还在这里睡大觉！"

小杰福斯吓得面如土色，不敢回话。

这件事发生后，机灵的小杰福斯就想，怎么才能使羊群不再越过铁丝栅栏呢？他发现，那片有玫瑰花的地方，并没有更牢固的栅栏，但羊群从不过去，因为羊怕玫瑰花的刺。"有了"，小杰福斯高兴地跳了起来："如果在铁丝上加上一些刺，就可以挡住羊群了。"

于是，他先将铁丝截成了5厘米左右的小段，然后把它结在铁丝上当刺。结好之后，他再放羊的时候，发现羊群起初也试图越过铁丝网去菜园，但每次都被刺疼后，惊恐地缩了回来，被多次刺疼之后，羊群再也不敢越过栅栏了，小杰福斯成功了。

半年后，他申请了这项专利，并获批准。后来，这种带刺的铁丝网便风行全世界。

其实，在竞争激烈的商业，社会也有不少的商业精英善于从生活中发现细节，获得灵感，从而成功地开拓了新的商业领地。

20世纪70年代中期，日本的索尼彩电在日本已经很有名气了，但是在美国它却不被顾客所接受，因而索尼在美国市场的销售相当惨淡，但索尼公司没有放弃美国市场。后来，卯木肇担任了索尼国际部部长。上任不久，他被派往芝加哥。当卯木肇风尘仆仆地来到芝加哥时，令他吃惊不已的是，索尼彩电竟然在当地的寄卖商店里蒙满了灰尘，无人问津。

如何才能改变这种既成的印象，改变销售的现状呢？卯木肇陷入了沉思……

一天，他驾车去郊外散心，在归来的路上，他注意到一个牧童正赶着一头大公牛进牛栏，而公牛的脖子上系着一个铃铛，在夕阳的余晖下丁当丁当地响着，后面是一大群牛跟在这头公牛的屁股后面，温驯地鱼贯而入……此情此景令卯木肇一下子茅塞顿开，他一路上吹着口哨，心情格外开朗。想想一群庞然大物居然被一个小孩儿管得服服帖帖的，为什么？还不是因为牧童牵着一头带头牛。索尼要是能在芝加哥找到这样一只"带头牛"商店来率先销售，岂不是很快就能打开局面？卯木肇为自己找到了打开美国市场的钥匙而兴奋不已。

马歇尔公司是芝加哥市最大的一家电器零售商，卯木肇最先想到了它。为了尽快见到马歇尔公司的总经理，卯木肇第二天很早就去求见，但他递进去的名片却被退了回来，原因是经理不在。第三天，他特意选了一个估计经理比较闲的时间去求见，但回答却是"外出了"。他第三次登门，经理终于被他的诚心所感动，接见了他，但却拒绝卖索尼的产品。经理认为索尼的产品降价拍卖，形象太差。卯木肇非常恭敬地听着经理的意见，并一再地表示要立即着手改变商品形象。

回去后，卯木肇立即从寄卖店取回货品，取消削价销售，在当地报纸上重新刊登大面积的广告，重塑索尼形象。

做完了这一切后，卯木肇再次叩响了马歇尔公司经理的门。可听到的却是索尼的售后服务太差，无法销售。卯木肇立即成立索尼特约维修部，全面负责产品的售后服务工作；重新刊登广告，并附上特约维修部的电话和地址，并注明24小时为顾客服务。

屡次遭到拒绝，卯木肇还是痴心不改，他规定他的每个员工每天拨5次电话，向马歇尔公司询购索尼彩电。马歇尔公司被接二连三的电话搞得晕头转向，以致员工误将索尼彩电列入"待交货名单"。这令经理大为恼火，这一次他主动召见了卯木肇，一见面就大骂卯木肇扰乱了公司的正常工作秩序。卯木肇笑逐颜开，等经理发完火之后，他才晓之以理、动之以情地对经理说："我几次来见您，一方面是为本公司的利益，但同时也是为了贵公司的利益。在日本国内最畅销的索尼彩电，一定会成为马歇尔公司的摇钱树。"在卯木肇的巧言善辩下，经理终于同意试销2台，不过，条件是：如果一周之内卖不出去，立马搬走。

为了开个好头，卯木肇亲自挑选了两名得力干将，把百万美金订货的重任交给了他们，并要求他们破釜沉舟，如果一周之内这2台彩电卖不出去，就不要再返回公司了……

两人果然不负众望，当天下午4点钟，两人就送来了好消息。马歇尔公司又追加了2台。至此，索尼彩电终于挤进了芝加哥的"带头牛"商店。随后，进入家电的销售旺季，短短一个月内，竟卖出700多台。索尼和马歇尔从中获得了双赢。

有了马歇尔这头"带头牛"开路，芝加哥的100多家商店都对索尼彩电群起而销之，不出3年，索尼彩电在芝加哥的市场占有率达到了30%。

不要以为机遇和创新是一件多了不起的事情，其实，只要你多留意一下身边的人和事就会有许多的启发，关键就看你能不能发现这个机遇，并运用自己的智慧和努力将其转化为现实。

在细节上找突破

很多人的成功源于专门去发现细节。对这种人来说，没有细节就没有机遇；留心了细节，就意味着创造了机遇。

日本一家制药公司就从细节上找突破，顺利地解决问题的事情，可以给我们启发：

"点滴液"是给衰弱病人的液管补充营养的药液，以前点滴液都是封在大大的玻璃瓶中，就像一支大号的安培瓶。一旦病人需要输液，就由医护人员在玻璃瓶壁上划开一个小口子，将一根橡皮管子插进去，进行输液。每次都要在玻璃瓶壁上划开一个口子，非常不容易，使用起来要花半天时间来对付这个玻璃瓶；但是"点滴液"是要输到病人的血里去的，卫生程度要求非常高，千万不能为图方便而让细菌混到里面去了。有没有一种办法，既保证了"点滴液"的卫生和安全，又便于医护人员快捷地使用呢？

日本一家制药公司的社长瞄准了这个"不便之处"大做文章，他想：如果能够在点滴瓶上动点脑筋，一定会受到人们的欢迎！……于是，社长向全体员工发出命令："必须造出便利的点滴瓶。"不久，有位年轻的职员向公司提出了自己的建议："能否在玻璃瓶的瓶口上加一个橡皮塞，要输液的时候，只要把针头从橡皮塞中插进去，滴液就会从瓶中流出来。"公司对他的建议非常感兴趣，马上就把他的这项提议申报了专利，然后又制出成品，向外大量推广。这项小发明如今已被世界所有国家所采用，在任何医院都是用这种"可无菌使用的，且使用极其方便"的新式点滴瓶来挂盐水、挂葡萄糖，由于这项简单的专利适应面非常广，产品销量也就非常大，这家医药公司因此所获得的专利收入也非常可观，在一夜之间，由一个乡村的小作坊，发展成日本数一数二的大制药公司，扬名世界。

莫忽视细微处的改进，有时越是细小之处，越可以做出大文章。

但是细节，因其小被人们忽略了，从而造成了大问题，给人们带来很大麻烦，一些企业人善于从细节做起，从而使局面得到很大的，有时甚至是彻底的改观。

日本的东芝电器公司 1952 年前后曾一度积压了大量的电扇卖不出去。7 万多名职工为了打开销路，费尽心机地想了不少办法，依然进展不大。

有一天，一个小职员向公司领导人提出了改变电扇颜色的建议。当时全世界的电扇都是黑色的,东芝公司生产的电扇也不例外。这个小职员建议把黑色改为浅颜色。这一建议引起了公司领导人的重视。经过研究,公司采纳了这个建议。第二年夏天,东芝公司推出了一批浅蓝色电扇,大受顾客欢迎,市场上还掀起了一阵抢购热潮,几个月之内就卖出了几十万台。从此以后,在日本以及在全世界,电扇就不再是板起一副统一的"包公脸儿"了。

这一事例具有很强的启发意义,只是改变了一下颜色这种小细节,就开发出了一种面貌一新、大大畅销的新产品,竟使整个公司因此而度过了难关。这一改变颜色的设想,其经济效益和社会效益何等巨大!

而提出这一设想,既不需要渊博的科学知识,也不需要有丰富的商业经验,为什么东芝公司其他的几万名职工就没人想到、没人提出来呢?为什么日本以及其他国家的成千上万的电器公司,在以往长达几十年的时间里,竟都没人想到、没人提出来呢?看来,这主要是因为,自有电扇以来,它的颜色就是黑色的。虽然谁也没有作过这样的规定,而它在漫长的时间里已逐渐形成为一种惯例、一种传统,似乎电扇就只能是黑色的,不是黑色的就不成其为电扇。这样的惯例、这样的传统反映在人们的头脑中,便成为一种源远流长、根深蒂固的思维定势,严重地阻碍和束缚了人们在电扇设计和制造上的创新思考。很多传统观念和做法,不仅它们的产生有客观基础,它们得以长期存在和广泛流传,也往往有其自身的根据和理由。一般来说,它们是前人的经验总结和智慧积累,值得后人继承、珍视和借鉴。但也不能不注意和警惕:它们有可能妨碍和束缚我们的创新思考。

以细节为突破口,改变思维定势,你将步入一个全新的境界。

创新的源泉,实质上就是突破思维定势,向新的方向多走一步。就像切苹果一样,如果不换种切法,你就永远不可能看到苹果里面美丽的图案。

美国有一家生产牙膏的公司,其产品优良,包装精美,深受广大消费者的喜爱。记录显示,公司前10年每年的营业增长率为10%~20%,这令董事部雀跃万分。不过,随后的几年里,公司的业绩却停滞了下来,每个月维持同样的数字。董事长对业绩感到不满,便召开全国经理级高层会议,以商讨对策。

会议中,有名年轻经理站起来,对董事长说:"我手中有张纸,纸里有个建议,若您要使用我的建议,必须另付我5万美元。"

总裁听了很生气地说:"我每个月都支付你薪水,另有分红、奖金。现在叫你来开会讨论,你还要另外付你5万美元。是不是过分了?"

"总裁先生,请别误会。若我的建议行不通,您可以将它丢掉,一分钱也不必付。"年轻的经理解释说。

"好!"总裁接过那张纸,看完后马上签了一张5万美元支票给那位年轻的经理。

那张纸上只写了一句话:将现有的牙膏管口的直径扩大1毫米。

总裁马上下令更换新的包装。

试想，每天早上，每个消费者挤出比原来粗1毫米的牙膏，每天牙膏的消费量将多出多少呢？

这个决定，使该公司随后一年的营业额增加了30%。

在试图增加产品销量的时候，绝大多数人总是在大力开发市场、笼络更多的顾客方面做文章，如果你转换一下脑筋，增加老顾客的消费数量，也能够达到同样的目的。

随着社会经济的发展，企业之间的竞争越来越激烈，能否在激烈的市场竞争中求得生存、获得发展，关键是企业是否能够针对消费者的不同的消费细节，及时推陈出新，生产出能够得到消费者认可的新产品。因此，科技创新必须与市场紧密结合。

1996年，海尔推出中国第一台"即时洗"小型洗衣机。这种叫"小小神童"的洗衣机，填补了市场的空白，成为引导消费者的一个热门产品。像上海，最热的时候一天要换洗两次衣服，频次高而量很少，5公斤的洗衣机不合适。在这种情况下，如果开发小型洗衣机，将会有一个大的市场。其实，这就是从消费者的消费细节而产生的一个产品创意。

经过上百次的技术论证，开发"小小神童"洗衣机的方案成熟了，海尔又专门向用户发出"咨询问卷"，没想到一下收到5万份回信，信里不但有热情洋溢的鼓励，还有渴盼能够尽快买到这种洗衣机的希望，有的用户甚至还迫不及待地把钱直接汇到厂里。用户的心声、市场的需求让开发人员心里有了底，他们加紧工作，经过许多个日日夜夜，终于让"小小神童"走下了生产线，最终也获得了成功，销售情况非常好。

海尔洗衣机的技术人员并没有就此止步，他们时刻注意倾听市场的声音。有人说"小小神童"虽好，可惜没有甩干功能，这一细节又让海尔人抓住了，于是，技术人员继而又研发出具有甩干功能的新型机，一下子形成了又一个市场新卖点。此后，不断有新一代的"小小神童"问世，而且每一代都与市场需求密切相关的。

在产品开发与市场开发上，许多企业存在着极不协调的现象，因此海尔建立了"从市场中来，到市场中去"的环形新产品开发机制，要求产品创新必须与市场紧密结合。总之，用户在日常生活中的不满意点、遗憾点及希望点，这些细节能准确地反映出市场潜在的需求点，据此开发出的产品一定会受到消费者的欢迎。可以说市场中每个有待完美的细节，都是产品创新的课题。

新的视角新的发现

敏锐地发现人们没有注意到或未予以重视的某个领域中的空白、冷门或薄弱环节，以小事为突破口，转换思维，你将会赢得一个全新的境界。

过去有句古话，叫"一巧拨千斤"。

一千斤的重物，任我们是个彪形大汉，也是不能将它搬起移走的，但用"巧"就不一样了，比如在它的下面放上轮子，用杠杆，用滑轮等等都是用"巧"。

对于现实中出现的问题，我们也应该如此用"巧"——用一种全新的视角去研究和分析它，最后事半功倍地圆满解决它。

美国著名科学家沃森，当时年仅20多岁，对生物化学和量子化学都很有兴趣，并做过一些研究，并系统地听过关于核酸和蛋白质的专题讲座。

英国的克里是一位学识和经验都极丰富的物理学家，同时他也对生物学研究兴趣颇浓。相同的爱好使他们走到了一起。

广阔的科学视野和知识背景，是他们创造的良好基础，使之能够用一种全新的角度去审视和探索生物的奥秘。

他们从一开始建立DNA大分子的模型时，就和其他的科学家截然不同：其他科学家只在自己专业范围内从单一的途径去进行研究，或者只局限于DNA的化学结构本身来研究DNA，他们却始终把功能和各种综合信息结合在一起去探索DNA的结构。

他们这种用全新的角度——通过DNA大分子的模型结构及其活动特点，来研究和描述生物"自我复制"的遗传行为的做法，本身就是一种空前的大胆的创造。

他们找到了迅速获得成功的捷径，在短短的18个月里，便成功地创造了DNA大分子的双螺旋模型。

也就是这两个生物学界的无名小辈，将本来走在前面的一批著名科学家远远地抛在了后面。

对于一个事物或问题，如果能用全新的角度去观察它、思考它，求得对它有一个更深刻更全面的认识，将会为最终解决问题创造出更多更好的环境和条件。

A公司和B公司都是生产鞋的，为了寻找更多的市场，两个公司都往世界各地派了很多销售人员。这些销售人员不辞辛苦，千方百计地搜集人们对鞋的各种需求信息，并不断地把这些信息反馈回公司。

有一天，A公司听说在赤道附近有一个岛，岛上住着许多居民。A公司想在那里开拓市场，于是派销售人员到岛上了解情况。很快，B公司也听说了这件事情，他们唯恐A公司独占市场，赶紧也把销售人员派到了岛上。

两位销售人员几乎同时登上海岛，他们发现海岛相当封闭，岛上的人与大陆没有来往，他们祖祖辈辈靠打渔为生。他们还发现岛上的人衣着简朴，几乎全是赤脚，只有那些在礁石上采拾海蛎子的人为了避免礁石硌脚，才在脚上绑上海草。

两位销售人员一到海岛，立即引起了当地人的注意。他们注视着陌生的客人，议论纷纷。最让岛上人感到惊奇的就是客人脚上穿的鞋子，岛上人不知道鞋子为何物，便把它叫作脚套。他们感到纳闷：把一个"脚套"套在脚上，不难受吗？

A公司的销售人员看到这种状况，心里凉了半截，他想，这里的人没有穿鞋的习惯，怎么可能建立鞋的市场？向不穿鞋的人销售鞋，不等于向盲人销售画册、向聋子销售收音机吗？他二话没说，立即乘船离开了海岛，返回了公司。他在写给公司的报告上说："那里没有人穿鞋，根本不可能建立起鞋的市场。"

与之相反，B公司的销售人员看到这种状况时心花怒放，他觉得这里是极好的市场，因为没有人穿鞋，所以鞋的销售潜力一定很大。他留在岛上，与岛上人交上了朋友。

他在岛上住了很多天，挨家挨户做宣传，告诉岛上人穿鞋的好处，并亲自示范，努力改变岛上人赤脚的习惯。同时，他还把带去的样品送给了部分居民。这些居民穿上鞋后感到松软舒适。走在路上他们再也不用担心扎脚了。这些首次穿上了鞋的人也向同伴们宣传穿鞋的好处。

这位有心的销售人员还了解到，岛上居民由于长年不穿鞋的缘故，他们的脚型与普通人的脚型有一些区别，他还了解了他们生产和生活的特点，然后向公司写了一份详细的报告。公司根据这些报告，制作了一大批适合岛上人穿的鞋，这些鞋很快便销售一空。不久，公司又制作了第二批、第三批……B公司终于在岛上建立了皮鞋市场，狠狠赚了一笔。

同样面对赤脚的岛民，有人认为没有市场，有人认为有大市场，两种不同的观点表明了两人在思维方式上的差异。简单地看问题，的确会得出第一种结论。但我们赞赏后一位销售人员，他有发展的眼光，他能从"不穿鞋"的现实中看到潜在市场，并懂得"不穿鞋"可以转化为"爱穿鞋"。为此通过他的努力，并获得了成功。

这就如同切苹果一样，一般的人切苹果习惯于以果蒂和果柄为点竖着落刀，一分为二，但如果尝试着把它横放在桌上，然后拦腰切开，就会发现苹果里有一个清晰的五角形的图案。这让人不免感叹，吃了多年的苹果，我们却从来没有发现过苹果里面竟然会有五角形图案，而仅仅换一种切法，就发现了鲜为人知的秘密。

美国摩根财团的创始人摩根，原来并不富有，夫妻二人靠卖蛋维持生计。但身高体壮的摩根卖蛋远不及瘦小的妻子。后来他终于弄明白了原委。原来他用手掌托着蛋叫卖时，由于手掌太大，人们眼睛的视觉误差害苦了摩根，他立即改变了卖蛋的方式：把蛋放在一个浅而小的托盘里，出售情况果然好转。摩根并不因此满足。眼睛的视觉误差既然能影响销售，那经营的学问就更大了，从而激发了他对心理学、经营学、管理学等的研究和探讨，终于创建了摩根财团。

无独有偶。一商家从电视上看到博物馆中藏有一明代流传下来的被称为"龙洗"的青铜盆，盆边有两耳，双手搓磨盆耳，盆中的水便能溅起一簇簇水珠，高达尺余，甚为绝妙。该商家突发奇想，何不仿制此盆，将之摆放在旅游景点或人流量多的地方，让游客自己搓磨，经营者收费，岂不是一条很好的财路？于是他找专家分析研究，试制成功后投放于市场，效果出奇地好。博物馆中的青铜盆只具有观赏价值，而此商家将之仿制推向市场，则取得了很好的经济效益。

标新立异者常常能突破人们的思维常规，反常用计，在"奇"字上下功夫，拿出出奇的经营招数，赢得出奇的效果。

亨利·兰德平日非常喜欢为女儿拍照，而每一次女儿都想立刻得到父亲为她拍摄的照片。于是有一次他就告诉女儿，照片必须全部拍完，等底片卷回，从照相机里拿下来后，再送到暗房用特殊的药品显影。而且，在副片完成之后，还要照射强光使之映在别的像纸上面，同时必须再经过药品处理，一张照片才告完成。他向女儿做说明的同时，内心却问自己："等等，难道没有可能制造出同时显影的照相机吗？"对摄影稍有常识的人，在听了他的想法后都异口同声地说："哪会有可能？"并列举一打以上的理由说："简直是一个异想天开的梦。"但他却没有因受此批评而退缩，于是他告诉女儿的话就成为一种契机。最后，他终于不畏艰难地完成了"拍立得相机"。这种相机的作用完全依照女儿的希望，因而，兰德企业就此诞生了。

亨利·福特也是一位了不起的人。直到40岁，他的生意才获得成功。他没有受过多少正规的教育。在建立了他的事业王国之后，他把目光转向了制造八缸引擎。他把设计人员召集到一起说："先生们，我需要你们造一个八缸引擎。"这些聪明的、受过良好教育的工程师们深谙数学、物理、工程学，他们知道什么是可做的、什么是行不通的。他们以一种宽容的态度看着福特，好似在说："让我们迁就一下这位老人吧，怎么说他都是老板嘛。"他们非常耐心地向福特解释说八缸引擎从经济方面考虑是多么不合适，并解释了为什么不合适。福特并不听取，只是一味强调："先生们，我必须拥有八缸引擎，请你们造一个。"

工程师们心不在焉地干了一段时间后向福特汇报："我们越来越觉得造八缸引擎是不可能的事。"然而，福特先生可不是轻易被说服的人，他坚持说："先生们，我必须有一个八缸引擎，让我们加快速度去做吧。"于是，工程师们再次行动了。这次，他们比以前工作得努力一些了，时间也花多了，也投入了更多的资金。但他们对福特的汇报与上次一样："先生，八缸引擎的制造完全不可能。"

然而对于福特，在这位用装配线、每天5美元薪水、T型与A型改良了工业的人的字典里，根本不存在"不可能"之说。亨利·福特炯炯有神地注视大家说："先生们，你们不了解，我必须有八缸引擎，你们要为我做一个，现在就做吧。"猜猜接下来如何?他们制造出了八缸引擎。

老观念不一定对,新想法不一定错,只要打破心理枷锁,突破思维定势,你也会像兰德、福特一样成功。

❧ 细心才有灵感 ❧

心细方有灵感,灵感来自于心细,大大咧咧只会与灵感擦肩而过,眼睁睁地看着它逝去。

17世纪法国著名数学家和哲学家笛卡尔,在很长一段时间内,都在思考这样一个有趣的问题:几何图形是形象的,代数方程是抽象的,能不能将这两门数学统一起来,用几何图形来表示代数方程,用代数方程来解决几何问题呢?

果真如此,既可以避免几何学的过分注重证明的方法、技巧,不仅利于提高想象力,也可以避免代数学过分受法则和公式的束缚,影响思维的灵活性。二者的有机结合,将使几何图形的"点、线、面"同代数方程的"数"联系起来。

为了能够尽快地解决这一问题,他日思夜想,"为伊消得人憔悴"。

有一天早晨,笛卡尔睁开眼发现一只苍蝇正在天花板上爬动,他躺在床上耐心地看着,忽然头脑中冒出这样一个念头:这只来回爬动的苍蝇不正是一个移动的"点"吗?这墙和天花板不就是"面",墙和天花板的连接的角不就是"线"吗?苍蝇这个"点"与"线"和"面"的距离显然是可以计算出来的。

笛卡尔想到这里,情不自禁一跃而起,找来笔纸,迅速画出3条相互垂直的线,用它表示两堵墙与天花板相连接的角,又画了一个点表示来回移动的苍蝇,然后用X和Y分别代表苍蝇到两堵墙之间的距离,用Z来代表苍蝇到天花板的距离。

后来笛卡尔对自己设计的这张形象直观的"图"进行反复思考研究,终于形成这样的认识:只要在图上找到任何一点,都可以用一组数据来表示它与3条数轴的数量关系。同时,只要有了任何一组像以上这样的3个数据,也都可以在空间上找到一个点。这样,数和形之间便稳定地建立了一一对应关系。

于是,数学领域中的一个重要分支——解析几何学,在此基础上创立了。他的这套数学理论体系,引发了数学史上的一场深刻革命,有效地解决了生产和科学技术上的许多难题,并为微积分的创立奠定了坚实的基础。

天花板上爬动的苍蝇这种常见现象,竟触动笛卡尔产生了创建解析几何的灵感,为整个人类作出了杰出的贡献。

人人都有走向成功的机会。但是,大多数人都没有能够抓住机会,因为机会出现的时候,都是一些非常细小的苗头,不容易被发现。而那些成功者就是能够细心地抓住那些小小的苗头，发展出宏大的事业。福特的成功思维是注意小事情。

美国著名的家具经销商尼·科尔斯，一次家中突然失火，几乎烧光了他家里的一切，只有些粗壮的松木，外面烧焦，而内芯得以残存。要在一般人，可能在极度的痛苦中将这些废料扔掉完事，但尼·科尔斯却从这些焦木中发现了商机：因为那焦木的旧纹理和特殊的质感使他产生了灵感，他决定要制造以突出表现木纹为特点的仿古家具。

他用碎玻璃片刮去废木上的沉灰，再用细砂纸打磨光滑，再涂上一层清漆，便使废木显出了古朴、典雅、庄重的光泽和清晰的木纹。就这样，他制造的仿古典木质家具独领潮流，从此生意兴隆。

有人赞叹尼·科尔斯因祸得福，其实不然，只是他能从一件简单的事物中观察和发现，奇迹才会出现。如果换一位不善于思考的人去看那堆燃而未尽的废木头，眼睛看直了也不会有所发现。

其实世界上很多事情就是这样，如果肯动脑子，任何一件看似平常的事都有其可开发之处，而且很多的智慧和发现都来自一些平常的小事，只是你没有发现罢了。那么怎样培养一种能从平常事物中有不平常发现的心态呢？那就是要有一种善于思考的态度，只要勤于思考，仔细观察，就不会让很容易得到的机遇溜走。

美国玩具开发商布·希耐一次到郊外去散步，偶而看到几个孩子在玩一种又丑又脏的昆虫，且玩得津津有味，爱不释手。他立即联想到儿童玩具市场上所销售和设计的，全都是造型优美、色彩鲜艳的玩具。那么，为什么不给孩子们设计一些丑陋的玩具来满足孩子们的好奇心呢？想到这里，他立即安排研制生产，推向市场后，果然反响强烈，供不应求，收益颇丰。从此，丑陋玩具在市场上的销售经久不衰。

那么，这些人为何会如此聪明，只是灵机一动就能生意兴隆，财源滚滚？因为在对刺激产生反应的过程当中，他们的潜在意识十分积极和敏锐，这就证明了人在自信和主动的状态下才会变得聪明能干。也是在这种时候，他们才最具能动性和创造力，而且此时他们也最能很好地发掘自己的潜能和发挥自己的最佳状态。

那么靠的是什么外在力量才使这些得以充分体现呢？那就是知识，只有掌握丰富的知识，才会有智慧，有了智慧，一有发现就会产生联想，由联想而酝酿出的方案就能够成功。

琴纳，原来是英国的一位乡村医生。他长期生活在乡村，对民间疾苦有深切的了解。当时，英国的一些地方发生了天花病，夺走了成千上万儿童的生命。当时还没有治天花的特效药。琴纳亲眼看到许多活泼可爱的儿童染上天花，不治而亡，他心里十分痛苦，自己作为一名救死扶伤的医生，眼睁睁看着这些染病的儿童死去，他也因而深感内疚，心里萌生了要制服天花的强烈愿望，时刻留心寻找对付天花的办法。

有一次,琴纳到了一个奶牛场,发现有一位挤奶女工因为从牛那儿传染过牛痘病以后就从来没有得过天花,她护理天花病人,也没有受到传染。琴纳像发现了新大陆一样,兴奋不已,他联想到这样一个问题,可能感染过牛痘的人,对天花具有免疫力。琴纳思索到此,不禁连声问自己:"为什么感染过牛痘的人就不会得天花?牛痘和天花之间究竟有什么关系?"他进一步大胆设想:"如果我用人工种牛痘的方法,能不能预防天花?"他隐约感觉到自己已经找到了解决问题的突破口了。

沿着这条思路,琴纳开始了大胆的试验。他先在一些动物身上进行种牛痘的试验,效果十分理想,在人身上接种牛痘,这是前人没有做过的事,谁也不敢保证不出问题,这要冒很大的风险。那么,到底选谁来做第一个实验呢?琴纳在这关键时刻表现出可贵的牺牲精神,做试验的人必须是儿童,琴纳自己不合要求了,便要自己的亲生儿子来充当第一个试验者,他为了让那成千上万的儿童不再受天花之灾,顶住一切压力,在当时还只有一岁半的儿子身上接种了牛痘。接种过后,儿子反应正常,但是,为了要证明小孩是否已经产生了免疫力,还要再给孩子接种天花病毒。如果孩子身上还没有产生免疫力,那么琴纳亲生的的小儿子也许就会被天花夺去生命!但是,为了世上千千万万儿童健康成长,琴纳把一切都豁出去了。两个月后,他又把天花病人的脓浆接种到儿子身上。幸好孩子仍然安然无恙,没有感染上天花。它说明:孩子接种牛痘后,对天花具有免疫力,试验终于成功了。从此以后,接种牛痘防治天花之风从英国迅速传播到世界各地,肆虐的天花遇到了克星,到1979年,天花病就在地球上绝迹了。琴纳——这位普通平凡的乡村医生的发明拯救了千千万万人的生命,18世纪末,在法国巴黎,无限感激他的人们为他立了塑像,上面雕刻着人们发自内心的颂词:"向母亲、孩子、人民的恩人致敬!"

其实,任何人的思考总是从有问题需要解决开始的。"饱食终日,无所用心"的人,满脑子不装事,没有一丝牵挂,灵感自然无从产生。强烈的好奇心和旺盛的求知欲,是灵感的种子,不先播下这些种子,又何谈收获灵感之果?假如琴纳没有时刻在思考克服天花病的难题,又怎么能从得过牛痘的挤奶工那里获得灵感呢?

改变细节,与众不同

在当今激烈竞争的市场中,怎样才能使企业始终立于不败之地呢?可以说答案就是:细节决定企业竞争的成败。这主要也是由两个原因造成:其一,对于战略面、大方向,角逐者们大都已经非常清楚,很难在这些因素上赢得明显优势;其二,现在很多商业领域已经进入微利时代,大量财力、人力的投入,往往只为了赢取几个百分点的利润,而某一个独特的细节却足以让商家赚取很多的利润。

细节制胜的例子可谓是举不胜举。

著名的瑞士 Swatch 手表的目标就是在手表的每一个细微处展现自己的精致、时尚、艺术、人性。此外，随着季节变化，Swatch 不断地变化着主题。针盘、时针、分针、表带、扣环……无一不是 Swatch 的创意源泉。它力图在手表这样一个狭小的空间里，每一个意念都得到最完美的阐释。Swatch 尤其受到年轻人的拥护，其每一款图像、色彩，在每一个细微处，都暗含年轻与个性的密码，或许这就是它风靡的原因。

同样 Motorola 的经典手机 V70 的设计也是在"细节"上取胜的典范。用它的创造者意大利摩托罗拉高级手机设计师 IuliusLucaci 的话来说，V70 就是"不断创造"的成果，是"想不到的设计"。设计细节一是与众不同的随心 360 度旋转的接听开盖方式；接听开盖设计灵感来自于东方的折扇。设计细节二是特大液晶屏幕以深海蓝的背景配合白色输入显示，多色可置换屏幕外环；灵感指向是蓝色暗光背景键盘，似深海夜钻。

创新是企业界里一个非常时髦的词，但无数实践证明，创新往往存在于细节之中。

一些人误以为，创新始于宏伟目标、终于倍受瞩目的结果。这就使人们很容易忽视细节，成了制约创新的瓶颈。然而，细节是创新之源，要想获得创新，就必须明白"不择细流方以成大海，不拒抔土方以成高山"之理。

目前，许多企业在寻求创新时，不管在技术创新还是在管理创新方面，总习惯于贪大求全，却很少有"于细微处见精神"的细心和耐心。相反，海尔集团首席执行官张瑞敏在谈到创新时却说："创新不等于高新，创新存在于企业的每一个细节之中。"

事实上，海尔集团在细节上创新的案例可谓数不胜数，仅公司内单以员工命名的小发明和小创造每年就有几十项之多，像"云燕镜子""晓玲扳手""启明焊枪""秀凤冲头"等等，并且这些创新已在企业的生产、技术等方面发挥出越来越明显的作用。

虽然每一个细节看上去都很小，但是这儿一个小变化，那儿一个小改进，就可以创造出完全不同的产品、工序或服务。如果说创新是一种质变，那么这种质变经过了量变的积累，就自然会达成大的变革和创新。很多事情看似简单却很复杂，看似复杂却很简单。企业的经营，只有重视细节，从细节入手，才能取得有效的创新。

日本许多中小企业成功的经验，就在于厂家能够始终密切注视消费者在日常生活中产生的要求，生产相关产品。有些厂家不惜重金，以有奖竞赛的形式购买消费者的小发明。比如在我们生活中经常用到的"三通"电源开关，就是有"经营之神"称号的松下幸之助，受了家庭主妇们偶尔一次议论的启发而发明的。

近年来，随着带凹板的地板在日本家庭的流行，出现了普通的刷子难以将落入凹格里的尘土刷干净的问题。日本静冈县的一家工厂推出了专门解决这一问题的新

型刷子，一经推出，马上供不应求。原来他们是采用了一位普通家庭妇女的发明。这位妇女看到猫、狗的舌头可以舔尽碟盘中的食物，受到启发，想起可以在刷毛下面垫上一层海绵，这样刷子就可以像狗舌头一样，把凹格里的灰尘"舔净"。

静冈县的这家工厂在获息了这位妇女的发明后，经过试验，发现效果非常好，就马上买下了这项发明，投入市场后，立即热销，而那位发明这种刷子的主妇，每月也可从工厂领取15万日元的发明奖。

有时候一个小小的细节就会激发你的创意，让你获得解决困难的灵感。

位于美国俄勒冈州的纽波特海湾，一年四季风光旖旎，海风习习。在海湾的一个小镇上，人们仿佛过着远离尘世的生活，除了海浪扑向海岸的声音，其他的一切都沉睡着，没有摇滚，没有"嬉皮"，没有"朋克"，一切来自大城市的污染都没有。偶尔有三三两两的游客到这里来转转，显得特别扎眼。莎莉斯和科利尔决定在这里开设他们的旅馆。

这无疑是一个冒险的举动，靠旅客吃饭的旅馆，面对的却是每日寥寥无几的外来人，来小镇办事的人大都住在政府开办的招待所。朋友和亲人都这样认为：他们简直疯了。

但是8年后，当人们再看到莎莉斯和科利尔这家名为西里维亚·贝奇的旅馆时，红火的生意让人眼馋，每年有数以万计的游客在这里下榻。现在想来住宿，需要提前两个星期预订房间。当然，小镇也因此人气渐旺，但宁静依然。

莎莉斯和科利尔是如何把游客引来的呢？

谜底是小说。

8年前，莎莉斯和科利尔还在俄勒冈州的一家大酒店里供职。在工作中他们发现，很多人在旅游之际，不愿意去酒店里的酒吧、赌场、健身房这些娱乐场所，也不喜欢看电影、电视，而是静下心来在房间里看书。时常有游客问科利尔，酒店里能不能提供一些世界名著？酒店里没有，爱看小说的科利尔满足了他们。问的人多了，莎莉斯就留心起来。

一段时间后，她发现这一消费群体相当庞大。现代社会压力极易让人浮躁，人们强烈地要求释放自己，有的人就去酒吧疯狂，去赌场寻刺激来发泄，而另一部分人偏爱寻一方静地让自己远离并躲避一切烦恼与压力，看书是一种最好的方式。开一家专门针对这类人群的旅馆，是否可行呢？莎莉斯在一次闲聊时，把这个想法对科利尔说了。没想到他早就注意到这一现象，两人一拍即合，决定合伙开办一家"小说旅馆"。

为了安静，他们最后选择了纽波特海湾这个偏僻的小镇。他俩集资购买了一幢3层楼房，设客房20套，房间里没有电视机，旅馆内没有酒吧、赌场、健身房，连游泳池都没有。

这就是科利尔和莎莉斯所想要达到的效果。在"海明威客房"中，人们可以看到旭日初升的景象，通过房间中一架残旧的打字机及挂在墙壁上的一只羚羊头，人们马上就会想到海明威的小说《老人与海》以及《战地钟声》等里面动人的情节描写，迫不及待地想从"海明威的书架"上翻看这些小说，那种舒适的感受也许让人终身难忘。

所有的故事描述与人物刻画在莎莉斯和科利尔的精心筹划和布置下，都表现在房间里。令人大感不解的是，他们的旅馆刚投入使用，来此的游客就与日俱增，尽管对这种新颖的旅馆有口碑相传的效应，但稀疏的几个外来人或许自己都没有来得及消化，影响还不至于这么快。

原来，在科利尔和莎莉斯布置旅馆的同时，就早已开始了招徕顾客的工作。

既然是小说旅馆，自然顾客群是与书亲近的人。为了方便与顾客接触、交流，他们在俄勒冈开了一家书店，凡是来书店购书的人都可以获得一份"小说旅馆"——西里维亚·贝奇的介绍和一张开业打折卡。许多人在看了这份附着图片的彩色介绍之后，就被这家奇特的旅馆吸引住了，有的人当即就预订了房间。为了扩大客源，莎莉斯还与俄勒冈的其他书店联系，希望他们在售书时，附上一张"小说旅馆"的介绍。这种全方位有针对性的出击，为他们赢得了稳定的客源。这种形式一直持续到现在。

随着时间的推移，"小说旅馆"的影响日渐扩大。莎莉斯和科利尔书店生意的兴隆，也显示出了其"小说旅馆"客人的增加。在旅馆的每个房间和庭院里，随处可见阅读小说、静心思考、埋头写作的人，甚至一些大牌演员和编剧也在这里讨论剧本。一些新婚夫妇以住在旅馆中用法国女作家科利特命名的"科利特客房"中度蜜月为荣。

创意来自生活的细节。一些看似无用的细节，往往能激发你的灵感，为你带来不凡的创意。只要我们怀着善于发现的眼光，有用的细节就会无处不在。只要用心把握好细节，我们定能找到解决困难的方法。

从错误中寻找机遇

"人非圣贤，孰能无过？"

对于科学技术的研究，或者是对前所未有的开拓性工作来说，犯这样或那样的错误是在所难免的，关键在于我们怎样去对待它。犯了错误而沮丧、颓废和垂头丧气，都是一种消极的态度，一错再错执迷不悟更是害人害己，必须予以抛弃，要积极地"将错就错"，于细微处发现新奇之处，化被动为主动，变不利因素为有利因素，这才是我们正确的人生观和价值观。

"失败乃成功之母",对于最后的成功者而言,错误是攀登成功的阶梯,它能增长正反两方面的知识,也许正因为错误,才使人们发现了某些自然的奥秘。

电影问世后不久,有一天法国巴黎正放映一部叫《拆墙》的电影短片,片中有一堵危墙被众人推倒的镜头。由于放映员普洛米奥的粗心大意,放映的是还没有"洗"的片子,即片子放映完后,应把它再倒转回来。这样一来在银幕上出现了情景相反的图像:一堵被推倒的墙,又从残墙断壁的废墟中慢慢重新竖了起来。

此事立即引起观众的哄堂大笑和口哨声,普洛米奥羞红着脸马上关掉放映机……

这一失误引起了普洛米奥的思考:这种现象能不能成为拍电影的新技术呢?也许它能给人们带来一种全新的视觉效果呢。

后来,在一部叫《迪安娜在米兰的沐浴》的电影中,他有意识地运用了这种他发明的倒摄方法,观众在银幕上看到,跳水女郎的一双脚先从水里钻出来,然后整个身子倒转180度,最后轻飘飘柳絮般落在高高的跳板上。

这种奇异的倒摄方法,引起全场观众的热烈掌声,从此,它成了电影拍摄中常用的一种技术。

如果能够把错误都变成一种"机遇",你无疑就是创造机遇的天才了,不要以为这种天才离你太远,事实上,这些天才的素质或许连你都不如。

在生活中,我们是不允许错误出现的,在抓住和创造机遇上更是如此,所谓"一着走错、满盘皆输"。有时,一个错误可能就导致你这辈子永远都抬不起头来。

然而,犯错误仿佛又是人的一种天性,这个世界上绝对没有不犯错误的人,但人们对待错误的态度不一样,就导致了在抓住和创造机遇结果的不一样。

"王致和"臭豆腐今天已是许多人的美味,但或许很少有人知道,这臭豆腐竟然是一次错误而生产出来的:

相传康熙年间,安徽青年王致和赴京应试落第后,决定留在京城,一边继续攻读,一边学做豆腐谋生。

可是,他毕竟是个年轻的读书人,没有经营生意的经验。夏季的一天,他所做的豆腐剩下不少,只好用小缸把豆腐切块腌好。但日子一长,他竟把这缸豆腐忘了,等到秋凉时想起来了,腌豆腐已经变成了"臭豆腐"。

王致和十分恼火,正欲把这"臭气熏天"的豆腐扔掉时,转而一想,虽然臭了,但自己总还可以留着吃吧。于是,就忍着臭味吃了起来,然而,奇怪的是,臭豆腐闻起来虽有股臭味,吃起来却非常香。于是,王致和便拿着自己的臭豆腐去给自己的朋友吃。好说歹说,别人才同意尝一口,没想到,所有人在捂着鼻子尝了以后,都纷纷赞不绝口,一致公认此豆腐美味可口。

王致和借助这一错误,改行专门做臭豆腐,生意越做越大,而影响也越来越广,最后，连慈禧太后也闻风前来尝一尝这难得一见的臭豆腐，对其大为赞赏。

从此，王致和与他的臭豆腐身价倍增，不仅上了书，还被列为御膳菜谱。直到今天，许多外国友人到了北京，都还点名要品尝这所谓"中国一绝"的王致和臭豆腐。

因为一个小小的错误，王致和改变了自己的一生。事实上，与王致和相同经历的人比比皆是，为什么独有王致和能够看到并抓住了这样一个因为错误而产生的机遇呢？原因至少有两点：

一是王致和的细心。

在他发现臭豆腐坏了以后，并没有一气之下将其扔掉，而是留下来并品尝了一口，结果发现臭豆腐居然如此香。

二是王致和独具慧眼。

事实上，虽然王致和的臭豆腐十分可口，但它仍旧十分"臭"，而有许多人是完全接受不了这股臭味的，哪怕今天仍是如此。但王致和认为，自己能接受，就一定会有人接受，所以一定会有市场，这也体现出王致和有敢于冒险的精神。

因此，做人一定不要害怕犯错，学会适度冒险。每个人都面临着冒险，除非我们永远扎根在一个点上原地不动。然而，当冒险的结果不太令人满意的时候，人们常常会说："还是躺在床上保险。"其实，任何地方的旅行都潜藏着冒险，小到丢失自己的行李，大到作为人质，被劫持到世界的某个遥远角落。

很多人都习惯于"躺在床上"过一辈子，因为他们从来不愿去冒险，不管是在生活中，还是在事业上。但是，当你横穿马路时，当你在海里游泳时，当你乘坐飞机时都潜藏着冒险。

自有文字记载以来，冒险总是和人类紧紧相连。虽然火山喷发时所产生的大量火山灰掩埋了整个村镇，虽然肆虐的洪水袭卷了家园，但人们仍然愿意回去继续生活，重建家园。飓风、地震、台风、龙卷风、泥石流以及其他所有的自然灾害都无法阻止人类一次又一次勇敢地面对可能重现的危险。

事实上，我们总是处在这样那样的冒险境地。"没有冒险的生活是毫无意义的生活。"我们必须要横穿马路才能走到马路对面去，我们也必须依靠汽车、飞机或轮船之类的交通工具才能从一个地方到达另一个地方。但是，这并不意味着所有的冒险都毫无区别，恰当的冒险与愚蠢的冒险有着明显的不同。

如果你想成为一个生意上的冒险者，如果你渴望成功，你就应该分清这两种类型的冒险之间到底有什么样的差异。有一位功成名就的人这样说："那种只在腰间系一根橡皮绳，就从大桥或高楼上纵身跳下的做法是一种愚蠢的冒险，虽然有人很喜欢那样做。同样，所谓的钻进圆木桶漂流尼亚加拉大瀑布，所谓的驾驶摩托车飞越并排停放的许多辆汽车，在我看来，这些都是愚蠢的冒险，只有那些鲁莽的人才会干这种事情。尽管我知道有人不同意我的看法。"

那么，恰当的冒险是什么呢？譬如你走进老板的办公室，要求加薪，这就是一种恰当的冒险。你可能会得到加薪，也可能不会，但"没有冒险，就没有收获"。

放弃稳定的收入，而寻求一种富有挑战性的工作，也是一种恰当的冒险。你也许能找到那样的新工作，也许找不到，你也许后悔离开了原来的职位。但是，如果你安于现状，你永远也不会知道是否可以有一个更好的明天。

无论在事业或生活的任何方面，我们都需要恰当的冒险。在冒险之前，我们必须清楚地认识那是一种什么样的冒险，必须认真权衡得失——时间、金钱、精力以及其他牺牲或让步。如果你总是害怕犯错，那么你的日子就像一潭死水，你永远无法激起波澜，永远无法取得成功。

第四章

伟大源于细节的积累
——从小事做起

❧ 从小事中做出大学问 ☙

西点军校在培训方面很重视细节,总是强调必须熟知每一个细节点,比如从M16枪支的使用和构造到扣环的清洁等。他们通过细节的学习让学员了解到,追求完美其实并不是遥不可及的事情,而是像擦扣环一样容易:你能把扣环擦亮,在做重大的事情时,就一样有信心去做成功,而不受别的因素影响。西点军校要求学员像呼吸一样完成任务,形成一种近乎本能的追求完美的习惯。

面对这种严格的要求,在有些事情上,新学员可能会做得不够完美,所以学员必须学会在所有事情中去判断哪个重要、哪个次之,找出平衡点,有条理地、努力地去完成所有的任务,尽量做得成功和完美。通过这种训练,使学员在以后的生活中,遇到再多压力也能应付自如。

如果学员身上很痒,但要忍得住,不能去挠。试想,如果一支部队的士兵都在左摇右摆地挠痒,他们能有战斗力吗?所以,学员应该明白这就是自律。

新学员在第一年要学会服从,通过在服从中体验这些困难,以增强他们的自尊、自信、自律,从而达到追求完美的目的。

注重细节是一种日积月累的习惯,而人的行为有95%会受习惯影响。在习惯中积累会逐渐形成素质。爱因斯坦曾说过:"当人们忘记了在学校里所学的一切之后,剩下的就是素质,教育的真正目的也在于此。"而习惯就是忘不掉的最重要的素质之一。

人与人之间的差别，往往就在一些习惯上，并且正是因为这些关注细小的事情所养成的习惯，决定了不同的人具有不同的命运。

两个同龄的年轻人同时受雇于一家店铺，并且拿同样的薪水。

可是一段时间后，叫阿诺德的那个小伙子青云直上，而那个叫布鲁诺的小伙子却仍在原地踏步。布鲁诺很不满意老板的不公正待遇。终于有一天他到老板那儿发牢骚了。老板一边耐心地听着他的抱怨，一边在心里盘算着怎样向他解释清楚他和阿诺德之间的差别。

"布鲁诺先生，"老板开口说话了，"你现在到集市上去一下，看看今天早上有什么卖的。"

布鲁诺从集市上回来向老板汇报说，今早集市上只有一个农民拉了一车土豆在卖。"有多少？"老板问。

布鲁诺赶快戴上帽子又跑到集市上，然后回来告诉老板一共40袋土豆。"价格是多少？"布鲁诺又第三次跑到集市上问来了价格。"好吧，"老板对他说，"现在请您坐到这把椅子上一句话也不要说，看看别人怎么做。"

老板将阿诺德找来，并让他看看集市上有什么可卖的。

阿诺德很快就从集市上回来了，向老板汇报说到现在为止只有一个农民在卖土豆，一共40口袋，价格是多少多少；土豆质量很不错，他带回来一个让老板看看。这个农民一个钟头以后还会弄来几箱西红柿，据他看价格非常公道。昨天他们铺子的西红柿卖得很快，库存已经不多了。他想这么便宜的西红柿老板肯定会要进一些的，所以他不仅带回了一个西红柿做样品，而且把那个农民也带来了，他现在正在外面等回话呢。

此时老板转向了布鲁诺，说："现在你肯定知道为什么阿诺德的薪水比你高了吧？"

同样的小事情，有心人做出大学问，不动脑子的人只会来回跑腿而已。别人对待你的态度，就是对你做事情结果的反应，像一面镜子一样准确无误，你如何做的，它就如何反射回来。

一位年轻人毕业后被分配到一个海上油田钻井队。在海上工作的第一天，领班要求他在限定的时间内登上几十米高的钻井架，把一个包装好的漂亮盒子送到最顶层的主管手里。他拿着盒子快步登上高高的狭窄的舷梯，气喘吁吁、满头是汗地爬上顶层，把盒子交给主管。主管只在上面签下自己的名字，就让他送回去。他又快跑下舷梯，把盒子交给领班，领班也同样在上面签下自己的名字，让他再送给主管。

他看了看领班，犹豫了一下，又转身爬上舷梯。当他第二次登上顶层把盒子交给主管时，浑身是汗两腿发颤，主管却和上次一样，在盒子上签上名字，让他把盒子再送回去。他擦擦脸上的汗水,转身走向舷梯,把盒子送下来,领班签完字,让他再送上去。

这时他有些愤怒了,他看看领班平静的脸,尽力忍着不发作,又拿起盒子艰难地一个台阶一个台阶地往上爬。当他上到最顶层时,浑身上下都湿透了,他第三次把盒子递给主管,主管盯着他,傲慢地说:"把盒子打开。"他撕开外面的包装纸,打开盒子,里面是两个玻璃罐,一罐咖啡,一罐咖啡伴侣。他愤怒地抬起头,双眼喷着怒火,射向主管。

主管又对他说:"把咖啡冲上。"年轻人再也无法忍受了,"叭"地一下把盒子扔在地上:"我不干了!"说完,他看看倒在地上的盒子,感到心里痛快了许多,刚才的愤怒全释放了出来。

这时,这位傲慢的主管站起身来,直视他说:"刚才让你做的这些,叫作承受极限训练,我们因为在海上作业,随时会遇到危险,就要求队员身上一定要有极强的承受力,承受各种危险的考验,才能完成海上作业任务。前面三次你都通过了,可惜,只差最后一点点,你没有喝到自己冲的甜咖啡。现在,你可以走了。"

年轻人懊悔地离开了,但是他却从这件事上吸收了教训,他懂得成功在于一点一滴的磨炼,并立志一定要做一番事业。经过几年的艰苦拼搏后,他逐渐养成了关注细节的习惯,并最终成了一名油田钻井队的队长。

因此,对于那些刚进职场的年轻人,很少马上就被委以重任,往往是做些琐碎的工作。但是不要小看它们,更不要敷衍了事,因为人们是通过你的工作来评价你的。如果连小事都做得潦草,别人还怎么敢把大事交给你呢?

一生磨一镜,精益求精

在荷兰,有一个刚初中毕业的青年农民来到一个小镇,找到了一份替镇政府看门的工作。他在这个门卫的岗位上一直工作了60多年,他一生没有离开过这个小镇,也没有再换过工作。

也许是工作太清闲,他又太年轻,他得打发时间。他选择了又费时又费工的打磨镜片当自己的业余爱好。就这样,他磨呀磨,一磨就是60年。他是那样的专注和细致,锲而不舍,他的技术已经超过专业技师了,他磨出的复合镜片的放大倍数,比他们的都要高。凭借他研磨的镜片,他终于发现了当时科技尚未知晓的另一个广阔的世界——微生物世界。从此,他声名大振,只有初中文化的他,被授予了在他看来是高深莫测的巴黎科学院院士的头衔。就连英国女王都到小镇拜会过他。

创造这个奇迹的小人物,就是科学史上鼎鼎有名的、活了90岁的荷兰科学家万·列文虎克,他老老实实地把手头上的每一个玻璃片磨好,用尽毕生的心血,致力于每一个平淡无奇的细节的完善,终于他在他的细节里看到了他的上帝,科学也在他的细节里看到了自己更广阔的前景。

一花一世界,一沙一天堂。如果你能执着地把手上的小事情做到完美的境界,你同样也会成为一个了不起的人物。

18世纪的讽刺文学作家伏尔泰创作的悲剧《查伊尔》公演后,受到观众很高的评价,许多行家也认为这是一部不可多得的成功之作。

但当时,伏尔泰本人对这一剧作并不十分满意,认为剧中对人物性格的刻画和故事情节的描写,还有许多不足之处。因此,他拿起笔来一次又一次地反复修改,直到自己满意了才肯罢休。为此,伏尔泰还惹下了一段不大不小的风波。

经伏尔泰这样精心修改后,剧本确实一次比一次好,但是,演员却非常厌烦,因为他每修改一次,演员们总要重新按修改本排练一次,这要让他们花费许多精力和时间。

为此,出演该剧的主要演员杜孚林气得拒绝和伏尔泰见面,不愿意接受伏尔泰重新修改后的剧本。这可把伏尔泰难为坏了。他不得不亲自上门把稿子塞进杜孚林住所的信箱里。然而,杜孚林还是不愿看他的修改稿。

有一天,伏尔泰得到一个消息,杜孚林要举行盛大宴会招待友人。于是,他买了一个大馅饼和12只山鹑,请人送到杜孚林的宴席上。

杜孚林高兴地收下了。在朋友们的热烈掌声中,他叫人把礼物端到餐桌上用刀切开,当在场的人把礼物切开时,所有的客人都大吃一惊,原来每一只山鹑的嘴里都塞满了纸。他们将纸展开一看,原来是伏尔泰修改的稿子。

杜孚林感到哭笑不得,后来他怒气冲冲地责备伏尔泰:"你为什么要这样做?"

伏尔泰答:"老兄,没有办法呀,不做到最好,我的饭碗就要砸了!"

伏尔泰之所以成为伏尔泰,最大的原因就是缘于他能"做到最好",而并不是因为他有多聪明!假如你尚没有伏尔泰的聪明或名气,你是不是更有理由像他那样对待自己的"饭碗"呢?

许多人之所以失败,往往是因为他们马虎大意、鲁莽轻率。泥瓦工和木匠可能靠半生不熟的技术建造房屋,砖块和木料拼凑成的建筑有些在尚未售出之前,就已经在暴风雨中坍塌了。医科学生因为没有花时间和精力好好为未来做准备,做起手术来捉襟见肘,把病人的生命当儿戏。一些律师只顾死记法律条文,不注意在实践中培养自己的能力,真正处理起案件来也难以应付自如,白白花费当事人的金钱……

建筑时小小的误差,可以使整幢建筑物倒塌;不经意抛在地上的烟蒂,可以使整幢房屋甚至整个村庄化为灰烬;因为事故致人残废——木装的脚、无臂的衣袖、无父无母的家庭都是人们粗心、鲁莽与种种恶习造成的结果。

2004年2月15日，吉林市中百商厦发生特大火灾，造成54人死亡、70人受伤，直接经济损失400余万元。然而，这么一起严重的事故，其直接原因竟然仅仅是一个烟头：一位员工到仓库内放包装箱时，不慎将吸剩下的烟头掉落在地上，随意踩了两脚，在并未确认烟头是否被踩灭的情况下匆匆离开了仓库。当日11时左右，烟头将仓库内物品引燃。

恰恰在这种情况下，中百商厦当日保卫科工作人员违反单位规章制度，擅自离开值班室，未对消防监控室监控，没能及时发现起火并报警，延误了抢险时机。同时，他们得知火情后，违反消防安全管理的有关规定和本单位制定的灭火和应急疏散方案中规定的紧急通知浴池和舞厅人员由边门疏散的要求，未能及时有效组织群众疏散，致使顾客及浴池和舞厅人员在发生火灾后未能及时逃生，造成特别严重的后果。

一个烟头，54条人命！

事情就是这么简单，简单得令人难以承受。

虽然政府对这起特大火灾的处理已落下帷幕，但火灾刻在人们心中的印记、留给社会的思考却远未结束。表面看来，是一只小小的烟头引燃了这场人间惨剧，但是寻找其根源，夺去54条人命的，不是现实中忽明忽暗的烟头，而是工作人员的马虎轻率、不负责任——另一只深藏在人们心中的更为可怕的烟头。

在这次事件中，那位丢弃烟头的员工何尝想将中百商厦这座大楼变为废墟，又何尝想使54个生灵瞬间消失，可是他应该想到却没有想到的是，他的一个小小的举动，确实把他人的生命和财产推到了危险的边缘，进而酿成了惨祸；保卫科员工何尝想到自己工作中的疏忽大意为火灾埋下了如此之深的隐患，而这样的隐患竟将54条鲜活的生命引向了不归之路，使400余万元财产付之一炬？可是这些人应该想到却没有想到的是，正是他们的马虎轻率、漫不经心的举动，把那些鲜活的生命推向了死亡的深渊，致使一切无法挽回。

我们真诚地希望人们牢记这几句话：事情不分大小，都应使出全部精力，做得完美无缺，否则还不如不做。一个人如能从小养成这样的好习惯，他的生活将一定过得满足愉快，无牵无绊。

要想过上一种美满愉快的生活，只需做事精益求精，力求完善。当一个人把事情处理得顺顺当当，无牵无挂时，他心里的愉快，绝非笔墨所能形容。那些做事草率疏忽，错误多端的人，不但对不起事情，并且对不起自己！

有许多人往往不肯把事情做得尽善尽美，只用"足够了"、"差不多了"来搪塞了事。结果因为他们没有把根基打牢，所以不多时，便像一所不稳定的房屋一样倒塌了。

造成失败的罪魁祸首，就是从小养成敷衍了事，马马虎虎的坏习惯。而获取成功的最好方法，就是把任何事都做得精益求精，尽善尽美。

快些下决心吧，不要管别人做得怎么样，事情一到了你的手里，就非将它做得很完美无缺不可。你一生的希望都在这个上面，千万不要再让那些偷闲、取巧、拖拉、不整、不洁的坏习惯来阻碍你了。

从最小的具体行动开始

不屑于平凡小事的人，即使他的理想再壮丽，也只能是一个五彩斑斓的肥皂泡。想要实现凌云壮志，必须脚踏实地，专注于小事。

1962年7月，在美国西北部一个叫本顿维尔的小镇上，一家名为沃尔马特的普通商店开业了，店主是44岁的退伍男子沃尔顿。30多年后的今天，沃尔马特已成为全球最大的商业连锁集团。在2004年和2005年《财富》500强排名中，沃尔马特的营业额名列第一。沃尔马特创下了一个商业奇迹。

如果您第一次走入沃尔马特连锁店时，先是被它巨大的面积所震惊，继而为它的便宜价格所打动。同样一件商品，沃尔马特的售价至少会比其他店便宜5%，但是给人印象最深的还是每一个售货员的微笑，那样亲切自然。让人每次去沃尔马特店购物，都能享受一个消费者内心的满足。

其实沃尔马特经营宗旨之一便是"天天平价"。老板沃尔顿常常告诫员工："我们珍视每一美元的价值，我们的存在是为顾客提供价值，这意味着除了提供优质服务外，我们还必须为他们省钱。每当我们为顾客节约了一美元时，那就使自己在竞争中先占了一步。"

为了不愚蠢地浪费一美元，沃尔顿率先垂范。他从不讲排场，外出巡视时总是驾驶着最老式的客货两用车。需要在外面住旅馆时，他总是与其他经理人员住的一样，从不要求住豪华套间。

为了赢得这一美元的价值，沃尔马特实行了全球采购战略，"低价买入，大量进货，廉价卖出"。沃尔马特中国采购总监芮约翰每到一地，都要察看各家商店，认真比较价格，选择合适商品。

价格与服务是沃尔马特赢得竞争的两个轮子。已在中国工作了5年的芮约翰说："你知道我们有一个微笑培训吗？必须露出8颗牙齿才算合格。你试一试，只有把嘴张到露出8颗牙齿的程度，一个人的微笑才能表现得最完美"这让人不禁想起初识沃尔马特时的印象，原来售货员的微笑都有着如此严格的规定。

做生意自然要追求利润的最大化，而实现最大化的目标则要从最小化的具体行动开始。经营节约一美元与微笑露出8颗牙，抓好每一件这样的小事，企业方能砌就通向成功的阶梯。

其实，很多很多的成功并不神奇，只不过有的人不以其小而坚持做了下去，因为他们从来不会总想着大问题而忽略了小事情。

哈维·麦凯是一家信封公司的老板，有一次，他去拜访一个顾客。那个经理一看他就说，麦凯先生，你不要来了，我们公司绝对不可能和你下信封的订单。因为我们公司的老板和另一个信封公司老板是25年的深交，而且你也不用再来拜访我，因为有43家信封公司的老板曾拜访过我3年，所以我建议你不要浪费你的时间。

麦凯先生并没有因此而放弃努力，他开始关注在这家公司里发生的每件事，哪怕是那些微不足道的小事。有一次他发现这家公司采购经理的儿子很喜欢打冰上曲棒球，他又知道他儿子崇拜的偶像是洛杉矶一个退休的全世界最伟大的球星，后来发现这个经理的儿子出车祸住在医院。这时麦凯觉得机会来了，他去买了一根曲棒球杆让球星签名送给这个人的儿子。

他来到医院，这个人的儿子问他你是谁，他说我是麦凯，我给你送礼物。你为什么给我送礼物？因为我知道你喜欢曲棒球，你也崇拜这个球星，这是一根他亲自签名的曲棒球杆。这个小孩兴奋得脚也不疼了，要下床来。

结果他的父亲来医院发现他的儿子好兴奋，整个人都变了，不像原来那样垂头丧气、面无表情。他问他儿子怎么回事，他说刚才有一个叫麦凯的人送了我一根曲棒球杆，还有球星签名。

结果可想而知，这个采购经理和麦凯签了数万美金的订单。

信封是便宜的东西，他竟下了这么大的订单。显然，成功有不同的方法，有不同的思维模式。只要你留意身边的小事，一定会找到解决问题的突破口。世界上没有卖不掉的产品，只有因不注意细节而推销失败的人。仔细一些，多为别人着想一点，成功就离你近一点。

谢尔贝在推销业中的巨大成就，在于他细致入微的服务，更在于他有一套提供最佳服务的正确理念和方法。他曾引用丘吉尔的话说："如果没有风推动船，那么我们就划船吧。"

在海军陆战队服役3年后，谢尔贝一直都从事销售这一行。最初，作为一名新手，他工作积极，饱含热情。谢尔贝回忆说：

"开始在IBM卖打字机时，我在我的汽车挡风玻璃上贴了一个标签，上面写道：'找到客户，征求订货便是我的一切。'当时我通常每天要开车行驶40多英里才到达我负责的推销区。你必须对自己严格要求，你需要去找到更多的客户征求订货。如果这样一贯坚持下去，我想一个好的推销员达到10%的成功率是没问题的。"

谢尔贝认为真正重要的是必须了解这样一个事实，那就是：人类是非常敏感的，也都有相同的本质，都有受尊重的欲望。物欲的自我膨胀，却并不与关爱他人相背离。

你要让你的客户觉得你关心他们胜于关心自己,热爱他们胜于热爱自己。试着融入别人的生活,站在他人立场去看问题,这就足够了。就像谢尔贝所说的:

"我对于推销这行深感自豪,我喜欢走出去面对我的客户并了解他们的所需所想,我在全国范围内同客户们保持联系,这一切都是我热爱的,只要我继续负责销售我将始终如一。"

谢尔贝很强调"细节"这一字眼,正是那种自豪感使他在他的工作中去努力追求完美。提到追求完美,这要与谢尔贝的客户联系起来。谢尔贝最承受不起的就是客户的不满,因为他推销的不仅仅是硬件的东西,而更重要的是细致入微的服务。

谢尔贝年轻时,推销的是电子打字机,但他推销的并不仅仅是机器本身;相反,他向客户推销的是该机器的用途。谢尔贝认为,不管推销员推销的是什么产品,如果他在推销产品时将该产品的优点以及它能为客户带来什么样的好处结合起来,那他其实就是在为客户提供真正的细致入微的服务。正如谢尔贝所言:

"正是重视服务才使我们公司获得真正的优势。我想这对任何公司而言都是很重要的。只有生产合适的产品和为客户提供最佳的服务才是任何公司取得成功的保障。"

不管你现在是否正从事推销工作或是想要从事它,相信很多人都很羡慕那些成功的推销员,因为他们有了一个机会无穷、璀灿夺目的有利地位。可是,成功的推销员和获得金牌的运动选手一样,即便再具资质,若不经过正确的训练,没有为客户提供细致入微的服务的宗旨,任何人都无法成为杰出的推销员。

成功不仅靠运气

许多人将自己不能成功的原因归结为自己运气不好。我要是有他那样的机会,说不定比他还强呢,只可惜老天爷不长眼,哼!

先来讲一个成功人士的故事。张骥这位北京小伙子,在自己刚刚过完29岁生日的时候就被美国第七大计算机厂商Micron看中,出任Micron电子公司北京代表处首席代表——中国区总经理。这在年轻干部居多的计算机行业也是令人称奇的事。而在此之前,张骥不过只是该公司驻北京办事处的一名普通员工,更不利的是,Micron公司正准备撤销在中国的这家办事处。运气好像从天而降,1999年11月,在何去何从的关口,公司总部召他去开会。

为什么公司会召他去开会呢?一则因为他的领导闻听办事处要撤销,已另觅高枝;二则是这个年轻小伙子给曾前来中国巡视的公司老总留下深刻印象。张骥提着笔记本电脑就上了飞机,对于与会人员、会议内容他一无所知。在飞机上他一直在琢磨,仔细研究了Micron近两年的年度报告,十多个小时之后,当飞机抵达机场的时候，他已经作出了 Micron 公司在中国两年内的发展计划。

这份计划的完成，与张骥平时养成的喜欢积累心得体会的习惯是分不开的，他总认为即使和别人做同样的事情，也要比别人从中多收获一点，对于做过的事情总要留下点什么。

会前 5 分钟，张骥被要求当着 Micron 公司的所有海外分公司总经理和 Micron 公司总裁的面发言。这次突然袭击的结果是他改变了年收入 60 亿美元的公司的决策，也给自己带来了新的机遇。公司决定不仅不撤回这个办事处，而且还要加强在中国的发展，并对张骥委以重任。在关键的时刻，张骥取得了胜利，但是这也使他懂得，机会从来都只是青睐那些有准备的头脑。

阿穆耳肥料工厂的厂长马克道厄尔之所以由一个速记员而爬升上来，便是因为他能做非他份内所应做的工作。他最初是在一个懒惰的书记底下做事，那书记总是把事推到手下职员的身上。他觉得马克道厄尔是一个可以任意驱使的人，某次便叫他替自己编一本阿穆耳先生往欧洲时用的密码电报书。那个书记的懒惰，使马克道厄尔拥有了做事的机会。

马克道厄尔不像一般人编电码一样，随意简单地编几张纸；而是编成一本小小的书，用打字机很清楚地打出来，然后好好地用胶装订着。做好之后，那书记便交给阿穆耳先生。

"这大概不是你做的。"阿穆耳先生问。

"不……是……"那书记官战栗地回答。

"你叫他到我这里来。"

马克道厄到办公室来了，阿穆耳说："小伙子，你怎么把我的电报做成这样子的呢？"

"我想这样你用起来方便些。"

过了几天之后，马克道厄尔便坐在前面办公室的一张写字台前；再过些时候，他便代替以前那个书记的职位了。

你付出多少你就会收获多少，是人们常说的一句话，习以为常之后，很少有人去深想，我们实在很有必要把这个观念再次深植于我们的心底。

有一位懒惰成性的乡绅，他拥有一块地产，每年坐收 8000 元的地租。后来由于无力还债，他把一半地产卖掉了，剩下的一半租给一位勤劳的农民，租期为 20 年。契约到期的时候，这位农民去交定租时，问乡绅是否愿意把这块土地出卖。乡绅感到十分吃惊，他问："是你想买吗？""是的，如果我们能讲好价，我就买了。"这真是太不可思议了。乡绅仔细打量着眼前的这位农民，说："天啊，请你告诉我这是怎么回事，我不用交租金，靠两块这样的土地也不能养活自己，而你每年都要交付给我 200 元的租金，这些年下来，你竟然还买得起这块土地。""道理很简单，"农民回答说,"你整天在家里坐享其成,却不知坐吃山空,而我却日出而作,日落而息,任何劳动都会得到回报的。"这个农民的话极其正确,世界上任何事情都要有付出以后才能有回报,所以人一定要勤奋。上帝是公平的,对每个人的时间也是一样的,你用在什么地方,或一段时间内在什么地方付出,回报就会出现在那里。

日本推销之神原一平一次被邀在大型演讲会上作演讲,台下数千人静静等待着原一平的到来,想听他的成功秘诀,等了10分钟之后,原一平终于来了。他走向讲台,坐在椅子上一句话也不说,半个小时后,有人等不住了,断断续续离开会场。1个小时后,原一平仍然一句话也不说,这时,会场上大部分人都走了,最后只留下十几个人了。这时,原一平说话了,他说:你们是一群忍耐力最好的人,我要向你们分享我成功的秘诀,但又不能在这里,要去我住的宾馆。于是十几个人都跟着原一平去了,到了原一平房间后,他脱掉外套,脱掉鞋子,坐在床上,把袜子脱了,然后他把脚板亮给那十几个人看,人们看到原一平双脚布满了老茧,3层老茧。原一平说:"这是我成功的秘诀,我的成功是我勤奋跑出来的。"

成功的人,未必都很完美,也未必都很快乐,但他们有项特质是常人所没有的,就是专心致志,就是勤奋。

如果你认为自己很久都没有加薪或升迁了,你该怎么办呢?首先,我们从老板的观点来看一看。

不管是雇主或员工,人的本性都是相同相近的,能够激励你的事情,也同样会激励老板。老板想要成功,扩大企业的规模,增加个人的收入。

如果你让老板觉得升你的职位、加你的薪水很值得,他就会这么做。让他这们做的惟一前提就你必须勤奋。

勤奋是通向美好人生的阶梯,表现在日常工作上,它首先是一种积极向上的人生态度,是企业长盛不衰的重要保证,是员工成才的必经之路,是企业生机与活力的集中表现。与此同时,勤奋需要用诚实的品格来支撑,需要用精明的技巧来激励,需要用美好的理想来引导,需要从做小事、做好小事开始。

而且,在你看来也许仅是微不足道的小事,于有心人而言却是难得的机遇,也就是说,即使是机遇,也不是什么人都能看得见、抓得住的,这需要平时积累的一种高素质。

做好应做之事

每个人都应做好应做之事,即不要忘记工作赋予你的荣誉,不要忘记你的责任,不要忘记你的使命。一个轻视工作的人,必将得到严厉的惩罚。

美国独立企业联盟主席杰克·法里斯曾讲起他少年时的一段经历。

在杰克·法里斯13岁时,他开始在他父母的加油站工作。那个加油站里有3个加油泵、两条修车地沟和一间打蜡房。法里斯想学修车,但他父亲让他在前台接待顾客。

当有汽车开进来时,法里斯必须在车子停稳前就站到司机门前,然后忙着去检查油量、蓄电池、传动带、胶皮管和水箱。法里斯注意到,如果他干得好的话,顾客大多还会再来。于是,法里斯总是多干一些,帮助顾客擦去车身、挡风玻璃和车灯上的污渍。有段时间,每周都有一位老太太开着她的车来清洗和打蜡。这个车的车内地板凹陷极深,很难打扫。而且,这位老太太极难打交道,每次当法里斯给她把车准备好时,她都要再仔细检查一遍,让法里斯重新打扫,直到清除掉每一缕棉绒和灰尘她才满意。

终于,有一次,法里斯实在忍受不了了,他不愿意再侍候她了。法里斯回忆道,他的父亲告诫他说:"孩子,记住,这是你的工作!不管顾客说什么或做什么,你都要记住做好你的工作,并以应有的礼貌去对待顾客。"

父亲的话让法里斯深受震动,法里斯说道:"正是在加油站的工作使我学到了严格的职业道德和应该如何对待顾客。这些东西在我以后的职业经历中起到了非常重要的作用。"

"记住,这是你的工作!"我认为,应该把这句话告诉给每一个员工。哪怕遇到困难,我们也不能找任何借口。

每个人都必须有责任感,无论对工作、对家庭、对亲人,还是对朋友!

正因为存在这样、那样的责任,我们才会对自己的行为有所约束,而找寻各种借口便是将本应由你承担的责任转嫁给社会或他人,则是一个员工很糟糕的事情。更为可怕的是,若你一旦养成找寻借口的习惯,那你的责任心也将随之烟消云散,因此而等待你的糟糕结局也就不会太远了。

其实职场上没有什么不可能做到的事,要相信你比别的员工更出色,你一定能够承担起任何正常职业生涯中的责任。只要你不把借口摆在面前,就能做好一切,就完全能够做到对工作尽职尽责。

"记住,这是你的工作!"这是每一位员工必须牢记的!同时,也是每一位老板想告诉下列员工的——

告诉给那些在工作中推三阻四,老是抱怨,寻找种种借口为自己开脱的人;

告诉给那些不能最大限度地满足顾客的要求,不想尽力超出客户预期提供优质服务的人;

告诉给那些工作没有激情,总是推卸责任,不知道自我检讨的人;

告诉给那些不能优秀地完成上级交付的任务,不能按期完成自己本职工作的人;

告诉给那些总是挑三拣四，对自己的公司、老板、工作这不满意那不满意的人。

对于这些人最好的救治良药就是：端正他的坐姿，然后面对他，大声而坚定地告诉他：记住，这是你的工作！

记住，这是你的工作！既然你选择了这个职业，选择了这个岗位，就必须接受它的全部，而不是只享受它带给你的益处和快乐。就算是屈辱和责骂，那也是这个工作的一部分。

老板们欣赏能做好自己工作的人。能够做好自己的工作，是成功的第一要素。各行各业，人类活动的每一个领域，无不在呼唤能自主做好手中工作的员工。齐格勒说："如果你能够尽到自己的本分，尽力完成自己应该做的事情，那么总有一天，你能够随心所欲从事自己想要做的事情。"反之，如果你凡事得过且过，从不努力把自己的工作做好，那么你永远无法达到成功的顶峰。对这种类型的人，任何老板都会毫不犹豫地把他排斥在自己的选择之外。

每个人都有自己的职位，每个人都有自己的做事准则。医生的职责是救死扶伤，军人的职责是保卫祖国，教师的职责是培育人才，工人的职责是生产合格的产品……社会上每个人的位置不同，职责也有所差异，但不同的位置对每个人却有一个最起码的做事要求，那就是做好应做之事。

不管你现在在哪个职位上，把你该做的事做好，都是你义不容辞的责任所在！

每个员工都要清楚，只有忠实地对待自己的工作，满怀着忠诚的责任心来对待老板，充分地使自己所在的位置发挥出应有的作用，才能巩固你现有的位置。

在老板的眼中，永远不会有空缺的位置。所以，如果你不想与自己的位置保持一种短暂的"约会"关系，而是保持一种长期性的关系，你就要在其位，谋其事。

如果你不想成为社会的"弃儿"，不想失业，就要在自己的位置上严格要求自己：能做到最好就全力以赴地去做，勇敢地对自己的工作负起责任，并一直保持住这种良好的工作作风。

❧ 想成为珍珠，就要从沙粒开始 ❧

小李的学习成绩挺好，毕业后却屡次碰壁，一直找不到理想的工作。他觉得自己怀才不遇、生不逢时，对社会感到非常失望。他为没有伯乐来赏识他这匹"千里马"而愤慨，甚至因伤心而绝望。

怀着极度的痛苦，他来到大海边，打算就此结束自己的生命。

正当他即将被海水淹没的时候，一位老人救起他。老人问他为什么要走绝路。

小李说："我得不到别人和社会的承认，没有人欣赏我，所以觉得人生没有意义。"

老人从脚下的沙滩上捡起一粒沙子，让年轻人看了看，随手扔在了地上。然后对小李说："请你把我刚才扔在地上的那粒沙子捡起来。"

"这根本不可能！"小李低头看了一下说。

老人没有说话，从自己的口袋里掏出一颗晶莹剔透的珍珠，随手扔在了沙滩上。然后对小李说："你能把这颗珍珠捡起来吗？"

"当然能！"

"那你就应该明白自己的境遇了吧？你要认识到，现在你自己还不是一颗珍珠，所以你不能苛求别人立即承认你。如果要别人承认，那你就要想办法使自己变成一颗珍珠才行。"小李低头沉思，半响无语。

经过老人的教导后，小李对自己的愚蠢行为感到非常悔恨，从此奋发图强，最后创办了自己的公司。

有的时候，你必须知道自己只是普通的沙粒，而不是价值连城的珍珠。你要出人头地，不仅要有出类拔萃的资本，更要有埋头苦干的精神。

世界上有许多贫穷的孩子，他们虽然出身卑微，却能干出伟大的事业来。富尔顿发明了一个小小的推进机，结果成为美国最著名的工程师；法拉第仅仅凭借药房里的几瓶药品，成了英国有名的化学家；惠德尼靠着小店里的几件工具，竟然成了纺织机的发明者；贝尔用最简单的器械做出了对人类文明最有价值的贡献——电话。

美国历史上有许多感人肺腑、催人泪下的故事，主人公确定了伟大的人生目标，尽管在前进中遭遇了种种艰难险阻，但他们以坚韧的意志力最终克服了一切困难，获得了成功。

失败者的借口通常是："我没有机会。"他们将失败理由归结为没有人垂青他们，好职位总是让他人捷足先登。而那些意志力坚强的人则决不会找这样的借口，他们不等待机会，也不向亲友们哀求，而是靠自己的苦干努力去创造机会。他们深知惟有自己才能拯救自己。

在取得了一次战役胜利后，有人问亚历山大是否等待下一次机会，再去进攻另一座城市，亚历山大听后竟大发雷霆："机会？机会是靠我们自己创造出来的。"不断地创造机会，正是亚历山大之所以成为历史上最伟大帝王的原因，也唯有不断创造机会的人，才能建立轰轰烈烈的丰功伟绩。

做任何事情总是等待机会是极其危险的。一切努力和热望都可能因等待机会而付诸东流，而机会最终也不可得。

年轻人如果看了林肯的传记，了解他幼年时代的境遇和后来的成就，会有何感想呢？他住在一所极其简陋的茅舍里，没有窗户，也没有地板，用今天的居住标准看，他简直就是生活在荒郊野外。他的住所距离学校非常远，生活必需品也很缺乏，更谈不上有报纸、书籍可以阅读了。然而就是在这种情况下，他每天坚持不懈地走二三十里路去上学。为了能借几本参考书,他不惜步行一二百里路。到了晚上,他靠着燃烧木柴发出的微弱火光来阅读……林肯只受过一年的学校教育,成长于艰苦卓绝的环境中,但他竟能努力奋斗,最终为美国历史上最伟大的总统,成了世界历史上最完美的模范人物。

天赋和坚韧对你开辟新的道路是重要的因素,但勤奋的经营却是你获得成功的基本保证,因为无论你做了多少准备,有一点是不容置疑的:当你进行新的尝试时,你可能犯错误,不管作家、运动员或是企业家,只要不断对自己提出更高的要求,都难免失败。但失败并非罪过,重要的是从中汲取教训。

因此,那些跌倒了爬起来,掸掸身上尘土再上场一拼的人,才会在生意场中获得成功。美国百货大王梅西就是一个很好的例子。他于1882年生于波士顿,年轻时出过海,以后开了一爿小杂货铺,卖些针线。铺子很快就倒闭了。一年后他另开了一家小杂货铺,仍以失败告终。

在淘金热席卷美国时,梅西在加利福尼亚开了个小饭馆,本以为供应淘金客膳食是稳赚不赔的买卖,岂料多数淘金者一无所获,什么也买不起,这样一来,小铺又倒了台。

回到马萨诸塞州之后,梅西满怀信心地干起了布匹服装生意,可是这一回他不只是倒闭,而简直是彻底破产,赔了个精光。

不死心的梅西又跑到新英格兰做布匹服装生意。这一回他时来运转了,他买卖做得很灵活,甚至把生意做到了街上商店。头一天开张时账面上才收入11.08美元,而现在位于哈顿中心地区的梅西公司已经成为世界上最大的百货商店之一了。

关于伟大人物的名言中,有一句给人的印象特别深刻:"许多人的生命之所以伟大,是因为他们承受了巨大的苦难。"杰出的才干往往是从苦难的烈焰中冶炼出来的,从苦难的坚石上磨砺来的。困难总会吓退一大批庸碌的竞争者。只有真正经历过艰苦工作的人才能得到命运的垂青。

让我们勤奋工作!

这是古罗马皇帝临终前留下的遗言。当时,士兵们全部聚集在他的周围。

勤奋与功绩是罗马人的伟大箴言,也是他们征服世界的秘诀所在。那些凯旋的将军都要归乡务农。当时,农业生产是受人尊敬的工作,罗马人之所以被称为优秀的农业家,其原因也正在于此。正是因为罗马人推崇勤劳的品质,才使整个国家逐渐变得强大。

为此,古罗马人建立了两座圣殿,一座是美德的圣殿,一座是荣誉的圣殿。他们在安排座位时有一个顺序,即必须经过前者的座位,才能达到后者——勤奋是通往荣誉圣殿的必经之路。这也是世界人所有的成功者的必经之路。

做事踏实，一步一个脚印

如果给你一张报纸，然后重复这样的动作：对折，不停地对折。当你把这张报纸对折了51万次的时候，你猜所达到的厚度有多少？一个冰箱那么厚或者两层楼那么厚，这大概是你所能想到的最大值了吧？通过计算机的模拟，这个厚度接近于地球到太阳之间的距离。

没错，就是这样简简单单的动作，是不是让你感觉好似一个奇迹？为什么看似毫无分别的重复，会有这样惊人的结果呢？换句话说，这种貌似"突然"的成功，根基何在？

秋千所荡到的高度与每一次加力是分不开的，任何一次偷懒都会降低你的高度，所以动作虽然简单却依然要一丝不苟地"踏实"。

其实，这样的动作和事情我们每个人都会做，但又不屑于做，他们贯穿于整个日常生活，甚至你完成了这样的一个动作，自己都不记得。比如你每天都会把垃圾袋带出去扔掉，你会记得你用怎样的动作扔掉的吗？这也正像全世界都谈论"变化""创新"等等时髦的概念时，却把"踏实"给忘记了。"踏实"是每个人都能够做到的，可是你真正做到了新含义的"踏实"了吗？没有，所以你不是优秀的员工。

做事情不能仰头向天，而应脚踏实地。一步一步地走在你的一生中，诚实和勤奋应该成为你永不背叛的益友。

报纸上曾经报道一位拥有100万美元的富翁，原来却是一位乞丐。在我们心中难免怀疑：依靠人们施舍一分、一毛的人，为何却拥有如此巨额的存款？事实上，这些存款当然并非凭空得来，而是由一点点小额存款累聚而成。从1分到10元、到1000元、到万元、到百万元，就这么积聚而成。若想靠乞讨很快存满100万美元，那是几乎不可能的。

聪明的人，为了要达成主目标常会设定次目标，这样会比较容易于完成主目标。许多人会因目标过于远大，或理想太过崇高而易于放弃，这是很可惜的。若设定次目标便可较快获得令人满意的成绩，能逐步完成次目标，心理上的压力也会随之减小，主目标总有一天也能完成。

曾经有一位63岁的老人从纽约市步行到了佛罗里达州的迈阿密市。经过长途跋涉，克服了重重困难，她到达了迈阿密市。在那儿，有位记者采访了她。记者想知道，这路途中的艰难是否曾经吓倒过她，她是如何鼓起勇气，徒步旅行的。

老人答道："走一步路是不需要勇气的。我所做的就是这样。我先走了一步，接着再走一步，然后再一步，我就到了这里。"

是的，做任何事，只要你迈出了第一步，然后再一步步地走下去，你就会逐渐靠近你的目的地。如果你知道你的具体的目的地，而且向它迈出了第一步，你便走上了成功之路！

在一位著名企业家的报告会上，有一位年轻人向企业家提出这样一个问题：

"请问您过去走过弯路没有？能不能给我们年轻人指出一条成功直线，让我们少走弯路呢？"

没想到这位企业家干脆利落地回答：

"我不承认自己走过什么弯路，我只知道自己一直走在成功的路上。成功从来就没有什么捷径，它就像登山一样，哪里有什么直路可走呢？"

这说明，成功没有捷径，只有一步一个脚印地走下去，才能攀登到事业的顶峰。

1938年，本田先生还是一名学徒时，就变卖了所有家当，全心投入研究制造心目中认为理想的汽车活塞环。他夜以继日地工作，与油污为伍，累了倒头就睡在工厂里，一心一意期望早日把产品装造出来，以卖给丰田汽车公司。为了继续这项工作，他甚至变卖妻子的首饰，最后产品终于出来了并送到丰田去，但是事与愿违，他的活塞环被认为品质不合格而打了回来。为了获取更多的知识，他重回学校苦修两年，其间经常为了自己的设计而被老师或同学嘲笑，被认为不切实际。

他无视这一切痛苦，仍然咬紧牙关朝目标前进，终于在两年之后取得了丰田公司的购买合约，完成他长久以来的心愿。

当时，因为正值第二次世界大战，日本一切物资吃紧，政府禁卖水泥给他建造工厂。他没有就此停止前进，而是决定另谋它途，和工作伙伴研究出新的水泥制造方法建好了他们的工厂。战争期间，这座工厂遭到美国空军两次轰炸，毁掉了大部分的制造设备。本田先生迅即召聚了一些工人，去捡拾美军飞机所丢弃的汽油桶，称其为"杜鲁门总统所送的礼物"。因为日本战时十分欠缺各种物资，而这些汽油桶则刚好提供了本田工厂制造用的材料。在此之后他们又碰上了地震，夷平了整个工厂，这时本田先生迫于无奈不得不把制造活塞环的技术卖给丰田公司。

第二次世界大战结束后，日本遭逢严重的汽油短缺，本田先生根本无法开着车子出门，买家里所需的食物。在极度沮丧下，他不得不试着把马达装在脚踏车上，他认为如果成功，邻居们一定会央求他给他们装部摩托脚踏车。果不其然，他装了一部又一部，直到手中的马达都用光了。他想何不开一家工厂，专门生产他所发明的摩托车？可惜的是他欠缺资金。

一如既往地，他决定无论如何要想出个办法来，最后决定求助于日本全国1.8万家脚踏车店。他给每一家脚踏车店用心写了封言词恳切的信，告诉他们如何借着他发明的产品，在振兴日本经济上扮演一个角色，结果说服了其中的5000家，凑够了所需的资金。

今天，本田汽车公司在日本及美国雇有员工总数超过10万人，是日本最大的汽车制造公司之一，其在美国的销售量仅次于丰田。本田汽车之所以能够有今天的成就，可说全是本田宗一郎个人始终凭着决心和毅力，不畏艰难而有所成就的。

俗语说得好：罗马不是一天建成的。既然一天建不成辉煌的罗马，那就让我们专注于建造罗马的每一天。这样，把每一天连起来，终将会建成一个美丽辉煌的罗马。这就如同一个人，一旦拥有宏伟的大胆的梦想，然后每天做一点事情，也就是说，用小步而不是迈大步越过一个个障碍，你就会走向成功的巅峰。

小钱积累大财富

巴比伦的繁荣昌盛历久不衰。巴比伦在历史上一直以"全世界首富之都"著称于世，其财富之多超乎想象。但巴比伦并非一直都如此富裕。巴比伦能够富裕，是因为它的百姓有理财的智慧。巴比伦人都得先学会致富之道。

这里，阿卡德将教你让口袋饱满的简单方法。这是迈向财富殿堂的第一步，第一步站不稳的人，永远别想登上这个殿堂。

阿卡德问一位若有所思的先生："我的好朋友，你从事什么工作？"

那位先生回答："我是个抄写员，专门刻写泥板。"

阿卡德："我最初也是刻写泥板的工人，靠着与你同样的劳力工作，我赚得了我的第一个铜钱。因此，你们也有相同的机会建立财富。"

阿卡德又问一位气色红润的先生："能否请你说说，你靠什么养家？"

那位先生说："我是个屠夫。我向畜农购买山羊来宰杀，再将羊肉卖给家庭主妇，将羊皮卖给制作凉鞋的鞋匠。"

阿卡德："你既付出劳力，又辗转谋利，因此你比我更具有成功的优势。"

阿卡德一一询问每位学员的职业，等他问完，他说：

"现在，你们可以看出，有许多贸易和劳动可以让人赚到钱。每一种赚钱方式，都是劳动者将劳力转换成金子流入自己口袋的管道。因此，流入每个人口袋的金子多或少，全看你们的本事如何。不是吗？"

大家都同意阿卡德的说法。

阿卡德继续说："假如你们渴望为自己建立财富，那么，从利用既有的财源开始，是不是很聪明的做法呢？"

大家都同意。

阿卡德转身问一位自称是蛋商的小人物："假如你挑出一个篮子，每天早晨在篮子里放10个鸡蛋，每天晚上再从篮子里取出9个鸡蛋，最后将出现什么结果？"

"总有一天，篮子会满起来。"

"为什么?"

"因为我每天放进篮子里面的鸡蛋比拿出来的多一个。"

阿卡德笑着转向全班:"你们当中有人口袋扁扁的吗?"

大家起初听了觉得好玩,继而笑开,最后戏谑地挥动着他们自己的钱包。

阿卡德接着说:

"好了,现在我要告诉你们解决贫穷的法则:就照着我给蛋商的建议去做。在你们放进钱包里的每10个硬币中,顶多只能用掉9个。这样你的钱包将开始很快鼓起来,它所增加的重量,会让你抓在手里觉得好极了,且会令你的灵魂感到满足。"

因此,在阿卡德看来解决钱包空空的最佳方法就是:

每赚进10个铜板,至多只花掉9个。

也许有人瞧不起储蓄这点小钱,孰不知不少的有心人就利用一点小钱赚取了大钱,赢得了财富。

张家政在温州土生土长,那年高考,他以全村最高分考入了北京一所重点大学。因为家穷,平时生活相当节俭的他也时刻感到手头拮据,"穷则思变",为此,他一到京城就开始琢磨做些生意,补贴学习生活费用。温州人精明的头脑在张家政身上表现得相当突出。因此,也使他的人生之路,一步步向光明迈去。

一个学期之后,张家政对北京的服装行业有了相当的认识,便决心做一回"倒爷"。寒假结束后,凭着手中仅有的上千元钱,他便与一些产品滞销的服装厂联系,由他捎上两个旅行袋的牛仔装,拿到北京投石问路,探探行市。起初张家政也没有把握,只权作一试。因为这是厂家的试销样品,又不用先付款,做工特别考究,所以张家政一到学校便在校园试开了。"什么价?"张家政的同学发问。

"12元,哥们儿优惠,10元。"

这种价钱在北京不可想象。因为市面上,同样做工同样质地的少说也得20元。

尝到甜头,张家政从此便尽可能地挤课余时间,干起了"推销员"的行业,在京城学府间忙碌奔波。

每到一个学校,他便直奔宿舍,直接入手,每次他都开价18元。比市价便宜2元,然后便双方交涉,讨价还价,一般砍到15元为底价。因为这已经比市价便宜了5元多。等两个旅行袋的牛仔装全部售完,一合计,居然收入达1800多元,扣除应支付厂家的出厂价成本,净赚1000元! 每条牛仔裤的平均获利率,在125%以上。

牛刀小试,就如此惊人,张家政此时此刻已明白了推销别人产品将意味着什么。尤其是厂家的滞销产品,只凭老乡关系,就可以先货后款,卖完再结算。这不是无本生意吗?何乐而不为呢?于是,他决定充分利用课余时间,大干一场。

他不满足于四处流浪的交易,主动出击,仅凭三寸不烂之舌游走于市井街坊之中,寻找目标,"猎取"大头。

经过一个星期的摸底之后，张家政对服装行业有了更深刻的认识。他便以小老板的身份同商贩们侃起生意经来了。他还特地花钱印了一盒相当精致的名片，打上家乡温州某某服装加工厂驻北京办事处主任之头衔。这一招果然奏效，不仅从这帮服装倒爷们的口中挖出了不少信息，还同一位财大气粗的摊主挂上号。二人一拍即合，合伙联手大批特批牛仔服。

张家政便俨然以办事处主任的身份，同摊主谈服装的款式、价格、数量、发货时间等等。一切都谈妥，签订了供销合同之后，张家政便拍发电报回温州那家服装厂，要厂里火速发货过来，越快越好。服装厂没料到张家政有如此神通，喜不自胜，当即发了大宗牛仔衣。货到了，张家政便拿着提货单和供销合同，找到摊主，一手交钱一手交货，钱货两讫，张家政便大大赚了一笔。而这宗牛仔服，因为设计与众不同，做工也相当出色，一上摊，就被众多小商贩一抢而空。那大摊主也称张家政有眼力，表示愿意继续合作。

张家政摇身一变成了"天之骄子"中的款哥，继续着他的生意。

可见，小本钱，小生意照样可以挣大钱，只要你善于理财和经营。

一个人想要成功，储蓄存款是不可缺少的。如果没有存款，有两种坏处：

第一，他将无法获得那些只有手边有现款的人才能获得的那种机会；第二，在遇到急需现款的紧急情况时，将无法应付。

有位年轻人从宾州的农业区来到费城，进入一家印刷厂工作。他的一位同事在一家储蓄公司开了一个户头，养成了每周存款5元的习惯。

在这位同事的影响下，这位年轻人也在这家储蓄公司开了户头。3年后，他有了900元的存款。这时，他所工作的这家印刷厂发生财务困难，面临倒闭的噩运。他立刻拿出这900元来挽救这家印刷厂，也因此获得了这家印刷厂一半的股份。

他采取了严格的节约制度，协助这家工厂付清了所有的债务。到了今天，由于他拥有一半的股份，所以每年可从这家工厂里拿到25000多元的利润。

金钱的积累是从"每一个硬币"开始的，一个成功致富的人绝不会因为钱小而弃之，他们知道任何一种成功都是从一点一滴积累起来的，没有这种心态是不可能得到更大的财富。

从平凡小事做起

无论多平凡的小事，只要从头至尾彻底做成功，便是大事。

假如你踏踏实实地做好每一件事，那么绝不会平庸地度过一生。

我们都是平凡人，只要我们抱着一颗平常心，踏实肯干，有水滴石穿的耐力，我们获得成功的机会,肯定不比那些禀赋优异的人少到哪里去。

有这样一位年轻人,他总是被公司当作替补队员,哪儿缺人手就被调到哪儿,自己的能力无法正常发挥。这位先生沮丧地向他的同学——现在已是一家公司的人力资源部经理诉苦道:"这样值得继续干下去吗?我觉得自己的专长无法发挥出来。"昔日同学很认真地告诉他,你经常被调到不同岗位磨炼,是辛苦的,但只要你努力肯学,应该也能胜任,否则你的公司不会做这样的调度。现在,你在工作中的表现第一是努力,第二是努力,第三还是努力,那么过不了多久,公司员工之中磨炼最多的是你,能为公司贡献才智的也是你,你应该有这种认识。最后,同学又口授他一条成功秘诀:肯干就是成功,患得患失,拈轻怕重,就会失去成长的机会。受苦是成功与快乐的必经历程。这位先生干下去了,他干得很起劲,一年后,他终于成为公司中最耀眼的新星。

工作中每个人都有不同的分工,有些人负责一些比较重要且引人瞩目的工作,另外也有一些人负责的是常被人们忽视的琐事。假如你正好是负责这些不受到重视的琐事,你或许很容易就感到沮丧。沮丧起来或许就会忽视自己的职责,这样一来就会很容易出错,一出错就会消蚀自己的自信:"我这是怎么啦,连这么无聊的活也做不好!"

皮尔·卡丹曾说:"真正的装扮就在于你的内在美。越是不引人瞩目的地方越是要注意,这才是懂得装扮的人。因为只有美丽而贴身的内衣,才能将外表的华丽装扮更好地表现出来。"皮尔·卡丹的装扮理论用在工作上同样富有哲理,愈是不显眼的地方越要好好地表现,这才是成功的关键。

对此,纽约希尔顿饭店客户服务部经理莉莎·格里贝有着亲身的体验。她曾谈到:当初自己应聘饭店职员,初分配到洗手间工作,她有很大的情绪,认为洗手间工作低人一等。但通过一段时间的工作实践之后,她开始认识到工作没有高低贵贱之分,酒店的每一份工作都关系到酒店的服务质量和整体形象。从此她工作认真,服务热情周到,许多客人在接受她的服务之后,都交口称赞,因此,她被誉为酒店的榜样。她出色的工作表现,为酒店赢得了很多顾客,不久她被提升为客户服务部经理,更大地拓展了事业的平台。

莉莎的事例说明了什么?大事是由众多的小事积累而成的,忽略了小事就难成大事。从小事开始,逐渐增长才干,赢得认可、赢得干大事的机会,日后才能干大事,而那些一心想做大事的人如果不改变"简单工作不值得去做"的浮躁心态,是永远干不成大事的。

这也说明,在工作中每一件事都值得我们去做,而且应该用心地去做。

卢浮宫收藏着莫奈的一幅画,描绘的是女修道院厨房里的情景。画面上正在工作的不是普通的人,而是天使。一个正在架水壶烧水,一个正优雅地提起水桶,另外一个穿着厨衣，伸手去拿盘子——即使日常生活中最平凡的事，也值得天使们全神贯注地去做。

行为本身并不能说明自身的性质，而是取决于我们行动时的精神状态。工作是否单调乏味，往往取决于我们做它时的心境。

人生目标贯穿于整个生命历程，你在工作中所持的态度，使你与周围的人区别开来。日出日落、朝朝暮暮，它们或者使你的思想更开阔，或者使其更狭窄，或者使你的工作变得更加高尚，或者变得更加低俗。

每一件事情对人生都具有十分深刻的意义。你是砖石工或泥瓦匠吗？可曾在砖块和砂浆之中看出诗意？你是图书管理员吗？经过辛勤劳动，在整理书籍的间隙，是否感觉到自己已经取得了一些进步？你是学校的老师吗？是否对按部就班的教学工作感到厌倦？也许一见到自己的学生，你就变得非常有耐心，所有的烦恼都抛到了九霄云外了。

马丁·路德·金说："如果一个人是清洁工，那么他就应该像米开朗基罗绘画、贝多芬谱曲、莎士比亚写诗那样，以同样的心情来清扫街道。他的工作如此出色，以至于天空和大地的居民都会对他注目赞美：瞧，这儿有一位伟大的清洁工，他的活儿干得真是无与伦比！"

桑布恩先生是一位职业演讲家，曾经有一位优秀的邮差弗雷德给他提供最好的服务。在全国各地举行的演讲与座谈会上，他都会拿出这位邮差的故事和听众一起分享。

似乎每一个人，不论他从事的是服务业还是制造业，不论是在高科技产业还是在医疗行业，都喜欢听弗雷德的故事。听众对弗雷德着了迷，同时也受到他的激励与启发。

"我的名字是弗雷德，是这里的邮差，我顺道来看看，向您表示欢迎，介绍一下我自己，同时也希望能对您有所了解，比如您所从事的行业。"弗雷德中等身材，蓄着一撮小胡子，相貌很普通。尽管外貌没有任何出奇之处，但他的真诚和热情通过自我介绍溢于言表。

桑布恩收了一辈子的邮件，还从来没见过邮差做这样的自我介绍，这使他心中顿觉一暖。

当弗雷德得知桑布恩是个职业演说家的时候，弗雷德希望最好能知道桑布恩先生的日程表，以便桑布恩不在家的时候可以把信件暂时代为保管。

桑布恩先生表示没必要这么麻烦，只要把信放进房前的邮箱里就好。但弗雷德提醒道："窃贼会经常窥探住户的邮箱，如果他们发现邮箱是满的，就表明主人不在家，他们就可能为所欲为了。"

所以弗雷德建议只要邮箱的盖子还能盖，他就把信放到里面，别人不会看出桑布恩不在家。塞不进邮箱的邮件,他就把信件搁在房门和屏栅门之间,从外面看不见。如果房门和屏栅门之间也放满了,他就把剩下的信留着,等桑布恩回来。

桑布恩在多次演讲中提起弗雷德的故事后,有一个灰心丧气、一直得不到老板赏识的员工写信给桑布恩。信中表示弗雷德的榜样鼓励了她坚持不懈,做好每一件平凡小事,而不计较是否能得到承认和回报。

目前全球有很多公司创设了"弗雷德奖",专门鼓励那些在服务、创新和尽责上具有同样精神的员工。

由此可见,每一件事都值得我们去做。不要小看自己所做的每一件事,即便是最普通的事,也应该全力以赴、尽职尽责地去完成。小任务顺利完成,有利于你对大任务的成功把握。一步一个脚印地向上攀登,便不会轻易跌落。通过工作获得真正的力量的秘诀就蕴藏在其中。

每天进步一点点,成功从细节开始

伟大的成就通常是一些平凡的人们经过自己的不断努力而取得的,他们注重细节,每天懂得进步一点点,日积月累就前进一大步。对那些勇于开拓的人而言,生活总会给他提供足够的机会和不断进步的空间。人类的幸福就在于沿着已有的道路不断开拓进取,永不停息。那些最能持之以恒、忘我工作的人,往往就是最成功的人。

人们总是责怪命运的盲目性,然而命运本身的盲目性就是以人的活动为主体的。天道酬勤,命运总是掌握在那些勤勤恳恳地工作、每天注意细节的人手中,就正如优秀的航海家总能驾驭大风大浪一样。对人类历史的研究表明,在成就一番伟业的过程中,一些最普通的品格,如公共意识、注意力、专心致志、持之以恒等等,往往起很大的作用。即使是盖世天才也不能小视这些品质的巨大作用,一般的就更不用说了。事实上,正是那些真正伟大的人物才相信常人的智慧与毅力的作用,而不相信什么天才。

牛顿无疑是世界一流的科学家。当有人问他到底是通过什么方法得到那些伟大的发现时,他诚实地回答道:"总是思考着它们。"还有一次,牛顿这样表述他的研究方法:"我总是把研究的课题置于心头,反复思考,慢慢地,起初的点点星光终于一点一点地变成了阳光一片。"正如其他有成就的人一样,牛顿也是靠勤奋、专心致志和持之以恒来取得成功的,他的盛名也是这样换来的。

可见,一点点进步都是来之不易的,任何伟大的成功都不可能唾手可得。千里之行,始于足下。不积跬步,无以至千里;不积小流,无以成江海。德·迈斯特说过:"耐心和毅力就是成功的秘密。"没有播种就没有收获,光播种,而不善于耐心地、满怀希望地耕耘，也不会有好的收获。最甜的果子往往在最后成熟，西方有一句格言："时间和耐心能把桑叶变成云霞般的彩锦。"

卡尔·华尔德曾经是爱尔斯金（美国近代诗人、小说家和出色的钢琴家）的钢琴教师。有一天，他给爱尔斯金教课的时候，忽然问他："你每天要练习多少时间钢琴？"

爱尔斯金说："大约每天三四小时。"

"你每次练习，时间都很长吗？是不是有个把钟头的时间？"

"我想这样才好。"

"不，不要这样！"卡尔说，"你将来长大以后，每天不会有长时间的空闲的。你可以养成习惯，一有空闲就几分钟几分钟地练习。比如在你上学以前，或在午饭以后，或在工作的休息余闲，5分钟、5分钟地去练习。把小的练习时间分散在一天里面，如此则弹钢琴就成了你日常生活中的一部分了。"

14岁的爱尔斯金对卡尔的忠告未加注意，但后来回想起来真是至理名言，并且他从中得到了不可限量的益处。

当爱尔斯金在哥伦比亚大学教书的时候，他想兼职从事创作。可是上课、看卷子、开会等事情把他白天和晚上的时间完全占满了。差不多有两个年头，他一字不曾动笔，他的借口是"没有时间"。后来，他突然想起了卡尔·华尔德先生告诉他的话。到了下一个星期，他就把卡尔的话实验起来。只要有5分钟左右的空闲时间，他就坐下来写作100字或短短的几行。

出乎意料之外，在那个星期的终了，爱尔斯金竟写出了相当多的稿子。

后来，他用同样积少成多的方法，创作长篇小说。爱尔斯金的授课工作虽一天比一天繁重，但是每天仍有许多可以利用的短短余闲。他同时还练习钢琴。他发现每天小小的间歇时间，足够他从事创作与弹琴两项工作。

斯瓦布先生小时候的生活环境非常贫苦，他只受过短时间的学校教育。从15岁起，就在宾夕法尼亚的一个山村里赶马车了。过了两年，他才谋得另外一个工作，每周只有2.5美元的报酬，可是他仍无时不在留心寻找机会，果然，不久又来了一个机会，他应某工程师的招聘，去建筑卡内基钢铁公司的一个工厂，日薪1美元。做了没多久，他就升任技师，接着升任总工程师；到了25岁时，他就当上了那家房屋建筑公司的经理。又过了5年，他便兼任起卡内基钢铁公司的总经理。到了39岁，他一跃升为全美钢铁公司的总经理。

斯瓦布每次获得一个位置时，总以同事中最优秀者作为目标。他从未像一般人那样离开现实，想入非非。那些人常常不愿使自己受规则的约束，常常对公司的待遇感到不满，甚至情愿彷徨街头等待机会来找他。斯瓦布深知一个人只要有决心、肯努力、不畏艰难，他一定可以成为成功的人。他的一生就像是一篇情节曲折的童话，我们从他一生的成功史中,可以看出努力劳动的伟大价值。他做任何事情总是十分乐观和愉快,同时要求自己做得精益求精。因此有些必须考究一点的事情,非请他来处理不可,他做事总是按部就班,从不妄想一跃成功。他的升迁都是势所必然的。

这也启发人们:如果一个人积累不够,就急于表现,可能只是昙花一现,甚至会给自身带来伤害;而厚积薄发的人则会长久地享受成功的愉悦。

曾有一则这样的寓言可以很好地说明这一点:

农夫在地里同时种了两棵一样大小的果树苗。第一棵树拼命地从地下吸收养料,储备起来,滋润每一个枝干,积蓄力量,默默地盘算着怎样完善自身,向上生长。另一棵树也拼命地从地下吸收养料,凝聚起来,开始盘算着开花结果。

第二年春,第一棵树便吐出了嫩芽,憋着劲向上长。另一棵树刚吐出嫩叶,便迫不及待地挤出花蕾。

第一棵树目标明确,忍耐力强,很快就长得身材苗壮。另一棵树每年都要开花结果。刚开始,着实让农夫吃了一惊,非常欣赏它。但由于这棵树还未成熟,便承担开花结果的责任,累得弯了腰,结的果实也酸涩难吃,还时常招来一群孩子石头的袭击。甚至,孩子会攀上它那羸弱的身体,在掠夺果子的同时,损伤着它的自尊心和肢体。

时光飞转,终于有一天,那棵久不开花的壮树轻松地吐出花蕾,由于养分充足、身材强壮,结出了又大又甜的果实。而此时那棵急于开花结果的树却成了枯木。农夫诧异地叹了口气,将那根瘦小的枯木砍下,烧火用了。

两棵树的不同命运揭示出"成大事者需积累"的真谛,因此,对于那些刚进企业的员工来说,一定要养成坚持学习,每日"充电"的好习惯,但求知学习好比是修剪移栽。修剪是一个长期的、不间断的过程,花草如果长时间不修剪,就会变得杂枝横陈;一个榜样员工如果长时间不学习,大脑就会迟钝、原有的知识就会落伍,原本作为榜样的优势就会荡然无存!

可见,一个人有没有出息,不在于你处于什么环境,干什么工作;关键是看你怎样对待环境,怎样对待工作,如何看待细节。你的态度会直接决定着你的命运,因为注重细节,每天进步一点点,命运就会掌握在你的手中。

积沙成丘、集腋成裘的道理每个人都懂,但是很少有人将这些道理付诸行动,而成功的人往往就是那些将这些道理变成行动的人。

每天勤奋一点点、每天完美一点点、每天主动一点点、每天学习一点点、每天创造一点点……只要每天进步一点点并坚持不懈,那么有一天你就会惊奇地发现,在不知不觉中,你已经在同事中脱颖而出,具备了承担责任的能力;每天多走访一条街、每天多给客户打一个电话、每天总结一条经验、每天多开发一个客户、每天的销量增加1%……只要在各项工作中每天进步一点点并长期坚持,那么有一天领导就会惊奇地发现,在不知不觉中你的各项业绩已经鹤立鸡群,在考核表中你的各项指标已经遥遥领先。

如果一个人在同事中具备了承担更多责任的能力,并拥有遥遥领先的业绩,那么升职加薪离他还会远吗?无论你是一位刚刚就职的销售员,还是一位营销老总,都应该坚持到底、永不放弃,哪怕只是每天进步一点点。因为只要这样一切都会由量变转化成质变,只要这样你就会从现实的此岸迈向成功的彼岸。

第五章

细节入手,赢得人脉

一点一滴累积交际经验

你知道一般人才与顶尖人才的真正区别在哪里吗?你可能会毫不犹豫地回答,是才能。那你就错了。哈佛大学商学院曾经做过一个调查发现,在事业有成的人士中,26%靠工作能力,5%靠关系,而人际关系好占了69%。

可见,要想成为出类拔萃的顶尖人才,并不仅仅靠提升你的才能,更重要的是拓展你的人脉,提升你的人脉竞争力,也只有这样,你才会脱颖而出,取得事业的成功。

曾有这样一则寓言:

在动物王国里,熊猫是最受大家尊重的,就连爱挑剔的老狐狸也对它极为佩服,因为很难挑出它的什么毛病。

有一天,刺猬找到熊猫,向它请教道:"熊猫大哥,你为什么那么受人尊重,有什么秘密吗?"

"秘密?没有。"熊猫坦然地答道,"不过,我开设了一个感情账户,不停地往里面存了礼貌、宽容、感恩、信用、诚实……"

"这样的感情账户有什么用吗?"

"当然有用,你也看到了,我开设了这个账户后,就已经开始受益了。"

其实,做人也如此,要想成就一番事业,在世间安身立命的话,也要在生活中开设一个"感情账户"。储存你的人脉信息。

在21世纪的今天,无论是保险、传媒,还是金融、科技、证券等各个领域,人脉竞争力都是一个日渐重要的课题。专业知识固然重要,但人脉是一个人通往财富、荣誉、成功之路的门票，只有拥有了这张门票，你的专业知识才能发挥作用。

在台湾证券投资领域，杨耀宇可是知名人士，他将人脉竞争力发挥到了极致。他曾是统一集团的副总，退出后为朋友担任财务顾问，并兼任5家电子公司的董事。根据推算，他的身价应该有5亿元台币之高。为什么一个不起眼的乡下小孩到台北打拼能快速积累这么多财富？杨耀宇自己解释说："有时候，一个电话抵得上10份研究报告。我的人脉网络遍及各个领域，上千万条，数也数不清。"

很显然，一个善于处理人际关系，拥有人脉的人，总能在人生和事业中像杨耀宇一样如鱼得水，这一点对于推销员的工作来说显得尤为重要。

据估计，有50%以上的行销之所以完成，是由于交情的关系，其实这就是交情行销。假如有50%的行销是以情面为基础，而你还没有和准客户（或客户）交朋友，你等于把50%的市场拱手让人了。

早在20世纪80年代，泰瑞就认识了声名卓著的演员迈尔斯·戴维斯。可是当时，他并没有想到这对他的生活将会产生怎样的影响。那时，泰瑞在纽约一家医院进行社会公益活动，而迈尔斯则刚刚在该医院做完手术。由于迈尔斯是一个大名鼎鼎的明星，所以泰瑞几乎每天都去看他。等到迈尔斯出院时，他们已成为非常不错的朋友。

一天，泰瑞收到了一份请柬，邀请他去参加迈尔斯的60岁寿宴。这次宴会迈尔斯只邀请了他最好的朋友，这对泰瑞而言真是不胜荣幸。

宴会上，泰瑞结识了埃迪·墨菲、肯尼斯·福瑞斯和埃迪的堂兄——雷·墨菲。当宴会结束时，肯尼斯说："泰瑞，今晚埃迪在卡门迪俱乐部有表演，您愿意去吗？"

"我当然愿意！"泰瑞答应道。

埃迪的表演相当不错。节目过后，泰瑞与肯尼斯和雷一起参加酒会。对于这次令人难忘的酒会，泰瑞说：

"如果是别人，他可能只认为那是个不错的酒会，他同两位朋友在卡门迪俱乐部度过了非常有趣的一晚。但我并没有这么做，我仍然不断地与朋友保持联系。回去之后，我立刻给他们去信，对他们的热情款待表示感激。"

泰瑞常常订购近百种杂志和报纸，但他一般只看那些他感兴趣的事。当某位明星或者名人提到他感兴趣的东西时，泰瑞便将它记录下来，输入电脑。于是，只要读到认为可能引起那些人的兴趣的东西，泰瑞就将文章给他们寄过去。尽管他没有一个确切的目的，但他感觉到他所做的这些细小的事情迟早会有用的。

当然，一旦泰瑞读到认为可能引起埃迪和另外两个朋友兴趣的文章时，也会给他们寄过去——这些文章包括泰瑞看到的各种内容，如音乐、电影、电视——泰瑞觉得，这正是让他们记得他的一种方式。

两年以后，泰瑞同埃迪·墨菲和他的同事们越来越熟悉。肯尼斯还经常邀请他

去参加一些聚会,他也逐渐为埃迪·墨菲的圈内人士所接纳。

有一次泰瑞受邀参加了埃迪的第一次音乐会的拍摄。影片取得了巨大的成功,同时埃迪也成为世界最具票房价值的人物。不久,泰瑞又参加了一部由埃迪主演的影片的首映式。在这个首映式上,泰瑞听说埃迪正在寻找一个公关代理人。这时,泰瑞感觉到机会来了。他说:

"听到这个消息,我就预感我将成为埃迪的代理人。但是,我不知道该怎样去实现这个目标。有人认为这是一个野心勃勃的目标,但我有世界最具票房价值的埃迪作为我的第一位客户,这就是对我最大的支持。"

泰瑞所做的第一件事就是给埃迪写信。在给埃迪的信中,他简单地介绍了一下自己的工作,然后列出了自己的工商界、政界和娱乐圈的朋友,也就是那些他认为会推荐他的人。泰瑞非常清楚地表示,希望能成为埃迪的公关代理人。

一个月过去了,埃迪并没有回信。于是泰瑞决定给她家打电话。

接电话的是雷·墨菲,像往常一样,他非常热情地打招呼:"你好,泰瑞!"

闲聊了一会儿,然后雷说:"埃迪就在旁边,想和你谈谈。"

埃迪接过电话:"泰瑞,你的信我收到了,我非常高兴由你代理我的公关宣传。"

真是令人难以置信,就这么简单,泰瑞成功了!对于这次成功的自我推销,泰瑞说:

"有时候,一个推销员要花上几个月甚至几年的时间才能达成一笔买卖或者找到一条路。其实交情是通过一些小事积累起来的。"

"你必须着眼于长远,着眼于未来,这样你就没有做不了的事。"

在人际关系中,小事就是大事。其实人们所需要的,只是作为人应享有的那一点儿关注。推销员在不断拓宽人际关系时,切莫低估任何人的价值。也许就是日常生活中微不足道的小事,也能维持和巩固你与他人的关系,直至让他们感受到你是真的喜欢、关心他们,这样很容易就构建了你与消费者两者都受益的"双向道"。对此,泰瑞说:

"销售东西给朋友是不需要行销技巧的,好好想一想,你想约朋友出去,或者请朋友帮忙时,只要开口就行了。因此,你不需要更多的行销技巧,你只需要更多的朋友。"

关于友情,爱默生有一句话说得最恰当:"一个真心的朋友胜于无数个狐朋狗党。"真的,除了自己的力量外再也没有别的力量能像真心朋友那样,帮助你得到成功了,朋友是成功的助推器。

而经营友情,并不需要刻意地去为朋友做多少惊天动地的大事,只要你能够像泰瑞那样,善于利用日常生活中的点滴小事来与他人沟通、交流,友情和交情自然而然地就建立起来了。作为"世界上最伟大的推销员"乔·吉拉德就是一个通过做好服务中的点点滴滴来赢得更多客户的高手。

乔·吉拉德在销售和服务生涯中有一个核心的东西，那就是"服务是在销售之后"。他说："一旦新车子出了什么问题，客户找上门来要求修理。我会叮嘱有关修理部门的工作人员，要他们如果知道这辆车子是我卖的，那么就立刻通知我：我会马上赶到，设法安抚客户。我会告诉顾客，我一定让人把修理工作做好，一定让他对车子的每一个小地方都觉得特别满意，这也是我的工作。没有成功的维修服务，也就没有成功的推销。如果客户仍然觉得有严重问题，我的责任就是和客户站在一边，确保他的车子能够正常运行：我会帮助客户要求修理厂进行进一步的维护和修理，我会同他共同战斗，一起去对付汽车制造商。无论何时何地，我总是和我的客户站在一起，与他们同呼吸、共命运。

"当顾客把汽车送回来进行修理时，我就尽一切努力使他的汽车得到最好的维修……我得像医生那样，他的汽车出了毛病，我就要为他感到担忧。每卖一辆车，都要做到与顾客推心置腹，把情况说清楚，他们不是要故意找麻烦或惹人讨厌。"

车子卖给客户后，若客户没有任何信息反馈，乔·吉拉德就会主动和客户联系，不断地与客户接触，或者打电话给客户，开门见山地问："××先生，您以前买的车子情况如何？"或者是亲自拜访，问客户使用汽车是否舒适，并帮客户检查车况。在确定客户没有任何问题之后，他才离开，并顺便向对方示意，在保修期内该将车子仔细检查一遍，提醒在这期间送去检修是免费的。

当然，他的服务为他带来了更多的客户。

客户为他介绍许多的亲朋好友来车行买车，甚至包括他们的子女。客户的亲戚朋友想买车时，首先便会考虑到找他。卖车之后，乔·吉拉德总希望让客户买到一部好车子，而且永生不忘。

乔·吉拉德将客户当作自己的朋友，把客户的事当作自己的事，正是这种付出的精神和心态，使得客户不为他做点事都觉得惭愧，不为他介绍客户都觉得不安。

这就是人脉的力量。

在好莱坞，流行一句话："一个人能否成功，不在于What you know（你知道什么），而在于Whom you know（你认识谁）。"初入社会的年轻人，不要以为自己拥有卓越的就能才能获得成功。学着从点滴小事做起去建立自己的人脉网络吧。只有建立起了人脉网络，你才会享受到人脉给你带来的好处，那时你才会深刻认识到，一般人才与顶尖人才的真正区别在于人脉，而非仅仅是才学和能力。

定期联络朋友、亲人和同事

经常有很多做市场的年轻人抱怨客户越来越少,市场越做越小,更多的是一些既不做业务也不跑市场的朋友则抱怨生活郁闷,总觉得缺少什么。

其实现代人在物质上什么都不缺,缺的就是一层人际关系。或许有人会说,人际关系又不能发我薪水,人际关系又不管饭吃,人际关系又无法帮我解决情感问题,人际关系又……人际关系乍听起来华而不实,好像没半点用处。非也!

举个例子,如果你认为薪水待遇不优,工作特别无聊枯燥,感觉郁闷,萌发了跳槽的冲动,殊不知现在的经济形势,你的处境已经很不错了!试着找过去的同事、朋友或同学多联络,多聊聊,消极一点说,搞不好你的待遇还略胜他们一筹咧!若往积极面思考,说不定某位至友的公司正缺人,你不就上了吗!总之,你再也不会那么冲动,盲目作出将来会后悔的决定,甚至你会逐渐发觉工作似乎变得有意思了,你也不再郁闷了。重点是要多联络!

保持联络是成功建立关系网络的关键。纽约时报记者问美国前总统克林顿,他是如何保持自己的政治关系网的。克林顿回答道:"每天晚上睡觉前,我会在一张卡片上列出我当天联系过的每一个人,注明重要细节、时间、会晤地点和其他一些相关信息,然后添加到秘书为我建立的关系网数据库中。这些年来朋友们帮了我不少忙。"

无独有偶的是德国前总理科尔也是一个注重与朋友联系之人,他和他的朋友之间互相联系的方法有很多,礼尚往来、交流等等,其中最普遍、最有人情味的一种是有空去朋友家坐坐。他和他的朋友在礼仪性的道别时,总不忘加一句"有空来玩",不论这是否是一句发自肺腑的言语,听后都让他的朋友感到温情四溢,他自己似乎也可以从中体会到"我是被人们接受的","是受人欢迎的人"。朋友之间,也需要以这样的方式来建立良好的人际圈。

事实上,科尔所做的并不多,只是有时间有心地去朋友家走一走,也许只是随意地寒暄几句,也许进行一次长谈,总之,科尔在努力加深对方对自己的印象,让彼此之间越来越熟悉,关系越来越融洽。这也是科尔为什么能在德国政坛上驰骋十几年的一个重要原因。

其实,要与关系网络中的每个人保持积极联系,还有一种方式就是创造性地运用你的日程表。记下那些对你的关系特别重要的日子,比如生日或周年庆礼等。打电话给他们,至少给他们寄张卡让他们知道你心中想着他们。

乔·吉拉德之所以成为世界上最伟大的推销员,而且历年荣获汽车销售领域里的冠军宝座,一定有他与别人不一样的地方。有人问乔·吉拉德成功的秘诀是什么,他说："有一个想法是我有而许多推销员所没有的，那就是认为'真正的推销工作开始于把商品推销出去之后，而不是在此之前'。"

推销成功之后，乔·吉拉德立即将客户及其与买车子有关的一切信息，全部都记进卡片里。第二天，他会给买过车子的客户寄出一张感谢卡。很多推销员并没有如此做，所以乔·吉拉德特意对顾客寄出感谢卡，顾客对感谢卡感到十分新奇，以至于对乔·吉拉德印象特别深刻。

乔·吉拉德说："顾客是我的衣食父母，我每年都要发出13000张明信片，表示我对他们最真切的感谢。"

乔·吉拉德的顾客每个月都会收到一封来信，这些信都是装在一个朴素的信封里，但信封的颜色和大小每次都不同，每次都是乔·吉拉德精心设计的。乔·吉拉德说："不要让信看起来像邮寄的宣传品，那是人们连拆都不会拆就会扔进纸篓里去的。"

顾客一拆开乔·吉拉德写来的信，马上就可以看到这样一排醒目的字眼："您是最棒的，我相信您。""谢谢您对我的支持，是您成就了我的生命。"1月里发出"乔·吉拉德祝贺您新年好"的贺卡，他2月里给顾客发出"在乔治·华盛顿诞辰之际祝您幸福"的贺信，3月里发出的则是"祝圣帕特里克节愉快"的贺卡。乔·吉拉德每个月都会为顾客发出一封相关的贺卡，顾客都喜欢这种贺卡。

乔·吉拉德拥有每一个从他手中买过车的顾客的详细档案。当顾客生日那天，会收到这样的贺卡："亲爱的比尔，生日快乐！"假如是顾客的夫人生日，同样也会收到乔·吉拉德的贺卡："比尔夫人，祝生日快乐。"乔·吉拉德正是靠这种方法保持和顾客的不断联系，使得他最大限度地赢得顾客的心，赢得了事业发展机遇。

可见，"感情投资"应该是经常性的，不可似有似无，要做到常联系、常沟通，到时才能用得着、靠得住。否则，遇到急事时，"临时抱佛脚"，那样是不会有好下场的。

有这样一个寓言：黄蜂与鹧鸪因为口渴得很，就找农夫要水喝，并答应付给农夫丰厚的回报。鹧鸪向农夫许诺它可以替葡萄树松土，让葡萄长得更好，结出更多的果实；黄蜂则表示它能替农夫看守葡萄园，一旦有人来偷，它就用毒针去刺。农夫并不感兴趣，对黄蜂和鹧鸪说："你们没有口渴时，怎么没想到要替我做事呢？"

这个寓言告诉我们这样一个道理：平时不注意与人方便，等到有求于人时，再提出替人出力，未免太迟了。

中国人讽刺临事求人的做法，最简练的话就是"平时不烧香，临时抱佛脚"。俗话说得好，"平时多烧香，急时有人帮"。真正善于利用关系的人都有长远的眼光，做好准备，未雨绸缪。这样，在紧急的时候就会得到意想不到的帮助。

尽管西奥多·罗斯福具有非凡的个人能力，但是，如果没有来自于他朋友们强有力的、无私的和热心的帮助，他是根本不可能取得这么大的成就的。事实上，如果不是有他的朋友们，特别是他在哈佛大学所交的那些朋友们的倾力相助，他能否

当选为美国总统还是个问题呢。不论是在他作为纽约州长的候选人期间还是在他竞选总统期间，许许多多的同班同学和大学校友为他不辞辛苦地奔波。在他所组织的"旷野骑士团"中，他获得了众多的友谊之手，他们最终在总统竞选中为罗斯福在西部和南部赢得了成千上万张选票。

这一切的一切与平时罗斯福注重人际交际，时时处处与朋友搞好关系是密不可分的。

可见，常常与朋友保持联系对你自己会有许多好处，一旦你碰上什么事情，朋友会直接或间接地帮助你。如果朋友之间平时没有什么联系，需要时就很难找上门去，即使找上门去，别人也不会乐意帮忙的。

规划出自己的人际关系圈

一个人应该广交朋友，俗话说："多一个朋友多条路。"朋友多了，办事就很方便顺利。有些人平时也喜欢交友，但就是到了真正需要时手忙脚乱，甚至一个人也找不到。这种人需要做的一件事情就是建立一个朋友档案。

不管你是否喜欢交朋结友，一个人一生中都离不开自己的朋友，这些朋友有的会成为你的至交。当然，交友是不能勉强之事，你无法勉强自己，也不能勉强对方，否则你们都无法建立这种友情之链。有时，当我们交友时，也真是难以一下子就断定你们能交往得有多密切，并且能持续多久，但不管怎样，你都可以采取一种更有弹性的做法，投缘的也好，不投缘的也好，通通将他们纳入你的"朋友档案"！

应该怎样建立自己的"朋友档案呢"？

首先，你可以把上学时的同学资料整理出来，毕业几年甚至几十年后，你会有很多同学分散在各种不同的行业，有的肯定已经干出点名堂，当你需要帮忙时，凭着你们原来的同窗关系，他们一定会帮你忙的。这种同学关系还可从大学向下延伸到高中、初中、小学，如能充分运用这种关系，这将是你一笔相当大的资源和财富。当然，要建立起这些同学关系，你得经常与同学保持联系，并且随时注意他们对你的态度。

其次，建立你身边的朋友的资料，对他们的专长作个详细记录，如他们的住所、电话、工作等。工作变动时，也要在你的资料上随时修正，以免需要时找不到人。

同学和朋友的资料是最不能疏忽的，你还可以在档案中记下他们的生日，并在有些人的生日寄上一张贺卡，或请吃个便饭，这样你们的关系一定会突飞猛进。平时注意保持这种关系，到你有事相求时，他们一定会尽力相助，万一他们自己做不到，也可能动用自己的关系网为你帮忙。

在应酬场合中认识的"朋友"也不能忽略，你们只交换过名片，更谈不上交情。这种"朋友"面很广，各行业各阶层都有，你不应把这些名片丢掉，应该在名片上尽量记下这个人的特征，以备再见面时能一眼认出。最重要的是，名片带回家后，要依姓氏或专长、行业分类保存下来。你不必刻意去结交他们，但可以找个理由在电话里向他们请教一两个专业问题，自然要提一下你们碰面的场合，或你们共同的朋友，以唤起他对你的印象。有过一二次"请教"之后，他对你的印象也会加深。当然，这种"朋友"不一定能帮你什么大忙，因为你们没有进一步的交情，但帮点小忙也许对他们来说是举手之劳。再说，你也不可能天天有很多要事去求人帮忙，很多情况下就是点小事。

现代社会，很多人开始使用电脑办公，因此你也可以用电脑建立一个朋友档案。也可用笔记薄，或用名片等等……总之，方法有许多，关键的是低估要善于并充分利用"朋友档案"，为自己事业的顺利进展点燃一把火。

杜维诺面包公司是纽约一家高级的面包公司，这家面包公司的老板杜维诺一直试着要把面包卖给纽约的某家饭店。一连4年，他每天都要打电话给这家饭店的老板，他也去参加那个老板的社交聚会。他还在该饭店订了个房间，以便找机会与老板谈谈。但是经过长时间的努力，他都没有成功。

杜维诺开始反省自己，决定改变策略，收集了这家饭店老板的个人资料，为他建立了一个"朋友档案"，终于找出了这个人最感兴趣、最热衷的东西。这个老板是一个叫作"美国旅馆招待者"的旅馆人士组织的一员，由于他的热情，还被选举为主席以及"国际招待者"的主席。不论会议在什么地方举行，他都会出席，即使跋山涉水也决不落下。

给他建立一个小档案后，杜维诺再见到那个饭店老板的时候，就开始谈论他的组织。杜维诺得到的反应令人吃惊，那个老板跟他说了半个小时，都是有关他的组织的，语调充满热情，并且一直在笑着。在杜维诺离开他的办公室前，他还把他组织的一张会员证给了杜维诺。

在交谈过程中，杜维诺一点儿都没有提到卖面包的事，但过了几天，那家饭店的厨师长打电话给他，要他把面包样品和价目表送过去。

那位厨师长在见到杜维诺的时候说："我不知道你做了什么手脚，但你真的把老板说动了！"

后来，杜维诺与这位老板成了无话不谈的好朋友，他说："想想看吧！我缠了那个老板4年，就是想和他做大生意。如果我不建立他的个人小档案，不去用心找出他的兴趣所在，了解他喜欢的是什么，那么我至今也不能如愿。"

建立和善用交际圈是一种深刻地了解人，并与之保持有效联系的方式。掌握了这一细节，并善加利用，自然免去了"人到用时方恨少"的苦恼。

其实，为人处世不仅要会建立自己的人际关系网，更要有所侧重地学会筛选自己的人际关系网，使它更有效。

在工作与生活的过程中，搜集与组织关系网其实是有可能的，但试图维持所有关系似乎是不可能的，而想要在现有的人际网络内加进新的人或组织就更加艰难。因此，在组建人际关系网的时候，必须学会筛选。换言之，你必须随时准备重新评估早已变得难以掌握的人际网络；对现有的人际关系网重新整理；放弃你已不再感兴趣的组织和人。

筛选虽然不容易，但仍是可以做得到的。选择本来就是一件很困难的事，结果往往更令人痛苦。然而有句话说得很对：有失才有得。

你衣柜满了，需要清理与调整，以便腾出空间给新的衣服。同样的道理，你的人际关系网也需要经常清理。

国际知名演说家菲立普女士曾经请造型顾问帕朗迪帮她做造型设计。菲立普女士说："整理出来的衣服总共分成三堆：一堆送给别人；一堆回收；剩下的一小堆才是留给自己的。有许多我最喜欢的衣物都在送给别人的那一堆里，我央求帕朗迪让我留下一件心爱的毛衣与一条裙子。但她摇摇头说道：'不行，这些也许是你最喜爱的衣服，但它们却不适合你现在的身份与你所选择的形象。'由于她丝毫不肯让步，我也只得眼睁睁地看着自己的大半衣物被逐出家门。我必须学着舍弃那些已不再适合我的东西，而'清衣柜'也渐渐地成为我工作与生活的指导原则。不论是客户也好，朋友也好，衣服也罢，我们必须评估、再评估，懂得割舍，以便腾出空间给新的人或物。我也常用这个道理与来听演讲的听众分享，这是接受并掌握生活不断变动的一种方法。"

为此，我们在建造人际结构时，就要努力为自己建造一种能够进行新陈代谢的开放性人际结构。而一切使人际结构僵硬化、固定化的态度和方法，都是应当抛弃的。

及时修复关系

人在职场犹如人在旅途，总是需要有几个朋友相伴而行，一是可以相互驱赶心头的寂寞，二是在遇到艰难险阻的时候，可以相互帮助，相互鼓励，一起与困难作斗争。但是，不知为什么总有人在告诫职场新人，要他们与同事保持距离，警告他们千万不要发展办公室友谊，并教给他们在办公室内步步为营、暗施巧技、克敌制胜的"职场功夫"，一副与公司所有同事不共戴天的样子。其实，职场中人至少有1/3的时间与同事在一起，相互之间天生并没有深仇大恨。

过几天就是小王的生日了，小刘作为同学和同事，想给她办一个热闹的生日

Party。小刘在北京一个很有名的歌厅订了一个包厢,生日蛋糕和其他准备工作都做好了,她想到时给小王一个意外的惊喜。但小王从另外一个同学那里得知这事后,找到小刘说自己不习惯去那种地方,所以不愿去那种地方过生日。小刘一听非常生气:"一切都准备好了,怎么办?"小王说:"你自己看着办吧。"听小王这么说,小刘气愤地说:"你怎么这么自私!为了你的生日Party,我花了钱不说,还费了这么多心血,你怎么一点也不知好歹!"没想到小王只淡淡回了她一句:"是你过生日,还是我过生日?"于是,双方心中的积怨像火山爆发了,她们的友谊也到此结束。

现代职场中也有不少人像小王和小刘一样在热切地追求着友谊,渴望着友谊,但是她们却不懂得该如何呵护这份友情,以至于一点点小事也会导致友情之花的凋谢和枯萎。因而,有人指出,人们应该经营自己的事业一样去经营自己的友谊。

首先,要学会善待和体谅他人,凡事不要过于苛求。

孟子说:"爱人者,人恒爱之;敬人者,人恒敬之。"每个人都有自己优点和长处。同样,每个人也都有缺点和弱点。如果你向来注意的是朋友的优点,你就会爱友敬友,对朋友的弱点或过错就能不介意;如果你平时耿耿于怀的是朋友的缺点和不当,你就会什么都不顺心、不满意。

对于血肉之躯的人来说,受人挑剔和轻蔑是不痛快的,只会滋生对抗心理,许多夫妻不睦、家庭不和以及离婚事件,都是源于家人间相互的挑剔和责怪。所以,我们要学会"爱人"、"敬人"的本领,就不要乱挑剔,这也不是那也不是。和睦相处的秘密就在于彼此尊重对方的弱点。推而广之,要想获得深厚的友谊和建立良好的人际关系,就必须从宽容他人的弱点开始。

水至清则无鱼,人至察则无徒。没有鱼的水是死水一潭,没有朋友的人也是不可想象的。与人交往时,我们必须对朋友的人格独立、人身自由、行动自主,给予足够的尊重。彼此行为协调、关系密切的程度,应由双方的意愿、交往的实际决定,千万不能不顾实际、强求一致。过分地强求,不是违心地改变自己,就是蛮横地改变朋友。前者是愚蠢,后者是霸道。苛求是自设罗网,自缚手脚,只能损友害己,失去友谊,失去朋友,所以人际交往不能苛求什么都相同。

这样看来,如果小王不那么苛求小利,并能体谅小刘为自己的生日Party所耗费的很多心血的话,她们的友谊也不至于中断,不过话说回来,如果小刘能够包容小王一些,不至于情绪失控的话,可能她们也不至于走向那么不堪收拾的地步。

古语说:人非圣贤,孰能无过。包容就是不计较,事情过去了就算了。每个人都犯过错,如果执着于其过去的错误,就会形成思想包袱,不信任、耿耿于怀、放不开,这样既限制了自己的思维,对别人也是一种阻碍。

其实,包容还是一种必不可少的品质,一种正确的自我意识的体现。一个人只有正确地认识了自己,才会有包容的胸怀。包容是极高思想境界的升华,是一个人品质的体现，是一种崇高的境界。表面上看，它只是一种放弃报复的决定，这种观点似乎很消极，但真正的包容却是一种需要巨大精神力量支持的积极行为。我国有一位著名心理学家曾经说过："人类心理的适应，最主要的就是人际关系的适应，人类心理的病态，也主要由人际关系的失调而得来。"而人际关系的失调严重伤害人的身体健康，所以必须学会包容。包容得到的收益是人际关系的协调和适应。

有一次，小冯和办公大楼的管理员发生了一场误会，这场误会导致了他们两人之间的彼此憎恨，甚至演变成激烈的敌对态势。这位管理员为了表示他对小冯的不悦，在一次整栋大楼只剩小冯一个人时，他就立即把整栋大楼的电灯全部关掉。这样的事情连续发生了几次后，小冯终于忍无可忍了。

转眼又到了下个周末，小冯刚在桌前坐下，电灯灭了。小冯跳了起来，奔到楼下锅炉房。管理员正若无其事地边吹口哨边添煤。小冯一见到他就不由地破口大骂，直到把所有能想到的骂人的话全骂完了才停下来。这时，管理员站直身体，转过头来，脸上露出开朗的微笑，他以一种充满镇静和柔和的声调说道："呀，你今天晚上有点儿激动吧？"

你完全可以想象小冯当时是一种什么感觉，面前的这个人是有这样那样的缺点，况且这场战斗的场合以及武器都是小冯挑选的。小冯非常沮丧，甚至恨这位管理员恨得咬牙切齿，但是无可奈何。回到办公室后，他好好反省了一下，终于想通了，他感觉没有什么其他的办法了，他只能道歉。

小冯又回到锅炉房。轮到那位管理员吃惊了："你有什么事？"

小冯说："我来向你道歉，不管怎么说，我不该开口骂你。"

这话显然起了作用，那位管理员不好意思起来："不用向我道歉，刚才并没有人听见你讲的话，况且我这么做，只是泄泄私愤，对你这个人我并无恶意。"这样一来，两人竟互生敬意，一连站着聊了一个多小时。

从那以后，小冯和管理员居然成了好朋友。小冯也从此下定决心，以后不管发生什么事，绝不再失去自制力。因为一旦失去自制力，另一个人——不管是一名目不识丁的管理员，还是一位有教养的人——都能轻易地将他打败。

可见，为人处世，赢得友谊，一定要学会控制自己的情绪，包容别人，只有这样才能驾驭自己，赢得别人，以至于赢得世界。

从小冯很好地处理和管理员的矛盾之中，也看出勇于承认自己的错误，向别人道歉带来的益处。在修复关系时，学会恰当地运用一点幽默，可以达到化解尴尬与冲突，与别人和谐相处的目的。

大家都知道丘吉尔那段著名的幽默。有一次，时任英国首相、陆军总司令的丘吉尔去一个部队视察。天刚下过雨，他在临时搭起的台上演讲完毕下台阶的时候，由于路滑不小心摔了一个跟头。士兵们从未见过自己的总司令摔过跟头，都哈哈大笑起来，陪同的军官惊惶失措，不知如何是好。丘吉尔微微一笑说："这比刚才的一番演说更能鼓舞士兵的斗志。"效果的确如丘吉尔所戏言的，士兵们对总司令的亲切感、认同感油然而生，因此更坚定地听从总司令的命令，去英勇地战斗。

可见在人生之中人与人之间发生矛盾、冲突和不快是在所难免的，但是，你可以运用开阔的心胸，去宽容他人；你可以真诚地道歉，去感动他人；你还可以运用幽默，去化解一切的尴尬……因此，只要你以一颗善良、真诚的心灵，去追求和呵护一份友谊，你就能够得到别人友情的回报，真诚地帮助和尊敬，为你的人生之路铺就起成功的桥梁。

以诚信赢得人脉

中国人特别崇尚忠诚和信义，因为诚信是为人处世的根本，而"信、智、勇"更是人自立于社会的三个条件。诚信是摆在第一位的。"言必信，行必果"是中国人与他人交往过程中的立身处世的原则。

《论语》上说："信近于义，言可复也。"一个做事做人均无信的人，是很难在社会上立足的，因为人们均不齿于那些言而无信的人，所以孔子说："言而无信，不知其可也。"

某教授学识渊博，气质儒雅，颇令一拨拨青年学子为之倾倒，真可以说是桃李满天下了。在经商潮的冲击下，他也跃跃欲试地兼任了一个什么信息与广告咨询事务所的经理。

一天，某小杂志社的主编经人介绍来到教授家，教授热情而又不失矜持地接待了他，一番寒暄过后，主编道出来意。原来，他们这个小杂志社有心搞一项文化活动，以扩大自己的影响和募集一些资金，想请他出面帮帮忙。

教授仔细询问了一番之后，如同面试学生而感到还算满意似的，微微抬起下颌频频点头："嗯，你们的想法很好，这样搞就对路子了，我愿意帮助那些有作为的年轻人。"接着他又蛮有把握地许诺说："我的学生中现在有许多已经是企业和一些部门的领导了，他们一向很尊重我，也非常关心和支持我现在搞的这桩事业。我请他们搞点赞助、广告什么的，估计不成问题。"

教授一次次蛮有把握的回话，使主编大喜过望，信心也立时大增，连忙动用各种关系，好话说了千千万，才有一些"德高望重"的名人答应来捧场。

就在主编等着教授许诺肯定能够拉来的赞助款到来，以便发布消息的时候，教授忽然销声匿迹了。各路菩萨都已一一拜到，杂志社不但白白劳神费力搭线，而且从此更会失信于人。

后来，朋友碰到老教授，提起这事，他的两颊不禁泛起了红晕，他叹着气说："唉，为拉赞助，我不知费了多少口舌，跑了多少路，好话说了几十车，把我的老脸都丢尽了！谁知那些人原来说的好好的，什么愿意给文化事业投点资呀，什么您出面我们还有什么可说的……可事到临头，该往外掏钱了，就又都变卦了！这下我可倒好，成了猪八戒照镜子——里外都不是人了！"

可见，失信往往会使一个人陷入困境，也许有人会说，一个善意的谎言是为了解救他人和自己，是一种在困境中的解脱。但是常用这种谎言表达，会使你丧失在人群中的可信度。

一个人拥有比他的职位和成就更伟大的东西——诚实，这比获得财富更重要，比拥有美名更持久。

在19世纪中期有一个正义与诚实的代名词——"亚伯拉罕·林肯"。

在林肯还没有成为总统的时候，他从事过店员这个职业，一次为了把零钱还给一位夫人，摸黑跑了6英里的路，而不是等到下次再找那位夫人，就是这件事体现了林肯诚实的品格，从而使人性中诚实这种高贵的品质被象征地说成"亚伯拉罕·林肯"。

在林肯从事另一个职业——律师的时候，有一次，他在处理一桩土地纠纷案，法庭要当事人预交10000美元，那个当事人一时还筹不到这么多钱，于是，林肯说："我来替你想想办法。"林肯去了一家银行，和经理说他要提10000美元，过两个小时就能归还。经理什么也没说，也没有要林肯填写借据，就把钱借给了他。正是因为林肯诚实的品德，使得经理才如此相信他。

伊利诺斯州斯普林菲尔德的一名律师是这样评价林肯的，他说："如果没有把握为当事人打赢官司，他就不接案子。法庭、陪审团和检查官也都知道，只要亚伯拉罕·林肯出庭，他的当事人就肯定是正义的一方。我并不是站在政治立场上说这番话的，我和他属于不同的党派，但事实的确如此。"

有一次，林肯的盟友劝说他，只要能获得两个敌对代表团的选票，他就能成为内阁的候选人。但这样就会要林肯违背自己坚持的原则——说不真实的话，林肯拒绝了朋友这种劝说，坚决地说："我不会同人民讨价还价，也不会受制于任何势力。"

因为他追求的是正义、追求的是人格完美。林肯一次又一次地拒绝说谎的诱惑，没有在金钱的引诱下迷失方向，没有为赢得权力而放纵自己。最终成为了美国最伟大的总统之一。

讲信用，是做人的基本品德。如清朝人王永彬在《围炉夜话》所说："一个信字是立身之本，所以人不可无也。一信字是接物之要，所以终身可行也。"意思是说诚信是人不可没有的"立身之本"。一个人不讲诚信，周围的人就无法相信他，他在社会上也会受到孤立和谴责。反之，讲信用的人，历来受到社会的赞赏。也为自己赢得他人的信任，获得了发展的机遇。

　　一位名牌大学计算机专业毕业的大学生满怀着信心到一家开发游戏软件的大公司应聘。他从中学时代就开始玩计算机，又经过了大学4年的深造，更是如虎添翼。他最感兴趣的就是在计算机上玩游戏。因此，当这家公司录取他时，他高兴得快合不拢嘴了。

　　上班的第一天，部门经理告诉他说："以后，你每天上班，最好能提前半小时到办公室。"

　　年轻人很惊讶地问："先生，请问这是为什么？"

　　经理直截了当地告诉他："打扫办公室的卫生。"

　　年轻人对此十分不满，也感到非常沮丧。但经理不容分辩地走开了。他无法想象像他这样的一个计算机专业的高才生居然要每天提前到办公室打扫卫生，干如此低等的活！

　　第二天，他提前来上班了。到了办公室后，他愤愤不平地巡视了一圈，然后坐下来，开始考虑自己在这家公司的前途。当然，他并没有打扫卫生。

　　片刻后，竟然进来了一位清洁工。

　　清洁工闷声不响地干完了活，就离去了。年轻人觉得这一切很有意思，也许这是个考验他的圈套，也许是有人忘了通知清洁工今天不用来上班了，反正这一切都显得有些古怪。

　　接下去的几天，他每天都提前半小时到办公室，而片刻后，清洁工总是如期而至，他始终没有动手打扫卫生。连着一星期都是如此。

　　一星期后，他去经理办公室汇报工作。工作汇报完毕后，他很坦率地向经理说明了这一星期的"打扫卫生"情况：

　　"事实上我一天的活都没有干过，因为清洁工总是准时来到办公室，如果这是一个考验我的圈套，我认为毫无必要，作为一家著名的大公司，这样的考试方法并不高明。"

　　年轻人鼓足勇气说出了这一番话。

　　经理笑了，说："这是一个误会。这里不存在着你所说的圈套。事情是这样的，你刚来上班时，负责我们办公室卫生的清洁工生病了，当时你的工作还未完全安排好，因此先让你打扫几天办公室的卫生，公司为此将会支付给你工资。这一星期，你干得很出色。"

　　"但我并没有干，事实是这样，先生，我很抱歉。"年轻人回答说。

　　"不，你之所以没有干是因为误会。这段时间你每天都提前到办公室，如果不是误会，你会干的。"

　　"我并不太乐意干这个，我得承认。"

经理又笑了:"所有的同事都以为是你干的,包括我在内。只有那位清洁工知道,如果你不说出真相的话。小伙子,你非常诚实。"

年轻人有点迷惑地看着这位态度和蔼的经理,有些不知所措。他站起来准备告辞。

经理走到他面前,告诉他公司已准备将他调往一个比较重要的岗位去工作。

年轻人目瞪口呆,叫道:"可我什么都没干啊!这么说这中间还是有一个考验的圈套,是吗,先生?这太荒唐了。"

"不,不,不,小伙子,这里没有你所谓的圈套,有的仅仅是公司管理制度的不够完善。你什么都没干,正如你所说的。但有一点你干了,而且干得很出色,那就是你的主见,还有你的诚信。打扫卫生仅仅是一个误会,但对公司来说,你的诚信,却是一个意外的收获。"

这位年轻人就是美国最著名的计算机软件开发工程师之一——威廉·赫德森。

其实,诚信之所以能带给人意想不到的机遇,很大程度上是因为一个人的诚信博得了他人的尊敬和信赖,这是营造良好的人际关系,使你走出困境,使自己的事业走向成功的一个关键。

李亚丽是某工厂的一名下岗职工,丈夫所在的工厂也不景气,每月只能发300元,加上她的下岗补贴,不足400元,可家里还有两个孩子上学,日子过得非常艰难。

政府为了解决下岗职工再就业的问题,在城区建了一个菜市场,鼓励下岗职工进行自食其力的劳动。

亚丽和丈夫一商量,借了400元钱,再加上家里仅有的100元钱,租了一个菜摊,准备卖菜。

夫妻俩说干就干,第二天就把摊支开了,亚丽跑上跑下,抱着批来的蔬菜,就像抱着自己的第一个儿子一样,心里喜滋滋的。

一天下来,算一算账,赚了12元多,亚丽心里甭提有多高兴了。

然而好景不长。这个位置太偏,人们购菜都不愿跑那么远,于是菜市场就慢慢地冷落了,有时候,一天连一斤菜也卖不出去,亚丽决定第二天就收摊,不再卖菜了。

第二天,快下班的时候,有一个黑黑的中年人跑到这里,买了5斤西红柿让亚丽包装好,说待会儿再来拿。可是亚丽守着摊什么也没卖,一连等了5天,这个人终于来了,亚丽赶忙喊了他,给他西红柿,可一看,西红柿全坏了,于是亚丽拿出口袋里仅有的5元钱,去外边买了5斤西红柿,交给了中年人。

中年人怔怔地看着亚丽和空空的菜摊,好像明白了什么,轻轻地问:"这几天你一直在等我?"

亚丽慢慢地点了点头。

中年人略略思索,麻利地掏出笔,刷刷地在纸片上写着,递给亚丽说:"我是附近工厂的伙食长,每天都到城里买菜,往后你就照这个单子每天给我厂送菜吧。"

亚丽惊喜地接过纸片。

从此,亚丽每天就按时给工厂送菜,从而摆脱了家中的困境,生活慢慢好起来。

在这个小故事中,亚丽可以说是因祸得福,而她得福的主要原因,还是归功于她的真诚,正是这样才赢得他人的感情,从而使自己走出窘境。

青年人在生活和工作中要注意不断地培养与他人之间的感情,这样才更利于自身的发展。同事关系就是其中最典型的一种,融洽的同事关系,是成功的要素之一。

人际关系的成长是人生中的一件大事。和谐的人际关系,不但有利于事业的发展,还有利于个人的健康。

要搞好人际关系,就要具备一定的素质。诚信就是其中不可缺少的一项。

小事之中见真情

友爱,不光只对朋友,把友爱善意撒向他人,随一份友谊的情缘,同样也会收获一片明媚春光,人间因此更美好,人情因此更温暖。反之,相互仇视就像为了逮一只耗子而不惜烧毁自己的房子,弄得两败俱伤。"人"字是相互支撑的结构,请让我们伸出援手,因为我们彼此都需要对方。

1995年的圣诞节前夕,16岁的比利一直忙着扮演帮圣诞老人跟小朋友合照的一个小精灵,以便凑足自己的学费。随着圣诞节的来临,圣诞天地的工作益发繁重,但经理玛丽总在适当的时候给他一个足以鼓舞士气的微笑,使他取得了最好的业绩。为了感谢经理玛丽,比利决定在圣诞夜送一份礼物给她。但下班的时候就6点了,当他冲出去时,却发觉周围几乎所有的店都关门了。但比利实在想买个小礼物送给玛丽,虽然他没有多少钱。

回去的路上,比利竟然看到史脱姆百货公司还开着门,于是他以最快的速度冲了进去,来到礼品区。等冲进去后,比利才发现自己跟这里格格不入,因为这个店是有钱人光顾的地方,其他顾客都穿得很漂亮,又有钱,在这个店里,比利怎么指望会有价钱低于15元的东西呢?

这时,一位女店员向比利走过来,亲切地询问能否帮他。此时,周围的人都转过头来看他。比利尽可能低声说:"谢谢,不用了,你去帮别人吧!"女店员看着他,笑了笑,坚持道:"我就是想帮你。"于是,比利只好告诉她他想买东西给谁,以及为什么买给她,最后羞怯地承认自己只有15元。而女店员呢,似乎很开心,思考了一会儿,就开始动手帮他选。然而百货公司的礼物已所剩无几了,她仔细地挑着,摆成了一个礼物篮,一共花了14元9分。当一切完成后,商店就要关门,灯已经熄了。

当时，比利站在那里迟疑了一会儿，想着回家怎样才能包装得更漂亮点。女店员似乎猜到了比利在想什么，问他："需要包装好吗？""是。"比利回答。此时，店门已经关了，一个声音在询问是否还有顾客在店里。女店员没有丝毫的犹豫，就走进后场，过一会儿她回来了，带着一个用金色缎带包裹得非常精美的篮子。比利简直不敢相信自己的眼睛，当他向女店员道谢时，她笑着说："你们小精灵在购物中心为人们散播快乐，我只是想给你一点小小的快乐而已。"

"圣诞快乐！"当他把礼物送到玛丽的面前时，她竟欢喜地哭了，比利感到很开心！

一个假期，比利脑海中不断浮现出那个女店员微笑的面容，一想到她的善良以及带给自己和玛丽的快乐，比利总想为她做点什么。能做什么呢？比利惟一能做的就是给百货公司写了一封感谢信。

比利觉得这件事就这么过去了，但一个月后，突然接到芬尼，也就是那个女店员的电话，请他吃顿午餐。当碰面时，芬尼给了比利一个拥抱，一份礼物，还讲了一个故事。

原来，因为这封信，芬尼成了史脱姆百货公司的服务明星。当宣布芬尼得奖时，芬尼很兴奋，也很迷惑，直到她上台领奖，经理朗读了比利的信时，她才恍然大悟，每个人都报以一阵热烈的掌声。

芬尼的照片被放在大厅，而且还得到一个 14K 金的别针和 100 元奖金。然而更棒的是，当她把这个好消息告诉父亲时，父亲定定地看着她说："芬尼，我实在为你骄傲。"芬尼激动地握着比利的手，说："你知道吗？我长这么大，父亲从来没对我说过这句话！"

那个时刻，比利一辈子都记得。它让比利了解到一个微不足道的帮助将会给他人带来多么大的改变。芬尼漂亮的篮子、玛丽的快乐、比利的信、史脱姆百货的奖励、芬尼父亲的骄傲，整件事至少改变了三个生命。当然，更重要的是通过这件小事，对比利来说，他还获得芬尼和玛丽之间真挚的友情。

其实，一个人要想获得别人的友情并不难，只要你能够从小事做起，用点点滴滴的真情去打动他人，相信你最终会赢得真情的回报。历史上有不少大人物都是深谙此道，以此赢得属下的爱戴，使自己顺利渡过难关。

刘邦设计逼走范增后，项羽又羞又愧，命令军士加紧攻荥阳，定要活捉刘邦，碎尸万段，方解心头之恨。

楚军里三层外三层，把荥阳城围得水泄不通。城里粮草即将用尽，破城就在旦夕之间了。凭着现有的军队，要突围而出谈何容易。刘邦急得团团转，谋士陈平束手无策。正在这时，将军纪信进来求见。

纪信的身材长得颇像刘邦。他说："大家都在这里等死，不是办法。请允许我假扮成大王，从东门引开楚军，大王乘机从西门出城，搬取救兵，以胜楚军。"

刘邦觉得纪信这样做太危险，于心不忍。纪信流着泪说："现在不这样做，城破以后，玉石俱焚，我死了又有什么作用？我出城引敌，大王能够脱离危险，全城将士也可获救，如此死了，值得！"他见汉王还在犹豫，拔出佩剑，就要自刎。陈平赶忙拦住，说："将军如此忠义，实在令人钦佩。"又转过头劝刘邦："看来，眼下也就只有这个办法了。"

刘邦两眼垂泪，起身离座，拉着纪信的手说："将军的一片诚心，感天动地。寡人知道将军家中还有老母、妻子和年龄尚幼的子女。以后，将军的母亲，就是寡人的母亲，将军的夫人，就是寡人的弟妹，将军的子女，也由寡人替你抚育……"刘邦说着说着，已泣不成声。陈平也眼圈发红。

半夜时分，陈平召来两千名年轻妇女，一律穿上汉军戎服，装扮成汉军兵士。纪信身着汉王衣冠，乘坐覆盖着黄绢的专车，打着汉王的大旗。一切准备妥当，三声炮响，荥阳城东门大开，一行人拥着"汉王"，徐徐出城。城上的汉军齐声呐喊："我们的粮食吃光了，汉王愿意投降！"

守在城南、城北和城西的楚军纷纷围过来看热闹。他们连年作战，终于盼到了胜利的这一天。

项羽也赶到东门。他用手撩开车帘，请"汉王"出来相见。哪知，车上坐的根本不是刘邦，随行的汉军，也全是女的。再次受到愚弄的项羽气得两眼喷火，厉声责问纪信："汉王究竟在哪里？"

纪信不慌不忙，用手朝后边指了指，说："我出东门的时候，汉王已经从西边出城了。"项羽还要再问，纪信却闭上眼睛。项羽下令："架起柴火，烧死他！"熊熊烈火里，传出纪信豪放的大笑声。

这一次，刘邦总算死里逃生，两行热泪以及几句催人泪下的话，赢得了纪信的忠心，保住了身家性命。

古语说："感人心者，莫过于情。"人们在作出某种决定时，事实上是依赖人的感情和五官的感觉来作判断的，也就是说感情可以突破难关，更能诱导反对者变成赞成者，这是潜在心理术的突破点。

尼克松 1952 年被共和党提名为副总统候选人，竞选期间，突然传出一个谣言，《纽约邮报》登出特大新闻："秘密的尼克松基金！"开头一段说，今天揭露出有一个专为尼克松谋经济利益的"百万富翁俱乐部"，他们提供的"秘密基金"使尼克松过着和他的薪金很不相称的豪华生活。尼克松对此本不想理睬，然而，候选人的清白问题是个敏感的公共事务，它是不会轻易被人忘掉的，加上对手的有意利用，谣言越传越凶。民主党人举着大标语："给尼克松夫妇冰冷的现钱！"在波特兰，示威者全力出动，聚在一起向尼克松扔小钱，扔得那样凶，逼得他在车上低下头……不认真对待不行了，尼克松决定发表电视演说，他在电视演说中叙述了那笔经费的来源和使用情况，还宣读了会计师和律师事务所的独立证词，解释基金是完全合法的。

尼克松非常明白，不利舆论已经气势汹汹，单靠说明"这件事"的真相是远远不够的。他要公布他的全部财务状况来证明自己的清白。他从青年时期开始，说到当前，最后总结说："我现在拥有一辆用了两年的汽车、两所房子的产权、4000元人寿保险、一张当兵保险单。没有股票，没有公债。还欠着住房的3万元债务，银行的4500元欠款，人寿保险欠款500元，欠父母3500元。"

"好啦，差不多就是这么多了，"尼克松说，"这是我们所有的一切，也是我们所欠的一切。这不算太多。但帕特（尼克松夫人）和我很满意，因为我们所拥有的每一角钱，都是我们自己正当挣来的。"当时，他无疑已把广大听众争取过来了。

为了借此机会进一步地加深与公众的感情，赢得大多数的支持，尼克松将演说的现场设在了书房，出场人物是尼克松和夫人帕特、两个女儿及一条有黑白两色斑点的小花狗，大家相拥而坐，表现出一个充满温暖的中上等幸福家庭。对听众谈话时，尼克松也不时看着妻、女、爱犬，"还有一件事情，或许也应该告诉你们，因为如果我不说出来，他们也要说我一些闲话。在提名（为候选人）之后，我们确实拿到一件礼物。得克萨斯州有一个人在无线电中听到帕特提到我们两个孩子很喜欢要一只小狗，不管你们信不信，就在我们这次出发做竞选旅行的前一天，从巴尔的摩市的联邦车站送来一个通知说，他们那儿有一件包裹给我们，我们就前去领取。你们知道这是什么东西吗？

"这是一只西班牙长耳小狗，用柳条篓装着，是他们从得克萨斯州一直运来的——带有黑、白两色斑点。我们6岁的小女儿特丽西娅给它起名叫'切克尔斯'。你们知道，这些小孩像所有的小孩一样，喜欢那只小狗。现在我只要说这一点，不管他们说些什么，我们就是要把它留下来！"

美国人爱狗是有名的，尼克松得到的惟一礼物就是一只小狗，何况那是送给6岁女儿的，为了孩子，这是他惟一要别人的东西。还有比这更富于人情味的吗？还有比这更与普通选民情感相通的吗？何况，那只可爱的小花狗正依偎在6岁女儿的怀里呢……

说变就变！支持的电报和信件雪片般飞来，尼克松出色地利用舆论——以其人之道还治其人之身，抬高了自己的身价，化解了危机，赢得了民众的支持。

这件事充分说明了小事见真情的道理。因此，我们在为人处世的过程中，要想赢得他人的好感，就不要吝惜在小事中抛洒真情，施予爱心，相信你定能收获无数的友爱之情，无怪乎人们常说："得人心者得天下。"最起码，你的一份真情，定能获得他人的一份真心的回报，即使不在今天，也将在不远的未来。

和成功者在一起

我们在阅读名人传记时，会发现这些成功的人士背后都有深厚的社会背景，查一查这些科学界、政治界、金融界的名人家谱，都可以看到周围雄厚的人脉资源和政治资本。实际上，有许多的人际关系就在我们身边，只是有许多人不知道去利用这些可以帮助我们的人罢了。

人类是以社会形态生存着的，在我们每个人的一生中都会有很多朋友，他们在各行各业占有一席之地，也许某天就成为我们自己的贵人。贵人是根据我们发展的不同阶段而变换的。因此，我们需要建立一个良好的关系网，来帮助我们寻求可以帮助我们的人。有时候，你距离目标只有一步之遥，而关键就在于你能否找到实现目标的资源。克富洛夫说："现实是此岸，理想是彼岸，中间隔着湍急的河流，行动则是架在河上的桥梁。"现代社会里，人脉又是行动必须的桥梁。如果我们想要把"也许伟大"的想法付诸行动，就必须寻找他人的帮助。

特别是你在创业中，或是事业正处于成功的前夕，遇到了困难或是意外的事，已远远超出你的能力范围，你面临的或是不能继续创业，或是已付出的精力、财力的事业将半途而废，这时，如果有人帮你一把，你就能获得成功。瓦特发明蒸汽机的事例充分说明了成功是离不开他人相助的：

瓦特是世界公认的蒸汽机发明家。他发明的蒸汽机是对近代科学和生产的巨大贡献，具有划时代的意义，它导致了第一次工业技术革命的兴起，极大地推进了社会生产力的发展。

1736年，瓦特出生在英国苏格兰格拉斯哥市附近的一个小镇格里诺克。1756年，他来到格拉斯哥市，想当一名修造仪器的工人。由格拉斯哥大学教授台克介绍，他才进入格拉斯哥大学当了修理教学仪器的工人。这所学校拥有较为完善的仪器设备，这使瓦特在修理仪器时认识了先进的技术，开阔了眼界。在此阶段，他对以蒸汽做动力的机械产生了浓厚的兴趣，开始收集有关资料。为此，他还特意学会了意大利文和德文。在大学里，他认识了化学家约瑟夫·布莱克等人，并从他们那里学到了很多科学理论知识。

1764年，学校请瓦特修理一台纽可门式蒸汽机。在修理的过程中，瓦特熟悉了蒸汽机的构造和原理，并且发现了这种蒸汽机的两大缺点：活塞动作不连续而且慢；蒸汽利用率低，浪费原料。以后，他开始思考改进的办法。直到1765年春天，一次散步时他想到纽可门蒸汽机的热效率低是蒸汽在缸内冷凝造成的，为什么不能让蒸汽在缸外冷凝呢？他产生了采用分离冷凝器的最初设想。同年，他设计了一种带有分离冷凝器的蒸汽机。从理论上说，他的这种蒸汽机优于纽可门蒸汽机，但要变为实在的蒸汽机，还要走很长的路。他辛辛苦苦地造出了几台蒸汽机，效果反而不如纽可门蒸汽机，甚至四处漏气，无法开动。耗资巨大的试验使他债台高筑，但他没有在困难面前怯步，而是继续进行试验。

当布莱克知道瓦特的奋斗目标和困难处境时，他把瓦特介绍给了化工技师罗巴克。罗巴克在苏格兰的卡隆开办了一座规模较大的炼铁厂，并对科学技术的新发明倾注着极大的热情，非常赞许瓦特的新装置，大力赞助瓦特进行新式蒸汽机的试制。从1766年开始，在3年多里，瓦特克服了在材料和工艺等方面的困难，1769年研制出了第一台样机。同年，瓦特因发明冷凝器而获得他在革新纽可门蒸汽机的过程中的第一项专利。第一台带有冷凝器的蒸汽机试制成功了，但它同纽可门蒸汽机相比，除了热效率有显著提高外，在作为动力机来带动其他工作机的性能方面仍未取得实质性进展，即这种蒸汽机还是无法作为真正的动力机。

由于瓦特的这种蒸汽机仍不够理想，销路并不广。当瓦特继续探索时，罗巴克已濒于破产，他将瓦特介绍给了工程师兼企业家博尔顿，以使瓦特能得到赞助，继续进行研制工作。博尔顿是位能干的工程师和企业家。他对瓦特的创新精神表示赞赏，并愿意赞助瓦特。

博尔顿经常参加社会活动，他是当时伯明翰地区著名的科学社团圆月学社的主要成员之一。参加这个学社的人大多都是本地的一些科学家、工程师、学者以及科学爱好者。经博尔顿介绍，瓦特也参加了圆月学社。在圆月学社活动期间，由于与化学家普列斯特列等人交往，瓦特对当时人们关注的气体化学与热化学有了更多的了解，更重要的是，圆月学社的活动使瓦特进一步增长了科学见识，活跃了科学思想。

瓦特自与博尔顿合作之后，在资金、设备、材料等方面得到大力支持。他又生产了两台带分离冷凝器的蒸汽机。由于没有显著的改进，这两台蒸汽机没有得到社会的关注。这两台蒸汽机耗资巨大，使博尔顿也濒临破产，但他仍然给瓦特以慷慨的赞助。在他的支持下，瓦特以百折不挠的毅力继续研究。自1769年试制出带有分离冷凝器的蒸汽机样机之后，他已看出热效率低已不是他的蒸汽机的主要不足，活塞只能作往返的直线运动才是它的根本局限。1781年，他仍然参加圆月学社的活动，也许在聚会中会员们提到天文学家赫舍尔在当年发现的天王星以及由此引出的行星绕日的圆周运动启发了他，也许是钟表中齿轮的圆周运动启发了他，他想到了把活塞往返的直线运动变为旋转的圆周运动就可以使动力传给任何工作机。同年，他研制出了一套被称为"太阳和行星"的齿轮联动装置，终于把活塞往返的直线运动转变为齿轮的旋转运动。为了使轮轴的旋轴增加惯性，使圆周运动更加均匀，他在轮轴上加装了一个火飞轮。由于对传统机构的这一重大革新，他的这种蒸汽机才真正成为能带动一切工作机的动力机。1781年底，他以发明带有齿轮和拉杆的机械联动装置获得第二个专利。

1782年，瓦特试制出了一种带有双向装置的新汽缸，由此获得了他的第三项专利——把原来的单汽缸装置改装成双向汽缸，并首次把引入汽缸的蒸汽由低压蒸汽变为高压蒸汽。这是他在改进纽可门蒸汽机过程中的第三次飞跃。通过这三次技术飞跃，纽可门蒸汽机完全演变为了瓦特蒸汽机。

从最初接触蒸汽技术到蒸汽机研制成功，瓦特走过了二十多年的艰难历程。他虽然多次受挫、屡遭失败，但他仍然坚持不懈、百折不挠，在布莱克、罗巴克、博尔顿等贵人的鼎力帮助下，终于完成了对纽可门蒸汽机的三次革新，使蒸汽机得到了更广泛的应用，成为改造世界的动力。

1784年，瓦特以带有飞轮、齿轮联动装置和双向装置的高压蒸汽机的综合组装取得了他在革新纽可门蒸汽机过程中的第四项专利。1788年，他发明了离心调速器和节气阀，1790年，他发明了汽缸示工器。至此，他完成了蒸汽机发明的全过程。

由瓦特发明蒸汽机的经历，非常清楚地看到他人的帮助不可或缺的作用。处于奋进或创业或困境中的你、我、他，此时想：要是遇上可以帮助自己的人，那该多好呀！因为有他人相助，可以尽早尽好地取得成功。

得到他人帮助需要机遇，但是如若你有机会相识这样的人，也一定要把握好机会，善于与之相交，才能在人生之中获得帮助，让自己的命运从此得以改变。

但机遇不是侥幸得来的，由学徒发展成洲际大饭店总裁的罗拔·胡雅特，他的经历有很多值得相信"机遇"的青年人仔细回味的地方。

胡雅特是法国知名的观光旅馆管理人才。可是他当年初入这行时，不仅对这一行懵懂无知，而且还是带着几分勉强的心理。因为那完全是他母亲一手安排的，胡雅特一点也不感兴趣，但也没有反对的意思，只是浑浑噩噩。这样的工作方式，当然谈不上机遇不机遇。

刚进去的时候，胡雅特很不适应，便想离开，但他母亲认为，抱着怜悯自己、同情自己的心理，改变主意，以后就会形成习惯，一遇到困难就打退堂鼓，最终将会一事无成。胡雅特最后还是回到训练班，结果以第一名的成绩毕业，并侥幸进入罗浮的关系企业——巴黎柯丽珑大饭店。

胡雅特进去是当侍应生，但他知道，观光大饭店，接待的是各国人士，必须有多种语言的能力，才能应付自如。于是，他在工作之余，开始自修英语。3年之后，柯丽珑大饭店要选派几个人到英国实习，胡雅特被录取。

在英国实习一年回来后，胡雅特由侍应生升为了领班。接着，就获得一个机会到德国广场大饭店实习。胡雅特到德国后不久，正赶上20世纪30年代的经济不景气，观光旅客的人数跟着锐减，大饭店的经营非常不容易。他利用广场大饭店过去旅客的资料，动脑筋设计出一些内容不同的信函，分别寄给旅客，使广场大饭店平稳地渡过了这段艰苦的时期。他这些函件，其中有400多封，直到现在还有不少观光企业用它来作为招揽客人的范本。

这时候，胡雅特已经具备英、德、法三种语言能力，但一直没有机会去美国看看，于是决定请假自费到美国看一看。经理却决定特准予他公假，以公司名义派他去美国考察，一切费用公司承担。

胡雅特一到美国就去拜见华尔道夫大饭店的总裁柏墨尔，并把经理的亲笔信交给他，请他给自己一个见习机会，并要求从基层做起。

胡雅特真的从擦地板开始做起。胡雅特的做法，给他带来了好运。

有一天，华尔道夫的总裁柏墨尔到餐厅部来视察，看到胡雅特正在爬着擦地板。他跟这位来自法国的青年见过一面，印象颇为深刻，见他在擦地板，不禁大为惊讶。

"你不是法国来的胡雅特么？"柏墨尔走过去问。

"是的。"胡雅特站起来说。

"你在柯丽珑不是当副经理吗？怎么还到我们这里擦地板？"

"我想亲自体验一下，美国观光饭店的地板有什么不同。"

"你以前也擦过地板吗？"

"我擦过英国的、德国的、法国的，所以我想尝试一下擦美国地板是什么滋味。"

"是不是有什么不同？"

"这很难解释，"胡雅特沉思着说，"我想，如果不是亲自体会，很难说得明白。"

柏墨尔的眼睛里，突然闪起一道亮光，用力注视了他半天，才说："你等于替我们上了一课，下班后，请到我办公室来一趟。"

这次的相遇，使胡雅特进入了美国的观光事业。自此以后，胡雅特的事业蒸蒸日上，一直干到洲际大饭店的总裁，手下有64家观光大饭店，遍及45个国家。

从这些知名人士的身上，我们能够发现一种优良的品质：即善于创造机遇，主动结交朋友。其实，在现代社会，如果能够不断地扩大自己的交际圈，并且结交成功的人的话，对于一个人的事业的发展将是大有益处的。

第六章

大处着眼，小处着手
——领导不仅是做大事

✦ 把权力交给这样的人 ✦

到巴黎卢浮宫观光，除了有幸看到那里著名的达·芬奇油画《蒙娜丽莎》和美丽绝伦的维纳斯雕像等琳琅满目的艺术珍品之外，博物馆入口那座金字塔表建筑物的奇特造型，也令人无不叹为观止。

卢浮宫是位于巴黎市内塞纳河畔的一座古老宫殿，法国大革命之后，卢浮宫成了一座法国的国家博物馆。但那古老的宫殿里却显得阴暗潮湿，原来的出入口已无法容纳每天数以万计的游客，并且缺乏通往各展厅的通道。这个难题虽早在路易十四时就曾试图改造，但300余年来始终令法国建筑师们束手无策。20世纪80年代初，总统密特朗上任不久，便专门邀请著名美籍华裔建筑大师贝聿铭主持设计卢浮宫博物馆的改建工程。此决定立即引起当时法国建筑界和传媒的一片哗然，纷纷在报纸上撰文指责总统：不该把如此重任委托给一个中国人，丢尽了法国人的脸，感到无法接受。然而，高瞻远瞩的密特朗总统对贝聿铭的非凡才能则深信不疑，他顶住了来自舆论和议会的种种压力，初衷不移。

其实，贝聿铭之所以会毅然决定担此重任，不仅在于他具有丰富的经验和卓越的才能，并且他早已胸有成竹，具有十分的把握。贝聿铭先生出身于中国苏州望族，有名的狮子林原是他祖辈之园林。早年在上海圣约翰大学附中求学，1937年进圣约翰大学就读。以后他转赴美国留学，在著名的麻省理工学院攻读建筑，毕业后再进哈佛大学深造，获建筑硕士学位。20世纪40年代，他又跟随当时一位杰出建筑大师格鲁比斯实习，边工作，边深造。50年代初，贝先生赴欧洲开拓他的建筑事业。当时，他仔细考察了希腊神庙和英国教堂，并汲取了其中的精髓。他还在巴黎花了不少时间，悉心研究如何处理好卢浮宫中的建筑群和侧厅间布局之关系。可见他之所以能决定接受密特朗总统的亲自委托，决非偶然。

新建筑揭幕的那一天，卢浮宫各界名流云集，新闻传媒纷至沓来。当法国总统密特朗亲自将那金字塔形建筑物的巨大丝绒帷幕拉开时，顿时在人群中迸发出一片惊叹和欢呼声。但见那用钢条框着的连片玻璃方块，犹如用细丝网罩着一具无形的三维框架。那巨大的金字塔玻璃面上反射出周围建筑和蓝天白云，与美丽、宏伟的宫殿建筑融为一体。入晚之后，这座玻璃金字塔就像一座巨型水晶灯，光芒四射，十分壮观。

当人们走进那"金字塔"大门，便有宽畅的自动扶梯把成群的观众送至地下大厅。在华丽、明亮的大厅里，你可以方便地寻找到展出的信息和服务台。从这里顺利地通往3个楼面的10个展厅，其中包括古希腊、古罗马、古埃及的众多文物，也可以看到东方的瓷器、欧洲的油画和雕塑。在博物馆里，还设有礼堂、餐厅、礼品商店、贵宾室等功能设施，使参观者处处感到异常方便和舒适。

若干年来，国际建筑界已将这座由贝聿铭大师主持设计的杰作视为20世纪经典之作，并把它称作"贝氏金字塔"。这在近代建筑史上是绝无仅有的殊荣。

数十年来，在贝聿铭先生的主持指导下，已经创造性地设计了许多国际上著名的建筑物。其中如香港的标志性建筑——高矗云霄的香港中国银行大厦等，就是他的代表作。

可见，贝聿铭的确有建筑方面的天赋，难怪当年的法国密特朗总统慧眼识才，力排众难，委以重任。

对于现代企业领导来说，善于授权对于成就自己的事业是至关重要的。而授权能否成功的关键因素之一，在于你所决定选择的人选，能不能独当一面，胜任工作。因此，你必须要慎重考虑你要授权的人选，以下是你在选择授权对象时的判断要点，请你参考：

（1）这项任务对谁具有挑战性？谁能获益最多？谁能胜任？

（2）谁具有该任务所需的才能和意愿？

（3）达成这项任务须具备什么人格特质？谁具有这些人格特质？

（4）所需的人数是否不只一人？如果是，如何使这些人同心协力工作？

（5）完成这项任务需要过去的经验吗？安排某个人去获取这种经验，能否加强工作团队的实力？

（6）如果时间与品质要求允许的话，可以把这项任务作为团队成员的训练机会吗？

（7）被授权者目前的工作负荷是否够重？你是否需要协助他调整他的工作？

（8）你将如何监督工作进度以及如何评估工作成果？

美国一家著名企业的经理约翰先生曾经提到自己永远记忆深刻的一件事，就是在早期登上业务经理职位时，当时的总经理曾给了他一个终身受用不尽的教训："再坚强，再能干的主管，也要借助他人的智慧和能力，你惟一要做好的事情，就是仔细精选人才，训练他们，然后授权给他们，让部属尽量去发挥。"

他教导年青的约翰要成为一位敢向下授权的企业主管人，由于遵奉力行，使他在往后的日子里获益良多。他发现一个人的能力毕竟有限，想要成就一番大事业，领导者确实需要把自己的权力和责任适度地交由部属分担，分层负责，才是提高团队效率的捷径。

在日本有"经营之神"美誉的松下幸之助，就是一位非常善于授权的企业家，他经常告诫各级主管，不要像个管家婆，要授权，在分层负责的过程中，领导者只要扮演发号施令的角色就好。松下幸之助如是说：

"公司经营最重要的是分层负责。一个人想把所有的事情都揽在手里亲自处理，只能做到一个人的力量范围的事，无法成就大事。想要做大事，必须懂得分层负责。"

对松下而言，授权的秘诀就是："实力胜于资力"，"让年轻人任高职"。

松下之所以提出这样的主张，有其生理的、社会的理论依据。松下认为，一个人，30岁是体力的顶峰时期，智力则在40岁时最高。

过了这个阶段，智力、体力就会下降，慢慢地走下坡路。尽管也有例外，但大体情况如此，因此，职位、责任都应与此相适应，这才是合乎规律的。

阅历、经验，当然是年长者多一些，但这并不等于实力。松下提出的"实力"概念，是很有意味的。他认为，有实力，不仅要能知，而且更要能行，知行合一，才是实力的象征。老年人也许能知，但往往力不从心，未必能行。相比较来说，还是三四十岁的人更具实力。有实力的人，当然应该委以重任。

不过，一个大公司由于有各种各样的职位，其中有一些还是颇适合老年人的。但面对困难时的攻坚、冲刺，就非年轻人不可了。

松下认为，国家遇到困难，公司遇到困境时，要靠年轻人的力量才能突破难关。其原因，正是因年轻人具备实力。

同样，创新也是离不开年轻人的，这是与人在各年龄段的生活观念相联系的。人的眼光也有年龄的区别：青年人向前看，中年人四周看，老年人回头看。因此，老年人易于保守，给他们创新的任务显然是不合适的，这项使命应该放在年轻人的肩上。

但是，根深蒂固的东方文化传统，并不轻易容许年轻人脱颖而出。松下深知此点，

因此,他有一个解决的办法,那就是经常听取年轻人的意见。松下在决定一件事的时候,往往要吸取年轻人的意见,亲自向他们问询。如果年轻人直接把自己的意见提出来,即使正确并富有建设性,也会因为人微言轻而不被采纳;但如果公司首领征求他们的意见,用经营者自己的口说出来,分量就大不一样,这就是巧妙的领导艺术了。

松下很看重和欣赏这种技巧,他认为年长的企业领导,应该吸取年轻人的智慧,巧妙地推进工作。

松下对数千年形成的东方民族"重年资"传统的弊端看得很清楚。在一次会议上,他谆谆告诫手下的部属们:"现在的年轻干部,过十年二十年就会老了,那时候不管你的地位是社长还是会长,论实力都比不上40来岁有才能的人,假如由他们来代替你们的职位,就更能促使公司的发展。但日本的情势、人心向背,各种因素错综复杂,这一设想未必能顺利进行。但是,千万要记住,如果可以代替的话,对公司的发展是有益的!"

另外,也有人建议可以把权力交给以下的10种人,相信他们一定能尽职尽责、尽善尽美地去执行自己的使命,完成自己担负的重任。

1. 忠实执行上司命令的人

一般说来,领导下达的命令,无论如何也得全力以赴,忠实执行。这是下属必须严守的第一大原则。

如果下属的意见与上司的意见相左,当然可以先陈述他的意见。陈述之后,领导仍然不接受,就要服从上司的意见。

有些下属在自己的意见不被采纳时,抱着自暴自弃的态度去做事,这样的人没有资格成为上司的辅佐人。

2. 做上司的代办人

下属必须是上司的代办人。纵然上司的见解与自己的见解不同,上司一旦有新决定,下属就要把这个决定当作自己的决定,向下属或是外界人作详尽的解释。

3. 知道自己权限的人

下属必须认清什么事在自己的权限之内,什么事自己无权决定。

绝不能混淆这种界限。如果发生某种问题,而且又是自己权限之外的事,就不能拖拖拉拉,应该立刻向上司请示。

越过顶头上司与上级领导交涉、协调,等于把上司架空,也破坏了命令系统,应该列为禁忌。非得越级与上级联络、协调的时候,原则上也要先跟顶头上司打个招呼,获得认可。

4. 向上司报告自己解决问题情况的人

下属自己处理好的问题,如果不向上司报告,往往使上司不了解实情,作出错误的判断，或是在会议上出洋相。

当然，有些事情无需一一向上司报告。但是，原则上可称之为"问题"、"事件"的事情，还是要向上司提出报告。

5. 勇于承担责任的人

有些下属在自己负责的工作发生错失或延误的时候，总是举出许多的理由，这种将责任推卸得一干二净的人，实在不能信任。

下属负责的工作，可说是由上司赋予全责，不管原因何在，下属必须为错失负起全责。他顶多只能对上司说一声："是我领导无力，督促不够。"

如果上司问起错失的原因，必须据实说明，千万不能有任何辩解的意味。

一个优秀的管理者必须有"功归下属，失败由我负全责"的胸怀与度量才行。

6. 不是事事请示的人

遇到稍有例外的事、下属稍有错失或者旁人看来极琐碎的事，都一一搬到上司面前去等候指示，这样的下属，令人不禁要问：他这个下属是怎么当的？

下属对领导不该有依赖心。一位优秀的下属应当明确执行工作所需的权限。他必须在不逾越权限的情况下，凭自己的判断把分内的事处理得干净利落。这才是领导期待的好下属。

7. 经常请求上级指示的人

下属不可以坐等上司的命令。他必须自觉做到：请上司向自己发出命令。

请上司对自己的工作提出指示。如此积极求教，才算是聪明能干的下属。

8. 提供情报给上司的人

下属与外界人士、下属等接触的过程中，经常会得到各种各样的情报。这些情报，有些是对公司有益或是值得参考的。下属必须把这些情报谨记在心，事后把它提供给领导。

另外下属在说明与报告时必然遵守如下的原则：

（1）不可偏于一方。

（2）从大局出发，扼要陈述。

9. 上司不在时能负起留守之责的人

有些下属在上司不在的时候，总是精神松懈，忘了应尽的责任。例如，下班铃一响就赶着回家；办公时间内借故外出，长时间不回。

按理，上司不在，下属就该负起留守的责任。当上司回来，就向他报告他不在时发生的事以及处理的经过。如果有代上司行使职权的事，就应该将它记录下来，事后提出详尽的报告。

10. 准备随时回答上司提问的人

当上司问及工作的方式、进行状况或是今后的预测，或有关的数字，他必须当场回答。

好多下属被问到这些问题的时候,还得向自己下属探问才能回答,这样的下属,不但无法管理部属与工作,也难以成为领导的辅佐人。下属必须随时掌握职责范围内的全盘工作,在领导提到有关问题的时候,都能立刻回答才行。

❧ 细枝末节体现人情味 ❧

假如你是一位统率千军万马的大元帅,你会过问每一个士卒的饥寒冷暖吗?

事实上,这是根本不可能的。

但是,你可以适时、适当地参加一些细致入微的事务性工作,这是对你有益而无害。如果你总是摆出一副官架子,遇到一些事就满脸的不高兴,不屑于做或者根本不情愿去做小事,那么,你的下属或同事会对你产生成见。

在处理一些小事上,你做得效果不佳,或不完美,下属们也会轻视、讥笑你。认为像你这样连一点儿小事都不想做,或者连一点儿小事都做不成的人,又如何做得了大事情呢?你的信誉会受到危胁。

况且有一些小事,你作为领导,必须努力去做到:

例如,你的下属得了一场大病,请了半个多月的病假在家养病。今天,他恢复健康,头一天来办公室上班,难道你对他的到来能面无表情,麻木不仁,不加半句客套,没有真诚的问候话语吗?

再比如,你同科室的一位年轻人找到了一位伴侣,不久要喜结良缘,或者这位年轻人在工作上取得了突出成就,为本部门作出了杰出的贡献,难道你能不冷不热、无动于衷地不加一声祝贺称赞的话语吗?

这些小事足可以折射出领导人品质的整体风貌,大家会通过一些鸡毛蒜皮的小事去衡量你、评判你。

一个优秀的企业家,只有做到了让职工们认识到自己存在价值和具备了充足的自信之后,才有可能做到与职工们产生内心的共鸣,事业才能迅猛发展。

士光敏夫使东芝企业获得成功的秘诀是"重视人的开发与活用",时时处处为员工献上爱心。在他70多岁高龄的时候,曾走遍东芝在全国的各公司、企业,有时甚至乘火车亲临企业现场视察。有时,即使是星期天,他也要到工厂去转转,与保卫人员和值班人员亲切交谈,从而与职工建立了深厚的感情。他说:"我非常喜欢和我的职工交往,无论哪种人我都喜欢与他交谈,因为从中我可以听到许多创造性的语言,使我获得极大的收益。"

例如,有一次,士光敏夫在前往东芝姬路工厂途中,正巧遇上倾盆大雨,他赶到工厂，下了车，不用雨伞，和站在雨中的职工们讲话，激励大家，并且反复地讲述人是最宝贵的道理。职工们很是感动，他们把士光敏夫围住，认真倾听着他的每一句话。炽热的语言把大家的心连到了一起，使他们忘记了自己是站在瓢泼大雨之中，激动的泪水从士光敏夫和员工们的眼里流了出来，其情其景，感人肺腑。

讲完话后，士光敏夫的身上早已湿透了。当他要乘车离去时，激动的女工们一下子把他的车围住了，他们一边敲着汽车的玻璃门，一边高声喊道："社长，保重身体，当心别感冒！你放心吧，我们一定要拼命地工作！"面对这一切，士光敏夫情不自禁地泪流满面，他被这些为了自己企业的兴旺发达而拼搏的员工们的真诚所打动，他更加想到了自己的职责，更加热爱自己的员工。

老板如果想获得成功，必须着眼于为其手下的人谋福利，而非完全替自己打算。如果他企图控制或支配员工，他迟早是会失败的。老板的成功是建立在员工成功的基础之上的。唯有真正关心员工的老板，才能使大家愿意要求进步，为公司尽力。

是"情"，而不是利益使员工对其老板表现出极大的忠诚。某化妆品销售公司的一位员工由于遇到了一些个人的问题，连续两个月销售额降低了3000美元，除非第三个月她的销售额超过3万元，否则她将会被公司解雇。很不幸，第三个月是7月，一个创纪录的热浪使每个人都关在家里，将近月底时，她还没卖到3万元的数目。这位员工平时是很乐观的人，在销售公司里，老板一直很喜欢她，但是迫于公司的规定，她不得不作出牺牲。

于是，这位员工最后不得不通过家里的人，冒着高温酷暑挨家挨户推销产品。老天不负有心人，月底她的销售额终于突破了3万元。

其实她所在这家公司的待遇并不是很好，她完全有可能在被解雇之后，找到一个工作环境、待遇更好的公司。但她忘不了老板的恩情，老板在她最困难的时候帮助了她，帮助她摆脱了前夫的纠缠。平日里无处不体现出一位好老板对她的关心和爱护，使她愿意为公司作出牺牲，为老板效力。由于老板的真情所致，员工对老板的忠心在关键时刻就显出来了。很多时候我们不能体会"公司的成败在于人"这一句话中的人具体指谁，究竟是员工呢，还是老板呢？很多人都会说"老板"，这就犯了一个大的错误。事实上，老板纵然有天大的本事，也不能独木撑天，只有员工才是决定公司成败的"人"。

中国人向来重视报恩，"滴水之恩当以涌泉相报"。你急他人所急，给人以恩惠，他会心存感激，终身效力，也会在你遇到危难的时候，竭尽全力帮助你渡过难关。

因此，领导在对待员工时，一定要注意这样的细节，在培养中使用，在给予中索取，而且这种给予不仅是金钱的满足，更重要的是精神上的关怀，这才是管理员工的最佳境界。

弗雷德里克·史密斯是联邦快递的董事会主席，他以前是海军的一名上校。对

于下属的爱护，他的看法是："我在海军里学到的最伟大的领导原则是，在一个讲求行动效率的组织里，必须爱护部队，海军尤其强调这条原则，它高于一切领导原则。在我发展联邦快递的数年里，它对于我具有无法估量的重要性。"一句话，联邦快递的成功归因于这条简单的原则——爱护你的员工。

领导的眼光不应只是着眼于公司，而应该处处为部属着想。爱护你的员工，为你的员工谋福利，也是你的分内之事。领导要想方设法为部属的执行创造有利条件，这样站在他们的立场来为他们设想，他们自然乐于执行决策，公司的业绩也自然而然会提升。

斯塔巴斯公司的 CEO 舒尔茨将一个仅拥有几个店面的地方性咖啡馆发展成为全国性的巨无霸——一个拥有超过 1300 家店面，25000 名雇员的大公司。他说："我们的首要事务是照顾我们的员工，因为是他们负责向顾客传递热情。只有把员工照顾好了，我们才能完成了第二重要的事务——照料我们的顾客。只有这两个目标都实现了，我们才能长期为我们的股东提供滚滚红利。"

道理听起来枯燥乏味，但这却是许多成功商人所遵循的原则。世界上最成功的旅馆公司创立者马里奥特，就遵循着与舒尔茨的信仰道理一样的简单原则——"我们关心员工，员工关心客人"。

或许，有人认为这样做，领导似乎过于自我牺牲了。但是，为员工着想的确是成功的秘诀。通常领导者的想法都是以自我为中心。领导以领导的立场来思考和判断事物，很少会站在部属的立场来考虑问题，员工们也同样如此。这样领导与员工都不为对方着想，两者虽然在一起工作，但集团活动无法顺利进行也就不足为怪了。因此，领导的想法必须改变，凡事要多为部属考虑，要知道，"你替他着想，他会为你卖命"。只有考虑到员工们的想法，他们才能更好地为你办事。只有你真诚地去尊重人、关心人、理解人、帮助人，你才能最大限度地调动起他们的积极性和创造性。正如一位职员曾经说过的那样："领导把我当成牛，我就把自己当成人；领导把我当成人，我就把自己当成牛。"

这都是很简单的道理，同样也是人之常情。如果你希望别人可以为你付出他们的全部，你必须要有人情味，将别人当作人来看待。

要让别人觉得你富于人情味，并不是通过宣扬自我来体现，而是实实在在地通过日常生活中的细节来加以表现：

（1）给到你办公室的人沏茶。

（2）主动为女员工让路。

（3）慰问生病员工。

（4）休息时与员工聊天。

（5）到员工常去的餐馆就餐。

（6）与大家一起关注体育赛事。

（7）和员工讨论文学及音乐等话题。

（8）邀请员工家人一同共进晚餐。

（9）给老员工和勤奋工作的人以鼓励。

无论做什么，宗旨只有一条：把你的下属、员工当人看，给予人应受的关怀和尊重。无论你的事业取得多么骄人的业绩，也不要将自己高高挂起。这一点说得容易，在实践中大多数领导都是很难办到的。

如果领导者能在许多看似平凡的时刻，勤于在细小的事情上与下属沟通感情，经常用"毛毛细雨"去滋润员工的心灵，员工的心里会感受到无比的温暖，会全身心地投入到工作中，去回报这种细致入微的关怀。

从细节入手，打造团队精神

古语云："和实生物"；"和则一，一则多力，多力则强"。千百年来，"和"文化深深地影响着中国这个东方大国。团队要达到"和"，就要协调各种利益，综合不同意见，化解复杂矛盾，凝聚各方力量。其中最为关键的一点就是：凝聚力。

所谓凝聚力，可以从两个方面来看。一是个体成员要把自己有机融合到团队之中；二是这个团队要在实际行动中表现出自己的团结与合作精神。这两个方面互为前提，互相制约，都是不可缺少的因素。

每年南飞北往的大雁总是结队而行，它们的队形一会儿呈"一"字，一会儿呈"人"字，一会儿又呈"V"字。许多人曾经对此迷惑不解，后来科学家发现，大雁的编队飞行能产生一种空气动力学作用，编队飞行的大雁，在耗费同样能量的情况下，要比单独飞行的时候多飞行70%的路程。也就是说，编队飞行的鸟能飞得更远。

鸟儿结伴飞行给企业团队领导者的启示应该是深刻的，一盘散沙难成大业，握紧拳头出击才有力量。任何一支团队，成员之间必须团结一致，大家心往一处想，劲往一处使，才能无往而不胜。

团队凝聚力是团队对其成员的吸引力和成员之间的相互吸引力，它包括"向心力"和"内部团结"两层含义，当这种吸引力达到一定程度，而且团队队员资格对成员个人和对团队都具有一定价值时，我们就说这是个具有高凝聚力的团队。

团队凝聚力是维持团队存在的必要条件，如果一个团队丧失凝聚力，像一盘散沙，这个团队就难以维持下去，并呈现出低效率状态；而团队凝聚力较强的团队，其成员工作热情高，做事认真，并有不断的创新行为，因此，团队凝聚力也是实现团队目标的重要条件。

现代社会，靠单打独斗是不能获得成功的，个人的能力与智慧毕竟有限，依靠个人奋斗的个人英雄主义时代已经一去不复返了。如果仅指望领导者殚精竭虑而没有广大员工的积极参与或只是提高员工的个人能力而没有有效的团队协作，那么在竞争日益加剧的今天就不会有生命力。

要想取得今后的成功，在未来的竞争中立于不败之地，就应充分运用人力资源，特别是要尽力使团队协调默契，形成强大的团队合力。

在人类的历史上，曾经有不少杰出人士都是有善于打造团队精神的高手，从而使自己所在的团队取得了辉煌的业绩，自己也赢得了巨大的成功。

在第一次世界大战中，艾迪·瑞肯巴契尔创下击落26架敌机的记录，成为美国的"空军英雄中的英雄"。有一天，他的中队长在作战中阵亡，他就继任驻法第94航空中队中队长。

作战的损失非常大。更糟的是由于飞机保养维护不良，使很多驾驶员死于非作战性的坠机。由于找不到美军飞机，这个中队与其他空军中队不一样，用的全是法国制造的飞机。驾驶员也都认为他们的装备不好，因此士气非常低落，就在这种情形下，瑞肯巴契尔继任中队长。

他后来这样描述说："首先我将驾驶员都召集起来，我告诉他们，我们驾驶的飞机和其他在前线上的中队所用的飞机相同，包括那些法国空军。我问他们，法军驾驶员的技术是不是比我们好？当他们回答说'第94航空中队拥有最优秀的驾驶员'时，我就向他们挑战，要他们和其他战斗机中队比赛。输赢的标准非常简单，只要记下击落敌机的数目即可。击落敌机最多的中队就是胜利者。

"然后我又召集所有地勤人员开了一次会。我特别强调，没有他们，驾驶员只能在地上跑。我告诉他们，现在我们这个中队要和其他战斗机中队比赛。既然他们也是竞赛中的一分子，我要求他们和其他中队的地勤人员比赛。比赛的事项是看谁的飞机故障率最低。

"从一开始，我就看出比赛的效果……当目标是要击败某些人的时候，人们会工作得更努力——即使是对自己的朋友。"

用不着再多说，第94中队在瑞肯巴契尔的领导下，就此成为战场上最好的美军战斗机中队。退役后，他运用同样的技巧创立了东方航空公司，使这家公司从一无所有变成当时最好的美国航空公司。

假若你想吸引别人的追随，别忘了利用竞赛的方式将工作变成游戏。他们会因此追随你，而且使你们的团队成为胜利者。

世界首富比尔·盖茨成功的最大秘诀是什么？答案是：微软有成功的团队。

微软公司是一家由聪明人组成、管理良好的公司。盖茨很自豪能请来一群他所能找到最聪慧的人才。他在1992年曾说：微软和其他公司与众不同的特色就是智囊的深度。把他们称作螺旋桨头脑、数字头脑、齿轮转动头脑或工作狂、用脑狂，还是微软奴都可以。

盖茨多次说道："把我们顶尖的20个人才挖走，那么我告诉你，微软会变成一家无足轻重的公司。"

韦尔奇认为，微软公司就是靠这些出类拔萃的人物和比尔·盖茨合理的管理制度，在竞争中走向成功道路的。那么，怎样才能组建一个类似于微软有战斗力的团队呢？从微软和其他一些成功公司的管理者身上，韦尔奇总结的经验是：

1. 明确合理的经营目标

目标是把人们凝聚在一起的重要基础，对目标的认同和共识才会形成坚强的组织和团队，才能鼓舞人们团结奋进的斗志。为此，要做好：

（1）有导向明确、科学合理的目标，有的企业提出"以质量取得顾客信赖，以满足顾客需要去占领市场，努力提高市场占有率，通过扩大市场份额去求效益和发展"。这就比那种单纯提销售额增加多少，利润增加多少的目标更明确、更具体，知道劲往哪里使。

（2）把经营目标、战略、经营观念，融入每个员工头脑之中，成为员工的共识。

（3）对目标进行分解，使每一部门、每一个人都知道自己所应承担的责任和应作出的贡献，把每一部门、每一个人的工作与企业总目标紧密结合为一体。

2. 增强领导者自身的影响力

领导是组织的核心，一个富有魅力和威望的领导者，自然会把全体员工紧紧团结在自己的周围；反之，就会人心涣散，更谈不上团队精神了。领导者由于其地位和责任而被赋予一定权力，但仅凭权力发号施令、以权压人是不能形成凝聚力的，更重要的是靠其威望、影响力令人心服，才会形成一股魅力和吸引力。这种威望，一是取决于领导者的人格、品德和思想修养；二是取决于领导者的知识、经验、胆略、才干和能力状况；三是取决于领导者是否严于律己，率先垂范，以身作则，能否全身心地投入事业；四是取决于领导者能否公平、公正待人，与员工同甘共苦、同舟共济，等等。

3. 建立系统科学的管理制度

建立与人本管理相适应的一整套科学制度，使管理工作和人的行为制度化、规范化、程序化，是生产经营活动协调、有序、高效运行的重要保证。没有有效的制度和规范，就会出现无序和混乱，就不会产生井然有序、纪律严明、凝聚力很强的团队。

4. 以平等为基础的深入沟通

很多著名企业都强调沟通、互相尊重，使团队内每一位成员感觉到自己在公司的重要性。这些企业的上下级并没有尊卑之别，而是大家一律平等，有问题可以越级沟通。而且有许多具体制度来保证下情上达，下面的意见不会被过滤。"以人为本"首要之处就是要有一种平等的理念，尊重每一个员工。其实大家都是平等的，只是工作的性质不一样，行使的权力不一样，不代表谁就比谁特别能干、特别地强。

如果一支军队能够攻城掠地、百战不殆，它最大的特征就应该是人和。一个优秀的企业团队同样如此，要坚信强大的凝聚力来自于相互之间的平等！

5. 员工自主管理与团队配合

一个团队具有凝聚力，并不是说这个团队的所有成员都只作为团队的一员而存在，相反，他们都有足够的个人空间，都能发挥出自己的最大能力。领导者要做的就是促进团队成员之间的配合。

作为团队领导人而言，培养团队成员整体搭配的团队默契，应在给予每位成员自我发挥的空间的同时，还要破除个人英雄主义，搞好团队的整体搭配，形成协调一致的团队默契，努力使团队成员懂得彼此之间相互了解，取长补短的重要性。如果能做到这一点，团队就能凝聚出高于个人力量的团队智慧，随时都能造就出不可思议的团队表现和团队绩效。

6. 建立和谐的人际关系

人是社会的人，每一个人在工作和生活中，会与许多人交往、打交道，必然有人际关系问题，而且一个人每天8小时甚至更多时间是在工作单位度过的，因而企业内的人际关系更为重要。同事之间友好、融洽地相处，创造一种和谐的良好的人际关系，会使人心情舒畅、精神焕发，使企业融合为一个友好、和睦的大家庭和团队。

7. 树立全局观念和整体意识

一个团队、一个系统所最终追求的是整体的合力、凝聚力和最佳的整体效益，所以必须树立以大局为重的全局观念，不斤斤计较个人利益和局部利益，自觉地为增强团队整体效益作出贡献。

从细微处全面考察下属

考察是识别和衡量人才是否堪当重任的非常重要的手段和方法。我国早在汉代就确定了刺史六条，用以监督和考察百官的政绩与行为，并把它立为百代不易之良法，可见，对人才的考察由来已久。

但中国人一直比较内敛，向来都是含蓄不露，这就无形中增加了考察的难度，中国管理也自有一套适合中国人自己的察人法宝，即见微知著，从人不经意的细节中洞察他的本性。所以，中国式管理讲究识人必须从外到内去认识人的质性，也就是从外表的仪态、容貌、声音、神色、眼神、举止等求其内在的精髓。

周亚夫可谓汉景帝的股肱重臣，他在平定七国之乱的时候立下了赫赫战功，以后又官至丞相，为汉景帝献言献策，也算是忠心耿耿了。可是汉景帝在选择辅佐少主的辅政大臣的时候，还是把他抛弃了，原因何在呢？

在古代的时候，每个皇帝年老之后，皇位的继承问题就空前复杂起来，每个皇帝都会费一番心血。汉景帝就碰到了这个问题，当时太子才刚刚成年，需要辅政大臣的辅佐，汉景帝为此试探了一次周亚夫。

一天，汉景帝宴请周亚夫，给他准备了一大块肉，但是没有切开，也没给他准备筷子，周亚夫看了，很不高兴，就回头向主管筵席的官员要筷子，汉景帝笑着说："丞相，我给你这么大一块肉你还不满足吗？还要筷子，真是讲究啊。"周亚夫一听，赶紧摘下帽子，向皇帝跪下谢罪。汉景帝说，起来吧，既然丞相不习惯这样吃，那就算了，今天的宴席就到此为止了。周亚夫听了，就向皇帝告退，快步出了宫门。汉景帝目送他离开，并说，看他闷闷不乐的样子，实在不是辅佐少主的大臣啊！

所谓见微知著，汉景帝试探周亚夫的方法可以说是很巧妙，辅佐少主的大臣，一定要稳重平和，任劳任怨，不能有什么骄气，因为少主年轻气盛，万一有什么做得过分的地方，只有具有长者风范的人，才能包容这些过失，一心一意地忠诚尽责。从周亚夫的表现来看，连皇帝对他不礼貌的举动，他都不能忍受，一副很不高兴的样子，以后又怎么能包容少主的过失呢？赏赐他的肉，虽然不方便食用，但在汉景帝看来，他也应该二话不说，把它吃下去，这表现了一个臣子安守本分的品德，他要筷子的举动，在汉景帝看来就是非分的做法，到辅佐少主的时候，会不会有更多非分的要求呢？这是汉景帝不能不防的，所以汉景帝果断地放弃了周亚夫。

在任何时候，管理都是一项复杂的工程，尤其是与人打交道更不能掉以轻心，匆忙给别人下结论，也就是说，防止出现过早下结论的错误，以免影响其他环节。许多高明的管理者都是善于从细微处考察人。

芝加哥第一国民银行来了位新总经理，名叫凯奇，几天以后银行的出纳部主任伏根要求拜会这位新总经理。其实伏根并没有任何要紧的事，只是想向新的总经理表示祝贺和致敬。

这位伟大的银行家凯奇，很喜欢与人闲聊，他对账目专家伏根的造访，表现了十分的热情。后来伏根回忆说："凯奇先生与我谈话时，专门寻根究底，所谈内容相当琐碎。从我的儿童时代一直问到现在，当然谈得最多的还是有关银行经验。这使我惊奇不已。"他又说："当时我就有些莫名其妙，回到自己的办公室后，心里愈发糊涂了。"

不久以后，一纸委任状下来，伏根被任命为银行的副总经理。6年以后，凯奇成为美国总统府的内阁成员，伏根便接替了凯奇的总经理职位。

凯奇遴选出这位非常出色的副手，并非一件偶然巧合的事。他曾几度研究过伏

根的为人及能力，而伏根并不知道自己被上司留心观察。而凯奇也并没有完全听取旁人对伏根的评价，也没有向伏根表明目的，只是与他交谈问他问题，聆听他的讲话，注意他外在表情，研究他的内心世界。

可以说，一个人在没有提防时所做的事和所说的话，最能反映出他平素的为人处世。

例如，有位大实业家威司汀有一次邀一个人到他家里，本来他是准备将一项重要的任务交给他的。闲谈良久，却发现此人"胸无成竹"，只好取消原来的计划。

对于这种策略的运用，美国一名工程师，也是一位非常著名的实业界领袖曾风趣地说，了解一个人最好的法子，便是与他一道玩网球和高尔夫球。缘由何在？可能寓意其中了。

戴维斯，一家人寿保险公司的经理，曾以善于遴选和训练职员著称。他所雇佣的职员，都是他在别家铺子里留心的人，或者是在旅途中偶然认识的人。在这些场合，与人交谈一般是不加提防的，这样正好给了他留心观察的机会，使他能对他所要遴选的人的真实面目、能力智商有较深刻的了解。合适者便聘来训练任用。

常言道，言为心声。了解下属的直接方法就是和他交谈。平时，领导要多接触下属，多与下属交谈，有意识地询问下属一些你关心和正在思考的问题，从下属的谈吐中初步判断他们的观念、才学与品性。

1. 目光远大的人可以共谋大事

在询问下属"公司应该向何处发展""你有什么打算"等问题时，领导如果发现下属不满足于现状，有远大理想，有不同寻常的发展眼光，且想法也不空泛，那么，这是一个值得重用的人，可以提拔重用，成为共谋大事的搭档。

2. 善于倾听的人能担大任

善于倾听别人谈话，能够抓住对方本意，领会其要旨，回答言简意赅的人能担当大任。

因为他们善解人意。善听是一种修养，它只有经过长期的锻炼才能形成；同时，这些人想必是有谦逊的品德，有随和的个性，具有领导和管理的天赋。一般来说，三言两语就能切中问题要害的人，往往是思维缜密、周详而又迅速果断的人。他们对事物体察入微，而且客观全面，作出的决定也实际可靠，他们是能担当大任之人。此所谓"真人不露相，露相非真人"。起用他们，公司业务扩展获得的成果定会是实实在在。

3. "胆小"心细的人比轻易许诺的人更可靠

在布置任务时，有的下属常说"我担心……"，"万一……"之类的话。乍看起来，这种人给人一种胆小怕事的印象。其实不然，因为他们往往思维比较严密，能够居安思危，经常考虑到可能的各种情况和结果，同时也善于自我反省，明白自己的所作所为及其可能的结果，很有责任感。由于他们对工作中所遇到的困难和出现的问题有足够的重视，做起工作来，就会有条不紊越做越好。领导应当给他们加压、委以重任。

一个常轻松说"肯定是……"，"就这么回事"，"一定成"，"没问题"等如此之类的话的人，往往给领导一个爽快能干的印象。事实上，这种轻下断言、轻易许诺的人是靠不住的。轻易断定没有任何困难，这至少表明他工作草率、不具备发现问题的能力；轻易许诺是缺乏承诺的诚意与能力的一种表现。

4. 华而不实、言之无物的人不能使用

说话模棱两可，公式化的一问一答，善于应酬而胸中无策的人不可重用。

华而不实者，口齿伶俐，能说会道，口若悬河，滔滔不绝，乍一接触，很容易给人留下良好印象，并当作一个知识丰富、表达力强、善交往、能拓展业务的人才看待。但是，领导者不要被外表所迷惑，须要分辨他是不是华而不实的人。华而不实的人，善于说谈，谈古论今头头是道，而且能将许多时髦理论挂在嘴上，迷惑许多辨别力差、知识不丰富的人。考察这种人，谈话要多一些具体的问题，给予具体的任务，让他找出对策，试办具体的业务。如果此人谈话、做事避实就虚，圆滑应对，说明此人是华而不实者，当副手尚可，决不能独当一面。

总之，作为企业管理者，要学会从一言一行的细节处考察人才，管理公司。所谓细节决定成败，它也同样适用于人才的选择和企业的管理。在企业当中，日常做得最多的还是些细节性的小事，惊天动地的大事毕竟只是少数。因此，管理者考察人才和管理决策时，最应该注意的是员工平时在工作当中的细节问题和公司存在的普遍现象。所谓"见微知著，以小见大"即是指此而言。

总之，从生活细节上识别人，带有很大的经验性，需要敏锐的眼力，发现别人不容易发现的特点，能在转眼即逝的言行中发现某个人的隐蔽特征。身为领导者，只要注意锻炼自己观察细节的能力，就不难发现每个人的奥秘。

不当绯闻闹剧的主角

男性领导与女下属之间的微妙关系，一直是人们茶余饭后津津乐道的话题。只要关系稍微亲近一点，就有可能被渲染成桃色新闻，跳进黄河也别想洗清。

这类的传闻多少带点戏弄的意味，而对于那些添油加醋的恶意揶揄，男性便要小心提防了，它往往使人哭笑不得。为避免使自己成为桃色新闻的主角，平日在言谈举止方面，男性领导就应当谨守规范。已受流言所困者，最好抱持"清者自清"的态度，过多的解释只能助长好事者的猎奇，并不是明智的对付他们的方法。

办公室是男性领导应该时刻注意的地方，身边的异性员工与自己在一起的时间最长，如果两人经常相处，那就更应该注意。

如果双方的关系是领导者与员工的关系，不是不可以谈生活中的问题，但要注意分寸，要提防。

早晨走进办公室，如果员工迎过来向自己问好，并帮自己整理办公桌是非常正常的。

如果不单是这些，便应该立刻拒绝。

如帮自己脱外衣，问寒问暖，还时不时看自己一眼，不乏脉脉之情。男性领导此时可要把握自己，不接受过分的殷勤，该自己办的事自己完成，可以说："噢！挺忙的，你忙你的，我自己来，不麻烦你了。"

可说一句笑话："你做这么多，不会发薪时向我多要工资吧？"或者说："我可没雇你当我的保姆，不该做的事，就不要越俎代庖，耽误了工作，我可要扣你工资。"这样的一两句话，加上面带笑容，她不会十分难堪，但也会明白你的用意。

如果她明显对自己表现出异心，甚至有时对自己过分亲昵，男性领导就该找理由把她调到别的部门，或干脆向她说明："我不吃这一套。"

记住这条忠告，办公室最好不要安排异性，自己办公室的门也不要经常关着，说话要尽量大声，以免让人怀疑。记住！身为男性领导千万别主动和异性下属有过度亲密的举动，因为有些下属会认为：她们如果拒绝上司的"好意"就会惹麻烦，不是撤换她们的工作就是剥夺她们某些应享的权利，再不然就是停止更进一步的训练。此外，有些男性中层领导还会给她们很差的评价，甚至开除她们。

也许男性领导想让大家像一个家庭般地其乐融融，但也不应该和她们讨论私事。如果有某个女下属非常有魅力，千万别想要染指她。如果男性中层领导这样做了，有一天一定会吃不了兜着走的。

曾经有一位刚上任的公司经理，总是爱接近公司的女员工，时不时请客吃饭，虽然没有闹什么花边新闻，但是时间久了，公司上下的员工都对他很不屑，也很冷漠，这让他很难在公司顺利地开展工作，最后因为总也没有很好的工作业绩，在上司的责备中灰溜溜地辞职离开了。

现在许多外企公司都有一个不成文的规定，禁止在办公室谈恋爱。其目的也是为了避免这种绯闻在公司内部的传播所带来的负面影响。但人是有感情的动物，白领一族在这忙碌的商业社会中，绝大多数的时间都投注在事业上，很难有机会在工作圈外结交异性，两个年轻人在事业上目标一致，学识见解相似，在一天天的工作中，彼此逐渐认识对方的个性，看到对方最优秀而尽职的一面，自然而然产生情愫、萌生爱意是相当正常的事，也是现代人囿于环境，没有闲暇时间参加社团、外界社交时最有机会认识异性朋友的方式。

但是在办公室中的恋情因为掺杂了老板、同事、顾客、薪水等等的变数，一旦出现问题，要作出牺牲的往往是双方的当事人，因此人们对待办公室恋情则需更加谨慎。尤其是对自己下属的恋情更应该慎之又慎。其实，如果自己不情愿卷入绯闻之中，最好的办法是学会与异性下属保持适当的距离，洁身自好，自然会远离事端，让自己的人生和事业有风平浪静地向前发展。

作为领导，在与办公室里的异性下属或同事相处时，要适当注意彼此间的距离，使其不超越正常的同事关系，就能避免许多闲言碎语和不必要的麻烦，要特别注意几种场合下的言谈举止。

（1）与异性下属保持正常的空间距离。心理学研究说明，在人际交往中，空间距离的不同，会产生不同的心理效应。正常的人际交往中，要保持一定的空间距离。

美国人类学家爱德华霍尔按交流中彼此间的生理距离划分为4种类型。

距离为 0 ~ 0.46m 之间为亲密型，距离在 0.46 ~ 1.2m 之间属正常型，距离在 1.2 ~ 3m 之间为社会空间型，3m 以上的距离是普通型。空间距离的大小，引起的细微变化也不相同。职业女性与男性上司或同事交往过程中，如果破坏了正常的交往距离，就会引起不当的心理刺激，心理不健康的人就容易产生非分之想，甚至做出越轨的行为。因此，作为职业中人要时刻注意与异性下属和同事保持一定的距离，避免出现桃色事件。

（2）最好不要单独与异性下属在办公室谈工作。许多企业和公司的董事长或总经理都有自己独立的办公室，给外人的印象是具有私人空间的地方。如果你与下属谈论工作上的事情，可以直接到他的办公室里去找他。需要单独与异性下属谈话时，也不要用太长时间，最好就事论事，谈完就让下属离开。这样可以避免同事的猜疑，也不给异性下属独处的机会。

（3）不要轻易到异性下属家里去。家是一个私人的生活空间，并不是一个公共场所或工作场合。只有与异性下属的关系达到一定的程度，才有可能到对方家里去做客。作为上司到异性下属的家中，往往就意味着彼此之间私人关系已经不同一般了。因此，不要轻易到下属家里去，以免引起不必要的麻烦。

（4）不要单独与异性下属去娱乐场所。由于娱乐场所的气氛活跃，再加之浪漫的音乐，闪烁的霓虹灯，容易使人产生错觉，做出意外的举动。上司不适宜与异性下属光顾这种场合，特别是与有家庭的下属，因为这种交往超出了彼此之间的工作范围。

综上所述，上司要注意与异性下属和同事交往，因为这是一个非常敏感的话题，要小心谨慎，尽量避免私下里单独与下属接触，要注意保持正常的交往距离，才能确保自己身正影不歪。

不卷入派系斗争

在现代社会中，企业内部的人际关系问题让广大职场人士和企业经理人饱受折磨。不管是分工合作，还是职位升迁，抑或利益分配，无论其出发点是何其纯洁，公正都会因为某些人的主观因素的渐渐蔓延，原本简单的同事关系、上下级关系变得复杂起来：一个十几个人的办公室，可以有几个不同的派系，更可以有由这些派系滋生出来的上百个纠缠不清的话题。习惯于这种不动声色、波澜不惊的职场老手，将办公室比喻成战场，在这里，每天都进行着一场场没有硝烟战火的较量，不管你累不累，愿意不愿意，只要你置身"江湖"，就"身不由己"。

安娜在某跨国传媒公司下属的一个办事处工作，和其他4名员工一起，在频道主编的带领下，努力地工作。谁也没想到，一场因为值班而引发的争斗悄悄降临……

一个周末，轮到安娜这一组值班。一位同事头天加班，早晨晚到了一会儿。安娜因为生病，也是下午才过去。不料这些都被"顺便路过"的分站总编看在眼里。第二天，公司里开始盛传"××频道的员工不肯值班"，好在频道主编挺身而出，替他们作了澄清……事情很快平息，但总编和他们的关系从此急转直下。

当别的频道还在建设中时，安娜这一组完成了所有的准备。可在例会上，总编却要求他们加班，说是"权当做样子给上面看，卖力点，也好加工资"。这却遭到了频道主编的反驳："效率出工作，没必要做'秀'嘛。"看得出来，总编脸上有点挂不住。

两个月后，总编总算钻到了"空子"：频道主编怀孕开始休假。第二天，总编立马送给××频道"穿小鞋"——每天召开三刻钟会议，一开始就是一星期，会议的主题只有一个：反复强调剩下的4个人要对他直接负责，××频道的内容需要全面调整。

以后，总编的小动作不断：试用期过了，安娜的工资却明增暗减，公司里更在盛传，××频道已经被判了"死刑"。

谣言很快变成了现实，一个月后，总编直截了当地对安娜说："公司里要调整职位，你的文笔不错，应该可以找到新的工作。"很快，另外3个人也遭厄运：一个同样被辞，总编找人传个话，就把他打发了。一个调到市场部。最后一个"独木难成林"，请了长病假。人事经理事后悄悄告诉安娜："你们的上司不在，谁也保不住你们。"

可见，作为职场中人的安娜因为工作的关系，不自觉地卷入了公司内部总编与频道主编之间的派系纷争，到头来，只落得稀里糊涂地被辞的命运，的确未免太冤枉了。

置身于派系斗争的枪林弹雨中极易受到伤害，但也提供了许多机会，曾经有人用两头削尖的铅笔来比喻人事部门的两副面孔："工会的人来了我们支持，管理人员来我们也支持，而我们真正做的是获取我们需要的东西。"

　　在这种情况下，权力的关键是：分而治之。

　　这需要你在两方之间充当中间人的角色。权力中间人致胜的秘诀是：暗地里对每个人都表示赞同，同时把他们逼入角落。

　　假设你的经理和同事，为是否把一批质量低劣但价格暴涨的产品封仓入库，展开了争论。你对同事说："你完全正确，我们应当坚持原则。"而对经理说："你完全正确，我们应当实际一些。"开会时你又说："我认为双方都有道理。"

　　这样做很有用，因为双方都不清楚对方在拉拢你，自以为获得你的支持而欣喜，当你把他们都逼入角落后，下一步就可以提出你自己的第三种解决方案了。这不仅可以使自己在派系斗争中寻求一种平衡，而且还能够坐收渔翁之利。

　　但是，在现实社会之中，为了让我们自己更好地生存、发展，一方面要避免卷入派系斗争，如果实在回避不了，就要采取策略去寻求两者之间的平衡；另一方面也避免在社会中，在单位上拉帮结派，集结自己的势力集团，这样的结果往往会带来许多恶劣的后果。

　　有一句顺口溜是这样说的："三五成群搞帮派，看谁不爽就淘汰。同志之情弥足惜，制造隔阂不应该。"说的就是职场上的拉帮结派，这在古时候，也许就是小人之间的"朋党"。小人与小人，以同利为朋，小人所好者利禄也，所贪者钱财也。有一则成语叫"结党营私"，凡是拉帮结派的，其出发点总是为了"营私"。"官靠商富，商靠官发"，他们相互利用，彼此勾结，沆瀣一气，形成了一个个的"小圈子"。

　　应该说，由于各人素质不同，利益不等，自我修养不一，每个单位都有一些或大或小的帮派势力，作为领导者如果不慎就会稀里糊涂地上了贼船。领导者盲目地加入某一伙，就等于自动地成了另一派的敌人。而最好的办法是：弄清单位里的各种复杂关系，分析利弊，保持中立，不至于因某一派失利而受损。

　　倘若领导者真有哪位一屁股坐在某种帮派的板凳上，那么，他就立即会招致以下一系列意想不到的恶果：

　　（1）使自己沦为某种帮派的袒护者。

　　（2）无法再对各种帮派发挥协调平衡作用，只能对某种帮派发挥有限的影响作用，况且，自己的所作所为还将受到这种帮派的强大影响和制约。

　　（3）人为地在自己面前树立众多的对立面。

　　（4）激化各种帮派之间的矛盾，严重破坏整个管理机制的正常运转。

　　（5）最终动摇自己的领导地位，导致另一位能被各种帮派接受的新领导者来取代自己。

由此可见，领导者必须凌驾于各种帮派之上，不偏不倚，秉公处事，巧妙灵活地按动每个"琴键"。

责备下属时不要让对方无地自容

格利乌斯说："冷淡的称赞要比猛烈的批评更令人惭愧。因为批评你的人被看作有偏见和敌意，而冷淡地称赞你的人被看作朋友，他乐意称赞却找不出什么值得一赞。"

美国著名的人际关系专家戴尔·卡耐基博士给我们讲述他用赞扬的批评，帮助他的侄女：

"我的侄女约瑟芬·卡耐基来到纽约给我做秘书时，那年她才19岁，从中学毕业刚一年，工作经验等于零。她现在可以说是西方国家最熟练的秘书之一。但是在开始时，只能说她是可以提高的。一天，当我正要批评她时，我对自己说：'稍等一下，戴尔·卡耐基。你在年龄上比约瑟芬大两倍，在工作经验上多一万倍，你怎么能期望她具有你的观念、你的判断力、你的能动性，尽管这也只是普普通通的能力？再稍等一下，戴尔，你在19岁时是怎么干的？记得你犯下的愚蠢的错误，办的傻事吧？记得你做的这个……做的那个……？'思考一番后，公正地得出结论，约瑟芬的平均工作成绩比我在19岁时的平均成绩要好，我很内疚地承认约瑟芬没有为此得到多少表扬。

"因此，每当我想让约瑟芬注意错误时，我常常先说这样的话：'你出了个错误，约瑟芬，不过老天知道，比我曾经犯过的许多错误来说，你的要轻得多，你不是生来就精明的，这只能从经验中产生，而你比我在这个年龄时好多了。我对自己所做的蠢事、傻事很感内疚，因而并不想批评你或别人。不过，如果你这样做，你觉得是不是更明智些？'"

卡耐基博士总结道："如果批评者在开始的时候就谦卑地承认自己也并非没有缺点，那么听他数说错误也就不那么逆耳了。"

可见，批评是一门艺术。尤其对于领导来说，时常要面临着对于工作或表现不满的下属的批评一事，如何能够使自己的批评不伤害对方的自尊心，又能起到惩前毖后，治病救人的效果，这需要掌握批评这一门学问。

其实，人非圣贤，孰能无过？当员工犯了错误时，领导是简单粗暴、不分场合地给予批评，还是经过调查之后心平气顺、和风细雨地加以沟通，对部下晓之以情，既指出员工的缺点，又不伤害其自尊心，使其心服口服，从而激发起更高的积极性、主动性和创造性，这无疑显示出一个领导的领导水平如何以及其批评的艺术掌握得怎样。

说出来，批评下属是一件不太轻松也不容易的事情，有时会令那些缺乏管理知识和经验的领导者感到无所适从。但是，谁都会犯错误，批评也是一种艺术。如果管理者不懂得如何批评下属，就有可能降低部门的工作效率，甚至影响整个团队的工作情绪。一般来说，领导者在进行批评工作时，最需要注意的就是批评的原则与批评的方式两个方面。

1. 批评的目的在于救人

批评的目的不是批评本身，而在于纠正错误。毛泽东就深明批评的精要在于"惩前毖后，治病救人"。从某种意义上讲，批评包含一定的"治病救人"的性质——批评者与被批评者同步成长。治病，是医生与患者共同参与的互动行为，医疗环境对医疗效果有较大的影响。尤其老中医，很注意调动患者的能动性，话语中甚至语气运用都很谨慎。西医也明白这个道理，所以把很苦的药制成糖丸。

在对员工进行批评教育时，你应该首先让对方认识到你不是为了批评而批评。你是出于帮助和教育的目的，"因为爱他，所以批评他"。同时你也必须告诉他，你相信他会知错能改，你是非常信任他的，并且你也希望他能够信任你。如果你无法取得对方的信赖，即使言之凿凿，见解精辟，却依然无法令人折服。

领导者对于部下进行批评的目的是为了帮助部下认识错误，改正错误，而不是为了把下属制服，或者一棍子打死，也不是拿部下出气，显示自己的威风。这就要求领导者以关怀爱护的态度来对待犯了错误的人，耐心地倾听他们的意见，客观地帮助他们分析问题、查找原因，从而使他们真正认识到自己的问题，鼓起勇气，下决心改掉缺点和毛病。

2. 尊重事实、公正合理

领导批评下属，一定要尊重事实，公平合理，说话要有分寸，批评要有根据。切不可随便捕风捉影，没有证实是否属实，就企图让部下接受批评。那样势必要惹起部下的反感。因为每个人都有自尊心，对批评意见都会比较敏感，一旦事实有出入，产生对立、抵触情绪是必然的。

弄清楚下属犯错误的过程，分析错误的性质、程度及原因，这样，针对性强的批评部下容易接受。

3. 适度原则

对于犯错误的员工，领导的批评深浅要适度，不能无度、缺度或过度。大哲学家黑格尔说过："凡一切人世间的事物，诸如财富、荣誉、权力甚至快乐、痛苦等等，皆有其确定的尺度，超过这个尺度就会招致毁灭。"领导者对下级的批评同样如此。领导者应该掌握好批评的分寸，视员工所犯的错误的严重程度，来决定对其批评的严厉程度。一旦没有掌握好力度，批评超出了一定的限度，也就是说超出了某个临界点，那么批评就会发生质变，就会走向反面。

4. 不要在众人面前指责下属

有的领导喜欢在众人面前斥责下属,想以此来把责任转移到下属身上,好让上级、客户,或其他下属知道,这不是他的错,而是某个下属办事不力。这种想法是非常幼稚的。

其一,你既为该单位的领导,无论如何,你总对该单位的人与事负有责任,这是谁也推诿不掉的。一味强调自己的不知情,反而暴露出你的管理不力,或由你所制定的管理体制不健全。更不好的是,还会给人留下自私与狭隘的印象。

其二,单位所表现的一切,是全体员工共同努力的结果。如果上司或外界有何不满,最高负责人应负起这个责任。领导者以底下人员为挡箭牌,逃避责任,作为代罪羔羊的下属很可能因此自暴自弃,以后任何活动、任何工作再也不会热衷了。领导一直对外宣称全体员工就是整个单位的代表,却不用实际行动来表现,这就像画饼充饥一样的不真实。

在问题发生的时候,如果领导确实不十分知情,该把有关人员找来,把问题问清楚,然后让下属回去继续工作。领导应该负起责任处理问题。等上司或客户走了,有必要纠正、责备时再严格执行。

古时候,有一位侠客,他的下属有近千人。一次,朋友问他:"有那么多的子弟仰慕你、跟随你,你是否有什么秘诀吗?"他回答说:"我的秘诀是,当我要责备某一位犯错误的弟子时,一定叫他到我的房间里,在没有旁人的场合才提醒他,就是如此。"日本的社会学家岛田一男在援引这个例子后说:"无论是辈份较长的人或是上司,都应该有这位侠客的认识才好。在大庭广众之下被责骂,会觉得很没面子,很可能会萎靡不振、意志消沉,有的可能对你产生反抗或憎恶的态度。"

设想一下,假若下属因为被你当众责骂而觉得下不了台,抱着横竖都挨责备的心理,一反常态地和你争吵起来,甚至把本单位一些不该为外人知道的东西也抖露了出来,当领导的本为保全自己的面子,如此一来,岂不是连面子都保不住了吗?"家丑不可外扬",从经营管理的角度来说,不是完全没有道理的。但要下属做到家丑不外扬,当领导的,首先不要把下属的"丑"外扬才好。

当然,批评的原则、方式、细节等问题,远不是这4条可以说清楚的。领导者在批评下属这个问题上,一定要谨慎对待,原则上少用为好,教育为主,惩罚为辅,毕竟企业不是国家,更不是军队。

不在背后评价同事和下属

"人前说好话,背后勿论人非。"身为领导,一定要管好自己的嘴巴,不可随意在背后评价下属和同事。其实,人人都希望在工作岗位上能互相帮助,取长补短,愉快地工作。但是这种和谐的群体气氛，常会被一些无聊的小事所破坏，使大家的心里蒙上一层阴云。

当下属或同事不在场时对其说三道四，这是破坏群体和谐的大敌。虽然言者未必怀有恶意，然而，由于谈论的是一个不在场的人，言论很易出格，让人听起来不无诽谤之感。

而这些背后议论一个人的言论，传来传去常常在无形中被夸大，尽管传话的人可能并无恶意，但一旦被受议论者听到后，足以使其伤透心。人类最难控制的器官是舌头，最难压抑的欲望是说话。想要堵住一个人的嘴巴，恐怕是不可能的。更何况这些背后议论的话语几经相传，最后被本人听见时，已经是恶意话语之集大成了。相形之下，被议论者对那些背后议论者的反感和气愤程度，是可以想象的。随之而来会产生永远不再与那些议论自己的人说话、共事的思想，也是毫不奇怪的。这样一来，和谐的群体气氛必然遭到破坏。

因此，当某人不在场时，绝对不要对这个人的行为作任何不负责任的评论。这是作为组织中的一员应有的起码修养。哪怕是没有一点恶意的议论，也是绝对不允许的。

作为一个领导，如果真想给下属提批评意见的话，最好和其本人面对面单独进行，在没有他人参加的场合下，有条有理，心平气和地交谈。既然讲话的目的完全是为了他人好，那么，就应该在没有任何旁人的场合讲。随便轻率地说话，或单纯为了发泄私愤而信口开河，都是一个人不成熟的体现。

尤其是酒后言谈更需要特别谨慎。一言既出，驷马难追，无论你如何解释都无济于事，不会得到别人谅解，往往被当成"酒后真言"。有的人想得简单，认为酒后说出来的话一般人记不住，然而正好相反，记得分外清楚。

总之，不论在何种情况下，不要谈论不在场的人，应该成为每个人的行为准则。其实，喜好拨弄是非，在背后议论人的人，大都是些言谈轻率、轻易就可以给一个人下结论，或是言语偏激，发泄私愤的人。这样的人，是不会成为一名优秀的领导的。

作为领导，如果想要控制某种局面，客观地评价你的下属或同事，仅仅知道人们正在那儿干什么是远远不够的。我们还必须知道他们为什么要干，为什么一定要这么干而不那么干，这就是正确评价他人的动机所在。而不是抢着打击，以不满的态度在背后评价他人，以泄私愤。

一个聪明能干的领导者，如果能仔细地对别人加以品评，明了他人性情、为人等，便获得了驾驭他人的机会和可能。

弗洛尔夫曾做过职业公司的经理，他对于任何人重要特性的观察都相当细心。他常常在内心里反问自己：这人的主张是来自于他自己呢，还是请教别人得来的呢？

弗洛尔夫品评人,有他独特的方法。他认为,如果一个公司的代表走进我的办公室,对我说:"先生,您想如此如此做吧?"这人是在试着问我的脑子;另一位代表进来后则说:"先生,对于此事,我以为应该如何如何去做!"无疑,这人是在用自己的脑子。所以,你可以根据一个人送来的信函或者报告,说出他的许多情形。一个人是否具有果敢的特性,是否有善于负责任的习惯,便可以从上述细小的生活、工作事件中去观察。

品评他人的目的在于量材适用。因为凡是自己的主意,别人未必都能去做;有些人替别人工作异常地出色,但让他们自己出主意、想办法,却缺乏应有的勇气和创造力;有些人虽然很能干、忠实、有处可用,但他们决不是将才和帅才。

一般的人,见责任加重,不免往后退缩,但意志坚强的人则不然,他们知道成功后的快乐,于是他们不怕面对困难的挑战,更愿将更加重大的责任放在自己的身上,并且以此获取一定的权力和地位,以维持他那永不满足的自尊。这样的人十有八九会是事业上的成功者。

依草附木之士,专让别人帮助他们,在人生舞台上,便像个无助的小孩,畏畏缩缩,既不敢举步,又不敢后退,更不知如何去维护自己的自尊。这样的人十有八九是个庸才。

我们可以将意志坚强的人比作一个极端,而依草附木的人则是另一个极端。两者均是生活中的少数。而世上的大多数人是处于这两端之间。明了这一点,用一种适当的尺度去品评他人是很有裨益的。

在品评他人时,以下几点须认真考虑:

他唯恐不如人,能以积极的方式补偿别人的善意吗?在受到别人的正确的激励之后能挺身而出吗?

他盛气凌人,爱与人争吵作对吗?

他好似孔雀一般,高视阔步,处处带有虚荣心吗?

他常夸夸其谈、自以为是吗?

他酷爱荣誉,凡事都要取得回报吗?

对于别人的提议他常不予赞同,用心何在?

对于一切批评和建议,他都表示接受和欢迎吗?

如果他是个很矜持的人,他心里是不是有不如人的恐惧?或者他就是那种古怪的人?与他共事有害吗?

他有很强的责任感和使命感吗?

他有很坚强的毅力,并且富有创造性的思维吗?

他热衷于社会活动、公益事业,或者对此漠不关心吗?

他有很强的进取欲吗?

在他所犯的过失中，有无雷同的过失？

一个真正的领导者，应善于正确地品评他人，以己之长克人之短。

在这一方面，我国古代的蔺相如从大局出发，正确地评价廉颇，使之"负荆请罪"的故事就充分说明这一点。

由于蔺相如连立两个大功（"完璧归赵"和"渑池会"），官位就在老将廉颇之上，廉颇不服气，并扬言"遇上蔺相如，一定要羞辱他一番"。蔺相如听了，就处处忍让，尽量不与廉颇见面，连上朝都装病不愿见廉颇。有一次蔺相如乘车外出，遇上廉颇，就连忙驾着车子躲开他。因为这样怕廉颇，跟随他的人也感到羞惭，大家都要离开他。蔺相如对他的随从说：那样威严的秦王我都不怕，我难道怕廉颇吗？我是为了国家的安危才这样忍让他的呀！廉颇知道后感到十分惭愧，于是就向蔺相如负荆请罪，结果，他们成了刎颈之交。

一个反对者居然成了生死之交，其中奥秘就在于蔺相如的以大局为重，以国家为重，即使廉颇是错的，他也能忍让。如果我们也能像蔺相如一样对反对者采取宽容的态度，那么何愁不能和反对者言归于好呢？

开会时切忌人身攻击

曾见过网上一个帖子，一位年青的女白领谈到她患上了开会恐惧症，说单位的每次例会完全是"赤裸裸的人身攻击"，上司毫不留情批评下属工作没做到家，下属之间则是互相挑毛病，谁有不同意见必然招致更多的不同意见……拿这帖子询问了不少白领朋友，大家的感受竟然惊人的一致——"怕开会"，尤其是会上领导的人身攻击更是让人无法忍受。

曾经有一位年轻的行政主管这样描述自己的经历：

他说自己刚刚从一家民营企业辞职出来，因为实在太压抑了。每次开会，都是一次煎熬。他们老板是个40多岁的女人，得承认她很能干，但也很跋扈。她一手创立了这家公司，当然是说一不二，但是，她太不尊重下属了。在他的记忆中，她从来没有表扬过任何一个人，永远都是指责，而且常常是很不入耳的人身攻击。

他印象最深的一次，会计师老王的报表晚交了一天，她就在会上指责："怎么搞的，这么慢，你真是老了。"老王面色苍白地辩驳道："老板，我是快50了，可是……"没想到那女人的跋扈劲来了，她不等老王说完就大声说："50有理了，50就可以磨蹭？你的脑袋是怎么长的？"老王随后辞职走人，后来很多人也走了，当然也包括这位年轻的行政主管。

可见，在开会时切忌人身攻击，否则害处不仅仅是失去人心，走掉员工，而且还会招致更为严重的后果。

在某部队中，战士王某因未当上副班长，情绪低落，工作消极，连长在开会时当着全连的人批评他说："三脚踢不出个屁来，还想当骨干，好像你有多大本事，不愿干就滚蛋。"王某听了心灰意冷，当晚就找了一把刮刀和一包安眠药，准备杀了连长再自杀。作为领导，一定要牢记开会时尽量不要批评人，如果真的需要批评某个下属，也应当注意：就事论事，对事不对人，不无限上纲上线，切忌把问题扩大到对方的人品、态度、修养等方面，类似于你笨得像个榆木疙瘩、你真是太蠢了、你素质太差、扶不起来的阿斗、一颗老鼠屎坏了一锅汤、成事不足败事有余、窝囊废等定论似的评价，往往会形成误导，招致不良后果。

管理者在批评前有必要先确认"真的是事实吗？""有必要批评吗？"只听单方面的信息就行动，会变成没确认事实就批评。批评的目的是要让犯错误的下属本人注意，促其反省，让其努力改善，所以弄明白下属的想法、事情的经过和结果，以及对周围的影响最重要。

涉及人身攻击的批评具有反效果。"像你这种男人，再怎么努力也没用了"，像这种骂法不仅不知道在骂什么，而且会让人产生"反正我就是没有"的退缩，或者认为"我真是再怎么努力也不会成功的人"而丧失自信。这样的话，斥责反而只有反效果。

只批评事实。弄明白事实，边说理由边批评，对方较容易接受。下属如果抱怨"完全不听我的理由，只一味地啰嗦、批评"则只会引起反抗，有时会产生憎恨的心理，这就失去做管理者的资格。应该采用"事情真相我了解，但是……"这样的亲切的批评方式。

其实，领导有时会碰到这样一种员工，他们总是喜欢不遗余力地攻击指责别人，散布流言蜚语，造谣中伤同事，或出言不逊地辱骂别人等。在这种情况下，领导要不要针锋相对地予以回击呢？

对此，在考虑和选择自己的行为方式时，领导应该注意下面几个问题：

首先，应弄清楚自己所遇到的是不是真正的攻击，下面这几种情况很容易被误认为是攻击。

（1）由于对某种事物持不同的看法，员工提出了比较强硬的质疑或反对意见。此时，如果领导能够给予必要的解释和说明，冲突就会很好地解决。

（2）由于领导自己对某事处理不当，员工在利益受损的情况下表示不满，提出抗议。如果的确是领导自己处理不当，或虽然并非失误，但确有不妥善之处，而员工又言之有理，那么，尽管员工在态度和方式上有出格的地方，也不能把这看作攻击。

（3）由于种种误解，致使他人发脾气，出言不逊。这时，只要耐心地、心平和气地把问题澄清，事情自然也会过去。如果领导忽视了判别与区分真假攻击的不同，往往会铸成大错。

其次，即便领导完全能够确定员工在对自己进行恶意攻击，也不应该统统地给予回击。与员工的交往中，对付恶意攻击最好的方法莫过于不理睬他。

如果不理睬他，他仍不放松，那领导也不必对着干。因为就此"接招"恰恰是"正中下怀"。而且那些喜欢攻击他人的人，都善于以缺德少才之功消耗大德大智之势。如果领导和他对着干，他不仅喜欢奉陪，还颇会恋战，非把领导拖垮不可。在这种时候，领导应果断地甩袖而去。

领导与富于攻击性的员工打交道，不管他是否怀有敌意，首先是要敢于面对他的进攻。此外，还应注意下面7点：

（1）给员工一点时间，让他把火发出来。

（2）员工说到一定程度时，打断他的话，随便用哪种方式都行，不必客气。

（3）如果可能，设法让员工坐下来，使他不那么好斗。

（4）用明确的语言阐述自己的看法。

（5）避免与员工抬杠或贬低他。

（6）如果需要并且可能，休息一下再和员工私下解决问题。

（7）在强硬后作一些友好的表示。

任何一位领导都应该知道：在社会生活中，任重道远的人往往也是最受人攻击的人。这种情况几乎在每个行业都一样，它正说明了你的价值所在。

随着你人生的成功、事业的发达，你可能不会再为日常生活中的柴米油盐和孩子的学费发愁，也不再像事业初创时期那样疲于奔命，这时，又一个让你恼火的事情扑面而来，那就是在社会上、在你的周围、在你的生活圈内，关于你的谣言四起，攻击你的语言风起云涌。今天有人说你得了一种很不好的见不得人的疾病，明天有人说你和某明星走得很近，后天又说你因为某件事情看破红尘，一气之下遁入空门，甚至说你昨天跟情人幽会出了车祸。如此等等，不一而足。

面对种种谣传，你会怎么做？

你绝对不能因此而生气，更不能大动肝火，如果真这样，你的作风就不像一个成功人士，起码，在处理这个问题的时候，你只像一个普通人。

要知道，受人攻击意味着你的重要。

我们都知道，已经离任的美国前总统克林顿，因为跟莱温斯基的事情东窗事发，在全世界人面前都可以吹胡子瞪眼的克林顿那时候多么狼狈不堪。他在独立大法官面前那个可怜样，想起来都让人觉着可笑。

有时候我们想想，不就是婚外情么，这在美国那样的开放社会，算得了什么？

在美国，如果你是一普通人，发生了跟克林顿类似的事情，估计最坏的结果也就是跟妻子说声"再见"，绝不会弄得在全世界人面前出丑。但你是总统，事情就

不能这么简单。谁让你是总统呢?

在影视界,有关知名演员的批评最多,他们受到的攻击也最多,而那些初出茅庐的演员,却能够躲避批评与指责。

在军队中,高级将领通常都被传言弄得焦头烂额,几乎无法忍受,但一个普通士兵绝不会有此烦恼。

当你日益位高权重,你就应当预期到会有更多的批评与指责落到你的身上。

当人们把你攻击得体无完肤的时候,你应当把它当作是你"继续在成长"的一个必然现象。

或许,在你开始创业的时候,你在潜意识中就想做一个出人头地的公众人物,就是想成为人群的中心。

所以,既然你已经是公众注意的焦点人物了,那就应当有接受攻击的心理准备。然后,不要理会那些攻击,继续做你自己的事情,而且要越做越好。

那你就赢定了!

第七章

工作无小事
——细节成就卓越

❧ 不以卑微的心做卑微的事 ❧

无论你贵为君主还是身为平民，无论你是男还是女，都不要看不起自己的工作。如果你认为自己的劳动是卑贱的，那你就犯了一个巨大的错误。

罗马一位演说家说："所有手工劳动都是卑贱的职业。"从此，罗马的辉煌历史就成了过眼云烟。亚里士多德也曾说过一句让古希腊人蒙羞的话："一个城市要想管理得好，就不该让工匠成为自由人。那些人是不可能拥有美德的。他们天生就是奴隶。"

今天，同样有许多人认为自己所从事的工作是低人一等的。他们身在其中，却无法认识到其价值，只是迫于生活的压力而劳动。他们轻视自己所从事的工作，自然无法投入全部身心。他们在工作中敷衍塞责、得过且过，而将大部分心思用在如何摆脱现在的工作环境上了。这样的人在任何地方都不会有所成就。

所有正当合法的工作都是值得尊敬的。只要你诚实地劳动和创造，没有人能够贬低你的价值，关键在于你如何看待自己的工作。那些只知道要求高薪，却不知道自己应承担的责任的人，无论对自己，还是对老板，都是没有价值的。

也许某些行业中的某些工作看起来并不高雅，工作环境也很差，但是，请不要无视这样一个事实：有用才是伟大的真正尺度。在许多年轻人看来，公务员、银行职员或者大公司白领才称得上是绅士，其中一些人甚至愿意等待漫长的时间，目的

就是去谋求一个公务员的职位。但是，同样的时间他完全可以通过自身的努力，在现实的工作中找到自己的位置，发现自己的价值。

"低就"不一定就低人一等。对于许多选择就业岗位的人们来说，首要的不是先瞄好令人羡慕的岗位，而是一开始就树立正常的就业观念。如果干什么都挑三拣四，或者以为选准一个岗位便可以一劳永逸，那么你就可能永远真正地低人一等。正如台湾的女作家杏林子所说："现代社会，昂首阔步、趾高气扬的人比比皆是，然而有资格骄傲却不骄傲的人才真正高贵。"

20世纪70年代初，美国麦当劳总公司看好台湾市场。正式进军台湾之前，他们需要在当地先培训一批高级干部，于是进行公开的招考甄选。由于要求的标准颇高，许多初出茅庐的青年企业家都未能通过。

经过一再筛选，一位名叫韩定国的某公司经理脱颖而出。最后一轮面试前，麦当劳的总裁和韩定国夫妇谈了三次，并且问了他一个出人意料的问题："如果我们要你先去洗厕所，你会愿意吗？"韩定国还未及开口，一旁的韩太太便随意答道："我们家的厕所一向都是由他洗的。"总裁大喜，免去了最后的面试，当场拍板录用了韩定国。

后来韩定国才知道，麦当劳训练员工的第一堂课就是从洗厕所开始的，因为服务业的基本理论是"非以役人，乃役于人"，只有先从卑微的工作开始做起，才有可能了解"以家为尊"的道理。韩定国后来所以能成为知名的企业家，就是因为一开始就能从卑微小事做起，干别人不愿干的事情。

工作本身没有贵贱之分，但是对于工作的态度却有高低之别。看一个人是否能做好事情，只要看他对待工作的态度。而一个人的工作态度，又与他本人的性情、才能有着密切的关系。一个人所做的工作，是他人生态度的表现；一生的职业，就是他志向的表示、理想的所在。所以，了解一个人的工作态度，在某种程度上就是了解了那个人。

那些看不起自己工作的人，往往是一些被动适应生活的人，他们不愿意奋力崛起，努力改善自己的生存环境。对于他们来说，公务员更体面，更有权威性；他们不喜欢商业和服务业，不喜欢体力劳动，自认为应该活得更加轻松，应该有一个更好的职位，工作时间更自由。他们总是固执地认为自己在某些方面更有优势，会有更广泛的前途，但事实上并非如此。

克尔在一家快速消费品公司已经工作了两年，一直是不冷不热的状态，待遇不高，但能学到东西，比较锻炼人，薪水也马马虎虎过得去。但最近和一些老朋友交流过程中，他发现大家都发展得不错，好像都比自己好，这使得他开始对自己目前的状态不满意了，考虑怎么和老板提加薪或者找准机会跳槽。

终于，他找了一次单独和老板喝茶的机会，开门见山地向老板提出了加薪的要求。老板笑了笑，并没有理会。于是，他对工作再也打不起精神来，开始敷衍应付起来。一个月后，老板把他的工作移交给其他员工，大概是准备"清理门户"了。他赶紧知趣地递交了辞呈。可令他始料未及的是，接下来的几个月里，他并没有找到更好的工作，招聘单位开出的待遇甚至比原来的还差了。

由于心态的错位与失衡，克尔失去了那份还过得去的工作，而且，他的下一份工作还不如以前。

像克尔这种具有消极被动心态的人，他们只是指责和抱怨，并一味逃避。他们不思索关于工作的问题：自己的工作是什么？工作是为什么？怎样才能把工作做得更好？他们只是被动地应付工作，为了工作而工作，不在工作中投入自己全部的热情和智慧，只是机械地完成任务。这样的员工，是不可能在工作中做出好的成绩并最终拥有自己的事业的。

许多管理制度健全的公司，正在创造机会使员工成为公司的股东。因为人们发现，当员工成为企业所有者时，他们表现得更加忠诚，更具创造力，也会更加努力工作。以积极主动的心态对待你的工作、你的公司，你就会尽职尽责完成工作，并在工作中充满活力与创造性，你就会成为一个值得信赖的人，一个老板乐于雇用的人，一个可能成为老板得力助手的人。更重要的是，你终将会在事业上有所成就。

其实，每个人都应该相信天生我才必有用，懒懒散散只会给我们带来巨大的不幸。有些年轻人用自己的天赋来创造美好的事物，为社会作出了贡献；另外有些人没有生活目标，缩手缩脚，浪费了天生的资质，到了晚年只能苟延残喘。本来可以创造辉煌的人生，结果却与成功失之交臂，不能说不是一个巨大的遗憾。

因此，在职场中有一条永远不变的真理：以积极的心态对待工作，工作也会以积极的回报回馈于你。

工作不只为薪水

一些年轻人，当他们走出校园时，总对自己抱有很高的期望值，认为自己一开始工作就应该得到重用，就应该得到相当丰厚的报酬。他们在工资上喜欢相互攀比，似乎工资成了他们衡量一切的标准。但事实上，刚刚踏入社会的年轻人缺乏工作经验，是无法委以重任的，薪水自然也不可能很高，于是他们就有了许多怨言。但这样带来的后果往往很糟。

安妮大学毕业后在一家公司的财务部门任职。老板说："试用期半年，干得好，半年以后加薪。"

安妮刚到公司上班时，干劲特别足，每天干的活一点也不比老职员少，可是两

个多月以后,她觉得凭借自己能够在公司独当一面,完全可以获得更高的薪水,老板应该提前给她加薪才是,而不必非要等到半年以后。

自产生这个想法以后,安妮对工作的态度来了个一百八十度的大转变,上司交给她的各项任务不再像以前那样认真、细致地完成,月末单位赶制财务报表需要加班加点时,她甚至对同事们说:"你们加班是应当的,我的任务我在白天已经完成了。"

言下之意,安妮的薪水低,没理由和那些高薪族一起加班,还半真半假地幽默道:"半年后,说不定我就会与你们一道并肩作战了。"当然,这一切不会逃过老板的火眼金睛。

半年过去了,老板丝毫没有给安妮加薪的意思,她一气之下离开了那家公司。

后来同事跟她私下聊天:"真遗憾,你白白地坐失了一个加薪晋升的良机。老板看你工作扎实,业务能力又强,本来想在第三个月提前给你加薪,甚至还有意在半年后提拔你为主办会计。"得知这一切的安妮心中悔恨不已,但为时已晚。

其实,像安妮这样的员工,她的失败源于她不知道这样的一个职场法则:

如果一个人工作只是为了薪水,没有远大理想,没有高尚目标,不关心薪水以外的任何东西,那么他的能力就无法提高,经验也无法增多,机会也就无法垂青于他,成功也就自然与他无缘。

因此,有一位成功企业家说过,不要为薪水而工作。工作固然是为了生计,但是比生计更可贵的,就是在工作中充分发掘自己的潜能,发挥自己的才干,做正直而纯正的事情。

这时,你会惊喜地发现:工作所给你的,要比你为它付出的更多。如果你将工作视为一种积极的学习经验,那么,每一项工作中都包含着许多个人成长的机会。

美国某著名教授有两个十分优秀的学生,聪明能干,兴趣和爱好也相近。对他们来说,找个有发展潜力的工作应该是件轻而易举的事。当时,教授有个朋友正在创办一家小型公司,委托教授为他物色一个适当的人选做助理。教授建议他这两个学生都去试试看。

两个学生分别前去应聘。第一位去应聘的名叫纳费尔。面谈结束几天后,他打电话向教授说:"您的朋友太苛刻了,他居然只肯给月薪600美元,我才不去为他工作呢!现在,我已经在另一家公司上班了,月薪800美元。"

后来去的那位学生叫比克,尽管开出的薪水也是600美元,尽管他也有更多赚钱的机会,但是他却欣然接受了这份工作。当他将这个决定告诉教授时,教授问他:"如此低的薪水,你不觉得太吃亏了吗?"

比克说:"我当然想赚更多的钱,但是我对您朋友的印象十分深刻,我觉得只要从他那里多学到一些本领,薪水低一些也是值得的。从长远的眼光来看,我在那里工作将会更有前途。"

好多年过去了。纳费尔的年薪由当年的 9600 美元涨到区区 4 万美元，而最初年薪只有 7200 美元的比克呢，现在的固定薪水却是 25 万美元，外加期权和红利。

这两个人的差异到底在哪里呢？显然纳费尔是被最初的赚钱机会蒙蔽了，而比克却是基于学东西的观点来考虑自己的工作选择。

这就是一个眼光的问题，如果你只注重眼前的金钱和利益，而不是在工作中锻炼和增长自己的能力的话，那你永远也不可能像比克那样获得成功的机会。

古往今来，那些成功人士的一生往往是跌宕起伏，像波浪线一样，一下高一下低。命运的起伏使他们失去了很多东西，但有一样东西是不会失去的，这就是能力，是能力使他们重新跃上事业的顶峰。杰出人物所具有的创新力、决断力以及敏锐的洞察力往往是人们所钦慕的，然而，他们的这些能力是在长期的工作中锻炼的，而不是一开始就具备的。他们通过工作了解自己，发现自己，最大限度地发挥自己的潜力。

一个名叫尼克的普通银行职员，在受聘于一家汽车公司 6 个月后。试着向老板琼斯毛遂自荐，看是否有提升的机会。琼斯的答复是："从现在开始，监督断厂机器设备的安装工作就由你负责，但不一定加薪。"糟糕的是，尼克从未受过任何工程方面的训练，对图纸一窍不通。然而，他不愿意放弃这个难得的机会。因此，他发扬自己的领导特长，自己找了些专业人员安装，结果提前一个星期完成任务。最后，他得到了提升，工资也增加了 10 倍。

"我当然明白你看不懂图纸，"后来老板这样对他说，"假如你随意找个原因把这项工作推掉，我有可能就把你辞掉。"

只有在工作中主动争取机会，尽自己最大努力去发挥自己的能力，你才会比别人更多一份成功的可能。

"追求热爱的事业，而非一份可以挣钱的工作。"这句简单的名言，或许可以避免许多人失去对生命的热情。

钢铁大王查尔斯·施瓦布对此有非常精辟的看法，他说："如果对工作缺乏热情，只是为了薪水而工作，很可能既赚不到钱，也找不到人生的乐趣。"

为了避免这样的一种情形，我们有必要重新认识工作的价值。

固然，我们投身于职场是为了自己而工作。但人生并不只有现在，还有更长远的未来。薪水当然重要，但那只是个短期的小问题，最重要的是要获得不断晋升的机会，为未来获得更多的收入奠定基础，更何况生存问题需要通过发展来解决。

维斯卡亚公司是美国 20 世纪 80 年代最为著名的机械制造公司。

艾伦和许多人的命运一样，在该公司每年一次的用人招聘会上被拒，但是艾伦并不灰心，他发誓一定要进入这家公司工作。

于是，他假装自己一无所长，找到公司人事部，提出为该公司无偿提供劳动力，请求公司分派给他任何工作，他都不计任何报酬来完成。公司起初觉得简直不可思议,但考虑到不用任何花费,也用不着操心,于是便分派他去打扫车间的废铁屑。

一年下来,艾伦勤勤恳恳地重复着这种既简单又劳累的工作。为了糊口,下班后他还得去酒吧打工。尽管他得到了老板及工人们的一致好感,但仍然没有一个人提到录用他的问题。

1990年初,公司的许多订单纷纷被退回,理由均是产品质量问题,为此公司将蒙受巨大的损失。公司董事会为了挽救颓势,紧急召开会议,寻找解决方案。当会议进行一大半还不见眉目时,艾伦闯入会议室,提出要见总经理。在会上,他就该问题出现的原因作了令人信服的解释,并且就工程技术上的问题提出了自己的看法,随后拿出了自己的产品改造设计图。

这个设计非常先进,既恰到好处地保留了原来的优点,又克服了已经出现的弊病。

总经理及董事觉得这个编外清洁工很是精明在行,便询问他的背景及现状。于是,艾伦当着高层决策者们的面,将自己的意图和盘托出。之后经董事会举手表决,艾伦当即被聘为公司负责生产技术问题的副总经理。

原来,艾伦利用清扫工到处走动的特点,细心察看了整个公司各部门的生产情况,并一一详细记录,发现了所存在的技术问题并想出了解决的办法。他花了一年时间搞设计,做了大量的统计数据,为最后一展雄姿奠定了基础。

艾伦不为薪水工作的同时,却为自己的未来创造了成功的契机。

因此,世界著名的成功大师戴尔·卡耐基告诫人们成功的秘诀之一就是:

不为金钱工作。

你如果想做一个快乐的人,切记:金钱不是万能,不是权力,它只是用来达到目的的一种工具罢了。若你不注意发展你的人格而只注意赚钱,那么,全世界银行金库里的钱还不够替你买到快乐!金钱变为你的生活目的时,怕连你的生活,甚至你的命也保不住了!

以老板的心态来工作

绝大多数人都必须在一个社会机构中奠基自己的事业生涯。只要你还是某一机构中的一员,就应当抛开任何借口,投入自己的忠诚和责任。一荣俱荣,一损俱损!将身心彻底融入公司,尽职尽责,处处为公司着想,对投资人承担风险的勇气报以钦佩,理解管理者的压力,那么任何一个老板都会视你为公司的支柱。

这种理念其实就是《这是你的船》的作者迈克尔·阿伯拉肖夫提出的一种员工心态的观念。

1997年6月，当迈克尔·阿伯拉肖夫接管"本福尔德"号的时候，船上的水兵士气消沉，很多人都讨厌待在这艘船上，甚至想赶紧退役。

但是，两年之后，这种情况彻底发生了改变。全体官兵上下一心，整个团队士气高昂。"本福尔德"号变成了美国海军的一艘王牌驱逐舰。

迈克尔·阿伯拉肖夫用什么魔法使得"本福尔德"号发生了这样翻天覆地的变化呢？概括起来就是一句话："这是你的船！"

迈克尔·阿伯拉肖夫对士兵说：这是你的船，所以你要对它负责，你要与这艘船共命运，你要与这艘船上的官兵共命运。所有属于你的事，你都要自己来决定，你必须对自己的行为负责。

只要你是公司的员工，你就是公司这条船的主人。你必须以主人的心态来管理照料这条船，而不是以一个"乘客"的心态来渡过人生的浩瀚大海。

当然，选择做主人还是做乘客，这两种不同心态对于你的工作带来的影响是相当大的。

彼得高中毕业之后和朋友一齐到海南打工。

彼得和朋友在码头的一个仓库给人家缝补篷布。彼得很能干，做的活儿也精细，当他看到丢弃的线头碎布也会随手拾起来，留作备用，好像这个公司是他自己开的一样。

一天夜里，暴风雨骤起，彼得从床上爬起来，拿起手电筒就冲到大雨中。朋友劝不住他，骂他是个憨蛋。

在露天仓库里，彼得察看了一个又一个货堆，加固被掀起的篷布。这时候老板正好开车过来，只见彼得已经成了一个水人儿。

当老板看到货物完好无损时，当场表示给彼得加薪。彼得说："不用了，我只是看看我缝补的篷布结不结实，再说，我就住在仓库旁，顺便看看货物只不过是举手之劳。"

老板见他如此诚实，如此有责任心，就让他到自己的另一个公司当经理。

公司刚开张，需要招聘几个文化程度高的大学毕业生当业务员。彼得的朋友跑来，说："给我弄个好差干干。"彼得深知朋友的个性，就说："你不行。"朋友说："看大门也不行吗？"彼得说："不行,因为你不会把活儿当成自己家的事干。"朋友说他："真憨，这又不是你自己的公司！"临走时，朋友说彼得没良心，不料彼得却说："只有把公司当成是自己开的公司，才能把事情干好，才算有良心。"

几年后，彼得成了一家公司的总裁，他朋友却还在码头上替人缝补篷布。这就是以老板的心态做事与以打工者的心态做事的区别。

只有以老板的心态对待公司，你才会有主人翁的责任意识，时时处处为公司着想，对工作就会全身心投入，尽职尽责。

　　尼斯是主管过磅称重的小职员，到这家钢铁公司工作还不到一个月，他就发现很多矿石并没有完全充分地冶炼，一些矿石中甚至还残留有未被冶炼好的铁。他想：如果继续这样下去的话，公司岂不是会有很大的损失？

　　于是，他找到了负责该项工作的工人，跟他说明了这个问题。这位工人说："如果技术有了问题，工程师一定会跟我说，现在还没有哪一位工程师跟我说明这个问题，说明现在还没有出现你说的情况。"

　　尼斯又找到了负责技术的工程师，对工程师说明了他看到的问题。工程师很自信地说："我们的技术是世界一流的，怎么可能会有这样的问题？"工程师并没有重视尼斯所说的问题，还暗自认为：一个刚刚毕业的大学生，能明白多少，不会是因为想博得别人的好感而表现自己吧？

　　但是尼斯一直认为这是个很大的问题，于是他拿着没有冶炼好的矿石找到了公司负责技术的总工程师，他说："先生，我认为这是一块没有冶炼好的矿石，您认为呢？"

　　总工程师看了一眼，说："没错，年轻人！你说得对，哪里来的矿石？"

　　尼斯说："我们公司的。"

　　"怎么会，我们公司的技术是一流的，怎么可能会有这样的问题？"总工程师很诧异。

　　"工程师也这么说，但事实确实如此。"尼斯坚持道。

　　"看来是出问题了。怎么没有人向我反映？"总工程师有些发火了。

　　总工程师立即召集负责技术的工程师来到车间，果然发现了一些冶炼并不充分的矿石。经过检查发现，原来是监测机器的某个零部件出现了问题，才导致了冶炼的不充分。

　　公司的总经理知道了这件事后，不但奖励了尼斯，而且还晋升尼斯为负责技术监督的工程师。总经理不无感慨地说："我们公司并不缺少工程师，但缺少的是负责任的工程师。工程师没有发现问题事小，别人提出问题还不以为然事大。对于一个企业来讲，人才是重要的，但是更重要的是真正有责任感的人才。"

　　乔治能获得工作之后的第一步成功，完全源于一种老板般的责任感。也就是说，他具有老板的心态，处处为公司的利益着想。

　　钢铁大王卡内基曾经这样说过："无论在什么地方，都不应该把自己只看成公司的一名员工，而应该把自己视为公司的主人。"

　　也只有以老板的心态来对待公司，才能像老板一样热爱公司，热爱你的工作。但是，如何像老板那样去热爱公司呢？有两点是相当重要的，一是以老板的心态对待工作，对工作质量精益求精；二是把自己视为公司的老板，像呵护自己的孩子那样去呵护企业。

从表面上看，企业的确是老板的，因为你没有企业的股份。事实上，企业是你和老板共有的，你总是拥有企业的"一部分"，这一部分给了你工作的机会，给你带来收入，给你一个展示才华的舞台。如果没有这一部分，你的这一切都不存在。如果你爱这一部分，你就不再感觉工作是一种苦役了，而是一件快乐的事情。

以老板的心态对待公司，像老板一样热爱你的工作，热爱你的公司，你就会成为一个快乐的人，负责的人，一个值得信赖的人，一个老板乐于雇用的人，一个可能成为老板得力助手的人。

亲爱的朋友，当你读到这里时，不妨问一下自己：如果你是老板，你对自己今天所做的工作完全满意吗？别人对你的看法也许并不重要，真正重要的是你对自己的看法。回顾一天的工作，扪心自问一下："我是否付出了全部精力和智慧？"

责任感就体现在细微的小事中

有人说，一滴水可以折射出整个太阳的光辉，一件小事就可以看出一个人的内心世界。所以，一个人有没有责任感，并不仅仅是体现在大是大非面前，也体现在细微的小事中。事实上，一个连小事都不愿负责的人，又怎能在大事面前敢于担当呢？

一位人力资源部经理说："看一个人是否有责任，不用从什么大的方面来看，就从那些细微的小事，下意识做的事情看就可以得到答案。"他的话不无道理。

一家公司正在招聘新员工，来了不少应聘的人，看起来一个个精明干练。面试的人一个个进去又一个个出来，大家看起来都是胸有成竹。面试只有一道题，就是谈谈你对责任的理解。对于这样的一个问题，很多都认为简单得不能再简单。

然而结果却出人意料——一个人都没有被录取。难道这家企业成心不想招人？

"其实，我们也很遗憾，我们很欣赏各位的才华，你们对问题的分析也是层层深入，语言简洁畅达，非常令各位考官满意。但是，我们这次考试不是一道题，而是两道，遗憾的是，另外一道你们都没有回答。"经理说。

大家哗然："还有一道题？"

"对，还有一道，你们看到了躺在门边的那个笤帚了吗？有人从上面跨过去，有的甚至往旁边踢了一下，但却没有一个人把它扶起来。"

"对责任的深刻理解远不如做一件负责任的小事，后者更能显现出你的责任感。"经理最后说。

看来这位经理的挑剔确实很必要，因为没有哪一位领导者会对如此没有责任意识的员工给予深深的信任，没有多少人可以面临大是大非的抉择，也没有多少人的

责任感会有大是大非的考验,那么就从小事来看看你的员工吧,看看他是否真的对企业有责任感,这也是考核员工的一个重要方面。

工作就意味着责任。在这个世界上,没有不需承担责任的工作,相反,你的职位越高、权力越大,你肩负的责任就越重。不要害怕承担责任,要立下决心,你一定可以承担任何正常职业生涯中的责任,也一定可以比前人完成得更出色。

千万不要自以为是而忘记了自己的责任。对于这种人,巴顿将军的名言是:"自以为了不起的人一文不值。遇到这种军官,我会马上调换他的职务。每个人都必须心甘情愿为完成任务而献身。"

世界上最愚蠢的事情就是推卸眼前的责任,认为等到以后准备好了、条件成熟了再去承担才好。在需要你承担重大责任的时候,马上就去承担它,这就是最好的准备。如果不习惯这样去做,即使等到条件成熟了以后,你也不可能承担起重大的责任,你也不可能做好任何重要的事情。

每个人都肩负着责任,对工作、对家庭、对亲人、对朋友,我们都有一定的责任,正因为存在这样或那样的责任,才能对自己的行为有所约束。

寻找借口就是将应该承担的责任转嫁给社会或他人。而一旦我们有了寻找借口的习惯,那么我们的责任心也将随着借口烟消云散。没有什么不可能的事情,只要我们不把借口放在我们的面前,就能够做好一切,就能完全地尽职尽责。

小田千惠是日本索尼公司销售部的一名普通接待员,工作职责就是为往来的客户订购飞机、火车票。有一段时间,由于业务的需要,她时常会为美国一家大型企业的总裁订购往返于东京和大阪的车票。

后来,这位总裁发现了一个非常有趣的现象:他每次去大阪时,座位总是紧邻右边的窗口,返回东京时,又总是坐在靠左边窗口的位置上。这样每次在旅途中他总能在抬头间就能看到美丽的富士山。

"不会总是这么好运气吧?"这位总裁对此百思不得其解,随后便饶有兴趣地去问小田千惠。

"哦,是这样的,"小田千惠笑着解释说,"您乘车去大阪时,日本最著名的富士山在车的右边。据我的观察,外国人都很喜欢富士山的壮丽景色,而回来时富士山却在车的左侧,所以,每次我都特意为您预订了可以一览富士山的位置。"

听完小田千惠的这番话,那位美国总裁打内心深处产生了强烈的震撼,由衷地赞美道:"谢谢,真是太谢谢你了,你真是一个很出色的雇员!"

小田千惠笑着回答说:"谢谢您的夸奖,这完全是我职责范围内的工作。在我们公司,其他同事比我还要更加尽职尽责呢!"

美国客人在感动之余,对索尼的领导层不无感慨地说:"就这样一件小事,贵公司的职员都想得如此周到细心,那么,毫无疑问,你们会对我们即将合作的庞大计划尽心竭力的。所以与你们合作我一百个放心！"

令小田千惠没有想到的是，因为她的尽职尽责，这位美国总裁将贸易额从原来的500万美元一下子提高至2000万美元。

更令小田千惠惊喜的是，不久她就由一名普通的接待员提升至接待部的主管。

像小田千惠这样的人在企业里无疑就是一名榜样员工。

因为她将责任根植于内心，让它成为了其脑海中的一种自觉意识。这样一来在日常的行为和工作中，这种责任意识才会让她表现得更加卓越。

因为她清楚，作为一名合格称职的好员工，就必须尽职尽责，对她的岗位和公司感到自豪，对于她的同事和上级有高度的责任义务感，对于自己表现出的能力有充分的自信。

如果你曾经为自己担当责任而感到沉重和压力重重，那么我告诉你，你还没有正确地理解责任的含义。责任意味着勇气、坚强、爱和无私。当你有勇气承担责任时，你正在给予别人爱和无私。难道你不为自己所做的一切感到骄傲吗？如果你有勇气，就把曾经放弃的责任重新捡拾起来，你不会被人嘲笑而会得到他人尊敬的。如果你有勇气，就别放弃正压在你身上的责任，如果你能再坚持一下，你就可能获得成功。

可能对于很多人来说，如果不给予一定职务或待遇上的承诺，很少有人愿意主动去承担一些工作，因为做的工作越多，意味着担负的责任越重，做得好一切都会好，做不好就招致麻烦。所以，只要做好自己的事情就可以了，其他的事情能不管就不管、能推则推。孰不知，这样长期下去，最终损失最大的还是自己。

汤姆在一次与朋友的聚会中神情激愤地对朋友抱怨老板长期以来不肯给自己机会。他说："我已经在公司的底层挣扎了15年了，仍时刻面临着失业的危险。15年，我从一个朝气蓬勃的青年人熬成了中年人，难道我对公司还不够忠诚吗？为什么他就是不肯给我机会呢？"

"那你为什么不自己去争取呢？"朋友疑惑不解地问。

"我当然争取过，但是争取来的却不是我想要的机会，那只会使我的生活和工作变得更加糟糕。"他依旧愤愤不平。

"能对我讲一下那是什么吗？"

"当然可以！前些日子，公司派我去海外营业部，但是像我这样的年纪，这种体质，怎能经受如此的折腾呢。"

"这难道不是你梦寐以求的机会吗，怎么你会认为这是一种折腾呢？"

"难道你没看出来？"汤姆大叫起来，"公司本部有那么多的职位，为什么要派我去那么遥远的地方，远离故乡、亲人、朋友？那可是我生活的重心呀！再说我的身体也不允许呀！我有心脏病，这一点公司所有的人都知道。怎么可以派一个有心脏病的人去做那种'开荒牛'的工作呢，又脏又累，任务繁重而没有前途……"他仍旧絮絮叨叨地罗列着他根本不能去海外营业部的种种理由!

这次他的朋友沉默了,因为他终于明白为什么15年来汤姆仍没有获得他想要的机会。并且也由此断定,在以后的工作中,汤姆仍然无法获得他想要的机会,也许终其一生,他也只能等待。

借口的根源在于缺乏责任心,找借口只会使你与成功失之交臂。

负责任、尽义务是成熟的标志。几乎每个人做错了事都会寻找借口。负责任的人是成熟的人,他们对自己的言行负责,他们把握自己的行为,做自我的主宰。

其实,只有具备高度责任感的人,从不把该负的责任推诿给别人,才会被你周围的人包括你的老板所赏识。

以感恩的心态来对待工作

一次,古罗马众神决定举行一次欢迎会,邀请全体美德神参加。真、善、美、诚以及各大小美德神都应邀出席,他们和睦相处,友好地谈论着,玩得很痛快。

但是主神朱庇特注意到:有两位客人互相回避,不肯接近。主神向信使神密库瑞述说了这一情况,要他去看看这是什么问题。信使神立即将这两位客人带到一起,并给他们介绍起来。

"你们两位以前从未见过面吗?"信使神说。

"没有,从来没有,"一位客人说,"我叫慷慨。"

"久仰,久仰!"另一位客人说,"我叫感恩。"

正如这个故事揭示的:生活中慷慨的行为总是难以得到真诚的感恩。事实上,我们每个人每天的生活都在仰赖着他人的奉献,只是很少有人会想到这一点。

感恩是爱的根源,也是快乐的源泉。如果我们对生命中所拥有的一切能心存感激,便能体会到人生的快乐、人间的温暖以及人生的价值。班尼·迪克特说:"受人恩惠,不是美德,报恩才是。当他积极投入感恩时,美德就产生了。"

感恩之心会给我们带来无尽的快乐。为生活中的每一份拥有而感恩,能让我们知足常乐。感恩不是炫耀,不是停滞不前,而是把所有的拥有看作是一种荣幸、一种鼓励,在深深感激之中进行回报的积极行动,与他人分享自己的拥有。感恩之心使人警醒并积极行动,更加热爱生活,创造力更加活跃;感恩之心使人向世界敞开胸怀,投身到仁爱行动之中。没有感恩之心的人,永远不会懂得爱,也永远不会得到别人的爱。

拥有感恩之心的人,即使仰望夜空,也会有一种感动,正如康德所说:"在晴朗之夜,仰望天空,就会获得一种快乐,这种快乐只有高尚的心灵才能体会出来。"

生活中确实需要感恩，不懂得感恩，生活便会黯然失色，人生便没有滋味。

人们可以为一个陌路人的点滴帮助而感激不尽，却无视朝夕相处的老板的种种恩惠，将一切视之为理所当然。

许多成功人士在谈到自己成功经历时，往往过分强调个人努力因素。事实上，每个有所作为的人都获得过别人的许多帮助。一旦你订出成功目标并且付诸行动之后，你就会发现自己获得许多意料之外的支持。你应该时刻感谢这些帮助你的人，感谢上天的眷顾。

生而为人，要感谢父母的恩惠，感谢国家的恩惠，感谢师长的恩惠，感谢大众的恩惠。没有父母养育，没有师长教诲，没有国家爱护，没有大众助益，我们何能存于天地之间？所以，感恩不但是美德，感恩是一个人之所以为人的基本条件。

诚然雇佣和被雇佣是一种契约关系，但同时也是合作的关系。可以说，没有老板也就不会有你的工作机会，从某种意义上说，老板是有恩于你的。

虽说通过个人的勤奋和吃苦耐劳能出色地完成工作，但同时应该承认，在一个人的人生历程中，接受来自别人的帮助也是很重要的。受助和施助看起来是矛盾的，但高尚的依赖和自立自强又是统一的，一个优秀而谦虚的人往往乐于承认和接受别人的帮助。

哈佛大学毕业的华裔女士张小姐就业于美国邮政服务公司，与她相处过的同事都对她的微笑、善良和勤劳留有深刻的印象。几乎每一个和她相处过的人都成为了她的朋友。

有人不解，就问张小姐有什么和人相处的秘诀。

张小姐微笑着说："一切应该归功于我的父亲，在我很小的时候他就教导我，对周围任何人的赋予，都应该抱有感恩的心情，而且要永远铭记，要使自己尽快忘记那些不快。

"我幸运地获得了这份工作，有很多友善的同事，虽然上司对我的要求很严格，但是私人生活方面对我却很照顾。所有的这一切，我都铭记在心，对他们心存感激。

"一直带着这种感激的态度去工作，很快我就发现，一切都美好起来，一些微不足道的不快也很快过去。我总是工作得很顺利，大家都很乐意帮助我。"

每家企业都是一样，所有同事都更愿意帮助那些知恩图报的人，主管也更愿意提携那些一直对公司抱有感恩心情的员工。因为这些员工更容易相处，对工作更富有热情，对公司更显忠诚！

现在越来越多年轻的职员，常常满腹牢骚，抱怨这个不对，那个不好。在他们眼里只有自我，恩义如杂草，他们贫乏的内心不知道什么是回报。工作上的不如意，似乎是教育制度的弊端造成的；把老板和上司的种种言行视之为压榨。正是那种纯粹的商业交换的思想造成了许多公司老板和员工之间的矛盾和紧张关系。

但是，没有老板也就不会有你的工作机会，从这个意义上来说，老板是有恩于你的。那么，为什么不告诉老板，感谢他给你机会呢？感谢他的提拔，感谢他的努力。为什么不感激你的同事呢？感激他们对你的理解和支持，还有平时你从他们身上学到的知识。

如果是这样，你的老板也会受这样一种高尚纯洁的礼节和品质的感染，他会以具体的方式来表达他的感激，也许是更多的工资，更多的信任和更多的服务。你的同事也会更加乐于和你友好相处。

可见，感恩并不仅仅有利于公司和老板，对于个人来说，感恩的人生是富裕的人生。感恩是一种深刻的感受，能够增强个人的魅力，开启神奇的力量之门，发掘出无穷的智能。感恩也像其他受人欢迎的特质一样，是一种习惯和态度。

感恩和慈悲是近亲。时常怀有感恩的心情，你会变得更谦和、可敬且高尚。

每天都该用几分钟的时间，为你的幸运而感恩。所有的事情都是相对的，不论你遇到何种磨难，都不是最糟的，所以你要感到庆幸。

"谢谢你""我很感谢"，这些话应该经常挂在嘴边。以特别的方式表达你的谢意，付出你的时间和心力，比物质的礼物更可贵。

把你的创意发挥在感谢别人上。例如，你是否曾经想过，写一张字条给上司，告诉他你多么热爱你的工作，多么感谢工作中获得的机会？这种深具创意的感谢方式，一定会让他注意到你，甚至可能提拔你。感恩是会传染的，上司也同样会以具体的方式，表达他的谢意，感谢你所提供的服务。

不要忘了感谢你周围的人：你的丈夫或妻子、亲人及工作的伙伴。因为他们了解你，支持你。大声说出你的感谢。家人知道你很感激他们的信任，但是你要说出来。经常如此，可以增强亲情与家庭的凝聚力。

记住，永远有事情需要感谢。推销员遭到拒绝时，应该感谢顾客耐心听完他的解说。这样他下一次有可能再惠顾！

无论你走到哪一家公司，如果你能够对为你服务的女职员说一声"谢谢"，她一定会从心里感激你的。反过来说，如果她的这种工作被人所漠视，或者被认为是理所当然的话，她一定感觉不舒畅。关于这一点，你只要改变一下自己的立场就不难明白了。

事实上懂得感恩应该成为一种普遍的社会道德。得到了晋升，你要感谢老板的独具慧眼，感谢他的赏识；失败的时候，你不妨对上帝给了你一次锻炼的机会而心存感激。

对于忘恩负义的人来说，对别人的帮助往往是感觉不到的。但是，你若要在工作中得到更多，就应该时刻记住：你拿的薪水就像你喝的水，即使挖井人不图你的回报，你也应该有个感恩的态度，至少在适当的时候表示你的感谢。最终你会发现，这种知恩图报美德的回报大大超出了你的想象。

不为失败找借口

生活中你也许碰到过这样的问题，原本计划要做的事情，往往到了最后都没有兑现。你们不是没有足够的时间，也不是没有足够的实力，更不是没有足够的发挥空间，而是有着种种成熟的条件与环境，但最后还是失败了，而且你还怨天尤人，骂爹骂娘，说如果我当时怎样怎样就会怎样怎样，如果当时运气好一点的话；如果时间再把握好一点的话……这无非是在为自己的失败找一个借口而已。

面对失败，我们没有"如果"！

请不要总是说"不"、"不是"、"没有"、"与我无关"、"因为"，这一类的话无非就是想告诉别人，事情的失败与自己无关，是外界的一些不利因素导致了这次失败。本应该自己担的责任却推给别人和外界环境。

成功的人是从不会给自己找任何推托失败的借口，他们会努力地完成任务，会在事先做好计划，会在工作中坚定不移地朝着目标前进，全力以赴地排除困难，不言放弃。美国成功学家格兰特说过这样一句话：如果你有自己系鞋带的能力，你就有上天摘星的机会。不要为自己的错误辩护，再美妙的借口也于事无补。

学会承担责任，学会寻找成功的方法，是我们通向成功的捷径。

大多数人在做一件事情不成功或者被批评的时候总是会找种种借口告诉别人，因为他害怕承担错误，害怕被别人笑，或者只是想得到暂时的轻松自我解脱。生活中我们可以为自己找很多借口，上班迟到，可以说是因为堵车；工作做砸了，可以说是领导决策错误；客户不满意，可以说对方太过苛刻；升不了职，可以说是领导偏心。但我们却忘了，参与实施者是你自己，你完全可以找出好的方法来做的，为何不去想呢？换位思考一下，成功我们只需要找一个方法，而失败我们却要找很多理由来搪塞。得不偿失的事我们为何却总是乐此不疲呢？

懦弱的人寻找借口，想通过借口心安理得地为自己开脱；失败的人寻找借口，想通过借口原谅自己，也求得别人的原谅；平庸的人寻找借口，想通过借口欺骗自己，也使别人受骗。

成功的人是不找借口的！因为他们懂得：找借口只会让自己与成功无缘！

乔治·华盛顿·卡佛说："99％的人之所以做事失败，是因为他们有找借口的恶习。"

就长远来看，找借口的代价非常大，因为你昧于事实，不去寻求失败的真正原因。一个令我们心安理得的借口，往往使我们失去改正错误的机会，更使我们错失进步的动力。

这让人想起"一只猫"的故事。

曾经有一只猫，总爱寻找借口来掩饰自己的过失。

老鼠逃掉了，它说："我看它太瘦，等以后养肥了再吃不迟。"

到河边捉鱼，被鲤鱼的尾巴打了一下，它说："我不是想捉它——捉它还不容易？我就是要利用它的尾巴来洗洗脸。"

后来，它掉进河里，同伴们打算救它，它说："你们以为我遇到危险了吗？不，我在游泳……"

话没说完，它就沉没了。

"走吧，"同伴们说，"它又在表演潜水了。"

这是一只可怜又可悲的猫，其实世界上有许多人也和它相似。他们自欺欺人，善于为自己的错误寻找借口，结果搬起石头砸了自己的脚，受伤害的总是自己。

但是，现实生活中总有些人就像那只猫一样几乎成了制造借口的专家，总能以种种借口来开脱自己，只要能找借口，就毫不犹豫地去找。这种借口带来的惟一"好处"，就是让你不断地为自己去寻找借口，长此以往，你可能就会形成一种寻找借口的习惯，任由借口牵着你的鼻子走。这种习惯具有很大的破坏性，它使人丧失进取心，让自己松懈、退缩甚至放弃，在这种习惯的作用下，即使是做出了不好的事，你也会认为是理所当然。

一旦养成找借口的习惯，你的工作就会拖拖拉拉，没有效率，做起事来就往往不诚实，这样的人不可能是好员工，他们也不可能有完美的成功人生。在公司里这样的人迟早会被炒鱿鱼。

卡西尔曾是一位深得上司器重的老员工。他业务精通、能言善辩又极懂周旋，为公司的发展壮大立下过汗马功劳。

一次，因为他的疏忽大意，公司的一笔至关重要的业务被对手捷足先登抢走了，给公司造成了极其惨重的损失。事后，他很合情合理地解释了失去这笔业务的原因：因为那天他的腿伤突然发作，以至于比竞争对手迟到了半个钟头。虽然失去的业务令公司的损失巨大，但念在卡西尔以往的工作业绩，上司原谅了他。另外一个原因是卡西尔的腿伤是因为一次出差途中出了车祸引起的。那次车祸令卡西尔的一只脚轻微有点跛。但是公司的人都知道，这根本没有影响到卡西尔的形象，也不影响他的工作，如果不仔细看，是根本看不出来的。

获得了上司的原谅和理解，卡西尔窃喜不已，他知道失去的业务是一宗比较难办的案子。他庆幸自己的机智，不然万一没办好，不仅丢了面子，还要被领导批评，降职减薪也大有可能。

从那以后，在工作上就易避难，趋近避远成了他的作风。把大部分的时间和精力花在寻找更合理的借口成了他工作的主要内容。总之，他现在已习惯因脚的问题在公司里经常迟到、早退，甚至在工作餐时，他还经常喝酒，他的理由是：喝酒可以让他有脚舒服些。以往那个敬业的卡西尔从人们的视线中消失了。最后，上司终于无法忍耐卡西尔那些冠冕堂皇、源源不绝的借口，让他离开了那原本前途光明的岗位而另寻高就了。

哈伯德说过："为什么大家花那么多时间处心积虑捏造借口、掩盖自己的弱点、欺骗自己？如果时间用到不同的地方，同样的时间足以矫治弱点，然后借口就派不上用场了。"

对于很多善于找借口的人来说，从一件事情上入手，尝试着丢掉借口，抓紧时间，集中精力去做好手边的事，也许结果会大不相同。

一次，美国著名教育家，已故杰出的人际关系专家戴尔·卡耐基先生的夫人桃乐西·卡耐基女士在她的训练学生记人名的一节课后，一位女学生跑来找她。这位女学生说：

"卡耐基太太，我希望你不要指望你能改进我对人名的记忆力。这是绝对办不到的事。"

"为什么办不到？"卡耐基夫人吃惊地问。

"这是祖传的，"女学生回答她，"我们一家人的记忆力全都不好，我爸爸、我妈妈将它遗传给我。因此，你要知道，我这方面不可能有什么更出色的表现。"

卡耐基夫人说："小姐，你的问题不是遗传，是懒惰。你觉得责怪你的家人比用心改进自己的记忆力容易。请坐下来，我证明给你看。"

随后的一段时间里，卡耐基夫人专门耐心地训练这位小姐做简单的记忆练习，由于她专心练习，学习的效果很好。卡耐基夫人打破了那位小姐认为自己无法将脑筋训练得优于父母的想法，那位小姐就此学会了从自己本身找语言，学会了自己改造自己而不是找借口。

在西点军校盛行着"没有任何借口"的理念，它让每一位学员懂得，工作是没有任何借口的，失败也是没有任何借口的，人生更是没有任何借口的。这个理念，对职场中人同样适用。在现代公司里，缺少的正是那种想尽办法完成任务，而不是时时刻刻地寻找借口的员工。

约瑟夫每天早晨6点钟要到达弗兰克林街的办公室，在7点钟办事员们到来之前把全部办公室打扫好。白天一整天，还得为一位患病的董事，来回不断地送热水。

周薪升到5美元的时候，约瑟夫断然地申请到外面去推销毛纺织品。他既年轻，身体又弱小，然而却得到准许，做起了推销员。不久，他便能取得订货了。

1888年大风雪袭击了全纽约。就在这次大灾难之后不久，一般推销员都在将近中午时分就赶到弗兰克林街的办公室，争先恐后地集拢到火炉旁，尽兴地聊天。

那天下午相当晚了，大门开处，一股寒冷刺骨的北风直冲进来。同时，几乎冻僵了的约瑟夫像醉汉似的摇晃着踽踽地走了进来。

"是不是董事先生来上班了。"老资格的推销员讽刺地说。

"不过,我把今天应做的工作做完了,"约瑟夫回答道,"像这样的大雪,我更加奋发。而且在这样的天气里,不会有竞争的对手,所以给客人们看了更多的样品。我今天得到了43件订货。"

约瑟夫立刻被晋升为正式的推销员,薪水也加倍了。他后来成了世界最大的不动产商人。他知道,"今天不成"和"永远不成"两者意思相同。

像约瑟夫这样优秀的员工从不在工作中寻找任何借口,他们总是把每一项工作尽力做到超出客户的预期,最大限度地满足客户提出的要求,也就是"满意加惊喜",而不是寻找任何借口推诿;他们总是出色地完成上级安排的任务;他们总是尽力配合同事的工作,对同事提出的帮助要求,从不找任何借口推托或延迟。"没有任何借口"做事情的人,他们身上所体现出来的是一种服从、诚实的态度,一种负责敬业的精神,一种完美的执行力。

不要让借口成为你成功路上的绊脚石,搬开那块绊脚石吧!把寻找借口的时间和精力用到努力工作中来,因为工作中没有借口,人生中没有借口,失败没有借口,成功也不属于那些寻找借口的人!

不把生活中的烦恼带到工作中

李云每天都乘地铁到公司上班。这天早晨地铁很挤,出了地铁后,她发现自己精致漂亮的小坤包被小偷用刀片划破了。而且钱包和手机等贵重物品都被偷走了,并且她的小坤包本身就价值不菲,那是男友上个月从香港带回来的。由于自己心爱的坤包被划破,加之丢失了财物她心情很糟。她沉着脸进了办公室,刚坐下,一位同事就过来问她要份资料。见同事站在自己身边唠唠叨叨,于是,她没好气地说:"催什么催?等几分钟天就会塌下来?!"她的同事只好悻悻地走开,走开之前白了她一眼:"神经病!"

李云的心情可以理解,但是,别忘记了,你现在是在办公室里!一般来说,办公室的同事对于你的不幸遭遇,会保持一种无动于衷的态度,没有什么人愿意花时间来听你诉说不幸。即便是办公室里的铁哥儿们或铁姐儿们,也不知道如何恰到好处地关心你,他们也会顾及尊重别人的隐私,怕自己问得太多反而让你觉得反感。一般的人在遭受挫折或打击之后,都需要独自待一会儿,有自我恢复的时间和空间。如果这时有人在一边唠唠叨叨,会让人感到更加烦躁。也许,你在遭到挫折或打击之后,对身边的同事会更依赖,比如,你觉得同事应该比以往任何时候都关心你,你的上司应该更加照顾你。当你周围的同事无动于衷时,你会很失望,在这种状况下,你当然很难全心全意地做好自己的工作。

其实，办公室就是工作的地方，无论是你的上司还是你的同事，他们都承受着工作的压力，或许正被那些琐碎的工作搞得头昏脑涨，在这种情况下，你把个人情绪带到办公室，只能让你的上司和同事更加烦躁，他们会想：这个人怎么连自己这么点小事都处理不好，还能办什么大事？公私不分，没有一点敬业精神，这人不可靠！有时，若将负面情绪带到工作中，甚至会导致很严重的后果。

密歇根大学的一项调查表明，坐办公室的人们有 3/10 的时间会脾气古怪、爱发牢骚、易怒。在办公室里工作过的人大概都碰到过这样的情景：早晨，同事们陆续来上班了，脸上挂着微笑，"你好！""你好！"的问候声此起彼伏。愉快的一天眼看就要开始，却见最后进来的那位不知怎么搞的一副"借他米还他糠"的模样，冷冷地挂着个脸，往自己位子上一坐，就再不理人。办公室刚刚酝酿起来的一团和气，似乎一下子碰上了冷空气，瞬间凝成了乌云。刚才还神采飞扬的人们，情绪一点点地灰下来，不再说笑，各自坐下埋头做自己的工作。

很清楚，破坏同事们好情绪的就是那位最后进来的人，或者说是他的坏情绪。问一句，他应该如此吗？不应该！不管他是因何原因生气，即使有一千个理由，他也不应该把他的坏情绪带到办公室。办公室是集体场所，不是你自己的家——即使在家还要考虑到家里人的情绪呢。同事同事，是和你共同做事的人，不是来看你的脸色的。更主要的是，坏情绪有很强的传染性，一个人不高兴，一屋子人都不开心，正所谓"一人向隅，满座不欢"。坏情绪使个人食欲不振、精神萎靡、思维迟钝……总之于己有百害而无一利。但你要随心所欲，别人也奈何不得你。可是作为一个现代文明人，在公众场合，不替自己考虑也得替别人考虑，情绪问题就不是个人的私事了，我们应该试着学会控制自己的情绪。那么如何让这些办公室坏情绪远离自己呢？在此向大家推荐几个小窍门：

1. 过滤自己的不良情绪。曾有一位很优秀的员工，她的脸上总是带着真诚的笑容，充满活力地工作。一次与同事聊天，同事对她说："你的脸上总是挂满笑容，总看不到你愁眉苦脸的样子，难道你就没有不顺心的事吗？"这位员工却说，"世上谁没有烦恼？关键是不要，也不应该被烦恼所支配，到了单位上班，我就将烦恼留在家里；回到家里，我就把烦恼留在单位。这样，我就能够有一个轻松愉快的心情。"

若是我们都善于做这种情绪过滤，就不会在工作中唉声叹气，怨天尤人了。所以大家必须学会分解和淡化烦恼与不快，时时刻刻保持一种轻松的情绪，让欢乐永远伴随自己。

2. 保持自信乐观的积极心态。一个人在任何时候都要对自己充满信心：我们无论干什么工作，担任什么职务，都要相信自己能够胜任。始终保持争创一流，追求完美和卓越的信念，只有对自己充满信心，才能够在平凡之中干出不平凡的业绩。

3.培养良好的生活习惯。我们首先要养成一个良好的生活习惯,不仅能让你保持健美的身体和美丽的容颜,而且也能让你精力充沛,富有朝气。第一,每天要早睡早起,不要养成熬夜的习惯,今天你熬了夜,第二天肯定会没有精神,长时间下去就会影响到身体以及精神状态。而且由此引起的消极情绪也会影响到你身边的同事的工作热情。第二,要积极参加集体业余文化娱乐活动。平时多看一些健康的光盘、画报、电视节目来调节自己的情绪,化解因工作带来的思想压力。第三,要积极参加体育煅炼,使自己有一个健康的体魄,要戒掉赌博、酗酒等劣习,使自己有一个文明、健康的生活环境。

做到以上几点,你就能感受到精神上和物质上的幸福、快乐,始终朝气蓬勃,以良好的精神状态投入到工作中去,从而拥有美好的人生。

第八章

大礼不辞小让

☙ 握手的细节 ☙

据说握手礼最早来自欧洲，当时是为了表示友好，手中没有武器的意思。但现在已成为被最普遍采用的世界性"见面礼"。

握手是人们日常交际的基本礼仪，从握手可以体现一个人的情感和意向，显示一个人的虚伪或真诚。握手在人际交往中如此重要，可有人往往做得并不太好。

艾丽是个热情而敏感的女士，目前在中国某著名房地产公司任副总裁。那一日，她接待了来访的建筑材料公司主管销售的韦经理。韦经理被秘书领进了艾丽的办公室，秘书对艾丽说："艾总，这是××公司的韦经理。"

艾丽离开办公桌，面带笑容，走向韦经理。韦经理先伸出手来，让艾丽握了握。艾丽客气地对他说："很高兴你来为我们公司介绍这些产品。这样吧，让我看一看这些材料，我再和你联系。"韦经理在几分钟内就被艾丽送出了办公室。几天内，韦经理多次打电话，但得到的是秘书的回答："艾总不在。"

到底是什么让艾丽这么反感一个只说了两句话的人呢？艾丽在一次讨论形象的课上提到这件事，余气未消："首次见面，他留给我的印象不但是不懂基本的商业礼仪，他还没有绅士风度。他是一个男人，位置又低于我，怎么能像个王子一样伸出高贵的手让我来握呢？他伸给我的手不但看起来毫无生机，握起来更像一条死鱼，冰冷、松软、毫无热情。当我握他的手时，他的手掌也没有任何反应，好像在他看来我的选择只有感恩戴德地握住他的手，只差要跪吻他的高贵之手了。握手的这几秒钟，他就留给我一个极坏的印象，他的心可能和他的手一样地冰冷。他的手没有让我感到对我的尊重，他对我们的会面也并不重视。作为一个公司的销售经理，居然不懂得基本的握手方式,他显然不是那种经过高度职业训练的人。而公司能够雇用这样素质的人做销售经理,可见公司管理人员的基本素质和层次也不会高。这种素质低下的人组成的管理阶层,怎么会严格遵守商业道德,提供优质、价格合理的建筑材料?我们这样大的房地产公司,怎么能够与这样作坊式的小公司合作?怎么会让他们为我们提供建材呢?"

握手是陌生人之间第一次的身体接触,只有几秒钟的时间。但是正是这短短的几秒钟,它如此之关键,立刻决定了别人对你的喜欢程度。握手的方式、用力的轻重、手掌的湿度等等,像哑剧一样无声地向对方描述你的性格、可信程度、心理状态。握手的质量表现了你对别人的态度是热情还是冷淡,积极还是消极,是尊重别人、诚恳相待,还是居高临下、屈尊地敷衍了事。一个积极的、有力度的正确的握手,表达了你友好的态度和可信度,也表现了你对别人的重视和尊重。一个无力的、漫不经心的、错误的握手方式,立刻传送出了不利于你的信息,让你无法用语言来弥补,它在对方的心里留下了对你非常不利的第一印象。有时也会像上面的那位销售经理,会失去极好的商业机会。因此,握手在商业社会里几乎意味着经济效益。

玛丽·凯·阿什是美国著名的企业家,她是退休后创办化妆品公司的。开业时,雇员仅仅 10 人,20 年后发展成为拥有 5000 人,年销售额超过 3 亿美元的大公司。

玛丽·凯在其垂暮之年为何能取得如此巨大的成就?她说,她是从懂得真诚握手开始的。

玛丽·凯在自己创业前,在一家公司当推销员,有一次,开了整整一天会之后,玛丽·凯排队等了 3 个小时,希望同销售经理握握手。可是销售经理同她握手时,手只与她的手碰了一下,连瞧都不瞧她一眼,这极大地伤害了她的自尊心,工作的热情再也调动不起来。当时即下定决心:"如果有那么一天,有人排队等着同我握手,我将把注意力全部集中在站在我面前同我握手的人身上——不管我多么累!"

果然,从她创立公司的那一天开始,她多次同数人握手,总是记住当年所受到的冷遇,公正、友好、全神贯注地与每一个人握手,结果她的热情与真诚感动了每一个人,许多人因此心甘情愿地与之合作,于是她的事业蒸蒸日上。

握手是很有学问的。美国著名盲聋作家海伦·凯勒写道:"我接触的手,虽然无言,却极有表现力。有的人握手能拒人千里。我握着他们冷冰冰的指尖,就像和凛冽的北风握手一样。也有些人的手充满阳光,他们握住你的手,使你感到温暖。"

为了在这轻轻一握中,传达出热情的问候、真诚的祝愿、殷切的期盼、由衷的感谢,我们有必要把握握手的分寸,掌握握手的细节。

1. 应当握手的场合

(1)遇到较长时间没见面的熟人。

(2)在比较正式的场合和认识的人道别。

（3）在以本人作为东道主的社交场合，迎接或送别来访时。

（4）拜访他人后，在辞行的时候。

（5）被介绍给不认识的人时。

（6）在社交场合，偶然遇上亲朋故旧或上司的时候。

（7）别人给予你一定的支持、鼓励或帮助时。

（8）表示感谢、恭喜、祝贺时。

（9）对别人表示理解、支持、肯定时。

（10）得知别人患病、失恋、失业、降职或遭受其他挫折时。

（11）向别人赠送礼品或颁发奖品时。

2. 握手的具体要求

（1）握手姿态要正确。行握手礼时，通常距离受礼者约一步，两足立正，上身稍向前倾，伸出右手，四指并齐，拇指张开与对方相握，微微抖动三四次，然后与对方的手松开，恢复原状。与关系亲近者，握手时可稍加力度和抖动次数，甚至双手交叉热烈相握。

（2）握手必须用右手。如果恰好你当时正在做事，或手很脏很湿，应向对方说明，摊开手表示歉意或立即洗干净手，与对方热情相握。如果戴着手套，则应取下后再与对方相握，否则都是不礼貌的。

（3）握手要讲究先后次序。一般情况下，由年长的先向年轻的伸手，身份地位高的先向身份地位低的伸手，女士先向男士伸手，老师先向学生伸手。如果两对夫妻见面，先是女性相互致意，然后男性分别向对方的妻子致意，最后才是男性互相致意。拜访时，一般是主人先伸手，表示欢迎；告别时，应由客人先伸手，以表示感谢，并请主人留步。不应先伸手的就不要先伸手，见面时可先行问候致意，等对方伸手后再与之相握，否则是不礼貌的。许多人同时握手时，要顺其自然，最好不要交叉握手。

（4）握手要热情。握手时双目要注视着对方的眼睛，微笑致意，切忌漫不经心、东张西望，边握手边看其他人或物，或者对方早已把手伸过来，而你却迟迟不伸手相握，这都是冷淡、傲慢、极不礼貌的表现。

（5）握手要注意力度。握手时，既不能有气无力，也不能握得太紧，甚至握痛了对方的手。握得太轻，或只触到对方的手指尖，不握住整只手，对方会觉得你傲慢或缺乏诚意；握得太紧，对方则会感到你热情过火，不善于掩饰内心的喜悦，或觉得你粗鲁、轻佻而不庄重。这一切都是失礼的表现。

（6）握手应注意时间。握手时，既不宜轻轻一碰就放下，也不要久久握住不放。一般来说，表示完欢迎或告辞致意的话以后，就应放下。

另外还要注意，不要一只脚站在门外，一只脚站在门内握手，也不要连蹦带跳地握手或边握手边敲肩拍背,更不要有其他轻浮不雅的举动。

与贵宾或与老人握手时除了要遵守上述要求之外,还应当注意以下几点:当贵宾或老人伸出手来时,你应快步向前,用双手握住对方的手,身体微微前倾,以表示尊敬。

与上级或下级握手除遵守一般要求外,还应注意:上下级见面,一般应由上级先伸手,下级方可与之相握。如果上级不止一人,握手顺序应由职位高的到职位低的,如职位相当则可按一般的习惯顺序,也可由一人介绍,你一一与之握手。不论与上级还是与下级握手,都应热情大方,不亢不卑,礼貌待人。下级与上级握手时,身体可以微欠,或快步向前用双手握住对方的手,以表示尊敬。上级与下级握手时,应热情诚恳,面带笑容,注视对方的眼睛,不能漫不经心、敷衍了事,也不能冷漠无情、架子十足,更不能在与下级握手后立即用手帕擦手,否则就是不得体或无礼的。

3. 握手的禁忌

我们在行握手礼时应努力做到合乎规范,避免触犯下述失礼的禁忌。

(1)不要用左手相握。

(2)在和基督教信徒交往时,要避免两人握手时与另外两人相握的手形成交叉状,这种形状类似十字架,在他们眼里这是很不吉利的。

(3)不要在握手时戴着手套或墨镜,只有女士在社交场合戴着薄纱手套握手,才是被允许的。

(4)不要在握手时另外一只手插在衣袋里或拿着东西。

(5)不要在握手时面无表情、不置一词或长篇大论、点头哈腰、过分客套。

(6)不要在握手时仅仅握住对方的手指尖,好像有意与对方保持距离。正确的做法,是握住整个手掌、即使对异性也应这样。

(7)不要在握手时把对方的手拉过来、推过去,或者上下左右抖个没完。

(8)不要拒绝握手,如果有手疾或汗湿、弄脏了,应和对方说一下"对不起,我的手现在不方便",以免造成不必要的误会。

自我介绍的礼仪细节

"第一印象是黄金",介绍礼仪是礼仪中的基本,也是很重要的内容。

介绍是人与人进行相互沟通的出发点,最突出的作用,就是缩短人与人之间的距离。在社交或商务场合,如能正确地利用介绍,不仅可以扩大自己的交际圈,广交朋友,而且有助于进行必要的自我展示、自我宣传,并且替自己在人际交往中消除误会,减少麻烦。

想象一下你正在被介绍给某人，你们都说了自己的名字，接着又说了些诸如："很高兴认识你。"然后呢？你该说些什么？你觉得和这位新认识的人待在一起很尴尬，只好绞尽脑汁搜刮下一个话题。

你可以设计一个清楚新鲜的自我介绍，让以后的对话更顺利。在镜子前对自己说几遍，直到自己感觉很好。向对方提供一些关于你自己的信息，可以让对话顺利进行。比如，你可以说：

"你好，我是 ABC 公司的会计卡罗尔·琼斯，我帮人们管钱，还帮他们省钱。"

"你好，我是汤姆·马丁，我在 XYZ 公司任职帮助小公司设计电脑软件。"

于是汤姆开始问卡罗尔关于会计、ABC 公司以及如何理财等方面的事项，而卡罗尔也准备问 XYZ 公司的事情，还有软件设计等等。看，你的介绍引出了一段有意思的谈话。

其实，在日常生活中关于自我介绍的学问很大，大致包括自我介绍的时机、类型，以及注意事项等。

1. 自我介绍的时机

应当何时进行自我介绍？这个问题比较复杂，它涉及时间、地点、当事人、旁观者、现场气氛等多种因素。不过一般认为，在下述时机，如有可能，有必要进行适当的自我介绍。

（1）在社交场合，与不相识者相处时。

（2）在社交场合，有不相识者表现出对自己感兴趣时。

（3）在社交场合，有不相识者请求自己作自我介绍时。

（4）在公共聚会上，与身边的陌生人共处时。

（5）在公共聚会上，打算介入陌生人组成的交际圈时。

（6）有求于人，而对方对自己不甚了解，或一无所知时。

（7）交往对象因为健忘而记不清自己，或担心这种情况有可能出现时。

（8）在出差、旅行途中，与他人不期而遇，并且有必要与之建立临时接触时。

（9）初次前往他人居所、办公室，进行登门拜访时。

（10）拜访熟人遇到不相识者挡驾，或是对方不在，而需要请不相识者代为转告时。

（11）初次利用大众传媒，如报纸、杂志、广播、电视、电影、标语、传单，向社会公众进行自我推介、自我宣传时。

（12）利用社交媒介，如信函、电话、电报、传真、电子信函，与其他不相识者进行联络时。

（13）前往陌生单位，进行业务联系时。

（14）因业务需要，在公共场合进行业务推广时。

（15）应聘求职时。

（16）应试求学时。

凡此种种，又可以归纳为3种情况：一是本人希望结识他人；二是他人希望结识本人；三是本人认为有必要令他人了解或认识本人。

2. 自我介绍的类型

（1）应酬式。在某些公共场合和一般性的社交场合，如旅行途中、宴会厅里、舞场之上、通电话时，都可以使用应酬式的自我介绍。

应酬式介绍的对象是进行一般接触的交往对象，或者属于泛泛之交，或者早已熟悉，进行自我介绍，只不过是为了确定身份或打招呼而已。所以，此种介绍要简洁精练，一般只介绍姓名就可以。例如：

"您好，我叫周琼。"

"我是陆曼。"

（2）交流式。有时，在社交活动中，我们希望某个人认识自己，了解自己，并与自己建立联系时，就可以运用交流式的介绍方法，与心仪的对象进行初步的交流和进一步的沟通。

交流式的自我介绍比较随意，可以包括介绍者的姓名、工作、籍贯、学历、兴趣以及与交往对象的某些熟人的关系，可以不着痕迹地面面俱到，也可以故意有所隐瞒，造成某种神秘感，激发对方与你进行进一步沟通的兴趣。俗说的"套瓷"就属于此类，而时下网络上的"浪漫邂逅"更是典型代表。例如：

"你好，我是玉蝴蝶，因为我特别喜欢谢霆锋。"

"玉蝴蝶？是谢霆锋演出的专称吧。我更喜欢周杰伦。"

"哦，你在哪里，你也喜欢通宵上网吗？"

"我在长沙，我刚刚失恋了，所以通宵上网。"

（3）礼仪式。在一些正规而隆重的场合，比如讲座、报告、演出、庆典、仪式等一些正规而隆重的场合，要运用礼仪式的自我介绍，以示对介绍对象的友好和敬意。

礼仪式的自我介绍，要包含自己的姓名、单位、职务等项，还要多加入一些适宜的谦辞敬语，以符合这些场合的特殊需要，营造谦和有礼的交际气氛。例如：

"各位听众，大家好！我是郑阳，您的老朋友。现在，我将为大家献上一场丰盛美味的音乐大餐，感谢所有听众对'校园民谣'一如既往的支持和关爱。"

（4）工作式。工作式的自我介绍，主要适用于工作之中。它是以工作为自我介绍的中心，因工作而交际，因工作而交友。有时，它也叫公务式的自我介绍。

工作式的自我介绍的内容，应当包括本人姓名、供职的单位及其部门、担负的职务或从事的具体工作等三项，它们叫作工作式自我介绍内容的三要素，通常缺一不可。其中，第一项姓名，应当一口报出，不可有姓无名，或有名无姓。第二项供职的单位及其部门,有可能最好全部报出,具体工作部门有时也可以暂不报出。第三项担负的职务或从事的具体工作,有职务最好报出职务,职务较低或者无职务,则可报出目前所从事的具体工作。例如:

"你好!我叫张奕希,是大连市政府外办的交际处处长。"

"我叫傅冬梅,现在在中国人民大学国际政治系教外交学。"

(5)问答式。问答式的自我介绍,一般适用于应试、应聘和公务交往。在普通交际应酬场合,它也时有所见。

问答式的自我介绍的内容,讲究问什么答什么,有问必答。例如:

某甲问:"这位小姐,你好!不知你应该怎么称呼?"某乙答:"先生您好!我叫王雪时。"

主考官问:"请介绍一下你的基本情况。"应聘者答:"各位好!我叫张军,现年28岁,陕西西安人,汉族,共产党员,已婚,1995年毕业于西安交通大学船舶工程系,获工学学士学位,现在北京市首钢船务公司任助理工程师,已工作3年。其间,曾去阿根廷工作1年。本人除精通专业外,还掌握英语、日语,懂电脑,会驾驶汽车和船只。曾在国内正式刊物上发表过6篇论文,并拥有一项技术专利。"

3. 自我介绍的注意事项

(1)无论是哪一种自我介绍,都必须注意把握好分寸。首先需要注意自我介绍的时机。进行自我介绍应当选择适当的时间,如对方空闲的时候、对方兴致正浓时、对方对你感兴趣时、对方主动提出要求时。如果时间不合适,如对方正在忙碌、缺乏兴趣、心情不佳等的时候就应该避免进行自我介绍。其次,应该注意控制自我陈述的时间长度。原则上是在把必须让对方了解的有关自己的信息介绍清楚的前提下,时间越短越好。因此,这就要求介绍的内容必须具有值得告诉对方的必要性,同时要求介绍者语言精练,谈话条理清晰。一般应该把时间控制在一分钟之内。切忌滔滔不绝、废话连篇。

(2)自我介绍还应该注意态度。必须友善、自然、亲切、随和。应该落落大方,既不要畏手畏脚,也不要虚张声势,应该表现得充满自信,千万不要妄自菲薄,心怀胆怯。语气要自然,语速要正常,语音要清晰;切忌语气生硬、语速过快或过慢、语音含糊不清,否则对方会需要你介绍第二遍。进行自我介绍时所表述的内容,一定要实事求是。没有必要过分谦虚,一味贬低自己讨好别人;也不能自吹自擂,故弄玄虚,企图借夸大自己来赢得别人的好感。

其实,在人际交际中,无论怎样的场合中的自我介绍,真实、坦诚都是第一位的。只要你能把握好这一点,再适当运用自我介绍的技巧,相信你一定能顺利完成交际中的第一关,为日后进一步交往打好基础。

与人交往注重仪容

查理·许在加拿大某移民律师行工作。1998年,被委派回国寻找合作伙伴。经人介绍,他与中国某部下属的赵总首次相会。查理被引进赵总的办公室,看见一个中年男人坐在办公桌后打电话。他穿着灰棕色、人造纤维的格子西服,一条花亮的领带露在他V形口的毛衣外面,鼻子里的黑毛像茂盛的亚热带草丛,毫无顾忌地伸出鼻孔,他张口讲话时,一口黑黄的牙齿暴露无遗。电话中,他大声地训斥着对方,然后,毫不客气地猛然摔下电话。

"噢!上帝啊,这就是公司的老总?"查理心中不免非常失望。赵总与查理象征性地握了握手。"冷酷的、拒人千里之外的死鱼式的握手。"查理心中的失望又增加了一分。赵总邀请查理共进午餐,在座的还有查理的那位身材略胖的同事以及赵总的两位副手。就餐时话题无意间进入饮食与肥胖的关系,赵总旁若无人地指责胖人没有节制的饮食。查理的胖同事低头不语,敏感的查理举杯转移话题:"好酒,中国的红酒比加拿大的冰酒还有味道。"赵总喝完了酒,再度拾起肥胖的话题,强烈地攻击胖人之所以胖是由于懒惰。

最终,他们之间没有结成商业同盟。查理谈到这段经历时说:"他留给我一个永不可磨灭的可怕的恶劣印象。从我一进门的瞬间,他那张冷酷不带微笑的脸和那双死鱼般的手,无不在告诉我这是一个冷酷的、没有修养的人。在餐桌上的表现,更进一步证明了我对他的第一印象。他不但没有修养,简直是没有教养,不懂得一点点为人的基本礼貌。我无法想象与这种人合作经营会有什么样的后果!我更无法理解他为什么可以坐在公司老总的位置上?他早就应该在大浪淘沙中被时代淘汰。"

在竞争日益激烈的今天,形象对一个人的作用是万万不能忽视的。形象创造价值、形象决定命运的说法绝不是夸大之词,而仪容往往是人的形象的第一要素。

仪容,通常是指人的外观、外貌。其中的重点,则是指人的容貌。在人际交往中,每个人的仪容都会引起交往对象的特别关注,并将影响到对方对自己的整体评价。在个人的仪表问题之中,仪容是重点之中的重点。

社交礼仪对个人仪容的首要要求是仪容美。它的具体含义主要有三层:

首先要求仪容自然美。它是指仪容的先天条件好,天生丽质。尽管以相貌取人不合情理,但先天美好的仪容相貌,无疑会令人赏心悦目,感觉愉快。

其次要求仪容修饰美。它是指依照规范与个人条件,对仪容进行必要的修饰,扬其长,避其短,设计、塑造出美好的个人形象,在人际交往中尽量令自己显得有备而来,自尊自爱。

最后要求仪容内在美。它是指通过努力学习,不断提高个人的文化、艺术素养和思想、道德水准，培养出自己高雅的气质与美好的心灵，使自己秀外慧中，表里如一。

真正意义上的仪容美，应当是上述三个方面的高度统一。忽略其中任何一个方面，都会使仪容美失之于偏颇。

在这三者之中，仪容的内在美是最高的境界，仪容的自然美是人们的心愿，而仪容的修饰美则是仪容礼仪关注的重点。

要做到仪容修饰美，自然要注意修饰仪容。修饰仪容的基本规则，是美观、整洁、卫生、得体。

个人修饰仪容时，应当引起注意的，通常有头发、面容、手臂、腿部、化妆等5个方面。

1. 头发

人们观察别人时，总是从头部开始。

修饰头发，要做到勤于梳洗、长短适中，并且在发型得体的基础上，采取适当的美发技巧。

现代社会，提倡个性解放，而头发往往是彰显个性的急先锋。我们要根据自己的发质、脸型、年龄、着装等个人条件对发型进行选择，并使发型符合自己的职业和所处场所。但在这一基础上，我们可以烫发、染发，还可以作发雕，甚至利用假发，以美化仪容，并在人群中显示出自己的独特个性。

2. 面容

仪容在很大程度上指的就是人的面容，由此可见，面容修饰在仪容修饰之中举足轻重。

修饰面容，首先要做到面必洁，即要勤于洗脸，使之干净清爽，无汗渍、无油污、无泪痕，无其他任何不洁之物。

修饰面容，要具体到眼、耳、鼻、口、脖等各个部位。在卫生清洁的基础上，进行适当的修饰和护理。比如，要清除和修剪耳毛、鼻毛等有碍观瞻的体毛；要保持牙齿洁白，更要避免口臭或口腔有其他异味，令对方避之不及；要注意脖后、耳后等藏污纳垢的部位，以免影响整体的良好形象。

3. 手臂

手臂是人际交往之中身体上使用最多、动作最多的一个部分，而且其动作往往被附加了各种各样的含义。因此，手臂被称为社交中的"身体名片"，发挥着比纸名片更重要的社交作用。

修饰手臂，要注意到手掌、肩臂和汗毛等细节问题。手掌是"制作"各种手段的关键部位，所以，一定要保持清洁干燥，健康温暖，更要时常注意指甲的修剪和美容，以免在靠近或接触别人时引发别人的反感和不快。另外，最应注意的是汗毛，特别是女性，若手臂上汗毛过多、过浓，会直接影响到自身的美感，最好采用适当的方法进行脱毛处理。而令腋毛外露，则更是社交中个人形象的大败笔，必须杜绝。

4. 腿部

俗话说："远看头，近看脚，不远不近看中腰。"腿部在较近距离常是人们注目所在。

修饰腿部，应当注意的问题同样有三个，即脚部、腿部和汗毛。

一般而言，男人的腿部和脚部是不能在正式社交场合暴露的。而对于女性，则稍为宽容一些，可以穿镂空鞋、无跟鞋暴露脚部，也可以穿短裤暴露腿部，但在庄严、肃穆的场合，这也应避免。

脚部和袜子的卫生清洁也是腿部仪容的一大要点。有异味的脚和袜子，过长或肮脏的脚指甲，拉丝甚至有洞的袜子，都是你的社交形象的宣判死亡书。

5. 化妆

化妆是修饰仪容的一种高级方法，它是指采用化妆品按一定技法对自己进行修饰、装扮，以便使自己容貌变得更加靓丽。

在人际交往中，进行适当的化妆是必要的。这既是自尊的表示，也意味着对交往对象较为重视。

在一般情况下，女士对化妆更加重视。其实，它不只是女士的专利，男士也有必要进行适当的化妆。

在社交场合，化妆需要注意两个方面。其一，是要掌握原则；其二，是要合乎礼规。

（1）化妆的原则。进行化妆前，一定要树立正确的意识。这种有关化妆的正确意识，就是所谓化妆的原则。关于社交场合化妆的原则，一共有4条。

①美化。化妆，意在使人变得更加美丽，因此在化妆时要注意适度矫正，修饰得法，使人变得化妆后避短藏拙。在化妆时不要自行其事，任意发挥，寻求新奇，有意无意将自己老化、丑化、怪异化。

②自然。通常，化妆既要求美化、生动、具有生命力，更要求真实、自然，天衣无缝。化妆的最高境界，是"妆成有却无"。即没有人工美化的痕迹，而好似天然若此的美丽。

③适宜。化妆虽讲究个性化，但却必须学习才能懂行，难以无师自通。比方说，工作时化妆宜淡，社交时化妆可以稍浓，香水不宜涂在衣服上和容易出汗的地方，口红与指甲油最好为一色，等等，都不可另搞一套，贸然行事。

④协调。高水平的化妆，强调的是其整体效果。所以在化妆时，应努力使妆面协调、全身协调、场合协调、身份协调，以体现出自己慧眼独具，品位不俗。

（2）化妆的礼规。进行化妆时，应认真遵守以下礼仪规范，不得违反。

①勿当众进行化妆。化妆，应事先化好，或是在专用的化妆间进行。若当众进

行化妆，则有卖弄表演或吸引异性之嫌，弄不好还会令人觉得身份可疑。

②勿在异性面前化妆。聪明的人绝不会在异性面前化妆。对关系密切者而言，那样做会使其发现自己本来的面目；对关系普通者而言，那样做则有以色事人，充当花瓶之嫌。无论如何，它都会使自己形象失色。

③勿使化妆妨碍他人。有人将自己的妆化得过浓、过重，香气四溢，令人窒息。这种过量的化妆，就是对他人的妨碍。

④勿使妆面出现残缺。若妆面出现残缺，应及时避人补妆，若听任不理，会让人觉得自己低俗、懒惰。

⑤勿借用他人的化妆品。借用他人化妆品不卫生，故应避免。

⑥勿评论他人的化妆。化妆系个人之事，所以对他人化妆不应自以为是地加以评论或非议。

以上就是修饰仪容应注意的五个具体方面，只要你在平时多注意这些仪容方面的小细节，相信你的容貌会变得更加靓丽，你的形象会更加光彩照人。

让你的表情充满亲和力

某公司要招聘一位市场部经理，一位名校硕士的简历深深吸引了老总。这位硕士有相关理论著述，而且在两家单位任过职，有一定经验。于是老总通知他3天后来公司面试，面试结果呢？竟然没能通过。老总后来说，那次面试是他亲自主持的。他发现那位先生有个特点，就是不管什么时候都是锁着双眉，不会微笑，显示出很沉闷的样子。他说，这种表情的人是典型的不擅做沟通工作的。而作为市场部的负责人，沟通本来就是重要的工作内容。

可见，一个人的表情在人际交往特别是初次交往中很重要，千万不可以小看。

心理学家指出："捕捉人心的要素很多，但是，其中效果最好，而且能使他人的目光不忍稍移的，莫过于表情。"

普通人多少都会对自己容貌上不完美的地方加以掩饰，拼命地来弥补。特别是那些天生容貌称不得出色的人，总希望尽可能看起来漂亮些，于是，便努力做出高雅的举止，脸上常挂着温柔的微笑。

你脸上的表情究竟该如何做呢？或许你想表现出自己是个男子汉，思虑深远，富有决断的表情，但是这实在是大错特错！充其量，你这张脸就像每天只是发号施令，看起来极端严肃的班长罢了。

当出现在公共场合时，表情与动作便是最佳的语言。

而人类的表情虽然变化多端，但是谁也无法抵挡迷人的微笑和动人的眼神，它们是会令你的表情充满亲和力的最佳法宝。

1. 眼神的作用

雪平是某外企公司人事部经理，被邀请参加一个世界著名公司的人际关系培训班结业典礼。雪平打算在了解公司讲师的素质后再决定自己是否参加培训。

他坐在前排右边，看着那些结业的人用被强化训练出来的积极热情的语言，振奋地表达自己的体会。那位主讲老师的脸上始终挂着一个定格的笑容，但是雪平总感到有什么使他困惑，他无法捉摸那笑容的背后，到底是真诚还是客套，他无法相信那张脸的诚意，更无法被那个标准的肌肉造型的笑容感染。典礼结束时，雪平走向那位讲师作自我介绍，在他们握手的一刹那间，雪平与他的眼睛直视，雪平这才明白：原来困扰我的是他那双眼睛。

雪平形容那双眼睛："看起来阴冷、高深莫测、虚实不定。那双眼睛对我并没有兴趣，它只是漠然地在我身上扫了一遍。这双眼睛与他的笑脸是那么的不和谐，这双眼睛里没有一丝笑意和温暖。我的困惑终于解除了，原来他的笑是强化培训出来的职业笑容。他的心中并没有笑容，这些全都通过眼睛表现出来。眼睛是心灵的窗口，一个只有脸上微笑，心灵没有微笑的人能是一个优秀的人际关系讲师吗？他不可能告诉我他自己都不懂得的事情。"雪平最终没有参加这个公司的培训班。

在人类的活动中，用眼睛来表达的方式和内容如此丰富、含蓄、微妙、广泛，眼神的力量远远超出我们用语言可以表达的内容。美国身体语言专家福斯特在他的书《身体语言》中写道："尽管我们身体的所有部分都在传递信息，但眼睛是最重要的，它在传送最微妙的信息。"每天人们都是用目光默默无声地互通信息，目光在面对面的沟通交流中起着重大的作用，它决定着你能否有效地与对方交流。一个不能运用目光沟通的人不会是个高效的交流者。

为此，我们需要学会用眼睛说话，丰富我们的表情。

在生活中，面对在不同场合、不同情况下的目光也有所不同。

不管是熟人还是初次见面，在向对方问候、致意、道别等的时候都应面带微笑，用柔和的目光去注视对方，以示尊敬和礼貌。

和对方交谈时，注视对方时间的长短，是十分重要的。双方交谈中听的一方通常应该多注视说的一方。应经常保持双方目光的接触，长时间回避对方目光或是左顾右盼，是"心里有鬼"或是不感兴趣的表现。但如果一直用直勾勾的目光盯着对方，是非常失礼的，甚至会让人认为你有什么其他企图。要随着话题内容的变换，采用及时恰当的目光反应，使整个交谈融洽、和谐而且生动有趣。

交谈中当双方都沉默不语时，应该把目光移开，以免因为一时没话题而感到尴尬或不安；当别人说错话或拘谨时，不要正视对方，免得对方误认为是对他的讽刺和嘲笑。

运用目光的时候,要做到把目光柔和地照在别人的脸上,而不是单单注视对方的眼睛,给人一种死盯着不放,而且在瞪他或是不友善的感觉。也不要反复打量对方,不可以长久注视陌生的异性,不要随便使用鄙视、轻蔑、愤怒、仇视的目光。每种眼神传递的多是约定俗成的含义,不能随心所欲地胡乱使用。比如在谈判中,为了准确地把握谈判契机,掌握主动权,我们可以利用双目生辉、炯炯有神的目光,因为它是充满信心的反应,这种目光,就容易取得对方的信任与合作。假如双眉紧锁、目光呆滞无神或不敢正视对方,往往会被认为无能或者另有隐情,很容易导致不利结果。

假如你是一名推销员,就应该用安详的目光和客户对视,因为这样的目光是吸引顾客注意力的一个好办法。当你介绍产品时,额头舒展,眼神放光,能让客户从你流露出的明快而亲切的目光中产生对产品的信任感。这样有利于顺利开展工作,也有助于融洽气氛、交流思想、增进感情并且加深印象。

2. 微笑的力量

有这样一个例子,威廉·史坦哈是纽约证券股票公司市场成功的一员,他说他年轻的时候是个讨人嫌的家伙,他脸上没有微笑,不受人们的欢迎。

后来他自己决定,必须改变他的态度,他决心要脸上展现开朗的、快乐的微笑。于是,在第二天早上梳头时,他对着镜子中满面愁容的自己下令说:"威廉,你得微笑,把脸上的愁容一扫而光;现在立刻开始微笑。"于是,威廉·史坦哈转过身来,跟他的太太打招呼:"早安,亲爱的。"同时对她微笑,她怔住了,惊诧不已。史坦哈说:"从此以后你不用惊愕,我的微笑将成为寻常的事。"

两个月里,史坦哈每天早上都对妻子微笑。结果怎么样呢?微笑改变了他的生活,两个月中他在家所得的幸福比以往一年还要多。

现在,史坦哈对大楼的电梯管理员微笑;对木楼门廊里的警卫微笑;对银行的出纳小姐微笑。当他在交易所时,对那些从未见过他的人微笑。于是他发现每一个都对他报以微笑。

史坦哈带着一种轻松愉悦的心情去同一些满腹牢骚的人交谈,一面微笑,一面恭听。过去很讨人厌的家伙,变成了一个受人欢迎的人;过去很棘手的问题,现在变得容易解决了。

毫无疑问,微笑给史坦哈带来了许多的方便和更多的收入。他发现以前同别人相处很难,现在却完全相反,他学会赞美、赏识他人,努力使自己用别人的观点看事物。从此他快乐、富有、拥有友谊与幸福。无怪乎学者们说:"微笑是成功者的先锋。"

西方有句谚语:不会笑就别开店。中国人也说:"笑口且常开,财源滚滚来。"微笑,是人类最美好的形象。因为人类的笑脸意味着温暖、自信、幸福、宽容、慷慨、吉祥等含义,微笑吸引着幸运和财富。英国BBC电视"人类的面孔"系列的作

者巴特说:"我们经常愿意与微笑的人分享我们的自信、希望与金钱。这里面深奥的原因已经超过了我们的意识所能够认识的。随时能够笑的人已经证明,他们在个人生活和事业上都更成功。"最具有说服力的证据来自美国金融巨头查尔斯·斯瓦博,当他被问到如何成为富豪时,他诙谐地回答:"我的笑容价值百万美元。"

微笑可以表现出温馨、亲切的表情,能有效地缩短双方的距离,给对方留下美好的心里感受,从而形成融洽的交往氛围。它能产生一种魅力,它可以使强硬者变得温柔,使困难变得容易。所以微笑是人际交往中的润滑剂,是广交朋友、化解矛盾的有效手段。

面对不同的场合、不同的情况,如果能用微笑来接纳对方,可以反映出你良好的修养和挚诚的胸怀。另外微笑于自己最大的好处是,在为自己营造良好人际关系同时,促进个人的身心健康。

要塑造美好的笑容,就要加强笑的艺术修养,剔除不良习惯,做到四要四不要。

四要:

一要口眼鼻眉肌结合,做到真笑。发自内心的微笑,会自然调动人的五官:眼睛略眯起、有神,眉毛上扬并稍弯,鼻翼张开,脸肌收拢,嘴角上翘,唇不露齿。做到眼到、眉到、鼻到、肌到、嘴到,才会亲切可人,打动人心。

二要神情结合,显出气质。笑的时候要精神饱满、神采奕奕,要笑得亲切、甜美。这样的笑伴以稳重、伴以文化修养,就能显出气质。微笑在于它是含笑于面部,"含"给人以回味、深刻、包容感。如果露齿或张嘴笑起来,再好的气质也没有了。

三要声情并茂,相辅相成。微笑和语言美往往是孪生姐妹,甜美的微笑伴以礼貌的语言,两者相映生辉。如果脸上微笑,却出言不逊,语言粗野,其微笑就失去了意义;如果语言文明礼貌,却面无表情,会让人怀疑你的诚意。只有声情并茂,你的热情、诚意才能为人理解,并起到锦上添花的效果。

四要和仪表举止的美和谐一致,从外表形成完美统一的效果。

四不要:

一不要缺乏诚意,强装笑脸。

二不要露出笑容随即收起。

三不要仅为情绪左右而笑。

四不要把微笑只留给上级、朋友等少数人。

总之,假如你平时不善言笑,可以通过训练有意识地改变自己。按照前面所说,对着镜子,做最使自己满意的表情,到离开镜子时也不要改变它。当你独处的时候,深呼吸、唱歌或听愉快的歌曲。忘掉自我和一切烦恼,让心中充满爱意。

特别是作为管理阶层,更不要使自己阴云密布。如果你这样面对上级,上级会认为你有工作压力,不胜任现在的职务;如果你这样面对下属,下属会认为你对他的工作很有意见，让他考虑另谋高就；如果你这样和客户交谈，客户会认为你不希望和他合作。

控制自己的情绪，保持一张谦和的脸，是每一个成功者必须做到的。

衣着是做事的通行证

美国商人希尔在创业之始，就意识到服饰对人际交往与成功办事的作用。他清楚地认识到，商业社会中，一般人是根据一个人的衣着来判断对方的实力的，因此，他首先去拜访裁缝。靠着往日的信用，希尔订做了三套昂贵的西服，共花了275美元，而当时他的口袋里仅有不到1美元的零钱。

然后他又买了一整套最好的衬衫、衣领、领带等，而这时他的债务已经达到了675美元。

每天早上，他都会身穿一套全新的衣服，在同一个时间里、同一个街道同某位富裕的出版商"邂逅"，希尔每天都和他打招呼，也偶尔聊上一两分钟。

这种例行性会面大约进行了一星期之后，出版商开始主动与希尔搭话，并说："你看来混得相当不错。"

接着出版商便想知道希尔从事哪种行业。因为希尔身上所表现出来的这种极有成就的气质，再加上每天一套不同的新衣服，已引起了出版商极大的好奇心，这正是希尔盼望发生的情况。

希尔于是很轻松地告诉出版商："我正在筹备一份新杂志，打算在近期内争取出版，杂志的名称为《希尔的黄金定律》。"

出版商说："我是从事杂志印刷及发行的。也许，我也可以帮你的忙。"

这正是希尔所等候的那一刻，而当他购买这些新衣服时，他心中已想到了这一刻，以及他们所站立的这块土他，几乎分毫不差。

这位出版商邀请希尔到他的俱乐部，和他共进午餐，在咖啡和香烟尚未送上桌前，他已"说服"了希尔答应和他签合约，由他负责印刷及发行希尔的杂志。希尔甚至答应允许他提供资金并不收取任何利息。

发行《希尔的黄金定律》这本杂志所需要的资金至少在3万美元以上，而其中的每一分钱都是从漂亮衣服所创造的"幌子"上筹集来的。

成功的外表总能吸引人们的注意力，尤其是成功的神情更能吸引人们赞许性的注意力。当然，这些衣服里也包含着一种能力，是自信心和创造力的完美体现。

一个人的外貌对于他本身有影响，穿着得体就会给人以良好的印象，它等于在告诉大家："这是一个重要的人物，聪明、成功、可靠。大家可以尊敬、仰慕、信赖他。

他自重，我们也尊重他。"

只有在对方认同你并接受你的时候，你才能顺利进入对方的世界，并游刃有余地与对方交往，从而把自己的事情办成和办好，而这一切的获得在很大程度上与你的外在打扮有关。

大凡给对方留下了好印象的人都善于交往、善于合作。而一个人的仪表是给对方留下好印象的基本要素之一。试想，一个衣冠不整、邋邋遢遢的人和一个装束典雅、整洁利落的人在其他条件差不多的情况下，同去办同样分量的事儿，恐怕前者很可能受到冷落，而后者更容易得到善待。特别是到陌生的地方办事儿，给别人留下美好的第一印象更为重要。世上早有"人靠衣装马靠鞍"之说，一个人若有一套好衣服配着，仿佛把自己的身价都提高了一个档次，而且在心理上和气氛上增强了自己的信心。聪明的人切莫怪世人"以貌取人"，人皆有眼，人皆有貌，衣貌出众者，谁不另眼相看呢？着装艺术不仅给人以好感，同时还直接反映出一个人的修养、气质与情操，它往往能在别人尚未认识你或你的才华之前，向别人透露出你是何种人物，因此在这方面稍下一点功夫，就会事半功倍。

衣冠不整、蓬头垢面让人联想到失败者的形象。而完美无缺的修饰和宜人的体味，能使你的形象大大提高。有些人从来没有真正养成过一个良好的自我保养的习惯，这可能是由于不修边幅的学生时代留下的后遗症，或者父母的率先垂范不好，或者他们对自己的重视不够造成的。这些人往往三天打渔两天晒网，只要基本上还算干净，没有人瞧不起，能走得出去便了事了。如果你注重自己的形象，良好的修饰习惯很快就能形成。如果你天生一个胡子脸，那也没有办法，但至少你要给人一种你能打点好自己的印象。牙齿、皮肤、头发、指甲的状况和你的仪态都一一表明你的自尊程度。

别人对你的第一印象，往往是从服饰和仪表上得来的，因为衣着往往可以表现一个人的身份和个性。毕竟，要对方了解你的内在美，需要长久的过程，只有仪表能一目了然。

办事儿的顺利与否，第一印象至关重要，不讲究仪表就是自己给自己打了折扣，自己给自己设置了成功的障碍，不讲究仪表就是人为地给要办的事情增加了难度。

一外商考察团来某企业考察投资事宜，企业领导高度重视，亲自挑选了庆典公司的几位漂亮女模特来做接待工作，并特别指示她们穿着紧身的上衣，黑色的皮裙，领导说这样才显得对外商的重视。

但考察团上午见了面，还没有座谈，外商就找借口匆匆走了，工作人员被搞得一头雾水。后来通过翻译才知道，他们说通过接待人员的着装，认为这是个工作以及管理制度极不严谨的企业，完全没有合作的必要。

原来，该企业接待人员在着装上，犯了大忌。根据着装礼仪的要求，工作场合女性穿着紧、薄的服装是工作极度不严谨的表现。

着装也是一种无声的语言，它显示着一个人的个性、身份、角色、涵养、阅历及其心理状态等多种信息。在人际交往中，着装，直接影响到别人对你的第一印象，关系到对你个人形象的评价，同时也关系到一个企业的形象。

TPO是西方人提出的服饰穿戴原则，分别是英文中时间（Time）、地点（Place）、场合（Occasion）三个单词的缩写。穿着的TPO原则，要求人们在着装时以时间、地点、场合三项因素为准。

1. 时间原则

时间既指每一天的早、中、晚三个时间段，也包括每年春、夏、秋、冬的季节更替，以及人生的不同年龄阶段。时间原则要求着装考虑时间因素，做到随"时"更衣。

通常，早晨人们在家中或进行户外活动，如在家中盥洗用餐或者外出跑步做操健身，着装应方便、随意，可以选择运动服、便装、休闲服。

工作时间的着装，应根据工作特点和性质，以服务于工作、庄重大方为原则。晚间，宴会、舞会、音乐会之类的正式社会活动居多。人们的交往距离相对缩小，服饰给予人们视觉和心理上的感受程度相对增强。因此，晚间穿着应讲究一些，以晚礼服为宜。

服饰应当随着一年四季的变化而更替变换，不宜标新立异、打破常规。

夏季以凉爽、轻柔、简洁为着装格调，在使自己凉爽舒服的同时，让服饰色彩与款式给予他人视觉和心理上的好感受。夏天，层叠皱折过多、色彩浓重的服饰不仅使人燥热难耐，而且一旦出汗就会影响女士面部的化妆效果。

冬季应以保暖、轻便为着装原则，避免臃肿不堪，也要避免要风度不要温度，为形体美观而着装太单薄。应该注意，即使同是裙装，在夏天，面料应是轻薄型的，冬天要穿面料厚的裙子。春秋两季可选择的范围会更大更多一些。

2. 地点原则

地点原则代表地方、场所、位置不同，着装应有所区别，特定的环境应配以与之相适应、相协调的服饰，才能获得视觉和心理上的和谐美感。

比如，穿着只有在正式的工作环境才合适的职业正装去娱乐、购物、休闲、观光，或者穿着牛仔服、网球裙、运动衣、休闲服进入办公场所和社交场地，都是与环境不和谐的表现。

3. 场合原则

在不同的时间和地点穿衣有不同的要求，而从场合看，大致可以分为三类，即公务场合、社交场合和休闲场合。

（1）公务场合。公务场合是指上班处理公务的时间。在公务场合，本身的着装不可以强调个性，突出性别，过于时髦，或是显得过于随便，应当是既端正大方，又严守传统。最为标准的是深色的毛料套装、套裙或制服。具体而言，男士最好是身着藏蓝色、灰色的西装或中山套装，内穿白色衬衫，脚穿深色袜子、黑色皮鞋。穿西装套装时，必须打领带。女士的最佳衣着是：身着单一色的西服套裙，内穿白色衬衫，脚穿肉色长筒丝袜和黑色高跟鞋。有时，穿着单一色彩的连衣裙亦可，尽量不要选择以长裤为下装的套装。公务场合不宜穿过于肮脏、残破、暴露、透视、短小、紧身服装。

（2）社交场合。社交场合是指人们在公务活动之外，与其他人进行交际应酬的公共场所。在此场合中着装要重点突出时尚个性的风格，既不要保守从众，也不宜随便邋遢。在参加宴会、酒会和舞会时，着装时主要有时装、礼服、具有本民族特色的服装以及个人缝制的服装。需要特别加以说明的是：在许多的国家里，人们出席隆重的社交活动时，有穿礼服的习惯。在西方国家参加这样的宴会时，男士要穿着最正规的大礼服，女士则穿着袒胸、露背、拖地的单色连衣裙式服装。而在我国目前最广泛的是男士穿黑色的中山套装和西装套装，女士则是单色的旗袍或是下摆长于膝部的连衣裙。其中中山套装和单色的旗袍最具中国特色。最不适宜穿制服出席宴会。

（3）休闲场合。休闲场合，此处所指的是人们置身于闲暇地点，用于在公务、社交之外，一人独处，或是在公共场合与不相识者共处的时间。居家、健身、旅游、娱乐、逛街等等，都属于休闲活动。休闲场合对于服装款式的基本要求是：舒适、方便、自然。

符合这一要求，适用于休闲场合的服装款式为：家居装、牛仔裤、运动装、沙滩装等等。不适合在休闲场合穿着的服装款式则有：制服、套裙、套装、工作服、礼服、时装等等。

举止体现你的风度

一个人的行为举止、风度仪表是展现他外在魅力的主要方式之一。优雅的行为举止使人风度翩翩。即使最普通的职员，只要他们行为得体，举止规范，自然会使人肃然起敬。一个人的一举一动、一言一行都与他自己的风度仪表相关联，注意这些小节并使之规范化，会给生活增添无限的光彩。一般而言，良好的行为举止总使人感到愉悦畅快。

有些人认为，一个人的行为举止、外在仪表无关紧要。事实上并非如此，在现实生活中，一个人的举止是否优雅、言行是否得体，对于一件事情的成败往往有直接影响。英国一位大主教曾说过："高尚的品德一旦与不雅的仪表举止连在一起，也会使人生厌。"无疑地，优雅的行为举止能使女性的社会交往更加轻松愉快，从而有利于事情的成功。

一个人的行为举止与别人对他的尊敬息息相关，在管理支配他人时，它常常比内在的、实质性的品性这类东西具有更大的作用。热情友好、彬彬有礼的言谈举止无疑会使人通身舒畅，在这种友好的交往中，成功往往就会到来。也就是说，亲切友好的行为举止会有助于事业成功。与此相反，不良的行为举止、乏味庸俗的言语只会使人顿生厌恶之感，这样一来，什么生意、交易都做不成。第一印象特别重要，而一个人是否有礼貌、讲客气，是否谦恭有礼往往对第一印象有十分重要的影响。

友善的言行、得体的举止、优雅的风度，这些都是走进他人心灵的通行证。无论老年人还是年轻人的心都是向举止得体、彬彬有礼的人打开的。态度生硬、武断专横的言行举止只会使人倍生厌恶之情、憎恨之感，因此这种人在生活中必定处处碰壁，处处令人生厌，就像过街的老鼠一样，使人通身不快。

1995年，在纽约一家律师行里，中国的富豪钱先生穿着优质登喜路西服，打着灿烂辉煌的法国朗万领带，脚登闪亮的英国彻切斯皮鞋，他的全身被昂贵的世界一级名牌包装着，正在与自己的律师商谈对美国的合作伙伴所进行的诉讼。

钱先生瞪着眼睛，用手指着翻译大声地嚷着："你让他给我起诉狗娘养的史密斯，我限他在半年内给我打赢这场官司，否则我可不养这群废物！"半年之后，他的律师丝毫不少地收取了昂贵的律师费用，钱先生的官司进程几乎为零。在新换的曼哈顿的另一家律师行里，暴躁的钱先生气急败坏地对翻译说："你给我一词一句地翻译，他们要是还像前面的那个饭桶一样达不到我的要求，我他妈的随时更换律师！"

在双方都出场的听证会上，钱先生时常地破口大骂，拍案而起，甚至要跳过桌子与对方搏斗，以至于他的律师和助手必须按压住他，正常的程序无法进行下去。几个月之后，钱先生失去了律师。这一次是律师解雇了钱先生，让他另请高明。愤怒的钱先生强烈地谴责"愚昧无能"的美国律师："都说美国律师最能干，我怎么遇上的全是笨蛋、蠢才！"

他的翻译在离开他以后无可奈何地说："我们先后换了三个律师行，经历了两年的持久战，公司花费了100多万美元的律师费，我们的官司仍然以全面的失败而告终。每一次，他的出言不逊和粗暴无礼都会给我们带来巨大的经济损失，骄傲的美国律师们用消极的态度来报复他的粗暴。律师们是按小时收费，我们的官司的赢输，对他们并无致命的伤害。在很多需要理性和修养的小节上，我们的老总不能展示给律师一个有成就的、卓越的中国企业家的形象，以至于我们自己的律师都怀疑我们提供的证据的可信度。"

钱先生的穿戴和外表包装是世界一流的，可是他的言行、举止和修养却不能反映他外表的质量。有很多人把形象设计的概念理解为外表包装和视觉感官上的提升，而根本不注重自身内在的修养，这不是形象设计的全部内容。形象设计的包装是简单的，而提高和改善人的修养和内在内容却是复杂的、深刻的、全面的、长期的。个人的修养包含自身文化素质的提高、情操的升华，它还包括对人类心理的理解，对人们行为动机的理解和对基本人性、人格、社会、文化等等的理解，以及对此作出的相应的反应。它需要你有能力理解他人的心理反应，预测产生的结果及你的行为可能会留下什么样的后果。有人说："只有琢磨墨香之后，才能成为真正的人。"当你有了修养时，就知道一个人应该如何举止了。

举止在心理学上称为"形体语言"，是指人的肢体动作是一种动态中的美，包括手势、坐姿、站姿、走姿等，是风度的具体体现。在某种意义上，绝不亚于口头语言所发挥的作用。

"站如松，坐如钟，卧如弓，行如风。"这12个字生动地概括了正确的站姿、坐姿、卧姿和走姿，十分形象。我们要想做到站有站相，坐有坐相，走有走相，就必须讲究站姿、坐姿和走姿。

1. 站姿

站姿，即站立的姿势。站立时，要抬头、挺胸、收腹，双目平视前方，身体立直，两肩舒展，双臂自然下垂，两手可交叉在腹前，也可以把右手放在左手上。在非正式社交场合，亦可把手背在身后。

站立时，不要东倒西歪或躬腰驼背或挺肚后仰，不要耸肩或一肩高一肩低。站着与人交谈时，不要把手插在裤袋里或叉在腰间。

站姿可靠墙训练，后脑勺、双肩、臀部、小腿及脚后跟都紧贴墙壁；也可两人一组，背靠背站立。

2. 坐姿

所谓坐有坐相，是指坐姿要端正。人的正常坐姿，在其身后没有任何依靠时，上身应挺直稍向前倾，肩平正，两臂贴身自然下垂，两手随意放在自己腿上，两腿间距与肩宽大致相等，两脚自然着地。背后有依靠时，在正式社交场合，也不能随意地把头向后仰靠，显出很懒散的样子，这就是我们常说的"坐如钟"。

为了保证坐姿的正确优美，应该注意以下几点：一是落座以后，两腿不要分得太开，这样坐的女性尤为不雅。二是当两腿交叠而坐时，悬空的脚尖应向下，切忌脚尖向上，并上下抖动。三是与人交谈时，勿将上身向前倾或以手支撑着下巴。四是落座后应该安静，不可一会儿向东，一会儿向西，给人一种不安分的感觉。五是坐下后双手可相交搁在大腿上，或轻搭在沙发扶手上，但手心应向下。六是如果座位是椅子，不可前俯后仰，也不能把腿架在椅子或沙发扶手上、踏在茶几上，这都是非常失礼的。七是端坐时间过长，会使人感觉疲劳，这时可变换为侧座。八是在社交和会议场合，入座要轻柔和缓，坐姿要端庄稳重，不可猛起猛坐，弄得座椅乱响，造成紧张气氛，小心不要带翻桌上的茶杯等用具，以免尴尬被动。总之，坐的姿势除了要保持腿部的美以外，背部也要挺直。不要像驼背一样，弯胸曲背。座位如有两边扶手时，不要把两手都放在两边的扶手上，给人以老气横秋的感觉而应轻松自然、落落大方，方显得彬彬有礼。

3. 走姿

走姿，即行走的姿势。走姿往往可以显示出一个人的身体状况、精神风貌和性格。人的走路的样子千姿百态。有的人步伐矫健、敏捷，显得精明强干；有的人步伐稳重、大方，显得沉着老练；有的人步伐轻盈、欢快，显得朝气蓬勃。这些走姿分别给人留下良好的印象。而有的人走路时摇头晃脑，左右摇摆，给人以轻薄的印象；有的人走路时弯腰驼背，步履蹒跚，给人以压抑、老态龙钟的感觉；还有人走路时盘着八字脚，晃着鸭子步，这些走姿均不雅观。

正确的走姿是：抬头挺胸，两眼平视，步幅和步位合乎标准，讲究步韵。所谓步幅，是指行走时两脚之间的距离。步幅的一般标准是，前脚的脚跟与后脚脚尖的距离约等于自己的脚长。这里的脚长是指穿了鞋子的长度，而非赤脚。所谓步位，就是脚落地时的位置。一般说来两只脚所踩的是一条直线最标准。步韵是指行走的韵律。行走时，脚腕要富于弹性，肩膀应自然、轻松地摆动。平时走路不要太快，也不宜过于缓慢。男性每分钟走100步，女性每分钟走90步，显得有节奏和韵味。

走路时，应挺直身板，自然地摆动双臂，前后摆动的幅度为45度左右，不要摇头晃肩和左右摆动双臂，也不要有意扭动臀部。此外，注意不要边走边吃东西。多人一起行走时，不要勾肩搭背，也不要排成横队，以免影响他人行走。

训练走姿，可以在地上画一条直线，双脚踩着直线走。反复练习，自然会有进步。

4. 蹲姿

蹲姿，即人蹲下来时的姿势。在乡下，有的农村干部习惯蹲在坑上或田间地头与村民聊天；在城市，有的市民走累了，路旁没有石凳时，便蹲下来休息一会儿；有时候，东西掉在地上，人们弯下腰捡东西。未受过蹲姿训练的人捡东西时，臀部向后撅起，很不雅观。

下蹲时，可以左脚在前，右脚稍后，两腿靠紧向下蹲。左脚全脚着地，左腿小腿基本垂直于地面，右脚脚跟提起，脚掌着地，形成左膝高右膝低的姿态，臀部朝下，主要用右腿支撑身体。

在生活中，注意站、立、行、走的礼仪，会使你受到大家的欢迎。其实，优雅的行为举止在很大程度上根源于谦恭有礼和善良友好。从外表上看，礼貌乃是一种表现或交际形式，从本质上讲，礼貌反映着我们自己对他人的一种关爱之情。优雅的举止与得体的行为并没有什么本质的区别，二者基本是一致的。"漂亮的体型比漂亮的脸蛋要好；优雅的行为举止要胜过婀娜多姿的身段；优雅的举止是最好的艺术，它要胜过任何著名的雕塑或名画。"

乘车有学问

小李刚从大学毕业，分配在一个离家较远的公司上班。每天清晨7时，公司的专车会准时等候在一个地方接送小李和她的同事们。

一个骤然寒冷的清晨，小李关闭了闹钟尖锐的铃声后，又留恋了一会儿暖被窝——像在学校的时候一样。她尽可能拖延一些时间，用来怀念以往不必为生活奔波的寒假日子。那一个清晨，她比平时迟了5分钟起床。可是就是这区区5分钟让她付出了代价。

那天，当小李匆忙中奔到专车等候的地点时，时间已是7点5分，班车开走了。站在空荡荡的马路边，她茫然若失，一种无助和受挫的感觉第一次向她袭来。

就在她感到沮丧的时候，她突然看到了公司的那辆蓝色轿车停在不远处的一幢大楼前。她想起了曾有同事指给她看过那是经理的车，她想：真是天无绝人之路。小李向那车跑去，在稍稍犹豫一下后，她打开车门，悄悄地坐了进去，并为自己的幸运而得意。

为经理开车的是一位温和的老司机。他从反光镜里看了她一会儿。然后，转过头来对她说："小姐，你不应该坐这车。"

"可是，我今天的运气好。"她如释重负地说。

这时，经理拿着公文包飞快地走来。他在前面习惯的位置上坐定，才发现车里多了一个人，显然感到意外。

她赶忙解释说："班车开走了，我想搭您的车子。"她以为这一切合情合理，因此说话时显得轻松随意。

经理愣了一下，但很快明白了，他坚决地说："不行，你没有资格坐这车。"然后用无可辩驳的语气命令道："请你下去。"

小李一下子愣住了——这不仅是因为从小到大还没有谁对她这样严厉过，还因为在这之前，她没有想过坐这车是需要一定身份的。以她平素的个性，她应该是重重地关上车门以显示她对小车的不屑一顾，而后拂袖而去的。可是那一刻，她想起了迟到在公司的制度里将对她意味着什么，而且她那时非常看重这份工作。于是，一向聪明伶俐但缺乏生活经验的她变得异常无助。她用近乎乞求的语气对经理说："我可能会迟到，所以需要您的帮助。"

"迟到是你自己的事。"经理冷淡的语气表明没有一丝一毫的回旋余地。

她把求助的目光投向司机，可是老司机看着前方一言不发。委屈的泪水在她的眼眶里打转。在绝望之余，她为他们的不近人情而固执地陷入了沉默的对抗。

他们在车上僵持了一会儿。最后，让她没有想到的是，他的经理打开车门走了出去。

坐在车后座的她，目瞪口呆地看着经理拿着公文包向前走去。他在凛冽的寒风中拦下了一辆出租车，飞驰而去。泪水终于顺着她的脸流淌下来。

他给了她一帆风顺的人生以当头棒喝的警醒。

小李的经历也给人们提了一个醒，自己的错误必须由自己去弥补，但是她之所以引起经理那么大的反感和不快，还因为她忽略乘车也是有讲究的这一个问题。

人们在来去匆匆、争分夺秒的现代都市生活中，往往需要乘坐各种车辆，尤其是各种机动车辆，以求方便。乘坐车辆，具有节省体力、方便舒适、快速省时、较为安全等多种优点，因而在可能的情况下，是可以优先考虑的。

人们可以乘坐的车辆有多种类型，下面主要介绍一下有关乘坐轿车、公共汽车、火车等机动车辆的礼仪规范，以供参考。

1. 轿车的乘坐

在现代生活社交中，对乘坐轿车的礼仪是很讲究的。乘车的座次是这样的，如果是有司机驾车，一般认为，车上最尊贵的座位是后排与司机的座位成对角线的座位，即后排右座。其余座位的尊卑次序是：后排左座、后排中座、前排右座。如果没有司机驾车，主人亲自驾车，客人应坐在主人的右边，即前排右座。

如陪客人同乘一辆轿车，主人应主动为客人打开轿车的右侧后门，并以手指示车篷上框，提醒客人注意，等客人坐好后再关门，最后主人应从左侧后门上车。如同亲朋好友一同乘车，应请女士和长者先上车，倘若女士裙子过短或过紧不宜先上车，应请男士先上。女士上车时不应先伸进一条腿，再伸进另一条腿，最得体的方法是，先轻轻坐下，然后再把双腿一同收进车内。下车时双脚不要一先一后，要同时着地。

在涉外活动中，如果宾主同车而行，宜请客人坐在主人的右侧，译员坐在前排右座。如主人亲自驾车，客人只有一人时，可请客人坐在前排右侧。如客人是一男二女，女士坐在一侧，男士坐另一侧。二男一女，宜请女士居中，男士分坐于两侧。

轿车在行驶过程中，主人可向客人介绍一下沿途的商业区或名胜古迹。不要与司机闲谈分散注意力，不要催促司机加快车速。

如果宾主不乘同一辆车，主人的车应行驶在客人坐的车之前，为之开道。

2. 公共汽车的乘坐

很多人在单位的时候表现得"彬彬有礼"，可一旦在公共汽车上，就像脱了缰的野马，丑态百出。

目前国内的现状决定了在公共汽车上都是很"团结体贴"的。所以，就必须在做到自我约束的基础上，互敬互让，文明用语常挂嘴边，以避免很多不必要的摩擦。那些因为踩脚、碰人没说句抱歉的话而引发的"战争"，显得既没教养又很无聊。

作为年轻人，应该主动将坐位让给老人、儿童、孕妇以及病人，而不要看到需要让座的时候，赶紧闭上眼睛装作"已然入仙境"，丢了自己的翩翩风度。有些人知道不应该把瓜果皮壳等扔在车内，却顺手从窗口扔出去，这同样是不道德的。其实，每辆车上都应该有垃圾箱，完全可以多走几步把垃圾扔进垃圾箱里。

在公共汽车上吸烟是很不道德的表现。

雨天乘车，请带好伞袋，把雨伞放到事先准备好的伞袋里。

当在公共汽车上提较大的包或袋子的时候，应尽可能地和别人保持一点距离，以免碰到别人，特别是走在别人后面的时候，碰到别人的脚后跟还容易使人摔跤。

如果穿着长大衣或风衣，上下车或楼梯的时候，一定要把衣报提起来，以免走在你身后的人不小心踩到衣角，而使你摔倒。

另外，乘坐其他交通工具时，不论在公共汽车上、火车上、地铁或是飞机里，保持安静是文明的表现。公共场所排队等候是必要的。

3. 火车的乘坐

乘火车外出旅行，就好像进入一个新鲜陌生的世界。在这种特殊的环境中，与形形色色素不相识的人相处，应主动自觉地关心别人，以礼待人，从而给您的旅行带来快乐。

乘火车旅行，为了大家的共同安全，不要携带易爆易燃的危险品上车。上车后要自觉对号入座，把包放在行李架上，并与邻坐的乘客打招呼致意。

列车在运行中，为了安全不要开窗或把头伸向窗外，以免出现意外伤害。在车厢内不要抽烟和大声喧哗。在火车上吃东西，最好不要吃带刺鼻气味的食品，果皮纸屑不要随手乱扔或投之窗外。车上再热也不能穿背心、短裤和拖鞋。往往有些人一旦坐下来，就把鞋子脱下，把脚都伸向对面的坐椅上去，这样不仅不雅观，而且是不文明的举止。

在列车上与其他乘客交谈，要以不妨碍他人的情况下为宜。交谈时不要信口开河，传播小道消息，也不要毫无节制地唠叨饶舌，这都是缺乏教养的标志。打听他人的年龄、婚否、收入等个人隐私情况，都是不礼貌的。

在火车上往往会出现这种情况，本来自己身边的位子没有人，当有人前来寻位时，却以欺骗的说法说"有人"，这是一种不道德的行为。一个有礼貌的旅客不仅不要占据多余的位子，而且还要帮助女士和年长者安置好位子和行李。

如果到了午休和晚间休息时间，尽可能地不要去打搅别人。特别是软卧车厢，旅伴已开始解衣就寝，就应先到走廊上等候片刻，等他差不多收拾好时再进去。已经躺下的旅客，要背过脸朝里，不要注视别人睡前的准备。

到站下车时，要提前做准备，把行李带好。临别时，应有礼貌地与旅伴告辞，互祝一路平安、顺风。

4.出租车的乘坐

乘出租车的时候，刚上车时，应该先和司机确认好要去的具体地点。要注意保持车内的整洁。如果制造了垃圾，要自觉用袋子装起来准备扔到垃圾箱里，而不要扔到车窗外。在车上，不要乱蹬、乱踏。

人际交往中要善用称呼和名片

一般而言，交际愈广、地位愈高的人各种应酬也愈多。特定范围的聚会、大规模的盛宴，以及与朋友的日常联络，这些应酬得当，能巩固并不断扩大自己的人际关系网，并能使自己的事业蒸蒸日上。

应酬的细节是每个人所必须了解的。"应"就是接应，接受别人给你的；"酬"就是酬答，即你接受了以后报答人家的。古人道："来而不往非礼也。"就是说要有应有酬。

早起出门，见人道个"早安"；经过人群挤身而过时，怕碰到人，要说"借光"；见人点头、微笑、握手、招手，西方人拥抱、亲吻，都会或多或少带有应酬的意味。应酬在人们的生活和工作中，已发挥着越来越重要的作用，而越来越多的人也逐渐认识到通过应酬交往组建人际关系网的重要性。应酬已逐渐遍及我们生活中的方方面面，普通的寒暄，大的舞会和宴会……人们在这些场合和行为中极力展示自己的个人魅力和社交风采，以争取更多相关人物的好感和友情，营建自己的人际关系网，以备不时之用。

电视中，常有某权威人物或上层精英分子对另一个人无奈地抱怨："哎呀没办法，应酬太多了，推都推不掉。"虽故意显出疲惫不堪、无可奈何的抱怨态度，却仍难以掩饰一副志得意满之情。经常需要"应"，才说明人缘好，而且居于特殊地位或具有特殊身份，令所有人都愿与之相交；经常懂得"酬"，才能使双方关系稳定发展，也使自己的形象锦上添花。从这些日常小事中，也可看出一个人的交际范围是否广，人缘是否好。

我们不是电视中的权威人物，但我们的生活和工作中也不时得仰赖于一定人物的"手下留情"或"高抬贵手"，才能更加顺利、更加如意。所以，我们也应具有应酬意识，以防患于未然。你是一个家庭主妇，如果你与隔壁大妈交好，一旦你临时缺盐少醋，就可以毫不困难地先借一些回来使用；而且，平时家中无人，大妈也

会帮你照看门户，提防小偷；偶尔你有急事加班不能回家，你家的宝贝也有人"收留"，并送以可口的食物。

如果你是一个律师，就更需要多方应酬。与同行应酬，可以使你在遇到专业困惑时能迅速找到人加以研究；与法政公务人员应酬，可以使你成为千里眼、顺风耳，具有对政策、法规的灵敏嗅觉和正确判断；与三教九流应酬，可以使你在遇到事情时，可以找相关的人帮忙。

总之，除非你是古之隐者，否则你必须学会应酬。

应酬学很重要也很必要，但也并不难。以下就介绍应酬中的两个小策略。

1.社交中的称谓

称谓，也叫称呼，是对亲属、朋友、同志和社会有关人员关系的称呼。称谓属于道德范畴。我们的祖先使用称谓十分讲究，不同身份、不同场合、不同情况，在使用称谓时无不入幽探微，丝毫必辨。今天的现代礼仪，虽不必泥古，但也不可全部推倒重来，要在前人的基础上，推陈出新，表现出新一代礼貌称谓的新风貌。人际交往，礼貌当先；与人交谈，称谓当先。使用称谓，应当谨慎，稍有差错，便会贻笑于人。恰当地使用称谓，是社交活动中的一种基本礼貌。称谓要表现出尊敬、亲切和文雅，与对方心灵沟通，感情融洽，缩短彼此距离。正确地掌握和运用称谓，是人际交往中不可缺少的礼仪因素。

（1）称谓的种类和用法。

①姓名称谓。姓名，即一个人的姓氏和名字。姓名称谓是使用比较普遍的一种称呼形式。用法大致有以下几种情况：

全姓名称谓，即直呼其姓氏和名字。如"李大伟""刘建华"等。全姓名称谓有一种庄重、严肃感，一般用于学校、部队或其他郑重的场合。一般地说，在人们的日常交往中，指名道姓地称呼对方，是不礼貌的，甚至是粗鲁的。

名字称谓，即省去姓氏，只呼其名字，如"大伟""建华"等，这样称呼显得既礼貌又亲切，运用场合比较广泛。

姓氏加修饰称谓，即在姓之前加一修饰字。如"老李""小刘""大陈"等，这种称呼亲切、真挚。一般用于在一起工作、劳动和生活的相互比较熟悉的人之间。

过去的人除了姓名之外还有字和号，这种情况直至解放前还很普遍。这是相沿已久的一种古风。古时男子20岁取字，女子15岁取字，表示已经成人。平辈之间用字称呼既尊敬又文雅，为了尊敬不甚相熟的对方，一般以号相称。

有些人还有乳名，即小名，使用也很普遍，只限于亲属长辈称呼晚辈或亲属平辈之间使用。到成人后，便逐渐不再使用。

②亲属称谓。亲属称谓是对有亲缘关系的人的称呼，我国古人在亲属称谓上尤为讲究，主要是：

对亲属的长辈、平辈决不称呼姓名、字号,而按与自己的关系称呼。如祖父、父亲、母亲、胞兄、胞妹等。

有姻缘关系的,前面加"姻"字,如姻伯、姻兄、姻妹等。

称别人的亲属时,加"令"或"尊"。如尊翁、令堂、令郎、令爱、令侄等。

对别人称自己的亲属时,前面加"家",如家父、家母、家叔、家兄、家妹等。

对别人称自己的平辈、晚辈亲属,前面加"敝"、"舍"或"小"。如敝兄、敝弟,或舍弟、舍侄,小儿、小婿等。

对亲属自己谦称,可加"愚"字,如愚伯、愚岳、愚兄、愚甥、愚侄等。

随着社会的进步,特别是解放以后,人与人的关系发生了巨大变化,原有的亲属、家庭观念也发生了很大的改变。在亲属称谓上已没有那么多讲究,只是书面语言上偶用。现在我们在日常生活中,使用亲属称谓时,一般都是称自己与亲属的关系,十分简洁明了,如爸爸、妈妈、哥哥、弟弟、姐姐、妹妹等。

有姻缘关系的,在当面称呼时,也有了改变,如岳父——爸,岳母——妈,姻兄——哥,姻妹——妹等。

称别人的亲属时和对别人称自己的亲属时也不那么讲究了,如:您爹、您妈、我哥、我弟等。

不过在书面语言上,文化修养高的人,还是比较讲究的,不少仍沿袭传统的称谓方法,显得高雅、礼貌。

③职务称谓。职务称谓就是用其所担任的职务作称呼。这种称谓方式,古已有之,目的是不呼其姓名、字号,以表尊敬、爱戴,如对杜甫,因他当过工部员外郎而被称"杜工部"。诸葛亮因是蜀国丞相而被称"诸葛丞相"等。

现在人们用职务称谓的现象已相当普遍,目的也是为了表示对对方的尊敬和礼貌。主要有三种形式:

用行政职位称呼,如"李局长""张科长""刘经理""赵院长"等。

用党内职务称呼,如"李书记"等。应该注意的是,为了密切领导与群众的关系,强调平等,克服官僚作风,党内同志之间一般不使用"×书记"的称谓,而用名字加同志作称谓,如"润德同志"等。

用专业技术职务称呼,如"李教授""张工程师""刘医师"。对工程师,总工程师还可称"张工""刘总"等。

职业尊称,即用其从事的职业工作作为称谓,如"李老师""赵大夫""刘会计",不少行业,可以用"师傅"相称。

另外,随着形势的发展,新的称谓也在出现,如对归国侨胞、外国旅游者等,为了尊重他们的习惯,按照不同身份和职业,称其职衔身份。如"李博士""王教授"或"阁下""先生""夫人""小姐""女士"等等。

（2）称呼的 5 个禁忌。我们在使用称呼时，一定要避免下面几种失敬的做法。

①错误的称呼。常见的错误称呼无非就是误读或是误会。

误读也就是念错姓名。为了避免这种情况的发生，对于不认识的字，事先要有所准备；如果是临时遇到，就要谦虚请教。

误会，主要是对被称呼者的年纪、辈份、婚否以及与其他人的关系作出了错误判断。比如，将未婚妇女称为"夫人"，就属于误会。相对年轻的女性，都可以称为"小姐"，这样对方也乐意听。

②使用不通行的称呼。有些称呼，具有一定的地域性，比如山东人喜欢称呼"伙计"，但南方人听来"伙计"肯定是"打工仔"。中国人把配偶经常称为"爱人"，在外国人的意识里，"爱人"是"第三者"的意思。

③使用不当的称呼。工人可以称呼为"师傅"，道士、和尚、尼姑可以称为"出家人"。但如果用这些来称呼其他人，没准还会让对方产生自己被贬低的感觉。

④使用庸俗的称呼。有些称呼在正式场合不适合使用。例如，"兄弟""哥们儿"等一类的称呼，虽然听起来亲切，但显得档次不高。

⑤称呼外号。对于关系一般的，不要自作主张给对方起外号，更不能用道听途说来的外号去称呼对方。也不能随便拿别人的姓名乱开玩笑。

2. 名片的交换

欲使名片在人际交往中正常地发挥作用，还须在交换名片时做得得法。交换名片时，需要注意的问题有：

（1）交换名片的时机。遇到以下几种情况，需要将自己的名片递交他人，或与对方交换名片。

①希望认识对方。

②表示自己重视对方。

③被介绍给对方。

④对方提议交换名片。

⑤对方向自己索要名片。

⑥初次登门拜访对方。

⑦通知对方自己的变更情况。

⑧打算获得对方的名片。

碰上以下几种情况，则不必把自己的名片递给对方，或与对方交换名片。

①对方是陌生人。

②不想认识对方。

③不愿与对方深交。

④对方对自己并无兴趣。

⑤经常与对方见面。

⑥双方之间地位、身份、年龄差别悬殊。

（2）交换名片的方法。

①递上自己的名片。递名片给他人时，应郑重其事。最好是起身站立，走上前去，使用双手或者右手，将名片正面面对对方。切勿以左手递交名片，不要将名片背面面对对方或是颠倒着面对对方，不要将名片举得高于胸部，不要以手指夹着名片给人。若对方是少数民族或外宾，则最好将名片上印有对方认得的文字的那一面面对对方。

将名片递给他人时，口头应有所表示。可以说："请多指教"，"多多关照"，"今后保持联系"，"我们认识一下吧"，或是先作一下自我介绍。

与多人交换名片，应讲究先后次序，或由近而远，或由尊而卑，一定要依次进行。切勿挑三拣四，采用"跳跃式"。当然，也没有必要广为滥发自己的名片。双方交换名片时，最正规的做法，是位卑者应当首先把名片递给位尊者。不过，在一般情况下，也不必过分拘泥于这一规定。

②接受他人的名片。当他人表示要递名片给自己或交换名片时，应立即停止手中所做的一切事情，起身站立，面含微笑，目视对方。接受名片时，宜双手捧接，或以右手接过，切勿单用左手接过。

"接过名片，首先要看"，这一点至为重要。具体而言，就是接过名片后，当即要用半分钟左右的时间，从头至尾将其认真默读一遍。若有疑问，则可当场向对方请教，此举意在表示重视对方。若接过他人名片后看也不看，或拿在手头把玩，或弃之桌上，或装入衣袋，或交予他人，都算失礼。

接受他人名片时，应口头道谢，或重复对方所使用的谦词敬语，如"请您多关照"，"请您多指教"，不可一言不发。

若需要当场将自己名片递过去，最好在收好对方名片后再做，不要左右开弓，一来一往同时进行。

（3）索取他人的名片。如果没有必要，最好不要强索他人的名片。若需要索取他人名片，则不宜直言相告，而应采用以下几种方法之一。

①向对方提议交换名片。

②主动递上本人名片，此所谓"将欲取之，必先与之"。

③询问对方："今后如何向您请教？"此法适于向尊长索取名片。

④询问对方："以后怎样与您联系？"此法适于向平辈或晚辈索要名片。

（4）婉拒他人索取名片。当他人索取本人名片，而不想给对方时，不宜直截了当，而应以委婉的方法表达此意。可以说："对不起，我忘了带名片"，或者"抱歉，我的名片用完了"。不过若手中正拿着自己的名片，又被对方看见了，这样讲显然

不合适。

若本人没有名片,而又不想明说时,也可以以上述方法委婉地表述。

如果自己名片真的没有带或是用完了,自然也可以这么说,不过不要忘了加上一句"改日一定补上",并且一定要言出必行,付诸行动。否则会被对方理解为自己没有名片,或成心不想给对方名片。

称呼和名片只是社交应酬中的两个小诀窍,善加利用,可以为你的应酬添彩加油,但要成为应酬中的高手,还要在为人处世的更多细节上做到最好,只有这样才能有朝一日获得成功。

宴会上应注意的礼仪细节

秦山二期核电站是我国自主建设商用核电站的一个重大跨越,是我国自主建设核电站的里程碑。在这样的企业里,能将礼仪以公司规范的形式予以制度化,是值得我们学习和借鉴的。

《核电秦山联营公司精神文明规范》部分中餐礼仪摘录如下:

……

不宜吃得响声大作,"电闪雷鸣"。不宜乱吐废物,唾液飞溅。不宜张口剔牙,捅来捅去。不宜宽衣解带,脱鞋脱袜。不宜挑三拣四,挑肥拣瘦。不宜替人布菜,热情过头。不宜以酒灌人,出人洋相……

通过这些内容,反映了"内强个人素质,外塑企业形象"的企业文化和精神文明建设成果,生动展示出现代企业和现代员工的风采。

不管是中餐还是西餐,无非是两方面的礼仪,一是来自自身的礼仪规范,比如说餐饮适量、举止文雅;另一个是就餐时自身之外的礼仪规范,比如说菜单、音乐、环境等。

随着现代生活的发展,在社交中餐饮文化和餐饮礼仪显得越来越重要,它不仅是社交中用于交流沟通的一种方式,更是显示一个人良好的修养和品质的一个主要方面,因此,了解有关餐饮中关于宴会上的礼仪细节,对于我们在社交活动中取得成功大有帮助。

1. 中餐礼仪

中餐,是中式餐饮的简称。它所指的是一切具有中国特色的、依照传统方法制作的、为中国人日常生活之中所享用的餐食和饮品。其中,最主要的,则是具有中国传统风味和特色的饭菜。

中餐在国际社会中一直享有很大的名声,不论是在国内、国外,到处都可以遇到许许多多的中餐爱好者。以中餐为主体的中华饮食文化，在我国传统文化之中占据着十分重要的位置。

中餐礼仪，实际上就是中华饮食文化的重要组成部分之一。它所指的，主要是以中餐待客，或者是品尝中餐时，应当自觉遵守的习惯做法和传统习俗。

在用餐时，每一位用餐者均应使自己的临场表现合乎礼仪。细而言之，享用中餐时的用餐表现又可分为餐前表现与餐时表现两个部分。

（1）餐前表现。餐前表现，指的是准备用餐、等候用餐时的所作所为。无疑，它是用餐表现的有机组成部分之一。要使餐前表现符合礼仪规范，主要是要注意以下问题。

①适度修饰。外出用餐，尤其是外出赴宴或聚餐时，应适度地进行个人修饰。总的要求是：整洁、优雅、个性化。一般而言，男士可穿套装，并剃须。女士则应穿时装或旗袍，并化淡妆。倘若不加任何修饰，甚至仪容不洁、着装不雅，则会被视为不尊重主人，不重视此次聚餐或宴请。

②准点到场。应邀赴宴，或参加聚餐时，一定要准点抵达现场。严格地讲，抵达过早或过晚，均为失礼。早到的话，主人往往还未作好准备，因而措手不及。晚到的话，则会令他人望眼欲穿，甚至打乱整个原定的计划。无特殊原因，切勿早退。

③各就各位。在正式一些的用餐活动中，一定要按照指定的桌次、位次就座。倘无明确排定，也应遵从主人安排，或与其他人彼此谦让。切勿争先恐后，不守座次。一般而言，在入座时，应于主人、主宾之后就座，或与大家一道就座。抢在他人之前就座，显然是不合适的。

④认真交际。大凡宴请或聚餐，其主要目的是在交际，而不仅仅是为了大快朵颐。所以在用餐前后，尤其是用餐前稍事等候时，不要忘记尽可能地进行适当的交际活动。要问候一下主人，联络一下老朋友，并争取认识几位新朋友。假若一言不发，显得与其他人完全格格不入，则难免会给人以"专为吃喝而来"的印象。

⑤倾听致词。在正式宴会开始前，主人与主宾大都要先后进行专门的致词。当宾主进行致词时，务必要洗耳恭听，专心致志。此刻开吃、闭目养神、与人交谈或是打打闹闹，都是不对的。若此刻暂时离去，则更会令人生疑。

（2）餐时表现。任何国家的餐饮，都有自己的传统习惯和寓意，中餐也不例外。比方说，过年少不了鱼，表示"年年有余"；和渔家、海员吃鱼的时候，忌讳把鱼翻身，因为那有"翻船"的意思。

用餐的时候，不要吃得摇头晃脑，宽衣解带，满脸油汗，汁汤横流，响声大作。不但失态欠雅，而且还会破坏别人的食欲。可以劝别人多用一些，或是品尝某道菜肴，但不要不由分说，擅自作主，主动为别人夹菜、添饭。不说这样做是不是卫生，而且还会让人勉为其难。

取菜的时候，不要左顾右盼，翻来覆去，在公用的菜盘内挑挑拣拣。要是夹起来又放回去，就显得缺乏教养。多人一桌用餐，取菜要注意相互礼让，依次而行，取用适量。不要好吃多吃，争来抢去，而不考虑别人用过没有。够不到的菜，可以请人帮助，不要起身甚至离座去取。

用餐期间，不要敲敲打打，比比画画。还要自觉做到不吸烟。用餐时，如果需要做清嗓子、擤鼻涕、吐痰等举动，尽早去洗手间解决。

用餐的时候，不要当众修饰。比如，不要梳理头发，化妆补妆，宽衣解带，脱袜脱鞋等。如必要可以去化妆间或洗手间。用餐的时候不要离开座位，四处走动。如果有事要离开，也要先和旁边的人打个招呼，可以说声"失陪了""我有事先行一步"等。

2. 西餐礼仪

西餐，是对西式饭菜的一种约定俗成的统称。客观地讲，所谓西餐，其实是一个十分笼统的概念，因为无论从形式上还是从内容上讲，西方各国的饭菜毕竟有着很大的差异，难以一概而论。不过在中国人眼里，除了与中餐在口味上存在区别之外，西餐还是有着两个鲜明的特点的。其一，它们源自西方国家；其二，它们必须以刀、叉取食。久而久之，凡具有以上两个特点者，皆可以西餐相称。

目前，随着中西文化交流的扩大，西餐已经逐渐进入了中国人的生活，并受到一些人的欢迎。不论你究竟爱不爱吃西餐，现在不管你走到哪里，都有可能和它"狭路相逢"。所以，每个人都有必要学习、掌握一些有关西餐的基本常识。

（1）应等全体客人面前都上了菜，女主人示意后才能开始用餐。

（2）餐巾应铺在膝上。如果餐巾较大，应双叠放在腿上；如果餐巾较小，可以全部打开。可用餐巾的一角擦去嘴上或手指上的油渍，但绝不可用餐巾揩拭餐具。

（3）进餐时身体要坐正，不可过于向前倾斜，也不要把两臂横放在桌上，以免碰撞到旁边的客人。

（4）使用刀叉时，应右手拿刀，左手拿叉。只用叉时，可用右手拿。使用刀时，不要将刀刃向外，更不要用刀送食物入口。如果把刀叉放在一起，表示用餐完毕。

（5）取面包应该用手去拿，然后放在旁边的小碟中或大盘的边沿上，绝不要用叉子去叉面包。取黄油应用黄油刀，而不要用个人的刀子。

（6）吃色拉时只能用叉子。应用右手拿叉，叉尖朝上。如果上色拉的同时也上了面包、饼干的话，可以用左手拿一小块面包或饼干，帮着把色拉推上叉子。

（7）吃鱼时可以用左手拿着面包，右手拿着刀子，把刺拨开。水果核也应先吐在手心里，再放入盘中。

（8）要喝水时，应把口中的食物先咽下去。不要用水冲嘴里的食物。

（9）进餐时不要将碗碟端起来。喝汤可以将盘子倾斜，然后用汤匙取食。喝茶或喝咖啡不要把汤匙放在杯子里。

（10）吃饭，特别是喝汤，不要发出响声。咀嚼时应该闭嘴。

（11）不要在餐桌前擤鼻涕或打嗝。如果打喷嚏或咳嗽，应向周围的人道"对不起"。

（12）在饭桌上不要剔牙。如果有东西塞了牙非取出不可，应用餐巾将嘴遮住。

（13）进餐时，始终保持沉默是不礼貌的，应该同身旁的人有所交谈，但是在咀嚼食物时不要讲话。

（14）在餐桌上，一般的食物都应用刀叉去取，只有芹菜、小萝卜、青果、水果、干点心、干果、糖果、炸土豆片、玉米、田鸡腿和面包等可以用手拿着吃。

（15）当侍者依次为客人上菜时，走到你的左边，才轮到你取菜，如果侍者站在你的右边，就不要取，那是轮到你右边的客人取菜。

（16）当女主人要为你添菜时，你可以将盘子连同放在上面的刀叉一起传递给她或者交给服务员；如果她不问你，你就不能主动要求添菜，那样做很不礼貌。

（17）餐桌上有些食品，如面包、黄油、果酱、泡菜、干果、糖果等，应待女主人提议方可取食。

（18）用餐毕，客人应等女主人从座位上站起来，再一起随着离席，男宾应帮助女士把椅子归回原处。

以上这些就是西餐宴会上应注意的礼仪细节，你不要认为它过于烦琐，事实上，那是正规的用餐方法。如果你忽略了这些细微之处，就会闹出笑话。

注重对上司和领导的礼仪

在工作中，和上司相处是一门艺术。想要让上司喜欢你，仅仅在原则性问题上不犯错是不够的，你还需要在细节礼仪与忌讳事项上多加注意。下面介绍在日常工作中和领导谈话以及和领导保持良好关系的细节礼仪。

1. 和领导谈话的细节

谈话是加强沟通、保持良好上下级关系的一条重要纽带，因此，作为下级的你一定要重视和领导的谈话，把握住自己的分寸。具体地说，应注意以下几个细节。

（1）谈话要主动。作为下属，可以积极主动地与领导交谈，渐渐地消除彼此间可能存在的隔阂，使上级下级关系相处得正常、融洽。当然，这与巴结领导不能相提并论，因为工作上的讨论及打招呼是不可缺少的，这不但能祛除对领导的恐惧感，而且也能使自己的人际关系圆满，工作顺利。

（2）态度要不卑不亢。对领导应当尊重，你应该承认，领导一般有强过你的地方，

或者才干超群，或是经验丰富，所以，对领导要做到有礼貌、谦逊。但是，绝不要采取"低三下四"的态度。绝大多数有见识的领导，对那种一味奉承、随声附和的人，是不会予以重视的。在保持独立人格的前提下，你应采取不卑不亢的态度。

（3）时机要选择适当。领导一天到晚要考虑的问题很多，你应当根据自己问题的重要与否，选择适当时机去反映。假如你是为个人琐事，就不要在他正埋头处理事务时去打扰他。如果你不知领导何时有空，不妨先给他写张纸条，写上问题的要点，然后请求与他交谈。或写上你要求面谈的时间、地点，请他先约定，这样，领导便可以安排时间了。

（4）事先要做好准备。在谈话时，充分了解自己所要说的话的要点，简练、扼要、明确地向领导汇报。如果有些问题是需要请示的，自己心中应有两个以上的方案，而且能向上级分析各方案的利弊，这样有利于领导作决断。为此，事先应当周密准备，弄清每个细节，随时可以回答，如果领导同意某一方案，你应尽快将其整理成文字再呈上，以免日后领导又改了主意，造成不必要的麻烦。要先替领导考虑所提方案的可行性。有些人明知客观上不存在解决问题的条件，却一定要去找领导，结果造成了不欢而散的结局。

2. 和领导处理关系的细节

与上级保持良好的人际关系对任何员工来说都是非常重要的。对这个问题，人们往往有两种错误倾向：一种认为，处理好上下级关系只是上级的事，我是他的下属，应该由他来赏识我、器重我，调动我的积极性，我只要尽职工作就行了，不用去操这份心。谁知，到头来自己工作干得不少，却"吃力不讨好"，只能慨叹"工作好做，人事难处"了。另一种认为，与上级搞好关系，是培养庸俗的好感，于是奉承、讨好、拍马溜须，既丧失自己的人格尊严，也于工作无补，对两者都无益处。

其实，与上级保持良好的关系，有一定的行为原则。

（1）学会倾听，充分领会上级的命令。与上级交谈，是与上级发展关系的一个重要形式。在听上级谈话时，我们往往或非常紧张地注意发现话语中对自己是肯定还是否定，是抑贬还是褒扬的种种信息，或忙碌地思考着自己应对的话语，因此，往往没听清上级正在说的东西。正确的应该是不仅听清上级所谈的一切，而且要听清他所隐含的意思。这样，就意味着你能概括他谈话的所有要意，并作出聪慧的应对。

要做到这一点，你应该忘却所有的紧张，把注意力集中到上级的谈话上来。当你的上级讲完后可以稍作静思，以示你对他的讲话的记忆和思索。然后，向他提一两个用以澄清他谈话要点的问题，不一定是比较复杂的问题，即使是答案很明确的是非题也可，意在强调你注意并把握了他的谈话要点。或者用核对理解的措辞，把他的谈话概括地说一下。

（2）学会简明扼要地汇报。向上级汇报情况，简短是必要的。简短并不意味着将一大堆信息用连珠炮式的话语口若悬河地说完。简短意味着有选择、简洁、清晰。

将一份备忘录压缩在一页之内，这是一个很好的主意。如果你一定要写一个详细的报告给上级，那么你最好用一页篇幅将整个报告的内容概括一下，将其置于全文之首。一篇好文章反映的不是善于写作的能力，而是长于思考的能力。想得透彻，才能写得明了。因此，在你无论写什么呈文时，都要把问题想透彻，然后再动笔。这是使呈文简洁明了，使上级爱看你的呈文的一个重要因素。

（3）掌握提建议的要诀。如果你想提出一个能让上级接受的观点或建议，你应该将你的论据认真整理，按最有利于阐明你的观点的方法逐一呈示出来，并尽一切可能让它来表达你的主张。

一个好的方法是向你的上级提供可供选择的多个方案，并分别说明各个方案的长短利弊，让你的上级去权衡选择。这种提供建议的方法可以让领导作出最终决定，同时也迫使你对问题想得更透彻，结果对两者都有好处。

决不要直接反对你的上级所提出的提议。他也许只看到了它的长处，或者他嫌麻烦事先没听听你的反应。不管怎样，如果你最终认为他的提议不合适，你应将你的意见变通成问题提出来，让他斟酌。如果你有上级没掌握的数据来说明你的反对意见，那就更好了。

（4）独立解决你的问题。记住：你能为上级所干的最好的事是做好你的工作。一个有能力的上级通常是乐观主义者，他也希望他的下属有相同的素质。积极进取的行为不仅仅是一种策略，而且是一种内在素质所表现出来的行为姿态。一个富有经验的下属，在他的语言中很少用到困惑、危机、挫折一类词，而会把困难的局面看成挑战，并设计出迎接挑战的计划。一个人没有比他不能解决自己职务的问题更浪费上级的时间了。独立地排除你面临的困难，不仅能培养有效工作的能力，发展有效工作所需要的门路，而且能提高你在上级眼中的价值。

当你发现自己无法完成某项工作时，应及时地向你的上级说明情况。这种情况下他产生的烦恼会比以后才知道要少得多。

（5）了解你的上级。对于上级的工作习惯、职业目标、爱好与厌恶等等，你都应该了解。如果你的上级是一个体育运动爱好者，那么你就不应该在他喜欢的队赛败后第二天早晨，即去请示一个等待解决的问题。一个精明老练有见识的上级是很欣赏深刻了解他、并能预见他的愿望与心情的下级的。

3. 日常工作中的细节

（1）见到上司，便应该趋前打招呼。如果距离远，不便呼叫，可注视之，目光相遇，点头示意就可以。近距离相处则用礼貌用语招呼。

（2）遇到上司时，应注意修整一下自己的衣冠，身上佩戴证件者，则应戴好，以示尊重。

（3）在公众场合遇见上司，不要表示出特别热情，礼貌地道声"您好！"就可以了。特别要注意不要嘘寒问暖同上司说个没完。

（4）途中碰到上司时，佯装没看见而避开，或自觉矮人半截，或自命秉性桀骜，这都是有悖于人际交往精神的，上下级无意于人之平等与价值，而人的才智必于群体中才可充分发挥的，避而不见，显得鬼鬼祟祟而欠大方。

（5）不要在老板不在的时间偷懒，因为你手头被打了折扣的工作绩效迟早会将你的所作所为暴露无遗。

（6）不要每日都是一张苦瓜脸，要试着从工作中找寻乐趣，从你的职业中找出令你感兴趣的工作方式并尝试多做一点。试着多一点热忱，可能你对工作就只欠那么一点点。

（7）不要一到下班时间就消失得无影无踪，如果你未能在下班前将问题解决好，那你必须让人知道。如果你不能继续留下来帮忙，那你应于抵家后打电话回公司看看事情是否已得到控制。就算是平常的日子，在离开公司之前，向你的主管打声招呼也是好的。

（8）不要提交一份连你自己都不想收到的报告，更不要言之无物，因为你不只有填写报告的义务，同时也有提出改善意见的责任。

（9）不要在公司电梯里或办公室有第三者的情况下同上司谈家常，特别是上司的家事。

（10）无论在公司内或公司外，只要上司在场，离开时候你一定要跟上司招呼一下"对不起，我先走一步了"，或者说"再见"。

千万不要以为这些小细节烦琐，不起眼，其实，无论工作还是生活总是有这些点点滴滴的小细节组成的，如果你想给上司留下一个美好的印象，进而赢得他的赏识，就要尽量做好这些细节，因为细节决定成败。

第九章

做人做事，重视细节

≪ 记住他人的名字 ≫

　　人对自己的姓名最感兴趣。把一个人的姓名记全，很自然地叫出口来，这是一种最简单、最明显，而又是一种最能获得好感的方法。

　　第二次世界大战期间，美国民主党全国委员会主席、邮务总长吉姆是一位传奇人物。他小时候家里很穷，10岁就辍学去一家砖厂做工，他把沙土倒入模子里，压成砖瓦，再拿到太阳下晒干。吉姆没有机会受更多的教育，可是他有爱尔兰人达观的性格，使人们自然地喜欢他，愿意跟他接近。在成长过程中，吉姆逐渐养成了一种善于记忆人们名字的特殊才能，这对他后来从政起到了重要的作用。

　　罗斯福开始竞选总统前的几个月中，吉姆一天要写数百封信，分发给美国西部、西北部各州的熟人、朋友。而后，他乘上火车，在19天的旅途中，走遍美国20个州，行程一万两千里。他除了火车外，还用其他交通工具，像轻便马车、汽车、轮船等。吉姆每到一个城镇，都去找熟人进行一次极诚恳的谈话，接着再开始下一段的行程。当他回到东部时，立即给在各城镇的朋友每人一封信，请他们把曾经谈过话的客人名单寄来给他。那些不计其数的名单上的人，他们都得到吉姆亲密而极礼貌的复函。

　　吉姆早就发现，一般人对自己的姓名最感兴趣。把一个人的姓名记住，很自然地叫出口来，你便对他含有微妙的恭维、赞赏的意味。若反过来讲，把那人的姓名忘记，或是叫错了，不但使对方难堪，而且对你自己也是一种很大的损害。

　　很多人不记得别人的名字，只因为他们认为没有必要下功夫和精力去记别人的名字。如果问他们为什么，他们肯定会为自己找借口，说自己很忙。

　　一般人大概不会比罗斯福更忙，可是他甚至会把一个技工的名字，牢牢地记下来。

　　罗斯福总统知道一种最简单、最明显，而又是最重要的获得好感的方法，那就是：记住对方的姓名，使别人感到自己很重要。

　　安德鲁·卡内基被称为钢铁大王，但他自己对钢铁的制造懂得很少，他手下有好几百个人，都比他更了解钢铁。

　　但是他知道怎样为人处世，这就是他发大财的原因。他小时候，就表现出组织才能。当他10岁的时候，他发现人们把自己的姓名看得很重要。而他利用这项发现，去赢得别人的合作。例如，他孩童时代在苏格兰的时候，有一次抓到一只兔子，那是一只母兔。他很快发现多了一窝小兔子，但没有东西喂它们。可是他有一个很妙的想法。他对附近的孩子们说，如果他们找到足够的苜蓿和蒲公英，喂饱那些兔子，他就以他们的名字来给那些兔子命名。这个方法太灵验了，卡内基一直忘不了。好几年之后，他在商业界利用类似的方法，赚了好几百万元。例如，他希望把钢铁轨道卖给宾夕法尼亚铁路公司，而艾格·汤姆森正担任该公司的董事长。因此，安德鲁·卡内基在匹兹堡建立了一座巨大的钢铁工厂，取名为"艾格·汤姆森钢铁工厂"。当卡内基和乔治·普尔门为卧车生意而互相竞争的时候，这位钢铁大王又想起了那个关于兔子的经验。

　　卡内基控制的中央交通公司，正在跟普尔门所控制的那家公司争生意。双方都拼命想得到联合太平洋铁路公司的生意，你争我夺，大杀其价，以致毫无利润可言。卡内基和普尔门都到纽约去参加联合太平洋的董事会。有一天晚上，他们在圣尼可斯饭店碰头了，卡内基说："晚安，普尔门先生，我们岂不是在出自己的洋相吗？"

　　"你这句话怎么讲？"普尔门问道。

　　于是卡内基把他心中的话说出来——把他们两家公司合并起来。他把合作而不互相竞争的好处说得天花乱坠。普尔门倾听着，但是他并没有完全接受。最后他问："这个新公司要叫什么呢？"卡内基立即说："普尔门皇宫卧车公司。"

　　普尔门的眼睛一亮。"到我房间来，"他说，"我们来讨论一番。"这次讨论改写了美国工业史。

　　安德鲁·卡内基以能够叫出许多员工的名字为骄傲。他很得意地说，当他亲任主管的时候，他的钢铁厂未曾发生过罢工事件。

　　名字对一个人来说，应该算是最重要的东西之一了吧。一个人从出生到去世，名字就一直和他缠在一起。人们不能没有名字，因为这是一个人区别于其他人的重要标志。叫响一个人的名字，这对于他来说，是任何语言中最动人的声音。

　　一般人对自己的名字比对地球上所有的名字之和还要感兴趣。记住别人的名字，而且很轻易就叫出来，等于给予别人一个巧妙而有效的赞美。若是把别人的名字忘掉，或写错了，你就会处于一种非常不利的地位。比如说，一个美国人有一次在巴黎开了一门公开演讲的课程，发出复印的信件给所有住在该地的美国人。那些法国打字员显然不太熟悉英文，在打上名字的时候，就打错了。有一个人，巴黎一家大的美国银行的经理，写了一封不客气的信给他，因为经理的名字被拼错了。

这并不难理解，一般人对于自己的名字都很看重，从内心里都非常希望别人能记住自己的名字，并在见面时亲切地叫出来。如果你忘了他的名字，他就会感到你对他轻视，并不是真心实意地和他交往，于是他对你就不会有好的态度了，甚至拒绝与你来往，这样的事情是很常见的。可以设想，你连对方的名字这种细小之事都记不住，别人又怎能信任你，为你办事情呢？

记住对方的名字看来是一桩小事，做到与否，带来的效果却大不一样。

在一家旅馆的大厅里，一位客人来到服务台前办理住宿手续，还未等客人开口，服务小姐就先说："某某先生，欢迎您再次光临，希望您在这儿住得愉快。"客人听后十分惊讶，露出欣喜的神色，因为他只在半年前到这里住过一次。这位客人因此而感受到了莫大的尊重，进而对那位服务小姐，甚至对她所服务的旅馆产生了信任和好感。

有时候要记住一个人的名字真是难，尤其当它不太好念时。一般人都不愿意去记它，心想：算了！就叫他的小名好了，而且容易记。锡得·李维拜访了一个名字非常难念的顾客。他叫尼古得玛斯·帕帕都拉斯。别人都只叫他"尼克"。李维说：在我拜访他之前，我特别用心地念了几遍他的名字。当我用全名称呼他早安，尼古得玛斯·帕帕都拉斯先生"时，他呆住了。在几分钟内，他都没有答话。最后，眼泪滚下他的双颊，他说："李维先生，我在这个国家15年了，从没有一个人会试着用我真正的名字来称呼我。"

刻意记住别人的名字，并且多去喊他的名字，因为，这样做可以让别人感受到你在关心他，重视他。这只是一个细节，一个生活中的细节。其实生活就是由细节堆砌起来的，认真地对待生活中的每一个细节，做好每一个细节，只有这样，我们才善待了生活。

记住他人的姓名，在政治的重要性，几乎和在商业界和社交上一样。

法国皇帝，也是拿破仑的侄子——拿破仑三世得意地说，即使他日理万机，仍然能够记得每一个他所认识的人的姓名。

他的技巧非常地简单。如果他没有清楚地听到对方的名字，就说："抱歉。我没有听清楚。"如果碰到一个不寻常的名字，他就说："怎么写法？"

在谈话的时候，他会把那个名字重复说几次，试着在心中把它跟那个人的特征、表情和容貌联想在一起。

如果对方是个重要的人物，拿破仑就更进一步。一等到他旁边没有人，他就把那个人的名字写在一张纸上，仔细瞧瞧，聚精会神地深深耕植在他心里，然后把那

张纸撕掉。这样做,他对那个名字就不只有眼睛的印象,还有耳朵的印象。

这一切都要花时间,但爱默生说:"礼貌是由一些小小的牺牲组成的。"

记住别人的名字并运用它,并不是国王或公司经理的特权,它对我们每一个人都是如此重要。肯恩·诺丁罕是印度通用汽车厂的一位雇员。他通常在公司的餐厅吃午餐。他发觉在柜台后工作的那位女士总是愁眉苦脸的。"她做三明治已经做了快两个小时了,我对她而言,只是另一个三明治。我说了我要什么,她在小秤上称了片火腿,然后给了我一片莴苣,几片马铃薯片。

隔一天,我又去排队了。同样的人,同样的脸,不同的是,我看到了她的名牌。我笑着说:'嗨!尤尼丝'。然后告诉她我要什么。她真的忘了什么秤不秤的,她给了我一堆火腿、三片莴苣和一大堆马铃薯片,多得都要掉出盘子来了。"

我们应该注意一个名字里所能包含的奇迹,并且要了解名字是完全属于与我们交往的这个人,没有人能够取代。名字能使人出众,它能使一个人在许多人中显得独立。我们所作的要求和我们要传递的信息,只要与我们的名字联系起来,就会显得特别的重要。不管是女侍员或是总经理,在我们与别人交往时,名字会显示它神奇的作用。

要事总是第一

因为人们要做的事情很多,而时间又极为有限,所以一定要分清事情的轻重缓急。在此,要坚持的原则就是:重要的事情先做。

曾有一位杰出的时间管理专家做了这么一个试验:

这位专家拿出了一个1加仑的阔口瓶放在桌上。随后,他取出一堆拳头大小的石块,把它们一块块地放进瓶子里,直到石块高出瓶口再也放不下为止。

他问:"瓶子满了吗?"

所有的学生应道:"满了。"

他反问:"真的?"说着他从桌下取出一桶砾石,倒了一些进去,并敲击玻璃壁使砾石填满石块间的间隙。

"现在瓶子满了吗?"

这一次学生有些明白了,"可能还没有。"一位学生低声应道。

"很好!"

他伸手从桌下又拿出一桶沙子,把它慢慢倒进玻璃瓶。沙子填满了石块的所有间隙。他又一次问学生:"瓶子满了吗?"

"没满!"学生们大声说。

然后专家拿过一壶水倒进玻璃瓶，直到水面与瓶口齐平。他望着学生："这个例子说明了什么？"

一个学生举手发言："它告诉我们：无论你的时间表多么紧凑，如果你真的再加把劲，你还可以干更多的事！"

"不，那还不是它真正的寓意所在"，专家说，"这个例子告诉我们，如果你不先把大石块放进瓶子里，那么你就再也无法把它们放进去了。"

其实，"大石块"就是一种形象的说法，它喻指的就是我们人生和工作中的重要之事，只有明智地选择先将"大石块"解决掉，那将利于你高效地工作和做事。

对待日常工作，一定要注意区分轻、重、缓、急，集中力量在重要的事情上，而不是每天完成一大堆既不重要又不紧急的事情以自慰。员工里尔就曾为此付出代价。

这天，老板让里尔准备好明天与某公司董事长会谈的资料，并拟写一份会谈提纲。然而接下来的时间里，里尔却忙于完成另外的几件事：寄出几封信，发出几份传真，接待一个没有预约的会谈，打几个无关紧要的电话，给老板的一位朋友买了束鲜花，为他贺喜。终于把一切安排妥当，此时已经到了下班的时间，晚点走吧，又三番两次被一个个无关紧要的电话打扰，于是他决定回家加班。吃过饭，他又忍不住要看一场球赛，看完后已是晚上11点，于是提笔拟写提纲。结果，匆促准备，难免出错。在会谈的过程中，幸好老板经验丰富，这场会谈倒进行得还顺利。但事后，里尔受到了严厉的批评。

事实也是如此，在你往前奔跑时，你不可以对路边的蚂蚁、水边的青蛙太在意，当然毒蛇拦路除外。但如果要先搬掉所有的障碍才行动，那就什么也做不成。一个人如果想把所有事都做好，他就不会把最重要的事做好。

伯利恒钢铁公司总裁理查斯·舒瓦普，为自己和公司效率低而十分忧虑，就去找效率专家艾维·李寻求帮助，希望李能卖给他一套思维，告诉他如何在短短的时间里完成更多的工作。

艾维·李说："好！我10分钟就可以教你一套至少提高效率50%的方法。"

"把你明天必须要做的最重要的工作记下来，按重要程度编上号码。最重要的排在首位，依次类推。早上一上班，马上从第一项工作做起，一直做到完成为止。然后用同样的方法对待第二项工作、第三项工作……直到你下班为止。即使你花了一整天的时间才完成了第一项工作，也没关系。只要它是最重要的工作，就坚持做下去。每一天都要这样做。你对这种方法的价值深信不疑之后，叫你公司的人也这样做。"

"这套方法你愿意试多久就试多久，然后给我寄张支票，你认为值多少就给我多少。"

舒瓦普认为这个思维很有用，不久就填了一张25000美元的支票给艾维·李。

舒瓦普后来坚持使用艾维·李教给他的那套方法，5年后，伯利恒钢铁公司从一个不为人知的小钢铁厂一跃成为最大的不需要外援的钢铁生产企业。舒瓦普常对朋友说："要事第一，与各种所谓高深复杂的办法相比，是我学到的最简单最得益的一种，我和整个班子坚持拣最重要的事情先做。我认为这是我的公司多年来最有价值的一笔投资！"

艾维·李的方法告诉我们，做任何事情都要有计划性，要分清轻重缓急，然后全力以赴地行动，这样才能获得成功。

有句话说得好，一个人一生中只能做一件事。排除极个别天才人物，绝大多数成功者都是致力于一件事情，数十年如一日地做，做好了，追求更好。因为万事艰难，而人的能力与时间又极为有限，贪多往往一事无成。所以，最好是把重要的事情放在前面做，一次做好一件事情。

某家医药公司的总经理在刚上任的头几年，他就将全部精力都集中在研究工作上，考虑发展方向，制订研究计划，搜罗研究人才。这家公司原先从来不曾在研究领域占有过优势，就是跟在别人后面也常常感到非常吃力。这位总经理虽然不是一位科学家，但他明确地意识到公司决不能再花5年时间去做别人5年前就已经在做的事了。公司必须要有自己的发展方向，要开发自己的产品。就这样，他花了5年时间，终于在两个重要领域使公司处于了世界领先的地位。

如果一个人想要集中精力于当急的要务，就得排除次要事务的牵绊，此时需要有说"不"的勇气。

特别是在职场中，学会说"不"是办公室政治中的重要策略。这关系到你是否做得顺心如意。然而有些人几乎是到了鞠躬尽瘁的地步。主管交给他的任务，他从来不打马虎眼，要求他额外超时加班，他也毫无怨言，同事拜托他的事，不管是不是他分内的职责，他总是不忍拒绝。其实，他早已忙得分身乏术，焦头烂额，但他还是强打精神说："没事！没事！"没有人知道他累得半死，但是，他就是不愿开口对人说"不！"

大多数时候，我们碍于情面而不敢说"不"，或者因为不好意思说"不"，结果很多原本明明不该是自己的事，统统落在自己头上。要不就是所做的事大大超过自己的能力负荷，让自己面临崩溃的边缘。而自己的重要之事却被迫拖延，久之，也会给上司留下不好的印象，因为任何一位老板都不会欣赏只喜欢帮人做琐事的，而不注重做事要领的"老好人"。

柯维先生在书中举过一个例子：

他在一所规模很大的大学任师生关系部主任时，曾聘用一位极有才华又独立自主的撰稿员。有一天，柯维有件急事想拜托他。

他说："你要我做什么都可以，不过请先了解目前的状况。"

他指着墙壁上的工作计划表,显示超过 20 个计划正在进行,这都是我俩早已谈妥的。

然后他说:"这件事急事至少占去几天时间,你希望我放下或取消哪个计划来空出时间?"

他的工作效率一流,这也是为什么一有急事柯维会找上他。但柯维无法要求他放下手边的工作,因为比较起来,正在进行的计划更为重要,柯维只有另请高明了。

要事第一的习惯如此重要,如果你要自己成为工作中的高效能人士,那就要切记:

只有养成做要事的习惯,对最具价值的工作投入充分的时间,工作中的重要的事才不会被无限期地拖延。这样,工作对你来说就不会是一场无止境、永远也赢不了的赛跑,而是可以带来丰厚收益的活动。

不因无谓琐事得罪人

两千多年前,雅典政治家伯利克里曾经给人类说过一句忠言:"请注意啊!先生们,我们太多地纠缠于一些小事了!"这句话,对今天的人们来说仍然值得品味和借鉴。

说句老实话,对于一般人来说,生活就是由无数的小事所组合而成的,甚至对那些大人物来说也是如此。每个人的生活中,小事都是无处不在、无时不有的,如果你过多地拘泥、计较小事,那么人生就根本没有什么乐趣可言了,触目所及的必然都是矛盾和冲突。

想一想,你挤公共汽车时,有人不小心踩了你的脚,或者你去买菜时,有人无意间弄脏了你的裙子;有时走在路上,说不定从道旁楼上落下一个纸团,打在你头上……此时此刻,如果你不是大事化小,小事化了,而是口出污言秽语,大发雷霆之怒,说不定会闹出什么祸事来。

20 世纪 80 年代末,在辽宁某地曾经发生过这样一件事:有一个年轻女子在看电影时,被后面的男观众无意间碰了一下脚,尽管男观众当面道歉,但那名女子仍然不依不饶。她硬说对方是耍流氓,竟然回家叫来丈夫将那个人用刀砍伤解气。结果,因触犯刑律,夫妻俩双双锒铛入狱。

有另一个故事,故事的主人公是英国著名作家迪埃德·基普林。

基普林跟佛蒙特州的一个名叫卡罗琳·巴勒斯蒂的姑娘结了婚。婚后,基普林便在该州的布拉特利博罗市修了一幢非常漂亮的房子,然后搬到那儿住下来度过他的垂暮之年。比特·巴勒斯蒂是他最要好的朋友,他俩工作休息都常在一块儿。

后来基普林买下了巴勒斯蒂一块地皮，并互相说定：巴勒斯蒂有权收割这块地上的青草，可是有一天巴勒斯蒂看见基普林正把这块草地改建成花园，这可把他气炸了，当即出言不逊，骂了起来，基普林也不示弱。于是佛蒙特这块草地之争便结下了两个朋友之间的冤仇。

几天之后，基普林骑着一辆自行车在路上碰见了巴勒斯蒂。后者坐在一辆双套马车上挡住了去路，硬要基普林下自行车让他过去。就因为这么一点小事，基普林丧失了理智，发誓要到法院去告他。一场耸人听闻的案子就这样发生了。新闻记者们从各大城市向布拉特利博罗蜂拥而至。消息传遍全世界。基普林从这次官司中得到了什么呢？一无所获。相反，他还不得不按照法庭宣判，他跟他的妻子一起永远离开他在美国的这幢住宅！就因为这么一点区区小事，就因为园子里的一些青草，带来了这许多怨恨和痛苦，这又何必呢？"要是你能保持内心的平静，而不管他人如何有负于你就好了！"

何苦要气？气便是别人吐出而你却接到口里的那种东西，你吞下便会反胃，你不看他时，他便会消散了。气是用别人的过错来惩罚自己的蠢行。

夕阳如金，皎月如银，人生的幸福和快乐尚且享受不尽，哪里还有时间去气呢？

在古老的西藏有一个叫作艾迪巴的人，每次生气和人起争执的时候，就用很快的速度跑回家去，绕着自己的房子和土地跑三圈，然后坐在田地边喘气。艾迪巴工作非常勤劳努力，他的房子越来越大，土地也越来越广，但不管房子和土地有多大，只要与人争论生气，他还是会绕着房子和土地绕三圈。艾迪巴为何每次生气都绕着房子和土地绕三圈，所有认识他的人心里都起疑惑，但是不管怎么问他，艾迪巴都不愿意说明。

直到有一天，艾迪巴很老了，他的房子和土地已经非常大，他又生气了，于是他挂着拐杖艰难地绕着土地跟房子走了三圈，等他好不容易走完，太阳都下山了，艾迪巴独自坐在田边喘气，他的孙子在身边恳求他："阿公，您已经年纪大了，这附近地区的人也没有人的土地比你更大，您不能再像从前一样，一生气就绕着土地跑啊，您可不可以告诉我这个秘密，为什么您一生气就要绕着土地跑上三圈？"

艾迪巴禁不起孙子的恳求，终于说出隐藏在心中多年的秘密，他说："年轻时，我一和人吵架、争论、生气，就绕着房子和土地跑三圈，边跑边想：'我的房子这么小，土地这么小，我哪有时间哪有资格去跟人家生气？'一想到这里，气就消了。于是就把所有时间用来努力工作。"

孙子又问："阿公，您年纪这么大又变成最富有的人，为什么还要绕着房地跑？"艾迪巴笑着说："我现在还是会生气，生气时绕着房子和土地走三圈。边走边想：'我的房子这么大，土地这么多，我又何必跟人计较？'一想到这，气就消了。"

人生中有许多梦想要去实现，有许多事要去做，如果把大好光阴消耗在生气上，既浪费了时间，又伤害了自己和他人。

还有一个实际的例子，就是唐代有一位著名的诗人李贺。他思路敏捷，才华过人，被人称为"奇才"，写出的诗连当时的大文豪韩愈也赞不绝口。只可惜他心胸狭窄，常为一些芝麻绿豆大的小事而抑郁寡欢，愁肠百结。最后他只活了短暂的27岁，成为文学史上的一桩憾事。

古语云："让一让，三尺巷。"人生之事，只要不是原则性的大事，得过且过又何妨？人活在世上，理应开朗、豁达，活得超脱一些；凡事斤斤计较，只是徒增烦恼罢了。

豁达乐观的人从不因为小事而得罪人。因为他们知道，因小事得罪人无异于自找苦吃，自缚手足，自己给自己设绊，因而怎么会成功呢？

不过在生活中因计较小事而得罪别人，以及自寻烦恼的人很多，特别是有些年轻人。如有的年轻人对个人名利过于苛求，得不到便烦恼不安；有的人性情多疑，老是无端地觉得别人在背后说他的坏话，常常感到莫名其妙的烦恼；有的人嫉妒心重，看到别人的成就与事业超过自己，心里就不舒服。最为典型的自寻烦恼是把别人的问题揽到自己身上自怨自艾，这无异于引火烧身。

聪明的人往往虽处在一些烦恼的环境中，但自己却能够寻找快乐。因烦恼本身是一种对已成事实的盲目的、无用的怨恨和抱憾，除了给自己的心灵以一种自我折磨外，没有任何的积极意义。为了不让烦恼缠身，最有效的方法是正视现实，摒弃那些引起你烦恼不安的幻想。世界上不存在你完全满意的工作、配偶和娱乐场地，不要为寻找尽善尽美的道路而挣扎。实际上，并不是所有在生活中遭受磨难的人，在精神上都会烦恼不堪。相信很多人对生活的磨难、不幸的遭遇，往往是付之一笑，看得很淡；倒是那些平时生活安逸平静、轻松舒适的人，稍微遇到不如意的事情，便会大惊小怪起来，引起深深的烦恼。这说明，情绪上的烦恼与生活中的不幸并没有必然的联系。生活中常碰到的一些不如意的事情，仅仅是可能引起烦恼的外部原因之一，烦恼情绪的真正根源、应当从烦恼者的内心去寻找。大部分终日烦恼的人，实际上并不是遭到了多大的个人不幸，而是自己的内心素质和对生活的认识上，存在着某种缺陷。因此，当一个人受到烦恼情绪袭扰的时候，就应当问一问自己为什么会烦恼，从内在素质方面找一找烦恼的原因，学会从心理上去适应你周围的环境。

狄斯雷利说过："生命太短促，不能再只顾小事。"

"这些话，"安德烈·摩瑞斯在《本周》杂志里说，"曾经帮我捱过很多痛苦的经历。我们常常被一些小事情、一些应该不屑一顾并忘了的小事情弄得非常心烦……我们活在这个世上只有短短的几十年，而我们浪费了很多不可能再补回来的时间，去愁一些在一年之内就会被所有的人忘了的小事。不要这样，让我们把我们的生活只用在值得做的行动和感觉上，去运用伟大的思维，去经历真正的感情，去做必须做的

事情。因为生命太短促了，不该再顾及那些小事。"

英国作家萨克雷有句名言："生活是一面镜子，你对它笑，它就对你笑；你对它哭，它也对你哭。"确实，不管你生活中有哪些不幸和挫折，你都应以欢悦的态度，微笑着对待生活。下面介绍几条原则，只要你反复地认真实行，就可能会减轻或者消除你的烦恼。

最后，还有一句话，你一定要牢记："生气就是拿别人的错误来惩罚自己！"

在任何时候要留有余地

与人相处要记得时刻给别人留有余地，只有不把事做绝，不把话说死，于情不偏激，于理不过头，才能在与人相处时游刃有余。很多年轻人眼中揉不进一点儿沙子，发现别人的错误，不管什么场合、什么时机，非狠狠地给予批评和抨击才觉得心安。殊不知，自己的批评已经把对方逼入绝境了，更不知对方已经讨厌自己了。说话办事都要顾及别人的感受，都要给别人留一点回旋的余地。在与别人方便的同时，也给了自己成功的可能。

在克劳利任纽约中央铁路局的总经理期间，一次差点就出了大事故。有两个工程师，他们都在铁路上服务了很长时间，但就是这样的两个人犯下了大错：由于他们的疏忽，差不多使两列火车迎头撞上。这么严重的事是完全无可推诿的，上司命克劳利解雇这两名员工。但是克劳利却持反对意见。

"像这样的情况，应当给予相当的考虑，"他反对说，"确实，他们的这种行为是不可宽恕的，是理应受到严厉惩罚的。你可以对他们进行严厉的处罚和教训，但是不可剥夺他们的位置，夺去他们惟一可以为生的职业。总的看来，这些年，他们不知创造了多少好成绩，为铁路事业的发展立下了多少汗马功劳。仅仅由于他们这次的疏忽，就要全盘否定他们以前的功绩，这样未免太不公平。你可以惩治他们，但是不可以开除他们。如果你一定要开除他们的话，那么，就连我也开除吧。"

结果克劳利取得了胜利，两名工程师被留了下来，一直都在那里，后来他们都成了忠诚而效率极高的员工。

克劳利给下属留下了余地，同时也给了自己事业更好的发展之路。反之，如果你逞一时之快断尽别人的退路，那么当危机来临之时，没有一扇门会为你打开。

有只狐狸与毛驴是非常要好的朋友。狐狸在生病时，毛驴到处找食物给狐狸吃，狐狸在毛驴的精心照顾下，身体很快就康复了。为此，狐狸很感激毛驴，并发誓说："毛驴大哥，我以后一定会好好报答你。"

毛驴相信了狐狸的话，把狐狸当成了自己最真挚的朋友。毛驴只要找到了好吃的，就留一半给狐狸，还真心诚意地对狐狸说："兄弟，只要我们俩团结一致，互相帮助，就没有战胜不了的困难，也不用再惧怕森林中的狮子了。"

"是的，是的，只要我们俩联手，狮子也会怕我们三分。"狐狸边啃着毛驴送来的食物边说。

一天，狐狸和毛驴结伴到森林里寻找食物。在路上它们碰到了狮子。

狐狸发现危机当前，便对狮子说，只要狮子答应不伤害自己，它就帮助狮子捉到毛驴，狮子同意了。

毛驴听后，生气地对狐狸说："现在大敌当前，我们只要精诚团结，肯定能战胜狮子，可你怎么能出卖我呢？"

"老哥，我这是与狮子斗智呢！我刚才是骗它的。你看，那边有个大坑，你跳进去躲起来，狮子交给我来对付就行了。"狐狸故意压低声音对毛驴说。

"谢谢，好兄弟。"毛驴感动得掉下了眼泪，毫不犹豫地跳进了那个深坑里。

"尊敬的狮王，我已把那该死的蠢毛驴骗进了深坑里，现在你可以放了我，去吃你的美餐吧。"狐狸向狮子谄媚道。

"呸，毛驴已逃不掉了，早晚会成为我的盘中之餐，现在，我要吃的是你！"说完，狮子猛扑上去，咬死了狐狸。

没有人可以永远一帆风顺，也没有人可以保证自己在生活中永远高枕无忧。就像那只狐狸，平日里再风光、再得意，有一天也会面临失败的危机。当你面临危机时，会有朋友扶你一把吗？你的同事会热心地伸出援助之手，还是冷漠地袖手旁观呢？这一切，都取决你平日里的所作所为。若是你为别人留余地，那么这时你就会发现，有很多双手拉你出泥沼。而如果你总是切断别人的退路，总把别人逼入绝境，还有谁会帮你呢？他们不落井下石就是对你的仁慈了。

俗话说："人活脸，树活皮。"此话道出了人性的一大特点：爱面子。可是我们不能只爱自己的面子，而不给他人面子。每个人都有一道最后的心理防线，一旦我们不给他人退路，不让他人走下台阶，他只好使出最后的一招——自卫。因此，当我们遇事待人时，应谨记一条原则：给别人留点余地。

一句或两句体谅的话，对他人宽容一点，这些都可以减少对别人的伤害，保全他的面子，给他留点余地。

多年以前，通用电气公司面临一项需要慎重处理的工作：免除查尔斯·史坦恩梅兹某一部门的主管之职。史坦恩梅兹在电器方面是第一等的天才，但担任计算部门主管却彻底失败。然而公司不敢冒犯他。公司绝对解雇不了他——而他又十分敏感。于是他们让他担任"通用电气公司顾问工程师"——工作还是和以前一样，只是换了一个头衔——并让其他人担任部门主管。

史坦恩梅兹十分高兴。通用公司的高级职员也很高兴。他们已平稳地调动了他

们这位最暴躁的大牌明星职员,而且他们这样做并没有引起一场大风暴——因为他们让他保全了面子。

让他人保全面子,这是十分重要的,而我们却很少有人想到这一点!我们残酷地抹杀了他人的感情,又自以为是。我们在其他人面前批评员工,找差错,发出威胁,甚至不去考虑是否伤害到别人的自尊。然而,一两分钟的思考、一句或两句体谅的话,对他人的态度作宽容的了解,都可以减少对别人的伤害。

下一次,当我们必须解雇员工或惩戒他人的时候,不要忘了这一点。

一位审定合格的会计师马歇·葛伦杰说:"解聘别人并不有趣,被人解雇更是没趣。我们的业务具有季节性,所以,在所得税申报热潮过了之后,我们得让许多人走路。我们这一行有句笑话:没有人喜欢挥动斧头。因此,大家变得麻木不仁,只希望事情赶快过去。通常,例行谈话是这样的:'请坐,史密斯先生。旺季已经过去了,我们已没什么工作可以给你做。当然,你也清楚我们只是在旺季的时候雇用你,因此……'"

"这种谈话会让当事人失望,而且有一种损及尊严的感觉。所以,除非不得已,我绝不轻言解雇他人,而且会委婉地告诉他:'史密斯先生,你的工作做得很好(如果他是做得很好)。上次我们要你去纽瓦克,那工作很麻烦,而你处理得很好,一点也没有出差错,我们要你知道,公司以你为荣,也相信你的能力,愿意永远支持你,希望你别忘了这些。'结果如何?被遣散的人觉得好过多了,至少不觉得'损及尊严'。他们知道,假如我们有工作的话,还是会继续留他们做的,或是等我们又需要他们的时候,他们还是很乐意回来。"

其实,在生活中人人都可能做出尴尬的事情,生活中也随时可能碰到尴尬的事情。处于尴尬境地的人一定会觉得颜面尽失,在这个时候如果你能为他找一个台阶下,不但能立刻博取对方的好感,而且也会建立良好的社交形象。追求成功的人要学会如何处理这类事情。

要给出错的人面子和"台阶",因为此时他的自尊心和虚荣心都特别强烈,如果你能帮他保住面子,维护他的尊严,他会对你产生非同一般的好感。而你的这种举手之劳,也许会对你以后的事业产生重要的影响。

良好的人际关系是一个人立足于社会的重要资本,更是一个人取得成功不可或缺的重要因素,而这需要尊重他人,包容他人,因为只有这样才能得到他人的理解与尊重。试想,如果连周围接触的人都适应不了,又如何能够受人爱戴与尊重?又如何能够获取别人的帮助与支持?又如何能够实现竞争与合作,并获得成功的人生呢?

指出他人过错时一定要讲究方法

如果你率直地指出某一个人不对，不论你是有意亦或是无意的，这一细节将会给对方造成很大的损害。你指责别人剥夺了他人的自尊，致使自己成为不受欢迎的人。

卡耐基在年轻时，总喜欢给别人留下深刻印象，所以写了一封可笑的信给当时刚出现在美国文坛上、颇引人注意的理查使·哈丁·戴维斯。那时，卡耐基正好帮一家杂志撰文介绍作家，便写信给戴维斯，请他谈谈他的工作方式。在这之前，卡耐基收到一个人的来信，信后附注："此信乃口授，并未过目。"这话留给他极深的印象，显示此人忙碌又具重要性。于是，卡耐基在给戴维斯的信后也加了这么一个附注："此信乃口授，并未过目。"实际上，他当时一点也不忙，只是想给戴维斯留下深刻的印象。

戴维斯根本不劳心费力地写信给卡耐基，只把卡耐基寄给他的信退回来，并在信后潦草地写了一行字："你表现出恶劣的风格。"身为一个自负的人，卡耐基觉得很恼怒，甚至10年后卡耐基获悉戴维斯过世的消息时，第一个念头仍然是××实在羞于承认——自己受到过他的伤害。

的确，卡耐基是弄巧成拙了，受到指责并没有错，但是戴维斯过于直白的指责，使二人产生了隔阂，令卡耐基在戴维斯去世后仍然对他的指责耿耿于怀。以后，假如你想引起一场令人终身难忘的怨恨，只要发表一点刻薄的批评即可。

用间接的方式建议，而不是直接下命令，不但能维护对方的自尊，而且能使他乐于改正错误，并与你合作。

一次，社交界的名人戴尔夫人讲述了这样一件事：

"最近，我请了少数几个朋友吃午饭，这种场合对我来说很重要。当然，我希望宾主尽欢。总招待艾米，一向是我的得力助手，但这一次却让我失望。午宴很失败，到处看不到艾米，他只派个侍者来招待我们。这位侍者对第一流的服务一点概念也没有。每次上菜，他都是最后才端给我的主客。有一次，他竟在很大的盘子里上了一道极小的芹菜，肉没有炖烂，马铃薯油腻腻的，糟透了。我简直气死了，我尽力从头到尾强颜欢笑，但不断对自己说：等我见到艾米再说吧，我一定要好好给他一点颜色看看。

这顿午餐是在星期三。第二天晚上，听了为人处世的一课，我才发觉：即使我教训了艾米一顿也无济于事。他会变得不高兴，跟我作对，反而会使我失去他的帮助。

我开始试着从艾米的立场来看这件事：菜不是他买的，也不是他烧的，他的一些手下太笨，他也没有法子。也许我的要求太严厉，火气太大。所以我不但不准备苛责他，反而决定以一种友善的方式作开场白，以夸奖来开导他。这个方法效验如神。第三天，我见到了艾米，他带着防卫的神色，严阵以待准备辩解。我说：'听我说，艾米，我要你知道，当我宴客的时候，你若能在场，那对我有多重要！你是纽约最好的招待。当然，我很谅解：菜不是你买的，也不是你烧的。星期三发生的事你也没有办法控制。'我说完这些，艾米的神情开始松弛了。

艾米微笑着说：'的确，夫人，问题出在厨房，不是我的错。'我继续说道：'艾米，我又安排了其他的宴会，我需要你的建议。你认为我们是否可以再给厨房一次机会呢？'

艾米说：'呵，当然，夫人。当然，上次的情形不会再发生了！'

下一个星期，我再度邀人午宴。艾米和我一起计划菜单，他主动提出把服务费减收一半。

当我和宾客到达的时候，餐桌上被两打美国玫瑰装扮得多彩多姿，艾米亲自在场照应。即使我款待玛莉皇后，服务也不能比那次更周到。食物精美滚热，服务完美无缺，饭菜由四位侍者端上来，而不是一位，最后，艾米亲自端上可口的甜美点心作为结束。散席的时候，我的主客问我：'你对招待施了什么法术？我从来没见过这么周到的服务。'

她说对了，我对艾米施行了友善和诚意的法术。"

当我们犯错误时，我们会对自己承认，如果别人以温和的方法来处理，我们也会对他们认错，甚至觉得爽直坦白是很光荣的；但如果别人当众指责我们的过错，就会把事情扩大，而且会伤及彼此的感情。还不如像戴尔这样处理事情呢！这样对方会因为你维护他的自尊而对你心存感激，同时你也是在鼓励他改正错误。这也是一种间接处理问题的方式，给对方一个缓冲余地。

波士顿是一家工程公司的安全协调员，他的职责之一是监督在工地工作的员工戴上安全帽。他一碰到没有戴安全帽的人，就官腔官调地批评他们没有遵守公司的规定。员工虽然接受了他的训导，却满肚子的不高兴，常常在他离开以后，又把安全帽拿了下来。

于是，他决定停止批评，开始从细节上考虑如何说服员工。当他发现有人不戴安全帽的时候，就问他们是不是戴起来不舒服，或者有什么不适合的地方。然后他以令人愉快的声调提醒他们，戴安全帽的目的是保护他们不受伤害，建议他们工作的时候一定要戴安全帽。结果遵守规定戴安全帽的人愈来愈多，而且没有造成怨恨或情绪上的不满。

在不指责对方的错误，也不伤害他的自尊心而进行说服时，有一个不可忽视的技巧就是在应该批评对方的时候采取"沉默态度"。例如，孩子考试成绩不理想，担心父母会责骂，当孩子把试卷拿给父母看时，做父母的不要责骂他，只要默默地接过来。这样，本来做好了挨骂的心理准备的孩子会产生自己努力用功的念头，在以后的考试中取得好成绩。

一位高中棒球队的教练曾经讲过一个与此很相似的例子：有一次，一个选手未经教练许可，擅自离队去看电影。后来，事情被发现了，他想这次一定会受到教练的严厉斥责，结果教练一句话也没说。从此以后那个选手再也没有逃过训练。当教练在选手们的聚会上见到了已经步入社会的他时，他说，"那时，虽然教练没有批评我，但那比批评还令我难受。"

像这样不指责对方的失败和错误而采取沉默的态度，也是一种极具效果的说服术。这样就等于是给对方提供了扪心自问、冷静反思的机会。这也是一种间接提醒的方式。

一家著名的电机制造厂召开管理员会议，会议的主题是"关于人才培训的问题"。会议一开始，瑞恩斯董事就用他那特有的声音提出自己的意见："我们公司根本没有发挥人才培训的作用，整个培训体系形同虚设，虽然现在有新进职员的职前训练，但之后的在职进修却成效不彰。职员们只能靠自己的摸索来熟悉自己的工作，很难与当今经济发展的水平相适应，因而造成公司职员素质普遍低下、效率不高。所以我建议应该成立一个让职员进修的训练机构，不知大家看法如何？"

总经理说："你所说的问题的确存在，但说到要成立一个专门负责培训职员的机构，我们不是已经有职员训练组织了吗？据我了解，它也发挥了一定的作用，我认为这一点可以不用担心……"

瑞恩斯说："诚如总经理所说，我们公司已经有职员训练组织，但它是否发挥实际作用了呢？实际上，职员根本无法从中得到任何指导，只能跟着一些老职员学习那些已经过时的东西，这怎么能够将职员的业务水平迅速提升呢？而且我观察到许多职员往往越做越没有信心。"

总经理说："瑞恩斯，你一定要和我唱反调吗？好，我们暂时不谈这个话题，会议结束后，我们再作一番调查。"

就这样，一个月后公司主管们重新召开关于人才培训的会议。这次总经理首先发言：

"首先我要向瑞恩斯道歉，上次我错怪了他。他的提案中所陈述的问题确实存在。这个月我对公司的职员培训进行了抽样调查，结果发现它竟然未能发挥应有的功效。因此，今天召集大家开会是想讨论一下应该如何改变目前人才培训的方法。请大家尽量发表意见吧！"

总经理的话一出口，大家就开始七嘴八舌地提出建议，但令人奇怪的是，这一次瑞恩斯董事却一语不发地坐在原位，安静地听着大家的建议，直到最后他都没说一句话。

会议结束以后,总经理把瑞恩斯董事叫进办公室晤谈:"今天你怎么啦?为什么一句话也不说?这个建议不是你上次开会时提出来的吗?"

"没错,是我先提出来的。不过上次开会我把该说的都说了,其实那无非是想引起总经理你对这个问题的重视罢了,现在目的已经达到,我又何必再说一次呢?还不如多听听人家的建议。"

"是吗?不错,在此之前我反对过你的提议,你却连一句辩解也没有。今天大家提出的各种建议都显得很空洞,没有实际的意义,反倒是你的沉默让我感到这个问题带来的压力。这样吧,这件事就交给你去办好了!从今天起由你全权负责公司的人才培训工作。请好好工作吧!"

"是,谢谢您对我的信任,我一定会努力把这件事做好!"

看了上面这个例子,你有何感想?这是个典型的沉默说服法成功的事例。如果你真能适时地利用沉默,有时发挥的作用反而要比雄辩来得快,不过话说回来,沉默只能算是一种辅助法,是一种间接提醒的方法。

另外,能以一种幽默的方式责备对方,这是最好不过的了。在玩笑中提醒了对方,也在玩笑中告诉了对方自己不在意。

总之,在工作和生活中如果觉察他人有过错,如果你要说服他,就应该采取适当的方式并且善意地、真诚婉转地指出这才是最有效的批评方式。

记住:指责和愤怒与事无补,只会把事情弄得更糟。

❧ 不要为小事烦恼 ❧

人生有时很奇怪,也许我们许多人都能很勇敢地面对生活里那些大的危机,但有时却被那些小事情搞得垂头丧气。甚至被无谓的忧虑打垮。

老约翰·洛克菲勒在他33岁那年赚到了他的第一个100万元。到了43岁,他建立了一个世界最庞大的垄断企业——美国标准石油公司。

那么,53岁时他又成就了什么呢?

不幸的是,53岁时,他却成了忧虑的俘虏。充满忧虑及压力的生活早已摧毁了他的健康,他的传记作者温格勒说,他在53岁时,看起来就像个僵硬的木乃伊。

洛克菲勒因为消化系统疾病,头发不断脱落,甚至连睫毛也无法幸免,最后只剩几根稀疏的眉毛。

温格勒说:"他的情况极为严重,有一阵子他只得依赖酸奶活命。"医生们诊断他患了一种神经性脱毛病,后来,他不得不戴一顶扁帽。不久以后,他订做了一个500美金的假发戴上,从此一生都没有脱下来过。

洛克菲勒原来身体强健，他是在农庄长大的，有宽阔的肩膀，迈着有力的步伐。可是，在多数人的巅峰岁月——53岁时，他却肩膀下垂，步履蹒跚。

另一位传记作者说："当照镜子时，他看到的是一位老人。无休止地工作、体力透支、整晚失眠、运动和休息的缺乏，终于让他付出惨重的代价。"

他是世界上最富有的人，却只能靠简单饮食为生。他每周收入高达几万美元，可是他一个星期能吃得下的食物却要不了两块钱。医生只允许他喝酸奶，吃几片苏打饼干。他的皮肤毫无血色，那只是包在骨头上的一层皮。他只能用钱买最好的医疗服务，使他不至于53岁就去世。

后来，医生告诉他一个惊人的事实，他或者选择财富与忧虑，或者选择生命，他们警告他：再不退休，"就死路一条"。

他终于退休了，可惜退休前，忧虑、贪婪与恐惧已经摧毁了他的身体。

当全美最著名的女作家艾达·塔贝尔见到他时，真是大吃一惊，她写道："他的脸上饱经沧桑，他是我见过的最老的人。"

医生竭尽全力挽救洛克菲勒的生命，他们要他遵守三项原则——这三项原则，终其一生，他都牢牢记住，这三项原则是：

（1）避免忧虑，绝不要在任何情况下为任何事烦恼。

（2）放轻松，多在户外从事温和的运动。

（3）注意饮食，每顿只吃七分饱。

洛克菲勒严格遵守这些原则，因此他捡回一条命。

他开始学习打高尔夫球、从事园艺、与邻居聊天、玩牌，甚至唱歌。他开始想到别人。

他终于不再只想着如何赚钱，而开始思考如何用钱去为人类造福。总而言之，洛克菲勒开始把他的亿万财富散播出去。后来，他成立了世界性的洛克菲勒基金会——旨在消灭世界的疾病与无知。后来他活到98岁。

生活中不可能事事顺心。"人世难逢开口笑，不如意事常八九。"可见，作为自然的生理反应，忧虑在所难免，它是人们身上一道难言的痛。

哈伯德上将在环境恶劣的极地发现一个现象：他的手下能够毫不埋怨地面对危险而艰苦的工作，却有些人在为一些琐事而整天计较。哈伯德上将说："我知道有好几个同室的人彼此不讲话，因为怀疑对方把东西乱放，占了他们自己的地方。我还知道，队上有一个讲究所谓空腹进食、细嚼慢咽的家伙，每口食物一定要嚼过28次才吞下去；而另外有一个人，一定要在大厅里找到一个看不见这家伙的位子坐着，才能吃得下饭。"

"在南极的营地里，"哈伯德上将说，"像这类的小事情，都可能把最富有训练经验的人逼疯。"

当然,哈伯德上将在这里还可以加上一句话:"小事"如果发生在夫妻间的家庭生活中,搞不好也会把人逼疯。

芝加哥的约瑟夫法官在裁判过4万多件不愉快的婚姻案件之后说道:婚姻生活之所以不美满,最基本的原因通常都是一些鸡毛蒜皮的小事情。

罗斯福和他夫人刚结婚不久,她的夫人天天都在烦闷,因为她的新厨师做饭做得很差。"假如事情发生在现在,"罗斯福夫人说,"我就会耸耸肩膀把这事给忘了。"好极了,这才是一个成年人的做法。就连凯瑟琳这个最专制的女皇,在厨师不小心把肉烤焦的时候,通常也只是一笑置之。

伦琴曾到芝加哥一个朋友家里吃饭。配餐的时候,他有些小事情没有做对。大家当时没有注意到,就算注意到,也不会在乎的。可是他太太看见了,马上当着众人的面跳起来指责他。"伦琴,"她大声叫道,"看看你做了什么!难道你就永远也学不会如何配餐吗?"

然后她对众人说:"他老是犯错,根本不专心。"伦琴事后说:"可能他确实如此,但是他的朋友仍然佩服他能够跟他太太相处20年之久。其实,许多丈夫情愿只吃一两个抹上芥末的热狗——只要能吃得很舒服——而不愿一面听妻子唠叨,一面吃烤鸭和鱼翅。"

大家都知道在法律上的一条格言:"法律不会去管那些小事情。"一个人总不该为一些小事斤斤计较、忧心忡忡,如果他希望求得心理上的平静、快乐的话。

很多时候,要想克服由一些小事情所引起的困扰,只需将你注意力的重点转移开来,给自己设定一个新的、能使你开心一点的看问题的角度与方法,就可以了。

你是否想知道如何在华尔街赚钱?恐怕至少有100万以上的人想知道这一点。这里有一个很好的想法,而且很多成功的人都加以应用。讲这个故事的人叫查尔斯·罗伯茨,一位投资顾问。

我刚从得克萨斯州来到纽约的时候,身上只有2万美元,是我朋友托付我到股票市场上来投资用的。我原以为,我对股票市场懂得很多,可是后来我赔得一分钱不剩。不错!在某些生意上我赚了几笔,可结果全部都赔光了。

要是我自己的钱都赔光了,我倒不会那么在乎!可是我觉得把我朋友们的钱赔光了,是一件很糟糕的事情,虽然他们都很有钱。在我们的投资得到这样一种不幸的结果之后,我实在很怕再见到他们,可是没有想到的是,他们不仅对这件事情看得很开,而且还乐观到不可救药的地步。

我开始仔细研究自己犯过的错误,并下定决心在我再进股票市场以前,一定要先了解整个股票市场到底是怎么一回事。于是我找到一位最成功的预测专家波顿·卡瑟斯,跟他交上了朋友。我相信我能从他那里学到很多东西,因为他多年来一直是个非常成功的人,而我知道能有这样一番事业的人,不可能全靠机遇和运气。

他先问了我几个问题，问我以前是怎么做的。然后告诉我一个股票交易中最重要的原则。他说：'我在市场上所买的每一宗股票，都有一个到此为止、不能再赔的最低标准。比方说，我买的是每股50元的股票，我马上规定不能再赔的最低标准是45元。'这也就是说，万一股票跌价，跌到比买进价低5元的时候，就立刻卖出去，这样就可以把损失只限定在5元钱。

'如果你当初买得很聪明的话，'这位大师继续说道，'你的赚头可能平均在10元、25元，甚至于50元。因此，只要把你的损失限定在5元，即使你半数以上的判断错误，也能让你赚很多的钱。'

我马上学会了这一办法，从此便一直使用，这个办法替我的顾客和我挽回了不知几千几万块钱。

过了一段时间之后，我发现，这个所谓'到此为止'的原则也可以用在股票市场以外的地方，我开始在财务以外的忧虑问题上订下'到此为止'的限制，我在每一种让我烦恼和不快的事情上，加一个'到此为止'的限制，结果简直是太不可思议了。

举例来说，我常常和一个很不守时的朋友一起吃午餐。他以前总是在我的午餐时间过去大半之后才来，最后我告诉他我现在碰到问题就用"到此为止"的原则。我告诉他说：'以后等你到此为止的限制是10分钟，要是你在10分钟以后才到的话，我们的午餐约会就算告吹了——你来也找不到我。'

各位，我真希望在很多很多年以前就学会了把这种'到此为止'的限制，用在化解我的缺乏耐心、我的脾气、我的自我适应的欲望、我的悔恨和所有精神与情感的压力上。为什么我以前没有想到要抓住每一个可能会摧毁我思想平静的情况呢？为什么不会对自己说：'这件事情只值得担这么一点点心——没必要去操更多的心……'"

不错，获得心理平静的最大秘密之一是要有正确的价值观念。我们的忧虑有50%可以立刻消除，只要我们能够定出一种个人的标准来——就是和我们的生活比较起来，什么样的事情才值得的标准。

所以，要在忧虑毁了你以前，先改掉忧虑的习惯。

任何时候，当我们对某一件事拿不定主意，表示出忧虑的时候，让我们先停下来，用下面三个问题问问自己：

（1）我现在正在担心的问题，到底和我自己有什么样的关系？

（2）在这件令我忧虑的事情上，我应该在什么地方放下"到此为止"的最低限度——然后把它整个忘掉。

（3）我到底应该付这件事多少钱？我所付出的是不是已经超过它的价值？

每天反省5分钟

自省就是反省自己,这是只有人类才能办到的事。一般地说,自省心强的人都非常了解自己的优劣,因为他时时都在仔细检视自己。这种检视也叫作"自我观照",其实质也就是跳出自己的身体之外,从外面重新观看审察自己的所做所为是否为最佳的选择。这样做就可以真切地了解自己,但审视自己时必须是坦率无私的。

能够时时审视自己的人,一般都很少犯错,因为他们会时时考虑:我到底有多少力量?我能干多少事?我该干什么?我的缺点在哪里?为什么失败了或成功了?这样做就能轻而易举地找出自己的优点和缺点,为以后的行动打下基础。

《圣经·新约》里有一则这样的故事:对基督怀有敌意的巴里赛派人,有一天,将一个犯有奸淫罪的女人带到基督面前,故意为难耶稣,看他如何处置这件事。如果依教规处以她死刑,则基督便会因残酷之名被人攻讦,反之,则违反了摩西的戒律。基督耶稣看了看那个女人,然后对大家说:"你们中间谁是无罪的,谁就可以拿石头打她。"

喧哗的群众顿时鸦雀无声。基督回头告诉那个女人,说:"我不定你的罪,去吧!以后不要再犯罪了。"

此则故事告诉我们的是:当要责罚别人的时候,先反省自己可曾犯错。

苏格拉底说:"没有经过反省的生命,是不值得活下去的。"有迷才有悟,过去的"迷",正好是今日的"悟"的契机。因此经常反省,检视自己,可以避免偏离正道。

我们常说:"成功源自于自我分析","失败是成功之母","检讨是成功之父"。都是在说明一件事:自我反省、自我分析、自我检讨与成功有莫大的关系。

其实,人生允许出现错误,但不能允许同样的错误犯第二次,人的一生如果充满着错误,那么他的结果就无法正确。犯错不可怕,可怕的是不知道错在哪里。

一个成功的人往往是一个自我反省的人,自我分析的人。

每件事情都有其相应的时间和空间。既要花时间去实施,又要花时间去反省。我们当中的大多数人并不利用时间进行反省。在我们繁忙的日程表上往往会忽略这一成功秘诀的重要部分。

在一天结束时,一定要花些时间审视一下在一天中发生的事情——到什么地方去、遇见了什么人、做了什么、说了什么等等。沉思一下做了什么,没有做什么,希望再做什么和希望不做什么。一定要尽可能生动而形象地记住那些相关的事件。记住颜色,记住情景,记住声音,记住交谈内容,记住经历。

经验可以变成商品,变成钱财,变成货币,经验是价值之源。然而只有记录下来的经验,经过认真思索沉淀的经验,才能将它们转变为有价值的东西。一个人命运上的差别不是由他们的遭遇决定的，而是由他们对待遭遇的态度决定的。为了能做一些对生活有益的事，我们必须从遭遇中汲取有价值的信息。

理想的反省时间是在一段重要时期结束之后，如周末、月末、年末。在一周之末用几个小时去思索一下过去7天中出现的事件。月末要用一天的时间去思索过去一个月中出现的事情，年终要用一周的时间去审视、思索、反省生活中遇到的每一件事。

自我反省的时间越勤越有利。假如你一年反省一次，你一年才知道优缺点，才知道自己做对了什么，做错了什么。假如你一个月反省一次，你一年就有了12次反省机会。假如你一周反省一次，你一年就有52次反省机会。假如你一天反省一次，你一年就有365次反省机会。反省的次数越多，犯错的次数就越少。

有一个青年，有一天在街角的小店借用电话。他用一条手帕，盖着电话筒，然后说："是王公馆吗？我是打电话来应征做园丁工作的，我有很丰富的经验，相信一定可以胜任。"电话的接线生说："先生，恐怕你弄错了，我家主人对现在聘用的园丁非常满意，主人说园丁是一位尽责、热心和勤奋的人，所以我们这儿并没有园丁的空缺。"

青年听罢便有礼貌地说："对不起，可能是我弄错了。"跟着便挂了电话。小店的老板听了青年人的话，便说："青年人，你想找园丁工作吗？我的亲戚正要请人，你有兴趣吗？"

青年人说："多谢你的好意，其实我就是王公馆的园丁。我刚才打的电话，是用以自我检查，确定自己的表现是否合乎主人的标准而已。"

在生活中，不断作自我反省，才可以令自己立于不败之地。

卡耐尔是肯德基炸鸡的创始人。他曾自己经营了一家汽车加油站，但经营不善以至于入不敷出，他以为是受经济危机的影响便无奈地宣布："加油站倒闭了。"

第二年，他又重新开了一家带有餐馆的汽车加油站。但是，一场无情的大火把他的餐馆烧了。他毫不顾及到底是为什么，也没有放弃，他认为：危机正是机遇。最危险的时候，也就是你的爆破力发展到最大程度的时候，因而，他发誓要重新振作。

不实事求是地找出犯错的根源，勃勃雄心在事实面前显得多么空洞无力啊！

他最终还是振奋起来，建立了一个比以前规模更大的餐馆。可是，厄运又找上门来。因为附近另外一条新的交通要道建成通车，卡耐尔餐馆前的那条道路因而变得背街背巷了，顾客也因此而剧减。

究其失败的根源，便是卡耐尔·德士对经营管理一窍不通，他的管理制度定得很松散，员工的工作态度松松垮垮。经营加油站时，他的流氓员工偷油；经营带有餐馆的汽车加油站时，员工乱扔烟头；经营比以前规模更大的餐馆时，餐馆没有回头客也是因为制度不健全。

他找到了他总是犯同一类型的错误的原因，他觉得自己不是一个善于经营的老板，因为他自己平常就是一个不拘小节、大大咧咧的人。

后来，卡耐尔放弃了餐馆。他不想再保留那个极为珍贵的专利——制作炸鸡的秘方，他决定卖掉它。

他教授给各家餐馆制作炸鸡的秘诀——调味酱。每售出一份炸鸡他将获得5美分的回报。6年之后，出售这种炸鸡的餐馆遍布美国及加拿大，共计400家。当时，卡耐尔已经70多岁了。1992年，肯德基炸鸡的连锁店共计扩展到9000家。

假如卡耐尔不知反省，蛮干到底，他会一无所有、一事无成，食客们也不会吃到价廉味美的肯德基炸鸡。

中国古语云：："人非圣贤，孰能无过。"即使圣贤也有犯错的时候。关键在于不要重犯同一个错误。老犯一个错误不但会使自己的自信心受挫，而且别人也会对你丧失信心，不再给你机会了。不在错误中找到实质因素，你的道路将越走越窄，最终进入死胡同；倘若一犯错便能痛定思痛地反省，及时纠正错误，你的道路将越走越宽广，你的人生将越来越美好。

那么，我们该如何反省自己呢？

首先，要以"自知"的镜子来反照自己。若要了解自己行为的得失，则必须用"自知"的镜子来自照。反省如同一面明镜，在反省的明镜中，自己的本本来面目将显现无余。一个人眼睛不要总是盯着别人，重要的是要先认识自己，从反省中认识自己，从自知的镜子中了解自己的真面目。

其次，要有悔改的勇气。一个人有过错不要紧，只要能改过就好，如果有过错而不肯改这就是大过，真正的过错。有些人犯了错，却不肯承认，因为他怕因此而失了面子。如果能够消除傲慢的习气，就会生起悔过自新的勇气来。时常反省自己的过失，发现了错误，就要及时改正，痛痛快快、切切实实地做事。比如，害了盲肠炎的病人，一定要把那段肠割掉，以除后患。一个人有了过失，也要用反省、忏悔的快刀把它切除。

今天有了过错，如果没有反省，明天还会照样犯。若能及时反省自己，知道犯错的缘由，随即改正过来，那么，以后就不会再有类似的过错。

人对待错误的正确态度应该是及时从中吸取教训，总结经验，亡羊补牢，将功补过，而不是过多地自我谴责，自我责备。英国有句谚语——"不要为打翻的牛奶而哭泣"，意即：你去为已经无可挽留的损失而哭泣只会浪费你的好心情，聪明的人是会反省错误，之后吸取教训，然后坚毅地忘掉不幸，以更大的劲头、更热忱的心态去弥补损失，而不是过多地自责。

遇事要多考虑3分钟

发明家爱迪生谈自己的做事原则时说："有许多我自以为是的事，一经实地试验之后，往往就会发现错误百出。因此，我对于任何事情，都不敢过早地妄下决定，而是经过仔细权衡斟酌后才去做。"

古人说："三思而后行。"只有事前经过反复思考和斟酌，才能增加成功的几率。养成这样一种工作习惯，处理事情才会更有把握。

一个人在工作中如果遇到事情不假考虑就去做，很容易给人留下一种鲁莽的感觉，而如果他能在遇事时多考虑，不但会给人留下成熟稳重的印象，而且还有利于任务的完成。

所以，你在以后的工作中，遇事时一定要深思熟虑。尤其是在做要紧的事情且没有把握的时候，成败常常取决于你是否谨慎地思考和权衡过。

小李是某个报社的记者，他有一次奉上司之命去采访一个事件。本来这次采访工作有相当的困难，当上司问他有没有问题时，小李却不假思索地拍着胸脯回答说："没问题，包你满意！"

过了三天，小李没有任何动静。上司追问他进展如何，他才老实地说："不如想象的那么简单！"当时上司虽然没说什么，对他已形成了做事草率的印象，并且开始对他有些反感。由于他工作的延误，导致整个部门的工作都无法正常完成。后来，上司再也不派他做重要的工作了。

这就是做事欠缺思考的结果，如果小李当初仔细分析一下困难在哪儿，提出比较好的采访方案，即使晚几天，上司也会理解，可他没有那么做，轻率地答应下来，才落得工作没做好反而被冷落的下场。

当你遇到问题，一时难以决定怎么做时，不要盲目行动，而应仔细地考虑一番。等到你对那个问题完全了解，对于解决方法也有了充分的把握之后，那你就不妨作决定，因为这时你已经无所顾忌了。

决定做事的成败，往往取决于对实际情况的掌握程度，千万不要在事实还不允许作决定之前，便草率行事。在许多时候，遇事多考虑考虑，就能避免出现一些意想不到的差错。

曾国藩带湘军镇压太平天国之时，清廷对其有一种极为复杂的态度：不用这个人吧，太平天国声势浩大，无人能敌；用吧，一则是汉人手握重兵，二则曾国藩的湘军是其一手建立的子弟兵，怕对自己形成威胁。在这种指导思想作用下，对曾国藩的任用上经常是用你办事，不给高位实权。苦恼的曾国藩急需朝中重臣为自己撑腰说话，以消除清廷的疑虑。

忽一日,曾国藩在军中得到胡林翼转来的肃顺的密函,得知这位精明干练的顾命大臣在慈禧太后面前荐自己出任两江总督。曾国藩大喜过望,咸丰帝刚去世,太子年幼,顾命大臣虽说有数人,但实际上是肃顺独揽权柄,有他为自己说话,再好不过了。

曾国藩提笔想给肃顺写封信表示感谢。但写了几句,他就停下了。他知道肃顺为人刚愎自用,很有些目空一切的味道,用今天的话来说,就是有才气也有脾气。他又想起慈禧太后,这个女人现在虽没有什么动静,但绝非常人,以曾国藩多年的阅人经验来看,慈禧太后心志极高,且权力欲强,又极富心机。肃顺这种专权的做法能持续多久呢?慈禧太后会同肃顺合得来吗?

思前想后,曾国藩没有写这封信。

后来,肃顺被慈禧太后抄家问斩。在众多官员讨好肃顺的信件中,独无曾国藩的只言片语。

"三思而后行"救了曾国藩一条命。

世上的事情都有一个恰到好处的分寸。有一分谨慎就有一分收获,有一分疏忽就有一分丢失。十分谨慎就完全成功,完全疏忽就会彻底失败。办事只在讲究一个谨慎用心。

许多人在办事时,开始比较谨慎,过不了多久,就松懈下来了;有的人对大事、难事比较谨慎,对小事、容易事就疏忽。生活中不是常常有因忽略小事而酿成大祸的惨痛教训吗?到了困难的事情面前一筹莫展,还不是在容易事前疏忽大意而造成的吗?如果不想失败,就要十分谨慎。

英国一家公司的市场部经理亨利,在一次做生意赔了一大笔钱后,若不是经过深思熟虑,几乎就铸成大错。

那一笔失败的生意,几乎使他多年辛苦经营的所得全部付诸东流,当时他十分沮丧、寝食难安。他认为自己在经营方面永无希望了,甚至想要从头开始去做一个普通职员,因为当时还有许多听起来不错的职位供他选择。

当天下午,他打算离开他几年来辛苦供职的公司,把所有的东西都束之高阁。

就在这时,原来一家经常与他有业务来往的公司经理去拜访他,"乔,你知道吗?我……"亨利把自己的烦恼都告诉了乔。乔听后,平静地说:"现在是晚餐时间了,吃过饭再谈这件事吧。"

两人来到一家俱乐部里,点了很多美味可口的饭菜。席间两人东拉西扯,十分高兴。饭后,乔又和亨利打了几盘桌球,亨利几乎忘掉了烦恼。

分手的时候,乔问亨利:"有什么麻烦需要我帮助吗?"亨利脱口而出:"没什么大不了,那只不过是我一时冲动而已。"

回到家后,亨利美美地睡了一觉。第二天醒来,他感到一种前所未有的放松。

这时他又想起昨天作的决定，不禁觉得十分可笑。从那天起，他决定在他的职位上继续努力，不再因任何阻力而放弃。后来，他的努力给企业带来了巨大利润，远远超出了他所造成的损失。

当一个人在精神上受到了刺激、情绪低落或身体不适时，千万不要草率地作决定，因为那时你的判断力已不再准确。你应该调整好自己的情绪，在充分考虑的情况下，综合各方面的实际情况再作决定，否则事后你一定会为你的草率而后悔不已。

聪明人都喜欢行险招，结果往往是聪明反被聪明误。美国前参议员加利·赫特的事例就为我们敲响了警钟。

赫特曾被《纽约时报》誉为"当代美国政界最有智慧的人之一"。1987年初，他竞选民主党候选人。胜算极大。当时有传言说他有婚外情，于是他傲慢地向新闻记者挑战："跟踪我吧。"那些记者真的去跟踪他了。结果发现他和当时著名的模特儿当娜·莱斯在一起。一张小报刊出了赫特在游艇"胡闹"号上把莱斯抱在怀里的照片后，赫特想成为总统的美梦随即破碎了。这是他做事不顾后果的结果。

可见，做事不计后果，最终只会吃苦果。一个真正的聪明人要想不犯这样的错误，做事一定要三思而后行。

杰克的妻子不幸去世了，留给他一个3岁的儿子。这使他的生活受到很大的打击。在工作之余，他还要身兼母职，照顾儿子，因而感到压力很大。

一年后，杰克宣布再婚。新任妻子立即负起照顾家庭的重担，杰克也重新将全身心投入到自己的工作中。然而，新家庭很快就出现了问题，他妻子的脾气变得越来越不好，甚至有精神抑郁的情形。到后来，她甚至对家里的事情不闻不问，也不再理睬孩子。

杰克为此感到非常苦恼，他找到了一位牧师，问："我是不是应该与这样的太太离婚呢？"他是一个虔诚的基督教徒，所以很希望牧师能给自己一个满意的答案。

牧师听说杰克能把整本《圣经》的故事倒背如流，于是问他："如果你是基督的话，你会怎样处理这个局面呢？"

杰克一听，不禁感到有些恼火："耶稣是伟大的神，而我只是一个凡人罢了。我怎么能和耶稣相比呢！"

牧师笑着说："你说得没错。可是，我还是想请你设想一下：假如耶稣也有一位太太，而他太太的表现跟你的太太一模一样，他会怎么做？"

杰克一下子呆了，他想了又想，终于开口说："耶稣连他的敌人都爱，更何况是自己的太太呢？我得对太太多关心，多了解，让她知道我其实是很爱她的。"

于是，杰克回家后主动向太太道歉，并且许下诺言：以后绝对不会再忽略她。

他的太太十分感动，终于对他说出了心中埋藏很久的怨言。她说："和你结婚后，我就立即成为孩子的母亲，你知不知道我的身心压力有多大？然而，你不仅从不替

我分担,反而一天比一天更加沉迷于工作,对我不闻不问。我在未嫁前就已经担心,你和我结婚只不过是要替孩子找一个全职保姆罢了。你对我的疏忽,更加验证了我的忧虑。"

这时候,杰克才恍然大悟,明白了自己的过错。从此,他对太太更加关爱、体贴了。他们一家人的生活也变得越来越快乐幸福。

试想,如果杰克没有他细考虑就直接和太太离了婚,他能拥有后来幸福的家庭生活吗?如果他草率地作出决定,他就永远不可能知道问题是出在哪里。就算他再婚,恐怕也难幸福。

前面几则故事中蕴涵的道理值得我们仔细品味、学习。

任何刚开始创业的青年人,都要养成善于思考的习惯。就是在下决心之前,一定要对自己多发问,注意整理自己的思路,想想自己为什么会有这种决定。这个过程虽然看起来简单,但在处理难题的实际情况中往往会收到奇效。

一个很成功的推销员曾这样说:"我的成功源于他勤于思考,多问自己几个为什么。""我甚至还想出一个秘诀来这样做,"他说,"去拜访顾客之前,我一定要先静下心,喝杯咖啡,擦擦皮鞋。这样一来,在我真正踏入顾客办公室之前,我有一个最后思索的机会——想想如何表现自己。所得到的效果好极了!除了能使我从容地应付对方所提的问题外,还使我推销了很多的东西。"

所以我们说,无论所作决定重大与否,一定要在此之前给自己以思考的时间,多对自己发问。

过去的事不要全让人知道

与人相处,不要把自己过去的事全让人知道,特别是那些不愿让他人知道的个人秘密,要做到有所保留。向他人过度公开自己秘密的人,往往会因此而吃大亏。因为世界上的事情没有固定不变的,人与人之间的关系也不例外。今日为朋友,明日成敌人的事例屡见不鲜。你把自己过去的秘密完全告诉别人,一旦感情破裂,反目成仇或者他根本不把你当做真正的朋友,你的秘密他还会替你保守吗?

也许,他不仅不为你保密,还会将所知的秘密作为把柄,对你进行攻击、要挟,弄得你声名狼藉、焦头烂额。那时的你,后悔也来不及了。

李丽是一个公司的职员,她与同事张媚是好朋友,两人无话不谈。有一次,李丽生病,张媚对她照顾得无微不至。李丽感动之余,告诉张媚多年来藏在心中的秘密:"李丽上大学时,看中了一位女同学的手机,因为没钱买,鬼迷心窍趁人家充电时偷去了,虽然事后没有人发现,可是这件事一直像一块石头压在她的心头。"

张媚当时安慰她说,谁都有犯糊涂的时候。李丽也因为说出这个秘密,觉得格外轻松。

时值年底,公司效益不佳,并准备裁员。李丽和张媚从事同一工作,这个位置精简后只能留下一人,但论实力,李丽比张媚要略胜一筹。

不久,李丽偷手机的事在公司就传开了,大家对她的印象一落千丈。谁愿意和一个"小偷"共事呢?李丽也觉得颜面扫地,主动辞职离去了。

每个人都有自己的过去,都存在一些不为人知的秘密。朋友之间,感情再好,也不要随便把你过去的事情、你的秘密告诉对方。

如果你是职场中人,你将你的秘密告诉你的同事,在关键时刻,他很可能会跟张媚一样,拿出你的秘密作为武器回击你,使你在竞争中失败。他将你不光彩的事说出来,你的竞争力就会大大削弱了。

17世纪西班牙一位著名思想家葛拉西安曾经告诫人们:"千万不要让人了解你的全部。"他说:"深谋远虑的艺术,就是善用你的智慧清晰地洞察情势,衡量情势。此中最重要的就是让人们知道你,但不让他们了解你,并不断地培养他们对你的期望,又绝不完全满足他们的期望。当你每成一事,每展一才时,他们便会因为你的伟大业绩而盼望更伟大的业绩。"

这位社会经验极其丰富的思想家还解释说:"看透别人就能主宰别人,被别人看透则会被别人主宰,胜利能因此易手。善于识破他人,可以号令全局;善于隐藏自己,就不必担心会落入圈套。""要想受到别人的尊重,就不要让任何人了解你的全部。一旦被人识破你的才能局限,你就很难获得别人的敬仰和尊重。"

法国总统戴高乐将军就十分明白以上的道理,他曾经说过一句发人深省的话:"仆人眼里无伟人。"正因如此,所以他把保持"神秘感"作为自己担当领袖必须遵循的一个信条,而且竭尽全力地做到这一点。

事实上,假如一个人被人一眼就能看穿,不仅难以受到别人尊重,而且还会因此而使别人更加小心防范,甚至陷自己于危险的境地。

稍有常识的人都明白,如果对自己关注的东西显示出过度的注意,往往会败露我们探求消息的用意,反而会把事情弄糟。

有一次,一群职业界的领袖、商业及金融界的名人在纽约联邦同盟俱乐部讨论青年人的职业问题,他们的谈话由兰德记录。会上就有人提出"为什么能成就大事业的青年这样少"的话题,大家展开了激烈的辩论,一直持续了大半天。这些著名人物在辩论结束时终于取得了共识:原因在于"青年很难保守秘密"。有人举了这样一件事为例:一个年轻人受人之托去经营某项事业,就因为受到别人的怂恿,在火车上就把这件事给泄露了,结果不但把事情办砸了,他的前途也因此黯淡。

兰德总结道:"与自己所经营的事业有直接关系的人,在与他们的交往中保持绝对的率直没有任何问题。可是，对局外人谈论私事的结果往往不堪设想，那绝对是一种罪过。一个喜欢把公司的秘密告诉别人的人，我不相信他在事业上会取得多大的成功。"

查斯特菲尔德勋爵说："告诉别人与他们无关的秘密，无异于表明了自己有不能保守秘密的弱点。这会使他们认为这一秘密已经为其他许多人所知，因此，他们根本不必担心泄漏你的秘密的行为被发觉。"他又说："如果对他们有利，即使是你的朋友，也十有八九会利用你的每一句漫不经心的话语。"

对于一个严谨的人，他保守秘密时总会小心翼翼，三思而后行，有时候，还需要辅之以一些动作。譬如，在第一次世界大战期间，西班牙大使向威尔逊总统转呈奥地利的秘密求和书时，威尔逊马上装出一副吃惊的样子，虽然这一求和书已被英国通讯社所截获，他早就洞悉一切真相，但掩盖这些事实是绝对必要的。

有时你偶然地或者有计划地泄漏一点秘密，也未尝不是一件好事，因为它能很有效地引起人们对于日后发生事情的好奇心。但是，如果泄露秘密成了一个人的习惯甚至仅是用来满足自己虚荣心的工具，那就大错特错了。

自己的秘密不要轻易示人，守住自己的秘密是对自己的一种尊重，是对自己负责的一种行为。

罗曼·罗兰说："每个人的心底，都有一座埋藏记忆的小岛，永不向人打开。"马克·吐温也说过："每个人像一轮明月，他呈现光明的一面，但另有黑暗的一面从来不会给别人看到。"

这座埋藏记忆的小岛和月亮上黑暗的一面，就是隐私世界。每一个人都有自己的隐私，一般总是那些令人不快、痛苦、悔恨的往事。比如恋爱的破裂、夫妻的纠纷、事业的失败、生活的挫折、成长中的过去……这些都是自己过去的事情，不可轻易示人。

遇到情投意合的朋友，你心里自然十分高兴，随着时间的推移，你们的感情日益深厚。一天酒后，你把积藏在心底多年的秘密告诉了他，这充分显示了你的真诚。你相信他不会做出伤害你的事，也许还能帮助自己解决其中的部分疑难，可是不久，你们因为观点的分歧，而发生了争吵。第二天……

要知道，秘密只能独享，不能作为礼物送人，再好的朋友，一旦你们的感情破裂，你的秘密将人尽皆知，受到伤害的人不仅是你，还有秘密中牵连到的所有人。

尽管对好朋友应该开诚布公，但这不表明不能有自己的秘密。"不相信任何人和相信任何人都同样是错误的。"不相信任何人，无疑自我封闭，永远得不到友谊和信任。而相信任何人则属幼稚无知，终归吃亏上当。两者皆不可取，你应该永远记住：秘密只伴随自己，千万不要廉价地送给别人。为此，与人交往时，你要避免自己的感情冲动和谈话时间过长，做好必要的防范。

小赵讲了这样一个故事：

去年底，部门里一个叫洁的女同事辞职，便新招了一个叫王林的女孩来顶她。洁的电脑自然也归王林使用。上班没多久，王林便在一天午饭时眉飞色舞地说："前面那个人蛮有趣的么，在电脑里留了很多小说，好感人哦！不晓得她哪里下载的……你们要看吗？"午休时间几个同事的邮箱里都躺了一篇"日记体小说"，开篇第一句就是："爱上我的上司王杰，已经两年。"——不幸的是，女主角名叫洁，而这家公司的部门经理也叫王杰。更不幸的是，这绝不是小说，王杰看不出，同事却一眼就发觉了。但不幸中的万幸是，王林没有"邮件群发"，王杰不会收到。

大家看完了面面相觑，把王林吓坏了。有人拍拍她的肩："删掉这篇文章吧，以后不要提……"叫她不提，可私下里，大家怎么忍得住："洁怎么那么粗心，走的时候都不格式化硬盘？""她暗恋了那么久，王杰说不定是知道的，但是不理她。她这明摆着是让这些东西漏出来让王杰难堪嘛！""也不一定，说不定她在等着有一天可以传到王杰耳朵里，反正他太太也不在上海……"不知道这篇在公司里传来传去的"暗恋日记"最终有没有传到王杰那里，总之王林在王杰手下干得很不开心，半年不到就辞职了。临走前，王林没有忘记把硬盘格式化。

这就提醒了职场中的人们，同事只是工作伙伴，不是生活伴侣，你不可能要求他们像父母兄弟姐妹一样真正地包容你、体谅你。很多时候，同事之间最好保持一种平等、礼貌的伙伴关系，彼此心照不宣地遵守同一种"游戏规则"，一起把"游戏"进行到底。更多的时候，你需要去体谅别人。站在同事的角度替他们想一想，也许更能理解为什么有些话不该说，有些事情不该让别人知道。也就是说，一定要学会保护自己的隐私。

同事是由形形色色的人组成的，大家都是普通人，有着平常的善良与平常的心计。很少有人刻意去伤害别人，但彼此知道得太多，无心的伤害便不可避免。

当然，不要把过去的事全让人知道，并不等于什么都不说。有时有保留地跟朋友说说自己的过去也无妨，比如说说你小时候读书上学之类的无关紧要的事情，可以增进了解，加深感情。你对别人说说自己无关紧要的过去，别人也会向你说。你什么也不说，什么也不让人知道，人家想了解你又无从下手，又怎么会信任你。信任是建立在相互了解的基础上的。

及时原谅别人的错误

世界上如果没有宽容和信任，一切亲情、友情、爱情都将失去存在的基础，每个角落都是尔虞我诈的欺骗，社会将毫无温情可言。

只因偶尔的过错完全否定自己的朋友，以至于不再信任他了，这不仅是对朋友的背叛，也是对自己的背叛。你本人最清楚：这个朋友正是你自己寻觅到的。

过错有轻重之别，有的过错不可原谅，有的过错可以原谅。对朋友的偶尔犯下的过错，只要他承担了自己应负的责任，作为朋友理当予以原谅。

在一个小镇上有一个出名的地痞，整日游手好闲，酗酒闹事，人们见到他惟恐躲避不及。一天，他醉酒后失手打伤了前来上门讨债的债主，被判刑入狱。

入狱后的地痞，幡然悔悟，对以往的言行深深感到懊悔。

一次，他成功地协助监狱管理人员制止了一次犯人的集体越狱出逃，获得减刑的机会。

地痞（原谅这样继续称呼他）从监狱中出来后，回到小镇上重新做人。他先是想找个地方打工赚钱，结果全被拒绝。食不果腹的地痞又来到亲朋好友家借钱，遭到的都是一双双不信任的眼光，他那一点刚充满希望的心，开始滑向失望的边缘。这时，地痞少年时代的朋友听说了，就取出了100美元送给他，地痞接钱时没有显出过分的激动，他平静地看了一眼昔日的朋友后，消失在镇口的小路上。

数年后，地痞从外地归来。他靠100美元起家，苦命拼搏，终于成了一个腰缠万贯的富翁，不仅还清了亲朋好友的旧账，还领回来一个漂亮的妻子。他来到了昔日的朋友家，恭恭敬敬地捧上了200美元，然后，流着泪说道："谢谢你！你是我真正的朋友，是你的宽容之心和真诚的信任给了我站起来的勇气。"

可见，宽容他人，信任他人，即是对人性的肯定，也是对人的帮助，其意义超过了金钱的支援。

包容他人，也是善待自己的一种方式。

春秋时期，楚庄王是个既能用人之长又能容人之短的人。

有一次庆功会上，楚庄王的爱妻许姬为客人们倒酒。忽然一阵风吹来，把点燃的蜡烛刮灭了，大厅里一片漆黑。黑暗中有人拉了一下许姬的衣袖。聪明的许姬便趁势摘下了那个人的帽缨，接着便大声请求庄王掌灯追查。大度的庄王没多做考虑马上原谅了这个人。庄王对许姬说："武将们是一群粗人，喝多了酒，见了你这样的美人，谁能不动心？如果查出来治罪，那就没趣了。"他立即宣布，此事不必追查。还让在座的人都在黑暗中取下帽缨，并为这次宴会取名为"摘缨会"。

后来，吴国攻打楚国。有个叫唐狡的将军作战英勇，屡立战功。事后，他找到庄王，当面认罪说："我就是那天晚上被摘掉帽缨的人！"

由于楚庄王胸襟开阔，宽厚待人，对下属不搞求全责备，才保住了人才，调动了他们的积极性。

要做到胸襟开阔，一般需要认识到人无完人，做到得理让人，宽容别人。

小赵大学毕业初入社会，在一家公司外贸部就职。他的顶头上司每天下班后总是跟着外方科长拼命"加班",无事瞎忙,把白天理好的文件弄得一团糟,出了错,又把责任推给小赵。小赵的稚嫩决定他不是一个会争的人,只好忍气吞声地等日本科长长出火眼金睛,看出此中曲直来,结果等了3个月,还是等不来一句公道话。

一气之下,小赵辞职去了另一家公司,在那里,他的出色工作博得了许多同事的称赞,但无论怎样也没法使苛刻、暴躁的经理满意。心灰意冷间,他又萌动了跳槽之念,于是向总经理递交了辞呈。总经理先生没有竭力挽留小赵,只是告诉他自己处世多年得出的一个经验:如果你讨厌一个人,你就要试着去爱他。总经理说,他就像鸡蛋里挑骨头一样在一位上司身上找优点,结果,他发现了老板的两大优点,而老板也逐渐喜欢上了他。

小赵依旧讨厌他的经理,但已悄悄收回了辞呈。作为一个成熟的人,应该放开心胸去包容一切,爱一切。

就算我们没办法爱我们的敌人,起码也应该更多爱惜自己。我们应该爱自己不要让敌人控制我们的心情、左右我们的健康以及外表。

当耶稣说,我们应该原谅我们的仇人77次时,他实际上也是在教我们做人的道理。有一位叫伦纳的年轻人急需找一份工作。由于他通晓好几种语言,他想找个进出口公司担任文书的工作。可是大多数公司都回信说因为战争的缘故,他们目前暂时没有招人的打算,但他们会保留他的资料等等。其中有一个人却回信给伦纳说:"你对我公司的理解完全是错误的,你既笨又蠢。我根本都不需要文书。即使我真的需要,我也不会聘用你,你连瑞典文字也写不好,在你的信中更是错误百出。"

伦纳看到这封回信,气得要发疯。这个瑞典人居然敢挖苦他不懂瑞典话!其实看看这份恼人的回信才知道什么是错误百出呢。于是伦纳写了一封足够气死对方的信准备回击。可是他停下来想了一下,劝自己说:"等等,我怎么知道他不对呢?我学过瑞典文,但它的确不是我的第一语言,也许我犯了自己都不知道的错误。真是这样的话,我应该再加强学习才是。这个人可能还帮了我一个忙,虽然他本意并非如此。他语言表达得缺乏修养,但这也不能抵销我欠他的这个人情。

伦纳把他写好的那封信撕掉,另外写了一封信:"你本来不需要文书,还不厌其烦地回信给我,真是太感谢您了。我对贵公司理解错误,实在很对不起。我写那封信是因为我查询时,别人告诉我,你是这一行的领导人物。我不知道我的信犯了文法上的错误,我很抱歉也很难过,我会再努力学好瑞典文,减少错误。我要谢谢你帮助找到了我的不足。"

然而,没过几天,伦纳又收到一封回信,那人竟邀请伦纳去办公室见面。伦纳去了,并得到了一份工作。伦纳自己从中悟出了一个有用的做人道理:以柔克刚。

当然,人非圣贤,要去爱我们的敌人也许真的有点强人所难;但出于自身的健康与幸福,学习宽恕敌人,甚至忘了所有的仇恨,也可以算是一种明智之举。有句名言说："无论被虐待也好，被抢掠也好，只要忘掉就行了。"

实际上，在生活中，人都会有难堪的时候、做错事的时候、有求于人的时候，如果这时你处在评判的一方，尤其是他们的那些错处或什么事情牵涉到你的利益时，甚或他们与你有深仇大恨时，你会怎样做呢？不同的人可能有不同的做法。一般来说，愚昧的人或心胸狭窄的人爱为难别人，他们不愿意帮助人，不为人遮掩难堪，不包容或原谅人。他们甚至会乘人之危，鸡蛋里头挑骨头，抓住把柄不放，且洋洋自得。这种不良行为正是他们愚昧阴暗心理的下意识表露。至于和他们有深仇大恨的人，就更不可能息事宁人了。但是在生活中，你也会经常处在难堪、有错、有求于人的位置上，比如你不巧弄脏了别人的衣裤，违反了交通规则，为讲义气与别人结了仇，等等。在这种情况下，你极需要他人的包容。将心比心，同情他人，宽容他人，不为难他人是一种美德。这种美德能够感化人，巩固人们之间的互助亲善关系，让社会形成一种宽厚的向善风气，小人就可能不会产生，阴暗的东西就会更少一些，自己有了不幸的时候，也更容易得到他人的帮助。

我们每个人都应该认识到，通过包容来获得别人的好感是非常重要的。我们惩罚别人，每每是因为一种愚蠢的自傲心在背后作祟。而这又每每是在法律的面具之下，为私人的不快进行报复，表面上则装得冠冕堂皇，一副大公无私的样子。卫斯汀·豪斯曾经这样说过："任何组织，包容必须从上面做起，这是重要的。如果上面的人希望下面的职员包容，就必须先对职员包容。"

能不苛责的时候就不要苛责，多给人台阶下，多放人过关。这应该成为我们为人处世的原则。

总之，不要抓住他人的错误或缺点不放，得饶人处且饶人，这样不仅会减少矛盾，也会提升自己的善良品质，进而会形成一种良好的社会风气。这种与人为善的品德，正是人类生存所需要的美德。谁没有需要别人帮助的时候呢？从根本上说，谁又有资格装出上帝的样子来审判和惩罚他人呢？谁没有偶尔疏忽或急中出错，需要别人宽恕的时候呢？如果你拘泥于这种低层次的偏执，则不仅会使他人难堪，也会让自己无端生仇，天上降下个大灾难。而且在人的这种相互计较中，社会阴暗面扩大了。从某种意义上说，向善高于任何对错是非和人间法律。不为难人，得饶人处且饶人。不仅对一般人，也包括那些与我们结有仇怨，甚至是怀有深仇大恨的人。做人要给他人善缘，社会要给人宽容。

别人可能恨你，但别人恨你不管用，除非你也恨他们，而这样你便毁灭了自己。这个世界需要包容，当然有时需要包容的对象是仇深似海的敌人，这当然有很大的难度，但是只要你勇敢地战胜自我，还是可以实现的。包容他人，也是善待自己的一种方式。

第十章

电话细节，不可忽视

和上司谈话时关掉手机

"20世纪60年代开始，电视改变了我们的整个生活，80年代起PC改变了我们的工作方式。今天开始到未来的10年，移动技术将彻底改变我们工作和生活的一切。"几乎没有人会质疑爱立信中国有限公司副总裁蔡桐木几年前的这番话，值得商榷的只是时间问题，也许世界的变化并不如技术论者所期望的那样迅速。

"那个东西曾经是无比遥远的黑色砖头，曾经是被人炫耀地举在脑袋上的身份象征，曾经是我们精打细算想要添置的奢侈品。现在，它成了和手表一样的普通东西，成了老板招之即来的呼叫器，成了锻炼拇指的健身器，成了各色段子的中转站，成了游戏机，成了数码相机，成了掌上电脑……手机正在变得像叮当一样无所不能。最后，大概所有人都会问一个问题，除了手机，我们还需要别的吗？"

当下，随着手机的日益普及，无论是在社交场所还是工作场合，放肆地使用手机，已经成为礼仪的最大威胁之一，手机礼仪越来越受到关注。在国外，如澳大利亚电讯的各营业厅就采取了向顾客提供"手机礼节"宣传册的方式，宣传手机礼仪。

不知道你是不是有这样的体验：当你参加某个庄重的会议，或在某种严肃的场合，主持人总是要招呼大家把手机、呼机关掉。这样做的目的，就是怕你手机的声音影响别人，给当场的气氛增添不协调的声音。

有教养的人，在严肃的场合，一般都会关掉自己的手机，如果凑巧没关手机，当电话打进来时，也不会去接电话而是迅速地关掉手机，不让自己的手机声影响别人。

有一个员工，老板找他谈话安排工作，由于他平时从不关手机，恰巧有电话打进来，他对老板说了声"对不起"，就拿着手机出去接电话了。等他用了20分钟打

完电话回来时,老板已经走了。他再去找老板,老板说:"你这个人这么忙,电话都接不完,你回去接电话吧,明天开始就不用来上班了!"

在办公室里尽量要把手机关掉。你的手机声音会让身边的同事感到厌烦,尤其在老板跟你谈话时,或者重要的会议上。

在老板跟你谈话时,最好要关掉手机。你的手机铃声一响,打断老板说话,打断老板的思路,就会影响老板的情绪。如果你当着老板的面接手机,那就更不好了。那是对老板极不尊重的表现。

老板可能还会这样认为,你一天到晚不关机,是你对工作不尽心尽力,某些多心的老板还会认为你在利用手机办私事,这会让老板对你没有什么好印象。

上班时间,要把手机关掉,不让手机声音影响你和同事的工作。如果别人有事找你,可以打你办公室的电话,这样不至于影响别人。

同时,公司与员工的关系是工作关系,办公室是工作的场所,员工应养成不随便接听手机的习惯。最好是把你的私事放在上班时间以外。上班时,可以把手机铃声设为震动,等到休息时再给对方打过去这样既不影响工作,也能给老板留个好印象。

在现在的职场中,关于手机的使用,必须注意以下几点:

(1)和别人共享一个空间时,不要让手机响,可以改为静音模式,包括开会时、在餐馆里、在火车上等等。因为手机铃声会打扰到别人。

(2)在一个拥挤的房间中接电话时,最好离开这个房间。广播你们的谈话永远都是不礼貌的行为。

(3)即使你单独一人,或者认为自己离别人够远了,也必须记住,用安静的、平常的声音说话。不要大喊大叫。

(4)如果你给对方打电话,要让对方知道你用的是手机。手机的技术是越来越先进了,但还是有需要完善的地方,电话有时可能突然断掉。

(5)永远不要用手机讨论敏感或保密性的信息。窃听的技术非常发达,你永远都不知道什么样的人可能正站在你旁边。

(6)开车时使用手机,一定要小心。开车时不要拨号。除非你有不需要用手的耳机或扬声器,否则就等停车后再拨。开车的同时拿着电话讲话是很危险的。把车停在路边或停车场再说会比较明智。

(7)给客户打电话和有重要的事时,最好使用固定电话。用手机给人打电话,有可能使人听到你这边呼啸而过的汽车经过的声音,也可能因为信号不好而中断,这都会给对方留下不好的印象。

此外,在一切公共场合,手机没有使用时,都要放在合乎礼仪的常规位置。不管怎样,都不要在没用的时候放在手里或挂在上衣口袋外。

放手机的常规位置有:一是随身携带的公文包里(这种位置最正规);二是上

衣的内袋里。

有时候，可以将手机挂在腰带上，或是开会的时候交给秘书、会务人员代管，也可以放在不起眼的地方，如手边、背后、手袋里，但不要放在桌上。

手机短信既有书面信函的特点，又有快捷的优势，所以被广泛地使用。所以我们关注一下有关手机短信的礼仪是必要的。

在一切需要手机震动状态或是关机的场合，如果短信的声音此起彼伏，那么和直接接、打手机又有什么区别呢？如果你一边和别人说话，一边查看手机短信，能说明你在全神贯注吗？

在短信的内容选择和编辑上，应该和通话文明一样重视。因为通过你发的短信，意味着你赞同、至少不否认短信的内容，也同时反映了你的品位和水准。所以不要编辑或转发不健康的短信，特别是一些带有讽刺伟人、名人甚至是革命烈士的短信，更不应该转发。

和重要人物通话后不要先挂掉电话

现代社会中，电话已成为商业联络的一个重要工具，利用电话可以给商谈带来许多便利，方便做生意办事情。

电话不仅传递声音，也传递你的情绪、态度和风度。虽然电话是通过声音交流，对方看不见你，但你的情绪、语气和姿态都能通过声音的变化传达给对方？电话是与顾客沟通交流的有效途径，接听电话是需要讲究礼仪的。有些职场中人，在这方面就相当欠缺。往往在接听电话时，还没等到对方说"再见"，就重重地挂上电话，虽然这只是一个很小的细节，但却是一个十分不礼貌的行为。不管你手头有多少工作需要尽快处理，也不可粗鲁地挂断电话，这会让对方感到你不懂礼貌，素质太低，对你产生坏印象。弄不好还会影响你与客户之间的沟通与交流，影响与客户的生意交流。

赵雪是一家贸易公司的秘书，恰好在她忙得不可开交时，接到一个客户打来的电话，赵雪在听了对方一番长长的问题后，只作了简单的回答就挂了电话。对方还没有说再见，就听到赵雪这边"咔嚓"一声挂了电话，一下子就愣住了，他并没有想到赵雪会在他之前挂断电话，心里十分不快地嘟哝了一句："这么急，赶杀场啊！"

后来这个客户与赵雪的上司一起聊天时，谈到了赵雪挂电话的事，她的上司好像受到了侮辱一般，回来就把赵雪训了一顿。

因为接听电话而失去重要客户是得不偿失的。因此，接每个电话都要将对方视为自己的朋友，态度恳切，言语中听，使对方乐于同你交谈。接听电话时，应注意倾听对方的谈话，这不仅是对他人的尊重，也体现出你的修养和气质。同时，适当地给予回应，让对方感到你有耐心、有兴趣听他讲话，这无疑会会使对方信任你，客户的信任对你的工作是很有利的。

在当今的商场社交上，各公司的往来频繁，用电话沟通是常有的事，这时也显得彼此沟通良好，但若是次数太多，同样也是会惹人讨厌的，"奇怪！怎么又来电话了！一次OK就好了，真啰嗦，芝麻大的小事要重复几遍！"小心，次数如果太多的话，可能会带给人麻烦！有些对刚认识的朋友，态度就变得较随便，因为心里想："反正很熟嘛！"可是尚不知道对方会非常地在意，和你正好持相反的看法，"这个小陈怎么这样，以前刚认识的时候还蛮客气的嘛，现在怎么愈熟愈不尊重我，那以后不是会爬到我头上吗？"这样子你可能会失去一位商场上的朋友。

一般而言，商务电话都是由打电话的那一方先挂电话，这是基本的电话礼貌，因为是有事情的人打电话过去，事情联络好交代完后理应挂上电话，这样才可算是交易的完成。但是如果遇到的是长辈，可就另当别论了，为了表示尊重，不管是打电话的或是接电话的都应该由长辈先挂，在确定对方已经挂线后，自己再轻轻地放下听筒。

总之，礼貌是好的结束也是希望的开端，要留给对方好印象，可别忽略了最后的礼貌，谨言慎行才是得体的商务应对之道。

友善地对待打错的电话

既然是人际交流，就一定有他人存在。只要有他人的存在，就要为他人着想，就要考虑到对方的利益。

但是打电话的特点是看不到对方，因此，比起面对面交谈，打电话时更要考虑对方的立场和利益。

实际上，考虑对方利益、为他人着想的前提就是为自己着想。例如，接到一个陌生人错打的电话，看起来给自己添了不少麻烦，但你有没有想过自己也有因忙碌慌张而按错电话号码的情况呢？所以我们应允许错误的出现与存在，只要对方也不是有意骚扰。

"喂！请问您找谁？"啪！嘟嘟嘟嘟……当你接到这种电话时，是否会火冒三丈、怒发冲冠，还是守在电话旁等它再一次响起？如果是你打错了电话时你怎么办？在家中常接到打错的电话，通常都会骂几句，而自己打错了电话时，反应往往也是如此。在家居生活中关系可能没这么紧张，但是在公司的商务电话中就不得不战战兢兢了。

"喂！请问是××公司吗？""不是，是×××公司。"

完了！打错了！怎么办，唉呀，赶快挂掉。

这是最差劲的方法，挂了之后，不仅对方莫名其妙，而你再一次拨号码时，也有可能重蹈覆辙打到同一地方去，这是并非奇怪的事。

你一定会甩甩头："奇怪，怎么会这样，我背的电话号码应该没错呀！"打错电话的情况各式各样，常见的情形如下：

有时一时手痒想赶时髦，便用快速拨号（因为有些人觉得如此会有快感），如此极易将号码拨错或按错键钮。有时却是因为对方电话号码更改或区域号码变了，而拨不到正确号码，这时你又毫无礼貌地"噢！"的一声挂断了。这一挂，不仅对对方失礼，而且对打错的原因不检讨，只会一错再错。

既然在生活中你也有打错电话的情况，所以换位思考，请您尽量善待那些打错电话的人。

确实，错打的电话会给接电话的人带来麻烦。但是，接电话的人千万不能在电话中愤怒地大喊"你打错了"，然后又"喀哒"一声挂上话筒。那样的话，只能令对方和自己感到不愉快。如果对方是客户的话，还有可能给工作造成负面影响。因为商务活动使用的电话都有重新自动拨号功能，那位客户也可能一时疏忽按错了键而打错了电话。

现在直拨电话机得到广泛使用，因为搬迁或企业重组等原因，变更电话号码的事常有发生。在接到错打的电话时应客气地告诉对方："某某的电话内线已变成9217，下次请您拨打这个号码。"这样做，就可以有效减少错拨电话现象的发生。

此外，为了防止自己打错电话，干扰别人，最好在打电话时先确认一次号码，心平气和地定下心来打电话，如果还是打错时：

"喂！您好！这里是 Y 广告公司。"

"请问是 A 唱片公司吗？"

"不是，是 Y 广告公司。"

"啊！非常抱歉，那可否请问电话号码是否是 ××××××× ？"

"是的，号码是对的，但是我们确实是 Y 广告公司。"

"那非常抱歉，耽误您的时间。"

"不会，拜拜！"

"对不起，拜拜！"而且应先请对方挂电话，然后才可以挂电话。

一定要做如此的确认，才可以清楚了解到底是按错号码打错电话，还是记错了号码，如此就可以节省时间，弄清问题症结所在，然后正确打电话给对方。这样既不耽误自己的事情，也不会带给被打错电话的对方以不好的心情。

另外，最近经常可以听到"没有这个电话号码，请您核对后再拨"之类的电话录音。确实，电话号码只要按错一个数字，就会打到另一个场所，接到这样的错打的电话，大家要根据电话"看不见对方"的特征，耐心、礼貌地说明情况。

注意提高声音的感染力

什么是"美声"？顾名思义就是"美丽的声音"，声音也可以美丽得起来吗？当你的声音给人一种"嗯！她一定是一位有魅力、有味道的女人""嗯！他一定是一位成熟的男人"抑或是"这家公司一定不错的感觉"时，这样也就是美声了！说得极端一点就是，在电话上的第一声即代表第一印象，美妙适中的声音给人的印象是强烈深刻的，可以代表个人的品格和整个公司的具体形象。

既然声音如此重要，因此在一些电话营销培训课程中，有这样一个问题经常被问道："你们在电话中都喜欢与什么样的人交流和沟通？"答案有很多，例如声音甜美、有磁性、清晰、思维敏捷、亲切、不打官腔、耐心、思想集中、简洁、直奔主题、平和、沉稳、易沟通、马上解决问题、礼貌、热情、幽默、可爱等。

如果我们对上面的要点进行总结的话，不难发现其中有些是与声音有关的，例如声音甜美、有磁性等；有些是与讲话方式有关的，例如简洁等；有些是与态度有关的，例如耐心、思想集中等；也有些是与个性有关的，例如有人喜欢热情的人，而有人不喜欢太热情的人等。这中间也涉及专业程度,例如马上解决问题等。在这里，我们把其中相当多的部分都归纳为电话中的感染力。

在与客户进行电话沟通的过程中，只有7%是经由文字形式，另外的38%是经由说话语气，而有55%的讯息是经由肢体语言所传达的。声音是传递文字和说话语气的载体，商务电话沟通成功主要是依赖声音来完成，因为你必须通过声音来传递你的态度和热忱，它的影响比例占到了传播信息的45%。可见，改变你的声音对于打好电话来说是至关重要的，它是建立信赖感的依托所在。完善你的声音对于商务电话沟通来说显得日趋重要。

怎么才能使你在电话中的声音充满魅力呢？

首先，我们来了解一下声音的基本常识及其重要性：

对一个正常人来讲，其发音有12至20个音阶。当然，那些职业演员和歌唱家相对而言要高一些，有的甚至可达到36个音阶。遗憾的是，有些人的声音可能只有5个音阶，他们发出的声音听起来就像一根弦在拨动，十分单调，令听者感到头脑发涨。当你与他人讲话时，你所发出的每一个声音应给他人留下良好的印象，力求让人更好地了解你，更加充分地展示自己的服务，并充分显示你的管理潜能。

一般而言，一个得体的声音应该能够：

（1）显示你的沉着、冷静。

（2）吸引他人的注意力。

（3）让过于激动和正在生气的同事冷静下来。

（4）引导他人支持你的观点。

（5）更加有力地说服他人。

（6）使你的决定深入对方心里。

与此相反，如果你在与客户进行电话沟通时无法控制自己、内心混乱或紧张不安时，你所发出的声音一定会显得慌乱不安、表达不当。有时，一个人说话嗓门过大，可能正说明他处于一种紧张不安之中。说话支支吾吾，会让人觉得你情绪不定，或者让人觉得你是在撒谎。

美国宾夕法尼亚大学有一位专门从事人的焦虑症研究的心理学家，据他观察，一个人是否紧张，主要是看他发出的声音是否舌头打转、结结巴巴、语言重复和频繁使用"噢""啊"等口头语。为此，他专门研究美国历届总统候选人的临场表现。在1988年布什和杜卡基斯的首轮竞选结束后，他就发现杜卡基斯十分紧张，这一情绪使他表达自己的观点时，显得不是那么自信，进而影响了选民对他的看法。当第二轮辩论结束时，杜卡基斯明显比在第一轮中显得更加紧张和不安。在第二轮中，他演讲的出错率从5.5%上升到了11%。相对于布什能够准确地使用词语表达自己的观点并有很强的自我控制能力来说，杜卡基斯受不良情绪的影响，使演讲毫无感染力，更加无法说服选民，从而导致最后的竞选失败。

总的说来，强有力的声音感染力会使对方很快接受并喜欢上你，对建立瞬间亲和力有很大的帮助。从沟通要素来看，声音感染力来自5个方面：音量、语调、语气、语速和节奏。

1. 音量

在电话中，适当的高音要比低沉的声音更容易让对方接受，也较容易给对方留下清晰的好印象。太过平淡的声音会使人注意力分散，产生厌倦情绪，尤其是在我们要解释一个重要的问题，且所花时间较长的情况下。在重要的词句上，我们要用重音。因此，接听电话时，声音最好比平常稍微高些。但是，太高太大的声音也会使对方感到不舒服，将声音稍微提高些，尽量说清楚，效果就会很不错。有些公司会教那些患感冒或身体较虚弱的人，接电话时要用高一些的声音，以能让对方容易接受的程度为佳。

由于商业电话需要正确的资讯，所以特别重视声音的传达。

2. 语调

语调能反映出一个人说话时的内心世界，表现出个人的情感和态度。当你生气、惊愕、怀疑、激动时，你表现出的语调也一定不自然。从你的语调中，人们可以感到你是一个令人信服、幽默、可亲可近的人，还是一个呆板保守、具有挑衅性、好阿谀奉承或阴险狡猾的人，你的语调同样也能反映出你是否是一个坦率而且尊重他人的人。

在打商务电话的过程中,要注意不断地变化语调。说话的语调不应是一味平铺直入的,而要抑扬顿挫,富有节奏。而且口头表达的多样化能够保持人们的兴趣和参与意识。

无论你谈论什么样的话题,都应保持说话的语调与所谈及的内容相互配合,并能恰当地表明你对某一话题的态度。要做到这一点,你的语调应能:

(1)向他人及时准确地传递你所掌握的信息。

(2)婉转地劝说他人接受某种观点。

(3)倡导他人实施某一行动。

(4)果断地做出某一决定或制定某一规则。

3. 语气

公司人员与客户通电话时,要注意自己所用的语气。语气要不卑不亢。第一,不能让客户觉得我们是在求他们,例如,"这件事情全靠您了"。这种唯唯诺诺的语气会传送一种消极的印象给客户,同时也不利于建立专业形象。试想,有哪一位专家是在求人呢?第二,不要让客户感觉到我们有股盛气凌人的架势,例如,"你不知道我们公司啊?!"这样,很容易给客户留下不好的印象,这笔生意极有可能因此而泡汤。

4. 语速

在与客户进行电话沟通时适时把握自己的说话速度,是我们每个人都应该注意的问题。在语言交流中,讲话的快慢将不同程度地影响你向他人传递信息的效果。速度太快如同音调过高一样,给人以紧张和焦虑之感。如果你说话太快,以至于某些词语模糊不清,他人就无法听懂你所说的内容。

另一方面,如果速度太慢,则表明你反应迟钝、过于谨慎。例如,有一位推销员,他发现自己经常无法把要说的话在限定的时间内说完。他有时行驶了50公里的路程赶到一位顾客家中,却只有15分钟时间介绍自己的产品。他发现自己最大的困难之一是如何组织自己应该说出的话。后来,他请教一位语言专家,专家听了他的情况之后,建议他从学会调整自己的速度开始。在他开始练习调整语速之前,一般人只需要10分钟便可轻易讨论完的问题他却要花15分钟。通过训练,他可以在10分钟内有效讨论别人要花20分钟的问题,他可以随意地加快或减慢速度。

5. 节奏

我们在说话时由于不断发音与停顿而形成的强、弱交替和周期性的变化就是节奏。在日常生活中,大多数人不用考虑说话的节奏。而在我们拨打商务电话时不断改变节奏以避免单调乏味是相当重要的。声音的感染力也体现在讲话的节奏上。

节奏一方面是指自己讲话的语速,另一方面是指对客户所讲问题的反应速度。你有没有这样的经历,当你自我介绍:"我是天伟公司的李超。"客户在电话那边说:

"什么什么，你说什么？"客户显然没有听清楚你在说什么，尤其是你说的公司对他来说是陌生的。自己讲话速度太快，可能使客户听不太清楚，从而使客户失去兴趣；而太慢的语速往往又会缺乏激情。

另外，对客户的反应速度也很重要。对客户的反应如果太快，例如，客户讲："我说这件事的主要目的是……"这时公司人员抢着说："我知道，你主要是为了……"公司人员因为知道客户要说些什么，而打断客户说话的现象会传递一种不关心客户，没有认真倾听客户的信息给客户。

避免电话中止时间过长

接电话的时机往往决定了客户对公司的印象，在第一声铃响结束时或第二声铃响间用明快热情的语调接电话，这是与客户电话沟通成功的第一步。如果打电话到某公司的时候，铃声响了很久都无人接听的话，客户往往会对这家公司产生不好的印象。电话铃响一次约3秒钟，时间虽然短暂，可是从心理上讲等待的时间感觉更久，容易使人产生不悦，觉得不被尊重。

因此，必须在铃响的第一时间段内接电话，即使是离电话机很远也要赶紧过去接电话，如果在铃响5声之后才接电话时就要先致歉："抱歉！让你久等了。"如此对方才会感受到你的诚意，觉得你是一位有责任感而又有礼貌的人。

一个人等电话的忍耐极限是多久？长、短的定义又如何？在商务电话中，1分钟以上就算久了。某家干洗店的新员工表示，经常有客户打电话询问衣服是否洗好，由于洗好的衣服上都有一个号码牌挂在外面，他就请这位客人稍等，然后放下听筒去外面查看，只顾着自己赶紧找那号码牌，等找到以后去接电话，电话早已因客人等得不耐烦而挂断了。像这种因找资料，而让对方久等的情况，很少有人能够忍受，应尽量避免。等待不宜超过1分钟，过长就是失礼的行为了。

客户想了解商品数量及价格，打来电话询问而自己一时资料不在手边，无法立刻回答，被对方问及需要多少时间查看时，倘若估计大约15分钟，你会如何回答呢？"15分钟左右，也许15分钟吧！"这就缺乏经验了。一个有经验的职员一定会回答20分钟，以防万一，使自己有充足的时间寻找，也不会在时间到时，资料未备齐，而又让对方等一次，再一次地失礼。

类似这种情况，一般人总认为15分钟就够了，不延长时间，总认为可以在预定时间完成任务，能够很快让对方满意，一旦无法在预定时间内完成任务，不能如期完成反而会引起对方的不悦，甚至于给对方造成不小的困扰。因此，把时间拉长，不仅可以有条不紊备齐资料，在提早告知时，还会被称赞办事能力佳！

商务电话接听的时机虽然重要，但有些情况也要灵活处理。譬如，某百货公司的柜台人员在接待客户时，电话铃响了，他们即使要去接，也不能不顾一切地迅速离去，应先致歉："麻烦稍等一下，我先去接一下电话。"这样才不至于得罪在场的客人。商场如战场，公司给予人印象的好坏，往往关系着经济效益，因此电话礼仪不容忽视。

打电话时不要和旁边的人说话

在现代社交之中，打电话的细节相当重要，尤其是在通话的过程中，自始至终，都要尊重自己的通话对象，待人以礼，表现得文明大度。具体说来，必须注意以下几个重要环节。

1. 语言文明

在通话时，有三件事情必须牢记：

其一，在正式通话前，首先要说一声："您好！"接下来要自报家门，以让对方知道自己是谁。在电话里自报家门，通话人有4种模式可以借鉴。第一种，报本人的全名；第二种，报本人所在的单位；第三种，报本人所在的单位和本人全名；第四种，报本人所在的单位、本人全名和职务。其中第一种模式主要用于私人交往中，后三种模式适用于公务交往。最后一种模式是最正规的。

其二，不论自己是什么身份或是再有什么值得生气的事，打电话给别人时，都不应该厉声呵斥，态度粗暴无理。低三下四也没有必要。如果对方电话有总机的话，不要忘了对总机话务员问声好。比如："您好，请转×××，谢谢！"

其三，是在终止通话前，在预备放下话筒时，应先说一声"再见"。要是少了这句礼貌用语，就会使终止通话显得有些突如其来，让自己的待人以礼有始无终。

2. 态度文明

发话人在通话时，除语言要"达标"之外，在态度方面也应好自为之。

在打电话时，首先不要与旁边的人交谈，这样会让人觉得你不尊重对方，让对方感到很不愉快；此外也不要看文件、看电视、听广播、吃东西。千万不要对发话人表示对方的电话"来的不是时候"。万一在会晤重要客人或举行会议期间有人打来电话，而且此刻的确不宜与其深谈，可向其略微说明原因，表示歉意，并再约一个具体时间，届时由自己主动打电话过去。若对方是长途的话，尤须注意别让对方再打过来。约好了时间，即须牢记并遵守。在下次通话时，还要再次向对方致以歉意。

此外，对于受话人，不要厉声呵斥，态度粗暴无理，当然也无需低三下四，阿谀奉承。

电话若需要总机接转，勿忘对总机的话务员问上一声好，并且还要加上一声"谢谢"。另外，"请""麻烦""劳驾"之类的词，该用也一定要用。

碰上要找的人不在，需要接听电话之人代找，或代为转告、留言时，态度同样要文明而有礼。

通话时电话忽然中断，依礼需由发话人立即再拨，并说明通话中断系线路故障所致。不要不了了之，或干等受话人一方打来电话。

若拨错了电话号码，应对接听者表示歉意。不要一言不发，挂断了事。

3. 举止文明

发话人在通话时，在举止方面，应对自己有所要求。当众拨打电话时，对这一点更是不能掉以轻心。

在打电话时，最好双手持握话筒，并起身站立。无论如何，都不要在通话时把话筒夹在脖子下头，抱着电话机随意走动，或是趴着、仰着、坐在桌角上，或是高架双腿与人通话。拨号时，不要以笔代手。此时边打边吃，亦为失态。

在通话时，不宜发声过高，免得令受话人承受不住。标准的做法是：声音宁小勿大，并使话筒与口部保持3厘米左右的距离。

终止通话，放下话筒时，应使用双手轻放，不要用力一摔，令对方大惊失色，震耳欲聋。

通话"半途而废"，或拨号时对方一再占线的话，要表现出应有的耐心。不要骂骂咧咧，或是采用粗暴的举动拿电话机撒气。

要确定对方是否具有合适的通话时间

要打成功一个电话，首先就应该明确：通话唯有在适宜之时进行，才能事半功倍。打电话若不考虑时间问题，往往会引起一些不必要的麻烦，无事生非，漏洞就大了。

打电话应当选择适当的时间。按照惯例，通话的时间原则有二：一是双方预先约定通话时间，二是对方便利的时间。

一般说来，若是利用电话谈公事，尽量在受话人上班10分钟以后打电话。在用餐之时拨打电话，也不合适。

拨打公务电话，尽量要公事公办，不要有闲言碎语。也不能在他人的私人时间，尤其是节假日时间里，去麻烦对方。另外，要有意识地避开对方通话的高峰时段、业务繁忙时段、生理厌倦时段，这样通话效果会更好。给国外通话，一定要注意时差问题，否则难免出洋相。

因此，要想与客户顺利进行电话沟通，首先要了解与他们通话的最佳时间。下面是与不同客户通话的最佳时间。

客户	最佳通话时间
银行经理	上午 10 点前或下午 3 点后
理发师	星期一
建筑施工人员	上午 9 点前或下午 5 点后
药商	下午 4 点到 5 点之间
承包商	上午 9 点前或下午 5 点后
牙医	上午 9 点半以前
行政人员	上午 10 点到中午，或下午 5 点到五点半
食品商	下午 1 点到 3 点之间
主妇	上午 10 点到中午之前
律师	上午 11 点到下午 2 点之间
药剂师	下午 1 点到 3 点之间
内科医师	上午 9 点到 11 点之间或下午 4 点后
教授或老师	上午 8 点前或下午 4 点后
公共会计师	1 月到 4 月以外的任何时间
出版商或印刷商	下午 3 点之后
零售商	上午 8 点到 10 点之间
股票经纪人	上午 10 点前或下午 3 点后
钟点工	晚上 9 点以前在家里

同时，我们也需注意自己的时间分配问题。商务电话沟通中的几个时间管理细则是：

1. 重要的电话应约定时间

曾经有个著名的网站邀请培训师给他们公司作一场培训，因为培训师的时间很紧，便由助理帮他约好时间。该网站的培训部要求他们公司的几个经理全部在线上，在电话里聆听他们将要讨论的细节，这样他们通过电话解决了问题。重要的电话，他们一定要和客户约定时间，准时进行联系。

2. 节省顾客的时间

问候性电话不超过 1 分钟，约访电话最多不能超过 3 分钟，解说电话不要超过 8 分钟；如果与重要的客户谈判，建立客户关系的电话，客户要求处理问题的电话最长时间通常不要超过 15 分钟，超过 15 分钟顾客就感觉到你不如跟他面谈。但是，到底多长时间是最合适的时间？建议是：达成你想要的结果，就是最合适的时间。

一个著名营销培训师说："有时我打电话会超过半个小时，比如辅导代办我们课程的负责人，因为事情很繁复而我也无法亲自到对方那里去，便打电话给那位课程负责人。每一次打电话辅导的时间不会低于20分钟。我教他怎么去办课程，怎么去吸引顾客，怎么去增加顾客的价值，如何帮助顾客获得更多的利润，选择什么时间，用什么设备，配备什么样的工作人员，然后怎么去执行，怎么去激励员工，这些需要半小时的解释时间。"

3. 把时间用来做最有效率的事情

打电话给那些普通的业务代表，还是打电话给公司的负责人、董事长、总经理，要有选择。打电话给那些有决定权的人，如果你的电话都是打给没有决定权的人，你最后根本不会产生业绩。因为一个人的时间分配是有限的，你一天24小时可以做某甲的工作，也可以做某乙的工作，但业绩不会完全相同。所以，电话营销过程中，你可以整理客户资料，可以剪辑资料，但这些都不会有太大的业绩实效，真正有实效的事情是主动出击打电话给有决定权的人。

4. 电话营销中的 20/80 法则

20/80法则是一个普遍性的法则，在电话营销中也有这样一个法则。沟通和说服的关键在于怎么让客户多说、多讲、多谈、多行动，这就是20/80法则。其中，80%为倾听，20%为解说。在解说中，80%是提各种合适的问题，20%是解说客户感兴趣的事或客户关心的事。

总而言之，我们一定要掌握好电话沟通的时间管理，以免造成沟通中的障碍。

随时记录重要的电话

在进行商务电话沟通前，需做好一些物品上的准备，这样能帮助我们做到更有效率地接打每一通电话。

1. 三种不同颜色的笔

（1）削好的铅笔。通常用来书写日常的备忘录，或者记下传真的收件者姓名。铅笔字随时可以擦掉，方便作常规更新。

（2）红色的笔。工作人员一天可能会接到很多电话，轻重缓急各有不同，特别重要的或紧急的电话用红笔标识，就非常醒目。厚厚的电话记录里我们很容易找到红色标识的顾客。

（3）蓝或者黑色的笔。作平常记录用，通常在每一次电话过程中都会或多或少得到一些客户的信息，记录下来对后续展开服务及沟通非常有帮助。好记性不如烂笔头，随时记录，能保留很多客户的潜在信息。

2. 便笺纸

可供粘贴的便笺纸往往是一个不错的提示，电话中客户可能会要求当时寄信件或是 E-mail 等，便笺纸会提醒你做这些事情，让你成为一个不健忘的人，及时快捷的服务让客户感觉到你的不同之处；另外，便笺纸还便于给同事留口讯。

3. 电话记录本

电话记录本，通常是业务人员日常的电话名录索引，同时又有利于公司人员内部的交流。格式如下：

（1）标注时间日期。当我们在后续跟踪时，准确无误地了解客户当时打电话的时间，不仅可以充分理解客户当时打电话的动机和原因，促成双方的沟通；而且客户也会因为你额外的关注而与你保持良好的关系，更愿意听你的电话。

（2）电话号码编号。这样可以清楚地知道每天打电话的次数，有利于公司掌握处理事件的次序及重要性，并制定相应的策略。

（3）在通话记录后空 5～10 行。每次和客户的沟通，细心的人总会有一些新的资讯加注到记录里，这样更充分掌握对方的消费心理和行为。

4. 钟表

钟表可以让我们以最快的时间做好工作，掌握通话时间。客户的每一分钟都是很宝贵的，钟表可以帮助我们随时做好时间管理。一般情况下，问候电话不超过 1 分钟，预约拜访电话不超过 3 分钟。

5. 镜子

在电话中，客户看不到我们的形象和面部表情以及肢体动作，但他会想象电话线另一端的人的样子。声音传递的不仅仅是说话的内容，更重要的是客户对你的感觉和构思。所以你需要提醒自己，随时调整自己的状态，让客户有正面的联想。

6. 备忘录

备忘录随时提醒我们及时处理客户的要求，以此建立良好的客户关系，而良好的客户关系可以提升我们接打电话的效率。

设想一下这样一种情况，电话铃响了，在杂乱无章的文件堆中终于费尽力气找到了电话。"喂！喂！"话还没说出口，就一不小心推倒了放在一旁的香醇咖啡，顿时一大堆文件被那些乌漆麻黑的东西（这时咖啡在你心中早已是一滩污水）所糟蹋，令你忙中添乱，万分沮丧。

所以我们在做事之前，上述所有资料皆应准备齐全，尤其是桌子上的各种摆设。首先要把桌面整理得干干净净，再摆上电话、文具用品、各种资料、备忘录等。否则，一面歪着脑袋夹住电话，一面找资料，一面又得忙着记录电话内容，岂不手忙脚乱。

最佳放置方位是电话放在左边，备忘录放在右边。

接电话时，到底是右手拿听筒，还是左手拿听筒？有些人会觉得奇怪："只要好拿就行！"其实不然，电话机的正确安放应该是在左前方，以坐着的姿势顺手伸出去正好可以拿到听筒为佳（而左撇子的人则相反），为什么呢？因为电话太近容易干扰工作，而太远了又容易推翻东西，起身弯腰的话又怕耽误了接电话。

接电话时可能要作相当多的记录，所以，应该在右手边伸手可及的地方放置备忘录。在左手拿听筒的情况下，右手可顺利地取出纸记下重点，而不至于右手持听筒，要记录时，匆忙地说："对不起，请稍等。"再慌张地放下听筒，寻找资料或找笔记录，这样，事情进行的程序，一下子被中断，不仅思绪混乱，也会给对方留下不好的印象。

商务电话最重要的就是准确敏捷，如果没有做好备忘录，打电话来的人究竟是谁，很容易忘记或搞错。没有备忘纸，一些事情勉强记在脑袋里，而人的记忆力经常会有模棱两可的意外发生，当放下听筒时很容易对自己的记忆产生怀疑，"刚才到底是张先生还是李先生？"重要的一个字听错，就很有可能铸成大错。

电话铃一响，应迅速地用左手接电话、右手写记录，这是一个非常重要的习惯。商务电话讲究的是效率，只有从容应对，快速无误地记住重点，才会有精湛的表现。电话和备忘录就是你的左右护法。

第十一章

会议细节，职场关键

会议前要进行充分的准备

要开好一个会议，准备工作是十分重要的。会前周密详尽的准备，是会议圆满成功的基础。会议的准备工作，包括以下几个方面：

1. 建立组织

召开一个会议，要有许多人参与组织和服务工作。这些人应有明确的分工，各负其责。建立各种小组，可以使他们在统一领导之下，各自独立地开展工作。一般会议由大会秘书处负责整个会议的组织协调工作。秘书处下设：①秘书组，负责会议的日程和人员安排、文件、简报、档案等文字性工作。②总务组，负责会场、接待、食宿、交通、卫生、文娱和其他后勤工作。③保卫组，负责大会的安全保卫工作。根据会议规模的大小、性质的不同还可以增设其他必要的小组。

2. 明确任务

全体工作人员，应当明白本次会议的目的。主要解决什么问题，更要明确自己的工作任务及具体要求，以保证不出差错，不贻误工作。

3. 安排议题和议程

秘书处要在会前把会议要讨论、研究、决定的议题搜集整理出来，列出议程表，提交领导确定。根据确定的议题，安排日程，以保证会议有秩序地进行。

4. 确定与会人员

确定与会人员是一项很重要的工作。该到会的，一定要通知到；不应当到会的，就不应当参加。这里出现了差错，后果是很严重的。确定与会人员，可以采取以下方法：①查找有关文件、档案资料；②请人事部门提供；③征求各部门意见；④请示领导。

大型会议，还要对与会人员进行分组，便于分头讨论，组织活动。

5. 发出通知

名单确定后，即可向与会人员发出通知，便于他们做好准备工作。有时准备工作量比较大，而距离开会时间还远，可以先发一个关于准备参加会议的通知。在开会前，再发出开会通知。

通知一般用书面形式。内容包括：会议名称、开会的目的、内容、与会人应准备什么、携带什么、开会日程、期限、地点、报到的日期、地点、路线等。

与会人员接到通知后，应向大会报名。告知将参加会议，以便大会发证、排座、安排食宿等。

6. 会场

会议的成败，场地的选择相当重要，应如何选择适当的会议场地，以下6个基本步骤都需考虑进去：

（1）确定会议目的。

（2）确定会议形态。

（3）决定实质上的需求。

（4）考虑与会者的期望。

（5）选择何种会议地点与设备。

（6）评估选择的正确性。

会场布置和安排是会议的又一项重要工作。首先是关于会议场所的选择：

（1）场地必须有空档且可供使用。

（2）场地必须够大以便容纳与会者及视听器材，有人建议平均每一位与会者若能拥有 1.5~2 平方米的空间，才算理想。

（3）必须拥有包括桌椅在内的适当家具。

（4）必须拥有充足的照明及通风设备。

（5）必须能免于声音、电话、访客等干扰，以防与会者分心。

（6）必须令中层经理及与会者大致方便。

（7）成本必须低廉。

此外，会议的气氛主要靠会场的布置来渲染。会议室应当根据会议的内容来安排，或庄严肃穆、或郑重朴素、或明快大方、或热烈欢快，总之，会场的布置应与会议内容相协调。

主席台，设在代表席对面的地方。现在一般在主席台前设讲台，用于发言人讲话。主席台上可适当摆放鲜花点缀。主席台背后悬挂会标或旗帜，会议名称的标语悬挂在主席台上方。

主席台席次：按职称高低排列

```
10 8 6 4 2  1 3 5 7 9 11
```
主席桌

7. 座次

代表席的座次应当统一安排，照顾全面。因为座位有前有后，有正有偏，在排座位时要根据不同情况，妥善安排，照顾到各个方面。

8. 印制证件

证件是出席会议的证明，是与会者身份、资格、权利、待遇的证件。代表证、记者证、工作人员证要用不同颜色的字或纸印刷，以示区别。

9. 接待和报到

外地代表到达时，应安排工作人员到车站、码头、机场接站。

到驻地后，持通知书到大会报到处报到。报到处接待人员应礼貌接待，验看有关证件后即安排食、宿，登记联系的地点、方式，并发给证件、文件等。

报到人数至少每天向秘书处汇报一次。

此外，还应该注意准备会议用品，大多数会议的成功在很大程度上依赖于事先的准备和组织，包括为这些场合提供恰当的设备和材料——其中有会议地点、各种视听设备，以及书写材料。在此提醒应注意的几个问题：

（1）检查是否预订了点心。

（2）检查休息室的设备是否够用。

（3）保证有足够的停车位置。

（4）多准备一些书面背景材料，以防有些与会者遗失了这些材料。

（5）确定供电系统是否正常。

提前3分钟进入会场

小刘刚来公司不久，它的公司应邀参加一个研讨会，该次研讨会邀请了很多商界知名人士以及新闻界人士参加。老总特别安排小刘和他一道去参加，同时也让小刘见识见识大场面。

小刘早上睡过了头，等他赶到，会议已经进行了20分钟。他急急忙忙推开了会议室的门，"吱"的一声脆响，他一下子成了会场上的焦点。刚坐下不到5分钟，肃静的会场上又响起了摇篮曲，是谁在播放音乐？原来是小刘的手机响了！这下子，小刘可成了全会场的明星……

没过多久,听说小刘已经"另谋高就"了。

不管是参加自己单位还是其他单位的会议,都必须遵守会议礼仪。一定要准时出席会议,最好是提前3分钟进入会场,这样一切都会从容应对。因为在这种高度聚焦的场合,稍有不慎,便会严重损害自己和单位的形象。

作为职场新人,进入公司后,一定要养成顾全企业大局的习惯。除开公司和部门内部的会议,也有机会参加其他一些会议,因此,在参加会议之前,要作好准备。在开会前,如果你临时有事不能出席,必须通知对方。参加会议前要多听取上司或同事的意见,作好参加会议所需资料的准备。开会的时候,如果让你发言,那你发言应简明扼要。在你听其他人发言时,如果有疑问,你要通过适当的方式提出来。在别人发言时,不要随便插话,破坏会议的气氛,开会时不要说悄悄话和打磕睡,没有特别的情况不要中途退席,即使要退席,也要征得主持会议的人同意。要利用参加会议的机会,与各方面疏通,建立良好的人际关系。

在工作中,你可能经常要被派去参加会议的筹备,所以,也要了解一些筹备会议的要点:准备好参会人员名录,是否参会最后给予确认;进入会场时给客人领座位,如果没有确定座位,就让参会者从最里面坐起;整理分发会议资料,准备好黑板、粉笔等会议用品;看参会者是否有私人物品(如冬天的大衣、帽子等)需要保管,准备好茶水饮料及水果;如果会议途中外面有人找,用纸条或耳语通知当事人;会议途中,不能没人值班,如果自己有事走开,要请人替代。

其实,职场中任何一个人都要遵循会议中的纪律,具体表现为:

如果有工作装,应该穿着工作装。比规定开会时间早5分钟左右到会场,而不要开会时间到了,才不紧不慢地进会场,而对别人造成影响。

开会期间,应该表现出一副认真听讲的姿态。开会也算是在工作,认真听讲的姿态不仅表现你的工作态度,也是对正在发言者的尊重。

那种趴着、倚着、打哈欠、胡乱涂画、低头睡觉、接打电话、来回走动以及和邻座交头接耳的行为,是非常不礼貌的。

在每个人的发言结束的时候,应该鼓掌以示对他讲话的肯定和支持。

此外,在会议当中,关于与会人员的礼仪,具体地要视与会人员的身份来定,关于与会人员主要分为主持人、主席团成员、发言人以及会议嘉宾及代表等。

1. 主持人礼仪

会议通常由部门负责人或德高望重的学者主持。会议的成败,在很大程度上取决于主持人。作为主持人,在礼仪上应注意以下几点:

(1)服装整洁,给人以庄重的感觉。男主持人穿中山装,应扣好领扣、领钩和裤扣;穿西服,则应按常规系领带。女主持人着装宜高雅,给人以端庄的感觉。根据会议的内容、形式和特色，对主持人的服饰也不必做单一的要求，可以多姿多彩。

（2）提前到会，以便做好相应的准备和安排。

（3）步履自然。男主持人的步伐要稳健，表现出刚劲、洒脱的阳刚之美；女主持人的步伐可以略显轻盈，体现出恬静、娴淑的阴柔之美。

（4）坐姿端正。主持人落座后，上身正直而稍向后倾，面对前方。

（5）谈吐文雅。开会时，主持人首先讲明会议主题及有关程序，介绍来宾和发言人等。主持人讲话应尽量使用普通话，力求做到言简意明。

（6）倾听发言。当发言人开始发言和发言结束时，主持人应带头鼓掌致意。主持人注意倾听发言人的发言，对发言表示重视，而不要埋头看与发言无关的材料或同他人交头接耳，谈笑风生，同时还应尽量避免出现搔头发、挖耳鼻等不雅观的动作。

（7）全神贯注。主持人主持会议时应全神贯注，审时度势，引导会议有条不紊地顺利进行。

（8）掌握时间。主持人应严格掌握会议的时间，适时作出总结，按时结束会议，切忌把讲究实效的短会开成"马拉松"式的长会。

2. 主席团礼仪

主席团成员首先明确自己的身份和责任，要严格要求自己，以身作则，率先垂范，成为所有与会人的楷模。出席会议要守时，决不可迟到。确实不能按时出席的必须及时请假，通知主持人或有关工作人员。入场要按照顺序井然入座，不可临时推推让让，故作姿态。如果会场有掌声欢迎，主席团应鼓掌微笑致意。

在会议进行中，不得任意离开，左顾右盼，交头接耳，要精神专注地倾听发言人的发言。需要鼓掌时应当及时鼓掌，鼓掌要随众而起，随众而止，动作要适当节制，不要显得漫不经心。

散会时，要和大家一起起立，不要提前，也不要落后。然后依次退场。

3. 发言人礼仪

发言人是会场的中心人物，对会议的质量有着首要的作用。发言人的发言要言之有的、言之有理、言之有物、言之有味、使听众能了解主旨，有所收获。发言人要尊重听众，尊重主持人，遵守会议纪律。

发言人要注重仪表和举止姿态。要衣着整洁，举止庄重、表情自然、精神焕发。

发言前，要环顾全场，向听众致意，如有掌声，亦应鼓掌还礼。

发言时，要讲究语速，不快不慢；讲究音量，不高不低；讲究节奏、语气、声调；始终要保持感情充沛，重要的地方，要加重语气，提高音调、形成高潮。如果会场出现松弛，听众精神焕散时，应考虑调整语气，稳定情绪，必要时应调整内容，压缩时间。

报告结束时，要向听众和主持人致谢。

4. 会议嘉宾礼仪

会议嘉宾与主席团一样，在会场中占有重要位置，作为嘉宾参加会议，除了必须像主席团成员那样讲究礼仪外，还应当注意了解会议内容、程序和对本人的要求；了解会议时间、地点和有关规定。参加会议要守时、礼貌、客随主便，听从主人安排。切不可马虎了事，敷衍应付，甚至高傲自负。

5. 会议代表礼仪

参加会议的代表，要遵守纪律、讲究礼仪。进入会场，即要轻声轻气，动作要严谨轻缓。发言人开始和结束发言时，要鼓掌致意。重要的贵宾讲话时，可以全体起立，并报以鼓掌。发言人发言时，要认真倾听，必要时要作记录。不要交头接耳，左顾右盼。一般不应离席，确实必须离开时，应当向有关人讲明原因，离席时要弯腰、侧身、尽量少影响他人，并表示歉意。

选择正确的座位

与会者座位的安排对会议的成功有很大的影响。预先考虑座位安排，如果必要，设计一个座位安排方案，给会议创造一个良好机会来达到目的。

布置会议场地，应考虑会议的性质及与会人数的多少。例如：在提供信息的会议里，倘若人数众多，则以不设桌子的戏院式安排或是设桌子的教室式安排较为理想。在解决问题的会议里，假如人数不多，则最理想的安排是让每一位与会者均环绕桌子而坐，这样可方便每一个人跟其他的人进行多项沟通。再如：在培训会议里，如人数不多，则可令与会者坐在马蹄型的桌子的外圈，这样不但便于与会者与主持人之间的沟通，而且也便于与会者跟与会者之间的交流。但若人数众多，则最好是将与会者分成若干小组，每一小组各聚在同一桌子周围。这种安排的好处在于方便分组讨论及综合讨论。

1. 排列座次的几种规则

（1）凡要正式公布名单的，按照名单先后顺序排列座次。

（2）按照选举得票多少排列座次，得票数一样的，以姓氏笔画为序排列先后。

（3）按照姓氏汉语拼音字母字头为序排列先后。

（4）按照姓氏笔画为序排列座次。

2. 排列座次的几种方法

（1）横排法。即按照公布名单或以姓氏笔画为序从左至右依次排列座次，先排出席会议的正式委员（代表），后排候补委员（代表）。

（2）竖排法。即按照各代表团成员的既定次序或姓氏笔画沿一条直线从前至后依次排列座次，正式代表在前，候补代表在后。每个代表团的排列次序按固有顺序从左至右排列，或以会场中心座位为基点，向两边交错扩展。

（3）左右排列法。即按照公布名单或以姓氏笔画为序，以会场或主持人台中心为基点，向左右两边交错扩展排列座次。中国传统习惯以左为上，排在第一位的居中而坐。以此为基点，其余的以居中者的左手方为第一顺序，一左一右，依次排列。

另外，关于座位的排列还应该安排不同的会议类型来灵活处理。

1. 一对一会议

在一个一对一的会议上，两人的座位安排可决定会议的格调，并影响讨论的进程。如果你正在主持会议，可通过适当安排座位来影响会议的正式程度。一对一会议有三种座位安排：支持性的、合作性的和面对面的。为了解与会对方对会议气氛的感受，可在桌子四周放四把椅子，在他到会前你先坐下，再看他坐在哪里。

（1）支持性的。如果你希望是支持性的，可与另一个人在桌角两边就座，这有助于消除障碍且可进行目光接触。

（2）合作性的。坐在另一个人旁边表示合作，这种安排提示观点的相似性。

（3）面对面的。坐在桌子的对面，使自己与另一人保持距离，这个位置能使不一致的观点表达得更自在一些。

2. 就座分组

大型会议的目的决定座位安排。围绕一张桌子安排一群人就座时，用两种形状的桌子有三种基本的选择。如有谈判或对抗的可能性，选一张长方形的桌子，"双方"可相对而座，在一边的中心安排一位中立的主席。要强调会议中的等级观念，主席就座于长桌的顶端。对于较非正式、不分等级的会议，选择一张圆桌，每个人平等地围桌而坐。如果一个会议的参加人数众多、将在礼堂或大房间内举行，就将座位排成行且面对主席。

3. 文化差异

等级在某些文化中显得特别重要。在亚洲许多地区，年龄有很大的分量，所以最年长者在会议上往往就座于地位最高的座位。另一些文化中，重要性与职位相联系，所以一个资历较低的副总裁决不会被安排在比总裁更重要的座位上。

除了根据会议类型来适当安排座位之外，还可以运用策略来灵活地排座。

策略性排座是以与会者会受其邻座的影响这一假设为基础的。明确你想从会议得到什么，然后通过安排座位帮助你达到目的。对于有争议的问题，通过座位安排把派系分散开，避免让观点相反或观点十分相似的人相邻而坐，这样做，使观点泾渭分明，并防止讨论离题。可根据你了解和分析的与会各人对所要讨论问题的观点，来构划座位安排图。目光接触对于向自己团队的成员表示下一步将做什么是很重要的。想一想谁应该与谁进行目光接触，相应地安排人们的座位。

因此，一个人要想在社交场合展示自己良好的修养，一定要善于观察座位安排，找准自己合适的位置来坐，否则将会影响别人对你的印象的评价。

如果会议没有正式排座，可观察别的与会者坐的位置，相应地选择你自己的座位。某人坐的位置可能显示他对所讨论的问题的感觉以及他想在会上起什么作用。强硬的反对者可能会选择靠近主席的位置向全体与会者发号施令。坐在中间可能提示希望充分参与或对会议桌那边的讨论起支配作用。如果你是主席，尽力劝说声音最响、最直言不讳的人坐在你的正对面。

切忌谈论与会议无关的事

一般情况下，在会议中出现离题是因为议程设计不够紧密，因为议程设计是会议的开始。如果议程存在问题，讨论就无法按既定计划进行，或者在会议中出现了使与会者更感兴趣的话题。

如果会议议程设计不够紧密，在会议中的讨论就容易失去系统性。有时，即使会议议程设计得很紧密，若主持人及与会者对议程缺乏有效率的讨论整合能力，讨论就很可能在大家默许的情况下越扯越远。解决的办法应该是在每个议题讨论告一段落时，即作归纳整理，以确保讨论按有计划的安排进行。

与会者常常无法专心讨论一个问题，以至于徘徊在多个话题间却无结果，这样的情况也是很普遍的。研究发现，每个话题只维持一分半钟的讨论，就换讲别的话题，这种情况在成员间互动性高的会议里可说是非常平常。当然，话题转变迅速，并不一定都不好，但若缺乏适当的控制，常会导致会中无法达成决议，或有讨论而无决议。那么，什么时候转换话题好呢？一般来讲，当一个议题有了结果，并确定了负责执行的人再转换话题，讨论下一个议题为好。

一个讨论议题往往包含许多子题。话题在各子题间转来转去，只要在合理的范围之内，都无可厚非。倘若其他意见不致影响正在进行的讨论，那倒无所谓，但是在与议题完全不同的话题间转圈圈，讨论就会事倍功半。

不过在会中闲聊是造成讨论离题的又一个重要原因。因为闲聊绝对与议题无关，不管是自觉还是不自觉的闲聊都会影响会议质量。主持人发现这种情况应立即制止，并设法引起他们对议题的兴趣，使他们的话题转移到议题上来。

离题是与会人员在会议发言中出现的一种"脱轨"现象。这种现象与会议中出现的冷场或会议人员沉默相反，会议热烈得过了火，容易出现发言离题现象。以往的经验告诉我们，如会议讨论中出现传闻、轶事等与议题无关的闲话，与会人员喜欢海阔天空、津津有味地谈论，越扯离会议议题越远。这种现象的出现通常是因为与会者认为会议议题与自己无关,不感兴趣造成的;也有人认为对会议议题不好发言,而沉湎于题外的话。这时,主持人应视情况采取应变措施,如接过讨论的话题,顺势巧妙地引回到会议正题上来;联系议论的某一层意思,提出新的话题,引入到会议正题上来,或者用一句善意的话或风趣的话截住议论而引入会议正题。

另外,一些与会人员在会议发言中,为了借此显示自己的才能,或显示自己见解的高明,自觉或不自觉地讲与会议议题无关的内容,这是讨论离题的又一现象。主持人对这种离题现象的处理不宜简单粗暴,而应尽可能采用不影响发言者情绪和会议气氛的方式,用礼貌的形式提醒发言者,让他尽快结束离题发言。

不容置疑,会议离题不但降低会议成效,损失物力和财力,而且浪费与会者宝贵的时间,为此,必须避免这种情况。避免会议离题和受干扰,可以采取这样的技巧:

(1)会议时间对于每个与会者而言,都是非常宝贵的,实际上,开会不仅仅花费时间,还有一系列费用开销,因此,会议要想短而精,应紧扣主题进行,避免离题发言。

(2)会议上尽可能不安排即席讲话和即席发言,是避免会议中出现离题的一个技巧。会议主持人应该使用最明白的语言,对议题作出最明确的表述,并清楚地指出会议需讨论的主题。这样,在会议中,当某一个人的发言离题时,能够很快地被发言人和他人所察觉。

(3)当会议中出现离题现象时,既可以通过语言来处理,也可以通过传送信号以暗示的方式来解决。信号的优点是简捷、善意,有时还富于幽默感。信号不是像说话那样听起来唠唠叨叨,而是简单地表明一个意思:"请转换话题。"使用信号暗示时,必须弄清楚哪些是可以使用的信号,以确保每个与会者都能认同,没有谁会被侵犯,还应该保证主持会议的人通常能够及时地发送出正确的信号。

(4)当与会者在会上讨论一个他们不感兴趣的话题时,重新集中注意力尤为重要,否则,他们常常会跑题,此时,会议主持人就必须把谈话离题的员工引到他最感兴趣的问题上,这样才能使会议达到预期的目的。开会时,只要中层经理能把与会人员的注意力吸引到议题上来,离题的现象最终是可以避免的。

开会争论时切忌人身攻击

参加会议或讨论时最重要的一点就是只谈正题,不要讨论不相关的话题,否则就得不到真正的结论。

有些人总是喜欢在会议进行到一半的时候,因为某个论点而牵扯出别的话题,为了这个不相干的话题而滔滔不绝地讲个没完,甚至牵涉到人身攻击,往往占用了大家宝贵的时间。

如果你只就主题提出客观的看法，不但可以节省大家的时间，使会议能够顺利进行，也不会因为口不择言而事后追悔莫及。

同事间争吵的原因，十之八九都是说话不当惹的祸。等到引起了对方的不悦而发生争执时，你再向对方解释："我不是这个意思！""你误会了！""你想错啦！"对方也不会谅解。

在重大会议之前，你是否会先自我反省：自己所发表的意见里，会不会涉及人身攻击，会不会把一些例外的事件演绎成一般事件，会不会夸大其词等等。

老张是公司的重量级人物，德高望重，业务精湛。但惟一的缺点就是听不得别人说他半句坏话，哪怕是别人好心的提醒，他都要先用气焰把对方压下去再说。一次，部门开季度总结大会，一位新来的同事不了解老张性情，对他的策划案发表了一些自己的看法，话还没说完，老张立刻拍案而起："你一个刚刚参加工作的，懂什么！我做这份企划有多辛苦，你知道吗？别坐着说话不腰疼！"突如其来的呵斥把新同事弄懵了，之后只能对他敬而远之。

其实，对待批评首先有个心态问题。你可以不同意别人的观点，但要尊重别人说话的权利，否则大家表面上不给你提意见，但背地里的意见更大。

诸如此类的事情都该避免，开会或是讨论问题应该对事不对人，如果你不能保持公正而客观的态度，反而利用会议的时间来发泄个人恩怨，别人也会这么对待你，把你当成攻击的目标。那么，即使你有很宝贵的意见也不会被大家接受。

其实，明智的做法应该是这样的，要知道在批评面前，反击、争辩或是无礼都无济于事，乐于接受批评才是成熟和职业化的表现，对此，在应对开会中别人对自己的批评时，应该注意以下4点：

（1）保持清醒。当别人对你提出批评时，你要明白，他没有具体操作你的工作，你的难处他并不了解，而且有些人只是为了发言而发言，他们的意见有的对，有的不对。但你更要清醒，其实，绝大部分的批评确实是建设性的。

（2）先从自己身上找原因。别人为什么会提这样的意见？按照他的意见会不会做得更好？自己有没有可能做得更好？如果这样想，那你一定能进步。

（3）不要寻找替罪羊。不要试图争辩、迁怒他人或是矢口否认，解释往往会被看成借口。保持职业化的姿态，说一句话："我会认真考虑大家的意见。"

（4）清楚自己的局限性。或许人们指责的事和你并不相干，你却因它而受到批评。也可能真正要讨伐的对象是公司的政策，或是整个部门对某个项目的努力程度，那就别把这回事私人化了，做自己力所能及的事。

养成做好会议记录的习惯

在会议过程中,由专门记录人员把会议的组织情况和具体内容如实地记录下来,就形成了会议记录。

会议记录有"记"与"录"之分。"记"又有详记与略记之别。略记是记会议大要、会议上的重要或主要言论。详记则要求记录的项目必须完备,记录的言论必须详细完整。若需要留下包括上述内容的会议记录,就要靠"录"。"录"有笔录、音录和影像录几种。对会议记录而言,音录、像录通常只是手段,最终还是将录下的内容还原成文字。

会议记录的要求归纳起来主要有两个方面:一是速度要求,快速是对记录的基本要求;二是真实性要求,纪实性是会议记录的重要特征,确保真实是对记录稿的基本要求。

真实性要求的具体含义是:准确——不添加,不遗漏,依实而记;清楚——首先是书写要清楚,其次是记录要有条理,突出重点。

会议记录应该突出的重点有:会议中心议题以及围绕中心议题展开的有关活动,会议讨论、争论的焦点及各方的主要见解,权威人士或代表人物的言论,会议开始时的定调性言论和结束前的总结性言论,会议已议决的或议而未决的事项,对会议产生较大影响的其他言论或活动。

虽然会议记录应当由会议秘书来做,但是如果有一天上司决定由你来负责会议记录时,你应该知晓以下的一些细则:

1. 记录讨论的要点

在会议的进行中,经常要进行许多讨论。会议记录并不是要逐字记录会议内容,一般只要记录下讨论的要点即可。

具体来说,你应当记录会议的时间和地点、与会者姓名(如果适当)、提出的全部项目(但不必包括讨论的细节)以及作出的全部决定、协议和任命。在会议过程中做笔记,然后再据其写出完整的备忘录。备忘录必须公正、风格简明、清晰准确。准确是很重要的,特别当会议记录可能作为以后辩论的依据时。

2. 逐字录音和修改

会议进行中,可以借助录音设备对会议内容进行录音,特别是决议或修正案,一定要一字不漏地进行录音,这样在会后整理记录时,可以有充分的依据,便于逐字修改。

要注意录音机摆放的位置,不要离发言人太远,以免录出的声音太小;也不要离发言人太近,避免声音过大不清楚。

3. 会议记录的宣读和修正

在会务进程中的适当时间内，会议主持人请秘书宣读会议记录。有时也可延期或取消宣读会议记录。然而不该经常如此，延期宣读记录使错误难以发现。

秘书宣读记录后，主持人问："对记录有什么修正吗？"问后应稍等一下。如有修正，修正意见又经过全体一致通过，主持人应说："如无反对，×先生所指出的错误将予改正。"

如果所提修正未获一致通过，主持人不需等待别人动议即可诉请投票，以决定是否应该修正。

如有小修正，秘书应立即用笔在会议记录原本旁边加以注明，并附上签名。如有大修正，要作为附录插在会议记录有错的那一页。修正声明要在会议记录上记下来作为批准的证明。如果会议记录的错误在以后才被发现，则由大会修正。修正和最后批准会议记录是大会的任务。

如果由常务委员会办理会议记录，通常在修正后要在会议间歇期间向组织报告。在证明记录无误的委员会会议上，可以一致同意或多数票批准会议记录。

会议记录归档后，只能修正错别字和标点符号，其他修正要得到大会的批准。

有些组织在每次会议后把会议记录复本分发给公众研读，以便下次会议时修正。

4. 会议记录的批准

对会议记录如无修正，或已修正好了，可由会员提出议案，批准这份修正稿；或者由主持人请大家投票通过；或者由主持人声明："如无其他修正，已修正的记录将获批准。"

会议记录获得大会批准前只是秘书的记录稿，批准后的记录，秘书要在记录最后写上"批准"两字，再签名及注明日期，这样才成为会议的正式记录。有些组织要求会长也签名，有些会长和秘书在记录的每一页上都标注他们的签名。

5. 将打印批准后的会议记录发给会议成员过目

这方面的工作任务主要有：

（1）整理并制发会议纪要。许多会议在会议结束之后要印发会议纪要，使与会者对于贯彻会议精神有个依据。会议纪要若能在会议结束前写出初稿来，向到会代表征求意见，当然很好。如果不能这样做，在会后整理也是可以的。整理会议纪要的主要依据是会议工作报告及其讨论情况。

（2）组织宣传报道。有许多会议为扩大影响，会后（有的在会议期间）往往要通过报纸、广播、电视等媒介进行宣传和报道。报道稿件，有的由采访记者执笔，为慎重起见，还往往请会议主办单位审核；有的由会议主办单位提供初稿，新闻单位酌情修改后发表。无论采用哪一种方式宣传报道，秘书部门都必须参与。

（3）整理会议全套文件归卷。会议全套文件，指会议通知、会议上发放的文件资料、会议记录和简报、会议总结、会议纪要、会议现场照片和录音、录像等。

（4）检查会议精神的贯彻执行情况。这方面应包括会议精神的传达情况，执行会议精神的实际活动情况和效果等。发现问题或者发现效果明显，都要及时向机关单位领导人汇报，并采取措施解决出现的问题或推广经验。

开会时将手机和电话设为留言模式

一通电话打过去，对方用温柔婉约的声音请你稍等，并放音乐给你听，原本心情畅快的你以为："嗯！这个公司的职员真有礼貌。"心里还在嘀咕：自己的公司就没这家公司的人这么有礼貌，可是时间一分一秒的过去了，从幻想中觉醒时，摸摸手中的怀表，"天呀！已经过了20分钟了。"顿时，美好的幻想被榔头敲醒，"这是什么公司呀！"啪的一声便挂上电话，这家公司形象已被破坏。

一般等电话的情况大致如下：当你拨电话给对方时，往往接电话的人只会传达："某人正在接电话。"就挂掉了，我们常常会摸不着头脑，一直在想到底什么时候才可再打过去呢？在商场中，开会是难免的，如同家常便饭，当有电话来时，对于要找的人正在开会，或是正在讲电话，往往一直等到开完会或讲完电话后才能得知刚才有来电。也许是职员认为在通话中或在开会中不可插嘴，以免不礼貌，但有时"人算不如天算"，不立即告知，往往耽误事情，给讲打电话、开会的人增添麻烦，甚至造成生意上严重的损失。

发生这种情况时，最好的办法是在开会前，将电话或手机设置为留言模式，以免错过重要电话，以便在开完会后可以和来电的人取得联系，如果是重大事件必须紧急处理，这时就可以立即处置，这种不起眼的留言方式，却是工作能否顺利进行的关键！

其实，在生活中许多时候，为了保证联络的畅通，人们往往会使用录音电话，为自己代劳。使用录音电话的要点有两个方面。

首先是留言制作。使用录音电话，少不了要制作一段本人留言。留言的常规内容有：电话机主的单位、姓名，问候语、致歉语、道别语，留言的原因，对发话人的请求，等等。

私人住宅所用的录音电话，不宜由年轻姑娘进行录音，而且不宜自报姓名。以电话号码进行代替，既明哲保身，又不会误事。

附：私人住宅录音电话内容一则

您好！这里是82865588。对不起，主人现在因事外出。有事的话，请在提示音之后留言。主人回来后，将立即同您联系。谢谢。再见！

其次，设定电话留言还应该注意以下的细则：

（1）名字说得太快太含糊。你对自己的名字当然很熟悉，但别人却不是，所以要慢慢地、清楚地说出，如果名字不常见，那么就应该拼出来。

（2）电话号码说得太快。别人很难记下来，因为这对他们来说是全新的，所以最好分段说出来。

（3）信息只说了一遍。如果对方对你不是很熟悉，那么在最后请重复一下你的名字和你的号码。如果让接电话的人来来回回重复地听才知道你到底是谁，你的电话号码是什么，好像有点残忍。

在生活中，当每个人打开电话留言的时候，总是希望听到几个留言。那么为什么不留一个言让他们感到惊喜呢？这样看来，许多人浪费了一个给别人深刻印象的机会。

打电话之前，写下你要说的话，至少是重点。然后问问自己愿意给对方留下什么样的印象，热情、友好、精力充沛还是条理明晰、思想深刻、考虑周到、善解人意？

电话留言其实是对你非常有利的沟通工具，你可以决定说什么，什么时候说等等。

别人对你一无所知，你需要给他们一个印象，每次你拿起电话，应该想到你要给别人一个什么印象。

在人际交往中，使用录音电话虽属于无形交际，但它与人们面对面的交际完全一样，也是要讲"言必信，行必果"的。在处理录音电话里他人的来电时，要注意的问题有：

第一，尽量少用录音电话。尤其是不要人在家中，却以录音电话替自己"招架"外人。

第二，对于外人打进来的电话，应当立即进行必要的处理或答复。不要一拖再拖，或者根本不理。

第三，不要对自己明明听过的他人电话录音赖账，显得若无其事，那样只会从一个侧面告诉旁人：此人言而无信。

第十二章

把握时间，高效人生

要注意利用好零碎时间

有时你会听到这样的说辞："等我有空再做。"这句话通常表示"等手上没什么重要的事情时再做"。但事实上，没有所谓"空"的时间。你可能有"休闲"时间，却没有"空"的时间。在休闲的时候，你也许会躺在游泳池边尽情玩乐，但这绝不是"空"的时间。你的每一分钟都很值钱。

但在实际生活和工作中不管你多么有效率，总会遇到意外：你可能错过公车、地铁，或碰上突如其来的中途休息；你可能意外地被困在机场，平白少了3个小时可利用。而成功人士在这种情况下所做的事是："我带本书、我写东西、我修改报告。我可以在这样的时间里做任何的工作。"这样，你挖掘出了隐藏的时间，同时你也向成功迈近了一步。

其实，生活中有很多零散的时间是大可利用的，如果你能化零为整，那你的工作和生活将会更加轻松。

所谓零散时间，是指不构成连续的时间或一个事务与另一事务衔接时的空余时间。这样的时间往往被人们毫不在乎地忽略过去。零碎时间虽短，但日复一日地积累起来，其总和将是相当可观的。凡在事业上有所成就的人，几乎都是能有效地利用零碎时间的人。

生物学家达尔文说过："我从来不认为半小时是微不足道的一段时间。"诺贝尔奖金获得者雷曼的体会更加深刻，他说："每天不浪费不虚度或不空抛剩余的那一点时间。即使只有五六分钟，如果利用起来，也一样可以产生很大的价值。"把时间积零为整，精心使用，这正是古今中外很多科学家取得辉煌成就的妙招之一，很值得我们学习和借鉴。

你或许经常会感到时间紧张，根本没有时间干许多重要的事。其实，这不过是找托词罢了。三国时期的董遇是个很有学问的人，前去找他求学的人很多，但他要求首先要"书读百遍，其义自见"。当求学者抱怨说"没有时间"时，他则回答说："当以'三余'即'冬者岁之余，夜者日之余，阴雨者晴之余'来读书。"这"三余"的利用，正是零碎时间的聚积。能以小积大，这是时间的独特之处。鲁迅先生说过："时间就像海绵里的水，只要愿挤，总还是有的。"

宋朝名人钱惟演，生长于富贵之家，后来又做了大官，除了读书什么嗜好也没有。他曾经对下属说："平生唯好读书，坐则读经史，卧则读小说，上厕则读小辞，盖未尝顷刻释卷也。"读书手不释卷，是好个习惯，很值得学习。古往今来，这样的书迷书痴，为数不少。

而这个故事的特别之处，在于钱惟演以不同的书籍配合他生活的不同片段，读经史正襟危坐，因为要端正心怀，说不定还要做札记呢。这也透露了经史非消遣之书这一事实。相对来说，小说便是消遣书了，所以，便可以用闲适的姿态——例如躺卧着——来翻阅。"小辞"不知是否指诗词的"词"，反正是篇幅短小的读物，因为入厕时间不长，读不完大部著作。这则故事告诉了我们一个充分利用时间读书学习的方法：利用零散的时间要因地制宜，善于变通。

汇涓涓细流方成浩浩大海，积点滴时间而成大业。事物的发展变化，总是由量变到质变的。"点滴"的时间看起来很不显眼，但这些零零碎碎的时间积累起来却大有用处。

毛泽东在湖南第一师范求学时座右铭是这样的："百丈之台，其始则一石，由是而二石焉，由是而三石焉，四石以至千万石焉，学习亦然。今日记一事，明日悟一理，积久而成学。"有的人觉得，读书、写作、科研，就得有大块时间，零散时间在他们看来是微不足道的，这样想的人，是永远做不成大事的。

如果你想成就一番事业，一定要学会利用时间。有这样一种比喻：时间像水珠，一颗颗水珠分散开来，可以蒸发，变成烟雾飘走；集中起来，可以变成溪流，变成江河。而这集中的方法之一是用零碎的时间学习整块的东西，做到点滴积累，系统提高。获取高深的知识，没有捷径可走，只能靠平时一点一滴地积累，才能实现你的梦想。

为此，我们要像在海边拣拾美丽的贝壳一样，收集起散落在人生中的零散时间，对此，时间管理专家提供了一些可供参考的建议：

1. 不虚掷一寸光阴

时间就是生命，时间就是金钱，然而，不珍惜时间的人却随处可见。

在美国造币厂处理金粉车间的地板上，有一个木制的格子，每次清扫地板时，

这个格子就被拿了起来，里面细小的金粉随之被积攒起来。日积月累，每年可以因此为厂里节约上万美元。事实上，每一个成功人士都有这样的一个"格子"，用于积攒那些被分割得支离破碎的时间，把那些常人不注意的零碎的时间，都收集利用起来。等着咖啡煮好的半个小时，不期而至的假日，两项工作安排之间的间隙，等候某位不守时人士的闲暇，等等，都被他们如获至宝般地加以利用，并足以取得令那些不懂得这一秘密的人瞠目结舌的业绩。

哈丽特·斯托夫人取得了非凡的成就，主要归功于她能精打细算地利用好每一分每一秒钟，作为一个忙碌的母亲，既要照顾好孩子，又要操持家务，但她就是在那样的条件下完成了那部家喻户晓的名著——《汤姆叔叔的小屋》。类似的例子不胜枚举，比彻在每天等待开饭的短暂时间里读完了历史学家弗劳德长达12卷的《英国史》。朗费罗每天利用等待咖啡煮熟的10分钟时间翻译《地狱》，他的这个习惯一直坚持了若干年，直到这部巨著的翻译工作完成为止。

成功者往往是善于利用时间的高手，即使像格莱斯顿这样的天才人物都要随时在口袋里装一本书，以便可以抓住任何一个空隙提高自己，那么，普通人难道还不应该更充分地利用分分秒秒，而让时光白白流逝吗？在我们的周围，很多人对光阴的匆匆流逝视而不见、麻木不仁，不能在即将过去的时间里好好珍惜自己的青春。他们无法真正意识到时光如箭的残酷，自信还有充裕的时间在等着他们，仿佛一个有钱人多叫几个好菜而并不在乎它们是否会被白白倒掉一样。而当他们在毫无顾忌地虚掷大片大片的光阴时，另外一些懂得时光如流水，年少难再来的人则在与时俱进，争分夺秒。

2. 利用好上班的交通时间

如果你生活在大都市里，一定对每天上下班的交通问题颇有感触。通常你每天早上去上班要花一两个小时在公共汽车上，而下班回家时又要花上一两个小时。这样一天就有可能花掉四五个小时甚至更多的时间来挤车、上车、下车、换车，交通占去了如此多的时间，完全值得你特别注意。很明显，有两方面值得你去考虑：你是否能缩短交通时间？你是否能有效地利用这些时间？

我们可以做这样一个对比：迈克先生每天开车去上班要35分钟。他的朋友布朗先生住在一个距离上班地点只有15分钟路程的地方。迈克先生并不觉得其中有什么差异——"只是多几里而已，早已经习惯了。"但是，我们来算一算，单程相差20分钟，那一天就相差40分钟，一个星期3个小时，以一个星期工作40小时来计算，迈克先生每年要比布朗先生多花4个星期在路上。

另一方面，当我们选购房屋的时候，上班的交通时间当然不是考虑的最重要的因素，不过最好也应该好好考虑。虽然"只有"5至10分钟路程的差别，但是天长日久下来，相差就太大了。

对于如何有效地利用上班的交通时间这一问题要因人而异。总是随手打开车上的收音机任意播放节目，这并不是利用这段时间的最好办法。你还可以采取一点别的更加有效的方法，例如：在早晨业务汇报之前，把有关事项先想清楚，分析一下业务、私人问题或可能发生的事；在心里面为一天的工作先计划一番；听听有助于增长你专业知识的录音带，这些都是很好的办法。

重要的是避免由惰性或习惯来决定如何利用上班交通的时间。在这段时间里，你要有意识地决定把注意力集中在什么方面，你会惊奇地发现，如果你不浪费这段时间你将会获得多么宝贵的益处。

3. 小纸条的提示

著名美国作家杰克·伦敦的房间的窗帘上、衣架上、柜橱上、床头上、镜子上、墙上……到处贴满了各色各样的小纸条。伦敦非常偏爱这些纸条，几乎和它们形影不离。这些小纸条上面写满各种各样的文字：有美妙的词汇，有生动的比喻，有五花八门的资料……

伦敦从来都不愿让时间白白地从他眼皮底下溜过去。睡觉前，他默念着贴在床头的小纸条；第二天早晨一觉醒来，他一边穿衣，一边读着墙上的小纸条；刮脸时，镜子上的小纸条为他提供了方便；在踱步、休息时，他可以到处找到启动创作灵感的语汇和资料。不仅在家里是这样，外出的时候，杰克·伦敦也没闲着。出门时，他早已把小纸条装在衣袋里，随时都可以掏出来看一看，思考一番。

其实在生活中，有各种各样的度过闲暇时间的方式。有人利用闲暇时间博览群书，汲取知识的甘泉；有人利用闲暇时间游历名山大川；有人利用闲暇时间广交朋友，撒下友谊的种子；有人利用闲暇时间进行美术创作、摸索篆刻艺术、构思长篇小说，让思维张开想象的翅膀……

只要你善于抓住生活中点点滴滴的时间，你终究会有所成就的，因为一个善待时间之人，总会得到时间的回报。

不要让无谓的事和人占用你的时间

一个成功者往往非常珍惜自己的时间。无论是老板还是打工族，一个做事有计划的人总是能判断自己面对的顾客在生意上的价值，如果有很多不必要的废话，他们都会想出一个收场的办法。同时，他们也绝对不会在别人的上班时间，去和别人海阔天空地谈些与工作无关的话，因为这样做实际上是在妨碍别人的工作，浪费别人的生命。

善待来客的人往往预备出一定时间。老罗斯福总统就是这样做的一个典范：当一个分别很久，只求见上一面的客人来拜访他时，老罗斯福总是在热情地握手寒暄之后，便很遗憾地说他还有许多别的客人要见。这样一来，他的客人就会很简洁地道明来意，告辞而返。

一位公司老总向来就有待客谦恭有礼的美名，他每次与来客把事情谈妥后，便很有礼貌地站起来，与他的客人握手道歉，遗憾地说自己不能有更多的时间再多谈一会儿。那些客人都很理解他，对他的诚恳态度也都非常满意，所以，就不会想到他竟然连多谈一会儿都不肯赏脸。

以沉默寡言和办事迅速、敏捷而著称的每个企业家都是实力雄厚、深谋远虑、目光敏锐、吃苦耐劳的，他们说出来的话，句句都很准确、很到位，都有一定的目的，他们从来不愿意在这里头多耗费一点一滴的宝贵资本——时间。当然，有时一个待人做事简捷迅速、斩钉截铁的人，也容易引起别人的一些不满，但他们绝对不会把这些不满放在心上。为了要在事业上有所成就，为了要恪守自己的规矩和原则，他们不得不减少与那些和他们的事业没什么关系的人来往。

其实，那些在事业上有成就的人，总是一些做事专注，有效率，而且善于排除来自外界人和事的各种干扰之人。

1945年7月的一个星期一的早晨，世界第一枚原子弹在美国新墨西哥沙漠爆炸。40秒钟后，强烈、持久、令人可怕的爆炸声传到了基地营，第一个有所反应的是1938年诺贝尔物理奖获得者恩里科·费米。他先是把预先准备好的碎纸片举到头顶撒下，碎纸纷纷飘到他身后约2米处。经过一番测算，费米宣称这颗原子弹的威力相当于1万吨黄色炸药。数星期后，精密仪器对震波的速度、压力进行分析，果然证实了费米的准确判断。

然而，事后费米夫人问他爆炸时的情景，费米竟说他曾看到闪光，但并没有听到声响。"没听到声响，这怎么可能呢？"他的夫人惊愕了。

费米解释道："我当时只注意撒小纸片了……"

你瞧，当原子弹爆炸时，费米把全部注意力都集中到撒碎纸片上，竟然连眼前一声巨大的霹雳，威力相当于几千万颗巨型炸弹爆发出的、令人可怕的爆炸声都没听到，这是一种多么罕见、多么令人难以置信的专注力啊！

专注的力量是惊人的，集中精神在忘我的境界里专注工作，做起事来不仅轻松、有效率，而且也更能把事情做好。

职场上也是如此，一次只专心地做一件事，全身心地投入并积极地希望它成功，这样你就不会感到筋疲力尽。

不要让你的思维转到别的事情、别的需要或别的想法上去。专注于你已经在做的工作，暂时放弃其他所有的事，这是优秀的榜样员工，在处理工作时首选的有效方法。他们往往都会巧妙地拒绝掉自己不擅长或觉得不合理的事，一次只答应做一件事并专注地把他们高效率地完成。

在执行上司派给的任务时,优秀的榜样员工都会思索一下哪项任务是自己最擅长的,然后再作出决定去执行,并且他们都会安排好工作的顺序,而最主要的就是一次他们只答应做一件事。

这就是"不搏二兔"!

否则你将一无所获!

凯特是太平洋保险公司的业务员,有一天,他和客户约好在一架茶座里谈业务,他用尽浑身解数给这位客户介绍了业务内容,但是这位客户好像诚意不太大,心不在焉地喝可乐,好像根本就没有听进去。

凯特知道他是搞电脑硬件销售的,而凯特在大学学的就是电脑,他就转移话题,大谈当今电脑硬件在市场上遇到的普通问题。结果把对方的兴趣提了上来,最后两个人谈得很投机,这个人也就答应投他的保,两个人约定下个星期同一时间在此见面,正式签单。

凯特非常兴奋,到了那天,早早地就准备好了一切相关的材料,然而这时他的手机响了,是他的主管说有个多年没有联系上的大学同学要来,要凯特帮忙去机场帮他接一下机,而主管自己却没有时间。

凯特觉得这是主管交代的事,自己应该帮忙,再说时间也还早,于是他就答应了。

由于堵车,等他从机场回来,客户早就走了,痛失了一单千辛万苦才谈下来的保单。

一次只答应做一件事,把其他的事暂时先置之不理,抛于脑后,并将这一件事做到极致,是你能成为公司里的优秀员工,甚至是榜样员工的一条捷径!

在上司分配给你任务时,请千万记住:不搏二兔!

爱迪生说过,高效工作的第一要素就是专注。他说:"能够将你的身体和心智的能量,锲而不舍地运用在同一个问题上而不感到厌倦的能力就是专注。对于大多数人来说,每天都要做许多事,而我只做一件事。如果一个人将他的时间和精力都用在一个方向、一个目标上,他就会成功。"

时间对任何人而言都是重要资源,经常放弃自己应做的事,而去解决一些突发状况或干扰最大的事,结果把生活步调弄得天天都在应付突发的紧急情况,无形中牺牲许多生活及工作上的乐趣及享受。工作是一场马拉松,而非短跑,如此给自己加压,谁也坚持不了多久。因此,不要让突发事件影响到你,才是惟一正确的高效能法则。

在工作的流程中,造成最多妨碍的是突发事件。突发事件是指出乎意料的事件。例如,忽然间有个电话,突然来了位客人,突然通知要开会,突然接到检查的通知,忽然发生纠纷,以及婚丧喜庆宴会等。

除此之外,像上司突然对你说:"赶快把这件事调查出来",或是"替我去开会",这些也都属于突发事件的工作。突发事件将使原本已经预定、计划好的工作无法顺利推进。

突发事件不只是自己的困扰,而是大家都有的问题。

究竟应该怎么做才能够处理好突发事件的困扰呢?有两个有效的方法:

第一,将突发事件纳入计划,当作原来工作的一部分,每天预留一点时间,以备不测之需。每天大约有很多的突发事件发生。然而有些人在制定计划时,将突发事件设定为零,这样的计划可说是对现实认识不清,这么一个计划,一旦突发事件发生时,就无法妥善处理,反而拖延了原本预定的工作开展。

第二,采用安全系数,在制定计划时,附带考虑缓冲时间。计划以原定时间内完成工作为前提,再进一步地假设某种程度的中间介入,以及时间上的拖延。对一个正确的计划,附加若干的安全系数是必需的。考虑缓冲时间的要点如下:

需要花一天功夫来完成的工作,必须加上半天的缓冲时间。

需要花一个星期才能完成的工作,则需加上一天的缓冲时间。

需要花一个月才能完成的工作,则需加上一个星期的缓冲时间。

即使没有发生突发事件,我们也可利用这些机动的"缓冲时间"处理一些较次要的问题;或与员工联络一下感情,也可以休息一会儿考虑工作中的得失等。这样,我们可从容而高效地完成每天的工作。

用最好的时间做最重要的事

1897年,意大利经济学家帕累托在对19世纪英国人财富和收益模式进行研究时,通过调查取样发现大部分所得和财富,流向了少数人手里。在当今社会,这本身并没有什么值得大惊小怪的,但他通过进一步分析发现了一项自认为非常重要的事实:某一群体占总人口数的百分比,和该群体所享有的总收入或财富之间,有一项一致的数学关系,而且这种不平衡的模式会重复出现。他在对不同时期或不同国度的考察中都见到这种现象。不管是早期的英国,还是与他同时代的其他国家,或是更早期的资料,他发现相同的模式一再出现,而且有数学上的准确度。

后人通过更精确的分析,从帕累托的研究中归纳出这样一个结果,即如果20%的人口享有80%的财富,那么就可以预测,其中10%的人拥有约65%的财富,而50%的财富,是由5%的人所拥有。在这里,重点不是数字,而是事实:财富在人口的分配中是不平衡的,这是可预测的。

80/20法则主张:以一个小的诱因、投入或努力,通常可以产生大的结果、产出或酬劳。

就字面意义来看，这一法则是说，你所完成的工作的80%的成果，来自于你所付出的20%。也就是说，对所有实现的目标，我们80%的努力——也就是付出的大部分努力，是与成果无关的。

所以，80/20法则指出，在原因和结果、投入和产出，以及努力和报酬之间，本来就是不平衡的。80/20法则的关系，为这个不平衡现象提供了一个非常好的指标，典型的模式会显示：80%的产出，来自于20%的投入；80%的结果，归结于20%的起因；80%的成绩，归功于20%的努力。

当我们把80/20法则应用到时间管理上时，就会出现以下假设：

一个人大部分的重大成就——包括一个人在专业、知识、艺术、文化或体能表现上所表现出的大多数价值，都是在他自己的一小段时间里达成的。在创造出来的东西与花在创造活动上面的时间这两者之间，有极大的不平衡，不论这时间是以天、星期、月、年或一生为单位来度量。

如果快乐能测度，则大部分的快乐发生在很少的时间内，而这种现象在多数的情况里都会出现，不论这时间是以天、星期、月、年或一生为单位来度量。

用80/20法则来表述就是：

80%的成就，是在20%的时间内达成的；反过来说，剩余的80%时间，只创造了20%的价值。

一生中80%的快乐，发生在20%的时间里，也就是说，另外80%的时间，只有20%的快乐。

每个人现在都应该进行一场时间革命。在还没有接触80/20法则之前，我们对时间的运用有很多的盲点。毋庸置疑，对于所有饱受时间问题困扰的人来说，时间革命是一种让人们能在最短的时间内获得最高的生活效率与生活质量的方法。

运用80/20法则，你可以很快地找到符合自己的时间管理方法。80/20法则对于时间的分析，是与传统看法大异其趣的，而受制于传统看法的人，可从这个分析中得到解放。80/20法则主张：我们目前对于时间的使用方式并不合理，所以也不必试图在现行方法中寻求小小的改善。我们应当回到原点，推翻所有关于时间的假定。

时间不会不够用。事实上，时间根本多得是，我们只运用了我们20%的时间，对于聪明人来说，通常一点点时间就造成了巨大的不同。依80/20法则的看法，如果我们在重要的20%的活动上多付出一倍时间，便能做到一星期只需要工作两天，收获却可比现在多60%以上。这无疑是对于时间管理的一项革命。

80/20法则认为，应该把重点放在20%的重要时刻上，而应削减不重要的80%的时间。执行一项工作计划时，最后20%的时间最具有生产力，因为必须在期限之前完成，因此，只要预计完成的时间减去一半，大部分工作的生产力便能倍增，时

间就不会不够用。

80/20法则将迅速提升你的效率，同时也是对传统的时间管理的否定，80/20法则将引导时间管理的革命。下面的例子将告诉你如何提高效率，缩短时间的运用。

格拉史东，一位英国维多利亚时期知名的自由派政治家，他曾四度当选英国首相。格拉史东在许多方面的表现都相当独特：他尝试援救"堕落"妓女的措施惨遭失败；他还有一阵子出现自虐行为。但我们在此要关心的是他运用时间的独特方法。

格拉史东并不因为自己的政治责任而受抑制，反而相当有效地行使其政治责任，因为他可以随心所欲地投入时间。他热爱旅行，不论是在英国本岛或外国旅行他都爱。在首相任期内，他经常以个人身份积极出访法国、意大利和德国。这样一来，既可以履行政治责任，又可以满足旅行爱好。

他追逐女性、看戏、竞选及阅读，他只要觉得一点点不舒服，便会在床上躺一整天，在床上阅读并思考。他过人的精力和效率，来自于他特异的时间运用法。

后继的英国首相中，只有洛依德·乔治、丘吉尔和撒切尔夫人可与格拉史东相提并论——这三位行事都极有效率。

另一个关于非传统式时间管理法的例子，来自于管理顾问这个稳重的领域。当管理顾问的人，通常工作时间很长，还要面临多得令人发狂的事务。让我们看看下面三个管理顾问是如何管理他们的时间的。

第一位是佛烈德，他从顾问事业赚得千万财富。他并非商学院出身，却有能力设立一个成功的大公司，公司上下除了他以外，每人一星期都要工作70小时以上。佛烈德很少进公司，每月只与股东开一次会，而且是全球股东都得参加的会议，他比较喜欢把时间用来打网球和思考。他以强硬手腕管理公司，但从不大声讲话，他通过5个主要部属来掌握公司的一切。这就是他的管理方法。

第二位顾问叫蓝迪，是位陆军中校。全公司里除了创立者之外，他是唯一一个不是工作狂的人。他前往另一个遥远的国家，在那儿有一个繁荣且快速成长的公司，员工主要来自家乡，工作非常努力。没有人知道蓝迪如何运用时间，也不知道他的工作时数是多少，但他的确逍遥自在。蓝迪只参加重要客户的会议，其他事务则授权给年轻合伙人处理，他有时还编造荒唐的理由，解释自己为何不在公司。

蓝迪虽是公司领导者，却不管任何行政事务。他把所有精力拿来思考如何在与重要客户的交易中增加获利，然后再安排用最少人力达成此目的。蓝迪的手上从不曾同时有3件以上的急事，通常一次只有一件，其他的则暂时摆在一旁。为蓝迪工作的人充满挫折感，但他确实效率奇高。

第三位叫吉姆，他的办公室很小，里面还有很多其他同事，是一个非常拥挤且骚动的办公室，有人打电话，有人正准备着向客户做报告，屋子里到处是声音。

但吉姆好比一片平静的绿洲，把注意力全集中在分内的事上，他在运筹帷幄。

有时他会带几位同事到安静的房间内，向他们解释他对每一个人的要求，不只是讲一两遍，而是再三说明，务求交代所有细节。然后，吉姆会要求同仁重述一遍他们即将进行的工作。吉姆的动作慢，看似无生气，且近乎半聋，但他是非常棒的领导者。他把所有时间都拿来思索哪件工作最具价值，谁是最合适的执行者。然后，紧盯着事情进行。

看完这些例子，你也许将开始运用80/20法则来改善你的时间管理，你同意我们的观点，可你也许会说：

我当然希望也能如此高效地工作，用最少的时间去完成最重要的事，但是我却不知道一天中哪个时间段才是我精力最好的时候？

据英国一位著名学者对人脑功能进行多次测试后发现，上午8时大脑具有严谨、周密的思考能力，下午2时思考能力最敏捷，而下午8时却是记忆力最强的时候。但逻辑推理能力在白天20小时内却是逐步减弱的。基于以上测试结果，早晨处理比较严谨、周密的工作，下午做那些需要快速完成的工作，晚上可做一些需要加深记忆的事，对这些做某项工作效率最佳的时间，更要加倍珍惜，是一点也浪费不得的。

集中精力打歼灭战，把大量的"耗费"与点滴的"珍惜"结合起来。许多专家学者在科学实验、理论研究、撰写作品的关键阶段，常常不出门、不会客，不处理家庭个人琐事，集中全部精力于主要的工作。

许多中外名人想尽各种办法控制时间。18世纪的法国博物学家布本定居巴黎后，社交活动很繁忙。为了不影响学术研究这个重要的第一位的工作，他严格执行自己规定的工作时刻表，抓住高效时间工作。为此布本专门请了一个剽悍的仆人来监督自己，并且约好：如果布本不起床，就把他拖到地板上；如果布本发脾气，就可以对他用武力。有时他赴宴会，直到半夜两点多钟才回家，一到凌晨5点，也得按时起床，否则仆人就可按约行事。布本严格执行自己的规定，在高效时间里大显身手，一直工作到晚上6点多钟。布本成功的秘诀，就是他掌握了时间耗费与珍惜的辩证法。

此外，检测自己一天中的精力最好的时间段。但是，你首先必须知道如何去辨认它们。温杰特和他的同事们已研究出以下这套方法，可以帮助你测定自己的身体规律：

早上起床之后一小时，量一量你的体温，然后每隔4小时再量一次。把最后一次量度时间尽量安排在靠近上床时间。一天结束时，你应该得到5个度数。

每个人的体温变化不同而结果亦异。你的体温在什么时候开始升高？在什么时候到达最高点？什么时候降至最低点？你一旦熟悉了自己的规律之后，便可以利用时间生物学的技术来增进健康和提高工作效率。

我们的生理节奏到达最高峰的时候，做体力工作便会得到最佳的成绩。对大多

数人来说,这个最高峰期大约持续4小时。因此,你应该把最花费气力的活动安排在体温最高的时候进行。

至于从事脑力活动的人,时间表则比较复杂。要求准确性的任务,例如教学工作,最好是在体温正向上升的时候去做,大多数人体温上升时间是在早上8时或9时。对比之下,阅读和思考则在下午2时至4时进行比较适宜,一般人的体温在这段时间会开始下降。

只要你能够洞习自己一天中精力最佳的时间段,而且善于运用80/20法则来优先在最佳的时间段处理最主要之事,相信你一定会成为一个高效能的人士。

尽量避免浪费他人时间

贺拉斯·格里利说:"一个人如果根本不在乎别人的时间,这和偷别人的钱有什么两样呢?浪费别人的1小时和偷走别人5美元有什么不同呢?况且,很多人工作1小时的价值比5美元要多得多。"华盛顿经常这样说:"我的表从来不问客人有没有到,它只问时间有没有到。"

他每天4点钟吃饭,如果有时候应邀到白宫吃饭的国会新成员迟到了,华盛顿就会自顾自地吃饭而不理睬他们,这使他们感到很尴尬。

一次,他的秘书找借口说,自己迟到的原因是表慢了。华盛顿回答说:"那么,或者你换块新表,或者我换个新秘书。"

拿破仑有一次请元帅们和他共进晚餐,他们没有在约定的时间到达,他就独自地先吃起来。他吃完刚刚站起来时,那些人来了。拿破仑说:"先生们,现在就餐时间已经结束,我们开始下一步工作吧。"富兰克林对经常迟到却总是有借口搪塞的佣人说:"我发现,擅长找借口的人通常除此之外什么都不擅长。"

约翰·昆西·亚当斯从不误时。议院开会时,看到亚当斯先生入座,主持人就知道该向大家宣布各就各位,开始会议了。有一次发生了这样一件事,主持人宣布就座时,有人说:"时间还没到,因为亚当斯先生还没来呢。"结果发现是议会的钟快了3分钟,3分钟后,亚当斯先生准时到达了会场。

在日理万机的繁忙生活中,贺拉斯·格里利每次约会都会准时到达,《论坛报》上很多睿智犀利的文章都是他在其他编辑悠闲地和别人一起消遣,或会议迟迟没有开始时写成的。韦伯斯特上学从不迟到,在法庭、国会和社会公共事务中他也同样准时。

一个懂得守时,不浪费他人时间的人总能受到别人的尊重,总能成就自己的一番事业。

为了珍惜和利用自己的或者别人的时间，为了能够成为一个可靠的、值得信任的人，恪守时间是非常有必要的。

一个成功者应该珍惜自己的时间。他总是设法回避那些消耗他们时间的人，希望自己宝贵的光阴不要因为他们而多浪费一刻。一个成功的时间管理者不仅懂得如何珍惜自己的时间，而且特别珍惜别人的时间。因为他们深知这才是真正的赢取时间之道。

一个做事有计划的人，无论是老板还是伙计，都应有眼力审视和判断顾客对自己生意的价值；对于一些与生意无关的废话，应该想一个收场的方法，同时他们也绝不会在别人上班的时间内，和他人东拉西扯地谈些无关紧要的话，因为这样无疑是在妨碍他人的工作，损害他人应得的利益。

因此，千万不要以为约会迟到只是一件稀松平常的事，更不要以为它不足以产生严重的不良后果。事实上，在守时被视为美德的社会里，迟到是一种难以令人接受的恶习。试想：有谁愿意无端地枯守等候你？又有谁在枯守等候你的时刻，不去思索你的种种缺失？导致一个人约会迟到的理由大概有以下各种原因：①担心早到而无所事事；②对时间的敏感性及判断力不够；③处事不富条理而延误时间；④对约会的对象欠缺尊重；⑤轻视守时的价值；⑥视不守时为洒脱；⑦以约会迟到作为显示权威或身份的手段。假如你是一位惯于约会迟到的人，请根据上列各项理由作一番坦诚的自我检查，以便找出病因，并进而对症下药，为了帮你戒除约会迟到的恶习，现有10条经验可供参考：

（1）将约会视同契约，约会迟到即是一种违约行为。

（2）在每一次约好见面的时间后，立即考虑约会迟到对自身形象及事业生涯所可能招致的不利影响。

（3）随时作可能迟到的准备，这样你将可提前动身。墨菲法则是：如一件事可能出错，则一定出错，而且它会在最不应该出错的时候出错。这对约会迟到具有高度的适用性。倘若你担心早到会被约会的对象认为你太着急，则你不妨携带一些读物或有待处理的文件先到约会场地附近的咖啡店去。

（4）只要有可能，应尽量避免约定确切的时间，例如不要说"3点整"，而改说"3点前后"或是"2点3刻与3点1刻之间"，这样可为自己预留余地。

（5）尽量避免将约会地点定在某建筑物或某标志物之前，以免令等候者站在那儿空等而难有其他作为。

（6）假如你预计即将迟到，则尽快致电通知对方。

（7）对自己的工作次序表应作松弛的安排，以免因其中某一项工作多花了时间而延误了其他事项（包括约会）的时间。

（8）应事先熟悉约会地点的周围环境，例如交通拥挤情况、停车难易等。

（9）极力避免第二次的约会迟到。例如你与某人约会时迟到，则与他之间千万别再有类似情况发生，以免被他认为你是不守信用的人。

（10）请秘书或助手提醒你约会事宜，或是利用闹钟、闹表作自我提醒。

在生活中，迟到是一种浪费他人时间的陋习，不过，还有一种坏习惯也是能够无限地浪费他人的时间和精力，那就是做事拖延、磨磨蹭蹭。

在美国畅销书《致加西亚的信》中，作者哈伯德讲过这样的一个例子：

一位经理坐在办公室里——有6名职员在等待安排任务，他将其中一位叫过来，吩咐他说："请帮我查一查百科全书，把柯勒乔的生平做成一篇摘要。"

这位职员会静静回答："好的，先生。"

然后立即去执行吗？一般情况下这位职员绝对不会去执行，他会用满脸狐疑的神色盯着你，提出一个或数个问题：

他是谁呀？

他去世了吗？

哪套百科全书？

百科全书放在哪儿？

这是我的工作吗？

为什么不叫乔治去做呢？

急不急？

你为什么要查他？

在这位经理回答了他所提出的问题，解释了如何去查那些资料，以及为什么要查的理由之后，那个职员会走开，去吩咐另外一个职员帮助他查某某的资料，然后回来告诉他，根本就没有这个人。

真的，如果你很聪明，就不应该对你的"助理"解释柯勒乔编在什么类而不是什么类，你会面带笑容地说："算啦。"然后自己去查，因为你实在不想让他一味地拖延来浪费自己宝贵的时间。

想想看，拖延真是浪费时间，浪费生命的一大恶魔。曾有这样一则寓言：

深夜，一个危重病人迎来了他生命中的最后一分钟，死神如期来到了他的身边。在此之前，死神的形象在他脑海中几次闪过。他对死神说："再给我一分钟好吗？"死神回答："你要一分钟干什么？"他说："我想利用这一分钟看一看天，看一看地。我想利用这一分钟想一想我的朋友和我的亲人。如果运气好的话，我还可以看到一朵绽开的花。"

死神说："你的想法不错，但我不能答应。这一切都留了足够的时间让你去欣赏，你却没有像现在这样去珍惜，你看一下这份账单：在60年的生命中，你有1/3的时间在睡觉；剩下的30多年里你经常拖延时间；曾经感叹时间太慢的次数达到了 10000 次，平均每天一次。上学时，你拖延完成家庭作业；成人后，你抽烟、喝酒、看电视，虚掷光阴。

"我把你的时间明细账罗列如下：做事拖延的时间从青年到老年共耗去了 36500 个小时，折合 1520 天。做事有头无尾、马马虎虎，使得事情不断地要重做，浪费了大约 300 多天。因为无所事事，你经常发呆；你经常埋怨、责怪别人，找借口、找理由、推卸责任；你利用工作时间和同事侃大山，把工作丢到了一旁毫无顾忌；工作时间呼呼大睡，你还和无聊的人煲电话粥；你参加了无数次无所用心、懒散昏睡的会议，这使你睡眠远远超出了 20 年；你也组织了许多类似的无聊会议，使更多的人和你一样睡眠超标；还有……"

说到这里，这个危重病人就断了气。死神叹了口气说："如果你活着的时候能节约一分钟的话，你就能听完我给你记下的账单了。哎，真可惜，世人怎么都是这样，还等不到我动手就后悔死了。"

可见，拖延浪费一个人多少宝贵的时间，但是在生活中最可怕的是，因为你的拖延浪费了别人的时间那才是罪恶，所以这种做事拖延的人，在工作中是最不受欢迎的人。

有人说，善待时间就是善待生命，那么善待他人时间的人，也是善待他人生命之人；而浪费他人时间的人，则是扼杀他人生命的间接杀手！

坚持使用"日程安排表"

时间管理的第一项法则是设定目标、制定计划。目标能最大限度地聚集你的资源（包括时间）。因此，只有目标明确，才能最大限度地节省和控制时间。

人生的道路，存在着时间与价值的对应关系。有目标，一分一秒都是成功的记录；没有目标，一分一秒都是生命的流逝。爱默生说："用于事业上的时间，绝不是损失。"

每天我们都应把目标记录下来，并且把行动与目标相对照。相信笔记，不要太看重记忆。养成凡事预则立的习惯。不要定"进度表"，要列"工作表"；事务要明确具体，比较大或长期的工作要拆散开来，分成几个小事项。

马丽凯说："每晚写下次日必须办理的 6 件要务。挑出了当务之急，便能照表行事，不至于浪费时间在无谓的事情上。"

确定每天的目标，养成把每天要做的工作排列出来的习惯。把明天要做的事，按其重要性大小编成号码。明天上午头一件事是考虑第一项，先做起来，直至完毕。接着做第二项，如此下去，如果没有全部做完，不要内疚，因为照此办法完不了，那么用其他办法也是做不了的。

记日志就是在善用生命、设计生命。伟人们都有把想法记录下来的习惯。他们

用日志来记录当天的重要事件和学习心得,用日志来总结经验、反省过失,用日志来规划明天、明确目标,用日志来管理时间、集中精力、抓住大事……一个成功的时间管理者也是善用日志来规划目标与计划的人。

因此,做事一定要制定日程表。

为了更好地实施你的计划,建议你每天制定两种工作表,而且最好在同一张纸上。这样一目了然,也便于比较。

在纸的一边列出你待做的事项——把你计划要在一天内完成的每一件事情都列出来。然后再审视一番,排定优先顺序。表上最重要的事项标上特别记号。在纸的另一边或在你的记事本上列出某几段特定时间要做的事情,如开会、约会等,你要排出一两段特定的时间来办理。如果时间允许,再按优先顺序尽量做完其他工作。不要事无巨细地平均支配时间,同时你要留有足够的时间来弹性处理突发事件,否则你会因小失大,因完不成主要工作而泄气。

但是,待做事项表有一项很大的缺点,那就是我们通常根据事情的紧急程度来排定。它包括需要立刻加以注意的事项,其中有些事项很重要,有些并不重要。但是,它通常不包括那些重要却不紧急的事项,诸如你要完成但没有人催你的长远计划中的事项和重要的改进项目。

因此,在列出每天待做事项表时,你一定要花一些时间来审阅你的目标表,看看你现在所做的事情是不是有利于你要达到的主要目标,二者是否相一致。

在结束每一天工作的时候,你很可能没有做完待做事项表中的事项,但是你不要因此而心烦。如果你已经按照优先次序完成了其中几项主要的工作,那么这正是时间管理所要求的。

不过这里有一项忠告:如果你把一项并不十分重要的工作从一天的待做事项表上移到另一天的工作表上,且不只是一两次,这表明你可能是在拖延此事。这时你要向自己坦白,你是在打马虎眼,你就不能再拖延下去了,而应立即想出处理办法并着手去办。

你最好在每天下班前几分钟拟定第二天的工作日程表。对于那些成功者来讲,这种时间管理计划是最常用的一个方法。如果拖到第二天上午再列工作计划表,那就容易做得很草率,因为那时又面临新的一天的工作压力,这种情况下排定的工作表上所列的常常只是紧急事务,而漏掉了重要却不一定是最紧急的事项。帕金森教授说:纷繁的工作会占满所有的时间。

我们要为某一工作定出较短的时间,也就是说,不要将工作战线拉得太长,这样你就会很快地把它完成。这就是你为什么要定出每日工作计划的目的所在。没有这样的计划,你对待那些困难或者轻松的工作就会产生惰性,因为没有期限或者由于期限较长,你感觉可以放以后再说。如果你只从工作而不是从可用的时间上去着想，就会陷入一种过度追求完美的危机之中。你会轻重不分，且又安慰自己已经把某项次要工作做得很完美，这样做的结果只能使主要的目标落空。

为了避免这种情况，你可以借鉴第四代时间管理理论，把事情按紧急和重要的不同程度，分为 ABCD 四类。它让我们在现实生活中进行时间管理有了更好的依据，也使得时间管理更具操作性。

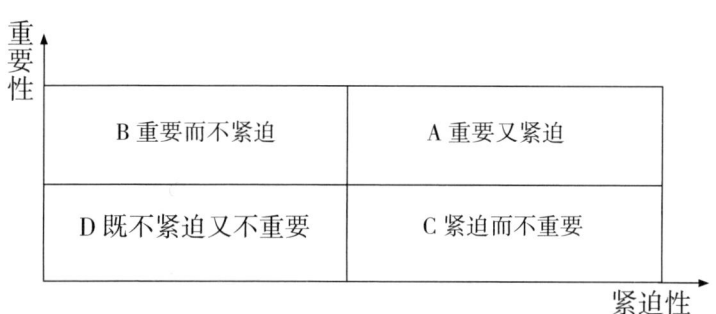

先做 A、B，少做 C，不做 D。方向重于细节，策略胜于技巧。始终抓住"重要"的事，才是最大的时间管理、最好的节约时间方法。A、B 类事务多了，C、D 类自然就杜绝了，你就会越来越有远见、有理想、有效率、少有危机。

请在一周内简要记下你所做的 ABCD 四类事务：

时间＼类别	A	B	C	D
周一				
周二				
周三				
周四				
周五				
周六				
周日				

请把一周事务记录作深刻检讨，并参照以上原则重新规划配置你的事务重心。

当然你也可用日、月、年作单位，照上面的表格，制作你的各种日程表，来有序地安排自己的事务，以使自己能够高效地工作。

《菁华》杂志的主编苏珊·泰勒不但规划了自己的计划表，还给她的属下制作了日程表。

在通常情况下，周末泰勒便躲到新英格兰的度假区去思考企业规划方案，读文章、报纸、杂志，理清头绪。当她星期一回到工作岗位后，总会带着重要人员的日程表，上面写有指派给每个人的工作。应该优先处理的事会有红色的记号，应该第一优先要做的事情则有两个记号。另外，完成工作所需的资料，例如名片或相关的信件等，都会附在日程表上。

有一位善于利用时间的经理则将部门的日程安排写在白板上，这样有利于随时根据事情发展变化进行调整，改变事情的优先顺序，而且也让部属明白他如何看待一项企业计划方案的重要性。

能善于利用时间的成功人士都会制定一份长期计划表。

在一次全国性业务员会议中，有记者问一位首席业务员说："在你看来，最重要的销售策略是什么？"他回答道："我的每月日程表。"他必须事先知道下一个月即将拜访哪些客户，并为此预先做准备。

另外，还有一些人甚至会预估他们长期计划表上的每一个计划需要花多少时间完成，然后再利用周计划、月计划或年计划制定日计划。

《薪水阶级》月刊的主编黛博拉·沙蓝，她以归档方式规划每年、每月的时间安排。每月的前两周固定是写评论时间；在第三、四周则为其他活动时间，例如演讲，回复谢函，做公关联络并计划未来的时间。她总是预先计划未来一年的工作：几个月写本书、几个月开个研讨会，其余的两个月安排来尝试新奇的事物。

沙蓝利用这种方式创作了数量惊人的作品，并且在同行中获得了众多的拥护者和支持者。

可见，这种日程表对于人们高效地工作是多么有效，但是任何完美地计划都需要人们严格地执行，并且必须不断地检测自己的日程表执行情况。

拿破仑·希尔认为，要定期检查计划表。

早晨起床的第一件事就是查看计划表。如果你确定要做的事情全都列在计划表上，而且每天固定检查计划表，你就不会忘记这个计划当中还有事情没有完成。

福布斯二世的书桌上总是放着一张记录重要事件的卡片，他把它作为管理系统的中心："每当我踌躇、犹豫的时候，我就会看着这张表，思考这件事情是否需要着手去办。"

通常在福布斯二世的卡片上大约有20件事，包括电话、信件、传真，以及他口述的小段专栏文章。他说过：如果你用一个较为固定的记事本来记录你想做的事，那事情将永远搁置在那里。当然，他这样讲有些片面，不过这是管理事情时十分有用的技巧。

每当你分配工作给下属时，应要求他们把你所交代的事情记在工作计划表上；在随后的会议中，也要请他们带计划表来开会，并以此作为推进报告的根据。只有这样，你才会放心而不至于遗漏工作中的某些环节。

附：你是时间管理的高手吗

时间管理是如此重要，那么在生活中、工作中，你是否合理地利用了你的时间呢？你是否是一个成功的时间管理者呢？以下问卷可以就你迄今所采用的工作方法提出一些启示。

（1）每个工作日之前，我都能为计划中的工作做些准备。
（2）凡是可交派下属去做的我都交派下去。
（3）我用工作进度时间表来书面规定工作任务与目标。
（4）我尽量一次性处理完毕每份文件。
（5）我每天列出一个应办事项清单，按优先排列，先办最重要的事情。
（6）我尽量回避干扰性电话、不速之客的来访以及突然召开的会谈。
（7）我试着按照成绩曲线图表来安排我的工作。
（8）我的日程表留有回旋余地，以便我有时间应付突发事件。
（9）我努力这样安排我的活动，以便集中精力首先处理少数至关重要的事情。
（10）当其他人想占用我的时间，而我又必须处理更重要的事情时，我会说"不"。

以上每个问题均有四个答案；A.从未做过；B.有时做；C.经常做；D.总这样做。请根据自己的实际情况作出选择。

解释：选择 A 为 0 分，B 为 1 分，C 为 2 分，D 为 3 分。把得分加起来，你就会取得下列结果：

0～15 分：你自己并无时间规划，而是让别人牵着鼻子转。但是，如果你在诸多事项中排出优先要办的事情，则可能达到一些自己的目的。

16～20 分：你试图掌握自己的时间，但却不能持之以恒，以便取得工作成效。

21～25 分：你的时间管理良好。

26～30 分：你已成为每一位想学习时间管理的人的榜样。

如果你还不是一个非常成功的时间管理者，那么就从现在开始改善时间管理。记住下面的话：

□你不必向其他人说明你的措施与方法的优点。
□你自己更好地更富有成效地工作就是了。

在开始探讨时间管理之前，请你先回答下面的一个问题：
为了每天赢得一小时，你准备怎样做？
（1）
（2）
（3）
（这是你个人的价值取向！）

第十三章

健康细节，影响一生

重视饮食和营养

健康是生命之源。失去了健康，生命会变得黑暗与悲惨，会使你对一切都失去兴趣与热诚。有一个健康的身体，一种健全的精神，并且能在两者之间保持美满的平衡，这就是人生最大的幸福！

不良的健康状况对于个人、对于世界所产生的祸害到底有多大，有谁能够计算得出呢？

在现实生活中，一些有作为、有知识、有天赋的人往往被不良的健康状况所羁绊，以至于终身壮志未酬。许多人都过着一种不快乐的生活，因为他们自己意识到，在事业上，他们只能拿出一小部分的真实力量，而大部分的力量却因为身体不佳而力不从心。由此，他们对自己、对世界就产生了消极思想。

天下最大的失望，莫过于理想不能实现。他们感觉到自己有很大的精神能力，但是却没有充分的体力作为后盾。自己感觉虽有凌云壮志，却没有充分的力量去实现，这是人世间最悲惨的一件事情！

许多人之所以饱尝着"壮志未酬"的痛苦，就因为他们不懂得常常去维持身心的健康。经常保持身心健康，是事业成功的保障，是保障工作效率的重要前提。

而正确的饮食之道是与旺盛的生命活力紧密相关的。

依据现代科学指出，抗衡都市压力的一个重要因素便是营养，而营养主要是从饮食中直接得来的。我们只有从饮食中摄取了养料，就可有应付压力的资本。所以正确的饮食观相当重要，这样可以增强身体抵抗压力的能力。

当人们在生活中注意了饮食方法以及饮食宜忌的规律后，并且依据自身的需要来选择适当的、有利于自己身心健康的食物进行补养，这样便能有效地发挥并维持生命的活力，提高新陈代谢的能力，保持身心健康。具体一点说，饮食，正确的饮食具有补充营养、预防疾病、治疗疾病、延缓衰老的作用。

人的饮食要节制，切忌暴饮暴食，不能随心所欲，讲究科学的饮食方法至关重要，所以说，人们的健康是从饮食中获得的。如果在短时间内，饮食过量，使大量食物进入食道，必然会加重胃肠的负担，超出肠胃承受范围，食物滞留于肠胃，不能被及时消化，这样，很明显就会影响到营养的吸收和输送。久而久之，脾胃因不堪重负，其功能当然会受到损伤，所以"食量大的人是不会健康的"。

现代的许多有关医学方面的实验都证明，减少食物的摄取量是延长寿命的最好的方法之一。针对这一点，得州大学的马沙洛博士做了一个很有意思的实验，为我们提供了有力的证据。他的实验是围绕一群实验鼠进行的，他把一群实验鼠分为三组，任由第一组的实验鼠随便进食；把第二组的食量减了四成；第三组的实验鼠食物中蛋白质的摄取量减少一半，然后便任由它们吃。两年半以后，实验结果为：第一组老鼠成活率为33%，第二组的成活率为97%，第三组存活率仅50%。

该实验表明了什么呢？温血动物延缓衰老、延长寿命的有效途径就是减少食量，这是他迄今为止所知的温血动物的生理特征之一，并且指出该结论同样适用于人类，所以，我们可以从中得到有关保健、长寿的规律，即要尽可能地限制食量，因为这样可以大大延缓生理上的衰老和免疫系统的失效，用一句话概括：吃得少，活得久。当然，这里的"少"不单纯指的是食物的量少，而且也暗含着食物的营养要合理，饮食要均衡。

其实，对于人类来说，要维持生命健康与长寿，最关键的一点就是要平衡膳食，合理营养。

所谓合理营养是指膳食营养在满足机体需要方面能合乎要求，也就是说由膳食提供给人体的营养素种类齐全，数量充足，能保证机体各种生理活动的需要。合理的营养能促进机体的正常生理活动，改善机体的健康状况，增强机体的抗病能力，提高免疫力。

达到合理营养要求的膳食一般称为平衡膳食，基本要求是：

（1）膳食中热量和各种营养素必须能满足人体生理和劳动的需要。即膳食中必须含有蛋白质、脂肪、糖类、维生素、无机盐及微量元素、水和膳食纤维等人体必需的营养素，且保持各营养素之间的数量平衡，避免有的缺乏、有的过剩。因此，食物应多样化。因为任何一种天然食物都不能提供人体所必需的一切营养素，所以多样化的食物是保证膳食平衡的必要条件。

（2）合理的饮食制度。如餐次安排得当，可采取早晨吃好、中午吃饱、晚上吃少的原则。

（3）适当的烹调方法。要以利于食物的消化吸收，且有良好的品相，能刺激食欲为原则。

（4）食品必须卫生且无毒。

当然由于人们的生活环境不同，饮食习惯、健康状况等也千差万别，对营养的要求也就各不相同。在实际生活中只有根据合理营养的基本要求，按照每个人的性别、年龄、劳动状况、健康情况等方面综合考虑，安排好每日膳食，才能真正达到合理膳食的要求。

随着科学家对人体愈来愈了解，关于食物营养方面的资讯也愈来愈丰富。你应该随时注意有关膳食的信息，以下是几点可帮助你达到平衡膳食的方法：

（1）新鲜水果和蔬菜应该占所吃食物中的最大比例，它们含有相当丰富的维他命和高效物质，而人体最容易吸收这些物质。

（2）你应多食的第二种食物就是碳水化合物，诸如面包，谷物和马铃薯等。

（3）蛋白质（诸如瘦肉、鱼和乳酪）是非常重要的食品，但不宜吃得太多，每天取用少量即可。

（4）避免油性食物，限制牛油和食用油的食用量，并且拒绝油炸食物，同时也应避免吃糖，像糖果和可乐之类。

此外你还应摄取不同的食物，以供应身体不同的需要，不要偏食，应该拒绝不当的饮食方法。

另外也有不少的科学家指出素食有益人类的健康，肉食则易致病。

第一次世界大战期间，丹麦政府任命全国素食组织的领袖负责指导国家的定量配给计划，以至于战时的丹麦人都以谷物、蔬菜、水果、乳制品为主要食物。计划实施才一年，丹麦人的死亡率就下降了17%。战后丹麦人又恢复了食用大量肉食，结果死亡率和心脏病的发病率很快又上升到了战前的水平。

科学家发现，世界上一些仅以谷物、蔬菜、水果等素食为食物的民族或部落几乎很少患病，并且可以长命百岁。在印度及巴基斯坦生活的哈扎斯人，超过百岁的人比比皆是，而且一生中都没有什么疾病，这主要得益于他们以新鲜水果、蔬菜、山羊奶及五谷杂粮等素食为食物的饮食习惯。相反，吃肉越多的民族，身体越不健康，寿命也越短。以肉食为主的爱斯基摩人，一生平均只能活27岁半。肠癌也多出现在以肉食为主的地区。为此，我们要在生活中养成多吃五谷、水果和蔬菜，尽量少吃肉食的习惯，相信对于我们的身体健康会有益处的。

切勿在生气、受到惊吓或担心时吃东西。因为当你在备战状态时，你的身体便无法充分吸收所吃食物的营养，尤其不可养成一紧张就想吃东西的习惯，因为这样只会使你变胖而已。

适当地调整饮食习惯是非常重要的事，因为如果饮食过量的话，你的身体会承担过多的负荷，而且沉溺饮食会使你延误一些应该立即处理的问题。如果你无法控制自己的饮食，不妨请教专家协助你。

养成良好的生活习惯

德国哲学家康德活了80岁，在19世纪初算是长寿老人了。某医生对康德作了极好的评述："他的全部生活都按照最精确的天文钟作了估量、计算和比拟。他晚上10点上床，早上5点起床。接连30年，他一次也没有错过点。他7点整外出散步。哥尼斯堡的居民都按他来对钟表。"据说康德生下来时身体虚弱，青少年时经常得病。后来他坚持有规律的生活，按时起床、就餐、锻炼、写作、午睡、喝水、大便，形成了"动力定势"，身体从弱变强。生理学家也认为，每天按时起居、作业，能使人精力充沛；每天定时进餐，届时消化腺会自动分泌消化液；每天定时大便，能防治便秘；甚至每天定时洗漱、洗澡等都可形成"动力定势"，从而使生物钟"准时"。谁若违背了这个生物钟，谁就要受到惩罚。

某著名养生专家认为：人体的一切生理活动都是起伏波动的，有高潮也有低潮。人体内有一个"预定时刻表"在支配着这些起伏波动，养生专家们称之为生物钟。人体血压、体温、脉搏、心跳、神经的兴奋抑制、激素的分泌等100多种生理活动，是生物钟的指针，反映了生物钟的活动状态。人体各器官的机能是按生物钟来运转的。生物钟准点是健康的根本保证，若"错点"则是柔弱、疾病、早衰、夭折的祸根。

因此，我们不赞同年轻人通宵看电影，通宵泡吧，因为通宵熬夜会使你的生物钟"错点"，表面上看没什么变化，但导致身体激素分泌紊乱，体力变化极大。如此日积月累，"错点"便会在身上产生反应，患病也就成为必然的了。

如果你的生物钟的运转和大自然的节律合拍融洽，就能"以自然之道，养自然之身"。目前，医学专家公认生物钟是自然界的最高境界，因为自古至今，健康长寿者的养生之道虽然千差万别，但生活有规律这一条却是共同的，为此，我们首先要养成良好的生活习惯。

越早奠定健康生活方式的基础，养成健康的习惯，以后获益就越大。养成良好的生活习惯，不仅可以避免中年体衰，而且到老都能身体健康。儿童比成年人更容易养成良好的健身习惯，如良好的饮食、运动和放松的习惯。我们越多向青少年灌输有关健康生活的知识，国人的体质将会越健康，可以减少对昂贵的医疗服务的依赖。要记住：导致过早死亡和丧失工作能力并浪费大量保健经费的许多疾病都是不健康的生活方式造成的，如果尽早在年轻时采取预防措施，这些病完全可以避免。

1. 戒除不良的嗜好

如酗酒、嗜烟（大量吸烟）、嗜赌（赌徒）。有人说得好，在危害健康的诸因素中，最严重的莫过于不良嗜好所起的作用持久而普遍。

2. 改变不良的生活习惯

如卫生习惯差，病从口入，易得胃肠传染病或寄生虫病。暴饮暴食者易患胃病、消化不良以及易于致命的急性胰腺炎。爱吃高脂及高盐食者，最易患高血压、冠心病等。一旦不良习惯养成，对健康的危害作用就会经常或反复出现。

3. 不要滥用药物

有关专家指出，当前药害已成为仅次于烟害和酒害的第三大"公害"。全世界每年死于药害者不下几十万人。为此，欲求健康长寿，必须停止滥用药物，包括滥用补养药品。补药用之不当，也会伤人。

4. 切忌操劳过度

卡耐基认为：野心很大的人可能会成功，但是，野心也容易使他无法活得很久、享受人生。所以，如果升职必须加上很大的压力、紧张和过度操劳，你就应该下定决心放弃升职。

如果赚大钱的代价是不幸或早死的话，你应该宁愿少赚一些钱；如果对自己鞭策得太严了，你应该鼓励自己满足于稍低一层的成就。

5. 减缓节奏

放松可使你完全忘记一天的烦恼和问题，虽然每个人都有放松的必要，但是就有人无法放松自己。

你的意识会把这一项目标作为你注意力集中的对象，这意味着你的内心，已排除其他所有事情，因此，你不会因为躺在躺椅中说一声"我在放松自己"就能真正放松自己的，因为你的思想还是环绕着一个既定问题在转。你必须找一个放松的目标，并使你的注意力集中到它身上，才能达到真正放松的目的，例如园艺、放风筝、读小说或做任何其他能吸引你注意的事情。

其实看电视和喝酒并不能使你真正放松，你应该有不同的兴趣，以使你的思想能换换口味，练习坐禅会为你的精神力量带来不可思议的神奇，体力劳动可能也是一项你乐于从事的活动；你不但要放松你的思想，同时也要放松你的身体。

放松自己并不是偷懒的表现，反而是使你的思想保持最佳状态的妙药。一天之中能有短暂的休息可以解决你的紧张并给你的潜意识活动的机会。

6. 适量运动

最理想的情况，是把运动当做放松娱乐和自己的一种方式。放松和娱乐对你的思想能力有很大的影响，而运动除了能保持身体健康之外，对思想同样也会有所帮助。但你必须保持适量和适度，过量的运动反而会引起疲劳。

你应每周做 3 次体操，每次 20 分钟。运动是对身体和心理最好的刺激物，它对于清除负面影响因素方面有很大的帮助。体育训练已成为了解人类潜力的重要方法，并且可以培养出一些有助于你追求成功的技巧。

7. 抵制有害的情绪

自古以来就有"怒伤肝""忧伤肺""恐伤胃"以至"积郁成疾"之说。这就是说，消极的情绪会影响人的身体健康。为什么呢？因为人的情绪变化总是和人的身体变化联系在一起的。例如，人在恐怖的时候交感神经发生兴奋，瞳孔变大、口渴、出汗、血管收缩而脸色发白，血液中的糖分增加，膀胱松懈，结肠和直肠的肌肉松弛。一般来说，当人的情绪变化的时候，人的血液量、血压、血液成分、呼吸、代谢、消化机能以及生物电都会发生变化。

过度的消极情绪，或长时间地被消极情绪所控制，会对身体的健康产生不良影响。例如，长期不愉快、恐怖、失望等，胃的运动就会被抑制，使胃液的分泌减少。对肠的影响也是同样的，愤怒时，肠壁的紧张力降低，蠕动停止，影响消化机能。总的来说，这样使人消化机能不好，容易产生胃溃疡。

为了更好地说明良好的生活习惯对于人的一生健康的重要影响，在此向大家提供一份关于美国石油大王洛克菲勒的健康细则，希望对大家会有所参考。

众所周知，洛克菲勒一生建立了自己强大的石油帝国，而且活到了 98 岁，这与他后半生都养成了自己独特的生活习惯有关，他一直都很注意保持身心健康，他尽量争取长寿，把赢得同胞的尊敬确定为主要目标。以下是洛克菲勒为达到这个目标而实行的纲领。

（1）每周的星期天去参加做礼拜，将所学到的记下来，以供每天应用。

（2）每天争取睡足 8 个小时，午后小睡片刻。这样适当的休息以保证充足的睡眠，避免对身体有害的疲劳。

（3）保持干净和整洁，使整个身心清爽，坚持每天洗一次盆浴或淋浴。

（4）如果条件允许的话，可以移居到环境宜人、气候湿润的城市或农村生活，那里有益于健康和长寿。

（5）有规律的生活节奏对于健康和长寿有益无害。最好将室外与室内运动结合起来，每天到户外从事自己喜爱的运动，如打高尔夫球，呼吸新鲜空气，并定期享受室内的运动，比如读书或其他有益的活动。

（6）要节制饮食，不暴饮暴食，要细嚼慢咽。不要吃太热或太冷的食物，以避免不小心烫坏或冻坏胃壁。总之，诸事要和缓、含蓄。

（7）要自觉、有意识地汲取心理和精神的维生素。在每次进餐时，都说些文雅的语言，并且可以适当同家人、秘书、客人一起读些有关励志的书。

（8）要雇用一位称职的、合格的家庭医生。

（9）把自己的一部分财产分给需要的人共享。

洛克菲勒通过向慈善机构捐款，把幸福和健康带给了许多人的同时，也赢得了声誉，更重要的是自己也得到了幸福和健康。他捐资所建立的基金会将有益于好几代人。洛克菲勒以此为工具，达到了自己目标，获得了健康与幸福。

戒掉酗酒、抽烟等不良嗜好

现代生活节奏日益加快，人们总是能感受到无处不在的竞争和压力，为此，很多人会选择吸烟、酗酒来稳定情绪，渲染不满和释放压力，孰不知，吸烟和酗酒对人的身体健康危害极大，可以说是人类健康的两大潜在杀手。

1.酗酒的危害

可以说，酗酒给人们带来的危害简直是灾难性的，而且这种灾难性的危害不仅仅发生在酗酒者本人身上，而且还会波及到周围的人甚至整个社会，社会上由酗酒引起的各种严重犯罪及事故时有发生。

其实酗酒行为本身就是一种放纵自己的表现，这种行为显然是对自己和他人的严重不负责任。首先，从酗酒对身体的危害来分析：在很多宣传教育手册和科普读物上，人们几乎都能了解到酗酒对身体的种种危害。其实即使没有这些宣传和教育，人们通过自己的亲身体验也可以感受到酗酒给自身身体带来的种种不适。所以说，酗酒对人们身体造成的种种危害，其实大多数人都是了解的，而人们不愿意改掉酗酒习惯的原因只不过是自己不愿意节制罢了。放纵自己喝酒的欲望显然要比在美酒面前克制自己更容易，但是当自己拖着被大量酒精所伤害的身体回到家中时，除去头痛欲裂的痛苦和五脏六腑的翻江倒海之外，也应该想到每次酗酒对于身体的长期危害。据有关调查资料表明，肝脏的病痛很多时候都是由于过度饮酒造成的，死于肝病的人数已经呈现出逐渐上升的趋势。而由酒精中毒造成的身体危害，更会给自己和家人带来无尽的痛苦。

此外，现代科学研究发现：酗酒对生殖系统的影响更大。长期饮酒会造成男性生育力低下；过度饮酒可诱发前列腺炎，甚至继发性功能障碍，并可造成不育；损害生殖内分泌功能，引起睾丸萎缩，出现阳萎；酗酒的男子很多精子发育不良或失去动力，如果受精，则会影响胎儿在子宫内的发育，引起流产，有时还会出现畸形怪胎，或孩子出生后智力差，成为低能儿。

其次，从酗酒对人们精神上的危害来分析：几乎所有有过醉酒经历的人都知道，饮酒过量会使自己的神经受到麻醉，有时还会使自己的理智大量丧失。很多经常酗酒的人都有过这样的体验：喝酒过后，人的记忆力会受到严重破坏，从而影响很多事情的正常进行，所有的事情只能等到酒醒之后再处理，此时如果遇到十分紧急的事情需要及时处理，就不能做恰当的处理，这样一来自然会使人们的工作和生活受到非常不利的影响，从而拖延了时机；过度饮酒还会使人们做下令自己后悔终身的荒唐事，很多平时善良可亲的人甚至会在酒精的麻醉和刺激下做出违背常理、触犯法律的事情，结果不仅自己因此将遭受牢狱之灾，许多无辜的人还会因为自己的所作所为受到严重伤害。酗酒对于人们精神上的危害远不止这些，由酗酒而造成的种种悲剧实在应该引起人们的警醒，从中吸取惨痛的教训，最后克服自己对酒精的依赖。

最后，从酗酒对于整个社会的恶劣影响来分析：社会是由无数个人组成的，每个人的行为都会对整个社会产生或多或少的影响。所以说，酗酒者在为自己带来不利的同时，也对整个社会产生一定程度的负面影响。有些人将自己的酗酒行为称为"不得已的应酬"或"当时被逼无奈的处境"，还有人说："整个社会风气如此，不是我个人所能改变的。"其实所谓的"社会风气"本身就是由这些酗酒者造成的，当他们不负责任地扰乱自己和周围人的工作和生活时，整个社会风气也会因他们的行为而受到腐蚀。

莎士比亚说："要想健康长寿，我们应该避免烈酒。"

对于莎士比亚的建议，人们着实应该加以充分考虑。为了我们自身的身体健康，为了精神上的积极和愉悦，为了周围人的正常工作和生活，也为了整个社会的和谐发展，我们每一个人都应该认清酗酒带来的灾难，而且要对酗酒的行为采取积极的"有则改之，无则加勉"的态度。

2. 吸烟的危害

有不少人以为抽烟很时尚，便不自觉地学会了。其实抽烟对人体的害处远远大于它给人们带来的那一点所谓"时尚感"。

烟草是世界上使用最频繁的麻醉剂，虽然它一般不被抽烟的人看作是一种麻醉剂，但它确实是许多人长期吸烟的原因。然而，抽烟时吸进的尼古丁、焦油对人体有明显的影响。尼古丁是使人上瘾的物质，它是任何一个烟民身体里面渴望的东西。使香烟"有劲"的是尼古丁，但使香烟有毒的还不只是尼古丁。

香烟里面含有上百种有害物质，其中的烟焦油有大量的苯并芘多环芳烃，这些物质具有很强的致癌作用。吸烟的人容易患肺癌、胃癌、食道癌、膀胱癌。

吸烟引起的癌症和两个因素有关：开始吸烟的年龄和吸烟的数量。开始吸烟的年龄越早，患肺癌的危险性越大。15岁以前开始吸烟的男性，到35岁以后患肺癌者是不吸烟者的17倍。而吸烟量越多，吸入体内的有害物质也会越多，当然危害也越大。衡量吸烟量的标准叫吸烟指数，就是每天吸烟的支数乘以一共吸烟多少年。如果每天吸烟20支，共吸10年，指数就是$20 \times 10 = 200$。吸烟指数超过400，肺癌和其他疾病的发病率将成倍增加。

吸烟还会引起心血管疾病，如心肌梗塞、冠心病、动脉硬化、高血压等。这是因为烟草里含有的大量的尼古丁，在燃烧过程中产生了大量的一氧化碳。它们都会使血管发生痉挛、血液黏稠、动脉壁增厚，以及触感迟钝等。同时，大量的一氧化碳能减少血中氧的含量，增加心脏的压力，使它不得不抽吸更多的血来使身上的细胞获得足够的氧。从许多方面看，抽烟显然是有害于健康的。养成抽烟习惯并保持这个习惯的男人要比女人多。不过，统计数字表明，在过去的10年里女性吸烟者增多。

另外，要想真正认识香烟的危害，还要走出关于吸烟的四大误区。

误区之一：清晨一支烟，精神好一天。

这是一些"老烟枪"的自我感觉，他们清晨醒来第一件事就是燃上一支香烟，还美其名曰"早烟提神"。

如果清晨不吸一支烟，就无所适从，甚至总觉得少做了一件事似的。特别是烟瘾大的人，往往人还未离床，就坐在被窝里迫不及待地吞云吐雾起来。是的，睁开睡眼，抽一支香烟，将一夜新陈代谢后血液中降下来的尼古丁浓度"弥补"上来，这对于那些"烟鬼"来说，精神确实可"为之一振"。殊不知，经过了一个晚上，房间里的空气没有流通，甚是污浊，混杂着香烟的烟雾又被重新吸进肺中；另外，空腹吸烟，烟气会刺激支气管分泌液体，久而久之就会引发慢性支气管炎。民间有句谚语："早上吸烟，早归西天。"已为人们敲响了警钟。虽然说得有些夸大，但在一定程度上也可以说明早晨吸烟的危害性和严重性。

误区之二：饭后一支烟，赛过活神仙。

这对吸烟者来说更是一种非常有害的误导。饭后，血液循环量增加，尼古丁迅速地被吸收到血液，使人处于兴奋状态，脑袋飘飘然，就如同"烟民"们描述"神仙"一样的感觉。实际上，饭后吸一支烟，比平常吸10支的毒害还大。因为饭后人体热量大增，这时吸烟会使蛋白质和重碳酸盐的基础分泌受到抑制，妨碍食物消化，影响营养吸收。同时还给胃及十二指肠造成直接损害，使胃肠功能紊乱，胆汁分泌增加，容易引起腹部疼痛等症状。而且身体在对食物积极消化、吸收的同时，对香烟烟雾的吸收能力也增强，吸进的有害物质也增加。所以，可以这样说：饭后吸烟，祸害无边。

误区之三：朋友聊天，喝酒吸烟。

许多人都喜欢在喝酒时吸烟，认为朋友相聚，必须有好酒好烟，这样才有好的气氛，二者缺一不可。酒喝多了，点燃一支烟，细细品味，似乎乐趣多多。但你可能有所不知，烟酒一起享用比单独喝酒或吸烟的毒害更大。因为酒精会溶解于烟焦油中，促使致癌物质转移到细胞膜内。有资料显示，口腔癌有70%与吸烟和喝酒双管齐下有关联。最为严重的是，烟酒同时进行使肝脏代谢功能只能顾及清除酒精而很难顾及其他，致使烟草的有毒物质在人体内停留数小时甚至几天，加大了烟草对身体的危害程度。因此，饮酒时吸烟实质上是同健康和生命开玩笑。

误区之四：如厕吸烟，一带两便。

这也是在民间流传了很久的一句俗语，而正因为流行，毒害才更加广泛。许多人认为厕所里有臭气，吸烟可以冲淡一些。事实上，厕所里氨的浓度比其他地方要高，氧的含量相对较低，而烟草在低氧状况下会产生更多的二氧化硫和一氧化碳，连同厕所里的有毒气体以及致病细菌等大量被吸入肺中，对人体危害极大。患有冠状动脉性心脏病或慢性支气管炎的病人在厕所内吸烟，可导致心绞痛、心肌梗塞或气管炎的急性发作。

所以，广大瘾君子吸烟一定要注意场合、时间等，当然为自己的健康考虑，最好是戒烟。

消除内心的压力

事业上的成功，家庭的幸福美满，人际关系的和谐，是每个人都期望的生活目标，追求高质量的生活无可厚非，还应积极提倡。

问题出在哪里呢？你的能力和心理素质。除了极个别智力超常的人外，大家的智商其实都差不多，而能力却相差很大。在同一个目标下，能力强的人往往比能力弱的人压力要小，因为能力强的人觉得获胜的机会比较大，目标离他越近，压力就会越小。

有了压力不一定就是坏事，压力来源于人的需求，而这种需求就是人们追求奋斗的原动力。感受到压力，体会到自己的需求，能产生为之拼搏的欲望。人在遇到绝路的时候，巨大的压力往往爆发巨大的潜能，"置之死地而后生"就是这个道理。

但是如果自己给自己的压力太大，或由于客观原因压力过大，则会超过人的承受能力，使我们感到心力衰竭，不堪重负，甚至产生一些心理疾病，更别提奋斗了。就像弹簧一样，在没有超过其承受范围时，你用力压紧它，松开手，它会用力反弹；但一旦超过其范围，弹簧发生变形，再用劲，也反弹不回来。

那么压力来自何方？

造成一个人压力的原因是多方面的。例如：企业内部缺乏良好的激励机制、工作中复杂的人际关系、工作强度大、自身的职业定位不正确等。超强的压力会给个体的职业发展与健康带来严重的负面影响，在个体身上造成的后果可以是生理的、心理的，也可以是行为方面的。笼统来说，压力来源主要有下述几个方面：来自体外的压力（专家们称之为外部压力）以及产生于个人体内的倾向和行为的压力（专家们称之为内部压力）。

具体来说大致有以下4方面能导致产生压力：

1. 外部的逆境

压力无处不在，人们很大一部分的外部压力来自于外部的逆境，也就是人们都能感觉到的日常压力：比如，丢了钥匙，遇到交通堵塞，洗衣机出了毛病。另外，还有一种外部压力是组织压力——当不得不将有毒废物运往另一个地方，或者违反了交通规则时，就意味着人们遭遇到了"组织压力"。

同时，作为人类社会的一员，每个人都还面临着生活中的社会压力，面对他人的发火、挑衅和愤怒。同时，生活中还有一些让人不能忘记的重要事件，像失业、无法获得提拔、家中又添新丁，或有人去世等。

2. 内部陷阱

消极的暗示也是人们产生压力的主要诱因。各种各样的外部压力使人们担惊受怕，它们总是不断地发生在人们身边。令人奇怪的是，这些压力中的大部分都是我们自己制造出来的。常常进行消极的自言自语往往会带给人消极暗示，例如，"我最近身体状况不大好"，"这份新工作可能和原来那一份一样糟糕"，这些都是工作压力产生的直接诱因。

3. 不健康的生活方式

自我产生压力的另一种方式，就是选择了一种不健康的生活方式。不健康的生活方式直接影响到人们的身体健康，浪费了人们大部分的时间，这些都会反映出工作中的无秩序，缺乏效率，这些都是压力的主要来源。

4. 忧郁的个性

有些人天生就容易给自己制造压力，这体现在其个性的许多方面。也许有人会认为，压力可以使人变好也可使人变坏，但是，最终它会让人为此付出代价。

当人们知道了自己所承受的压力以及来源时，就可以制定控制压力的计划。该计划必须详细，而且应该包括控制或消除压力的方法。例如，当压力出现，同时自己的工作期限又快到了时，人们可能不得不加快速度并潦草地完成工作。也许这能逃过老板的眼睛，但自己知道干得很糟。这种做法可能会引起自己的挫折感和失败感，同时会造成压力增多——于是一系列的不愉快又开始了。

洞察了压力产生的内在原因，也就有了如何对抗或消除压力的一系列方法：

1. 控制时间

人们对时间控制得越好，所做的工作就越多，承受的压力就越小。有效的时间控制的关键就是关注结果，而不是关注过程。通常，当人们努力完成工作时，电话就是最大的时间浪费。如果没有秘书协助接听，就应该买一个应答装置，没必要在每次电话铃声响起时都亲自接听。要认识到追求工作质量和奉行完美主义是有区别的。追求完美只会浪费时间和增加不必要的压力。要学着创造更多的时间。如果你的工作比时间还多，那么试着早到 30 分钟或是迟走 30 分钟。试着从午饭时间中节省 15 分钟。

另外，要经常评估你利用时间的方式。选择一天，记录一下自己花在工作上的每一分钟。你将会发现自己的时间浪费在了哪里。

2. 控制节奏

即使再优秀的运动员也不能在场上一直运动而不休息。起初，压力也许真的会提高人的工作绩效，但一旦过了头，过多的压力就会对人的工作能力造成影响。

每天的睡眠在不断地循环，工作的高效期也在不断循环。也许有人已经注意到，早晨的工作效率比下午要高，或者要在晚上 11 点以后工作效率才会再高起来。这些循环叫作"节奏"，它们每天都在发生。

为了能在高峰期高效地工作，要注意一下那些容易让人陷入倦怠的波谷，并且小憩一下，而不是沉湎其中形成压力。

3. 生活要有个计划

生活没有计划，容易给个人造成额外的压力。如果同时要做好许多事情，当然就容易导致混乱、遗忘，还总让人觉得还有那么多事情没做完，加重了生活的压力。所以，如果可能的话，要为自己立个计划，让自己做到心里有底，做事时有条不紊。此外，最好能一次就只做一件事，并且一次性将任务完成。

4. 改变你的认知方式

我们对事物的看法决定了我们感受到的压力。采用换位思考可以帮助我们更好地理解别人，如当你与上级沟通存在障碍时，可以设想一下如果你是上级会怎样处理，这样将有助于与上级更好地沟通。

5. 改变你的思维方式

人的思想感情与个人的观念和人生哲学有关。仔细分析一下，如果发现这些观念在一定程度上导致了不良的情绪，给你的生活带来了压力，那就有必要为此作出一些改变了。改变个人的人生观、处世态度有时候是很困难的，但是，哪怕只做一点改变，有时就可能收到意想不到的减压效果！

6. 消除工作中的环境压力

你是愿意坐在一个干净整洁，一切都井井有条的办公室里，还是愿意坐在杂货店似的一团糟的办公室里？很明显，一个井井有条、令人愉快的工作环境，会减少压力并提高工作效率。如果一个人在每找一份新报告、一盒铅笔或一份重要文件时都要花 10 分钟，那么，他感到十分压抑，并且无法按时完成任务，人们就毫不奇怪了。

7. 学会宣泄

当遇到不如意的事情时，可以通过运动、读小说、听音乐、看电影、找朋友倾诉等方式来宣泄自己不良情绪，也可以找个适当的场合大声喊叫或痛哭一场。学会宣泄就是指当你的坏情绪累积到一定程度后，你应该找一个你信任并能与其自由自在地说话的人，如朋友、亲人、要好的同事，或者心理医生，向对方讲讲自己的心里话。研究证明，把闷在心里的话说给一个乐于倾听你的人听，是一种非常管用的减压方式。

8. 消除压力源

当你感到有压力时，首先要找到压力源，尽可能地消除压力源。如果你的压力是因为工作量太大造成的，你可以通过合理的时间管理来区分工作的轻重缓急，重要的工作马上完成，次要的和不那么重要的可以先放一放，待时间充裕时再完成。

9. 学点放松技巧

有时候，人们需要远离生活的压力，去玩、去放松一下，这是一种不错的减压方法。需要说明的是，应该尽可能从事那些能让自己愉快、全身心投入、忘掉一切烦恼的业余活动。不管自己有多忙，该玩就玩！现在流行的放松技巧很多，如沉思、深呼吸等。大家可以找到相关的资料进行练习，掌握一些放松技巧，这的确有助于减轻压力。有条件或有必要的话，可以就此请教心理医生。

10. 经常锻炼身体

研究证明，经常锻炼身体可以减轻压力。值得注意的是，应该选择那些你认为比较有趣的活动，那些你觉得很"苦"、很枯燥的锻炼往往起不到减压的效果。

学会休息

雅格布森医生是芝加哥大学实验心理学实验室主任，他花了好多年的时间，研究放松紧张情绪的方法在医药上的用途，他还写了两本这样的书。他认为任何一种精神和情绪上的紧张状态，在完全放松之后就会消失了。也就是说，如果你能放松紧张情绪，忧虑也就解除了。

美国陆军曾经进行过好多次实验，证明即使是经过多年军事训练、体格健壮的士兵，如果不带背包，每一小时休息10分钟，他们行军的速度就会明显加快，坚持的时间也更长，所以陆军一般都强迫士兵坚持这样做。如果你能坚持锻炼，合理休息，你的心脏也能和美国陆军一样的强健。人的心脏每天压出来流过全身的血液，足够装满火车的一节油罐车厢；每天所供应出来的能量，也足够用铲子把20吨煤搬上一个3英尺高的平台所需的能量。人的心脏能完成这么多令人难以置信的工作量，并且持续几十年，甚至可能上百年之久，人的心脏怎么能够承受得了呢？哈佛医院的韦加努博士解释说："绝大多数人都相信，人的心脏一刻也不停地跳动着。事实上，在每一次收缩之后，它有完全静止的一段时间。当心脏按正常速度每分钟跳动70次的时候，一天实际的工作只有9小时左右，也就是说，心脏每天休息了大约15个小时。"这充分说明休息的益处。

历史上许多的成功人士都是讲究劳逸结合，休养生息之道。第二次世界大战期间，古稀之年的丘吉尔能够每天工作16小时，指挥大英帝国作战，确实是一件令人佩服的事情。他的秘诀在哪里？据说他每天在床上工作，看报告、口述命令、打电话，甚至在床上举行重要的会议。他并不是要消除疲劳，因为他根本不必去消除，他通过事先休息的方法就防止了。因为他经常休息，所以可以一直精神饱满地工作。

石油大王洛克菲勒也创造了两项惊人的纪录：他创造了当时全世界为数最多的财富，并且他活到98岁。他如何做到这两点呢？有一个原因是，他每天中午在办公室里睡半个小时午觉，以养精蓄锐。在这期间，即使是美国总统打来电话，他也不接。

丹尼尔说："休息并不是绝对什么事都不做，休息就是修补。"在短短的一点休息时间里，就能有很强的修补功能，即使只打5分钟的瞌睡，也能做到防疲于未然。

其实，在现实生活中消除疲劳，改善睡眠，有效休息的方法还挺多，在此，向大家推荐一些小窍门，希望能给大家提供一些有益参考。

1. 晚饭应早吃少吃

打完扑克牌或者看完晚场电视剧之后美美地吃上一顿，当然是件惬意的事。但是，深夜进餐对你的睡眠不利。你的新陈代谢需要一段平静的时间。如果你能在饭后散步5~15分钟的话，可能更有利于消化，而且你会觉得特别轻松。

2. 放下手头的工作

夜晚是为休息准备的，而不是用来弹奏吉它，也不是用来打扫房间，或者打电话询问什么消息。通常情况下，你希望在就寝时间到来时略感疲倦或者昏昏欲睡，那么，放下你手中的杂志，关掉电视，暂停与你妻子或者女朋友的谈话。

3. 调整你的身体

在就寝前喝一杯热牛奶能帮助你很快入睡。这并不是老掉牙的神话，它有一定的道理。牛奶含有色氨酸，这种天然的氨基酸能帮助你入睡。还需注意的是，切勿饮酒。虽然大量的乙醇会使你不省人事，但是它对你的睡眠没有任何好处。事实上，饮酒抑制了你做梦状态的睡眠。睡前少量饮酒会使你在第二天醒来时感到更加疲惫。

4. 保持工作的适度紧张

白天繁忙的工作会让你晚上睡得更好，因为身体需要充足的睡眠以恢复精力，让你感觉良好。

5. 改善睡眠的环境

研究表明，看着一些悦人的东西是一种放松，它有助于你的睡眠，最好以轻松的格调布置你的卧室。如果你的卧室能够看到远处美丽的风景，那么最好把你的床移到窗户边，以便欣赏外面的景色。或者在墙上挂一幅风景画，或者在写字桌上放一缸金鱼。

睡眠的好坏，与睡眠环境关系密切。在15℃~24℃的温度中，可获得安睡。而过冷和过热均会使人辗转反侧。如果你搬迁新居而不能安睡，有可能是因对新环境一时不能适应，但更有可能是室内地毯、新家具及室内装饰等所发出的异味所致。当然，冬季关门闭窗后吸烟留下的烟雾，以及逸漏的燃烧不全的煤气，也会使人不能安睡。在发射高频电离电磁辐射源附近居住，长期睡眠不好而非自身疾病所致者，最好迁居远处。在隆隆机器声、家电音响声和吵闹的人语声中失去深睡，则应设法排除噪声。灯光太强所致的睡眠不稳，除消除光源外，也可避光而卧。

6. 调整你的闹钟

如果你在上床后1小时或者更长时间里还是辗转反侧无法入睡的话，那么请调整你的闹钟。让你的闹钟每天早晨都提前3~5分钟响。提前起床自然会使你在晚上的时候感到更加疲倦，这样你就会很快地入睡了。

但是，必须坚持，即使是在周末。否则的话，你的身体就会不适应这个新的作息时间表。

7. 泡个热水澡

你也许不会相信，泡泡热水澡会对消除疲劳有意想不到的效果。专家指出，热水浴能促进血液循环，消除疲劳，清洗掉人体表皮上的污垢，减少病菌的入侵，这是经过科学论证的、不可争议的事实。

每日的疲惫里，除了肉体上的疲乏之外，还有心里的忧郁，有人倾吐当然最好，但总不可能每天都有人愿意、有空听你说闲话。因此，上班拖着疲倦的身躯回家后，不如泡个热水澡，既可以清洗身体，又可以作为心灵的沐浴，何乐而不为呢？

无论学习或工作有多忙，无论生活是多么的不如意，你都不要忘了——随时泡个热水澡。

8. 选择最佳时间上床睡眠

人在21~22时会出现一次生物低潮，如果23时前不能入睡，零时以后就很难睡着。早晨5~6时是生物高潮。因此成人从21~22时入睡，次日早晨5时起床最好。

9. 科学选择睡眠方向

地球南北极之间有一个大磁场，人体长期顺着地磁的南北方向睡卧，使人体主要的经、脉、气都同磁场的磁力线平行，可使人体器官细胞有序化，产生生物磁化效应，使器官机能得到调整和增强。所以，南北方向睡眠对身体有益。

10. 睡眠时间要充足

你的身体需要为第二天的活动而充电，希望减少睡眠以增加白天工作时间的方式是最不明智的做法，一个人每天需要 6～8 个小时的睡眠。记住，即使当你睡着时，你的潜意识依然在持续活动。

失眠，通常是因为在睡觉前无法放松自己，因此切勿一直到你精疲力竭时才停止工作。你应该在一天快结束时，做一些你喜欢做，但又不会造成太大刺激的事情。你可以和你的另一半聊天、刷刷牙、整理床铺，这些动作会传达一种信息给你的身体，告诉它现在是睡觉的时候了。

警惕亚健康，克服现代病

生活节奏的加快需要人们迎接各种机遇和挑战。然而，如何持久地、精力充沛地投入学习和工作绝非是一件简单容易的事情。很多人曾有过精力不济、情绪低迷、失眠多虑的生活经历，有些人甚至是经常性地反复发生这种现象。这就是近年来逐渐被人们日益关注的医学界提出的介于健康和疾病之间的亚健康状态。

"亚健康状态"是医学界提出的一个新概念。自从 20 世纪中叶医学模式由单纯生物医学模式发展成生物—心理—社会医学模式以来，人们对心理因素与不良的社会生活方式也可以引起疾病有了深入的了解。自各种抗生素、疫苗等研制成功与应用以来，现今传染病已退居次要地位，而找不到病原体的非感染性疾病，尤其与身心疾病有关的疾病，如高血压、冠心病、糖尿病、哮喘、溃疡病、肿瘤、心律不齐等等，已成为威胁人类健康的"杀手"。这些状态的早期往往介于健康与疾病之间，呈游移状态，现今的检测仪及实验检查尚未能检测出明显的阳性结果或处于临界水平，有的人仅有不同程度、不同表现的不适感：有时俨然健康状态，照常上班与生活，仅略有点疲惫而已。如一些满面红光、体力充沛的壮硕之人，尽管没有糖尿病的任何症状，但一检查却可能糖量有些异常，这些人若不节制饮食，不加强运动，防止肥胖，朝夕酒筵之间，无需多久，糖尿病、动脉硬化等疾病便会接踵而来。

对亚健康状态这种似健康、非健康，似疾病、非疾病的状态，要熟识它的成因，知道它五花八门的外在表现，使人们在日常生活中能够预防它，增强健康意识。亚健康在临床上常被诊断为疲劳性综合征、内分泌失调、神经衰弱、更年期综合症等，其在心理上的具体表现是精神不振、情绪低沉、反应迟钝、烦躁、焦虑、易惊等；在生理上则表现为乏力、气短、腰酸腿痛等。此外，还有可能出现类似心血管系统疾病的症状，如心悸、心律不齐等。

究其根源，亚健康其实是一种文明病或者都市病。在亚健康患者中，来自农村

从事农业生产者几乎为零。一般造成亚健康的原因有以下几种：

（1）交通拥挤、办公桌太靠近，造成人们生活和工作空间过分窄小。

（2）空气、垃圾、工业噪音和辐射等污染，严重损害人们的生存环境。

（3）工作过量，身心透支，人成为金钱的奴隶。

（4）工作跟不上的人，面临被淘汰的威胁，为了保住饭碗，不得不承受沉重的压力和矛盾。

（5）信息爆炸，变化加速，人们得终身学习，掌握新知识，创造新思维，不得闲暇。

（6）人际关系因各种利益冲突变得复杂，使每个人建立和处理人际关系时变得更加谨慎和困难。

（7）机械化、形式化的生活、工作和学习，占据了人们的大部分时间，使人与人之间的情感交流相对减少。

（8）社会生活的复杂化、多变性，给人们的恋爱、婚姻、家庭生活的稳定性带来更多冲击，使人们的情感联系减少，从而降低了人们对情感生活的信心。

（9）人们自身的某些不足和遗憾，往往成为自我折磨的理由。

（10）生命的脆弱，在深层次上减弱了人们奋斗进取的激情，有人觉得生命荒诞与无谓。

了解了亚健康状态的缘由后，你是否感觉到自己曾有上述心理状态？其实，这是一种非常容易被人们忽略的状态，只要稍微在生活中留意一下，便会发现许多细节已在为我们的健康敲响警钟。

根据大量临床资料，亚健康状态的表现五花八门，可归纳为如下19种：

（1）容易疲劳，力不从心，倦怠乏力。如下班回家后，第一反应是往沙发上一坐或床上一躺，就懒得动。

（2）心绪不宁，坐卧不安，焦虑、恐惧、抑郁。

（3）睡眠障碍。表现为难以入睡,或早早就醒，或梦境连绵，梦中套梦，甚至梦游、梦魇……早晨恋床，蒙眬不醒。

（4）常感头痛、头昏、耳鸣、健忘、浑身酸紧，好出虚汗。

（5）猛然站立，眼前发黑。遇到紧急情况，反应迟钝，往往束手无策。

（6）稍一活动,就心悸气促,上楼、跑步喘不过气来。在静态时,有时也突感心慌。

（7）饭菜不香，没有胃口，整天无饥饿感，有时嗳气，饭后恶心。

（8）常把事情往坏处想，老怀疑别人背后议论自己。生闷气、发脾气，事后也觉得没有意思，但不能控制情绪。

（9）感情冷漠，不易受感动，孤僻、偏执、离群。经常叹息，似乎长叹一口气，感觉轻松些。

（10）遇事沉不住气。一紧张，就想排便，肚子咕咕，腹部阵痛。

（11）不愿见生人，来客也嫌烦，胆小怕事，不愿在众人前讲话。
（12）就是夏天，也感手脚发凉。秋天常超前穿起棉衣。
（13）挤公共汽车，逛商场，一见人多，易发生暂时性眩晕。
（14）常感颈部、肩部、四肢酸痛麻木等。腰酸膝软更是常事。
（15）皮肤干燥、瘙痒、花白或潮红。头发枯焦或脱发、断发。
（16）不该急的事，也往往忙得不知所措。工作无序、生活无章、衣着不整。
（17）性欲低下，阳萎、早泄、性变态、性幻觉、性冷淡、性高潮缺乏或尿频。
（18）青少年的口吃、遗尿、手淫、多动、学习障碍、厌学、逃学。
（19）药物依赖成瘾，社会适应不良，生活无味，甚至厌世、轻生。

那么，对于亚健康问题，我们应该怎么办？为此，医学专家提出了简便而行之有效的应对良策。

1. 全面而合理的膳食

最科学的食谱是保证营养均衡。日常生活中，每天的膳食必须保证糖、蛋白质、脂类、矿物质、维生素等人体所能必需的营养物质一样也不少。同时，还应当注意克服两种不良的膳食倾向：一是食物营养和热量过剩；二是为了某种目的而节食，以致食物中某些营养素和热量不足。这两种错误部足以导致身体出现亚健康状态。具体说，一个健康的成年人每天需要1500卡路里的能量，工作量大者则需要2000卡路里的热量，不断补充营养是保持精力充沛的前提。

2. 锻炼身体

定期锻炼的最大受益者是你的心脏。所以有"完美的体形意味着完美的心脏"之说。另外积极的锻炼能够提高机体产能的效率。当快节奏、高强度的工作需要你付出更大能量时，健康的身体能够游刃有余地释放潜能。

3. 沐浴阳光

阳光照射可以改变大脑中某些信号物质的含量，其中令人入睡的信号物质将减少，而令人清醒的信号物质将增加，使接收日光浴者有心旷神怡之感。在上午光照半小时效果明显。

4. 郊游

在假期和周末远离喧嚣的都市。现在城市空气污染严重，对人体危害不浅，每隔一段时间到林木茂盛的风景区踏青，可以令人体吐故纳新、调和呼吸、阴阳协调。在绿色植物密集的公园、森林，空气里的负离子有大气中的"长寿素"的美称。在负离子充沛的地方，人们感到心旷神怡、精神振奋，空气中的负离子不仅能调节神经系统，而且可以促进胃肠道消化、加深肺部的呼吸。

5. 认识自己的生理周期

每个人的心理状态和精力充沛程度在一天中是不断变化的，有高有低。大多数

人在午后达到精力的高峰，但也不乏个人差异。不妨测定（连续记录）自己一天的心理状态，清醒程度和对事物反应的敏捷度，找出自己的精力变化曲线，然后合理安排每日的活动。

6.午睡不容忽视

目前，国外一些公司规定职员必须午睡，以保证工作效率，午睡时间宜在半小时左右，关键是质量。睡时最好能平躺在床上或沙发上，使身体伸展开来。不要趴在桌上睡，这种体位容易使空气受限，颈项和腰部的肌肉紧张，醒后很不舒服，易发生慢性颈肩病。

第十四章

生活细节，幸福所在

不必让对方知道自己所有的事

在现实生活中，许多夫妻在婚后都会为双方是否保留一定的隐私权而发生争执。比如，当妻子获知丈夫在婚后仍然与相识多年的一位异性朋友保持来往后，她难免会心存疑虑，尤其对方还是一位年轻美貌的女人时，做妻子的就会猜忌丈夫与对方的关系，她要么强行要求丈夫与其断绝关系，要么采取秘密跟踪、多方打探、突击检查等手段扎紧篱笆以防不测；如果丈夫得知妻子仍然与某个追求者或与某个男同事保持比较密切的友谊，他恐怕就会严令妻子必须与其断绝来往，他甚至会检查妻子在出嫁时所带来的东西，如果发现妻子尚保存着追求者写给她的情书，或发现经常有异性打电话与妻子聊天，这位丈夫十有八九就会销毁那些信件，或要求妻子公开与那个神秘人物的关系。如果双方在上述问题上不愿作出让步的话，那么一场马拉松式的家庭战争就会拉开序幕。

到底夫妻之间该不该坦诚无讳？能不能有所保留？看似简单的问题，却有着耐人寻味的各种答案，80%以上的人认为不该一无保留地全盘托出。

其实，每个人都有自己的不同人生经历与境遇，所交往和接触的人都不一样，有时，留点秘密给自己会让你的生活少一分猜疑，多一点快乐。当然，留点秘密给自己并非有意欺骗，也绝不是故意让人悖离诚信原则，只是要你说话前多思考，以免祸从口出，或破坏了一段不可多得的友谊。这也体现了人与人之间的一种相处艺术，掌握好分寸，你就会拥有更好的人缘。

曾有一位李云女士讲过自己的甜蜜婚姻："恋爱时，我要把自己的历史向他坦白，他拒绝了。他说，每个人都应该有自己的秘密，而寻找爱情只该看对方的现在和将来，不必问过去。那年刚好发生日全食，他就与我探讨日全食好还是日偏食好。我认为日全食千载难逢，好看；他却说日偏食明中有暗，暗在有明，而且偏食多全食少，还是欣赏日偏食更有意义，更现实些。走进两人世界后，他把'日偏食'的观念用在家庭里，给我和自己各留一方自由的空间：一张书桌3只抽屉，他给我一把钥匙，自己留一把，中间一个放家庭内的东西。从邮箱里拿到我的信件，他从来不拆不问；听到电话先问找谁，从不先问对方是谁；每月工资发放后，除各出80%用于家庭开支外，其余的个人支配……我曾问他，这是不是AA制，他说有点像，但不全是，只是每个人拥有自己的小天地而已。跟丈夫相处，我觉得他有绅士风度,跟他在一起,我很有安全感，我同时拥有两人世界和个人空间两个自由的天地,真是一个'日偏食'的景致。"

当然，在中国社会像李云的丈夫这样富有涵养的男人恐怕是凤毛鳞角的，相反，绝大多数男人在结婚后，都要求妻子不但要断绝与所有异性、尤其是曾经与妻子有过一段恋爱经历的男友的关系，还要求妻子不能留下任何记载以往浪漫历史的情书和异性信件、照片、象征物，甚至，更要求妻子从灵魂深处把以往的情感驱逐出去，从此只让他占据着妻子的身体和灵魂。反过来看，由于女性世世代代具有对丈夫移情别恋的本能恐惧，她们为了获得经济与感情的双重安全，也同样会要求丈夫断绝与异性朋友的来往，甚至，在她们接到异性找丈夫的电话后就会坐立不安，非要向丈夫打探这个女人的来历，并通过种种并不那么光明正大的方式把这个女人从丈夫生活圈子里赶出去，有相当多的富人妻子甚至要通过私人侦探跟踪丈夫的行踪，以了解丈夫的私生活，或是经常在背地里突击检查丈夫的手机存档和皮包，以寻找他们不忠的证据。

刘涛就遭遇了这样一个心胸狭窄的妻子：在结婚后不久，他妻子每次在接到有女性找他的电话后，不但在一边听他们谈话，还要像个户籍民警一样向丈夫了解对方的情况，事后她居然打电话给对方说，我们已经结婚了，请你不要再打电话给我丈夫了。这时刘涛自己还蒙在鼓里，直到有一天他发现他通讯录上凡是带有女性特征的名字都被妻子用圆珠笔给划掉后，他才大梦初醒。而妻子的回答是，她太爱他了，她不允许其他异性来打他的主意。气得刘涛当天晚上就和她分居了。妻子却不认为她做错了什么，她说婚姻不就要求夫妻相互忠诚吗？相互忠诚的概念就是夫妻谁也不能再和异性交往。更有甚者，刘涛有一次在家里接待一位外地来的女同学，尽管他提前打电话告诉了妻子，但她回家后居然冲人家说，你知不知道你这位老同学已经结婚了？对方一脸诧异地说，当然知道。这位妻子说，你既然知道你为什么还要到我们家里来？就算是老同学见面也完全可以在外边吃饭嘛，你到我们家是安什么心啊！刘涛说，他当时的血都凝固了，他没想到妻子居然病态到这种程度，他二话没说就拉着老同学到外边吃了饭，第二天他平静地对妻子说，我们离婚吧，这种生活我一天都无法忍受了!

因此,为了让我们婚姻的家园更美好,夫妻之间还是要给彼此多一点空间,毕竟,保护对方的隐私也是对爱人的一种尊重。

隐私是指一个人不愿意向他人公开的隐秘经历。所谓隐私权是指,只要这种经历不包含损害他人的情节,任何与此经历无关的人包括政府都无权过问,更无权强行公开。尊重隐私权意味着把一个人当做独立的人格予以尊重,在夫妻之间同样应该有这样一种文明意识和教养。当然,夫妻间的情况要微妙得多,因为夫妻间最敏感的隐私往往涉及一方与其他异性的关系,而这种关系是否构成对另一方的损害,从而赋予了另一方以过问的权利,不是很容易判断的。有一些情形可以明确地归入应受尊重的隐私的范围,例如婚前的性爱经历和婚后的异性间友谊。这些情形对于现有的婚姻不发生直接的影响,因此原则上应当看作当事人的私事。并不是说你一定不能知道,但是如果你的爱人不管出于何种考虑不想告诉你,你就不应该强求知道。比较难以确定的是,如果发生了可能直接损害现有婚姻的情形,例如一方有了外遇,另一方是否还应该把这当做隐私予以尊重呢?我们对此原则上持否定的回答。不过也有例外,例如,一方的外遇是偶然的和短暂的,并且双方都依然珍视和希望维护现有的婚姻,那么,在这种情形下,另一方最好仍把对方的这一段经历当做应予尊重的隐私,保持谅解和沉默。

因此,一个成熟而理智的人,应该学会留点秘密给别人,这是对他人的尊重。

留点秘密给自己,多了一份魅力。要想使自己的魅力保持得更长久,适当地保留一些秘密是必要的,这也是一种生活的艺术。

不要把工作的烦恼带进家庭

我们都知道:家是欢愉的港湾,"我的家就是我的天堂";因为有了家人、亲情,才有了真正的家。

一个人说起他遇见的一件事:

去一个朋友家做客,出了电梯,赫然望见门上挂了一方木牌,上头写着两行字:"进门前,请脱去烦恼;回家时,带快乐回来。"

当时,久久凝视,细细玩味,不禁对这家主人萌生无限敬佩。短短的两句话,蕴含的却是深奥的家庭哲理。

进屋后,见男女主人一团和气,两个孩子大方有礼。一种看不见却感觉得到的温馨、和谐,满满地充盈着整个屋内。

自然问及那方木牌,女主人笑着望向男主人:"你说。"男主人则温柔地瞅着女主人:"还是你说,因为,这是你的创意。"女主人甜蜜地笑道:"应该说是我们共同的理念才对。"

经过一番推让,女主人轻缓地说:"其实也没什么大学问,一开始只是提醒我自己,身为女主人,有责任把这个家经营得更好。而真正的起因,是有一回在电梯镜子里看到一张疲惫、灰暗的脸,一双紧拧的眉毛,下垂的嘴角,烦愁的眼睛……把我自己吓了一大跳,于是我想,当孩子、丈夫面对这样一张面孔时,会有什么感觉?假如我面对的也是这样的面孔,又会有什么反应?接着我想到孩子在餐桌上的沉默,丈夫的冷淡,这些原先认定是他们不对的事实背后,是不是隐藏了另一种我不了解的原因?而当发现真正的原因竟是我时,我吓出一身冷汗,为自己的疏忽而后悔,当晚我便和丈夫长谈,第二天就写了一方木牌钉在门上,结果,被提醒的不只是我而是一家人……"

好有智慧、好可爱的女人!

"家"是一个硬件,"人"才是组成家并发挥功用的软件。每个人都带一些快乐与欢笑回家,家里自然充满笑声;相反,每个人都带烦恼与不快回来,定是愁云惨雾。

当然,我们并不是告诉大家"报喜不报忧",互相分享,也互相分担,是家的功用之一;但分担的意义是通过沟通才能达成的,而不是成天绷着脸,将心中怨气毫无道理地扔给其他人,或是老觉得别人对不起自己。

现代生活快速的节奏,紧张的氛围,对于那些事业心强,而又富有竞争精神的人来说,总想在这样的生活中占据一席之地,于是他们把所有的心思都放在了工作上,家庭在他们心中变得不再重要,在这样的情况下,如果夫妻双方不再善于沟通,互相体谅的话,婚姻之车肯定要撞红灯了。

刘海和妻子袁丽都有着强烈的事业心,正因为如此,两人才会彼此倾慕并最终走到了一起。婚后,两人各忙各的事情,生活平淡而实际。

刘海是一名政府公务员,非常善于运用科学的管理方式管理行政事务,并且成效显著,很快便脱颖而出,被提拔为副处长。袁丽在大学毕业后留校任教,为了提高自身的学历,在学术上有所作为,她下苦功夫考取了学校第一批硕士研究生。夫妻俩的事业红红火火,蒸蒸日上。

不久,省里决定在现有的机关人员中选拔一批优秀人才到贫困地区扶贫,刘海顺应时代需要,第一个报了名,并终于如愿以偿地到附近某贫困县当了一名主抓科技的副县长。一年后,由于他在科技扶贫方面成绩显著,在县行政换届选举中,他以绝对优势被选任县长。随后,刘海率领全县人民用不到两年的时间不仅摘除了该县的贫困帽子,而且使其跻身全国"百强县"。

在工作中,刘海时常会感觉到自己对家庭温暖的需要和渴望,但同时事业的成功又冲淡了这种孤独、寂寞之感。

在学校继续任教的袁丽则更是一头扎进书海里，进行课题攻关。她把儿子送到公婆身边，并充分利用丈夫孩子都不在身边的良好学习环境，不断地做实验，搞研究，后来搬到实验室里，吃住全在里面。功夫不负有心人，在导师的指导下，她的研究成果获得了省科技进步一等奖。

寒假将至，刘海回来与妻子商量，要她利用寒假和他一起去县里辅导县中学的教师，但袁丽舍不得离开自己的实验，拒绝了丈夫，结果他们大吵一架，不欢而散。刘海愤愤地走了，带着满心的寂寞与伤害，直到春节也没有回来。除夕夜，袁丽没有回那冷清的家，一个人待在实验室里，感到了凄凉孤独。

经历了这次纷争，夫妻俩开始反思这一段婚姻历程，虽然他们的事业在不断地升温，但他们婚姻生活的温度却已接近了零点。他们在为事业拼搏的时候，同样是需要支撑、关怀和温暖的，同样要为家庭的建设作出自己的努力的，但他们却都忽略了这一点。

刘海为了自己的政治前途，几乎忘记了家庭的存在，特别是调离当地之后。而袁丽为了自己的学业，甚至把儿子也狠心地送走了。他们的家庭生活，几乎是一片空白。他们两个人几乎没有待在一起的时间，他们的家庭甚至在他们的心目中的分量远比事业轻得多，想通了这一点，令他们感到震惊，他们为家庭竟然付出的如此之少，太惭愧了。

袁丽开始尝试在学业紧张之余，特别是利用节假日前往刘海所在的县城探望丈夫，并且给他做上几顿可口的饭菜。闲暇时，她会同丈夫一道散步游览，领略县城街头的风景，与丈夫谈谈别后的感受。接回儿子，大享天伦，有时，三口之家会寻找一个风景胜地，出去旅游一番。

从此，夫妻之间、父子之间、母子之间，都多了一些问候，多了一些关心，多了一些欢聚的快乐，更多了一些温馨甜蜜的回忆。

很庆幸，刘海和袁丽能够及时地反省自己的婚姻生活，从家庭和事业之中找到一种平衡，使婚姻的这只船可以平稳地在大海中航行，但也有人撑不好婚姻的船，使其失去平衡，从而遭遇到"船毁人亡"的灾难。

有位李先生，谈起他中年经历的一次婚姻危机，深为感慨。

他说："婚姻的前10年，我满脑子想的只是工作、工作、再工作，简直就是一架工作机器。我一心奔仕途，围着领导转，晚上泡在办公室写材料，就是节假日也常常是马不停、人不歇。没有什么娱乐，也没有多少兴趣爱好，最大的爱好是抽烟、喝酒、侃大山，这些活动也都是和同事、朋友在一起，这也占了不少时间。

"在那些年里，我回家吃晚饭的次数越来越少，因为有那么多推不掉的应酬，我陪妻子和孩子出外娱乐太少太少，就是被强逼一起出去了，我也是让他们去玩，自己找个没人的地方抽烟，考虑工作上的事。我回家最大的享受很少是沐浴温情，而是放松四肢睡大觉,因为在外面奔波得太累了。

"我那么多年都无暇顾及妻子与儿子的情感需要,有时也心有所动,觉得在感情上亏待了他们,但转而一想我这么奔前程也是为他们好,再过几年混出个人样来就好了。而且孩子有妻子照顾,家里有妻子照料,妻子不愁吃不缺钱,她还有什么不满足的呢?

"可是随着时光的推移,我发现妻子不再唠叨了,也很少抱怨了,孩子长大些不太需要她操心之后,她有了外遇,后来又提出要与我离婚。我真弄不懂,我在外面打江山,为她创造如此舒适的生活环境,她怎么舍得丢掉这一切?

"而她却说,我太自私,她已无法忍受我对她和孩子的冷漠,她需要温情,跟我在一起生活无聊、乏味。我奔劳仕途所带给她的只有虚荣,而这虚荣对于她一钱不值,她不可能整天挂在嘴上说她只是某某人的老婆。她需要体贴、关怀和爱,而这些我都没有给她。她说我只是一架工作机器,我是一个无血无肉的男人。而她没想跟我过不去,只是寻找她应该得到的东西。"

不单单进家门要把烦恼留在门外,夫妻间相处沟通也相当重要。

不过夫妻间的交流一定要遵循"有话坐下来好好说"的原则,这样对方才能知道你的想法,也帮你自己整理思绪、稳定情绪。

切忌把什么事都埋在心底,尤其是当事业和家庭发生冲突时,自己满腹委屈,却暗自期望对方了解,当对方不明白时,又萌生失望而感伤,将怨气由其他方面宣泄出来,弄得别人一头雾水,自己一肚子气。这样往往导致的是夫妻间矛盾的激化,感情的危机,甚至会使婚姻走向破裂。

重视爱人的生日、重要纪念日和节日

结婚纪念日、对方生日、定情纪念日等等,是夫妻双方爱情史上的重要日子。届时,采取适当形式予以纪念,使双方都感到对方对自己怀有很深的爱意,这对于巩固夫妻感情作用甚大。

曾经有这样一个感人的故事:

她和他结婚时家徒四壁,除了一处栖身之所外,连床都是借来的,更不用说其他的家具了。然而她却倾尽所有买了一盏漂亮的灯挂在屋子正中。他问她为什么要花这么多钱去买一盏奢侈的灯,她笑着说:"明亮的灯可以照出明亮的前程。"他不以为然,笑她轻信一些无稽之谈。

渐渐地,日子好过了。两人搬进了新居,她却舍不得扔掉那一盏灯,小心地用纸包好,收藏起来。

不久，他辞职下海，在商场中搏杀一番后赢得千万财富。像所有有钱的男人一样，他先是招聘了一个漂亮的女秘书，很快女秘书就成了他的情人。他开始以各种借口外出，后来干脆无须解释就夜不归宿了。她劝他，以各种方式挽留他，均无济于事。

这一天是他的生日，妻子告诉他无论如何也要回家过生日。他答应着，却想起漂亮情人的要求。犹豫之后他决定去情人处过生日后再回家过一次。

情人的生日礼物是一条精致的领带。他随手放到一边，这东西他早已拥有太多。半夜时分他才想起妻子的叮嘱，忙急匆匆赶回家中。

远远看见寂静黑暗的楼房里有一处明亮如白昼，他看出来正是自己的家，一种遥远而亲切的感觉在心中升起。当初她就是这样夜夜亮着灯等他归来的。

推开门，她正泪流满面地坐在丰盛的餐桌旁，没有丝毫倦意。见他归来，她不喜不怒，只说："菜凉了，我去再热一下。"

他没有制止她，因为他知道她的一片苦心。当一切准备就绪之后，她拿出一个纸盒送给他，是生日礼物。他打开，是一盏精致的灯。她流着泪说："那时候家里穷，我买一盏好灯是为了照亮你回家的路；现在我送你一盏灯是想告诉你，我希望你仍然是我心目中的明灯，可以一直照亮到我生命的结束。"

他终于动容，一个女人选择送一盏灯给自己的男人，应该包含着多少寄托与企盼！而他，愧对这一盏灯的亮度。

他最终回到了她的身边，选择了妻子，放弃了情人。因为他已明白爱是一盏灯，不管它是否能照亮他的前程，但它一定能照亮一个男人回家的路。因为这灯光是一个女人从心底深处用一生的爱点燃的。

其实，一年之中至少有两次或者更多的机会，你可以通过送给爱人精致、独特的礼物使对方心醉神迷，心潮激荡。这些机会包括爱人的生日、你们的结婚纪念日等。如果需要，你还可以在其他任何时机向对方传递你发自灵魂深处的信息，相信这种信息会使对方激动不已。

那么你应该买什么样的礼物呢？比如说送了一张精美的贺卡吧，记得贺卡上都应有用手写体书写的诚挚、敏感的话，这给人一种亲手书写的感觉。贺卡的标题根据贺卡内容和主题详细列出，诸如："最亲爱的，我为什么爱你""从遇到你的那天起，我的生活就改变了""我总是梦见邂逅像你这样的人""请原谅""我好想念我们的亲密无间""如何感谢你才好"等等。

再提两个忠告：

首先，在特殊纪念日到来之前一个月买贺卡，公文包里放着一张精美的贺卡，焦急地期待着把它送出去的那一天，以及这张精心挑选的贺卡将会受到的热烈欢迎，这是一种何等美妙的感觉。

其次,在签上你的名字之前,在贺卡的底部写上几句简短的话。虽然贺卡上铅印贺词已相当美妙地表达了你的意思,但写上几句你自己的话会使贺卡更富有意义。

向对方表明你是多么惦记他,这无需花很多的钱,在平常的日子,一张认真挑选的卡片会使对方感受到巨大的爱和理解,这对你不过是举手之劳,但对对方却意味深长。

说起来,要想使这些特殊的日子充满浪漫和温情,只要你用心即可,有时哪怕是一顿特别的饭菜也会增进夫妻的感情,让生活充满甜蜜和温馨。

有人讲过一则很真实的故事:

朋友是山西人,在新发地桥付家庄那一块儿开了一家小餐馆,庄子里住的租房户大部分是山西和顺县的老乡。餐馆很小,夏天里供应啤酒和凉菜,天凉了的时候,也有热菜供应,但都是一些简单的菜肴,主要的是卖刀削面。刀削面的和法有技巧,掺上鸡蛋清,这样和出的不仅味道好,还吃着发筋。用削面刀把它削入开着滚水的锅中,待水再一次翻开了花,捞出来,浇上提前烧好的高汤,里面除了有蔬菜外,还有几块肉,再淋上半勺红红的辣椒油,吃起来保证你色香味俱佳,价格便宜,两块五角钱一碗。

因为这儿住的老乡多,他这儿也是正宗的家乡饭菜,又非常实惠,所以老乡们都爱到他这儿吃饭。他是一个人连老板带伙计的活啥都干了,厨房里做好饭,他就给客人们端上去,没有客人的时候,他还要打扫卫生,买进原料。

生意再忙他也不觉得累,因为离开家乡的时候,他曾经气壮山河地向女友承诺:他一定挣到钱让她享福。

尽管女朋友哭泣着不让他离开她,再三地表白说她不图他的钱,她也不嫌弃他没有钱,和他在一起她就会感到幸福。

但是,没有钱,他怎么能给她幸福?

到这儿来吃饭的,一般是三两个人一起,叫上三四个凉菜,来上一瓶二锅头,就呼五吆六地喝开了,把一瓶二锅头喝干,也不会喝醉,然后是下刀削面。总计下来也花不了20元钱。

时间久了,他发现,一个男人和一个女人,在周一的时候总要来吃面,很有规律,并且来得很早,上午11点的时候,别的客人还没有进来,他们就来了。坐在靠墙角的那个位置,然后是那个男的小声叫他过来,轻声说:"来两碗刀削面!"

两个人都有40多岁的年龄了,脸上是那种在阳光下工作的人特有的黝黑色,并且还布满了脏兮兮的油污。两个人都不爱说话,悄无声息地吃着他端上来的刀削面,吃得头上冒出了汗,就会休息上一阵子再吃。这个时候,女的就会从桌上的餐具盒里抽出餐巾纸,给男人的头上擦汗,那动作非常细腻,充满了柔情,男人也会看着女人，两只眼睛痴痴的，目不转睛盯着她。

从那种眼神里你能轻易地感觉到那就是幸福。

吃饭的时候，他们也会碰上两三个认识的人，说上两句话，但是话不多，仅是简单的问好，然后又低下头去吃饭。

连续三四个月都是这样，他对他们也起了好奇心，就问和他们说过话的老乡，问他们是干什么的。

老乡们说，他们二人是夫妻，是顺县乡下的，听说村里的人在北京打工都"发"了，今年过了春节抛下在家的儿子也来到北京，两个人都在新发地立交桥下给人擦皮鞋。

时间过得很快，一眨眼就到了冬天。老父亲就打电话给他，说家里已经给他盖好结婚的房屋，要他回家结婚，父亲在信上说："你也是老大不小的了，该把婚事解决了！"这个时候，他已经与刚来时候的想法已经不一样了，刚来时还想着挣了钱回家结婚，现在他已经不打算回去了，他一定要在北京买上房子，把他的新娘子漂漂亮亮地迎进门，因为……有了钱才有一切，他一定要给她幸福！所以，他对父亲说他不回去了，他要在这里挣大钱，买房子，然后，"我要在北京结婚"！

他下定决心挣钱，通过挣钱改变他的人生。

又一个礼拜一的上午到了，不知道是出于什么心情，不到上午 11 点，他就不断地伸头向外面瞅着，希望能看到他们。但是，这天他们没有再来，他心里感到很失落，一天都没有好心情。

第二天上午 11 点的时候，他们夫妻俩却来了。这次他们不仅破例在星期二来了，男人还破例叫了两个凉菜和一瓶二两装的二锅头酒。

菜和酒端上来了，丈夫给妻子倒了一点酒，余下的都倒进了自己的杯子里，二人把酒杯端在手里，高举过眉头，碰了一下，然后就喝了下去。妻子的脸上布满了幸福的笑容，不一会儿，也许是酒的作用，妻子的脸上还"飞"上了酡然的红晕。

看他们这样的幸福，他心里不禁眼热起来，趁着给他们添开水的机会问他们："今天，想起来喝酒呀！"

男的看来也不能多喝酒，就这么不到二两的酒下肚已经微有醉意了。他听到他的问话，抬起头不好意思地说："今天……过去……这个时候我们结婚！"

他这句不连贯的话他还是听懂了，今天，是他们的结婚纪念日。

想不到，真的想不到！两个在立交桥下给人擦皮鞋的，还要在结婚纪念日在小酒馆里喝上二两，庆贺自己的节日。

有什么想不到的呢？后来他责问自己。擦皮鞋的就不能过自己的结婚纪念日吗？每个人都有自己的快乐，都有自己不同的生活方式，结婚纪念日能在小酒店里喝上二两不也是一种幸福吗？

　　他很激动地回到柜台里,安排厨房里的师傅做两个热菜端上来。拿着一瓶二锅头来到他们跟前,给他们每人都倒上了一些:"来,我祝你们幸福愉快!"

　　这天下午,他就给女朋友打电话告诉她说,他马上回去结婚:"我想明白了,幸福在于两个人相濡以沫,而不在于有钱没有钱!"

　　现在的他,不仅结婚了,而且孩子都快上学了,每当想起这些,朋友总是不无感慨地说:"我常想起擦皮鞋的两口,真得感谢他们!如果没有他们对我的启示,还不知道要多少年后才能享受这幸福的日子!"

第十五章

细节识人，小中见大

◈ 学会从身体语言看人 ◈

身体语言是一些不经意的动作。正因其不经意，所以很多人也就不在意它们了。但它们能真实地反映一个人潜在方面，如果能仔细观察，读懂身体语言，无论是交友还是用人，都将大有裨益。具体地可以从坐、立、行、走等身体语言来洞察一个人。

1. 坐姿

坐在椅子上时，有不少人会交叉双脚或者立刻用手扶住椅把。坐在椅子上马上将脚交叠的人，是不喜欢输给对方且有对抗意识的表现。女性坐在车子里或客厅、办公室等地方，脚经常交叠的人也很多。

和上司或顾客谈生意时或会面时，双脚交叠，会被对方视为骄傲的人，有损对方对自己的印象。

女性两肘靠在桌面上交叠，同时又不断反复交叠后放下，放下之后又交叠时，是很关心男性对方的表示。在交谈之间，先将脚叠起来的人，是希望向对方展示自己特有的优势。另一种脚稍微叠起一点点是表示心里的不安。

在杨子荣初见座山雕时，杨子荣凭着练就的一双侦察员的眼睛，看出座山雕架起二郎腿，端坐在老虎椅上，是为了表现居高临下的优势，想探出杨子荣的来路和虚实。凭着丰富斗争经验，杨子荣从坐姿看出座山雕的虚张声势，而后从容应对，取得了座山雕对他的信任，顺利地完成了打入敌人内部的任务。

像手臂一样，交叉的双脚也显示了负面或防卫的态度。起初，双臂交叉在胸前，是为了保护心脏及上半身，而交叉双脚则是为了保护下半身。双臂交叉比双脚交叉表露更强烈的负面态度，而且也比较明显。

2. 立姿

古人云："坐如钟，站如松，行如风。"其中对立姿提出了要求——"站如松"。从一个人站立的姿势，也可看出其某种心理状态。人的立姿本身并不表示什么意思，但它也有一个相当广的变动范围：

站立时背脊挺直、胸部挺起、双目平视是具有充分自信的表现；并可给人以气宇轩昂、乐观向上的印象，此种立姿属开放型。

站立时弯腰曲背，或略现佝偻状，属封闭型立姿，表现出自我防卫、封闭、消沉的倾向。与对方相比较，精神上处于劣势显得紧张不安或自我抑制。

两手插腰的立姿也是具有自信心和精神上优势的表现，因为两手插腰属开放型动作，如果对面临的事物没有充分的心理准备是不会采用这个动作的。

双踝交叉站立，是一种习惯（防卫）动作，多见于女性。若在听人谈话时采取双踝交叉的立姿，表明一种基本上排斥和审视的态度。

双腕反交叉或假交叉站立多半是不安、紧张心情的流露。中国人比较经常采用反背着手站立或走路的姿势，表明若有所思或胸有成竹。

单人足踝交叉站立，表示一种保留态度或轻微拒绝的意思。只要足踝的交叉化解开了，这种保留或拒绝的意思也随之化解了。

将双手插入口袋站立（或行走）者具有不表露心思、暗中策划、盘算的倾向；若是与弯腰曲背的姿势相配合，则是心情沮丧苦恼的反映。

3. 走姿

人们行走的姿态——步态是千姿百态、变化万端的，比如有消磨时间的散步、无精打采的漫步、大摇大摆的阔步、自得时的闲庭信步、节奏均匀的慢跑、风驰电掣的疾奔、老态龙钟的蹒跚、犹豫不决的徘徊、偷偷摸摸的蹑行、摇摇摆摆的跛行等等。每个人在日常生活中都会用到其中某些步态。

每个人具有独特的走路姿势，能使熟悉他的人哪怕相隔较远也能认出来。至少有一些特征，是因为身体的结构而有所不同，但是步法、跨步的大小和姿势，似乎是随着情绪而改变的。假如一个人很快乐，他会走得比较快、脚步也轻快；反之，他的双肩会下垂，脚像灌了铅似的很难迈动。一般来说，走路快且双臂自在摆动的人，往往有坚定的目标而准备积极地加以追求；习惯双手半插在口袋中，即使天气暖和时也不例外的人，喜欢挑战而颇具神秘感。

一个自满甚至傲慢的人走路时，他的下巴通常会抬起，手臂夸张地摆，腿是僵直的，步伐是沉重而迟缓，似是故意引起别人的注意。

一个人在沮丧时，往往拖着步子将两手插入口袋中，很少抬头注意到自己往何处走。

走起路来双手叉腰像个短跑者的人，往往想在最快的时间内跑最短的距离，以达到自己的目标。他突然爆发的精力，常是在他计划下一步决定性的行动之前看似沉寂的一段时间内所产生的。

适当的步态可以表现出一个人朝气蓬勃、积极向上的精神状态，呈现出一种健美感，正如古人所说的"行如风"，会给人留下美好的印象。

男子走路贵稳健、迅捷；女子走路贵婀娜、轻盈，但以自然大方为好。

法国心理学家简·布鲁西博士发现，人的性格与行动有着很大的关系。从一个人走路的姿势、笑的样子、说话的方式等，甚至从一个完全出于无意的小动作，都可以推断出其当时的心理状态。也就是说，即便是走路，也会反映出一个人的特点：沉着冷静的人走路时，步伐稳健；健步如飞的人，充满朝气。

另外，男女行走时，步态要求也不一样。男子走路时，头要端正，两眼向前平视，挺胸收腹，两肩不要晃动，步伐要稳健、有力。女子走路，头也要端正，不过目光宜温和平静，两手前后摇动幅度不要太大，步伐以飘逸、轻盈为佳。另外，不管男女，走路时，行走路线都应尽可能保持平直。不要两手插入衣袋、裤袋，也不要躬腰弯背，东张西望，边走边对别人品头论足；不要东摇西晃，无精打采，抢先或拖后，双手叉腰和倒背手；不要拖泥带水，重如打锤，砸得地板咚咚直响。

上班的路上要动作利落、抓紧时间。当领导喊你去他办公室的时候，尽管你还有没做完的工作，也要马上过去。当上司走到你的座位前时，要马上站起来。

上班走路不要慢慢腾腾，不要跑步或穿着嗒嗒响的钉鞋，不要影响别人的工作，要动作敏捷，步伐矫健，使人感到朝气蓬勃。

4. 头部动作

将头垂下成低头的姿态，它的基本信息是"我在你面前压低我自己"，但是这种姿态并不仅限于地位低下的人。当同事或居上位者做此动作时，它的信息乃是以消极的方式表达："我不会只认定我自己"，然后变成这样的目标："我是友善的。"

头部突然高高抬起又回到原来的位置。这是在刚刚遇见但还不十分接近的时候，表示"我很惊讶会见到你"。在这儿，惊讶是关键性的要素，头部上扬代表吃惊的反应。用于距离较远的时候，头部上扬是用在彼此非常熟悉的场合。

摇头本质上是否定信号。

颈部把头用力转向一侧，然后再回到原来的位置，这是单侧的摇头，同样传递"不！"的信息。头部半转半倾斜向一侧是友善的表示，因为这种动作特别像是在与同路的人打招呼。

摇晃头部时，说话者正在说谎，而且试图压抑住要表示否定的摇头动作，但又不能彻底。

晃动头部，一般被用来表达特别惊讶的意思。其中隐含刚得知的消息是那么不寻常，以至于必须晃动头部才能确信这不是做梦。

头部僵直，表示一个人特别有魄力而且无所畏惧。

猛地把头垂下然后隐藏脸部，也可用来表示谦卑与害羞。在心怀敌意的情况下，把头低下则具有截然不同的意义，其主要差异在于眼睛向前瞪视敌人，而不是随着脸部而下垂。

头部后仰，这是势利小人或非常自信之人鼻子朝天的姿态。当一个人把头向后仰的时候，其情绪变化包括：从沾沾自喜、桀骜不驯到自认优越而存心违抗。基本上，这种姿态是挑衅的仰视而不是温顺的仰视。

头部轻轻地歪在一边，这个动作源自幼时舒适的依偎——小孩把他的头部依靠在父母的身上，当成年人（通常是女性）把头歪斜一侧时，此情此景就像倚在想象中的保护者身上一样。

5. 面部表情

如果说眼睛是心灵的窗户，那么可以说，面部表情是性格的窗户，人脸的情态与性格有着必然的密切关系。

性格达观者，平时开朗愉快，无忧无虑，这种人的面部表情总像是在微笑，面部肌肉较为松弛，两唇微张，嘴角上扬，两腮上面的肌肉突出，抬头纹和眼角下的皱纹较明显。

性格内向者，平时安静沉稳，处事谨慎，表现为办事顾虑多，较孤僻。这种人的面部表情很不舒服，两唇紧闭一字型，显得嘴小了些，唇颊相接部位的皱纹和眼角皱纹较明显。

性格幽默诙谐者，平时快乐滑稽，妙趣横生，面部表情是嘴角上扬，口为上凹弧状而眼眉挑起成上凹弧，恰与口的上凹弧遥相呼应，眼睛眯成一条缝，总有一种引人发笑的感觉，幽默者一般抬头纹和眼角下的皱纹较明显。

性格忧郁者，情绪苦闷、孤独、焦虑、忧愁，其表情拘谨，极不舒展，眉间纹、人中纹和唇下纹一般表现得明显。屠格涅夫在《前夜》中对叶琳娜的面部表情有下面的描写："她的唇际，当她没有笑容时，却有一抹几乎看不见的浅痕，表现出一种隐秘的永在的焦虑。"唇际的这抹"浅痕"，正是她漂泊生涯中长期郁积心头的焦虑的痕迹。

6. 目光

眼睛是心灵的窗户，它会毫不掩饰地表露出你的学识、品性、情操、趣味和性格。

心胸宽广、为人正直者，其目光明澈、坦荡。

心胸狭窄、为人虚伪者，眼神狡黠、阴晦。

目光执着的人，志怀高远；眼神浮动者，为人轻薄。

眼神内敛，表示自私；目光暴露，表示贪婪。

自信者，眼神坚毅、深邃；自卑者，眼神晦暗、迷离。

以下使用眼睛的不同方式，还会泄露一些个人不同的心底秘密：

当对方的眼睛看远方时，表示对你的谈话不感兴趣或在考虑别的事情。

对方的眼睛上下左右不停地转，表现出慌张时，可能是惧怕你而在说谎。这类人多半是心里有一定的难处，为了不失去对方的信任和帮助，而对某些真相有所隐瞒。

对方长时间凝视你，目光久久不移开时，说明他肯定有对你隐瞒的事情。这种情形一般是曾经向你借过什么，由于无法偿还而在躲避，或过去曾被人欺骗过，不希望让你知道等等诸如此类的情况，所以在潜意识里有隐瞒事实的表现。

和异性视线相遇时故意躲开，表示关心对方，或对对方有意，但不敢让对方知道。

对方眼睛滴溜溜地转，这种人反复无常，容易见异思迁。

好像蔑视对方的眼光，多表示敌视、拒绝的意思。

对方的目光发亮并冷峻逼人时，表示对人不相信，自身处于戒备中。

对方做没有表情的眼神时，表明心中有所不平或不满。

对方根本不看你，可视为对方对你不感兴趣或无亲近感。

目不转睛地注视对方谈话的人，一般表示较为诚实。

7. 手部动作

在身体动作当中，手的活动最为丰富，能够充分地表达出人的思想活动状况。在身体动作当中，人们经常用手表达态度的方式有如下几种：

双手相搓，一般说来，这个人的内心左右为难、烦躁不堪。

用手搔头很可能表示尴尬、为难、不好意思。

用手托住额头很可能表示害羞、困惑、为难。

双手插在胸前，一般是表明胸有成竹，对将要发生的事有思想准备。

双手插在口袋里，表明一个人内心特别紧张、对未来要发生的事情没有明确的心理预期。

双手叉腰，通常说明一个人的挑战、示威或感到自豪。

双手摊开，一般是表示真诚、坦然或无可奈何。

交谈中用手指做小幅度的动作，可能昭示其对你的提议不感兴趣、不耐烦或持反对态度。

俗话说：手有"手语"，脚有"脚语"，看似一些不经意的小动作，都可以透露出一个人内在的机密。因此，了解这些身体语言的秘密，将会使你练就一双鹰一样敏锐的眼睛，使你更准确、更迅速地识别他人，赢得交往中的主动权。

从学习教育背景看人

法国文艺史学家泰纳在他的经典著作《艺术哲学》中指出:艺术是人的所在的环境、种族和时代三方面来决定的。对人而言,其出身、生活的环境,尤其是他所处的学习背景,都对一个人的性格、气质等有着很大的影响。

在现实生活中是否受过教育和受教育层次的高低对一个人也有着不同的影响。

随着时代的发展,社会的进步,教育普及面越来越广,教育程度也越来越高。小学、中学教育都可以算是普及性的教育,这种学习从最基本的文化需求开始,培养一个人基本的文化素养和道德水平。这种教育对一个人的影响是最大的,此阶段人的发育才刚刚开始,是性格塑造形成的初期,很容易接受外来的新事物,没有是非辨别能力,是精华糟粕一并吸收的。因此,在此阶段灌输的任何观念都可能被接受并影响其一生。所以这阶段的正规学习是最为重要的,对一个人今后的道德观、是非观都有着积极的作用。

随着高等教育的发展,越来越多的人进入高等院校。高等教育偏向于培养专业性、高水平人才,这对一个人今后的职业生涯有着重要的影响。

教育一方面对人的性格、素养、情操有着一定的影响,另一方面对每个人的收入水平也有一定的影响。有统计数据表明,随着受教育程度的提高,我国城镇职工年均教育收益率呈现出上升的趋势。相对于受小学教育者而言,初中、高中、中专、大学专科、大学本科的年均教育收益率依次为3.74%、5.24%、5.40%、6.24%和8.84%。然而,教育并不是影响个人收入的决定性因素,地区差异、行业差异、单位所有制差异、职业差异等因素对个人收入的影响也都非常显著。

不同国家的教育也不尽相同,国内和国外教育有着重大的差别。

在英国的英格兰大学,实行"考教分离",教课的老师往往不负责该科目的考查和成绩评定工作。这种各司其职的教学方式让教师尽可能多地讲解知识。老师不断拓展教学的深度和广度。学生也尽可能地充实专业知识,学广学深。这促进了教学相长的灵活性,使教学有很大的扩展空间。而国内则是依大纲教学,依讲义考试,讲的人就是主考官。

其次,英国不以考试为惟一的评判标准。国外的大学里,普遍实行的是最终评定学生学习成绩时,学生平时的科研水平、实践表现、取得的科研成果和最后的考试成绩各占50%。此外,考试考核的答案也具有相当的灵活性,绝不存在国内考试的"得分点",而是注重其科学性、灵活性、开创性。只要学生的解答言之成理,具有创新意义和研究价值都会得到学校的认可和鼓励。

南京理工大学1999年招收的12名大专生,现在是英国一些知名高校的硕士生。

在国内，低于本科录取分数线的高考成绩使他们只能就读于学历层次为大专的高等职业技术学院，可在英国高校学习两年后，他们不仅拿到了学士学位，还获得了一些英国名校的硕士研究生入学资格。在国内读大专时，他们被老师认为是基础较差，自制能力较弱，上课不爱提问，有点懒散的学生，可在国外读了两年后，父母说他们变得非常自信、独立、动手能力、创新意识都很强。

可见，国外教育着眼于教育的"人性化"和"创新性"的开发，因人施教，不同于国内的"精英教育"。在这样不同的学习背景下，自然会对人形成不同的影响。

但是，现代社会越来越倾向于不重学历重能力，在世界上大名鼎鼎的微软公司，明确地表明：你的学历只代表3个月，也就充分证明了这一点。而且现代国内也出现"海归"变"海待"的现象，可见，目前用人单位越来越侧重于一个人能力和经验的考察，而非单凭学历以及留学背景的考察。

一位20多岁的"海归"在回国4个月内连续20次面试，将月薪要求降到2000元，依然找不到工作。据了解，随着归国留学人员数量不断增多，一度在国内人才市场动辄享受几十万元、上百万元年薪优厚待遇的"海归"逐渐失去光环，有部分甚至难以找到合适工作而不得不待业，被人们称之为"海待"。

有留学背景的人越来越多："海归"为什么沦落成"海待"呢？广州留学人员服务管理中心副主任张一林坦言，这主要因为"海归"的成分发生变化。留学已从19世纪八九十年代的精英教育转变成现在的大众教育，从留学生的总体素质来说，相对地降低了。特别是部分留学生中有的人在国内读不到好的大学，就出国念一年商科拿个学位。这部分留学生中相对的平庸者在就业时碰到了困惑。

与一般的就业群体相比，特别是每年投入10多万甚至20万元，将留学背景看成是就业筹码的自费留学生来说，就业时对薪水的期望无疑是相当高的。

留学生小柳从英国学成回来之后，一直想在香港找一份工作，经过努力，的确也找到了一份月薪1.5万（港币）的工作，但最后因为户口的问题作罢。当他来到中国留学服务中心广州分中心时，他的要求是找一份月薪在1万元左右的工作。

但工作人员分析说："这是不可能的。"因为在广州，应届大学生月薪不过1200～2000元；而香港应届本科生的基本月薪就是1.2万元，硕士是1.5万元。但让广州企业以香港价格来请他，那是不可能的。

某大型国企的人力资源副总监表示，面对应聘者的留学经历，用人企业人力资源管理部门早已变得相当理智，并不会因为应聘者的留学背景而特别地看重或者歧视。相反地，因为国外的学校良莠不齐，留学成为有钱就可以办到的事之后，单位会根据留学生在国外就读学校的声望和在国内就读的学习背景来仔细甄别应聘者的实力，如果留学生在国内就读的本科院校并不好，那么他即便在国外读了博士回来，也可能不容易相信他的实力。

广州留学人员服务管理中心副主任张一林也分析说:"虽然有部分的'海待',但这并不意味着'海归'已经过剩。从整个国家受教育的程度来说,中国的教育水平还是比较低,对人才的需求仍旧很大。当前所出现的'海待'现象,主要是因为信息不对称而造成的,留学生还需要和市场不断磨合。"

有专家指出,目前"海归"变"海待"是社会发展的必然现象。和60多万还在国外的留学人员人数相比,回国的19万人还只是一小部分。实际上,我们依然需要大量"海归",尤其是那些高素质、高层次的"海归"。"尖端的人才依旧难求,现在我们这儿的招聘职位很多,很多企业需要学历高又有工作经验的技术经理、海外营销经理,但在我们的留学生资料中很少有符合这些条件的。"刘必兰表示。

"'海待'的出现是个好现象。"广州越秀人力资源顾问服务公司总经理认为,"海待"的出现说明我们不再唯学历、出身用人,而是更注重凭人才的自身素质和能力选人。这也提醒那些想借着出国留学镀金的人,不要试图靠一张海外文凭回来就想搞特殊化,还是要抱着一颗平常心参加公平竞争,靠能力来证明"海归"的价值。

因此,对现实生活中的人们来说,要想展示自己的实力,不必顾忌自己的出身,相信"天高任鸟飞,海阔凭鱼跃";而对一些用人者来说,也不要带着有色眼镜看人,应该有"英雄不问出处"的胸怀和气度,这样才能真正挖到你需要的良马将才。

衣着打扮会展示人的性格

服装在我们的日常生活中占有非常重要的地位。穿着打扮不仅反映一个人的修养、职业,同时也反映其个性与心理。心理学家从服装的颜色、式样等选择上,分析了人的不同个性与心理。

有的人穿着华丽,这样的人大多自我表现欲很强。假如华丽程度过分,就成了所谓的奇装异服。一般而言,穿着奇装异服者,除了自我表现欲极强外,而且对金钱也有很强烈的欲望。

有的人穿着朴素,这样的人一般都有些固执,缺乏主体性。全身服装朴素,但却着重某一华丽装饰的人,虽属于顺应体制型,也拥有个性化的自我主张。他们常常想利用一处醒目来掩饰其他弱点,即"一俊遮百丑"。例如:对自己面容缺乏自信心的女子,会试图以穿迷你裙来转移别人的注意力;秃顶的男士则试图穿进口的高级皮鞋来抵制别人对其秃头的注意。

有的人对流行时装特别敏感,这样的人多缺乏主见,对自己缺乏信心,别人穿什么,自己则随之而择,在清一色的流行时装里,掩饰自己的缺点。

还有一些人根本就不考虑自己的个人喜好,仅是由于流行,便一味地追求赶时髦。这种人大都具有孤独感，情绪也不稳定。

对流行毫不在乎的人，大多有自己的独特个性。但也有些人由于种种原因，而把自己关在象牙塔里，唯恐被人"同化"，而失去自我。这样的人在为人处世上很难左右逢源。

穿着的服装无定型，其式样、颜色、质料变换无常，让人无法了解他的真正喜好的人，大多情绪不稳定、缺乏协调性。他们从不想积极地适应社会，只是一味地选择逃避。

还有一种人，本来一向穿着特定格调的服装，可是，突然之间却穿起了与以前格调完全不同的服装来。这种人大多在物质或精神方面受到了新的刺激，情绪有所变化，或内心有了新的决定。

衣着打扮也是一种语言，这门语言，在人际交往中，有着不可估量的作用。在与人打交道过程中，特别是与陌生人初次见面，对方就是从衣着来获取你的内部信息的。

在服装品类细节方面，有特殊爱好的往往也隐含某些不易察觉的潜意识——

（1）对白色衬衫有偏好的人：男性往往缺乏爱情，清廉洁白，是现实主义者；女性，尤其是年轻女性，往往希望自己年轻纯洁，能吸引异性，有好人缘并给人以别致感觉。

（2）喜欢T恤的人：虽树敌很多，却是肯努力求上进者。

（3）喜欢传统服装如中山装的人：庄重，性格含蓄，某种意义上说是传统保守型的人士。

（4）喜欢穿西装的人：大多开朗、积极、大方，具有自信、交际广泛，属活跃型人物。

（5）对运动服、牛仔装感兴趣的人：性格中不受拘束的成分多一些，我行我素，更为年轻、活跃、精力充沛。

（6）喜欢穿宽松尺寸衣服的人：意欲掩饰身材缺陷，同时有扩大自己势力范围的欲望。

（7）爱穿垫肩衣服的男士：意欲显示和夸大男性的威严，女性喜欢垫肩则是为了强调自己具有坚强的性格。

整洁漂亮的衣着是你的一块敲门砖，但决不能把它当成摇钱树，外在的东西毕竟不是一成不变的。

只有聪明的头脑和熟练的业务成绩才是你成功的砝码。现在的上班族，男性以穿西装革履最为常见。西装、白衬衣、领带、皮鞋、公文包，这是典型的上班族服饰。虽然大同小异的男性服饰，掩盖"男儿"本性，但我们总能在"万绿丛中"找出"一点红"。

比如西装吧，如果展现在你面前的是一身裁剪合体，质地优良的西装，那么我

们就可以断定西装的主人经济能力还不错，而且有品位，生活态度也很严谨。

再看衬衫，领口总是干净如新，袖口也鲜见污痕，而且没有皱褶，那么我们就可以推断这是一位讲究卫生的人。如果他已经有家室，那么透过他的衣衫，我们看得出，他有个贤内助，他的背后有个好女人；如果他至今还是单身，姑娘们，你们可要抓紧了，讲究衣着的小伙子不错哟！

再者，我们可以从男人脖子上看出一些门道来。有人说男人脖间有艺术，这话有一定的道理。从领带的不同打法和色彩搭配上，我们可以看出男人的性格呢。

如果把领带的结打得又小又紧，这表明他气量狭窄，疑心孤单，一毛不拔，遇事先替自己打算，不易结交朋友。

如果把领带的结打得不大不小，这表明该人安分守已，为人彬彬有礼，勤奋用功，在事业上一丝不苟。

如果把领带的结打得又大又松，这表明该人富于感情，文质彬彬，善于与人交往，在社交场合颇得女同事的欢心。

如果用红色领带搭配白色衬衫，这表明他具有火一般的热情和纯洁的心地。

如果用深蓝色的领带搭配白色衬衫，这表明他少年老成，有君子风度，但却是急功近利的事业家。

如果用绿色领带搭配金色衬衫，这表明他富有青春活力与朝气，对事业有信心，但却不免性情鲁莽。

如果用五彩领带搭配浅蓝色衬衫，这表明他富有热烈的市侩气，心猿意马，见异思迁，对爱情不专一。

如果用黑色领带搭配白色衬衫，多为稳健持重之土，善明辨是非，富有正义感。而黑领带搭配灰色衬衫，性情阴沉，量狭而多欺诈。

如果用黄色领带搭配绿色衬衫，这样的人多具有诗人或艺术家的气息，性情温柔，对人和蔼可亲。

如果用灰色领带搭配黑色衬衫，这样的人多思想消极，对人态度模棱两可，可能是一个厌世主义者。

常言道，人靠衣装，佛靠金装，能透过衣装看入腠理，才是真正有本事呢。

看人要注意他的交际圈子

人是很复杂的，了解一个人并不是一件简单的事。但只要我们注意观察，就可以通过一个人的喜好了解他的素质、修养和品德。

每个人都有一种了解别人的愿望。因为只有了解别人之后，你才能在交友时有所选择。

物以类聚,人以群分。只有性情相近、意气相投的人,才能走到一块儿成为朋友。如果他的朋友都是一些不三不四、不伦不类的人,他的素质也不会太高;如果他结交的都是些没有道德修养的人,他自己的修养也不会太好。有的人交朋友以性格、脾气取人,认为能说到一块儿就是朋友;有的人则以追求取人,有相同的追求就能成为朋友;有的人则因为爱好相同而走到一起。但无论如何,只有两个修养相当、品质差不多的人才能成为永久性的朋友。所以,了解一个人的朋友也就了解了这个人。

嗜酒者,一杯薄酒就能成为结缘的纽带;弄墨者,一篇文章就能结金兰之好;好斗者,一次偶遇就能变成至交。有共同的爱好才有语言的交流;有相近的思维才有永远谈不完的话语。共同的志趣是人以群分最基本的前提,有了共同的志趣,相互间才有可能发展成为深厚的友谊,才容易达成认识上的一致,感情上的沟通,行为上的理解。

因此,如果一个人的朋友爱喝酒,那大致也可以推断此人也爱杯中物;如果一个人的朋友爱打架,那也可以判断此人也是生性暴躁、爱动暴力之人,这就是所谓的"近朱者赤,近墨者黑"。这表明跟什么样的人在一起你会变成什么样的人。

有这样一个人,他说他决不会给消沉的想法以任何的机会,在他的脑子里,情绪低落、心态消沉就意味着失败。他也不会与这样的人交往,因为这样的人会给他带来不良的影响。

我们必须承认这样的事实:我们总是在不知不觉中受到周围环境的影响。物以类聚,人以群分。成功者总是与成功者交友,失败者也总是与失败者为伍。不幸的人吸引不幸的人,而散漫者的圈子里也都是散漫的人。

你知道人为什么犯罪吗?一位对犯罪很有研究的学者是这样解释的:当人初次与罪犯接触时,是恐惧罪行的;如果继续与罪犯在一起接触一段时间,他便对罪行习以为常并开始容忍罪行;如果与罪犯在一起的时间更长,他就会跟着去犯罪,于是,也便成了罪犯。

所以,要减肥千万不要与胖子在一起,要进步就不要与落后的人在一起,要积极就不要跟消极的人在一起。跟对人,跟对环境,在接受并消化这一观念的同时,这一点要引起高度重视,这是这个观念中尤其要注意的一点。

明代苏浚将朋友分为四种:"道义相砥,过失相规,畏友也;缓急可共,生死可托,密友也;甘言如饴,游戏征逐,昵友也;利则相合,患则相倾,贼友也。"因此,交友要选择,多交益友、畏友、密友,不交损友、昵友、贼友。"近朱者赤,近墨者黑"。这些古训都说明交友对一个人的思想、品德、学识会产生深刻的影响。清代冯班认为:朋友的影响比老师还大,因为这种影响是气习相染、潜移默化的,久而久之就

不知不觉地受其影响。这就是《孔子家语》说的："与君子游，如入芝兰之室，久而不闻其香，则与之化矣。与小人游，如入鲍鱼之肆，久而不闻其臭，亦与之化矣。"涉世不深的青年人，尤应注意谨交游、慎择友的古训。在交友时要有知人之明，不要错把坏人当知己，受骗上当，甚至落入坏人的圈套而无法自拔。

交友有一个选择的过程。开始是结识和初交，在交往过程中互相了解以后，才由初交成为熟悉的朋友。朋友可以是暂时的，也可能是永久的。从学习、工作的需要出发，本着互惠互利、共同发展的原则，结交一些志同道合的朋友是有益的。如果不仅志同道合，而且感情深厚，心灵相通，这样就可以从合作共事的朋友变成生死相依、患难与共的知音知己。

因此交友一定要分清君子和小人。

交什么朋友，怎样交友，这是一个问题的两个方面。朋友有君子，有小人，交友也有君子之交和小人之交。君子之间的友谊平淡清纯，但真实亲密而能长久。小人的友谊浓烈甜蜜，但虚假多变，经不起时间的考验。

孔子讲："无友不如己者。"在人格的形成过程中，朋友的影响是深刻的。所谓"近朱者赤，近墨者黑"，与什么样的朋友来往久了，就不免会受其影响。与有品德的人相交，自己也会品德高尚；与小人交往，自己的名声也会毁掉。所以交友一定要慎重，要精心选择，莫毁了自己的名声。同时，别人也是从你所结交的朋友的品行来判断你的品行的。南北朝时的颜之推在《颜氏家训》中说："住惯了室内充满芬芳气味的人，香气在不知不觉中会渗入体内。同理，与优秀的人物交往，时间一久，自己也会成为放出香气的人。"可见，与人交往时，谨慎选择朋友的确不简单。

地之秽者多生物，水之清者常无鱼；故君子当存含垢纳污之量，不可持好洁独行之操。交友需要雅量，聪明人善于同志同道合者相交，也善于不与小人为仇敌。在交友中，权衡对方对自己的重要性，而后相交，是理性的交友，这是交友中的"圆"，以对方与自己的兴趣爱好相同而相交，是一种内心的契合，这是交友中的"方"。

对待小人，不及不离，需要一种忍的精神。能忍者，方能成大事。人的最高精神素质是不受一时冲动的情绪所摆布。没有一种胜利比战胜自己及自己的冲动情绪更伟大，即使当激情影响你的时候，也不要让它影响你的地位，特别是当你的地位对你很重要时。这是避免麻烦的明智之途，也是获得他人尊重的捷径。

君子之交以互相砥砺道义、切磋学问、规劝过失为目的，友谊是建立在互相理解、思想一致的基础之上的，故虽平淡如水，但能风雨同舟，生死不渝。小人之交是建立在私利的基础上的，平时甜言蜜语，信誓旦旦，一旦面临利害冲突，就会交疏情绝，反目成仇。

君子之交和小人之交的区别在于"同道"还是"同利"。小人之交因为是为了私利而互相勾结，所以见利就争先，利尽就交疏。这样的朋友是假朋友，或者是暂时的朋友。君子之交是坚持道义的原则和社会的使命，所以能够相益共济，始终如一。这样的朋友才是可靠的真朋友。我们要交志同道合的真朋友，不要交追逐私利的假朋友。

要选准真朋友也并不那么简单，所以古人常有"相识满天下，知音能几人"的慨叹，对于"世味年来薄似纱"、"知人知面不知心"的炎凉世态痛心疾首。

那么，择友的标准又是什么呢？《后汉书·刘陶传》中说刘陶："所与交友，必也同志。"《国语》中说："同德则同心，同心则同志。"孟轲告诫人们："人之相识，贵在相知；人之相知，贵在知心。"《韩诗外传》说："同明相见，同音相闻，同志相从。"晋人傅玄在《何当行》中讲："同声自相应，同心自相知。外合不由中，虽固终必离。管鲍不出世，结合安可为。"他们都强调了"同心"、"同志"。古希腊哲学家德谟克里特指出："只有那些有共同利害关系的才是朋友。"

友有"益友""损友"之不同。孔子说"益者三友"："友直、友谅、友多闻，益矣"；"损者三友"："友便辟、友善柔、友便佞，损矣"。就是说，要与正直的、诚恳的、见闻广博的人交朋友，这才有益；同谄媚奉承、当面恭维、背后诽谤，喜欢夸夸其谈的人交朋友，那是有害的。交益友，在品德上可以互相砥砺，在工作上能够互相促进，生活上可以互相照顾，有了困难互相帮助，有了缺点能够互相规劝、批评，在学识上能够互相取长补短，这对一个人的成长进步无疑大有好处；反之，交了"损友"，当面说好话，净给你"灌迷魂汤"，背后却耍手腕、使绊子，甚至攻讦戕害，那自然是有害无益、有损无补了。有的人犯错误，栽跟头，除了主观上的原因，从客观上说，与交上了"损友"有很大关系。

西班牙作家塞万提斯说："重要的不在于是谁生的，而在于你跟谁交朋友。"也是在强调择友的重要性。而毛泽东说的"朋友有真假，但通过实践可以看清谁是真朋友，谁是假朋友"，则可以看作是教给我们的择友方法，即从实践中听其言、观其行，其所言所行合乎"同道"的"畏友"、"密友"、"益友"者，一般来说，可以称之为真朋友；其所言所行堕入"同利"的"昵友"、"贼友"、"损友"者，自然便是假朋友。是真朋友，自然可交、当交。是假朋友，则应毫不犹豫地与之"息交以绝游"。否则，近墨者黑，染于苍则苍，便悔之晚矣！有《结交行》诗曰：

种树莫种垂杨枝，结交莫交轻薄儿；
杨枝不耐秋风吹，轻薄易交还易离。

为此，当你在经营自己的交际圈时，一定要注意营造一张健康的关系网，避免与以下几种人交往：

（1）"披纱型"的人。这样的人在交往中把自己的内心封闭得很严实，他们或许过多地看到社会和人生的阴暗面，因而错误地认为没有真诚互助可言。这种世故者大多对人外热内冷，处处提防，信奉"见人只说三分话，不可全抛一片心"的处世哲学。与别人相处，常常是圆滑应付，心口不一。他们的心灵深处披上了一层使人难窥其内的厚纱。

（2）"反差型"的人。这种世故的人在交往中的反差度很大。"反差"主要有明暗、热冷对比。一是对周围人，于己有用者，交往之；于己无用者，疏远之；而交往之热情，则同于己有用之程度成正比。二是对某个人，有求于他时，交往之；无求于他时，冷淡之；有大求于他时，不惜讨好巴结之，所谓"有事有人，无事无人"。这种"反差型"交往完全由势利的坐标定向，其令人厌恶也就理所当然。

（3）"变色型"的人。见什么人说什么话，投人所好，八面玲珑，一时可以使人对你产生好感，但时间一长，人们就会对你不屑一顾。那种世故者逢人迎合不吃亏，你中有我成"朋友"，一时间，他的朋友确实不少，可是没有多久，人们发现他从来不说真话，他的态度、语言不过是别人好恶、爱憎的镜子。

（4）"哈哈型"的人。凡事不讲原则，专搞中庸。他们和人可以谈天说地，但只摆现象，不下结论，即使下结论也是说些大家早已公认的结论。遇有争论，不问是非曲直，要不就说模棱两可的话，与人意见不一时，就采取"今天天气……哈哈哈"的回避态度。对社会上的种种行为，他们虽知某些隐秘，却丝毫不动声色，既为明哲保身，也为日后留"路"。还有些世故者相信"随风倒"的处世准则。权势者的意志，多数人的做法，就是他们的行事指南，东风来，随东倒，西风来，随西倒。什么良心、原则都不在心上。

上述四种人，都是不相信别人，只希望利己的人。世故使这些人与你的交往打上了圆滑、势利、虚伪的烙印。因而最好的办法是尽早地判断出不宜交往的人，只要你细心地观察，总能发现你身边的朋友。

其实想了解一个人，可以观察他是怎样对待别人的。

人在得意时，特别爱诉说他与别人在一起交往的情景，他说的时候是无意的，不会想到他与被说人有什么关系，所以一般比较真实。

如果对方当着你的面说自己如何占了别人的便宜，如何欺骗了对方等等，那你以后就得对他防着点儿，有可能他也会这么对待你。

还有一种人比较圆滑，好像很会处世似的。他们往往是当面一套，背后一套。当着你的面说你如何如何好，别人如何如何不好。聪明的人就得注意这种人了，因为他在背后说人坏，就有可能在你背后说你坏。

而有一种人可能当面批评你，指出你的缺点来，却又在你面前夸奖别人的优点，你也许不愿接受他这种直率，但这种人却是非常可信赖的人。

另外，看一个人如何对待妻子、儿女、父母，就可以分析出这人是否有责任感，是否自私。

你可以通过他是否按时回家，有急事时是否想着通知家人，说起家人时感觉是否很亲切等等，从这些细节可以看出他对家人的态度。一个不把家人放在心上的人是不会把朋友放在心上的。这种人往往心里只装着自己，只关心自己的得失安危，根本就不会想到朋友。所以要注意尽量不要与那些没有家庭观念的人结交。

第十六章

说话细节，打动人心

说服前认真听取对方的意见

在与别人交流时，每个人都不喜欢只做听众，都有"说"的欲望。这时，如果你适时地为对方提供一个说的机会，对方会很高兴，你的说服工作也会进行得很顺利。

对此，某自然食品公司王先生有切身体会。

虽然自然食品已风行好长一段时间，但一般家庭对此产品仍认识不足，都不敢贸然购买这种产品，使得王先生的业绩始终不见好转。

一天，王先生还是一如往常，把芦荟精的功能、效用告诉顾客，对方同样表示没有多大兴趣。王先生自己嘀咕："今天又无功而返了。"准备向对方告辞，突然看到阳台上摆着一盆美丽的盆栽——一种紫色的植物。王先生于是请教对方说："好漂亮的盆栽啊！平常似乎很少见到。"

"确实很罕见。这种植物叫嘉德里亚，属于兰花的一种。它的美，在于那种优雅的风情。"

"的确如此。会不会很贵呢？"

"很昂贵。这一盆就要 800 元呢！"

"什么？ 800 元！"

王先生心里想："芦荟精也是 800 元，大概有希望成交。"于是慢慢把话题转入重点："每天都要浇水吗？"

"是的，每天都很细心养育。"

"那么，这盆花也算是家中一分子喽？"

这位家庭主妇觉得王先生真是有心人，于是开始倾囊传授所有关于兰花的学问，而王先生也聚精会神地听着。

一刻钟以后，王先生很自然地把刚才心里所想的事情提了出来：

"太太，您这么喜欢兰花，您一定对植物很有研究，同时您肯定也知道，植物带给人类的种种好处，带给您温馨、健康和喜悦。那么我们的自然食品正是从植物里提取的精华，是纯粹的绿色食品。太太，您为什么不试一试我们的自然食品呢？您就当自己又买了一盆心爱的兰花吧！"

结果太太竟爽快地答应下来。她一边打开钱包，一边还说道："即使我丈夫，也不愿听我嘀嘀咕咕讲这么多；而你却愿意听我说，甚至能够理解我这番话。希望改天再来听我谈兰花，好吗？"

这一天，王先生可谓受益匪浅。

古希腊有句民谚："聪明的人，借助经验说话；而更聪明的人，根据经验不说话。"西方也有句著名的话："雄辩是银，倾听是金。"中国人则流传着"言多必失"和"讷于言而敏于行"这样的济世名言。说服，有时功夫并不在说上，相反，却是在听。给对方一个说的机会，自己多听一听，有时会带来意想不到的好效果。因为：

第一，倾听别人说话，会增进你对对方的理解。即使对方刻意隐瞒，也难免在不自觉中透露出些许有用的信息，如此你就可以知道对方心中的想法了。

第二，认真聆听对方的倾诉，会让对方觉得你很尊重他。

第三，明白对方的心态，让说服的目标明朗化，借此使你的说服力在无形之中跟着加强。

第四，你认真的态度会令对方感到欣慰，进而增加对你的信任感。当然，对方也会很愿意向你敞开心扉。

第五，你能够认真倾听对方的诉说，对方就会对你产生信任和依赖的感觉，其直接结果就是增强你的说服成功率。

第六，对方一旦敞开心扉，就会把自己的心事向你诉说，这样你就能得到更多有价值的情报。

第七，取得对方的信任显然是成功说服的关键，先取得对方的信任再切入说服的主要内容，才是正确的步骤。

因此倾听别人说话，远比自己滔滔不绝地说话来得更重要。

劝说，不妨给别人"戴高帽"

从孩子身上，我们可以发现一点：当我们称赞、夸奖他们时，他们是何等高兴、满足。其实，他们并不一定具有我们所称赞的优点，而只是我们期望他们做到这点而已。这就是一种典型的"戴高帽"之例。在我们与他人交往时，何不也效仿这一做法呢？因为不管是大人还是小孩子，他们都喜欢别人给自己一个美名，如果他们没有做到这一点，内心里也会朝此目标努力，因为他们知道这样就可以得到一个美名，站在一个受人赞赏的高度。

一位老师，她弟弟因为一场纠纷，被人告上了法庭，而接案的法官恰恰是她昔日的得意门生。一天晚上，这位老师前往学生家，希望他能念在师生的情面上，帮帮她弟弟。法官显然有些为难，既不能枉法裁判，又不能得罪恩师。于是，他说："老师，我从小学到大学毕业，您一直是我最钦佩的语文老师。"

老师谦虚地说："哪里哪里，每个老师都有他的长处。"法官接着说："您上课抑扬顿挫，声情并茂，尤其是上《葫芦僧判断葫芦案》那一堂课，至今想起来记忆犹新。"

语文老师很快就进入角色了："我不仅用嘴在讲，也是用心在讲啊。薛蟠犯了人命案却逍遥法外，反映了封建社会官官相护、狼狈为奸的黑暗现实。"

法官接着感叹："记得当年老师您讲授完这一课，告诫学生们，以后谁做了法官，不要做'糊涂官'，判'糊涂案'，学生一直以此为座右铭呢。"

本来这位语文老师已设计好了一大套说辞，但听到学生的一番话，再也不好意思开口了，自动放弃了不合理的请求。这位法官用的就是赞美的技巧，先用恭维的话，满足了老师的荣誉心，终拒人于无形之中。

如果你懂得赞美对方，那再难的事情也会变得顺利起来。在信用受到普遍怀疑的年代，贷款变得越来越不容易，可是就有人靠一张会说话的嘴换来了巨额款项。

约翰是美国的大企业家。1960年，他决定在芝加哥为他的公司总部兴建一座办公大楼。为此，他出入了无数家银行，但始终没贷到一笔款。于是，他决定先上马后加鞭，他用自己设法筹集的200万美元，聘请了一位承包商，要他放手进行建造，好让他去筹措所需要的其余500万美元。假如钱用完了，而他仍然拿不到抵押贷款，承包商就得停工待料。建造开始，到所剩的钱仅够再花一个星期的时候，约翰恰好和大都会人寿保险公司的一个主管在纽约市一起吃饭。他拿出经常带在身边的一张蓝图，想激起这个主管对兴建大厦的投资兴趣。他正准备将蓝图推在餐桌上时，主管对约翰说："在这儿我们不便谈，明天到我办公室来。"

第二天，当主管断定大都会公司很有希望提供抵押贷款时，约翰说："好极了，唯一的问题是今天我就需要得到贷款的承诺。"

"你一定在开玩笑，我们从来没有在一天之内为这样的贷款进行承诺的先例。"主管回答。约翰把椅子拉近主管，并说："你是这个部门的负责人。也许你应该试试看你有无足够的权力，能把这件事在一天之内办妥。"

主管满意地笑着说："让我试一试吧。"

事情进行得很顺利，约翰在自己的钱花光之前的几小时拿着到手的贷款回到了芝加哥。

这就是赞美对方的妙处。谁也拒绝不了那种突然拔高的感觉，当遇到某些顽固而又爱美的女性，不妨直接在这个方面夸赞一番，这样她会更加飘飘然，说服她也就不难了。而要想说服男性，比如你的领导、你的客户，或者你的朋友，先赞美也能提高说服的效率。

婉转指出他人犯的错误

在说服别人的时候，你永远不要这样开场："好！我要如此证明给你看！你这话大错特错！"这无异于向他人表明："我比你聪明，我要让你改变想法。"这种做法无疑会引起反感并有可能爆发一场冲突。在这种情况下，要想改变对方的观点根本不大可能。所以，为什么要弄巧成拙？为什么要自找麻烦呢？如果你想证明什么，别让任何人知道，而且应不着痕迹，很技巧地去做。正如著名诗人波普所说："你在教人的时候，要好像若无其事一样。事情要不知不觉地提出来，好像被人遗忘一样。"

克洛里是纽约泰勒木材公司的推销员。他承认：多年来，他总尖刻地指责那些大发脾气的木材检验人员的错误，他也赢得了辩论，可这一点好处也没有。因为那些检验人员"和棒球裁判一样，一旦判决下去，他们绝不肯更改"。

在克洛里看来，他虽然在口舌上获胜，却使公司损失了成千上万的金钱。因此，在卡耐基讲习班上课的时候，他决定改变这种习惯，不再抬杠了。下面是他在讲习班上的报告：

一天，一位愤怒的主顾打电话，抱怨我们运去的一车木材完全不符合他们的要求。他的公司已经下令停止卸货，请我们立刻把木材运回去。

放下电话，我立刻去对方的工厂。在途中，我一直在思考着一个解决问题的最佳办法。通常，在那种情形下，我会以我的工作经验和知识来说服检验员。然而，我又想，还是把在课堂上学到的为人处世原则运用一番看看。

到了工厂，我走到卸货的卡车前面，要他们继续卸货。我请检验员继续把不合格的木料挑出来，把合格的放到另一堆。

看了一会儿，我才知道他们把检验规格搞错了。那批木材是白松。虽然我知道那位检验员对硬木的知识很丰富，但检验白松却不够格，经验也不够，而白松碰巧是我最内行的。但我能以此来指责对方检验员评定白松等级的方式吗？不行，绝对不能！我继续观看着，慢慢地开始问他某些木料不合格的理由是什么，我一点也没有暗示他检查错了。我强调，我请教他只希望以后送货时，能确实满足他们公司的要求。

以一种非常友好而合作的语气请教，并且坚持把他们不满意的部分挑出来，使他们感到高兴。偶尔，我小心地提问几句，让他自己觉得有些不能接受的木料可能是合格的，但是，我非常小心不让他认为我是有意为难他。

最后，他向我承认他对白松木的经验不多，而且问我有关白松木板的问题，我就对他解释为什么那些白松木板都是合格的，但是我仍然坚持：如果他们认为不合格，我们不要他收下。检验员终于到了每挑出一块不合格的木材就有一种罪过感的地步。最后他终于明白，错误在于他们自己没有指明他们所需要的是什么等级的木材。

结果，在我走之后，他把卸下的木料又重新检验一遍，全部接受了，于是我们收到了一张全额支票。

就这件事来说，讲究一点技巧，尽量控制自己对别人的指责，尊重别人的意见，就可以使我们的公司少损失150美元，而我们所获得的良好的关系，绝非金钱所能衡量。

明人陆绍珩说："人心都是好胜的，我也以好胜之心应对对方，事情非失败不可。人都是喜欢对方谦和的，我以谦和的态度对待别人，就能把事情处理好。"所以，如果你要说服别人，千万别说：你错了。

说服的首要原则：对别人的意见表示尊重。如果你认为有些人的话不对——不错，就算你确信他说错了——你最好还是这样讲："啊，慢着，我有另一个想法，不知对不对。假如我错了的话，希望你们帮我纠正。让我们共同来看看这件事。"

拟好说服过程的大纲

有过"要怎样做才能说服那个？"的困扰吗？这大概是因为没有事先在脑子里整理出具体说服的大纲，准备不够的原因。

如果你站在被说服者的立场，就能深切体会到，比起任意随便说说，有条有理地说服，较容易理解得多。

在你的周围，不也有那种不知他究竟在说什么，让人非常纳闷的人吗？

造成这种情况的最大原因，就是没有事先在脑海里描绘出要说话的大纲。因此，无法完全将自己要表达的意见，明确传达给对方。

可是凭空想象的说明，反而会造成对方的混乱，这样也失去了使其理解的意义了。

为了了解对方，应事先将要说服的内容逐条列出。当然，由于说服对象的不同，

所描绘出的内容也不尽相同,但是基本的一些大原则还是没有什么大变动。如果能领会这个技巧,做好适应对方的准备,就能成功。

1. 列出大纲的三个重点

(1)时间的设定。太冗长的言谈,不容易抓住真正的重点。所以,开头的部分要占多少时间?重点的部分占多少时间?结论需花多少时间?这些时间上的安排需恰当,不宜过长或过短。

(2)决定说明事项的排列顺序。一般从对方已知的部分说到未知的部分,重点说明那些关键点。

(3)说明内容的因果关系。为了让对方深切了解内容,简单扼要地说明其因果关系是必要的。总之,可以按"原因⟵➔结果⟵➔根据"的顺序做重点说明。

2. 随着对象的不同,大纲也有所不同

说服,关键取决于对方是否能理解,是否能接受,真正的决定权还是在于对方。

由于个人的价值观、思考模式、见解、能力以及所处环境的不同,即使是相同的说服方法,对象换了一个人,其结果也会不一样。

(1)对方的能力如何?有你所期望的行动力吗?有如你所想的才能吗?经济力如何?拥有决定权吗?

(2)对方的环境如何?有其他的权限、决定权吗?对于被说服的内容,有不了解的吗?对方对于说服的内容感兴趣吗?信誉如何?

(3)对方的个性特质如何?男性,还是女性?是悠闲自在,还是性情急躁?较理性,还是较感情用事?

从这些观点中,找出对方的特征,试着列出要说服的大纲。

或许一开始有些困难,但是为了要锻炼说服力,只要是有关对方的资料,都要全部收集起来。列出大纲,不但有助于了解对方,也是一种额外的收获。

选择适合对方性格的场所

试着想象利用双方一起吃饭的机会进行说服的场面。

和对方一起吃饭,是提高双方亲近度最恰当的方法。能否活用这个方法,会影响说服的成功或失败。

1. 较有格局布置的场所

选择饭店里的附设餐厅、火锅城、西餐馆等,对处理任何事都讲求效率的人是最恰当的。选择较有格局布置的场所会提高成功的几率,保持适度的紧张气氛可以提高其说服力。

2. 不受拘束的场所

选择较没有格局限制的桑拿浴室，对于较坦率、干脆型的人是最适当的。一些企业家在这里促膝交谈，大概是因为在这里可以互相刺探对方的消息，能够开诚布公、坦率干脆地说话。

另外，像是离对方公司较近的咖啡厅、餐厅这些场所也可以，看机会提出"离您公司不远的距离"、"我们换一个地点"等的话，也可以让气氛改变一下。

3. 有气氛的场所

对于与对方还未相处得很融洽的说服者，到酒吧、卡拉OK等地方边喝边谈较有效果。在照明昏暗的店里，双方会更亲近些。但是这里指的并不是那些声色场所，去那里的话只会造成反效果的。总之，要制造能让双方更融洽的交谈气氛才是最正确的。

4. 开放式的场所

对下属、女职员想要开诚布公地交谈，听听对方的真心话时，或是想要拜托对方帮忙时，在屋顶的平台、公园、露天式茶馆，这些开放式的空间里较适合。因为蔚蓝的天、柔和的风，会让人与人之间的隔阂淡化。

除此之外，若是想要说些对自己有利的话时，可以选择自己常去且较适合自己的店。因为熟悉周围的环境，所以不用小心翼翼地注意着四周，能够更安心地进行说服。

相反的，若是对方是个很难被说服，且有高度警戒心的人，选择去对方较熟悉的地点，反而能让他放松心情、解除戒备，较利于说服的进行。

根据对方性格的不同，而选择最有利的场所，更能够提高自我的说服力。可是，有时候自认为选择了一个很适当的地点，但就是不知道为了什么总说服不了对方的情况也有。

这时候，换个场所看看，或许因场所的改变而有不同的效果。比如从狭窄的地方换到宽敞的地方，从宽敞的空间换到狭小的空间，从明亮的地方换到昏暗的地方等，可以改变说服的氛围。

总是与对方面对面而坐的人，下次应试着与对方并肩而坐，像这样近距离的沟通、说服，成功的几率就大大提高了。

在说服的过程中注重声音效果

你对自己的声音有信心吗？

事实上，声音大大地影响说服的效果。

这世界上有的人拥有迷人的声音，特别是广播员，靠声音来工作，那声音相当有魅力。当然，也有只靠声音就充满说服力的人。

其实我们自己并不清楚自己真正的声音。现在你耳边所听到的声音和对方所听到的声音并不尽相同。比方说，当你把自己的声音录下来，用录放音机放出来听时，大多数人都会有"这是我的声音吗"的疑问，虽然，这录音带里的声音和你的声音很相近。

虽然自己感觉录制录音带时发音很清楚，但是放出来的声音还是很难辨别清楚，就像有时候自己虽然是满怀诚心地说了一番话，对方却感到冷漠无情。

也许有人会说："声音是与生俱来的，再怎么努力也无法改变。"尽管如此，请参照以下原则，即使只有一点点改变，也能将你的声音变得更好。

（1）保持不勉强、轻松的姿势。放松全身，让身体感觉轻松，上身向前弯，两手托腮，勒紧喉咙发声。

（2）靠腹部呼吸。从腹部发声较好，往往光靠喉咙发出的声音很难让人听得懂，这样当然无法进入对方的心。

（3）嘴巴要完全张开。确实地念出每个字，发音就会很清楚。

（4）提高声音的说服力。在知道自己声音的特征之前，先要想想易于让对方接受的是怎样的声音，以此来调整自己声音的大小、高低、节奏、速度、语调等。

（5）声音的大小、高低。如果自己所说的话无法确实地传达给对方，就很难说服对方。有些人认为大声说话是必要的，但是这只会带给对方不快感，音量适度、适当才是最重要的。

另外，不介意声音高低的话，可以靠腹部来发声。

（6）说话的速度。话说得太快是一个禁忌。一进入话题，说话速度就容易变快的人，要总是提醒自己"再说慢一点，再说慢一点"。不过也不能因为纠正过头，反而让对方因说话速度太慢而急躁不安。要在说服对方的同时，从对方的表情来判断自己的说话速度是否被对方所接受。

（7）声音的节奏感。若是说服的语调从头到尾都只是平平而无起伏，那么是无法引起对方注意的。在特别重点的地方，要尽可能地提高音调，用稍微大声的音量慢慢说。总之，要有抑扬顿挫的区别。

以上这些要点，只要平时多加注意的话，自然就能培养有说服力的声音。

讲道理时最好打个比方

譬喻，可谓说辩艺术之精华。譬喻是用具体的、浅显的、熟知的事物去说明或描写抽象的、深奥的、生疏的事物的一种手法。说理中，如果取喻得当，可以把精辟的论述与摹形状物的描绘糅合为一体,既能给人以哲理上的启迪,又能给人以艺术上的美感。

古希腊哲学家亚里士多德说过:"比喻是天才的标志。"的确,善于譬喻,是驾驭语言能力强的表现。说理时运用贴切、巧妙的譬喻,可以生动地表情达意,增强说理的魅力。

公元前598年,南国霸主楚庄王兴兵讨伐杀死陈灵公的夏征舒。楚师风驰云卷,直逼陈都,不日即擒杀了夏征舒,随即将陈国纳入楚国版图,改为楚县。楚国的属国闻楚王灭陈而归,俱来朝贺,独有刚出使齐国归来的大夫申叔时对此不表态。楚王派人去批评他说:"夏征舒杀其君,我讨其罪而戮之,难道伐陈错了吗?"申叔时要求见楚王当面陈述自己的意见。申叔时问楚王:"您听说过'蹊田夺牛'的故事吗?有一个人牵着一头牛抄近路经过别人的田地,践踏了一些禾苗,这家田主十分气愤,就把这个人的牛给夺走了。这件事如果让大王来断,您怎么处理?"庄王说:"牵牛践田,固然是不对,然而所伤禾稼并不多,因这点事夺人家的牛太过分了。若我来断,就批评那个牵牛的,然后把牛还给他。"申叔时接过楚王的话茬儿说:"大王能明断此案,而对陈国的处理却欠推敲。夏征舒弑君固然有罪,但已立了新君,讨伐其罪就行了,今却取其国,这与夺牛的性质是一样的。"楚王顿时醒悟,于是恢复了陈国。

讲道理以打比方为辅助,有很多好处,一是比较含蓄委婉;二是比喻晓理,道明理通;三是如此说话,较有美感。因此,说服他人时不妨采用适当的比喻,既对说服有很大效用,又能体现一个人说话的艺术感。

说"不"时保持温和的态度

在社会交际活动中,有些人觉得说"不"会伤害对方的面子,就随便找些不值一驳的理由来暂时搪塞对方,以求得一时的解脱,然而这个方法并不好,因为对方可以找理由跟你纠缠下去,直到你答应为止。

比如,你不想答应帮他洗衣服,便推说:
"今天没有时间。"
他就会说:
"没有关系,你明天再帮我洗好了。"
又如你不想要对方转让给你的一台旧电脑,你推说:
"现在没有钱。"
那么对方会说:
"钱以后再说好了,什么时候有了再给,我也不急用。"

或者你不愿意跟对方约会，推说：

"我有男朋友了。"

那么他一定会说：

"没关系，多我一个不是更好吗？你可以有更多的选择余地啊！"

就因为你的理由不强硬、不充分，所以一经对方反驳，你就招架不住，"不"的意志便很难贯彻了，所以对付这种情况，你倒不如直截了当地用较单纯的理由明确地告诉对方：

"我没有时间帮你洗衣服，请原谅。"

"我刚买了一台电脑，很抱歉。"

"我已经有了未婚夫，不能再接受你的感情，对不起。"等等。

这样拒绝虽说显得生硬些，但理由单纯明快，不给对方有机可乘，就可以彻底免除后患。

不过，当你拒绝对方的请求时，切记不要咬牙切齿、绷着一张脸，而应该带着友善的表情来说"不"，才不会伤了彼此的和气。

30岁出头就当上了20世纪福斯电影公司董事长的雪莉·茜，是好莱坞第一位主持一家大制片公司的女士。为什么她有如此能耐呢？主要原因是，她言出必践，办事果断，经常是在握手言谈之间就拍板定案了。

好莱坞经理人欧文·保罗·拉札谈到雪莉时，认为与她一起工作过的人，都非常地敬佩她。欧文表示，每当她请雪莉看一个电影脚本时，她总是马上就看，很快就给答复。不过好莱坞有很多人，给他看个脚本就不这样了，若是他不喜欢的话，根本就不回话，而让你傻等。

通常一般人十之八九都是以沉默来回答，但是雪莉看了给她送去的脚本，都会有一个明确的回答，即使是她说"不"的时候，也还是把你当成朋友来对待。这么多年以来，好莱坞作家最喜欢的人就是她。

可见，以温和的态度拒绝别人，既能表达自己的想法、意见，又不伤害对方的自尊心。所以，日常生活中，我们果断拒绝别人的请求时，也应保持温和的态度和友善的表情。

用幽默的话拒绝别人

拒绝的话一向不好说，说不好就很容易得罪人。因此拒绝他人时，要讲究策略，最重要的一点就是含蓄委婉。而幽默地拒绝正是能巧妙地体现这一点。用幽默的方式拒绝别人，有时可以故作神秘、深沉，然后突然点破，让对方在毫无准备的大笑中失望。

有一位"妻管严",被老婆命令周末大扫除。正好几个同事约他去钓鱼,他只好回答:"其实我是个钓鱼迷,很想去的。可成家以后,周末就经常被没收了啊!"同事们哈哈大笑,也就不再勉强他了。

有时候拒绝的话像是含糊其辞,但因为它是用幽默的方式表达出来的,所以也就在起到拒绝目的的同时,让别人很愉快地接受了。

现代文学大师钱锺书先生,是个自甘寂寞的人。居家耕读,闭门谢客,最怕被人宣传,尤其不愿在报刊、电视中扬名露面。他的《围城》再版以后,又拍成了电视,在国内外引起轰动。不少新闻机构的记者,都想约见采访他,均被钱老执意谢绝了。一天,一位英国女士,看了小说之后,非常想见钱老,好不容易打通了他家的电话,恳请让她登门拜见钱老。钱老一再婉言谢绝没有效果,他就妙语惊人地对英国女士说:"你看了《围城》,就好比吃了一只鸡蛋,虽然觉得不错,但何必要认识那个下蛋的母鸡呢?"洋女士终被说服了。

钱先生的问话,首句语义明确,后续两句:"吃了一只鸡蛋觉得不错"和"何必要认识那个下蛋的母鸡呢"虽是借喻,但从语义效果上看,却是达到了一举多得的奇效:其一,这句话是语义宽泛、富有弹性的模糊语言,给听话人以仔细思考的伸缩余地;其二,与外宾女士交际中,不宜直接明拒,采用宽泛含蓄的语言,尤显得有礼有节;其三,更反映了钱先生超脱盛名之累、自比"母鸡"的这种谦逊淳朴的人格之美。一言既出,不仅无懈可击,且又引人领悟话语中的深意,格外令人敬仰钱老的大家风范。

此外,还可以用假设的方法,虚拟出一个可能的结果,从而产生一个幽默的后果,而这个后果正好是你拒绝的理由。这样,不仅不会引起不快,反而可能给对方一定的启发。

一位演技很好、姿色出众但学历不高的女演员,对萧伯纳的才华早就敬而仰之。她平时生活在众星捧月的环境中,多少有一些高傲,总以为自己应该嫁给天下最优秀的男人。某次宴会中,她和萧伯纳相遇了,她自信十足,以最迷人的音调向萧伯纳说:"如果以我的美貌,加上你的天才,生下一个孩子,一定是人类最最优秀的了!"

这位大文豪立刻微微一笑,不疾不徐地回答:"对极了。但是如果这孩子遗传了我的貌和你的才,那将是怎样的呢?"

这位美女演员愣了一下,终于明白了萧伯纳的拒绝之意。她失望地离开了,但她一点也不恨萧伯纳,反而成了他最忠实的读者和好朋友。

拒绝别人的话总是不好说出口,但拒绝的话又经常不得不说出口。这时不妨用幽默的方式说出拒绝的话,抹去对方遭到拒绝时的不愉快感。

变换话题，转移对方注意力

梁晓声是知青出身的著名作家。他创作的《这是一片神奇的土地》、《今夜有暴风雪》、《京华见闻录》等作品，深受广大读者的喜爱。

一次，英国一家电视台采访梁晓声，现场拍摄电视采访节目。采访记者40多岁，是个老练机智的英国人。采访进行了一段时间后，记者将摄像机停了下来，走到梁晓声面前说："下一个问题，希望您做到毫不迟疑地用最简短的一两个字，如'是'与'否'来回答。"梁晓声点头认可。遮镜板"啪"的一声响，记者的录音话筒立刻就伸到梁晓声嘴边问："没有文化大革命，可能也不会产生你们这一代青年作家，那么文化大革命在你看来究竟是好是坏？"

梁晓声一怔，未料到对方的提问竟如此之刁，分明有骗人上当之意。他灵机一动，立即反问："没有第二次世界大战，就没有以反映第二次世界大战而著名的作家，那么你认为第二次世界大战是好还是坏？"回答如此巧妙！英国记者不由一怔，摄像机立即停止了拍摄。

在社交场合中，有时会遇到自己不想公开，而别人又偏偏要打听的事；或是自己偶然触及对方的伤痛、忌讳及隐私，出现了尴尬的局面。这时，以周围的环境为媒介，迅速转移话题便是一种普遍有效的应急措施。

1981年，白宫突然得到里根遇刺的消息后，总统办公厅一片慌乱，不知所措。富有经验的国务卿黑格出来维持局面。黑格曾任美国驻欧洲部队司令，脱下军装后又当上国务卿，一向以果断、稳重而知名。但他听到里根被刺的消息，也慌了手脚。

一个记者问黑格："国务卿先生，总统是否已经中弹？"

黑格回答："无可奉告。"

记者又问："目前谁主持白宫的工作？"

黑格答道："根据宪法规定，总统之后是副总统和国务卿，现在副总统不在华盛顿，由我来主持工作。"

这一回答引起了轩然大波，记者们议论纷纷。另一个记者马上又问："国务卿先生，美国宪法是不是修改了？我记得美国宪法上写明总统、副总统之后，是众议院院长和参议院院长，而不是国务卿。"

黑格听后明白是自己失言，急中生智反问道："请问在两院院长后又是谁呢？他们都不在白宫现场，当然由我来主持了。刚才为了节约时间，少说了一句话而已。"

几句话便自圆其说为自己解了围，拒绝直接回答记者的提问。

这种"顾左右而言他"的办法就是转移话题法。当然，这个新的话题必须和原来的话题有一定联系，还必须能引起提问人的兴趣。否则，会引起对方的疑虑或反感。

话题一转移，对方自然不好再问同样的问题。

所以，如不愿回答别人向你打听的事情时，可用巧妙变换话题的方法，让对方处于被动地位，从而改变意图。

拒绝求爱者最好委婉些

面对不喜欢的人甚至是讨厌的人向自己求爱，很多人不知该如何拒绝，结果由于处理失当，造成了一些不良后果。

一个姑娘，长得很漂亮，又热情活泼，好些男青年向她求爱，犹如众星捧月，让她顿时觉得身价倍增，面对那些求爱者，她傲慢无礼，不是当面讽刺挖苦这个，就是公开那个的求爱信。小伙子们被激怒了，有的人甚至痛恨她。从此，她身边很少有小伙子围着转，也没人给她写求爱信了。她孤影自怜，没办法，只好调换工作。造成这种局面，只因为她不讲究拒绝求爱的方式，不尊重人，伤害对方，才给自己带来痛苦，让自己失去别人应有的尊重。

对待别人的求爱，有人激动得手足无措，有人为难得一筹莫展，有人甚至会气得大发雷霆。尽管心情及其表现千差万别，但究其态度不外乎两种：一种是允诺，一种是拒绝。允诺也好，拒绝也好，都应当持正确的态度和方法。

拒绝求爱的方法有多种，从形式上，可以用书信，可以口头交谈，也可以委托别人。但不管用什么方法，一定要做到恰到好处。那么如何才能恰到好处地拒绝别人的求爱呢？以下有几种方法可供大家参考：

1. 讲明情况，好言相劝

倘若你认为自己年龄尚小，不想考虑个人恋爱问题，那就讲明情况，好言劝解对方。

2. 直言相告，以免误会

你若已有意中人，又遇到求爱者，那么就直接明确地告诉对方，你已有爱人，请他另选别人，而且一定要表明你很爱自己的恋人。同时，切忌向求爱者炫耀自己恋人的优点、长处，以免伤害对方自尊心。

3. 婉言谢绝

对自尊心较强的男性和羞涩心理较重的女性，适合委婉、间接地拒绝。因为有这类心理的人，往往是克服了极大的心理障碍，鼓足勇气才说出自己的感情，一旦遭到拒绝，很容易感觉受伤害，甚至痛不欲生，或者采取极端的手段，以平衡自己的感情受创伤。因此拒绝他们的爱，态度一定要真诚，言语也要十分小心。你可以告诉他你的感觉，让他明白你只是把他当朋友，当同事或者当兄妹看待，你希望你

们的关系能保持在这一层面上,你不愿意伤害他,也不会对别人说出你们的秘密。

你不妨说:"我觉得我们的性格差异太大,恐怕不合适。"

"你是个可爱的女孩,许多人喜欢你,你一定会找到合适的人。"

"你是个很好的男人,我很尊重你,我们能永远做朋友吗?"

如果这些自尊和羞涩感都挺重的人没有直接示爱,只是用言行含蓄地暗示他们的感情,那么,你也可以采取同样的办法,用暗含拒绝的语言,用适当的冷淡或疏远让他明白你的心思。

别人爱你,向你求爱,他并没有错;你不能接受而拒绝他的爱,你也没有错。但关键要看你是怎样拒绝的。如果你能拒绝得恰到好处,对双方都是一种解脱。如果你不妥善对待,那么你就有可能会犯错误,不仅伤害他人,也会危害自己。所以,当你遇到这种情况时,千万不要鲁莽行事。万事三思而行,总归是好的。

倾听中及时、准确地反馈

有人做过这样一个实验,来证明听者的态度对说者有着极大的影响。

让学生表现出一副心不在焉的样子,结果上课的教授照本宣科,不看学生,无强调,无手势;让学生积极投入——倾听,并且开始使用一些身体语言,比如适当的身体动作和眼睛的接触。结果教授的声调开始出现变化,并加入了必要的手势,课堂气氛生动起来。

由此看出,当学生表现出一副心不在焉的样子,教授因得不到必要的反应而变得满不在乎起来。当学生改变态度,用心去倾听时,其实是从一个侧面告诉教授:你的课讲得好,我们愿意听。这就是无声的赞美,并且起到了积极的效果。

从上面的例子也可以看出,倾听时加入必要的身体语言,是非常有必要的。

行动胜于语言。身体的每一部分都可以显示出激情、赞美的信息,可增强、减弱或躲避、拒绝信息的传递。善于倾听的人,是不会做一部没有生气的录音机的,他会以一种积极投入的状态,向说话者传递"你的话我很喜欢听"的信息。

录音机是没有眼睛的,俗语说,"眼睛是心灵的窗口"。适当的眼神交流可以增强听的效果。这种眼神是专注的,而不是游移不定的;是真诚的,而不是虚伪的。发自灵魂深处的眼神是动人心魄的。

录音机做不了"小动作",而倾听者则必须做一些"小动作"。身体向对方稍微前倾,表示你对说者的尊敬;正向对方而坐,表明"我们是平等的",这可使职位低者感到亲切,使职位高者感到轻松。自然坐立,手脚不要交叉,否则让对方认为你傲慢无礼。倾听时和说话人保持一定的距离,恰当的距离给人以安全感,使说话者觉得自然。动作跟进要合适，太多或太少的动作都会让说者分心，让他认为你厌烦了。正确的动作应该跟说话者保持同步，这样，说话者一定觉得你对他的谈话很感兴趣。

倾听并不意味着默默不语，除了做一些必要的"小动作"外，还得动一动自己的嘴。恰当的附和不但表示了你对说者观点的赞赏，而且还对他暗含鼓励之意。

当你对他的话表示赞同时，你可以说：

"你说得太好了！"

"非常正确！"

"这确实让人生气！"

这些简洁的附和使说话者想释放的情感找到了载体，表明了你对他的理解和支持。

入神地倾听并在适当时间附和有利于对方更好地表达自己的思想和情感。在对方明白我们的倾听是对他的尊重以后，他同样会认真地听我们说话，这样谈话才能产生良好的效果。

例如对于领导来说，倾听职员的谈话，不仅有助于充分了解下情，还说明了你对下属的体贴和关心。这种没有架子的平民领导到哪儿都会受员工欢迎的。

对于员工来说，倾听领导的谈话，是对领导威严的有效维护，说明了你对他的尊重。这样的员工，说出来的话——即使不是赞美之辞，领导也会很喜欢听的。

人与人之间，倾听则能促进情感，加深相互间的理解，引发精神上的共鸣。

通过说话方式探索对方心理

在人际交往中，人们通常会把自己的真实情感深深地隐藏起来，但无论怎样，他的言谈中总会流露出蛛丝马迹。这时，有志了解别人的人，需要用心去体察，注意他的话语中蕴含的意思，推测他同意或赞赏的观点，这样，就可以对他有另外的认识。

说话方式便是一个透露对方内心所想的"窗口"。一个人的说话方式不同，所反映出的真实想法也不同。注意对方的说话方式，你便能猜透对方的真实心理，听出对方在想什么。

如果对于某人心怀不满，或者持有敌意时，许多人的说话速度都变得迟缓，而且稍有木讷的感觉。如果有愧于心或者说谎时，说话的速度自然就会快起来。

例如，有一个男人每天下班都按时回家，而这一天他下班后却留在办公室与同事打扑克，回到家时，他就马上跟老婆说他加班了。那位"加班"的男人，当他向老婆解释时，说话的语调不仅快，而且慷慨激昂，好像今天"加班"的确让他很反感——他是很不愿意"加班"的。这样,他可以解除内心潜在的不安。

当两个人意见相左时,一个人提高说话的音调,即表示他想压倒对方。

对于那种怀有企图的人,他说话时就一定会有意地抑扬顿挫,制造一种与众不同的感觉。这样的人有一种吸引别人注意力的欲望,自我显示欲在言谈之中隐隐约约地就透露出来了。说话暧昧的人大多数喜欢迎合他人,他们说同一句话既可这样解释,又可那样解释,含糊其辞。这种人处世圆滑,从不肯吃亏,懂得如何保护自己和利用别人。

经常对他人品头论足,说长道短,这样的人嫉妒心重,心胸狭窄,人缘不好,心中孤独。如果他对诸如别人不跟他打招呼之类的小问题耿耿于怀,说明他在自尊心上受挫,渴望得到别人的尊重。有些人常以领导的过失和无能为话题,则表明他自己有出人头地、取而代之的愿望。

有人在说话时极力避开某个话题,这说明他在这方面有隐衷,或者在这方面有强烈的欲望。比如当一个人的心中对金钱、权力或某异性怀有强烈的欲望时,很怕被别人识破,于是就故意避开这个话题以掩饰自己的真实用意。

交谈时,对方先是与你谈一些家常话,这表示他想试探你的态度,了解你的实力,探明你的本意,然后好转入正题。

总之,说话方式在一定程度上也能透露对方的内心真意。在与人交谈时,注意观察对方的说话方式,是了解对方说话本意的一个有效的方法,会给你了解对方带来意外的收获,也能使你先一步掌控对方。

第十七章

宴请细节，展示形象

请客吃饭宜有一个好理由

宴请是求人最常用的一种手段，恰当的宴请可以为求人顺利和成功提供条件、奠定基础。

刘强是刚毕业的大学生，初入职场的他和办公室里元老级的同事总有些不合拍，连科长都说他有些木讷。办公室里的同事总能找到理由请客，科长也时不时欣然前往。而刘强更加被孤立，虽然他也在寻找请客的理由，以期拉近和大家的关系。

刘强没有女朋友，生日也还有半年多的时间，他实在找不到可以宴请大家的理由，又怕落个马屁精的雅号。这天，刘强在路边的饭厅吃午餐，看到对面有个福利彩票销售点，很多人排着队在买彩票。马林灵光一闪，顿时想到一个好办法。

从那天，刘强开始买彩票，还有意无意将买来的彩票遗忘在办公桌上。刘强买彩票的消息，在同事间不胫而走。还没等大家把这个消息炒成办公室最热门话题，刘强一天早上郑重地宣布自己获得20000元的一个奖。下班了，同事和科长被请进了饭店，酒足饭饱后，刘强从大家的眼神里看到了认可和友好的神情。

从此以后，他也渐渐融入了办公室这个大集体，上司和同事对他伸出帮助之手。就连他以后结婚分房的事，也是科长和同事鼎力相助的结果。而这一切要谢就得谢那次虚拟的"中奖"啦。

所以，宴请别人一定要找个好理由，理由找好了，才能让对方欣然赴宴，你的事情也就有希望了。

根据办事的性质、对象而采取不同的方式发出邀请。如大多数学者、专家、领导等，工作忙、时间紧，对他们最好提前相约，以便他们做好工作调整、时间安排；

如对某团体的要人,公开邀请,甚至借助传播媒介,既能体现公正无私、光明磊落,又利于引起关注、促进宣传、扩大影响。

向别人发出邀请,可以采用开门见山式,例如,当你想邀请上级领导吃饭时,就可以直接说:"请问徐经理吗?我们现在在某某酒楼吃饭,过来认识几个朋友吧,我们等你来啊。"这种方式既显示出了关系的亲近,活跃气氛,又能使求人办事变得很自然。

或者采用借花献佛式,例如:"陈工!今天获奖名单公布了,我中奖了!走吧,我们去庆祝庆祝!"然后在酒宴上再提自己求他所办之事,那个时候的他酒都喝了,哪好意思不帮你?

也可以采用喧宾夺主式,例如:"哦!你中午没有时间啊?没有关系,这样吧,下午我去订个位置,然后晚上你带上你的家人,我们一起去吃怎样啊?晚上我给你电话哦!"这样发出去的邀请,别人就很难再有借口推辞了。你也就有了接近对方,求其办事的机会。

如今,请客吃饭在很大程度上已失去了原来意义,变成了一种排场、一种面子、一种投资、一种手段。因此,有人戏言:"做事情离不开请客吃饭。"也许人们正是发现了请客吃饭是一种十分体面而又毫无风险的"创收手段",所以请客的理由越来越多,五花八门。比如生日、乔迁、工作调动、开业典礼等都要请客,单是在孩子身上就有满月、百天、抓周、生日、上大学等多次请客的机会。甚至在求人办事时,也会找出好多理由宴请别人。

所以,要想把事办成,就要找一个好理由宴请所求之人。

精心挑选宴请地点

宴请客人时,用餐地点的选择是非常重要的。例如饭店的远近、服务态度、食物的质量等等。各种因素都会对宴请活动产生不同的影响。

选择地点时,可遵循以下3个原则:

1. 宴请别人时,要考虑被宴请的对象和事由,选择宴请地点

根据主人意愿、邀请的对象、活动性质、规模大小及形式、商谈的内容等因素,选择宴请的地点。一场宴会,你所宴请的对象可能不止一两个,要想让一种宴会环境满足所有与宴者的心理要求是很难的,这就要求我们在尽量满足大多数与宴者的客观要求的同时,侧重迎合其中少数特殊人物的心理要求。很显然,这些特殊人物对你办事情有非常大的帮助。当主宾的地位、身份、影响高于主人时,以主宾为主。当主宾的身份、地位低于主人时,则要以主人为主。

2. 确定宴请地点时，要考虑周边环境、卫生、设施和交通状况等问题。这样，于人于己都很方便

（1）选择交通方便的地方。选择用餐地点，对于交通方便与否，也要高度关注。要充分考虑聚餐者来去交通是否方便，有无停车场所，有无交通线路通过此处，是否有必要为聚餐者预备交通工具等一系列的具体问题。

（2）选择卫生良好的饭店。外出用餐时，人们最担心的就是"病从口入"。所以确定宴请的地点时，一定要看其卫生状况如何。倘若用餐地点过脏、过乱，会破坏用餐者的食欲。

（3）选择环境幽雅的地方。对现代人来讲，宴请不仅仅是为了"吃东西"，而且也讲究环境。如果用餐地点档次过低，环境不佳，即便菜肴再有特色，也会令宴请大打折扣。

这里的环境既包括宴会举办场地的自然环境（如湖边、闹市、船上等），宴会所在的建筑环境（如酒店建筑风格、餐厅装修特点等），也包括宴会举办场地——餐厅的大小、空气状况和环境布置等。

3. 在选择餐厅时，要特别留意餐厅的用餐环境

而挑环境时，必须考虑以下三方面因素：

（1）包间要足够大。在一个相对宽松的空间里，气氛才能轻松；环境好，心情也会跟着变好，饭桌上气氛也会比较融洽。

（2）包间要有独立的沙发区和卫生间。吃饭时客人一般不会同时到达，沙发区可以给先到的人一个休息之处。另外，沙发最好为 U 字形或 L 字形，因为除了非常熟悉的人，人们并不习惯在沙发上并排而坐，尤其是初次见面的朋友，保持一个礼貌的距离很重要。

（3）如果宴请政府领导或很重要的客户，要留好地面停车空间，最好不用地下车库。地下车库一般没有装修，看上去比较脏乱，客人一进入，心情就会受影响。而且，从地下车库上地面的通道，没有人给开门。这样会让客人感到不太受尊重。选地上停车处，车门、楼门、房门都要有人给开，这才显出对客户的尊重。

除此之外，确定宴请地点时还应注意以下问题：

（1）询问你的客人是否有某些饮食方面的偏好，比如是否属于素食主义者或者是否爱吃鱼等等，事前确保你选择的饭店符合客人的口味。

（2）选择一处大家都喜欢的地点就餐，让聚会中的每个人都有宾至如归的感觉也是很重要的。比方说，要事先问清楚有没有适合素食者的选择、小孩子用的高凳，还有那些对某些食物过敏的人能吃的东西。如果聚会上的人有需要的话，甚至还要看看有没有足够的车位。

（3）请熟悉的人去不熟悉的饭店，请不熟悉的人去熟悉的饭店。对熟人（包括家人、朋友等），可以去以前没去过的饭店尝尝鲜、探探路，熟人在一起就不必拘束，可以随心而为，可畅心问价、调换，等等。而请不熟悉的和重要的客人则要求对整个点菜服务质量等了然于胸，这样就需要去一个熟悉的饭店。

根据就餐性质安排客人的座次

当客人抵达主人的请客地点时，作为主人，应该怎样为客人安排座次呢？

虽然现在桌具的演进使座位的排法发生了变化，但总体来说，座次是"尚左尊东"、"面朝大门为尊"。如果是家宴，则首席为辈分最高的长者，末席为最低者。

如果是圆桌，则正对大门的为主客，左手边依次为2、4、6等，以此类推，右手边依次为3、5、7等，直至汇合。巡酒时自首席按顺序一路敬下。

如果是八仙桌，若有正对大门的座位，则正对大门一侧的右位为主客。如果不正对大门，则面东的一侧右席为首席。然后首席的左手边坐开去为2、4、6，右手边为3、5、7。

如果是大宴，桌与桌间的排列讲究首席居前居中，左边依次2、4、6席，右边为3、5、7席，根据主客身份、地位、亲疏分坐。

西餐的坐席安排比较讲究，如果用西餐请客，则有如下礼仪，千万不可坐错了位子。

（1）桌次：在正式宴会上，桌次的高低尊卑以距离主桌位置的远近而定，越靠右的桌次越尊贵，桌次较多时一般摆放桌次牌；在同一桌上，越靠近主人的座位越尊贵。

（2）位次：英国式的座位顺序为，主人坐在桌子两端，原则上是男女交叉坐；法国式的座位顺序为，主人相对坐在桌子中央。以女主人的座位为准，主宾应当坐在女主人的右上方，主宾夫人坐在男主人的右上方。

（3）在非正式宴会上，座位遵循女士优先的原则。如果是男女二人进餐，男士应请女士坐在自己的右边，还要注意不可让她坐在人来人往的过道边。若只有一个靠墙的位置，应请女士就座，男士坐在她的对面。如果是一对夫妻就餐，夫人应坐在靠墙的位置上，先生则坐在夫人的对面。如果两位男士陪同一位女士进餐，女士应坐在两位男士的中间。如果两位同性进餐，那么靠墙的位置应让给其中的年长者。男士应当主动为女士移动椅子让女士先坐。在宴请外宾时，首先明确一点，宴请不是为吃而吃，更重要的是要表达出对外宾的尊重，创造出一种有利于宾主双方进行进一步交流的气氛。所以，座次的安排就显得非常重要，考虑不周全、座次安排不妥当，轻则会惹得外宾不高兴，重则可能引起国际纠纷。所谓"外交无小事"，即使在就餐座次上，也要多花些心思。

在国际惯例中，在就餐时排列桌次，通常讲究采用圆桌，并且各桌的就餐者宜为双数。在正式的宴会厅内安排桌次时，应遵循以下五大原则，即"面门为上"，"居中为上"，"以右为上"，"以远为上"，"临台为上"。其实，为了避免届时因外宾坐错了座位而产生不快，隆重的大型宴会可以在各餐台座位前预先摆放座位卡，所发请柬上则标明与宴者的台号，或由司仪导入，或持柬按图索骥、对号入座，这样就不容易出差错了。

点餐时先征求客人意见

根据中国人的饮食习惯，请客吃饭其实是"请客吃菜"，菜单在一次宴席中的地位可见一斑。

如果你是请客者，若时间允许，应等客人到齐之后，将菜单供客人传阅，并请他们来点菜。当然，如果是公务宴请，要控制预算，你最重要的是要多做饭前功课，选择合适档次的请客地点非常重要。一般来说，如果由你来埋单，客人也不太好意思点菜，都会让你来做主。

如果你的上司也在宴席上，千万不要因为尊重他，或是认为他应酬经验丰富，酒席吃得多，而让他来点菜，除非是他主动要求，否则，他会觉得不够体面。

如果你是作为赴宴者出现在宴席上，在点菜时，不应该太过主动，而要让主人来点菜。如果对方盛情要求，你可以点一个不太贵、又不是大家忌口的菜，最好征询一下同桌人的意见，特别是问一下"有没有哪些是不吃的"或是"比较喜欢吃什么"，要让大家有被照顾到的感觉。点菜后，可以请示"我点了菜，不知道是否合几位的口味"，"要不要再来点其他什么"，等等。

点菜并非一件简单的差事，其中的学问其实很多。点菜的基本原则是要做到能让所有人都吃得满意，而且花费不是太多。同时点菜既不能点得剩太多，也不能不够吃。具体来讲，以下几项点菜技巧必须注意：

（1）一定要看人员组成，一般来说，人均一菜是比较通用的原则。如果是男士较多的餐会可适当加量。同时，要看菜肴组合。一般来说，一桌菜最好是有荤有素，有冷有热，尽量做到全面。如果桌上男士多，可多点些荤食，如果女士较多，则可多点几道清淡的蔬菜。

（2）若是普通的商务宴请，可以节俭些。如果这次宴请的对象是比较关键的人物，则要点上几个够分量、拿得出手的菜。一般说来，优先考虑的菜肴有四类：

①有中餐特色的菜肴。在宴请外宾的时候，这一条更要高度重视。

②有本地特色的菜肴。宴请外地客人时，上些特色菜要比千篇一律的生猛海鲜

更受好评。

③本餐馆的特色菜。很多餐馆,都有自己的特色菜。上一份本餐馆的特色菜,能说明主人的细心和对被邀请者的尊重。

④主人的拿手菜。在举办家宴时,主人一定要当众露一手,多做几个自己的拿手菜。只要主人动手为来客烧菜,就会让对方感觉到你的尊重和友好。

(3)在安排菜单时,一定要先问问桌上同餐者有没有什么人有特殊忌讳。比方说有素食者、不食牛羊肉者、不吃辣椒者、不吃海鲜者等等,做到胸中有数。

(4)点菜前要对价格了解清楚,点菜时不应该再问服务员菜肴的价格,或是讨价还价,这样会让你在对方面前显得有点小家子气,而且被请者也会觉得不自在。

宴请中经常点选的烟酒茶品

中国人搞宴请活动讲究排场,也重视品位,因此在商务宴请中,烟酒茶品的选择和消费就显得非常重要。下面介绍一些宴请中经常点选的烟酒茶品,以供参考。

宴请中常喝的中国十大名酒

(1)台酒。茅台酒在历次国家名酒评选中,都荣获名酒称号,被誉为"国酒"、"外交酒"。

(2)五粮液。五粮液酒是浓香型大曲酒的典型代表,共获国际金奖32枚。

(3)西凤酒。西凤酒属其他香型(凤型),曾4次被评为国家名酒。

(4)双沟大曲。产于江苏省泗洪县双沟镇,曾连续两次被评为国家名酒。

(5)洋河大曲。洋河大曲曾被列为中国的八大名酒之一,至今已有三百多年的历史。

(6)古井贡酒。据当地史志记载,明代万历年间,当地的美酒曾贡献皇帝,因而就有了"古井贡酒"一美称。

(7)剑南春。其前身当推唐代名酒剑南烧春。唐朝就列入当时天下的13种名酒之中。

(8)泸州老窖特曲酒。泸州老窖窖池于1996年被国务院确定为我国白酒行业唯一的全国重点保护文物,誉为"国宝窖池"。

(9)汾酒。1915年荣获巴拿马万国博览会甲等金质大奖章,连续5届被评为国家名酒。

(10)董酒。董酒1963年首次被评为国家名酒,1979年后都被评为国家名酒。

宴请中常喝的中国十大名茶

(1)西湖龙井。"茶中之美数龙井"。龙井茶素有"色翠、香郁、味醇、形美四绝之称。

（2）洞庭碧螺春。"洞庭碧螺春,茶香百里醉"。碧螺春产于江苏吴县太湖洞庭山,兼有茶香果味之美。

（3）黄山毛峰。黄山毛峰成茶外形细嫩扁曲,多毫有峰,冲泡杯中雾气轻绕顶,滋味醇甜,鲜香持久。

（4）君山银针。君山银针色泽鲜绿,香气高爽,滋味醇甜,汤色橙黄,是中国黄茶珍品。

（5）祁门红茶。祁门红茶曾于1915年在巴拿马万国博览会上获得金质奖。

（6）六安瓜片。一种外形似瓜子,色泽翠绿,香气清高,味鲜甘美的片形茶。

（7）信阳毛尖。是我国著名的内销绿茶,以原料细嫩、制工精巧、形美、香高、味长而闻名。

（8）都匀毛尖。明代时就已为"贡茶"。冲泡时茶叶沉于杯底,绒毛浮游水中,清香持久,醇和回甜。

（9）武夷岩茶。武夷岩茶具有绿茶之清香,红茶之甘醇,是中国乌龙茶中之极品。

（10）安溪铁观音。成品茶外形头似蜻蜓,尾似蝌蚪。泡于杯中"绿叶红镶边",是乌龙茶之上品。

宴请中常抽的中国十大名烟

（1）中华（中国名牌,中国驰名商标）上海烟草（集团）公司。

（2）熊猫（名牌卷烟）上海烟草（集团）公司。

（3）玉溪（中国名牌,中国驰名商标）玉溪红塔烟草（集团）。

（4）娇子（中国名牌,中国驰名商标）成都卷烟厂。

（5）红塔山（中国名牌,中国驰名商标）玉溪卷烟厂。

（6）云烟（中国名牌,中国驰名商标）昆明卷烟厂。

（7）芙蓉王（中国名牌,中国驰名商标）常德卷烟厂。

（8）红河（中国名牌,中国驰名商标）红河卷烟总厂。

（9）利群（中国名牌,中国驰名商标）杭州卷烟厂。

（10）白沙（中国名牌,中国驰名商标）白沙集团。

不过分亲近或疏远任何人

人性的细节,一旦发挥过分,就会讨人嫌恶,就无法圆润为人。圆润为人就是不要过分地亲近或疏远任何人。既不要过于亲近比您高的尊贵的人,也不要过于疏远那些地位比较低的人,尽管人们的社会角色和社会地位不同,但每个人都渴望得

到他人的尊重。如果您忘记这一事实，与他们交际时，对"重要人物"谦卑有加，而对其他人却毫不在意，则会刺伤后者的自尊，失去一大批人，这样的人际代价是不值得的。

有这样一场家宴：宴席上坐着男主人、男主人单位的领导以及几位同事，圆桌上的酒菜已经摆得让人感觉十分满意了，可是，围着花布裙的主妇还是一个劲地上菜，嘴上直对领导说："没有什么好吃的，请领导对付着用点！"

男主人则站起来，把领导面前吃得半空的菜盘撤掉，接过热菜又放在他面前，热情有余地给领导夹菜、添酒，而对其他同事只是敷衍地说声"请"。

面对这样"尊卑有别"的款待，试想男主人的几位同事将作何感想？即便不觉得难堪，也会觉得主人对他们款待不同。也许未等宴席告终，有些同事就"有事"告辞了。

像这样的宴席，男主人眼里只有领导，而慢待他人，使同事们的自尊心和面子受到损伤，非但不能增进主客间的友谊，反而会造成心理隔阂，稍作权衡就会发现如此尊卑有别的待客之道实属不智之举。

圆润处世时，不能过分亲近权势，如果亲权势大的、疏远权势小的，等于从中挑拨，必导致两势相争。两者取其中，"公事公办"，不搞拉拉扯扯那一套，也不要把精力和心思花费在研究某某"背景"之上。以权势视其关系亲疏，实则亲一时，疏一世。凡是这样"套"来的亲，没有长久的。因为权势本身就不是永恒的，而是无常的，那么以此为筹码的亲疏一定不会长远，这是必然的。

尽管人们在社交中需要分清主次，有轻有重，不可能平均用力，等齐划一。但圆润为人的人，在保证"重点"的时候，绝不忽略"一般"。比如，去某单位办事，恰巧遇见了三个都认识的人，都好久未见了，其中一位正是自己急于寻找求助办事的，你怎么对待呢？是抓住一人，不计其余，还是逐个关照，热情寒暄一番，然后和其他人说明情况，保证重点？这就是一个技巧。

❧ 赴宴时应注意体现修养与内涵 ❧

赴宴礼仪是现代人交际过程中需要经常面对的问题。参加一个宴会，最重要的不是吃，而是体现你修养与内涵。

1. 及时回复

在接到宴会邀请时，不管是否能出席，都要尽早答复对方，以便主人安排，一般可用电话或便函答复。

2. 忌随意改动

接受邀请后不要随意改动。万一遇到特殊情况不能去赴宴，尤其自己是主宾的情况下，应立即向主人说明、道歉，甚至亲自登门表示歉意。

3. 核对地点、时间

应邀出席之前，要与宴请的主人进行核实：活动举办的时间地点，是否邀请了配偶，以及主人对服装的要求。

4. 适度修饰

外出赴宴或聚餐时，应适度地进行个人修饰。总的要求是：整洁、优雅、个性化。一般而言，男士可穿套装，并剃须。女士则应穿时装或旗袍，并化淡妆。倘若不加任何修饰，甚至仪容不洁、着装不雅，则会被视为不尊重主人，不重视此次聚餐或宴请。

5. 准时到场

应邀赴宴或参加聚餐时，一定要准点抵达现场。抵达过早或过晚，均为失礼。早到的话，主人往往还未做好准备，因而措手不及。晚到的话，则会令他人望眼欲穿，甚至打乱整个原定的计划。

6. 携带礼物

抵达宴会地点后，应先到衣帽间脱下帽子和大衣，然后向主人问好或表示祝贺。参加他国庆祝活动时，可按当地习惯以及两国关系，赠送花束或花篮。家庭宴会中，可酌情给女主人赠送鲜花。

7. 各就各位

在一些正式的用餐活动中，一定要按照指定的桌次、位次就座。倘无明确排定，亦应遵从主人安排，或与其他人彼此谦让。如邻座是年长者或女士，应主动协助他们先坐下。

8. 认真交际

大凡宴请或聚餐，其主要目的是交际，而不仅仅是为了大饱口福。所以在用餐前后，尤其是用餐前稍事等候时，不要忘记尽可能地进行适当的交际活动。假若一言不发，就会显得与其他人完全格格不入。

9. **开始宴会前，主人与主宾大都要先后进行致词**

当他们进行致辞时，务必要洗耳恭听，专心致志。如果此刻开吃，闭目养神，与人交谈，或是打打闹闹，都是不对的。

10. 礼貌地离席

早退、逗留时间过短都被视为失礼或有意冷落。一般说来，主宾退席后再陆续告辞。确实有事需提前退席，应向主人说明后悄悄离去；也可事前打招呼，届时离席。

进餐细节集锦

作为客人，有些细节在进餐时要特别注意。主人招呼进餐后，取菜时，不要盛得过多。盘中食物吃完后，如不够，可以再取。如由招待员分菜，需增添时，待招待员送上时再取。对不合口味的菜，勿显露出难堪的表情。当招待员上菜或主人夹菜时，不要拒绝，可取少量放在盘内。

吃东西时不要发出声音。应闭嘴咀嚼食物，喝汤不要啜。太热的汤和菜，可稍待凉后再吃，不要用嘴吹。吐鱼刺、骨头时要用餐巾掩嘴，用手或筷子取出，放在菜盘内。嘴里有食物的时候不要说话。要剔牙时应用手或餐巾遮口。吃剩的菜以及用过的餐具牙签，都不要放在桌上，应放在盘内。

作为陪客或宾客，在交谈时不要只同几个熟人或一两个人说话，如果邻座不相识，可先自我介绍。在社交场合，无论天气如何炎热，不能当众解开纽扣脱下衣服。小型便宴会，如主人请客人宽衣，男宾可脱下外衣搭在椅背上。

中餐的餐具主要是碗、筷，西餐则是刀、叉、盘子。吃西餐时右手持刀，左手持叉，将食物切成小块，然后用叉送入嘴内。就餐时按刀叉顺序由外往里取用。每道菜吃完后，将刀叉并拢排放盘内，以示吃完。如未吃完，则摆成八字或交叉摆，刀口应向内。

吃鸡、龙虾时，经主人示意，可以用手撕着吃，也可用刀叉把肉割下，切成小块吃。不管切什么菜，都要注意不要用力过猛撞击盘子而发出声音。不容易叉的食品，可用刀把它轻轻推上叉。汤用深盘或小碗盛放，喝时用汤匙由内往外舀起送入嘴，即将喝尽，可将盘向外略托起。除喝汤外，不用匙进食。吃带有腥味的食品均会配有柠檬，可用手将汁挤出滴在食品上去腥味。

有时宴会中难免遇到意外情况，如刀叉撞击盘子而发出声响、餐具摔落地上、酒水被打翻等，此时，不应手忙脚乱。餐具碰出声音，可轻轻向邻座或主人说一声"对不起"。餐具掉落可由招待员再送一套。酒水打翻溅到邻座身上，应表示歉意并协助擦干；如对方是女士，则应递上干净纸巾。

在宴请中，喝酒前要做好准备，比如作为主宾参加国外举行的宴请时，应了解对方的祝酒习惯。碰杯时，主人和主宾先碰，人多可同时举杯示意。祝酒时注意不要交叉碰杯。在主人和主宾致辞、祝酒时，应暂停进餐，注意倾听，也不要借此机会抽烟。宴会上相互敬酒表示友好，但切忌喝酒过量。

喝茶或咖啡时，牛奶和糖可自取加入杯中，用小茶匙搅拌后，茶匙仍放回小碟内。喝时右手拿杯把，左手端小碟。

吃水果时，不要整个拿着咬，应先用刀切成四或六瓣，再用刀去皮、核，方可用手拿着吃，削皮时刀口朝内，从外往里削。香蕉先剥皮，用刀切成小块吃。橙子用刀切成块吃，橘子、荔枝等则可剥了皮吃。西瓜、菠萝通常都去皮切成块，吃时可用水果刀切成小块用叉取食。

在宴席上，如果送上一小水盂，水上漂有玫瑰花瓣或柠檬片，注意，这是供洗手用的（有人曾误以为是饮料，因此闹笑话）。洗时两手轮流沾湿指头，轻轻刷洗，并用餐巾或小毛巾擦干。

做好宴会收尾工作

有很多人认为，既然宴会已经结束，那么就可以完全放松下来，不必再顾虑什么，其实不然。宴会结束时，我们更应该做好细节性的工作。如果一时疏忽，就会使得自己之前费尽心思在宴请对象心里留下的好形象瞬间崩溃，求人办事也变得一波三折。

那么，宴会结束时应该注意哪些细节呢？

第一，宴会结束的时间。

一般说来，当宴会主人把餐巾放在桌子上或者从餐桌旁站起身来，即表明宴会结束。只有看到这种信号以后，宾客才可以把自己的餐巾放下，站起身来。

正餐之后的酒会的告辞时间按常识而定，如果酒会不是在周末举行，那就意味着告辞时间应在晚间十一时至午夜之间。若是周末，则可更晚一些。除非客人是主人的亲密朋友，一般都不应在酒会的最后阶段还心安理得地坐在那里。

第二，离席的先后顺序。

当宴会结束，离开餐桌时，不应把坐椅拉开就走，而应把椅子再挪回原处。男士应该帮助身边的女士移开坐椅，然后再把坐椅放回餐桌边。要注意，有些餐厅比较拥挤，贸然起身，或使手提包、衣服等掉得满地，或是碰到人，打翻茶水、菜肴，失礼又尴尬！离席时让身份高者、年长者和女士先走，贵宾一般是第一位告辞的人。

第三，热情话别。

当宾客离去时，宴会主人应像迎接宾客一样地站在门口与他们一一握别。当宾客成群离去时，也应送至门口，挥手互道晚安，并应致意说：非常感谢各位的光临，真谢谢你们把宴会的气氛维持得这样好。不要以时间过早挽留客人，如果是星期天晚上，你尤其不宜说：现在还早得很嘛，你绝不能这么早走，太不给我面子了！要知道多数人次晨都要起个大早的。对于迟迟还不离去的客人，他们明显地热爱这气氛，这时你可能停止斟酒或停止供糖果瓜子等等，以此暗示客人该是离去的时候了。

此外，有的主人为每位出席者备有一份小纪念品。宴会结束时，主人招呼客人带上。除主人特别示意作为纪念品的东西外，各种招待品，包括糖果、水果、香烟等都不能拿走。

总之，宴会结束时与开始时一样重要，你丝毫不能大意，必须注意到每个细节，力求尽善尽美。

第十八章

面试细节，轻松过关

准备一份简明扼要的简历

如何让自己在水平相当的竞争者中脱颖而出，是决定成功的关键，所以除了必要的资料外，那些看了也不会留下任何印象的事情，就不必写在履历中。在填表时，要把自己过去工作的成绩量化、具体化，以便让人对你的能力有比较具体的了解。曾经进修的课程，例如计算机、管理、语文等不同领域的课程，一定要写进去，让别人一目了然，这往往有助于让别人对自己更加了解。

如果是到外企求发展，一定要了解不同国家企业的用人习惯，例如在美国，履历表要求"三不"：第一，绝对不超过一页；第二，绝对不要把与工作无关的事写上去，例如婚姻状况、家庭状况、种族等，以避免企业主因其他原因而发生歧视；第三，薪水一栏要空着，求职的人应认清履历的目的只是为了争取面试的机会。

对现代人来说，要自我炫耀并不是一个难事，然而最麻烦的是，许多冠冕堂皇的身价都建立在空泛的形容词之上，如果你没有足够的理由来支持的话，那么最好不要在简历上写"我一定能胜任这个工作"这样的话。另外，就外企而言，公司想知道提拔你能为公司带来什么利益、贡献或成效，并不想付费找个人来学习，所以写上"想来贵公司学习"等词语，一定会对自己不利。

有些大学生，为了推销自己，总是极力把自己包装成无所不能的全才，但对于招聘单位来说，一般而言，都是因岗选才。只有求职者能证明你有这方面的特长，才会让招聘单位觉得你就是最适合这个岗位的人选。常常有这样的情况，求职者自我介绍了半天，在被问及"在你所有的特长中，你最擅长的是什么"时，求职者往往回答不上来，这实在是一件很遗憾的事。

所以，建议求职者应聘时，与其把自己包装成一个全才，不如把自己包装成某一方面的专才，等到招聘单位因为你的专才有意录用你时，再意外地发现你还是一个全才，这就会非常有利于你今后的发展。相反，如果你在简历上把自己包装成全才，等见了面一谈，才知道其实你所谓的全才就是对各方面问题都只知道一点皮毛而已，这对你的发展必定是很不利的。

从实用的角度来说，如果你应聘不同的职位，最好能准备不同的简历，关键是特长部分的介绍要有所侧重，比如你想应聘质量管理和生产管理岗位时，所要突出的地方当然是不应该一样的。

最后一点是，简历一定要简明扼要，最好不要超过一页纸，招聘单位工作人员面对的求职者有几十甚至几百人，把一些无关紧要的资料堆积在一起，只会使审查者厌烦，还会使其对你产生一个负面印象——这个人的办事效率不很高，喜欢自吹，表达不简练，等等。

时刻保持仪表整洁

仪表整洁，既是对自己的尊重，也是对别人的尊重。

一个仪表整洁的人，总是让人感觉良好，仪表整洁是一种礼貌，既是对自己的尊重，也是对别人的尊重，一个邋遢的人，只能给别人留下无教养的印象，更会给人留下此人活得很糟糕的印象。

李强是电脑行业中的"金领"一族，很有工作能力，但在生活中他是一个不拘小节的人，整天一身破牛仔，从未想过注重个人形象这回事。

有一次，他去一家公司面试，依旧穿的是那套"行头"。刚一见面，负责招聘的人便皱起了眉头，双方谈了几句，对方便下了逐客令："对不起，我们公司需要的是工作态度和生活态度都很严肃的人！"

李强的面试以失败而告终。看来，要想在面试工作中顺利过关，衣装打扮是不能忽略的环节。否则连进门的资格都没有，更谈不上得到施展自己才华的机会！培根有句名言："相貌的美高于色泽的美。"仪表是展示自己才华和修养的重要外在形态。要想有良好的形象，就必须注意穿着打扮、行为举止及自身素质的提高，从而使你的形象在交往中光彩夺目。要创造良好的第一印象，首先要注意服装及仪表。服饰是一种无声的语言，服装的整洁得体不仅是自我形象的树立，也是对对方的尊重。假如一个蓬头垢面衣衫不整的人站在你的面前，一定会让你觉得讨厌。服装最要紧的是大方得体、干净整洁、大众化。如果你想在服装方面"标新立异"，那只能使你脱离人群，是不会得到别人的喜欢和接近的。

那么，怎样保持整洁的仪表呢？我们可以从以下几方面对自己作出改善。

1. 留意你的穿着

"先敬罗衣后敬人"，从道德上说是不公正的，但面对现实的社会观念，我们尚无法改变。因为要对方了解你的内在美，尚需一段时间，而体现一个人个性的着装却一目了然，给人留下一个美好的印象。留意你的穿着，并不是叫你穿上最流行、最时髦的衣服，而是希望你穿得干干净净、整整齐齐，至于衣服是新是旧，质料是好是坏，并不是主要问题。美国有许多家大公司对所属雇员的装扮都有"规格"，这规格不是指要穿得怎么好看，而是人们观感的水准。

2. 注意细节

鞋擦过了没有？裤管有没有痕？衬衣的扣子扣好了没有？胡须刮了没有？梳好头没有？衣服的皱褶是否注意到？

乍一听似乎可笑。事实上，这些细节会给人留下良好的印象，整洁的着装总是给人一种信赖感。

一个衣衫不整、邋邋遢遢的人，是对自己不尊重，对他人也不尊重。这样的人，是不可能赢得他人的好感与尊重的。因此，一个懂得做人之道的人，应该时刻注意保持整洁的形象。

恰如其分地作自我介绍

求职面试时，招聘者最想知道的就是求职者的独到之处。在能力相同的情况下，那些求职者之所以能够成功，关键在于他们在面试时自我介绍得恰如其分。

要做到恰如其分的自我介绍，可以从以下几个方面着手：

1. 彬彬有礼

在做介绍前，要先对主试官打个招呼，道声谢，如："经理，您好，谢谢您给我这么好的机会，现在，我向您做个简单的自我介绍。"介绍完毕后，要注意向主试官道谢，并向在场面试人员表示谢意。

这能给主试官留下很好的印象。没有人会拒绝谦恭的态度。

2. 主题明确

在做自我介绍时，最忌漫无中心，东扯一句西扯一句，或者陈芝麻烂谷子，事无巨细一一详谈，让人听了不知所云。求职面试中的自我介绍宜简不宜繁，一般包括这些基本要素：姓名、年龄、籍贯、学历、学业情况、性格、特长、爱好、工作能力和工作经验，等等。对于这些不同的要素该详述还是略说，应按招聘方的要求来组织介绍材料，围绕中心说话。假如招聘单位对应聘者的工作能力和工作经验很重视，那么，求职者就得从自己的工作能力及经验出发做详细的叙述，而且整个介绍都是以这个重点为中心。

下面是一位求职者面试时的自我介绍，非常精练，分寸把握得当。

"我的经历非常简单。1985年，18岁的我高中毕业没有考上大学，招工进入某厂当上了一名车工。从此，我操刀切削十多年。其间3次参加全市车工岗位技术大比武，荣获两次第3名，一次第2名。去年企业破产，我下岗失业。下岗后参加过3个月的电脑培训，3个月的英语培训，取得两个上岗证书，为我掌握现代化的数控车床操控技术打下了基础。听说贵公司招聘技工，我觉得我是比较合适的人选。"

从上例中可以看出，介绍自己简历时可以从参加工作时讲起，不要拉得太远；经历中重点介绍自己从事什么工种，有何特长，凡与此无关的都可省略；能够显示自己优势的，可以讲详细些，而且应与招聘内容联系起来。例如，三次参加技术比武获奖，两次参加技术培训，都显示了应聘者的技术水准，可以说正投招聘者所好。所以，立刻引起了主考官的兴趣。

3. 让事实讲话

在自我介绍中，要尽量避免对自己做过多的夸张，一般不宜用"很"、"第一"、"最"等表示极端的词来赞美自己。在面试场上，有些人为了让面试官对他留下深刻的印象，往往喜欢对自己进行过多的夸赞，如"我是很懂业务的"、"我是年级成绩最好的一个"，总是喜欢带着优越的语气说话，不断地表现自己。其实，如果对自己做过多的夸耀，反而会引起面试官的反感。

谈论自己的话题，应尽可能避免一些夸大的形容词，把话讲得客观真实，尽量用实际的事例去证明你所说的，最好用真实的事例来显露你的才华给面试官。

一家物流公司在招聘考试时，发现一位应试者在校成绩不太好，主考者问道："你的成绩不是很好，是不是不太用功？"应试者回答说："说实在话，有的课我认为脱离实际，所以把时间全花在运动上了，所以身体特别好，还练就一身好功夫。"主考者很感兴趣，让他表演一下。应试者脱下衣服，一口气做了100多个俯卧撑，使主考者大为吃惊，立即录用了他。

有位成功面试者说："我毕业于一所没有名气的大学，但请看看我过去10年的工作成就吧！"这样说突出了他的精明和强干，用事实来说话。

当你在谈论自己某方面的长处时，请千万记住用具体论据来支持。比如，你说"我和其他工作人员关系很好"时，别说到这里停止了，还要举一些具体事例来加以陈述，如："我总是和我的工作伙伴和属下有着相当融洽的关系，而且我也和从前每一位上司都成为好朋友。"

自我介绍的话并不需要说得太多，但要句句说到点子上，这样就能轻易为你的面试加分。

不管面试的类型设计得如何科学，让人喜欢的气质在对方决定谁能获得职位时总是起着很大的作用。愿意雇用自己喜欢的人这是人之常情。

对离职原因要慎重描述

"你能否描述一下你离开以前所供职单位的原因?"这类问题在面试时经常会被问及,招聘单位能从中获得很多关于你的信息。因此,在回答这个问题时应该非常小心,要考虑到单位的感受,千万不要说得愤世嫉俗,众人皆浊我独清。

要选择诸如"大锅饭"阻碍了发挥、专业不对口、生病、结婚等人们都是可以理解的离职原因,千万要避免把离职原因归结为别人的主观因素,让招聘单位怀疑你的个人品行和团队合作能力。

你不能把离职原因归结到人际关系复杂方面。现代企业讲求团队精神,要求所有成员都能有与别人合作的能力,你对人际关系的看法,可能会被认为是心理状况不佳,处于自我封闭的心境之中,从而妨碍招聘单位对你的选择。

你也不能说离职是因为分配不公平。现在企业中实行效益薪金、浮动工资制度是很普遍的,旨在用物质刺激手段提高业绩和效率;同时,很多单位都开始了员工收入保密的措施。如果你在面试时将此作为离开原单位的借口,一方面你将失去竞争优势,另一方面你会有爱打探别人收入乃至隐私的嫌疑。

最不可取的就是说上司有毛病。既然是在社会中生存,就得和各式各样的人打交道。假如你挑剔上司,说明你缺乏工作上的适应性,那么,很难想象你在遇到客户或与单位有关系的人时会不会凭好恶行事。至于像竞争过于激烈、工作压力太大都不能当成你离职的主要原因。随着市场化程度的提高,无论是在企业内部还是在同行之间,竞争都日益激烈,员工必须适应在这种环境下干好本职工作。而现代企业生存状况是快节奏的,企业中的各色人等皆处于高强度的工作状态下,有的单位在招聘启事上干脆直言相告,要求应聘者能在压力下完成工作,这是越来越明显的趋向。

很多招聘者建议把加入一家新公司的理由设定为事业发展的需要。例如"在原公司销售科工作了两年后,我学到了许多有关营销方面的知识。现在,我想学点别的。""现在,我想学点新东西,而贵公司是我最中意的。"不过,要是你确实因与老板发生冲突而被解聘,那么,你最好主动把事情原委告诉他们,而不要让他们问你。话要说得既明确又有艺术性。例如"在管理形式方面,我和原公司的一位新金融主管存在分歧。不过,我们双方对此表示理解。"

小蔡在一个大城市的一家公司工作,他业务上是一把好手,但因与上司长期不和,忍无可忍,便选择了跳槽。在朋友的推荐下,他面试了好几家企业。无一例外,招聘人员都问到了他离职的原因。刚开始,小蔡直言相告,却都没能应聘成功。朋友打探后告诉他,对方觉得他业务能力不错,但"与上司不和"这一点,让人怀疑他的人际沟通能力，结果被一票否决了——与领导关系都搞不好，可见不会处理人际关系。

于是，小蔡吸取教训，将离职原因调整为"没有太大发挥主观能力的空间"，很快找到了一个比较满意的单位。

招聘者心里完全清楚很多人离开原来的工作岗位是由于他们跟老板合不来，然而，没有多少人想听到这样的离职原因。

在面试的时候，对离职原因要避免敏感答案。但这并不意味着欺骗，因为你的个人素质在一言一行中都能表现出来，你自己可能注意不到，别人却能很容易地看出来。

要求薪酬时不宜讨价还价

求职面试时难免不谈起薪酬。一个人的薪酬是与其能力、作用、表现和贡献等息息相关的，在用人单位尚未了解你上述情况时，开价过高，难以被用人单位接受；开价过低，吃亏的又是自己。

怎样与用人单位协商薪酬？你必须首先应该知道以下几点：

1. 除非用人单位已经十分明确表态要用你，否则不要讨论薪酬。
2. 切勿盲目主动提出希望得到的薪酬数目。
3. 尽可能从言谈中了解用人单位给你的薪酬是固定的还是有协商余地的。
4. 面试前设法了解该行业薪酬福利和职位空缺情况。

在协商过程中，如果用人单位要你开价，可告诉其一个薪酬幅度。如他一定要你说出个明确数目，可问他愿意付多少，再衡量一下自己能否接受。

为减少讨价还价的盲目性，可到其他同类公司询问职位空缺情况和大概的薪酬标准，以便自己心中有数。同时别忘了，福利也是你应得的报酬，如医疗保险、公积金、带薪休假和年底分红等。

理想的薪酬数，应是用人单位和求职者双方都能接受的，而应试者应表现一定的灵活性。当薪酬福利谈妥后，最好要求用人单位写份协议合同，因为有些用人单位面试之后，很可能会忘掉曾答应你的事。

工作谈判不能像其他谈判那样，一味设法提高对方开出的条件，而对方就只顾压低你的价钱。把原来和谐的气氛弄成敌对的局面，这对你实在没有好处。

谈判一旦出现僵局，不妨把话题转移到有关工作的事情上。例如，对方有心压低你的薪酬，就可将话题转移到你上任后有何大计，如何扩大市场占有率和如何降低产品成本等，那样原来紧张敌对的状态，很快便会变成同心协力的局面。

公司都希望应试者对应聘的职位感兴趣，而非纯以金钱挂帅。因此，只要老板觉得请你没有令公司损失，要争取高薪、福利并不困难。你可以讨论自己的才能、经验，要求老板让你承担多一点责任，甚至把职位提高，这样就有机会将福利提高。即使没法调升职位，但是工作范围扩大了，公司多付薪水给你，也不过是补偿你额外的工作，就不会因任何一方吃亏而令谈判中断。

如果受公司预算限制，对方开出的工资甚至比你现有或以往的薪水还要少，但只要你认定这是一份理想的工作，不妨暂时不谈薪水。待对方认定你是最佳人选，再尝试以职位及工作为由，多要求些福利津贴。例如，若想要求提高公务开销，你就应说以往工作顺利，全因频频与客户交际应酬，从而提出担心公务开销不够，雇主也会乐于增加这方面的津贴。

采取折中术回答令你左右两难的问题

中国自古以来讲究中庸之道，折中可以说是一门艺术，是祖先智者留下的智慧结晶；是为人处世，各个方面都可以适当运用的生存立世之道。

在求职面试中，主考官经常会给你出一些令你左右两难的问题。在这个时候，你可以选择缄默吗？不能，那只会使你与工作失之交臂。你只能勇敢作答，但有勇也要有谋。左不行，右也不行，那就最好采取折中术。

在一次外企面试中，双方交谈得很投机，看来希望不小。接近尾声时，考官看了一下表，问："可不可以邀请您一同吃晚饭？"

原来这也是一道考题。如果考生痛快接受，则有巴结、应酬考官的嫌疑；如干脆拒绝，又被说成不礼貌。考生动了动脑筋，他机智地回答道："如果作为同事，我愿意接受您的邀请。"

由于他预设了一个前提条件，所以他的回答十分得体到位，获得了好评。

总之，对于可能设有"陷阱"的提问，一般情况不要直答，而应想一想对方的用意是什么，"机关"在哪里，然后运用预设前提的说法跳过陷阱，予以回应。所谓折中术，就是采取一个巧妙的方法将划分左右的界限模糊掉。

日本住友银行招聘公关人员时，极为重视职员协调人际关系的才能。该银行没有专门考核应聘者的业务知识，而是提出了一道别出心裁的判断题："当国家的利益和住友银行的利益发生冲突时，阁下采取何种对策？"

三类不同的应聘者对问题的回答迥然不同。

第一类人回答："当国家利益跟我们银行利益发生冲突时，我会坚决地站在我们银行的立场上。"

银行主管人员认为,这样的人将来准会捅娄子,不能聘用。

第二类人回答:"当国家利益和住友银行利益发生冲突时,我作为国家的一员,应该坚决保护国家的利益。"

银行主管人员认为,第二类人员适合政府部门的工作,也不可取。

第三类人则回答说:"当国家利益和银行利益发生矛盾时,我要尽全力淡化矛盾。"

银行主管人员认为这种人才是住友银行需要的高手。企业同政府的关系往往集中表现在国家利益和企业利益上,企业公关人员作为企业与公众之间的媒介,只有注重社会整体的协调性,善于采取圆融战术,才有可能妥善处理好企业与国家的关系。

在这里尤其要指出的一个方面是,由于女性本身所具有的一些求职方面的先天劣势,如结婚生子、照料家庭内务等,招聘单位常担心其婚姻和家庭会影响工作,所以面试时往往提出许多相关的问题。这些问题或刁钻古怪,或直击要害,总让人觉得左右两难,如何回答都不妥当;但能否回答好这些问题,又直接关系到求职是否能获得成功。比如,其中有一个问题常常被当做拦路虎,它时时跳出来为难求职女性:如果让你在家庭与事业之间做选择,你认为哪一个更重要?

这是一个老生常谈的问题,也是一个难题。事实上这是一个对于任何人都重要的问题,之所以更经常地出现在女性求职者面试的情景中,是由于女性往往要对家庭内务承担更多的责任,而这些责任很可能与工作相冲突。招聘单位自然非常希望你以事业为重,但也很清楚谁都希望拥有一个幸福美满的家庭,有幸福的后方保证,才能无后顾之忧地集中精力工作。显然,这道题目是个两难的选择,不管你选择家庭还是事业,无疑都是不合适的。所以,回答这个问题的时候,不妨换个角度,不和题目正面冲突,又给出招聘单位想要的答案。

你可以参考如下的回答:

"我认为,无论在工作上还是在家庭中,女性的最大目标都是要使自己活得有价值。虽然我很想通过工作来证实自己的能力、体现活着的意义,但家庭对于我的意义也是不容小觑的,我也相信,不只是我,可能每个人都是这么认为的。家庭和生活也许是互相影响的两方面,但我相信,它们并不是站在对立的立场上,处理得当的话是完全有可能两全其美的。事实上,有很多女性都是这样做的,而且她们也做得很不错。我认为我也可以做到。"

这样的回答,既表明了你对待工作的态度,又表达了你对家庭的热爱,而这两点,正是一个心理健康、成熟的女性所应该具备的。

在面试中,学会这样回答问题,不要表明你对任何一个方向的倾向,能大大提高被录用的机会。

进入公司瞬间，面试就已经开始

面试时不要把注意力只集中在专业问题上，面试官许多时候想了解的，是一个人的综合素养。中青在线的总经理曾经谈起过应聘时的细节问题，每次有人去面试的时候，她都会先给对方倒一杯茶。而面对这杯茶，面试者的反应有很大的区别。

第一种人，当看到有人给他倒茶时，一动不动、心安理得地在椅子上稳稳地坐着。

第二种人，将茶杯拿起来放到边上，连声称谢。

第三种人，立刻站起身来，抢过茶壶，说："我来，我来……"

总经理认为通过这一杯茶，就能看到不同的人具有的不同素养。

第一种人自不必说，连基本的礼貌都不懂。

第二种人虽有礼貌，但不够主动。

而第三种人，是最有眼色的人，会主动做事。

别等面试官说"开始"，从走进面试官的办公室的那一刻，面试就已经开始了。这时要对每个细节都加以留意，说不定被你忽视的部分就是面试的核心呢。

一位名牌大学毕业的硕士研究生来到一家500强企业求职，面试时一番锋芒毕露的自我介绍，主考官为之动容，然而，面试结束时他抛下声"再见"，连握手也免了，拂袖扬长而去。接待他的面试官苦笑着摇头：如果说有个性、有锋芒可以容忍的话，那么连基本礼节都不懂的人则"养不起"，也无法与之合作。

可见，面试虽然结束了，但公司的考查并没有画上句号。

面试结束时的礼节是公司考查录用的重要环节。成功的方法在于，首先不要在面试官结束谈话前表现出浮躁不安、急欲离去的样子，你应该知道在什么时候告辞是最恰当的。

你应该把刚才坐的椅子扶正，一面徐徐起立，站在椅子的旁边，一面以眼神正视对方，与人事经理以握手的方式道别，趁机进行最后的表白，以显示自己的满腔热忱，边点头边说："谢谢，请多关照。""谢谢您给我一个面试的机会，如果能有幸进入贵公司服务，我必定全力以赴。"然后拿好随身携带的物品，到刚进门时的位置，先打开门，在出去之前要转向屋内，并有礼貌地鞠躬行礼，再次说"谢谢您，再见"之类的话，特别要注意的是，告别话语要说得真诚，发自内心。然后转过身轻轻地退出面试室，再轻轻将门关上。

离开面试室，在走廊里和公司范围以内，不要和别人讲述过程，不能马上打电话，甚至兴高采烈地大声高叫，也不能无精打采地走出办公大楼。经过前台或在接待处归还来宾证时，要主动与工作人员点头致谢，边点头边说："多谢关照。"有些应聘者对面试官彬彬有礼，走出门却对普通员工或其他工作人员傲慢无礼。

不要忘记，进入公司的瞬间，就要接受所有人的面试，公司里的每个人都是你的面试官。

第十九章

恋爱细节，俘获芳心

女人经不起男人的猛攻

有位香港女作家，与内地某男士喜结良缘。她曾经宣称这位男士是追她的男性中条件最差的，但她为什么偏偏选中了这一位呢？

事情要追溯到几年前，那是她第一次赴上海，是去洽谈自己的小说授权事项。一次晚宴上，女作家和某男士相遇，男士深为女作家的人生体验所感动，晚宴后就口出一句惊人之语："我可以追求你吗？"

她当时未予理会，只当成是一句玩笑话。不料男士真的开始展开猛烈攻势，每天从早上开始，在她下榻的酒店"站岗"。

对于男士此举，女作家感觉如遇"恐怖分子"，不敢踏出酒店一步。紧盯不放的男士便不断以电话"骚扰"女作家，并告知她："如果再不露面，便要通知你的所有朋友，告诉他们我要追你。"

被逼得无路可跑的女作家急中生智说："你请我喝咖啡，我们好好聊聊。"

她知道男士收入比较低，索性一口气喝了五六杯咖啡，准备使追求者"破产"。结果他也跟着叫了五六杯咖啡，结账时不但没有囊中羞涩，反而给了服务员一笔数目不小的小费。女作家让对方知难而退的计谋没有得逞。

她离开上海后，那男士仍紧追不舍。他给女作家的长途电话不知打了多少遍。

至此，女作家说："只要我存在地球上一天，似乎都无法逃出他的手掌心。"最终，女作家被那位男士的执著打动了。

有人说："恋爱的诀窍在于'猛攻'。只要把握时机，果断地发动强劲的攻势，女人必定招架不住而向你屈服。"

曾经有人形容说："恋爱就像翘翘板，男人热时女人冷，男人死心，女人就积极。"所以，在男人巨浪般的冲击下，女人爱情力学上的平衡就会遭到破坏，致使女人心理动荡不定。

女人对这种攻势是气愤的，甚至她会发出歇斯底里："没皮没脸的，真叫人讨厌！"

但在对方一再强攻之下，她就会想：这家伙还真有点儿毅力，真拿他没办法，也许是真的爱我爱得很深！

如果男人再来上那么几句："没有了你，我将……"那一定更加激发起她的"自我崇拜欲"，满足她的"被虐待狂心理"，到了这个时候，你说她怎么能不举手投降呢？

说得明白些，女人之所以经不住男人的猛攻，与其说是由于爱，还不如说是由于她们喜欢被爱。塞万提斯曾借唐·吉诃德的口说过这样的话："露骨地求爱，在女人看来未必不是件愉快的事。并且，不论这个女人多么冷淡，即使嘴上说着讨厌得要死，也会在心底深处留下对爱她的人的疼惜。"

圣·西尔也说过："不顾一切向女人发动进攻的男人，只有在他没有付诸实施或半途而废的时候，才会被认为是没有价值的男人。"

听了这些话，也许给男人增添了不少的勇气吧！但是，在这里还是要给你一个忠告：如果仅仅作为手段，一意孤行，也是不妥当的。

唐·吉诃德毕竟是唐·吉诃德，发动猛攻的结果只会给人增加些笑料罢了。因而，你不必对此寄予过大的希望，希望越高，失望越大。只有那些狂涛巨浪般的男子，譬如《飘》中的雷多·柏多勒、影星阿兰·德隆等，猛攻起来，才显得自然、洒脱。

男人猛烈的炮火，是女人所经受不起的，大多数女人都会举手投降。

男人表白要刚柔并济

求爱是一种特殊的爱的信息交流，必须具备起码的前提条件。如果你不讲求爱的方法和技巧，直来直去地贸然向人家求爱，会碰一鼻子灰。

胡朋是一个老实人，他爱上了同事小玉，他觉得小玉对自己也有那种意思，只是拿不准。因为这事，他神魂颠倒，茶饭不香。一天，他决心向小玉求爱，管它成不成，至少心里踏实点，免得老是这样探不到底。刚巧，他从办公室出去办事时，在走廊里碰见了小玉。胡朋心里一冲动，说："小玉，你过来一下，我有话跟你说。"小玉走过来，问："什么事？""我爱你！你愿意跟我交朋友吗？"小玉毫无思想准备，大惊失色，啐道："神经病！"说完，匆匆而去。胡朋受此打击，不要说求爱，连小玉的面都不敢见了。

露骨地表达爱意，虽然是情感的真实表露，但由于过分关注功利性，便显得粗俗而肉麻，让对方难以接受，最终使爱情之舟搁浅，甚至触礁。

马克思曾经说过:"在我看来,真正的爱情是表现在恋人对他的偶像采取含蓄、谦恭甚至羞涩的态度。"含而不露的表白方式,是指用不包含"爱"的语言,表达"爱"的情感,这种方式适合于双方早已认识,并且有了较多的了解,而对方又是有一定文化教养且性格内向的人。由于这种方式发出的信息比较模糊,即使对方拒绝,也不至于难堪。

含蓄地表达爱情,可以使话语具有弹性,不至于遭到拒绝就没法挽回。再者,这也符合恋爱时的羞怯心理。含蓄表达爱情的方法多种多样,要根据具体人、具体情况灵活运用。假如你的恋人是一位文化水平不高的人,你就不能采用写深奥难懂的诗赠给对方的方式。如果这样,非但不能达到表示爱情的目的,还可能会引起不必要的误会。

含蓄传情一般有以下三种方式:

(1)以言传意。电影《归心似箭》中,农家姑娘玉贞爱上了在她家养伤的解放军战士魏得胜。怎样表示这种爱情呢?有一天,玉贞在井边挑水,魏得胜夺过了水桶帮玉贞挑,玉贞深情地对他说:"好,让你挑,俺还要让你给俺挑一辈子水呢!"字里行间没有"我爱你"三个字,可是,内心的火热感情谁也不会误解。

(2)以物传意。许多少数民族的姑娘常用赠送一个类似荷包、绣带等物品给男方,以表深情,如苗家儿女就用腰带作为信物。马克思和燕妮求爱的方式也很别致。一天,马克思对燕妮说:"我已经爱上一个人,决定向他求婚。"燕妮吃惊地问:"这人是谁?"马克思没有正面回答,只是递给她一个小方盒,说打开这个小方盒就知道了。燕妮打开方盒一看,里面是一面镜子,照出了她自己清晰的面容,顿时恍然大悟。

(3)以物传意似乎仍有羞涩之处,因此恋人更多地采用情书的形式。因为笔端泄情毕竟不同于面面相视,有些话可以考虑得周到些,或者说得大胆、直率一些,即使被对方拒绝也不至于弄得很难堪。在由他人介绍相识的恋人中,也有不少是通过介绍人在中间传递情意的,在这里,介绍人就起着"传书"的作用。

总之,应该根据双方的性格特征、文化素养、感情发展程度以及社会风尚等情况,选择适当的方式,说出"我爱你"。

单刀直入地邀请女孩

初次接触后,怎样约女孩一起出游呢?大多数女生都会出于害羞和矜持而拒绝邀请,而男生也会因为害怕被拒绝,颜面扫地,通常不肯死皮赖脸地去邀请女生。其实恰恰相反,只要男生主动一些,在言语上略施小计,约女生出游并非难事。

不管一个女人的内心多么软弱,她也不会表露在外,而且"谨慎"、"谦恭"、"有风度"是妇女的传统美德和本能表现。换句话说,在女性的心中,对于男人的诱惑、邀约等,与其不停地去思索,还不如以社会大众的习惯来顺从。

所以,当你要去邀请她时,不要用商量的口气问她:"愿不愿意……"之类的话,而最好直接说:"咱们一道去……"

如果用"愿不愿意……"这种问法,乍看起来好像非常"绅士",但事实上却给了对方说"好"或"不"的两种机会。警戒度高的女人,为了不节外生枝,干脆就摇头对你说"不"了。

相反,如果你用单刀直入的问法那就大不一样了。

如果能在你的言辞中加入更多的肯定语气,勾勒出更多的美好画面,那对方肯定会怦然心动,最终答应你的恳求。

下面这一段,是一位小伙子煞费苦心地劝说女朋友答应邀约的对话:

"你今天真漂亮,晚上六点钟我们出去吃顿饭、聊聊天,好吗?"

"不行。"

"我们应该彼此多了解一点。就在六点钟好了,到时我来接你。"

"不行。"

"说不定我们可以遇到一个我们喜欢的人,或是一件有趣的事呢!就今晚六点钟吧!"

"不行。"

"六点钟见面以后,我们可以吃顿饭、看场电影,然后到咖啡厅去坐坐,我们会有一个非常美妙的夜晚,还是去吧!"

"是吗?"

"我发觉我越来越喜欢你,今天晚上一定要见到你,就六点钟,我来接你。"

"那好吧,六点钟见。"

可以看得出来,这个小伙子很聪明,肯定加引诱,在这段邀请词中,他表现出了极大的信心,他确信"会有一个非常美妙的夜晚",所描述的美丽场景已经钻进了女朋友的脑海里,她不得不最后"束手就擒"。

不要害怕太过主动,女生其实恰恰希望你能再多敲几次门,希望多听几次邀请她的话。只要做到情真意切,百折不挠,约她出来就并非难事。

每次让她先挂电话

婷和明恋爱的时候,虽然因为两人分在不同的学校不能经常见面,但常常通电话。每次打电话,两个人总要缠绵许久。末了,总是婷在明一句极为不舍的"再见"

中先收了线，明再慢慢感受空气中剩下的温馨，还有那些难舍难分的言语。偶尔一两次，婷不愿意先挂，明就一直坚持下去。但后来，两人还是分手了。

婷属于那种高回头率的女孩，身边从来不缺追求者。她很快就有了新男友华，帅气，豪爽。女孩很得意，以为找到了一个比明更帅的男友。可她渐渐感到，她和华之间好像缺了点什么，是什么呢？她也不知道。只是和华通电话时，婷总感到自己的"再见"还只说了一半，华那边已经"啪"的一声挂了线，婷感到那刺耳的声音在空气中结成冰，纵使通话时有再多的温情都像是转了个僵硬的弯。终于有一天，婷和华吵架了，华很不耐烦地转身走了，很潇洒的背影。婷很难过，却仿佛还掺杂着一种解脱。也许是脆弱吧，婷想起了明——那个每次通话要听完她"再见"的傻男孩。

一股热气从婷的心里升起，她很冲动地拿起电话，拨了明的号码，久违的声音传来，好像很深沉，好像多了一点苍老。婷一阵难过，慌乱地说了声"再见"，可这次婷没有收线，一种莫名的情绪让她静静聆听电话那头的沉寂。不知过了多久，明的声音传了过来："为什么不挂电话？""为什么你总要我先挂呢？"婷抽噎着。"习惯了"明平静地说："习惯你先挂电话，这样我才放心。""可是，"婷说，"你觉不觉得后挂线的人总会有些遗憾和失落？"

"所以我宁愿把这份失落留给自己，只要你开心就好。"当明的声音再次传来，婷终于控制不住，哇地一声哭出来，她终于明白，没有耐心听完她最后一句话的人，不是她一生的守望者！

故事的结局不言而喻，婷和明和好如初。这次，婷下定决心，她再也不会轻易放开这个让她先挂电话的男人。

原来爱情有时候就这么简单，一个守候，便能说明一切。就像那首诗所描写的："我爱你，不是因为你能为我做什么，而是因为我能为你做什么。"

恋爱的细节最温暖人心。给心仪的女孩打电话时，最后最好轻轻地对她说："你先挂。"虽然自己听到的是"嘟嘟"的盲音，且有些失落，但女孩会回味着你带给她的温暖入眠。

和她昔日的恋人成为好朋友

很多情况下，恋人或夫妻分手并非因感情破裂，虽然分手了，他们心中仍然没有忘记对方，仍保留着对对方的一份情感，只不过新的婚姻爱情使他们把那份情感埋藏得很深，不使它外露罢了。但就我们生活的狭小圈子来说，难免会碰上昔日的恋人，如真是这样，那么这时我们该怎么办呢？

生活经验告诉我们，最好的方法便是理解。它也包含两方面的内容：配偶之间的相互理解，与昔日恋人之间的相互理解。

有这么一个真实的故事：有一对夫妻，并不是因为爱情而结合，但在婚后的共同生活中逐渐有了感情，并且生下一子。而双方都总感觉在幸福的背后还有那么一丝阴影，就是女方在婚前认认真真爱过一个人，是因家庭原因分的手。面对昔日恋人一直未婚，女方觉得这是她犯下的不可饶恕的罪孽。

曾经一段时间内，妻子的情绪十分低落，聪明的丈夫已猜出了八九分。在他的追问中，妻子才说出她碰到过昔日恋人，面对着昔日恋人的落魄样，她还流了泪，使她心里更不安的是昔日恋人经常给她打电话。丈夫叹口气说："如果他再约见你，你就好好和他谈谈。""我相信我会与他成为好朋友的！"丈夫还特意补充了一句。

丈夫的理解，令妻子感动万分。如果说以前仍存那么一点异想的话，而今她觉得无论如何也不能愧对丈夫。于是，在与昔日恋人的再次约见中，她推心置腹谈了自己心理历程的变化，说明他们重修旧好已属不可能。她的真诚成功地换取了昔日恋人的理解，也唤醒了昔日恋人重新择偶的念头。而且她还真的使两个男人成为了朋友。

要想把配偶与昔日恋人的关系都处理得这般圆满，自然是很困难的。但一般说来，最起码可以做到以下几点：

第一，宽大为怀。这种宽大并不是对配偶与昔日恋人之间的事听之任之，而是以较好的修养冷静处事，或主动与配偶的昔日恋人接近，或尽可能与配偶的昔日恋人交朋友。即使有某种不快，也不能公开暴露，更不能闹得满城风雨，留下问题在家中再与配偶论短长。

第二，难得糊涂。允许配偶在心底留下一片自己的天空，也许你知道配偶与昔日恋人偶有来往，完全不必见风就是雨。因为配偶与昔日恋人来往不想让你知道，这就说明他（她）这样做已有愧于你，本来他们之间没什么，经你一渲染，很可能使其产生逆反心理，让事情走向反面。装糊涂并不是对此事一直不闻不问，而是在适当的时机里点明此事，使配偶大吃一惊之后羞愧而收敛。

第三，以退为进。夫妻双方都很忌讳一方与昔日恋人相处。假如配偶的昔日恋人千里迢迢出差来到你的居地，只是想见见面，叙叙话，作为夫妻的一方，应该允许配偶与昔日恋人有这种机会。那么，他（她）会在配偶的信任中与昔日恋人保持一定的距离，难以越出"雷池"。强令阻止也可能使一些人勉强接受，但很可能阻止不了他（她）偷偷去赴约，背着配偶与昔日恋人相见，而且还会对配偶的不近人情耿耿于怀，与昔日恋人之间会发生什么，就很难预测了。

一束红玫瑰打动芳心

玫瑰对于女人有多重要？一束红玫瑰，除了看得见的明艳和芬芳，除了浓得化不开的情意，还意味着很多说不清道不明的东西。

情人节期间，四处都是玫瑰的芳踪。大街上卖玫瑰的小孩突然就三步一岗五步一哨地冒了出来，翻开报纸，满眼皆是玫瑰的字眼，玫瑰情缘，玫瑰婚典，玫瑰热线，玫瑰心事。在不经意间，就已跌入一片玫瑰色的诱惑中。

情人节没有玫瑰的女人总是格外孤寂无依，心中更是失落得不得自已，仿佛已被全世界遗忘。也难怪有些单身女士，纷纷自己订花送给自己。上班时让快递送到自己公司，还要故意装作不以为然。

女人明白，玫瑰不是爱情的全部，但却是表达爱意，营造浪漫的最好方式。情人节里送玫瑰，已经成为她们衡量男人是否爱自己的一个标准。

某公司里一个年轻的女孩子在情人节那天收到了一大束玫瑰，她的眼睛顿时熠熠闪亮，脸上的红晕比玫瑰还红。过后不久，却听到她和男朋友分手的消息。很惊讶，前阵子还这么甜蜜，怎么说变就变了。后来才知道，那捧玫瑰不是她男朋友送的，而是一个秘密的崇拜者。她后来也没和她的崇拜者有什么发展，只是因为这束花，让她突然觉得和原来的男朋友的关系多没意思。他们在一起两年，她却从来没有收到过花，虽然他对她很体贴。可惜对一个刚满20岁的女孩子来说，仅仅有体贴不足以留住她的芳心，这种绮梦年纪的女孩子，向往的只可能是浪漫而不是平淡。

爱她，请送她玫瑰，尤其在情人节这天。

玫瑰是浪漫的表现，而且不同数目的玫瑰包含了不同意义的浪漫。

（1）送你一朵玫瑰，并不是因为我拮据，而是我的心中只有你。

（2）或许只有这两朵玫瑰才能证明，这个世界依然只有你和我。

（3）我手中的3朵玫瑰代表3个字——"我爱你"。

（4）舍不得你离去，所以送你4朵玫瑰。

（5）众里寻她千百度，蓦然回首，那人却在灯火阑珊处痴痴地欣赏着那5朵鲜红艳丽的玫瑰。

（6）爱的路上只有你和我，多一份尊敬和谅解，少一份虚情假意。不要再犹豫了，因为你手中的6朵玫瑰早已说明了这一切。

（7）猜不透你的我，叫我如何表达心中的爱意。只好献上这7朵玫瑰，然后偷偷地离去。

（8）被你的诚挚和鼓励感动，无言的我只好给了你这8朵玫瑰，希望你体会到我心中的谢意和那份真挚的情感。

（9）曾记否，在满天流星下对着手里的9朵玫瑰虔诚地祝福，愿我们的爱情天长地久。

（10）对你，我已没有任何称赞的言语，不为别的，只因为你实在太过完美，或许只有我手中的10朵玫瑰才能表达心中的所有。

（11）看到这11朵玫瑰了吗？它们就是我内心深处的呼唤。我爱你一生一世。

（12）忘不了心中的她，整日的思念只会令我的爱与日俱增，如何才能让她明白我的心意？对，送她12朵玫瑰。

（13）没有分清是友谊还是爱情前，先送上13朵玫瑰作为试探的工具——到底她的心中有没有我。

（14）同事的称赞、朋友的祝福、父母赞誉的眼神，使我又多了一份对你的深情和骄傲，难以言表，只有挽着你纤细的手，路过花店时为你献上14朵玫瑰。

（15）让你生气是我的错，后悔的我不知所措，唯一能做的只能是托人给你捎去15朵玫瑰，来表达我深深的歉意。

（16）16朵玫瑰代表着安定、温馨的爱情，望着过去纠纠绕绕、时好时坏的感情，内心疲惫的我把它送给你，希望我们爱的小屋不再多变不安。

（17）是否由于我的某些行为而使这份爱已无可挽回，如果是的话，不求你能够原谅我，只希望你能接受我的这17朵玫瑰。

（18）对我坦诚的爱，你还有什么放心不下的地方，无须犹豫，接受这18朵玫瑰吧——因为这是我真诚的所在。

（19）不管你是否言语，我依然默默地守候着这份遥遥无期的爱情，只盼你收到这19朵玫瑰后给我一个小小的暗示。

（20）我把那炽诚火热的心都交给了你，你应该清楚，尽管在没有收到这20朵玫瑰之前，你从未听到过我爱的表白，但我的心一直属于你。

刻意制造"机缘巧合"

在《机会》杂志创刊的时候，比尔·盖茨说过这样一句话："根据我自己的经验，假如你爱上了一位姑娘，千万不要闷在心里，否则她就会属于别人。"言外之意，对于爱情，如果你还是一味地相信命运的安排，等待着好运的降临，一切也只能成为泡影。

聪明的男孩会主动创造机会，而不是等待机会。他会精心设计"巧遇"情节，让对方觉得两人之间似乎有姻缘红线，最后赢得女孩芳心。

有一个男孩住在一家医院附近，他看中了一个女护士，苦于难以接近她，于是他想到一个方法。

有一天，男孩双手抱满东西，和迎面匆匆而来的一个人撞了个满怀，东西散落一地。

这个人当然就是那个护士，她对自己的不小心连声道歉，同时帮他捡起散落的物品。男孩通情达理地说："没关系，你也是太忙碌了，才弄成这样嘛！"

初次的计划成功后，男孩每天在医院下班时间牵着小狗在附近徘徊。几天后，他又遇到了那个年轻护士，两个人攀谈起来，不久成为恋人。

有一个男孩追一个女孩，他发现女孩早晨有跑步的习惯，于是他也开始跑步。

一次，在跑到女还面前时，他友好地和她打招呼，脚下却失去平衡摔倒在地。他碰破了膝盖，女孩把他带到诊所，陪他看病。这样，男孩虽然跌伤了，却得到了和女孩接近的机会。

主动创造机会接近心仪的女孩，你才有可能与她由陌生人变成朋友，由朋友变成恋人。

铁人王进喜曾说："有条件要上，没有条件也要上。"同样，追求女孩，如果没有机遇接近她，就努力创造机遇。时光如流水，爱情不会等你。喜欢她，就要创造机会，这个世界欣赏敢作为的男人。

美国电影《超人》中，超人平常不会显出超人身份，但却总会在他暗恋的女性面前突然变成超人。一般人要突然改变身份出现在恋人面前做不到，不过如果可以突然出现在他（她）面前也算是偶遇的一种。

你知道对方每天的路径吗？什么地方是对方可能经过或出现的地方呢？公司唯一的电梯口？对方习惯泊车的那个停车场？公交车站牌？等等。

如果你有把握，大概几点钟，对方会在哪个地方出现，你便可以偶尔给对方这种惊喜——好好地策划一番，和对方不期而遇，把自己当做礼物，"送"到对方面前。

即使是确定恋爱关系的情侣，也可采用"偶遇"招数，让平静的爱情掀起层层波澜，使彼此间充满激情、神秘感。

你不妨可以玩这样的游戏：快下班时在对方公司附近的街角打电话给对方，但别告诉对方你在哪里，最好让对方误以为你在家里。等对方走出公司，赫然发现你在对方面前，那种惊喜是很戏剧性的。

但是，这种游戏大概只能够玩一次，太经常，对方就没有这么好"骗"，也没这么惊喜了。而且，这种惊喜不一定要安排在生日那天，可以只是两个人想出去吃顿饭、独处一下的时候，甚至也可以是"哪里都不想去，只想一起结伴回家"的时候。

同样的惊喜也可以安排在飞机场、火车站。你没有说要去接对方，却突然出现，对方一定非常感动。